Cartas a Theo

incluindo
Incidente da automutilação de Van Gogh,
relatado por Paul Gauguin

seguido de

Biografia de Vincent van Gogh por sua cunhada Jo van Gogh-Bonger; Cartas de Theo a Vincent; Cartas de Vincent a Émile Bernard *e* **Van Gogh e seu tempo**

Vincent van Gogh

Cartas a Theo

incluindo
Incidente da automutilação de Van Gogh,
relatado por Paul Gauguin

seguido de
Biografia de Vincent van Gogh por sua cunhada Jo van Gogh-Bonger; Cartas de Theo a Vincent; Cartas de Vincent a Émile Bernard *e* Van Gogh e seu tempo

Organização, edição e glossário de IVAN PINHEIRO MACHADO

Tradução de PIERRE RUPRECHT *e* WILLIAM LAGOS

L&PM
EDITORES

Texto de acordo com a nova ortografia.

Organização, edição e glossário: Ivan Pinheiro Machado
Tradução: Pierre Ruprecht (*Cartas a Theo*); William Lagos (*Biografia de Vincent van Gogh por sua cunhada Jo van Gogh-Bonger*; *Cartas de Theo a Vincent*; *Cartas de Vincent a Émile Bernard*)
Capa: Ivan Pinheiro Machado sobre autorretrato de Van Gogh
Revisão: L&PM Editores

CIP-Brasil. Catalogação na publicação
Sindicato Nacional dos Editores de Livros, RJ

G549c

Gogh, Vincent van, 1853-1890
    Cartas a Theo: biografia de Vincent van Gogh por sua cunhada Jo van Gogh-Bonger / Vincent van Gogh; tradução Pierre Ruprecht, William Lagos; organização, edição e glossário de Ivan Pinheiro Machado. – 1. ed. – Porto Alegre, RS : L&PM, 2015.
    608 p. ; 21 cm.

    Tradução de: *Lettres de Vincent van Gogh à son frère Theo*
    ISBN 978-85-254-3198-1

    1. Gogh, Vincent van, 1853-1890 - Correspondência. 2. Pintores - Países Baixos - Biografia. 3. Pintores - Países Baixos - Correspondência. I. Título.

14-18016   CDD: 927.59492
                               CDU: 929:7.036(492)

© das traduções, L&PM Editores, 2015

Todos os direitos desta edição reservados a L&PM Editores
Rua Comendador Coruja 314, loja 9 – Floresta – 90.220-180
Porto Alegre – RS – Brasil / Fone: 51.3225.5777 – Fax: 51.3221-5380

Pedidos & Depto. Comercial: vendas@lpm.com.br
Fale conosco: info@lpm.com.br
www.lpm.com.br

Impresso no Brasil
Primavera de 2015

Sumário

Tudo o que você precisa saber sobre Van Gogh –
Ivan Pinheiro Machado 7

Cartas a Theo 11
Uma nova edição ampliada e anotada – Ivan Pinheiro
Machado 13
Amargura e solidão nas cartas do pintor maldito 15
Incidente da automutilação de Van Gogh –
Paul Gauguin 279
Carta que Vincent trazia consigo no dia
29 de julho de 1890 346
Glossário de nomes próprios 347

Biografia de Vincent van Gogh por sua cunhada 369
Apresentação – Ivan Pinheiro Machado 371
Prefácio: Johanna van Gogh-Bonger, minha mãe –
Vincent Willem van Gogh 373
Nota de Jo van Gogh-Bonger 389
Biografia de Vincent van Gogh 391

Cartas de Theo a Vincent 447

Cartas de Vincent a Émile Bernard 521
Prefácio – Vincent Willem van Gogh 523
As cartas 525

Van Gogh e seu tempo 593

Tudo o que você precisa saber sobre Van Gogh

313 cartas, a biografia de Vincent por sua cunhada e os depoimentos de Gauguin e do sobrinho, o engenheiro Vincent van Gogh

Ivan Pinheiro Machado

Este livro reúne as principais fontes primárias que são fundamentais para a compreensão e o estudo da vida e da obra de Vincent van Gogh.

Primeiro: a correspondência de Vincent a Theo. Um material emocionante e revelador, tanto pela sua obsessiva convicção de que era realmente um artista, como também pela paradoxal consciência da própria loucura. Esta antologia das principais cartas ao seu irmão Theo (250 de um total conhecido de 652 cartas) é um impressionante depoimento autobiográfico, praticamente um diário, onde se percebe claramente a evolução estética e a degradação da sua saúde mental. Incluímos na sequência da correspondência o testemunho de Paul Gauguin sobre o célebre episódio do corte da orelha, no Natal de 1888. Incluímos também os fac-símiles dos desenhos que geralmente ilustram as cartas e que representam esboços de futuros quadros.

Segundo: o relato *Biografia de Vincent van Gogh por sua cunhada*. Este pequeno livro escrito pela esposa de Theo, Johanna van Gogh-Bonger, é um importante documento para a compreensão do homem e da obra. Um depoimento de magnífica sinceridade narrando a vida de Vincent e os detalhes do cotidiano e da convivência entre ela, o marido Theo e Vincent.

Terceiro: as cartas de Theo a Vincent. Este conjunto de cartas demonstra, na intimidade epistolar, o profundo carinho e o tenaz e permanente incentivo de Theo ao trabalho do irmão. A impressão que temos é que, além da incondicional solidariedade aos sérios problemas de saúde do irmão – ele expõe o seu sofrimento diante desta realidade –, Theo tinha a absoluta convicção do seu gênio, apesar da total indiferença e do desprezo do mercado de arte da época em relação aos trabalhos de Vincent. Mesmo assim, sendo um marchand de prestígio, ele tentou obstinadamente durante toda a vida vender os trabalhos de Vincent. O dado que impressiona a todos que mergulham na saga de Vincent van Gogh é a enorme comunhão entre os irmãos, a ponto de Theo vir a morrer seis meses depois do suicídio de Vincent.

Quarto: a correspondência de Vincent com o pintor Émile Bernard. Van Gogh gostava muito do jovem Bernard, quinze anos mais novo, e depositava nele uma expectativa que a história da arte não veio a confirmar. Mas estas cartas ressaltam, além da fraternal amizade entre os dois, as ideias e o profundo conhecimento artístico de Vincent. Mostram também a cultura literária do pintor, seu dia a dia e os comentários a respeito dos quadros que estava produzindo.

Tanto a biografia de Vincent por Jo van Gogh-Bonger como a correspondência de Theo a Vincent e a Émile Bernard são apresentadas e prefaciadas por Vincent Willem van Gogh (1890-1978), filho de Jo e Theo, nascido pouco antes da morte de seu pai e do tio. O engenheiro Vincent Willem van Gogh, junto com sua mãe, foi responsável pela guarda e pelo gradual conhecimento e respeito do mundo pela obra do seu tio. Foi também o idealizador do Museu Van Gogh em Amsterdã, cujo acervo foi praticamente todo doado pelo "Engenheiro", como era conhecido.

No final do conjunto de *Cartas a Theo* há um glossário que – na medida do possível – tenta identificar a maioria das pessoas citadas na correspondência e sua importância na vida e/ou obra de Vincent. Ao todo, incluindo as cartas de Vincent a Theo, de Theo a Vincent e de Vincent ao pintor Émile Bernard, reunimos aqui uma seleção de 313 cartas. Acompanha o glossário uma cronologia da época ("Van Gogh e seu tempo"), situando os movimentos artísticos, culturais e políticos que tiveram relevância durante a vida de Vincent. Esta cronologia avança para os anos que sucederam a sua morte, quando graças à perseverança de sua cunhada Jo seu nome começou a ser conhecido, até 1991, quando um quadro seu bateu o recorde nos leilões internacionais ao ser vendido por 90 milhões de dólares. Uma monumental ironia para quem, em vida, conseguira vender apenas uma obra. E por uma quantia que mal pagava um almoço.

Cartas a Theo

Uma nova edição ampliada e anotada

Ivan Pinheiro Machado

Em *Cartas a Theo* está a descrição das obras, a formulação do complexo e avançado pensamento estético de Van Gogh e a descrição da evolução da sua própria loucura. Um material emocionante e revelador, tanto pela sua obsessiva convicção de que era realmente um artista, como também pela paradoxal consciência da própria loucura. Nas cartas, Vincent fala abertamente da sua "doença", reflete sobre ela e dramaticamente prevê as crises que se tornaram mais frequentes no final da vida e culminaram com sua morte trágica.

Nesta edição, foram acrescentadas mais de uma centena de cartas, em relação à edição de 1997, obedecendo à clássica antologia organizada por Georges Philippart e editada em Paris na década de 1930. A totalidade das cartas entre os irmãos, guardadas por Jo van Gogh-Bonger, viúva de Theo, foi lançada em 1914 num volume de mais de 1.000 páginas publicado pela editora holandesa Maatschappij voor Goede. Eram 652 cartas, devidamente numeradas.

Esta antologia reúne as 250 cartas mais importantes trocadas entre os irmãos. Foram eliminadas centenas de redundâncias, listas burocráticas de materiais de pintura, pedidos de roupas e equipamentos, repetições e mantido intocado o clima da intensa e dramática comunicação entre Vincent e Theo. O conjunto é um poderoso retrato biográfico daquele que foi um dos maiores pintores da humanidade. O drama, a tensão são tão bem articulados que, uma vez lidas, estas cartas ficam totalmente associadas à sua obra. Nelas ele descreve o processo tumultuado e sofrido da criação, o seu temor à loucura, a opção do sacerdócio à arte, mantida e estimulada pelo irmão. Extremamente pessoal e íntima, esta correspondência revela a alma de Vincent. Nela vemos o homem doente e o homem culto. Interessado e informado, pela sua correspondência desfilam comentários sobre quase duzentos pintores, arquitetos, escritores e filósofos importantes na sua formação. No final desta nova edição foi acrescentado um amplo glossário referenciando os nomes citados. Poucos não foram encontrados na bibliografia disponível. Certamente são autores e pintores que não resistiram ao rigoroso crivo do tempo.

Incluímos nesta edição fac-símiles das cartas, onde o leitor tem uma ideia precisa da forma de correspondência e da profundidade da ligação entre Theo e Vincent. Na maioria das cartas ele submete a Theo esboços e croquis dos quadros que pretende fazer.

É importante mencionar que também foi incluído nesta edição o texto de Paul Gauguin, parceiro admirado por Vincent, no qual é descrito o célebre episódio em que o pintor, num acesso de loucura, corta a orelha. Este precioso depoimento foi retirado do livro de Gauguin *Antes e depois*, editado na Coleção L&PM POCKET.

Além da descrição deste episódio por Gauguin e do glossário de nomes, há nesta edição um levantamento cronológico da época em que o pintor viveu, com um cruzamento de eventos e nomes que marcaram o pintor e, de resto, toda a história da arte.

Amargura e solidão
nas cartas do pintor maldito

Hoje, Van Gogh é cultuado. Mas, enquanto vivo, esse pintor de sóis silenciosos e girassóis de ouro vendeu apenas um quadro. Nas cartas ao irmão Theo, todo o relato de seu desespero.

No Brabante holandês, algumas léguas ao sul de Bréda, a aldeia de Groot Zundert agrupa umas poucas casas. A região é levemente ondulada, entremeada de pântanos, atravessada por riachos, banhada por charcos. Ao redor, erguem-se árvores mirradas com troncos retorcidos. Não longe fica a fronteira com a Bélgica. Na direção nordeste situa-se Etten. A leste, depois de Bréda, fica Nuenen. Zundert, Etten, Nuenen, estas pequenas aldeias cujos nomes reaparecerão tantas vezes nestas *Cartas*, são os limites da região natal de Van Gogh.

É em Groot Zundert que ele nasce, em 30 de março de 1853. Seu pai, Theodore van Gogh, era pastor; sua mãe, Anna Cornelia Carbentus, era filha de um encadernador da corte. Família honrada e antiga: já nos séculos XVI e XVII, os Van Gogh eram eminentes burgueses. Muitos tinham o gosto pelas artes. No século XVIII encontramos em Haia alguns Van Gogh exercendo o nobre ofício de tirador de ouro. Outros tornaram-se comerciantes de quadros.

Vincent era o primogênito de uma família com seis filhos. Bem jovem, ele demonstra um extraordinário interesse por tudo que o cerca, especialmente pela natureza. Dono de um caráter pouco sociável, vagueia solitário pelos campos. Nem Anne, nem Elisabeth, nem Wil, e menos ainda seu irmãozinho Cor o acompanham. Entretanto, ele às vezes – e cada vez mais – leva consigo Theodore, que tem quatro anos a menos que ele. Theodore, o "Theo", já é o amigo e confidente.

Quando completa doze anos, é internado no colégio da pequena cidade vizinha de Zevenbergen, retornando para casa somente nas férias de verão. Passam-se quatro anos sem que nada de excepcional aconteça na sua vida. Tudo começa aos dezesseis anos; em julho de 1869, graças ao tio Vincent – um antigo negociante de objetos de arte que gozava em Princehage de sua plácida aposentadoria –, o diretor da sucursal em Haia da prestigiosa Casa Goupil, importante galeria de arte da Europa, emprega o futuro pintor. Como vários Van Gogh do passado, ei-lo no comércio de quadros. É um empregado modelo: correto, consciencioso. Pouco a pouco vai formando suas opiniões. De Haia é enviado, sempre pela Casa Goupil, a Bruxelas. Cada vez mais ele se interessa por tudo o que vê, e frequenta os museus reais. Lê muito – tudo o que lhe cai nas mãos, um hábito que ele manteria por toda a vida, mesmo nos tempos mais tumultuados em Arles. Um dia, em agosto de 1872, Vincent vai ao encontro de seu irmão em Oosterwyck, perto de Helvoirt, pequena aldeia à qual seu pai fora chamado. Theo está então com quinze anos; mas já tem o espírito muito aberto e precocemente formado. Vincent descobre no irmãozinho quase um homem feito. A partir de sua volta começa a escrever-lhe. E é então que inicia esta correspondência que irá, sem interrupções, durar até sua morte – e da qual talvez sequer uma linha tenha-se perdido.

Em janeiro de 1873 é a vez de Theo começar a sua vida. Isto deixa seus pais preocupados, mas a família é numerosa e pobre. Um pensamento consola um pouco a sofrida mãe: Theo já é bem maduro para seus quinze anos. É dotado de muito boa vontade e bastante prudência. Ele parte para Bruxelas para também trabalhar na Casa Goupil. Mais um laço entre os dois irmãos: o paralelismo de seus destinos.

Em maio, Vincent é enviado para a sucursal de Londres. Acaba de completar vinte anos.

Lá, leva uma vida absolutamente tranquila. As horas do dia são preenchidas com as mesmas ocupações, mas os dois irmãos estão distantes. Para ir ao escritório Vincent se apressa, mas volta vagueando. Na Inglaterra, ele tem mais tempo ao seu dispor do que na Holanda. Tem livros não apenas os domingos, mas também os sábados à tarde: a semana inglesa. E, sem percebê-lo, sem dar-se conta, sua vocação nascera e começa a se desenvolver. Ele se detém para desenhar à beira do Tâmisa não apenas uma vez, mas centenas... e fica triste, ao voltar para casa e perceber que os desenhos não se assemelham a nada.

Em julho de 1874 retorna para a Holanda. O pastor vê chegar um Vincent sombrio e atormentado: ele está apaixonado. A sra.

Loyer, que dirige a pensão onde ele vive, tem uma filha, Ursula, pela qual Vincent apaixona-se. Ela se deixa cortejar, ele a pede em casamento e é repelido. Fica decepcionado, magoado, profundamente ferido. Contudo, durante estas poucas semanas que passa em Helvoirt, desenha bastante. Em meados de julho, volta a partir com sua irmã mais velha. Mas sente-se infeliz em Londres. Em outubro, por intervenção do tio de Princehage, é chamado a Paris.

Em dezembro, algumas semanas após sua chegada, volta bruscamente a Londres – em vão, pois não reencontra Ursula – e retorna a Paris. Sente-se desamparado, inquieto. Que fazer? Ele não sabe muito bem, e se pergunta sobre uma infinidade de coisas para as quais não tem respostas; perde-se em conjeturas. Um fato contudo parece-lhe evidente: a mediocridade de sua situação presente, e a certeza de um futuro também medíocre. Um pensamento de Renan o impressiona e o invade: "Esquecer-se de si, realizar grandes coisas, atingir a generosidade, e ultrapassar a vulgaridade na qual se arrasta a existência de quase todos os indivíduos..." Passam-se as semanas, chega o Natal, termina o ano. Ele não aguenta mais e foge para a Holanda – para voltar pouco depois e retornar bruscamente, em fins de março, para Etten. Em Paris, a Casa Goupil resolve despedir este empregado outrora exemplar e que se tornara detestável.

Bem que o pastor nota a mudança em suas ideias. Na verdade, Vincent quer ser pintor. Mas é preciso ganhar a vida. A partir de um anúncio, entra como professor numa escola em Ramsgate, na Inglaterra. Chega lá em meados de abril. Em julho acompanha a escola, transferida para Isle Worth.

Está cada vez mais preocupado. Que fazer? Dedicar-se à pintura? Mas isso não seria uma loucura? Resta-lhe um caminho a tomar. Alguém que não possa educar-se na arte, pode, ao menos, se quiser, tornar-se um justo aos olhos de Deus. "Sinto-me atraído pela religião", escreverá ele a Theo. "Quero consolar os humildes. Acredito que o ofício de pintor ou de artista é belo, mas creio que o ofício de meu pai é mais sagrado. Gostaria de ser como ele..." Abandona a escola de Isle Worth e passa a servir um pastor, Mr. Jones. Ei-lo pregador. Mas não tem nenhum preparo, nenhum dom de oratória. Despedem-no. Novamente no Natal bate à porta da casa paterna, fracassado, outra vez.

Novamente o tio de Princehage encontra-lhe um modesto emprego de escriturário numa livraria em Dordrecht. Ele aceita, e toma a resolução de transformar totalmente sua vida. "Não estou só", diz ele, "pois Deus está comigo. Quero ser pastor. Pastor como meu pai!" Este apelo, repetido, não ficaria sem resposta. O pastor Van Gogh reúne um conselho de família. Concordam em enviar Vincent à Universidade de Amsterdã. Lá, ele residirá na casa de um de seus tios, na Marineweff. Imediatamente Vincent atira-se aos estudos. Mas estudar torna-se para ele uma tortura. De maio de 1877 a julho de 1878, se consome em esforços... para afinal abandonar os estudos e voltar, uma vez mais, à porta da casa de Etten.

Desiste da Universidade. Resolve que quer ser missionário entre os pobres mineiros do Borinage. Para isto, basta-lhe seguir durante três meses os cursos da escola preparatória evangelista de Bruxelas. E, portanto, vai a Bruxelas. Lá, as mesmas dificuldades. Vincent conhece mal o francês e não tem nenhum dom de oratória. Não é nomeado. O pai acorre junto ao filho desamparado. Finalmente dão a Vincent uma missão de seis meses.

Nos últimos dias de dezembro, as pessoas do burgo de Patûrages, próximo a Mons, veem chegar um homem vestido com roupas muito simples. Sabem que ele está hospedado em casa do mascate Van der Haegen, que é pastor, e que vem da Holanda. Logo, todos já o conhecem. Ele visita os doentes e os reconforta, lê para eles o Evangelho. Algum tempo depois, deixa Patûrages para ir a Petites Wasmes, a algumas léguas dali.

Wasmes é o coração do Borinage, o centro do "país negro", das minas de carvão, sucessão de colinas cortadas por barrancos em terra viva nos quais, aqui e ali, aparece a hulha. Ao sul, grandes bosques fecham o horizonte. Nesta região, há séculos, vive um grupo de homens que passa metade de suas vidas agitando-se nas entranhas da terra. Esta atividade subterrânea revela-se à superfície do solo: veem-se altas gaiolas, grandes pirâmides negras, duas vezes mais altas que as casas, clarões avermelhados sobre os quais flutuam vapores cinzentos e fumaças sombrias. Uma paisagem humana que não deixa de ter sua grandiosidade. À noitinha, as janelas dos botequins se iluminam, enquanto que as mulheres, ao fundo, ocupam-se de suas cozinhas. Esses mineiros são pobres mas suas vidas não são apenas misérias e provações. Vincent, no entanto, só vê tristeza e opressão. E, na intenção de aliviá-las, dedica-lhes o zelo de um apóstolo. Entrega-se por completo à sua exaltação mística. Passa a viver numa cabana de tábuas, dorme na terra nua, usa um velho camisão de soldado; cuida dos doentes de tifo, despoja-se até de suas roupas. No entanto, ele é mau pregador e seu comportamento, longe de levar os mineiros à virtude, os impressiona e escandaliza. Ao mesmo tempo ele continua a desenhar nos poucos momentos livres que se permite.

Entretanto sua missão não é renovada pelo Consistório. Novamente Vincent está perdido. Volta a pé, sem um tostão, detém-se em Bruxelas na casa de um amigo, e a seguir, em agosto de 1879, mais uma vez vai bater à porta da pobre casa de Etten.

Só que agora não há mais lugar na sua casa. Conseguirá viver só? Ele parte, o cajado nas mãos, mochila às costas, de volta ao Borinage.

Começa então o mais sombrio período de sua vida. Ele caminha aqui e ali, sob o vento do outono, sob o vento do inverno. Dorme à beira dos caminhos, em celeiros, debaixo de carroças. E de que vive? Do pouco dinheiro que Theo lhe envia. Theo chega até a achar meios de encontrá-lo, de dizer-lhe algumas palavras esperançosas, de encorajá-lo enfim em sua vocação de pintor. Vincent caminha durante oito dias para ir a Carrières ver Jules Breton, a fachada imponente da casa o intimida a ponto de não ousar bater à porta. Volta a Cuesmes. A seguir, na primavera, retoma o caminho para o norte, e volta a Etten... Algumas semanas depois, está novamente no Borinage.

Apesar de todas as dificuldades e angústias ele, enfim, acredita ter descoberto o seu caminho: será pintor, nada mais que pintor!

É julho de 1880 quando ele escreve a carta na qual abre-se profundamente a Theo, na qual descreve a horrível angústia em que se encontra, suas lutas, seus desesperos, e também sua esperança radiante. Teria alguém jamais escrito apelo tão comovente, tão dilacerante? Theo ficou profundamente emocionado. E ficou também completamente convencido. A partir de então, se dedicará inteiramente ao irmão. Esta ajuda, que até o momento lhe dedicara por pura afeição, agora compromete-se a continuá-la para sempre, porque confia. Acredita realmente em Vincent. E é graças a esta confiança que o gênio de Vincent aparecerá.

Cartas a Theo | 19

Desde então, eles tornam-se ainda mais ligados. A correspondência fica mais frequente ainda; não se passa uma só semana, e logo um só dia, sem que o coração tumultado de Vincent não se derrame: é um diálogo ininterrupto. Vincent relata tudo o que vê, tudo o que faz, tudo o que pensa.

Outubro de 1880. Vincent instala-se em Bruxelas. Ali permanece até abril, retornando a Etten, onde sabe que reencontrará Theo. Ficará em Etten até dezembro. Mas estoura um novo drama: ele se apaixona por uma prima. Declarações, recusas, desespero – aos quais vem se acrescentar a cólera paterna. E Vincent torna a partir. Antes mesmo do Natal está em Haia, onde se aconselha e aprende com seu primo, o pintor Mauve.

A Mauve pertencerá a honra de ter reconhecido o talento nascente de Vincent. Mauve faz tudo o que pode por seu primo. Encontra-lhe hospedagem, arruma-lhe trabalho. Mas um dia o caráter ferozmente independente de Vincent se revela mais uma vez – e vem a briga.

Em fevereiro, numa noite de vadiagem, ele encontra uma mulher bêbada, que se propõe a posar para ele. Ele a leva ao ateliê, juntamente com sua filha, e começa então a banal e lamentável aventura que durará cerca de vinte meses. "Sien", como era conhecida Clasina Maria Hoornik, desaparece finalmente de sua vida em setembro de 1883, mas marcará a vida do pintor pelo sofrimento eternizado em pungentes desenhos da série "sorrow". E Vincent interna-se, no norte, na região de Drenthe. Antes do Natal, ele mais uma vez baterá à porta da casa paterna em Nuenen. Será a última.

Sua estadia se prolonga. Nas duas peças que o sacristão da igreja católica lhe aluga, ele instala um ateliê. E este incansável trabalhador não se concederá nenhuma trégua. Amontoam-se retratos e paisagens. Um amor ainda, um noivado, rompido pelos pais da moça... o tempo escoa. Em 27 de março de 1885, o pastor Van Gogh morre subitamente, retornando de um passeio, à porta de sua casa.

Em novembro Vincent volta à estrada. Vai para Antuérpia: acabou-se a Holanda. Em Antuérpia, uma dupla revelação: a arte de Rubens e a arte japonesa, através das estampas.

A partir de agora, as etapas se precipitarão. Em março de 1886, ele está em Paris. Reencontra Theo.

Theo é o diretor da Casa Goupil, na rua Montmartre. Acolhe o primogênito como uma criança. Ambos morarão juntos, no pequeno apartamento de Theo, rua de Laval, hoje rua Jean Massé. Vincent permanecerá por dois anos em Paris, de março de 1886 a fevereiro de 1888. Naturalmente, a preciosa correspondência se interrompe. Para recomeçar imediatamente após a separação dos dois irmãos. E o que faz Vincent em Paris? Primeiro acha que tem que se instruir. Vai humildemente para a escola, entra no ateliê de Cormon. Demonstra uma aplicação quase comovente. Passa seu tempo nos museus, especialmente no Louvre, faz cópias de Delacroix e de Millet. Mas logo abandona o ateliê Cormon – sentindo que lá ele não tem o que aprender – e começa a trabalhar ao ar livre, à maneira dos impressionistas que ele tanto admira. Parte pelas manhãs, uma tela às costas, a caixa de cores nas mãos. Instala-se onde melhor lhe aprouver, antes de mais nada o mais próximo possível de seu objeto. Montmartre o seduz muito, suas ladeiras tortuosas, suas tavernas, seus moinhos – tudo o encanta. Ele pinta todos os aspectos desta imensa "aldeia". A seguir, amplia suas investigações, vai até os limites da cidade, atinge o subúrbio. No verão, ele passa seus dias à beira do Sena, em Saint-Cloud ou Neuilly.

Às vezes vai ao encontro de seu irmão no escritório dele; mas a esta casa acadêmica ele prefere a lojinha do "pai" Tanguy, este admirador de Cézanne, de Renoir. Frequentam-na Signac, Seuret, Gauguin, um dos mais influentes – Gauguin, de quem Vincent torna-se muito amigo. As noites, ele as passa em companhia de seus novos amigos, muitas vezes no cabaré do *Tambourin*, dirigido por uma antiga modelo de Gérôme, la Segattori (*Agostina Segattori sentada no Café Tambourin,* Rijksmuseum Vincent van Gogh, Amsterdã). Logo uma grande intimidade liga Vincent a Segattori, intimidade que se romperá certa noite, não sem violência.

Contudo a luz e a cor tinham seduzido Vincent. Atormenta-o o desejo de mais luz e de uma cor mais brilhante. Além disso, nada mais tinha a aprender em Paris. Decide-se então, talvez a conselho de Toulouse-Lautrec, a ir para o sul (mais tarde em 1887, Vincent teria novo encontro com Toulouse-Lautrec, que o retrataria num almoço em Montmartre). "É no Midi", declara um dia a Émile Bernard (1868-1941, parisiense, pintor impressionista amigo que fez a aproximação de Vincent com Gauguin e Lautrec), "que é preciso instalar o ateliê do futuro." No dia seguinte ele parte para Arles. No próprio dia da chegada – provavelmente em 20 de fevereiro – ele escreve a Theo. A partir de então as cartas recomeçam, e seguem-se quase que diariamente. Nestas cartas, escritas em francês – Vincent considera-se já há muitos meses um francês –, ele diz tudo. Como nas cartas anteriores, escritas em holandês, seu texto continua duro, ruim. Este grande pintor jamais teve o dom da palavra. Em seu estilo entrecortado e reticente, ele fala de suas idas e vindas, de seu método de trabalho, das características da região, do grande sol, dos hábitos das pessoas, de suas leituras, de sua casa, e finalmente de seu sonho de fundar com os amigos um ateliê comum. Nelas também seguimos o despertar de uma crescente exaltação, sob a ação de um sol ardente. Ele desenha e pinta sem parar e, tarde da noite, escreve. Nos poucos meses que se seguem – de março a dezembro de 1888 – constrói uma obra artística prodigiosa, e um verdadeiro testamento literário: pois, mesmo sem escrever bem, Van Gogh impregna suas cartas de tamanho vigor e energia que elas terminam por tornar-se um documento tão admirável quanto os diários de Kafka ou Dostoiévski.

Mas *Cartas* nos contam também de suas múltiplas alegrias. Alegria das cores, da luz; alegria por finalmente instalar uma casa, a "casa dos amigos", iluminada por uma decoração em que o dominante é a cor da pura afeição, o amarelo triunfal, alegria em ver chegar o primeiro dos amigos, Gauguin. Apenas uma destas cartas talvez deixe entrever a iminente catástrofe. A seguir a correspondência cessa bruscamente – para só reiniciar quinze dias mais tarde. É que, neste intervalo, estourou o drama. Na noite de Natal, Vincent lançou seu copo à cara de Gauguin. À noite, ele decepa um pedaço de sua orelha e leva-a, bem embalada, para o outro vértice deste amargo triângulo amoroso: uma prostituta do bordel que ele frequentava. Vincent está louco.

Conduzem-no ao hospital. E lá, entre duas crises, este homem surpreendente reencontra seu gênio, e pinta.

A 7 de janeiro, ele retorna para casa. Mas lá, revê apenas sombras, primeiro a sua própria; a seguir, a do amigo que partiu. E a vida torna-se então dolorosa. Alucinações se sucedem, obcecam-no, aterrorizam-no. Ele é possuído pelo pior dos sofrimentos: a angústia. As *Cartas* tornam-se pungentes.

Perseguido em Arles por uma população que agora o teme e se assusta à sua vista, perseguido pela angústia da próxima crise, ele se decide, sob os insistentes conselhos de Theo e do pastor Salles, a entrar no asilo de Saint-Rémy.

O asilo de Saint-Paul de Mausole, em Saint-Rémy, bem próximo ao Arco do Triunfo e ao mausoléu, que estão entre os mais belos monumentos romanos da França, é um antigo monastério. Uma ala de pinheiros anuncia sua entrada. Nos pavilhões, imensos, um médico, o doutor Mercurin, tinha instalado no começo do século XIX uma casa de saúde.

Para quem visita o asilo de Saint-Rémy, nada parece ter mudado desde a época de Van Gogh. Na grande ala norte, ao longo de um corredor, seguem-se vários quartinhos. Quase no meio está aquele que Vincent habitou, e cujas paredes estão ornamentadas com reproduções das obras pintadas por ele em Saint-Rémy. Pela janela aberta (pela qual, após um salto, chegamos em plena campina) avistam-se, bem próximas, as abruptas encostas das Alpilles; em frente, terras cultivadas e árvores. À esquerda, um muro, além do qual adivinha-se a cidadezinha. No fim desta ala, no andar de cima, foram cedidas duas peças a Vincent, nas quais ele fez seu ateliê. Lá de cima, a vista é extensa, ao longo surge Avignon e os picos dos Alpes.

Vincent passa momentos de dor, de desespero, de melancolia, de calma – e contudo não para de pintar. De certas frases de suas cartas, pode-se imaginar o quanto ele sofreu com os incessantes berros de seus infelizes companheiros. Mas talvez jamais tenha pintado melhor, com mais sensibilidade, com mais intensidade do que em Saint-Rémy. Ele próprio traduz à sua maneira os dois estados entre os quais oscila sua razão – a ansiedade e a calma – ao descrever duas pinturas a Émile Bernard: "Esta combinação, de ocre vermelho, de verde entristecido pelo cinza, de traços negros que cercam os contornos, produz um pouco a mesma sensação de angústia de que frequentemente sofrem alguns de nossos companheiros de infortúnio, e que chamamos de 'negro-vermelho'. E o tema da grande árvore atingida pelo raio, o sorriso doentio verde-rosa da última flor de outono vêm confirmar esta ideia.

"Uma outra tela representa um sol nascendo sobre um campo de trigo novo; linhas fugidias, sulcos subindo ao alto da tela, contra uma muralha e uma fileira de colinas lilás. O campo é violeta e amarelo-esverdeado. O sol branco é cercado por uma grande auréola amarela. Nisto tudo eu tentei, por contraste com a outra tela, exprimir a calma, uma grande paz..."

Em janeiro de 1890, no *Mercure de France*, um crítico, Albert Aurier, assinala sua pintura: é a primeira vez que a notam. Vincent se regozija. No mês seguinte, Theo lhe escreve dizendo ter vendido seu quadro *O vinhedo vermelho*. Primeiro, e único, quadro vendido antes da sua morte.

Mas ele quer partir. Theo passa a procurar um abrigo seguro. Pissarro lhe comunica que em Auvers-sur-Oise mora um amigo dos artistas, o doutor Paul-Ferdinand Gachet, colecionador de Cézanne, Pissarro, Guillemin, entre outros pintores. Vincent ficaria bem junto dele. Em 18 de maio de 1890, Vincent deixa Saint--Rémy.

Em Paris, ele fica feliz em reencontrar Theo, sua mulher e sua filhinha, pois Theo se casara um ano antes. Revê seus quadros (que estão em toda parte, até debaixo dos móveis); sente prazer em apertar a mão dos amigos que vêm visitá-lo. Está apenas de passagem. No dia 21 de maio já está instalado em Auvers como pensionista do Café Ravoux, na praça da Prefeitura.

Novamente tudo pode ser encontrado nas *Cartas* que se seguem: seu trabalho, seus passeios pelo campo, sua crescente afeição pelo doutor Gachet (várias vezes retratado por Vincent), seu humor inconstante, sua melancolia... Em 27 de julho, tomado pela angústia da crise que ele sente aproximar-se, dispara uma bala no coração. Estava nos trigais, atirando nos corvos, quando decide dar fim à própria vida. Mas o tiro se desvia: a bala se aloja na virilha. Ele encontra forças para voltar para a casa e não avisa ninguém. Não o vendo descer para o almoço, o pessoal da pensão onde estava hospedado sob a vista do dr. Gachet vai procurá-lo em seu quarto. Ele está prostrado, sangrando. O dr. Gachet chega imediatamente e constata que é impossível tirar a bala. Vincent recusa-se a dar o endereço de Theo, que somente é avisado no dia seguinte. Imediatamente Theo vai para Auvers-sur-Oise e encontra o irmão fumando cachimbo aparentemente tranquilo. Theo não se conforma com a possibilidade da morte do irmão, já muito fraco. Mas não há mais o que fazer, Vincent está determinado a morrer. Conversa o dia inteiro em holandês com Theo, que à noite deita-se ao lado dele. A uma e meia da manhã Vincent murmura: "Quero ir embora", e morre.

Uma carta, que é só dúvidas e desespero, é encontrada com ele. A última carta a Theo, que só lhe chegou às mãos depois da morte de Vincent.

Theo não pôde suportar a dor. Atingido por uma paralisia, transportado para a Holanda sob os cuidados de sua mulher, ele morreria alguns meses mais tarde, em janeiro de 1891.

Os irmãos cuja amizade tornou-se legendária repousam lado a lado em Auvers-sur-Oise.

Quase 100 anos depois da sua morte, em 1990, ironicamente Vincent van Gogh foi o protagonista do maior negócio à época jamais realizado no mercado internacional de arte. Um dos "retratos do dr. Gachet" foi vendido pela Christie's (uma das mais poderosas casas de leilões do mundo) por 82,5 milhões de dólares para o empresário japonês Ryoei Saito. O empresário foi preso em 1993, acusado de corrupção, e morreu em 1996. O quadro desapareceu. Diz a lenda (ou realidade) que a pintura foi cremada junto com seu proprietário...

LONDRES
(JULHO DE 1873 – MAIO DE 1875)

Londres, 20 de julho de 1873

A arte inglesa não me atraía muito no começo, é preciso acostumar-se a ela. Contudo, existem aqui pintores hábeis, entre outros Millais, que fez o *Huguenote, Ofélia*, etc., e que você certamente deve conhecer por gravuras, é muito bonito. E Boughton, de quem você conhece os *Puritanos indo à igreja* da nossa galeria fotográfica. Vi coisas muito bonitas dele. Além disto, entre os velhos pintores, Constable, um paisagista que morreu há uns trinta anos, é esplêndido, com alguma coisa de Diaz, de Daubigny; e Reynolds, e Gainsborough, que pintaram sobretudo retratos de mulheres, e ainda Turner, de quem você deve ter visto algumas gravuras.

Existem aqui alguns bons pintores franceses, entre outros Tissot... Otto Weber e Heilbuth. Este último está fazendo atualmente belas pinturas no gênero precioso de Van Linder. Quando puder, escreva-me se existem aí fotografias de Wauters, exceto *Hugo van der Goes* e *Marie de Bourgogne*, e se você conhece também fotografias dos quadros de Lagey e de Braeckeleer.

Não é do velho Braeckeleer que estou falando, mas de um filho dele, acho, que tinha na última exposição de Bruxelas três quadros esplêndidos, intitulados *Antuérpia, A escola* e *O atlas*.

Caso você veja também alguma coisa de Lagey, de Braeckeleer, Wauters, Maris, Tissot, George Saal, Jundt, Ziem, Mauve, escreva-me sem falta, são pintores de quem eu gosto muito (10).[1]

Londres, janeiro de 1874

Estou vendo que você se interessa pela arte e isto é uma boa coisa, velho. Fico contente que você goste de Millet, Jacque, Schreyer, Lambinet, Frans Hals, etc., pois, como diz Mauve, "é alguma coisa".

Sim, o quadro de Millet, *Angelus du Soir*, "é alguma coisa", é magnífico, é pura poesia. Como eu gostaria de falar sobre arte

---

1. Os números ao final de cada carta indicam a cronologia da correspondência completa. (N.E.)

contigo... só nos resta nos escrevermos bastante; *ache belo* tudo o que puder, a maioria das pessoas *não acha belo o suficiente.*

Escrevo abaixo alguns nomes de pintores de quem eu gosto particularmente:

Scheffer, Delaroche, Hébert, Hamon, Leys, Tissot, Lagey, Boughton, Millais, Thijs Maris, De Groux, de Braeckeleer, jr., Millet, Jules Breton, Feyen-Perrin, Eugène Feyen, Brion, Jundt, George Saal, Israëls, Anker, Knaus, Vautier, Jourdan, Compte-Calix, Rochussen, Meissonier, Madrazzo, Ziem, Boudin, Gérôme, Fromentin, Decamp, Bonington, Diaz, Th. Rousseau, Troyon, Dupré, Corot, Paul Huet, Jacque, Otto Weber, Daubigny, Bernier, Émile Breton, Chenu, César de Cock, Mlle. Colart, Bodmer, Koekkoek, Schelhour, Weissenbruch e *last not least* Maris e Mauve. Mas eu continuaria a lista não sei por quanto tempo mais, e há ainda os velhos, e estou certo de ainda ter omitido alguns dentre os melhores (13).

Londres, 6 de abril de 1875

A respeito do *Meerestille* de Heine, que eu tinha copiado no teu caderno, não é? Há algum tempo atrás eu vi um quadro de Thijs Maris que me fez pensar nele.

Uma velha cidade de Holanda, com fileiras de casas num castanho avermelhado com oitões em escadinha e patamares nas portas, telhados cinzas, e portas brancas ou amarelas, vãos e cornijas; canais com barcos e uma grande ponte levadiça branca sob a qual se encontra uma chata com um homem ao leme, a casinha do guarda da ponte que se vê pela janela sentado em sua pequena escrivaninha.

Um pouco mais longe no canal, uma ponte de pedra sobre a qual passam pessoas e uma charrete com cavalos brancos.

E movimento por toda parte; um homem com um carrinho de mão, um outro apoiado ao parapeito, olhando para a água, mulheres de preto com toucas brancas.

No primeiro plano, um cais com lajotas e um parapeito preto.
Ao longe, uma torre se ergue sobre as casas.
Acima disso tudo, o céu, num branco cinza.
É um pequeno quadro, vertical (24).

PARIS
(MAIO DE 1875 – MARÇO DE 1876)

Paris, 31 de maio de 1875

Ontem eu vi a exposição Corot. Havia em especial um quadro, o *Jardim das oliveiras,* fico contente que ele o tenha pintado. À direita, um grupo de oliveiras perde-se no azul do céu ao crepúsculo; em segundo plano, colinas com arbustos e duas grandes árvores. No alto, a estrela da tarde.

No Salão, há três Corot muito bonitos; o mais belo, pintado pouco antes de sua morte, *Os lenhadores,* sem dúvida será publicado na *Illustration* ou no *Monde Illustré.*

Como você pode imaginar, também fui ao Louvre e ao Luxemburgo.

Os Ruysdael do Louvre são magníficos; especialmente *O bosque, A paliçada* e *O raio de sol.*

Espero que um dia você veja os pequenos Rembrandt, *Os peregrinos de Emaús* e dos *pendants, Os filósofos* (27).

Paris, 6 de julho de 1875

Aluguei um pequeno quarto em Montmartre que te agradaria. É pequeno, mas dá para um jardinzinho forrado de hera e de vinhas. Vou lhe contar as gravuras que pendurei na parede: Ruysdael: *O bosque* e *Lavadouros*; Rembrandt: *A leitura da Bíblia* (um grande quarto estilo velha-Holanda) – à noite – uma vela sobre a mesa onde a jovem mulher sentada perto do berço de sua criança lê a Bíblia; uma velha mulher sentada escuta, é algo que faz pensar: "Em verdade eu vos digo, em todo lugar onde duas ou três pessoas se reunirem em meu nome, eu estarei entre elas"; é uma antiga gravura em cobre, tão grande quanto *O bosque,* esplêndida; Philippe de Champaigne: *Retrato de uma senhora;* Corot: *A tarde;* Corot: *idem;* de Bodmer: *Fontainebleau;* Bonington: *Uma estrada;* Troyon: *A manhã;* Jules Dupré: *A tarde* (a caminhada); Maris: *Lavadeira;* o mesmo: *Um batismo;* Millet: *As horas do dia* (Gravuras em madeira 4 lâminas); v. d. Maaten: *Enterro no trigal;* Daubigny: *A aurora* (galo cantando); Charlet: *A hospitalidade* (granja cercada de pinheiros no inverno sob a neve; um camponês e um soldado frente à porta); Ed. Frère: *Costureiras*; o mesmo: *O tanoeiro* (30).

Paris, 13 de agosto de 1875

Na lista dos que eu pendurei no meu quarto, esqueci:
N. Maes: *A natividade*.
Hamon : *Se eu fosse o inverno sombrio*.
Français: *Últimos belos dias*.
Ruyperez: *A imitação de Jesus Cristo*.
Bosboom: *Cantabimus et Psallemus*.
Estou fazendo todo o possível para encontrar para você uma gravura de Rembrandt: *Leitura da Bíblia* (33).

Paris, 25 de setembro de 1875

Vou me separar de todos os meus livros de Michelet, etc., etc. Faça o mesmo.

Paris, 11 de outubro de 1875

Você seguiu meu conselho, separou-se dos livros de Michelet, Renan, etc.? Acho que isto o deixará mais tranquilo. A página de Michelet sobre o *Retrato de Senhora*, de Philippe de Champaigne, no entanto, é preciso não esquecê-la, e não se esqueça também de Renan. Contudo, afaste-o... Você conhece Erckmann-Chatrian: *O recruta*, *Waterloo* e sobretudo *O amigo Fritz* e também *A senhora Teresa*? Leia-os se puder. Mudar de alimento estimula o apetite (42).

AMSTERDÃ
(9 DE MAIO DE 1877 – JULHO DE 1878)

Amsterdã, 27 de julho de 1877

Mendès me deu boas esperanças de que ao fim de três meses estaremos tão adiantados quanto ele se propunha caso tudo corresse bem. O que não impede que estas aulas de grego no coração de Amsterdã, em pleno bairro judeu, numa tarde muito quente e opressiva, tendo na cabeça a ameaça de muitos exames difíceis a passar frente a professores ardilosos e muito doutos, te deixem mais indisposto que os campos de trigo do Brabante, que devem estar intensamente belos num dia como este (103).

Amsterdã, 18 de agosto de 1877

Acordei cedo e vi os operários chegarem ao canteiro de obras, sob um sol magnífico. Você teria gostado de ver o aspecto peculiar deste rio de personagens negros, grandes e pequenos, primeiro na rua estreita onde ainda havia muito pouco sol, e a seguir no canteiro. Depois disto me alimentei de um pedaço de pão seco e um copo de cerveja; é uma maneira, recomendada por Dickens àqueles que estão a ponto de se suicidar, como sendo particularmente indicada para desviá-los ainda durante algum tempo deste projeto. E mesmo que não se esteja totalmente com esta disposição de espírito, é bom fazê-lo de vez em quando, pensando no quadro de Rembrandt, *Os peregrinos de Emaús* (106).

Amsterdã, 9 de janeiro de 1878

C. M.[2] perguntou-me hoje se eu não achava bela a *Phryné* de Gérôme. Eu lhe disse que me dava infinitamente mais prazer olhar uma mulher feia de Israëls ou de Millet ou uma velha mulher de Ed. Frère, pois afinal o que significa um belo corpo como o desta Phryné? Isto os animais também têm, talvez até mais do que os homens, mas uma alma como a que existe nos homens pintados por Israëls, Millet ou Frère, isto os animais não têm, e a vida não nos teria sido dada para enriquecer nossos corações, mesmo quando o corpo sofre?

Quanto a mim, sinto muito pouca simpatia por esta imagem de Gérôme, pois não vejo nela o mínimo sinal revelador de inteligência. Mãos que carregam as marcas do trabalho são mais belas que mãos como as desta imagem.

---

2. Abreviação do nome de um tio de Vincent, Cornelius-Marinus, chamado às vezes também de tio Cor. (N.E.)

Maior ainda é a diferença entre tal moça e um homem como Parker ou Tomás de Kempis, ou como os que pintava Meissonnier; da mesma maneira que não se pode servir dois mestres ao mesmo tempo, não se pode gostar de coisas tão diferentes e sentir por elas a mesma simpatia.

C. M. me pergunta então se uma mulher ou uma moça que fossem belas não me agradariam, mas eu lhe disse que me sentiria melhor e combinaria mais com uma que fosse feia, velha ou pobre, ou infeliz, por qualquer razão, mas que tivesse alcançado a inteligência e uma alma pela experiência de vida e pelas provações ou desgostos (117).

Amsterdã, 3 de abril de 1878

Voltei a refletir sobre a nossa conversa, e involuntariamente meditei nas palavras: "Somos hoje o que éramos ontem". Isto não significa que se deva marcar passo, e não tentar desenvolver-se, ao contrário, há uma razão imperiosa para fazê-lo e para buscá-lo.

Mas para permanecermos fiéis a estas palavras, não podemos recuar, e quando começamos a considerar as coisas com um olhar livre e confiante, não podemos voltar atrás e nem hesitar.

Os que diziam "nós somos hoje o que éramos ontem" eram "homens honrados", o que se depreende claramente da constituição que redigiram, que subsistirá por todos os tempos, e da qual se disse que tinha sido escrita "sob as emanações do céu" e "com uma mão de fogo". É bom ser um "homem honrado" e procurar sê-lo cada vez mais, e fazemos bem em acreditar que para isto é preciso ser "homem introspectivo e espiritual".

Se tivéssemos a convicção de pertencer a esta categoria, seguiríamos nosso caminho com calma e confiança, sem duvidar do bom resultado final. Havia um homem que certo dia entrou numa igreja e perguntou: "Será possível que o meu zelo tenha me enganado, que eu tenha tomado o mau caminho e que continue errado? Ah! Se eu me livrasse dessa incerteza e se pudesse ter a firme convicção de que acabaria por vencer e alcançar êxito". E uma voz então lhe respondeu: "E se tivesses essa certeza, que farias então? Faças portanto como se a tivesses, e não serás perturbado". O homem então continuou seu caminho, não mais incrédulo mas crente, e voltou à obra, sem duvidar nem hesitar mais. No que se refere a ser "homem introspectivo e espiritual", será que não poderíamos desenvolver em nós este estado pelo conhecimento da história em geral e de determinadas personalidades de cada época em particular, desde a história sagrada até a da Revolução, e desde a *Odisseia* até os livros de Dickens e de Michelet? E não poderíamos tirar algum ensinamento da obra de homens como Rembrandt, ou das *Ervas daninhas* de Breton, ou *As horas do dia* de Millet, ou *O benedicite* de De Groux ou Brion, ou *O recruta* de De Groux (ou senão de Conscience) ou *Os grandes carvalhos* de Dupré, ou até mesmo os moinhos e as planícies de areia de Michel?

Falamos bastante sobre qual é o nosso dever, e como poderíamos chegar a algo de bom, e chegamos à conclusão que nosso objetivo em primeiro lugar deve ser o de achar um lugar determinado, e uma profissão à qual possamos nos dedicar integralmente.

E acredito que estávamos igualmente de acordo de que o necessário é sobretudo ter em vista o objetivo final, e que uma vitória, após toda uma vida de trabalho e de esforços, vale mais que uma vitória obtida mais cedo.

Aquele que vive sinceramente e encontra aflições verdadeiras e desilusões, e que jamais se deixa abater por elas, vale mais que os que sempre vão de vento em popa, e que conheceriam uma prosperidade apenas relativa. Pois, em quem constatamos da maneira mais visível um valor superior, senão naqueles a quem se aplicam as palavras: "Lavradores, vossa vida é triste, lavradores, vós sofreis na vida, lavradores, vós sois bem-aventurados", senão naqueles que carregam os estigmas de "toda uma vida de luta e de trabalho suportada sem jamais se curvar"? É bom se esforçar em assemelhar-se a eles.

Avançamos portanto em nossa estrada *indefessi favente Deo*. No que me diz respeito, devo tornar-me um bom pregador que tenha algo de bom a dizer e que possa ser útil no mundo, e talvez fosse melhor eu conhecer um tempo relativamente longo de preparação, e estar solidamente confirmado numa firme convicção, antes de ser chamado a falar aos outros... A partir do momento em que nos esforcemos em viver sinceramente, tudo irá bem, mesmo que tenhamos inevitavelmente que passar por aflições sinceras e verdadeiras desilusões; cometeremos provavelmente também pesados erros e cumpriremos más ações, mas é verdade que é preferível ter o espírito ardente, por mais que tenhamos que cometer mais erros, do que ser mesquinho e demasiado prudente. É bom amar tanto quanto possamos, pois nisso consiste a verdadeira força, e aquele que ama muito realiza grandes coisas e é capaz, e o que se faz por amor está bem feito. Quando ficamos admirados com um ou outro livro, por exemplo, tomando ao acaso: *A andorinha, A calhandra, O rouxinol, As aspirações do outono, Daqui eu vejo uma senhora, Eu amava esta pequena cidade singular*, de Michelet, é porque estes livros foram escritos de coração, na simplicidade e na pobreza de espírito. Se só pudéssemos dizer umas poucas palavras, mas que tivessem um sentido, seria melhor que pronunciar muitas que não fossem mais que sons vazios, e que poderiam ser pronunciadas com tanto mais facilidade, quanto menos utilidade tivessem.

Se continuarmos a amar sinceramente o que na verdade é digno de amor, e não desperdiçarmos nosso amor em coisas insignificantes, nulas e insípidas, obteremos pouco a pouco mais luz e nos tornaremos mais fortes.

Quanto antes procurarmos nos qualificar num certo ramo de atividade e numa certa profissão, e adotarmos uma maneira de pensar e de agir relativamente independente, e quanto mais nos ativermos a regras fixas, mais firme se tornará o caráter, sem que para isto tenhamos de nos tornar limitados.

E é sensato fazer estas coisas, porque a vida é curta e o tempo passa depressa; se nos aperfeiçoamos numa única coisa e a compreendemos bem, alcançamos além disto a compreensão e o conhecimento de muitas outras coisas.

Às vezes é bom ir ao fundo e frequentar os homens, e às vezes somos até obrigados e chamados a isto, mas aquele que prefere permanecer só e tranquilo em sua obra, e não quer ter mais que uns poucos amigos, é quem circula com maior segurança entre os homens e no mundo. É preciso não se fiar jamais no fato de viver sem dificuldades ou sem preocupações ou obstáculos de qualquer natureza, mas não se deve procurar ter uma vida muito fácil. E mesmo nos ambientes cultos e nas melhores sociedades e circunstâncias mais favoráveis, é preciso conservar algo do caráter original de um Robinson Crusoé ou de um homem da natureza, jamais deixar extinguir-se a chama interior, e sim cultivá-la. E aquele que

continua a guardar a pobreza e que a preza, possui um grande tesouro e ouvirá sempre com clareza a voz de sua consciência; aquele que escuta e segue esta voz interior, que é o melhor dom de Deus, acabará por encontrar nela um amigo e jamais estará só... Que seja este o nosso destino, meu rapaz, que teu caminho seja próspero, e que Deus esteja contigo em todas as coisas e te faça triunfar, é o que te desejo com um cordial aperto de mão em tua partida.
Teu irmão que te ama,
VINCENT (121).

ETTEN
(22 DE JULHO DE 1878 – 15 DE AGOSTO DE 1878)

Etten, 22 de julho de 1878

Como o Pai já deve lhe ter dito por carta, fomos semana passada a Bruxelas em companhia do pastor Jones de Isleworth, que passou aqui o domingo...

Visitamos a escola flamenga de formação; ela mantém um curso de três anos enquanto que, como você sabe, no caso mais favorável os estudos na Holanda ainda tomam seis anos. E nesta escola não se exige nem mesmo ter terminado os estudos para poder disputar um lugar de missionário. O que se exige é o dom de poder dar facilmente conferências cordiais e populares ou de poder dirigir-se ao povo preferivelmente de maneira breve e forte, que sábia e longa. Desta forma dão menos importância ao conhecimento profundo das línguas antigas e aos longos estudos teológicos (ainda que tudo que se conheça neste campo constitua uma viva recomendação), mas levam mais em consideração o caráter apropriado ao trabalho prático e até natural. Mas ainda não chegamos nisso; primeiro, não é de repente, mas somente após muitos exercícios, que se adquire o dom de dirigir-se ao povo com gravidade e sentimento, e sem violência e afetação, pois as palavras a dizer devem ter um significado e uma intenção moral e devem conseguir incitar os ouvintes a se esforçarem para que suas inclinações tomem raízes na verdade. Em uma palavra, é preciso ser um pregador popular para ali ter chances de êxito.

Fac-símile de uma das cartas de Van Gogh a Theo.

"Esses senhores" de Bruxelas exprimiram o desejo de que eu vá para lá por um período de três meses, a fim de travarmos melhor conhecimento, mas afinal isto ficaria muito caro, e devemos evitar isto ao máximo. Por isso prefiro ficar por enquanto em Etten para me preparar, e é daqui que de vez em quando irei fazer uma visita seja ao pastor Pietersen, em Malines, seja ao pastor de Jonge, em Bruxelas, para que possamos nos conhecer reciprocamente. O tempo que isto levará dependerá inteiramente do que se disser em Bruxelas...

Como era bela a excelente gravura em madeira publicada pela *Illustration* sob o título *Um jovem cidadão do ano V*, devida a Jules Goupil; você também a viu; consegui obtê-la e pendurei-a na parede do quartinho onde pude me instalar, ou seja, o quarto de estudos, que tem vista para o jardim e cujo muro exterior é forrado de hera. Eis o que a revista em questão diz do famoso quadro: "Um olhar que viu o espetáculo da pavorosa guilhotina, um pensamento que sobreviveu a todas as cenas da revolução. Ele está quase espantado de achar-se ainda vivo após tantas catástrofes". É um fenômeno notável na arte e continuará a ter o mesmo efeito sobre inúmeras pessoas; e quem tiver sensibilidade para a grande arte, ficará tão impressionado quanto com um retrato de Fabritius ou alguns outros quadros mais ou menos místicos da escola de Rembrandt (123).

Começo de agosto de 1878

Nestes últimos dias eu fiz um pequeno desenho segundo *Uma manhã de domingo*, de Émile Breton, com pena, tinta e lápis. Como é bela esta obra – fez ele algo de especial este ano e você tem visto bastante suas obras? Escrevi ontem e hoje uma dissertação sobre a parábola do grão de mostarda, que chegou a vinte e sete páginas. Espero que contenha algo de bom (124).

BRUXELAS
(AGOSTO DE 1878 – 15 DE NOVEMBRO DE 1878)

Laeken, 15 de novembro de 1878

Foi precisamente no momento em que os varredores de rua voltavam com suas carroças puxadas por velhos cavalos brancos, havia uma longa procissão destas carroças perto da chamada Granja do Barro, no começo do caminho de sirga à beira do rio. Alguns destes velhos cavalos brancos parecem-se com certa velha gravura em água-tinta, que talvez você conheça bem, uma gravura que não tem um valor artístico muito grande, mas que contudo me chamou a atenção e me impressionou. Estou falando da última série de gravuras intitulada *A vida de um cavalo*. Esta gravura representa um velho cavalo branco, mirrado e esquelético, e totalmente esgotado por uma longa vida de dura faina, de um trabalho longo e penoso. O pobre animal se encontra num lugar indescritivelmente solitário e abandonado, uma campina onde cresce um capim seco e árido, tendo aqui e ali uma árvore retorcida, dobrada e despedaçada pela borrasca. Uma caveira jaz por terra e ao longe, em segundo plano, o esqueleto descorado de um cavalo, ao lado de uma choupana onde mora um homem que trabalha de esfolador. Um céu tempestuoso sobrepõe-se ao conjunto, é um dia acre e rude, um tempo sombrio e escuro.

É uma cena triste e profundamente melancólica e que deve impressionar qualquer um que saiba e sinta que um dia nós também deveremos passar pelo que se chama de morte, e "que o fim da vida humana são lágrimas ou cabelos brancos". O que existe além é um grande mistério que só Deus conhece, e que nos revelou de maneira irrefutável por sua palavra, que há uma ressurreição dos mortos.

O pobre cavalo, o velho servidor fiel, está lá paciente e passivo, corajoso apesar de tudo, e por assim dizer decidido, como a velha guarda que disse: "A guarda morre mas não se rende", e espera sua última hora. Involuntariamente esta gravura me veio à memória quando vi esta tarde os cavalos da Granja do Barro.

E os próprios carroceiros, com suas roupas sujas e imundas, pareciam mergulhados e enraizados ainda mais profundamente na miséria do que aquela longa procissão, ou melhor, aquele grupo de pobres que o mestre De Groux desenhou em seu *Banco dos pobres*. Veja você, isto continua a me impressionar e é característico que, ao vermos a imagem de um abandono indizível e indescritível – da solidão, da pobreza e da miséria, o fim das coisas ou seu extremo –, surja então em nosso espírito a ideia de Deus. Pelo menos para mim é sempre o caso e o Pai também diz: "É no cemitério que eu prefiro tomar a palavra, porque ali todos pisamos o mesmo chão, e não somente pisamos o mesmo chão, mas também sempre percebemos isto".

Fiquei contente que tenhamos podido ver o museu juntos, e sobretudo a obra de De Groux e Leys e tantos outros quadros notáveis como aquela paisagem de Coosemans, entre outros. Estou muito contente com as duas gravuras que você me deu, mas você deveria ter aceito de mim aquela pequena água-forte: *Os três moinhos*. E depois você mesmo a comprou – e nem sequer pela metade do preço, como eu teria gostado. É preciso conservá-la em sua coleção, pois ela é notável ainda que a execução não seja tão boa; na minha ignorância acredito ter que atribuí-la preferivelmente a Brueghel, o Camponês, que a Brueghel, o Jovem. Junto à presente o pequeno croquis em questão: *Na mina de carvão*.

Bem que eu gostaria de começar a fazer alguns croquis grosseiros das inúmeras coisas que se encontram pela estrada, mas como tudo isto me distrairia de meu próprio trabalho, é melhor não começar. Desde minha volta para casa, comecei um sermão sobre "a figueira estéril", Lucas, XIII, 6-9.

Este pequeno desenho *Au Charbonnage* na verdade não é muito extraordinário, mas a razão pela qual eu o fiz tão maquinalmente é que aqui se vê tanta gente que trabalha nas minas e é um povo bem característico. Esta casinha fica perto do caminho de sirga à beira do rio; na verdade é um pequeno botequim contíguo a uma grande oficina, onde os operários vêm comer seu pão e beber um copo de cerveja na hora do rancho.

Na época eu havia solicitado na Inglaterra um lugar de missionário entre os mineiros, nas minas de carvão; recusaram então minha solicitação dizendo-me que eu deveria ter pelo menos vinte e cinco anos. Você bem sabe que uma das raízes ou verdades fundamentais não somente do Evangelho, mas de toda a Bíblia é: "A luz que resplandece nas trevas". *Das trevas para a luz*. Ora, quem são os que mais carecem disso, quem são os que saberão escutá-lo? A experiência ensina que quem trabalha nas trevas, no coração da terra, como os mineiros nas minas de carvão, sensibiliza-se muito com a palavra do Evangelho, e nela tem fé. Ora, há no sul da Bélgica, no Hainaut, entre os arredores de Mons e a fronteira francesa, e mesmo um pouco além, uma região chamada Borinage, onde vive uma curiosa população de operários trabalhando em inúmeras minas de carvão. Eis o que se encontra num pequeno manual de geografia sobre eles: "Os borins (habitantes do Borinage, região a oeste de Mons) ocupam-se exclusivamente da extração do carvão. É imponente o espetáculo destas minas de hulha abertas a trezentos metros sob a terra, e onde desce diariamente uma população de operários digna de nossa consideração e de nossa simpatia. O mineiro é um tipo peculiar no Borinage; para ele o dia não existe, e, salvo aos domingos, ele praticamente não desfruta dos raios de sol. Ele trabalha arduamente sob a luz de uma lanterna cuja claridade é pálida e alvacenta, numa galeria estreita, o corpo dobrado em dois, às vezes obrigado a rastejar; trabalha para arrancar das entranhas da terra esta substância mineral cuja grande utilidade conhecemos; ele trabalha, enfim, em meio a mil perigos incessantemente renovados; mas o mineiro belga tem um caráter alegre, está acostumado a esse tipo de vida, e quando entra na caverna, com seu chapéu munido de uma lâmpada destinada a guiá-lo nas trevas, ele se confia a seu Deus, que vê seu trabalho e que o protege, assim como a sua mulher e suas crianças".

Portanto, o Borinage fica ao sul de Lessines, onde se encontram as pedreiras.

Eu gostaria muito de ir para lá como missionário. O estágio de três meses previsto pelos senhores de Jong e o pastor Pietersen está chegando ao fim. Antes de começar a pregar e partir para suas grandes viagens de apostolado e de atividade entre os gentios, Paulo passou três anos na Arábia. Se eu pudesse durante dois ou três anos trabalhar em silêncio numa região como esta, e lá aprender e observar constantemente, eu não voltaria sem ter algo a dizer que realmente valesse a pena ser escutado, digo isto com toda humildade, mas com franqueza.

Neste dia fui passeando até depois de Forest, e tomei um atalho que leva a uma pequena igreja coberta de hera. Vi numerosas tílias ainda mais emaranhadas e por assim dizer ainda mais góticas que aquelas que tínhamos visto no parque e, ao longo da alameda levando ao cemitério, troncos e raízes retorcidos, fantásticos como aqueles burilados por Albrecht Dürer no *Ritter, Tod und Teufel*.[3] Você já viu alguma vez um quadro ou uma reprodução fotográfica

---

3. Em alemão no original: *O Cavaleiro, a Morte e o Diabo*. (N.T.)

de Carlo Dolci: *O jardim das oliveiras*? Nele existe algo de rembrandtiano; vi-o recentemente. A grande e brutal água-forte sobre o mesmo tema segundo Rembrandt, ou seja, a que forma conjunto com aquela: *A leitura da Bíblia*, com suas duas mulheres e o berço, sem dúvida você conhece? Depois que você me disse que viu aquele quadro do pai Corot sobre o mesmo tema. Voltei a lembrar dele, eu o vi na exposição de suas obras pouco após sua morte e me impressionou muito.

Quanta beleza na arte, desde que possamos reter o que vimos. Jamais ficamos então deserdados, nem verdadeiramente solitários, jamais sós (126).

BORINAGE
(15 DE NOVEMBRO DE 1878 – 20 DE AGOSTO DE 1880)

Petit Wasmes, 26 de dezembro de 1878

Borinage-Hainaut

Você deve saber que não há quadros no Borinage, que aqui geralmente não se sabe nem mesmo o que é um quadro. Assim desde minha partida de Bruxelas nada vi em termos de arte. O que não impede que a região seja muito peculiar e muito pitoresca. Aqui tudo fala, por assim dizer, e tudo é cheio de caráter.

Nestes últimos dias, dias sombrios que antecedem o Natal, a neve caiu. Tudo lembrava os quadros medievais de Brueghel, o Camponês, e de tantos outros que conseguiram exprimir de uma maneira tão impressionante o efeito característico do vermelho e do verde, do preto e do branco. O que se vê aqui sempre me lembra a obra de, por exemplo, Thijs Maris, ou de Albrecht Dürer. Existem aqui caminhos profundos cobertos de espinheiros e de velhas árvores retorcidas com suas raízes caprichosas, que se parecem muito com aquele caminho de uma água-forte de Dürer: *O cavaleiro e a morte*.

Particularmente nestes últimos dias era curioso ver à tarde, sobre a neve branca na hora do crepúsculo, os operários das minas voltando para casa. Estas pessoas quando saem das minas para a luz do dia surgem todas pretas, parecem limpa-chaminés. Suas casas são geralmente pequenas, pode-se até dizer que são choupanas, ao longo dos caminhos profundos, nos bosques e nas vertentes das colinas. Aqui e ali ainda se veem telhados cobertos de musgo e à noite as janelas com pequenas vidraças lançam sua suave claridade. Veem-se aqui, ao redor dos jardins, dos campos e das lavouras, aquelas sebes de espinho negras, como em nossa região no Brabante se veem as matas de corte e pequenos bosques de carvalho, ou na Holanda, cercas de troncos de salgueiro. Com a neve destes últimos dias, isto dava o efeito de escrituras sobre papel branco, como as páginas do Evangelho...

Durante uma reunião esta semana, comentei o texto Atos XVI:9: "À noite, sobreveio a Paulo uma visão, na qual um varão macedônio estava em pé e lhe rogava, dizendo: Passa à Macedônia e ajuda-nos". E foi com atenção que me escutaram, quando eu tentei descrever o aspecto deste macedônio sedento pelo consolo do Evangelho e pelo conhecimento do único Deus verdadeiro. E sobre como deveríamos imaginá-lo como sendo um operário com feições de dor, de sofrimento e de fadiga, sem nenhuma aparência de beleza, mas com uma alma imortal ávida de alimento que não perece, especialmente a palavra de Deus. E sobre como Jesus Cristo é o mestre, que pode fortalecer, consolar e aliviar um operário que tem a vida dura, porque ele próprio é o grande homem da dor, que conhece nossas enfermidades, que foi chamado ele próprio de filho do carpinteiro, embora fosse o Filho de Deus, que trabalhou trinta anos numa humilde oficina de carpintaria para cumprir a vontade de Deus, e Deus quer que, imitando Cristo, o homem leve uma vida humilde sobre a Terra, não aspirando coisas elevadas, mas dobrando-se à humildade, aprendendo no Evangelho a ser doce e humilde de coração (127).

Wasmes, abril de 1879

Não faz muito tempo, fiz uma excursão muito interessante: passei seis horas numa mina.

E além do mais numa das minas mais velhas e mais perigosas das redondezas, chamada Marcasse. Esta mina tem uma péssima reputação, graças aos inúmeros acidentes que lá acontecem, seja na descida, seja na subida, seja por causa do ar sufocante ou das explosões de grisu, ou dos lençóis de água subterrâneos, ou do desmoronamento de antigas galerias, etc. É um lugar sombrio e à primeira vista tudo à sua vizinhança tem um aspecto melancólico e fúnebre. Os operários desta mina são geralmente pessoas macilentas pálidas de febre, têm um aspecto cansado e gasto, crestado e precocemente envelhecido, as mulheres em geral são descoradas e sem viço. Ao redor da mina miseráveis casas de mineiros, com algumas árvores mortas completamente enegrecidas, cercas de espinho, montes de estrume e de cinzas, montanhas de carvão inutilizável, etc. Maris teria feito disto um quadro admirável (129).

Wasmes, junho de 1879

Não conheço melhor definição da palavra arte que esta: "A arte é o homem acrescentado à natureza"; à natureza, à realidade, à verdade, mas com um significado, com uma concepção, com um caráter, que o artista ressalta, e aos quais dá expressão, "resgata", distingue, liberta, ilumina.

Um quadro de Mauve ou de Maris ou de Israëls diz mais e fala mais claro que a própria natureza (130).

15 de outubro de 1879

Uma melhoria na minha vida – por acaso não a desejaria, por acaso não precisaria? Gostaria de melhorar bem mais. Mas precisamente porque o desejo, tenho medo de "remédios piores que a doença".

Pode-se censurar um doente se ele se dá conta do valor de seu médico e se prefere não ser curado às avessas ou por um charlatão? (132).

Julho de 1880

Meu caro Theo,
É um pouco a contragosto que lhe escrevo, não o tendo feito há tanto tempo, e isto por muitos motivos.

Até certo ponto, você se tornou um estranho para mim, e eu também talvez o seja para você mais do que você imagina; talvez fosse melhor para nós dois não continuarmos assim. É possível que nem mesmo agora eu lhe tivesse escrito, não fosse o fato de eu me sentir na obrigação, na necessidade de lhe escrever; não fosse o fato de você mesmo me fazer sentir esta necessidade. Soube em Etten que você tinha me enviado cinquenta francos. Pois bem, eu os aceitei. Certamente a contragosto, certamente com um sentimento bem melancólico, mas estou numa espécie de beco sem saída ou de atoleiro, como fazer de outro modo?

E é portanto para agradecer que lhe escrevo.

Como talvez você já saiba, voltei ao Borinage[4], meu pai me disse que seria melhor ficar pelas vizinhanças de Etten: eu disse que não e acredito ter agido melhor assim. Involuntariamente, tornei-me na família uma espécie de personagem impossível e suspeito, seja como for, alguém que não merece confiança. A quem poderia eu ser útil de alguma maneira?

É por isto que antes de mais nada, sou levado a crer, seja vantajoso, e melhor resolução a tomar, e o mais razoável, que eu vá embora e me mantenha a uma distância conveniente, que eu faça como se não existisse.

O que para os pássaros é a muda, a época em que trocam de plumagem, a adversidade ou o infortúnio, os tempos difíceis, são para nós, seres humanos. Podemos permanecer neste tempo de muda, podemos também deixá-lo como que renovados, mas de qualquer forma isto não se faz em público, é pouco divertido, e por isto convém eclipsar-se. Pois seja.

Agora, por mais que reconquistar a confiança de toda uma família, talvez não totalmente desprovida de preconceitos e outras qualidades igualmente honoráveis e elegantes, seja de uma dificuldade mais ou menos desesperadora, eu ainda tenho algumas esperanças de que pouco a pouco, lenta e seguramente, a cordial compreensão seja restabelecida com uns e outros.

Assim é que em primeiro lugar eu gostaria muito de ver esta cordial compreensão, para não dizer mais, restabelecida entre meu pai e eu, e desejaria muito que ela igualmente se restabelecesse entre nós dois.

---

4. Região das minas de carvão onde Vincent desenvolveu sua relação com os mineiros. (N.E.)

Compreensão cordial vale infinitamente mais que mal-entendido.

Preciso agora lhe aborrecer com algumas coisas abstratas, no entanto gostaria muito que você as escutasse com paciência. Sou um homem de paixões, capaz de, e sujeito a fazer coisas mais ou menos insensatas, das quais às vezes me arrependo mais ou menos. Muitas vezes me ocorre falar ou agir um pouco depressa demais, quando seria melhor esperar com um pouco mais de paciência. Acredito que outras pessoas também possam às vezes cometer semelhantes imprudências.

Agora, sendo assim, o que se deve fazer, devo considerar-me como um homem perigoso e incapaz de qualquer coisa? Penso que não. Mas trata-se de por todos os meios tirar destas paixões o melhor partido. Por exemplo, para falar de uma paixão entre outras, tenho uma paixão mais ou menos irresistível pelos livros e preciso me instruir continuamente, estudar, se você quiser, assim como preciso comer meu pão. Você poderá entender isto. Quando eu estava num ambiente de quadros e de coisas de arte, você sabe muito bem que fui tomado por uma paixão violenta, que chegava ao entusiasmo. E não me arrependo, e ainda agora, *longe dele, muitas vezes sinto saudades do mundo dos quadros*.

Você talvez se lembre bem que eu sabia perfeitamente (e pode ser que ainda o saiba) o que era um Rembrandt, ou o que era um Millet, um Jules Dupré, um Delacroix, um Millais ou um Maris? Bom – agora não estou mais neste ambiente, no entanto esta coisa que se chama alma pretende-se que não morre jamais, e que vive sempre e busca sempre mais e mais e ainda mais. Em vez de sucumbir de saudades, eu disse: "O país ou a pátria estão em todos os lugares". Em vez de me deixar levar pelo desespero, tomei o partido da melancolia ativa enquanto tinha a potência de atividade, ou em outras palavras, preferi a melancolia que espera e que aspira e que busca, àquela que embota e, estagnada, desespera.

Portanto, estudei mais ou menos seriamente os livros ao meu alcance, como a *Bíblia* e a *Revolução Francesa* de Michelet, e, no último inverno, Shakespeare e um pouco de Victor Hugo e Dickens, e Beecher Stowe e ultimamente Ésquilo e muitos outros, menos clássicos, vários grandes pequenos mestres. Você bem sabe que, entre os que se classificam como pequenos mestres encontram-se um Fabritius ou um Bida.

Agora quem é absorvido por tudo isto às vezes é chocante, *shocking*[5] para os outros, e sem querer peca mais ou menos contra certos usos e formas e conveniências sociais.

No entanto, é pena que se leve isto a mal. Por exemplo, você sabe que frequentemente eu negligenciei meu asseio, eu o admito, e admito que isto seja *shocking*. Mas veja bem, a penúria e a miséria contribuíram de algum modo para isto, e depois às vezes este é um bom método para garantir a solidão necessária, para poder aprofundar mais ou menos este ou aquele estudo que nos preocupa.

Um estudo muito necessário é o da medicina, não há um homem que não tenha desejado conhecê-la um mínimo que seja, que não tenha procurado saber pelo menos de que se trata e, veja, eu ainda não sei nada disto. Mas tudo isto me absorve, tudo isto me preocupa, tudo isto me faz sonhar, imaginar e pensar? Já fazem agora talvez cinco anos, não sei ao certo, que vivo mais ou menos sem lugar, errando aqui e ali. Agora vocês dizem: desde tal ou qual época você caiu, você se apagou, você não fez mais nada. Será que isto é totalmente verdade?

É verdade que ora ganhei meu pedaço de pão, ora ele me foi dado por bondade de um amigo; vivi como pude, nem bem nem mal, como dava; é verdade que perdi a confiança de muitos; é verdade que minha situação pecuniária está num triste estado; é verdade que o futuro me é bem sombrio; é verdade que eu poderia ter feito melhor; é verdade que só para ganhar meu pão eu perdi tempo; é verdade que meus próprios estudos estão num estado lamentável e desesperador, e que me falta mais, infinitamente mais do que o que tenho. Mas vocês chamam isso de cair, de não fazer nada?

Talvez você diga: mas por que você não continuou como gostaríamos que continuasse, pelo caminho da universidade? Não responderei mais do que isso: é muito caro; e ademais este futuro não seria melhor do que o de agora, no caminho em que estou.

Mas no caminho em que estou devo continuar – se eu não fizer nada, se não estudar, se não procurar mais, então estarei perdido. Então, ai de mim.

---
5. Em inglês no original. (N.T.)

Eis como eu vejo a coisa: continuar, continuar, isso é que é necessário.

Mas qual é o seu objetivo definitivo?, você perguntará. Este objetivo torna-se mais definido, desenhar-se-á lenta e seguramente como o croquis que se torna esboço e o esboço que se torna quadro, à medida que se trabalhe mais seriamente, que se aprofunde mais a ideia, no início vaga, o primeiro pensamento fugidio e passageiro, a menos que o fixemos.

Você deve saber que entre os missionários acontece o mesmo que com os artistas. Há uma velha escola acadêmica muitas vezes execrável, tirânica, a abominação da desolação, enfim, homens que têm uma espécie de couraça, uma armadura de aço de preconceitos e convenções; estes, quando estão à testa dos negócios, dispõem dos cargos e, por meios indiretos, buscam manter seus protegidos e excluir os homens naturais.

Seu Deus é como o deus do beberrão Falstaff de Shakespeare, "o interior de uma igreja", "*the inside of a church*"; na verdade certos senhores missionários (???) se acham por uma estranha coincidência (e talvez eles próprios, se fossem capazes de alguma emoção humana, ficariam um pouco surpresos de aí se acharem) plantados no mesmo ponto de vista que o beberrão típico tem das coisas espirituais. Mas há pouco a temer que algum dia sua cegueira a este respeito se transforme em clarividência.

Este estado de coisas tem seu lado ruim para quem não está de acordo com tudo isto, e que de toda sua alma, de todo coração, e com toda a indignação de que é capaz, protesta contra isto.

Quanto a mim, respeito os acadêmicos que não são como estes; mas os respeitáveis são mais raros do que acreditaríamos à primeira vista. Agora, uma das causas pelas quais eu estou agora deslocado – e por que durante tantos anos estive deslocado – é simplesmente porque tenho ideias diferentes das desses senhores que dão cargos àqueles que pensam como eles. Não se trata de uma simples questão de asseio, como hipocritamente me censuraram, é uma questão mais séria que isto, posso lhe garantir.

Por que lhe digo tudo isto? Não é para me queixar, não é para me desculpar naquilo em que eu possa ter mais ou menos errado, mas simplesmente para lhe dizer isto:

Quando de sua última visita no verão passado, quando nós dois passávamos perto da caverna abandonada que chamam de "A Feiticeira", você me lembrou que houve uma época em que também passeávamos os dois perto do velho canal e do moinho de Rijswick, "e então", você me dizia, "nós estávamos de acordo sobre muitas coisas, mas", você acrescentou, "desde então você mudou muito, você já não é mais o mesmo". Pois bem, isto não é bem assim; o que mudou, é que minha vida era então menos difícil, e meu futuro aparentemente menos sombrio; mas quanto ao meu íntimo, quanto à minha maneira de ver e de pensar, nada disto mudou, e se de fato houvesse alguma mudança, é que agora eu penso e acredito e amo mais serenamente aquilo que na época eu também já pensava, acreditava e amava.

Seria portanto um mal-entendido se você persistisse em acreditar que, por exemplo, agora eu seria menos caloroso por Rembrandt ou Millet ou Delacroix ou quem ou o que quer que fosse, pois acontece justo o contrário, apenas, veja você, há várias coisas em que acreditar e amar, e há algo de Rembrandt em Shakespeare, e de Corrège em Michelet, e de Delacroix em Victor Hugo e ainda há algo de Rembrandt no Evangelho e algo do Evangelho em Rembrandt, como queira, isto dá mais ou menos na mesma, desde que se entenda a coisa como bom entendedor, sem querer desviá-la para o mau sentido e se levarmos em conta os termos da comparação, que não tem a pretensão de diminuir os méritos das personalidades originais. E em Bunyan há algo de Maris ou de Millet e em Beecher Stowe há algo de Ary Scheffer.

Agora, se você pode perdoar um homem que se aprofunda nos quadros, admita também que o amor aos livros é tão sagrado quanto o amor a Rembrandt, e inclusive acredito que os dois se completam.

Gosto muito do retrato de homem de Fabritius que certo dia, ao passearmos também os dois, contemplamos longamente no museu do Harlem. Bom, mas eu gosto da mesma forma de *Richard Cartone*, de Dickens em sua Paris e sua Londres de 1793, e eu poderia ainda lhe mostrar outras figuras estranhamente comoventes em outros livros, com semelhanças mais ou menos impressionantes. E acredito que Kent, um personagem do Rei Lear de Shakespeare, é tão nobre e distinto quanto uma figura de Th. de Keyser, embora Kent e Rei Lear tenham supostamente vivido muito tempo antes. Isto para não dizer mais nada. Meus Deus, como é belo Shakespeare. Quem é misterioso como ele? Sua palavra e sua maneira de fazer equivalem a um pincel fremente de febre e emoção. Mas é preciso aprender a ler, como é preciso aprender a ver e aprender a viver.

Portanto, você não deve acreditar que eu renegue isto ou aquilo, sou uma espécie de fiel na minha infidelidade e, embora mudado, sou o mesmo e meu tormento não é mais do que este: no que eu poderia ser bom?

Não poderia eu servir e ser útil de alguma maneira? Como poderia saber mais e aprofundar este ou aquele tema? Como você vê, isto me atormenta continuamente. Além disto, sinto-me como um prisioneiro de meu tormento, excluído de participar nesta ou naquela obra, e tendo estas ou aquelas coisas necessárias fora de meu alcance. Por isto sentimo-nos melancólicos, e sentimos grandes vazios ali onde poderiam existir amizades e elevadas e sérias afeições, e sentimos um terrível desânimo corroendo nossa própria energia moral, e a fatalidade parece poder colocar obstáculos aos instintos de afeição, e uma maré de desgosto nos invade. E então dizemos: até quando, meu Deus?

O que você quer? O que se passa no íntimo revela-se exteriormente? Fulano tem uma grande chama queimando em sua alma, e ninguém jamais vem nela se esquentar, e os transeuntes só percebem um pouquinho de fumaça no alto da chaminé e seguem então seu caminho. E agora, o que fazer? Sustentar esta chama interior, ter substância em si mesmo, esperar pacientemente, e no entanto com quanta impaciência, esperar, dizia, a hora em que alguém desejará aproximar-se – e ficar? Que sei eu? Quem quer que acredite em Deus, que espere a hora que cedo ou tarde chegará.

Agora, no momento, ao que parece todos os meus negócios vão mal, e isto já está assim há um tempo bastante considerável, e assim pode ficar durante um futuro mais ou menos longo. Mas pode ser que, depois que tudo pareça ter dado errado, de repente tudo comece a melhorar. Não conto com isto, talvez isto nunca aconteça, mas no caso de acontecer alguma mudança para melhor, computaria isto como um ganho, ficaria contente, e diria: "Enfim, *afinal havia alguma coisa*".

Mas no entanto – você dirá – você é um ser execrável, já que tem ideias impossíveis sobre a religião, e escrúpulos de consciência pueris. Se os tenho impossíveis ou pueris, possa eu me livrar disto, é tudo o que peço. Mas veja mais ou menos o ponto em que me encontro. Você encontrará em *O filósofo sob os tetos*, de Souvester, como um homem do povo, um simples operário muito miserável que seja, se imaginava a pátria. "Você talvez jamais pensou no que é a pátria", retomou ele pousando uma mão em meu ombro, "é tudo o que te envolve, tudo o que te criou e te alimentou, tudo que amaste, este campo que vês, estas casas, estas árvores, estas jovens que passam ali rindo, são a pátria. As leis que te protegem, o pão pago por teu trabalho, as palavras que tu trocas, a alegria e a tristeza provenientes das coisas ou dos homens entre os quais vives, são a pátria. O quartinho onde outrora viste tua mãe, as lembranças que ela te deixou, a terra em que ela repousa são a pátria. Tu a vês, tu a respiras em todos os lugares. Imagines os direitos e os deveres, as afeições e as necessidades, as lembranças e o reconhecimento, reúne tudo isso numa palavra e esta palavra será a pátria".

Ora, da mesma forma tudo o que é verdadeiramente bom e belo, de beleza interior moral, espiritual e sublime nos homens e em suas obras, acredito que vem de Deus, e tudo o que há de ruim e de mau nas obras dos homens e nos homens, não é de Deus, e Deus também não o acha bom.

Mas involuntariamente sou levado a crer que a melhor maneira de conhecer Deus é amar muito. Ame tal amigo, tal pessoa, tal coisa, o que quiser, e você estará no bom caminho para depois saber mais, eis o que eu digo a mim mesmo. Mas é preciso amar com uma grande e séria simpatia íntima, com vontade, com inteligência, e é preciso sempre procurar saber mais, melhor e mais. Isto conduz a Deus, isto conduz à fé inabalável.

Para citar um exemplo, alguém que ame Rembrandt, mas ame-o seriamente saberá que há um Deus, e Nele terá fé. Alguém que se aprofunde na história da Revolução Francesa – não será incrédulo, verá que também nas grandes coisas há uma potência soberana que se manifesta.

Alguém que tenha assistido, mesmo que por pouco tempo, ao curso gratuito da grande universidade da miséria e que tenha prestado atenção às coisas que seus próprios olhos veem e que seus ouvidos percebem, e que tenha refletido sobre isto, também acabará por crer e talvez aprenda mais do que imagina. Procure entender a fundo o que dizem os grandes artistas, os verdadeiros artistas, em suas obras-primas, e encontrará Deus nelas. Um o terá dito ou escrito num livro, outro, num quadro.

Depois, leia simplesmente a Bíblia e o Evangelho: isso dá o que pensar, muito em que pensar, tudo em que pensar. Pois bem, pense este muito, pense este tudo, isto eleva seu pensamento acima do nível ordinário, independente de você. Já que sabemos ler, leiamos então.

Depois, às vezes pode-se até ficar um pouco abstraído, um pouco sonhador. Há quem fique abstraído demais, sonhador demais; talvez seja o que ocorre comigo, mas é minha culpa. Afinal, quem sabe, não havia motivo para isto. Estava abstraído, preocupado, inquieto por uma ou outra razão, mas a gente se refaz! O sonhador às vezes cai num poço, mas dizem que logo ele se reergue. E o homem abstraído, em compensação, por vezes também tem sua presença de espírito. Às vezes é um personagem que tem sua razão de ser por um ou outro motivo que não distinguimos à primeira vista, ou que, na maioria das vezes, esquecemos involuntariamente. Fulano, que andou agitado como se estivesse num mar tempestuoso, chega enfim ao seu destino; um outro que parecia não valer nada e ser incapaz de exercer qualquer função acaba por encontrar uma e, ativo e capaz de agir, mostra-se totalmente outro do que parecia à primeira vista. Escrevo-lhe um pouco ao acaso o que me vem à pena, ficaria muito contente se de alguma maneira você pudesse ver em mim mais que um vagabundo.

 Acaso haverá vagabundos e vagabundos que sejam diferentes? Há quem seja vagabundo por preguiça e fraqueza de caráter, pela indignidade de sua própria natureza: você pode, se achar justo, me tomar por um destes.

 Além deste, há um outro vagabundo, o vagabundo que é bom apesar de si, que intimamente é atormentado por um grande desejo de ação, que nada faz porque está impossibilitado de fazê-lo, porque está como que preso por alguma coisa, porque não tem o que lhe é necessário para ser produtivo, porque a fatalidade das circunstâncias o reduz a este ponto, um vagabundo assim nem sempre sabe por si próprio o que poderia fazer, mas, por instinto, sente: "No entanto, eu sirvo para algo, sinto em mim uma razão de ser, sei que poderia ser um homem completamente diferente. No que é que eu poderia ser útil, para o que poderia eu servir; existe algo dentro de mim, o que será então?".

 Este é um vagabundo completamente diferente; você pode, se achar justo, tomar-me por um destes.

 Um pássaro na gaiola durante a primavera sabe muito bem que existe algo em que ele pode ser bom, sente muito bem que há algo a fazer, mas não pode fazê-lo. O que será? Ele não se lembra muito bem. Tem então vagas lembranças e diz para si mesmo: "Os outros fazem seus ninhos, têm seus filhotes e criam a ninhada", e então bate com a cabeça nas grades da gaiola. E a gaiola continua ali, e o pássaro fica louco de dor.

"Vejam que vagabundo", diz um outro pássaro que passa, "esse aí é um tipo de aposentado". No entanto, o prisioneiro vive, e não morre, nada exteriormente revela o que se passa em seu íntimo, ele está bem, está mais ou menos feliz sob os raios de sol. Mas vem a época da migração. Acesso de melancolia – "mas" dizem as crianças que o criam na gaiola, "afinal ele tem tudo o que precisa". E ele olha lá fora o céu cheio, carregado de tempestade, e sente em si a revolta contra a fatalidade. "Estou preso, estou preso e não me falta nada, imbecis. Tenho tudo o que preciso. Ah! por bondade, liberdade! ser um pássaro como outros."

Aquele homem vagabundo assemelha-se a este pássaro vagabundo...

E os homens ficam frequentemente impossibilitados de fazer algo, prisioneiros de não sei que prisão horrível, horrível, muito horrível.

Há também, eu sei, a libertação, a libertação tardia. Uma reputação arruinada com ou sem razão, a penúria, a fatalidade das circunstâncias, o infortúnio, fazem prisioneiros.

Nem sempre sabemos dizer o que é que nos encerra, o que é que nos cerca, o que é que parece nos enterrar, mas no entanto sentimos não sei que barras, que grades, que muros.

Será tudo isto imaginação, fantasia? Não creio; e então nos perguntamos: meu Deus, será por muito tempo, será para sempre, será para a eternidade?

Você sabe o que faz desaparecer a prisão. E toda afeição profunda, séria. Ser amigos, ser irmãos, amar, isto abre a porta da prisão por poder soberano, como um encanto muito poderoso. Mas aquele que não tem isto permanece na morte.

Mas onde renasce a simpatia, renasce a vida.

Além disso, às vezes a prisão se chama preconceito, mal-entendido, ignorância, falta disto ou daquilo, desconfiança, falsa vergonha.

Mas para falar de outra coisa, se eu caí, por outro lado você subiu. E se eu perdi simpatias, você por seu lado as ganhou. Eis o que me deixa contente; falo sério e isto sempre me alegrará. Se você fosse pouco sério e pouco profundo, eu poderia temer que isso não durasse muito, mas como acredito que você seja muito sério e muito profundo, sou levado a crer que isto durará.

Só que se lhe fosse possível ver em mim algo mais que um vagabundo da pior espécie eu ficaria muito contente. Então se eu puder alguma vez fazer algo por você, ser-lhe útil em alguma coisa, saiba que estou à sua disposição.

Se aceitei o que você me deu, você também poderia, caso de alguma forma eu puder ajudá-lo, pedir-me: eu ficaria contente e consideraria isso uma prova de confiança. Nós estamos muito distantes um do outro e podemos ter pontos de vista diferentes; contudo, em dado momento, algum dia, poderíamos ajudar-nos um ao outro.

Por hoje eu lhe aperto a mão, agradecendo novamente a bondade que você teve comigo.

Agora, se mais cedo ou mais tarde você quiser me escrever, meu endereço é chez Ch. Decrucq, rue du Pavillon 8, em Cuesmes, perto de Mons.

E saiba que escrevendo-me você me fará bem.

Do seu,

VINCENT (133).

Cuesmes, 20 de agosto de 1880

Caro Theo,

Se eu não me engano você ainda deve ter *Os trabalhos do campo* de Millet.

Você poderia ter a bondade de emprestá-los por algum tempo e de enviá-los pelo correio?

Você deve saber que estou rabiscando desenhos grandes a partir de Millet, e que estou fazendo *As horas do dia*, assim como *O semeador*...

Rabisquei um desenho que representa mineiros de carvão, homens e mulheres, indo à mina pela manhã sob a neve, num atalho ao longo de uma cerca de espinhos; sombras que passam vagamente discerníveis no crepúsculo, ao fundo se esfumam contra o céu as grandes construções da mina.

Estou-lhe enviando o croquis para que você possa ter uma ideia. Mas sinto a necessidade de estudar o desenho de figuras em mestres como Millet, Breton, Brion ou Boughton ou outros. O que você me diz do croquis, a ideia te parece boa? (134)

Estudei um pouco certas obras de Hugo neste último inverno. *O último dia de um condenado* é um belíssimo livro sobre Shakespeare. Comecei o estudo deste escritor já há muito tempo, é tão belo quanto Rembrandt – Shakespeare está para Charles Dickens ou para V. Hugo, como Ruysdaël está para Daubigny e Rembrandt para Millet. O que você diz em sua carta sobre o Barbizon é verdade e eu lhe direi algumas coisas que lhe demonstrarão que esta também é minha maneira de ver. Eu não vi Barbizon, mas apesar de não ter visto, no último inverno vi Courrières. Tinha empreendido uma viagem a pé principalmente no Pas-de-Calais, não na Mancha, mas no departamento ou província.

Comecei esta viagem pensando em talvez encontrar algum trabalho qualquer, eu teria aceito qualquer coisa. Mas afinal, meio sem querer, eu não saberia muito bem definir por que, eu disse a mim mesmo: é preciso que eu visite Courrières. Eu só tinha dez francos no bolso, e tendo começado a viagem de trem, logo eu estava sem vintém, e tendo ficado na estrada por uma semana, enfrentei muitas dificuldades. Contudo, vi Courrières, e a fachada do ateliê de sr. Jules Breton. O exterior deste ateliê me desapontou um pouco, visto que se trata de um ateliê novinho, recentemente construído com tijolos, de uma regularidade metodista, um aspecto inóspito, gélido e irritante. Se pudesse ver o interior não teria pensado mais na fachada, sou levado a crê-lo e até estou certo disto, mas, o que você quer?, o interior eu não pude divisar.

Pois não ousei me apresentar para entrar. Procurei em outros lugares de Courrières algum vestígio de Jules Breton ou de algum outro artista; tudo o que descobri foi o seu retrato num fotógrafo, e depois na velha igreja, num canto escuro, uma cópia da *Descida ao sepulcro* de Ticiano, que na obscuridade me pareceu ser muito bela e de um tom magistral. Seria dele? Não sei, tendo sido impossível discernir alguma assinatura.

Mas nenhum sinal de artista vivo. Apenas havia um café chamado "Café Belas-Artes", também de tijolos novos, inóspito, gélido e mortificante. Este café era decorado com espécies de afrescos ou pinturas murais, que representavam episódios da vida do ilustre cavaleiro Dom Quixote. Esses afrescos, que ninguém nos ouça, me pareceram então consolos bastante desastrados, e mais ou menos medíocres. Não sei de quem são.

Mas em todo caso eu vi os campos de Courrières, as pedras de moinho, a gleba escura ou terra de marga, mais ou menos cor de café, com manchas esbranquiçadas onde aparece a marga, o que para nós, que estamos acostumados a terras pardacentas, é coisa mais ou menos extraordinária.

Aliás o céu francês me pareceu muito mais fino e límpido que o céu do Borinage, esfumaçado e brumoso. Além disto havia granjas e alpendres que ainda conservavam, Deus seja louvado e agradecido, seus telhados de palha muscosa; avistei também as nuvens de corvos famosas pelos quadros de Daubigny e de Millet. Para não mencionar em primeiro lugar, como seria correto, as figuras características e pitorescas dos diversos trabalhadores, lavradores, lenhadores, criados conduzindo suas parelhas, e algumas silhuetas de mulheres com toucas brancas. Até em Courrières, ainda havia uma mina de carvão, vi o dia ir-se embora e chegar a escuridão, mas não havia operárias em roupas de homem como no Borinage; somente mineiros com a cara cansada e miserável, enegrecidos pelo pó do carvão, ataviados com andrajos de mina, um deles com um velho capote de soldado.

Por mais que esta etapa tenha sido dura para mim, e que eu tenha voltado esgotado, os pés machucados, e num estado mais ou menos melancólico, não me arrependo, pois vi coisas interessantes, e aprende-se a ver com olhos mais justos nas duras provas da própria miséria. Ganhei alguns pedaços de pão pelo caminho, aqui e ali, em troca de alguns desenhos que eu tinha em minha mala. Mas no fim dos meus dez francos, tive que acampar em pleno campo, uma vez num carro abandonado, todo branco de geada pela manhã, pousada bastante ruim, outra vez num monte de feixes de lenha, e uma vez, e foi um pouco melhor, numa pedra de moinho deteriorada, onde consegui arranjar um ninho um tanto confortável, embora uma chuva fina não aumentasse precisamente o bem-estar.

Pois bem, e foi no entanto nesta grande miséria que eu senti renascerem minhas energias e que disse a mim mesmo: seja como for, eu vou me reerguer de novo, retomarei o lápis que abandonei no meu grande desalento, e recomeçarei a desenhar, e desde então parece que tudo mudou para mim, e agora eu estou a caminho e meu lápis já se tornou um pouco mais dócil, e parece querer ficar cada vez mais dia a dia. Foi a grande e prolongada miséria que me desencorajou a tal ponto que eu não conseguia fazer mais nada. Outra coisa que eu vi nesta excursão foram as aldeias de tecelões.

Os mineiros e os tecelões são ainda uma espécie um pouco à parte com relação aos outros trabalhadores e artesãos; sinto por eles grande simpatia, e me consideraria feliz se algum dia puder desenhá-los de forma a que estes tipos ainda inéditos, ou quase, sejam dados a conhecer.

O homem do fundo do abismo, *de profundis*, é o mineiro, o outro tem um ar sonhador, quase pensativo, quase sonâmbulo: é o tecelão. Já fazem quase dois anos que eu vivo entre eles e aprendi a conhecer um pouco do seu caráter original, pelo menos o dos mineiros, principalmente. E cada vez mais vejo algo de comovente, e até pungente, nestes pobres e obscuros operários, os últimos de todos, por assim dizer, e os mais desprezados, que ordinariamente idealizamos, talvez pelo efeito de uma imaginação intensa, mas muito falsa e injusta, como uma raça de malfeitores e de bandidos. Malfeitores, bêbados, bandidos, os há aqui como em qualquer parte, mas não correspondem em nada ao verdadeiro tipo.

Em sua carta você me falou vagamente sobre ir a Paris ou seus arredores, cedo ou tarde, quando fosse possível e quando eu quisesse. Por certo, tenho um grande e ardente desejo de ir seja a Paris, seja a Barbizon ou alhures. Mas como poderia fazê-lo, se não ganho um tostão, e embora trabalhe duro ainda seja preciso muito tempo para chegar ao ponto de pensar em algo parecido com ir a Paris? Pois na verdade, para poder trabalhar como se deve, seriam necessários pelo menos cem francos por mês; pode-se viver com menos, mas com dificuldades, talvez em demasia.

Pobreza impede que surjam os bons espíritos, é o velho provérbio de Pallizy, que encerra alguma verdade e que é totalmente verdadeiro se entendermos sua verdadeira intenção e seu alcance.

No momento não vejo como a coisa seria praticável, e é melhor que eu fique aqui, trabalhando como posso e como puder. Além do mais é mais barato viver por aqui. Contudo, não poderei mais continuar por muito tempo no quartinho onde estou agora. Ele já é muito pequeno, além de ter duas camas, a das crianças e a minha. E agora que estou desenhando os Bargues, em formato já bastante grande, não saberia lhe dizer o quanto estou aflito. Não quero incomodar as pessoas em sua casa, e me disseram que quanto ao outro quarto, não há maneira de eu ficar com ele, mesmo pagando mais, pois a mulher precisa dele para lavar a roupa, o que numa casa de mineiros de carvão acontece quase todos os dias. Gostaria portanto de simplesmente alugar uma casinha de operário, o que custa nove francos por mês em média.

Você ainda me fala de Méryon: o que você diz dele é verdade, conheço um pouco suas águas-fortes. Quer ver algo curioso? Coloque um destes rabiscos tão corretos e tão poderosos ao lado de alguma prancha de Viollet-le-Duc, ou de qualquer um que faça arquitetura. Você verá então Méryon em plena luz por causa da outra água-forte que servirá, em que lhe pese, de reflexo ou de contraste. Bom, o que você percebe então? O seguinte: Méryon, mesmo quando desenha tijolos, granito, barras de ferro, ou o parapeito de uma ponte, põe algo da alma humana, animada por não sei que comoção íntima, em sua água-forte. Vi desenhos de arquitetura gótica de V. Hugo. Pois bem, sem ter a poderosa e magistral execução de Méryon, havia algo do mesmo sentimento. Que sentimento é este? Ele tem algum parentesco com o que Albrecht Dürer exprimiu em sua *Melancolia,* que hoje em dia James Tissot e M. Maris (por mais diferentes possam ser eles entre si) também têm. Com razão algum crítico profundo disse de James Tissot: "É uma alma atormentada". Mas seja como for há ali algo da alma humana; e é por esta razão que é grande, é imenso, infinito; e ponha ao lado Viollet-le-Duc e você verá pedras, enquanto que o outro, ou seja, Méryon, é Espírito. Méryon teria um tal poder de amar, que agora, como Sydney Cartone de Dickens, ele amaria as próprias pedras de certos lugares.

Mas a pérola preciosa em evidência, a alma humana, nós também a encontramos, mais e melhor, e num tom mais nobre, mais digno, mais evangélico, se me é permitido dizê-lo, em Millet, em Jules Breton, em Jozef Israëls.

Mas, para voltar a Méryon, ele tem ainda, ao que me parece, algum longínquo parentesco com Jongkind e talvez Seymour Haden, pois em certos momentos estes dois artistas foram muito fortes. Espere, talvez algum dia você verá que eu também sou um trabalhador, e embora eu não saiba de antemão o que me será possível, espero ainda fazer alguns rabiscos onde poderia haver algo de humano. Mas antes é preciso desenhar os Bargues, e fazer outras coisas mais ou menos espinhosas. O caminho é estreito, a porta é estreita, são poucos os que a encontram (136).

BRUXELAS
(15 DE OUTUBRO DE 1880 – 12 DE ABRIL DE 1881)

Bruxelas, 1º de novembro, 72 boulevard du Midi

Desenhei estes últimos dias uma coisa que me custou muito trabalho, mas estou contente por tê-la feito, ou seja, desenhei à pena um esqueleto em dimensões bem grandes, em cinco folhas de papel Ingres.
1 folha: a cabeça, esqueleto e músculos.
1 folha: tronco, esqueleto.
1 folha: palma da mão, esqueleto e músculos.
1 folha: dorso da mão, esqueleto e músculos.
1 folha: bacia e pernas, esqueleto.
Fiz este trabalho a partir de um manual de John: *Esboços anatômicos para uso dos artistas*. Nesta obra há um grande número de outros desenhos da mão, do pé, etc., etc., que me parecem muito eficazes e muito claros.

E agora vou terminar completamente o desenho dos músculos, especialmente do tronco e das pernas, que formarão com os desenhos já executados um corpo humano inteiro; virão então o corpo visto de costas e de lado.

Portanto, você vê que eu prossigo com uma certa energia; estas coisas não são tão fáceis e exigem tempo e sobretudo muita paciência.

Vou tratar de conseguir na escola de veterinária reproduções anatômicas, por exemplo, de cavalos, de vacas, de carneiros, e desenhá-las como a anatomia do homem. Existem leis de proporção, de luz e de sombra, de perspectiva, que *devemos conhecer* para poder desenhar; se não tivermos este conhecimento, sempre estaremos numa "luta estéril" e jamais conseguiremos "parir". É por isso que acho que agi bem ao conceber o assunto desta forma e

quero me esforçar para formar aqui, neste inverno, um certo capital de anatomia; não podemos esperar por muito mais tempo, e afinal isto ficaria ainda mais caro, pois seria uma perda de tempo. Acredito que esta será também sua maneira de ver. O desenho é uma luta dura e árdua. Fui à casa do sr. Van Rappard, que mora atualmente à rua Traversière, 6ª, e conversei com ele. Ele tem boa aparência; ainda não vi nada dele além de algumas pequenas paisagens feitas à pena. Mas ele mora de um modo sobretudo luxuoso, e ignoro se é um homem com quem eu, por exemplo, poderia viver ou trabalhar, isto por razões financeiras. Em todo caso proponho-me a voltar para lá. Deu-me a impressão de ser uma pessoa séria (138).

Bruxelas, janeiro de 1881

Meu caro Theo,
Quase todos os dias tenho algum modelo; um velho contínuo, ou algum operário, um moleque que eu faço posar. Domingo que vem, talvez eu tenha um ou dois soldados que virão posar. E como agora não estou mais de mau humor, faço de você, e de todo o mundo em geral, uma ideia completamente diferente e melhor. Também voltei a desenhar uma paisagem, uma chameca, o que não fazia há muito tempo.

Gosto muito de paisagens, mas gosto dez vezes mais daqueles estudos de costumes, às vezes de uma verdade assustadora, como os de Gavarni, Henri Monnier, Daumier, de Lemud, Henri Pille; Th. Schuler, Ed. Morin, G. Doré (por exemplo, em sua: *Londres),* A. Lançon, De Groux, Félicien Rops,[6] etc., etc... os desenharam magistralmente.

Agora, sem pretender de forma alguma chegar tão alto quanto eles, continuando contudo a desenhar estes tipos de operários, etc., espero chegar a ser mais ou menos capaz de trabalhar na ilustração de jornais ou de livros. Principalmente quando estiver em condições de pagar mais modelos, inclusive modelos de mulheres, farei ainda mais progressos, sinto-o e sei disso.

E chegarei, provavelmente, também a conseguir fazer alguns retratos. Mas sob condição de trabalhar muito; sequer um dia sem uma linha, como dizia Gavarni (140).

Eu poderei ficar trabalhando na casa de Rappard ainda por cerca de uma semana, mas depois provavelmente ele partirá. Meu pequeno quarto de dormir é muito exíguo, e a luz não é boa, e as pessoas fariam objeções se eu velasse uma parte da luz da janela; não posso nem mesmo pendurar na parede minhas águas-fortes ou meus desenhos. Portanto, se Rappard partir em maio, terei que me mudar e gostaria bastante de ir trabalhar por algum tempo no

---

6. Van Gogh refere-se a grandes caricaturistas e gravadores da época que faziam enorme sucesso nos jornais populares e em cartazes de rua. (N.E.)

campo, em Heyst, Calmpthout, Etten, Scheveningue, Katwijk, ou alhures, ou, o que seria mais perto, Schaerbeek, Haeren, Groenendael (142).

ETTEN
(ABRIL DE 1881 – DEZEMBRO DE 1881)

Quando não chove, eu saio todos os dias, geralmente para a charneca. Faço meus estudos bem grandes, como você já pôde ver quando de sua última visita. É assim que estou fazendo entre outros uma cabana na charneca, e também aquele celeiro com telhado de caniço no aterro de Roosendael, que aqui chamam de celeiro protestante. Provavelmente você se lembrará do que eu estou dizendo.
A seguir, o moinho logo à frente deste pasto, e os olmos do cemitério.
E ainda um outro com lenhadores ocupados numa vasta planície onde uma grande floresta de pinheiros foi derrubada. E trato também de desenhar instrumentos de trabalho como: carroças, arados, ancinhos, carrinhos de mão, etc., etc.
O estudos dos lenhadores é o mais bem-sucedido e acho que te agradará.
É possível que Rappard venha novamente aqui no verão por algum tempo, recebi uma carta dele (145).

Etten, setembro de 1881

Caro Theo,
Embora eu tenha acabado de lhe escrever, tenho ainda algo a lhe dizer.
Principalmente que houve mudanças no meu desenho, tanto na maneira de fazê-lo quanto nos resultados. E também depois de algumas coisas que Mauve me disse, recomecei a trabalhar com modelos vivos. Felizmente consegui convencer diversas pessoas, entre outras Piet Kaufman, o operário. O estudo cuidadoso, o desenho constante e repetido dos *Exercícios a carvão* de Bargues, me deram uma concepção melhor do desenho das figuras. Aprendi

a medir, e a ver e buscar as linhas principais. De modo que o que outrora me parecia desesperadoramente impossível, vai se tornar pouco a pouco possível, graças a Deus. Desenhei até cinco vezes um camponês com uma enxada, um lavrador, em todos os tipos de atitudes, duas vezes um semeador, duas vezes uma menina com uma vassoura. A seguir, uma mulher com uma touca branca, descascando batatas, e um pastor apoiado em seu bastão, e enfim um velho camponês doente, sentado numa cadeira perto do fogão, a cabeça entre as mãos e os cotovelos sobre os joelhos. Evidentemente não ficarei nisto; uma vez que o primeiro carneiro passou pela ponte, o resto da tropa o seguirá. Será preciso que eu desenhe diversos lavradores, semeadores, trabalhadores, homens e mulheres. Que eu examine e estude tudo que faz parte da vida do campo. Como muitos outros o fizeram e ainda o fazem. Frente à natureza, não me sinto mais impotente como outrora.

De Haia eu trouxe alguns Conté de madeira (assim como alguns lápis de cor) e os uso muito para trabalhar.

Estou começando também a trabalhar com pincel e esfuminho, com um pouco de sépia ou de nanquim, e de quando em vez com um pouco de cores. É evidente que os desenhos que eu fiz nestes últimos tempos parecem-se muito pouco com o que eu já havia feito até hoje. A dimensão das figuras é aproximadamente igual às do *Exercício a carvão*.

No que diz respeito à paisagem, acho que de forma alguma ela vá sofrer com isso, muito ao contrário, ela ganhará (150).

Setembro

Recebi do tio de Princenhage, na semana passada, uma caixa de cores que é bastante boa, boa o suficiente em todo caso para começar (as cores são de Paillard). E estou muito contente. Comecei imediatamente a fazer uma espécie de aquarela segundo o motivo abaixo (151).

A natureza começa sempre resistindo ao desenhista, mas quem leva sua tarefa realmente a sério não se deixa confundir, pois esta resistência, ao contrário, é um excitante para obter melhores resultados, e no fundo a natureza e um desenhista sincero estão de acordo. Mas a natureza é certamente "intangível", é preciso contudo atacá-la, e com a mão firme. E após ter lutado e combatido por algum tempo com a natureza, esta acaba por ceder e tornar-se dócil. Não que eu já o tenha conseguido, ninguém mais que eu sabe disso, mas a coisa está começando a funcionar.

A luta com a natureza às vezes tem aquilo que Shakespeare chama de "Taming the shrew" (isto é, vencer quem resiste, pela tenacidade, "por bem ou por mal"). Sob muitos pontos de vista, mas mais especialmente para o desenho, eu acredito que "atacar com força é melhor que afrouxar".

Sinto cada vez mais que especialmente o desenho de figuras é uma boa coisa, que indiretamente é útil ao desenho de paisagens. Quando queremos desenhar um tronco de salgueiro como se fosse um ser vivo – e na verdade ele é isso –, tudo que o cerca vem de forma relativamente espontânea desde que tenhamos concentrado toda nossa atenção sobre a árvore em questão, e que não nos detenhamos antes de lhe dar vida (152).

Etten, 3 de setembro de 1881

Meu caro Theo,
    Há algo que me atormenta e que eu quero te contar, talvez você já esteja a par, e eu não lhe conte nenhuma novidade. Eu queria lhe dizer que neste verão comecei a amar K[7]. Mas quando me

---
[7]. Kee Voos, prima de Vincent, viúva e mãe de um filho. (N.E.)

declarei, ela me respondeu que seu passado e seu futuro permaneciam inseparáveis para ela, e que jamais ela poderia corresponder aos meus sentimentos.

Tive então que resolver um terrível dilema: resignar-me a este "jamais, não, jamais", ou considerar a coisa como não resolvida, guardar boas esperanças e não me resignar?

Escolhi esta última hipótese.

Enquanto isto continuo a trabalhar duro, e desde que a encontrei meu trabalho está bem mais fácil.

Um ano em sua companhia seria salutar para ela e para mim, mas os pais são realmente teimosos neste ponto.

Mas você compreenderá que eu não pretendo negligenciar nada que possa me aproximar dela e estou decidido a amá-la até que ela acabe por me amar.

Acontece-lhe, às vezes, Theo, de ficar apaixonado? Eu gostaria que isto lhe acontecesse, pois, creia-me, as "pequenas misérias" também têm seu valor. Às vezes ficamos desolados, há momentos em que acreditamos estar no inferno, mas há ainda outras coisas, e melhores. Há três graus:

1º. não amar e não ser amado;

2º. amar e não ser amado (é o meu caso);

3º. amar e ser amado.

Quanto a mim, pretendo que o segundo grau valha mais que o primeiro, mas o terceiro! É o *summum*.

Pois bem, *old boy*, fique também apaixonado, e conte-me por sua vez, seja amável num caso como o meu e mostre-me simpatia.

Rappard veio aqui, trouxe algumas aquarelas que revelam progressos. Espero que Mauve venha logo, senão irei visitá-lo. Estou desenhando muito e acredito que estou melhorando, trabalho mais com o pincel que antes. Está tão frio que estou desenhando apenas *figuras* de interior; uma costureira, um cesteiro, etc.

....

Se algum dia você ficar apaixonado, e tiver que ouvir um "jamais, não, jamais", sobretudo não se resigne! Mas você é tão felizardo que, espero, isto nunca lhe acontecerá (153).

Etten, 7 de setembro de 1881

Old boy, esta carta é só para você, você cuidará de guardá-la apenas para si, não é?

Preciso lhe perguntar antes de mais nada se lhe espanta *um mínimo* que possa existir um amor suficientemente sério e ardente para não se deixar esfriar nem mesmo por inúmeros "jamais, não, jamais"? Parece-me certamente que longe de espantá-lo, isto deva parecer-lhe natural e "razoável".

O amor, com efeito, é algo positivo, algo forte, algo a tal ponto real que é tão impossível para alguém que ama arrancar fora este sentimento quanto atentar contra a própria vida. Se você me responder: "Mas no entanto há homens que atentam contra a própria vida", eu direi simplesmente: "Não penso ser um homem com tais inclinações".

Realmente eu tomei gosto pela vida, e estou muito feliz por amar. Minha vida e meu amor são um só. "Mas, você objetará, você se acha frente a um 'jamais, não, jamais'." Ao que eu respondo: *old boy*, provisoriamente, considero este "jamais, não, jamais" como uma pedra de gelo que estreito junto ao coração para derreter.

Saber quem triunfará, o frio desta pedra de gelo ou o meu calor vital, é uma questão delicada sobre a qual prefiro provisoriamente não me pronunciar, e gostaria bastante que os outros também não falassem a respeito, se não tiverem nada melhor a dizer que "não é derretível", "tarefa de louco" e outras amáveis insinuações. Se eu tivesse debaixo do nariz um *iceberg* da Groenlândia ou da Nova Zembla, de não sei quantos metros de altura, de espessura e de largura, certamente a situação seria crítica se quiséssemos estreitar esta massa e abraçá-la junto ao peito para fundi-la.

Mas visto que provisoriamente não percebi de forma alguma à minha proa uma massa de gelo de tais dimensões, visto que, digo, com todos estes "jamais, não, jamais" ela não mede tantos metros de altura, de espessura e de largura, e que, se avaliei bem, ela pode ser abraçada, ainda não pude me dar conta do caráter "insensato" de minha conduta.

No que me diz respeito, portanto, estreito junto ao coração o gelo "jamais, não, jamais"; não vejo nenhuma outra solução, e se pretendo me esforçar por fazê-lo desaparecer e derretê-lo, quem é que poderia formular objeções???

Não sei em que manual de física foi que eles aprenderam que o gelo não se derrete.

Sinto-me muito inclinado à melancolia quando vejo tanta gente dar tanta importância às coisas, mas não tenho a mínima intenção de ficar eu próprio melancólico e de deixar abater-se a coragem com que estou armado. Longe de mim esta ideia.

Quem quiser que seja melancólico, para mim já basta, eu quero apenas ficar feliz como uma cotovia na primavera! Não quero cantar nenhuma canção além de: *Amar mais!* Você se satisfaria, Theo, com este "jamais, não, jamais"? De você eu realmente acredito o contrário. Mas parece que tem gente que tem prazer, talvez até "sem sabê-lo", evidentemente com a melhor das boas vontades, com as melhores intenções, em tentar me arrancar este gelo do peito, e que inconscientemente joga sobre o meu amor ardente mais baldes de água fria do que imagina.

Mas esteja certo de que não serão estes baldes de água fria que me esfriarão, *old boy*, por enquanto.

Não lhe parecem simplórias as pessoas que insinuaram que eu deveria me preparar, que cedo eu ficaria sabendo que ela aceitou um outro partido mais rico, que ela teria se embelezado e seria pedida em casamento, que ela decididamente gostaria pouco de mim se eu fosse além do "irmão e irmã" (é o limite máximo!)? Que seria realmente uma pena se "neste ínterim" (!!!) eu deixasse passar uma outra ocasião talvez melhor!!!...

Quem não aprendeu a dizer: "ela e nenhuma outra" acaso sabe o que é o amor? Quando me disseram todas essas coisas, eu senti de todo meu coração, de toda minha alma, com toda minha inteligência: "ela e nenhuma outra". "Fraqueza, paixão, desatino, falta de conhecimento da vida, eis o que você está demonstrando", talvez aleguem alguns, ao dizermos: "ela e nenhuma outra", "previna-se, trate de ajeitar as coisas". Longe de mim esta ideia!

Que minha fraqueza seja minha força, eu quero depender dela e de mais ninguém, e mesmo se pudesse eu não iria querer ser independente *dela*.

Ela realmente amou um outro e seus pensamentos estão sempre neste passado, e ela parece ter escrúpulos de consciência só com a ideia de um possível novo amor. Contudo, há uma frase,

e você a conhece: "É preciso ter amado, depois desamado, depois amar novamente!"
"Ame novamente: minha cara, minha três vezes cara, minha bem-amada."
Eu vi que ela pensava sempre no passado e nele mergulhava com devoção. Então um pensamento me ocorreu: embora eu respeite este sentimento e seu grande luto me comova e me impressione, sempre vejo nele algo de fatal.

Ele não pode portanto enternecer meu coração, mas é preciso ser firme e decidido como um estilete de aço. Quero me esforçar para fazer nascer algo de novo, que não faça desaparecer o antigo, mas que tenha o mesmo direito à existência.

E foi então que eu comecei – sem graça e sem habilidade no início, contudo com decisão suficiente para chegar às palavras: K. eu te amo como a mim mesmo – e foi então que ela me disse: jamais, não, jamais.

Jamais, não, jamais, o que é que podemos lhe opor: "Amar mais!" Ainda não posso dizer quem prevalecerá. Deus sabe, eu só sei esta única coisa: "That I had better stick to my faith".

Quando este verão eu ouvi o "jamais, não, jamais", meu Deus, como foi terrível; embora não fosse inesperado, eu senti no início algo esmagador como a danação eterna – e realmente – naquele instante eu me senti, por assim dizer, jogado por terra.

Mas então, nesta inexprimível angústia de minha alma, uma ideia brotou como um brilho na noite, era esta: resigna-se quem *pode* se resignar, mas se *podes crer*, então creia! Levantei-me então, não como um resignado, mas com fé e não tive nenhum outro pensamento além deste: *ela* e ninguém mais!

Você me dirá: com o que vocês viverão se ela se decidir a dar-lhe ouvidos; ou talvez: você não a conseguirá. Mas não, você não dirá isto. Quem ama vive, quem vive trabalha, quem trabalha tem pão.

Ademais estou calmo e confiante neste assunto, e precisamente isto exerce sua influência em meu trabalho, que cada vez mais me atrai, justamente porque me dou conta de que triunfarei. Não que eu venha a me tornar algo de extraordinário, mas algo bem comum, e por isto eu entendo que minha obra será sã e "razoável", e que terá uma razão de ser, e poderá servir para algo. Acredito que nada nos coloque com tanta intensidade na realidade como um verdadeiro amor. E quem vive na realidade estará no mau caminho? Penso que não. Mas com o que eu poderia comparar este sentimento característico, esta constatação característica do estado amoroso? Pois para um homem é realmente a descoberta de um novo hemisfério ficar seriamente apaixonado em sua vida. E é por isto que eu gostaria que você, por sua vez, ficasse apaixonado, mas para isto é preciso uma "*ela*"; no que diz respeito a este "*ela*"; entretanto, é como com as outras coisas: quem *procura* acha, por mais que o fato de achar seja uma *felicidade*, e não um mérito pessoal (154).

Etten, 12 de novembro de 1881

Mas precisamente porque o amor é tão forte, nós geralmente não somos fortes o suficiente durante nossa juventude (quero dizer 17, 18, 20 anos) para conseguir segurar firme nosso leme.

Veja, as paixões são as velas do barquinho.

E alguém com vinte anos abandona-se inteiramente a seus sentimentos, apanha vento demais nas velas e seu barco faz água – e naufraga – a não ser que ele se recupere.

Alguém que em compensação iça em seu mastro a vela "Ambição" e singra direto pela vida, sem acidentes, sem sobressaltos, até que – até que enfim, enfim aparecem circunstâncias que o fazem observar: não tenho velas o bastante, e diz então: daria tudo o que tenho por um metro quadrado de vela a mais e não o tenho. Ele se desespera.

Ah! mas então ele reconsidera e imagina poder utilizar uma outra força; ele pensa na vela até então desprezada que sempre tivera guardada no porão. E é esta vela que o salva.

A vela "Amor" deve salvá-lo, e se ele não a içar, ele não chegará nunca (157).

HAIA
(DEZEMBRO DE 1881 – SETEMBRO DE 1883)

7 de janeiro de 1882

Você sabe que me obstino em fazer aquarelas, e se conseguir acertar minha mão elas se venderão.

Mas você pode estar certo, Theo, que quando fui pela primeira vez à casa de Mauve com meu desenho feito à pena e que Mauve me disse: – Você deveria tentar trabalhar com carvão, com pastel, com pincel e com esfuminho – eu tive tremendas dificuldades para trabalhar com este material novo. Fui paciente e isto não parecia me ajudar em nada; então às vezes perdi a paciência a ponto de pisotear meu carvão e perder toda a coragem.

Algum tempo depois eu lhe enviei desenhos feitos a pastel, a carvão, com pincel, e voltei à casa de Mauve com toda uma série de desenhos, sobre os quais naturalmente ele tinha uma série de observações a fazer, você também, e com razão, mas eu já tinha dado um passo adiante.

Eis-me novamente num período de luta e de desânimo, de paciência e impaciência, de esperança e de desalento. Mas é preciso que eu o atravesse vitoriosamente e logo terei uma concepção melhor da aquarela (169).

Prefiro não comer ao meio-dia durante seis meses, e assim fazer economias, do que receber de quando em vez dez florins de Tersteeg junto com suas censuras.

Gostaria de saber o que diriam os pintores de seu argumento "trabalhar menos com modelos para economizar", quando, depois de muita procura, encontramos modelos que não são tão caros.

Trabalhar sem modelo é a peste para um pintor de figuras, principalmente no início (179).

P. S. – *Theo, é quase um milagre!!!*

Primeiro me avisam para ir buscar sua carta. Em segundo lugar C. M. me encomenda doze pequenos desenhos à pluma, vistas de Haia, das quais algumas já estavam prontas (o Paddemoes – o Geest – a Vleersteg estavam prontas), a 2,50 florins por peça, preço fixado por mim, com a promessa de que se eu os fizer a seu gosto, ele me encomendará outros doze, cujos preços ele fixará acima dos meus. *Tertio*, eu encontro Mauve, liberado felizmente de seu grande quadro, e que me promete sua próxima visita. Portanto, "tudo está bem, tudo vai bem, e tudo irá ainda melhor!".

E ainda uma coisa que me impressionou, e me impressionou muito: eu havia dito que a modelo não deveria vir hoje – não havia dito por que – , mas a pobre mulher apareceu assim mesmo, e eu protestei. "Sim, mas eu não vim para posar, eu vim simplesmente ver se o senhor tinha o que comer": ela me trazia uma porção de vagem e batatas. Apesar de tudo na vida há coisas que valem a pena.

Eis algumas palavras que me tocaram e me comoveram muito no Millet de Sensier, são palavras de Millet:
"A arte é um combate – na arte é preciso dar o sangue".
"Trata-se de trabalhar como muitos escravos: *Eu preferiria não dizer nada, do que me exprimir frouxamente.*"
Foi apenas ontem que li esta última frase de Millet, mas antes eu já havia sentido o mesmo, e é por isso que às vezes sinto a necessidade de me exprimir com um rude lápis de carpinteiro ao invés de um fino pincel. "Cuidado Tersteeg! Cuidado! Você decididamente está errado" (180).

Jamais ouvi um bom sermão sobre a resignação e sequer jamais imaginei um que fosse bom, salvo este quadro de Mauve e a obra de Millet.

É bem a resignação, mas a verdadeira, não a dos pastores, estes pangarés desgrenhados, estes pobres pangarés desgrenhados, negros, brancos, castanhos; eles estão lá pacientes, submissos, prontos, resignados, calmos. Num instante terão que puxar por mais um trecho a pesada balsa, a faina chega ao fim. Um pequeno momento de pausa. Eles ofegam, estão cobertos de suor, mas não murmuram nada, não protestam nada, não reclamam de nada. Há muito tempo eles estão acostumados, acostumados há anos. Eles estão resignados a viver mais um pouco e a trabalhar; mas amanhã eles irão ao esfolador; "pois seja", eles estão prontos.

Vejo neste quadro uma filosofia notavelmente elevada, prática e silenciosa; ele parece dizer: "saber sofrer sem reclamar, esta é a única coisa prática, aí está a grande ciência, a lição a aprender, a solução do problema da vida". Parece-me que este quadro de Mauve seria um dos raros quadros diante dos quais Millet se deteria longamente murmurando: "Este pintor tem alma" (181).

Theo, eu decididamente não sou um paisagista; se faço paisagens, *sempre haverá nelas vestígio de figuras.*

Contudo, é muito bom que haja pessoas que sejam essencialmente paisagistas. E me preocupa muito que você seja uma delas "sem sabê-lo". O que me incita a lhe falar desta questão é que, em meio a dificuldades financeiras, sinto que nada é mais seguro que um trabalho manual, no sentido literal de trabalho executado com as mãos. Se você se tornasse pintor, uma das coisas que o espantariam seria que a profissão de pintor, com tudo o que ela comporta, é realmente um trabalho relativamente duro do ponto de vista físico; abstração feita do esforço de espírito, da tortura intelectual, este trabalho exige diariamente um esforço de energia bastante considerável (182).

A pintura é uma profissão que, tanto quanto, por exemplo, a de ferreiro ou a de médico, permite ganhar o suficiente para viver. Um artista, em todo caso, é diametralmente oposto a um aposentado, e, como já o disse, se queremos estabelecer algum paralelo, há mais analogias com o ferreiro ou o médico. Lembro-me muito bem, quando você me escrevia a este respeito, que antes, quando você me dizia que eu deveria me tornar pintor, eu achava isto muito fora de propósito e não queria nem ouvir falar a respeito.

O que acabou com a minha dúvida foi a leitura de um livro compreensivo sobre a perspectiva, de Cassagne: *O guia do A.B.C. do desenho*, e o fato de que oito dias depois eu desenhei o interior de uma pequena cozinha com fogão, cadeira, mesa e janela, tudo em pé e em seu lugar, enquanto que antes eu atribuía a um sortilégio ou ao acaso o fato de um desenho ter *profundidade* e uma perspectiva correta. Se você tivesse desenhado ao menos uma única coisa como se deve, tomaria um gosto irresistível em atacar mil outras coisas.

Mas fazer passar este primeiro e único carneiro pela ponte, aí está a dificuldade!

Um belo dia em que as pessoas começarem a dizer que eu sei desenhar bem mas não sei pintar, talvez eu apareça com um quadro quando menos esperaram. Mas enquanto me parecer que *tenho de fazê-lo* ou que *me é proibido* fazer outra coisa além do desenho, eu certamente não o farei.

Com respeito à pintura, há duas maneiras de pensar: *how not to do it* e *how to do it*; *how to do it* com muito desenho e pouca cor, *how not to do it* com muita cor e pouco desenho (184).

Abril de 1882

E é a consciência de que nada (exceto a doença) pode me arrancar esta força que começa agora a se desenvolver, é esta consciência que faz com que eu encare o futuro com coragem, e que no presente eu possa suportar muitos dissabores.

É uma coisa admirável olhar um objeto e achá-lo belo, pensar nele, retê-lo, e dizer em seguida: vou desenhá-lo, e trabalhar então até que ele esteja reproduzido.

Naturalmente, contudo, esta não é uma razão para que eu me sinta satisfeito com minha obra a ponto de acreditar que não precisaria melhorá-la. Mas o caminho para fazer melhor mais tarde é fazer hoje tão bem quanto possível, e então naturalmente haverá progresso amanhã.

O pequeno desenho junto a esta foi esboçado a partir de um grande estudo que tem uma expressão mais sombria. Há um poema de Tom Hood, eu acho, no qual ele fala de uma grande dama que não pode pregar os olhos à noite porque, tendo saído de dia para comprar um vestido, ela tinha visto num quarto enfumaçado as pobres costureiras pálidas, tuberculosas e esgotadas trabalhando. E aí sua opulência lhe dá remorsos de consciência e à noite ela acorda cheia de angústia. Em uma palavra, é uma figura de mulher esbelta e branca, inquieta numa noite sombria (185).

Mauve me quer mal por eu ter dito que "eu sou um artista", e eu não me retrato, pois vai de si que esta frase subentende o significado de "sempre procurar sem jamais encontrar a perfeição". É exatamente o contrário de "eu já sei, eu já encontrei".

Esta frase significa, pelo quanto eu saiba, "eu procuro, eu persigo, eu o faço com toda dedicação".

No entanto, Theo, eu tenho ouvidos para escutar; quando me dizem: "Você tem um mau caráter", que devo fazer?

Eu dei meia-volta e parti só, mas com muita tristeza no coração por Mauve ter ousado me dizer isto. Eu não pedirei explicações, e também não pedirei desculpas. E contudo – e contudo – e contudo!

Eu gostaria que Mauve se arrependesse.

Suspeitam algo de mim – está no ar –, existe algo por trás de mim. Vincent esconde algo que não pode vir à luz.

Pois bem, senhores, vou contá-lo aos senhores que dão tanto valor às formas e à civilização, e isto é claro sob a condição de que se fale a sério: o que é mais civilizado, mais delicado, mais viril, abandonar uma mulher ou apiedar-se de uma desprezada? Neste inverno eu encontrei uma mulher grávida, abandonada pelo homem cujo filho ela carregava no corpo[8].

Uma mulher grávida que, no inverno, vagava pelas ruas, que devia ganhar seu pão você bem sabe como.

Tomei esta mulher como modelo e trabalhei com ela durante todo o inverno.

Não pude pagar-lhe o salário completo de uma modelo, mas isto não impede que eu lhe tenha pago suas horas de pose, e que, graças a Deus, eu tenha podido salvá-la, ela e sua criança, da fome e do frio, repartindo com ela meu próprio pão. Quando encontrei esta mulher, fiquei impressionado por seu aspecto doentio.

Eu a fiz tomar banhos, dei-lhe fortificantes tanto quanto pude, ela ficou bem mais saudável. Fui com ela a Leyde, onde há um instituto para mulheres grávidas que lá podem dar à luz. (Não era de se espantar que ela estivesse doentia, a criança estava em má posição, ela teve que sofrer uma operação, tiveram que virar a criança especialmente com ajuda do fórceps. Entretanto, há grandes possibilidades de que ela escape desta. Ela deve dar à luz em junho.)

Parece-me que qualquer homem que valha o couro de seus sapatos, achando-se frente a um caso semelhante, teria agido da mesma forma.

Achei tão simples e evidente o que tinha feito, que acreditei poder guardar isto em silêncio. Era-lhe difícil posar, contudo ela aprendeu; fiz progressos no meu desenho porque tinha um bom modelo. Esta mulher agora está ligada a mim como uma pomba domesticada; quanto a mim, eu só posso me casar uma única vez, e quando poderia fazê-lo melhor do que com ela, se esta é a única maneira de continuar a ajudá-la, senão a miséria irá enxotá-la de novo para o caminho que leva ao precipício. Ela

---

8. Refere-se a Classina Maria Hoornik ou, abreviação, "Sien". É dela que ele fala nas cartas seguintes. Vincent passa a viver com ela e sua filha e produz alguns retratos antológicos como os célebres desenhos "sorrow", que quer dizer tristeza. (N.E.)

não tem dinheiro, mas ela me ajuda a ganhar dinheiro com o meu trabalho.

Eu estou cheio de alegria e de ambição por minha profissão e meu trabalho; se por algum tempo abandonei a pintura e as aquarelas, é porque fiquei muito amargurado com o abandono de Mauve e, se ele reconsiderasse o que me disse, eu poderia recomeçar com vontade. Por enquanto, não posso nem mesmo ver um pincel, isto me deixa nervoso.

Acreditei que me entenderiam sem palavras. Bem que eu pensava em outra mulher, pela qual meu coração bateu, mas ela estava longe e não queria me ver, enquanto que esta corria pelo inverno, doente, grávida, faminta; não pude agir de outra maneira. Mauve, Theo, Tersteeg, meu pão está em suas mãos, vocês me deixariam sem pão ou me dariam as costas? Já contei tudo, e aguardo pelo que vocês dirão (192).

Eis o que penso sobre o lápis de carpinteiro. Os velhos mestres, com o que teriam desenhado? Certamente não com um Faber B, BB, BBB, etc., etc., mas com um pedaço de grafite bruto. O instrumento do qual Michelângelo e Dürer se serviram provavelmente era muito parecido com um lápis de carpinteiro. Mas eu não estava lá, e portanto não sei de nada. Sei, no entanto, que com um lápis de carpinteiro podemos obter intensidades distintas das destes finos Faber, etc.

O carvão é o que há de melhor, mas quando se trabalha muito, o frescor se perde, e para conservar a precisão é preciso fixar sem demora. Para a paisagem é a mesma coisa; vejo que desenhistas como Ruysdaël, Goyen, Calame, e também Roelofs, por exemplo, entre os modernos, tiraram dele um ótimo partido. Mas se alguém inventasse uma boa pena para trabalhar ao ar livre, com tinteiro, o mundo talvez visse mais desenhos à pena.

Com carvão mergulhado na água pode-se fazer coisas excelentes, pude ver isto com Weissenbruch; o óleo serve para a fixação e o preto torna-se mais quente e mais profundo. Mas é preferível que eu faça isto daqui a um ano e não agora. É o que digo a mim mesmo, pois não quero que a beleza se deva a meu material, e sim a mim mesmo (195).

Saiba que atualmente eu estou fora desde as quatro horas da manhã, pois é difícil ficar na rua durante o dia, por causa dos transeuntes e dos moleques, e também porque é a melhor hora para ver as grandes linhas, quando as coisas ainda estão num mesmo tom (202).

GRAVURAS EM MADEIRA QUE VINCENT POSSUI

1 pasta *Tipos populares irlandeses*, mineiros, fábricas, pescadores, etc., na maioria pequenos esboços à pena.

1 pasta *Paisagens e animais*, Bodmer, Giacomelli, Lançon, a seguir algumas paisagens determinadas.

1 pasta *Trabalhos do campo* de Millet, a seguir Breton, Feyen Perrin e lâminas inglesas de Herkomer, Boughton, Clausen, etc.

1 pasta Lançon.

1 pasta Gavarni, completada por litografias, nenhuma rara.

1 pasta Ed. Morin.

1 pasta G. Doré.

1 pasta Du Maurier, muito cheia.

1 pasta Ch. Keene e Sambourne.

1 pasta J. Tenniel completada pelos *cartoons* de Beaconsfield.

} desenhistas da revista Punch

Falta John Leech, mas esta lacuna pode ser facilmente preenchida pois pode-se obter uma reimpressão destas gravuras em madeira, o que não é muito caro.

1 pasta Barnard.

1 pasta Fildes e Charles Green, etc.

1 pasta *Pequenas gravuras em madeira francesas*, álbum Boetzel, etc.

1 pasta *Cenas a bordo de navios ingleses e croquis militares*.

1 pasta *Heads of the People* por Herkomer, completada por desenhos de outros artistas e por retratos.

1 pasta *Cenas da vida popular londrina*, desde os fumantes de ópio e White Chapel e The Seven Dials, até figuras das damas mais elegantes, e Rotten Row of Westminster Park. Foram juntadas cenas correspondentes de Paris e de Nova York. O conjunto é um curioso "Tale of two cities".

1 pasta *As grandes lâminas de Graphic, London News, Harpers Weekly Illustration*, etc., entre as quais, Frank Holl, Herkomer, Fred. Walker, P. Renouard, Menzel, Howard Pyle.

1 *The Graphic portfolio*, ou seja, uma edição à parte de reproduções não a partir de clichês, mas as próprias estampas de algumas gravuras em madeira, entre as quais as *Homeless* e *Hungry* de Fildes. Alguns livros ilustrados, entre os quais Dickens, e o *Frederico, o Grande*, de Menzel, pequena edição (205).

Pouco a pouco e lentamente nasceu entre ela e eu alguma coisa diferente: *uma necessidade manifesta de um pelo outro*, tanto que ela e eu não podemos mais nos separar, e nos insinuamos cada vez mais em nossas vidas recíprocas, e então foi o *amor*. O que existe entre Sien e eu é *real*, não é um sonho, é a realidade. Considero uma grande benção que meus pensamentos e que minha atividade tenham encontrado um ponto fixo, uma direção determinada. É possível que eu tenha tido por K. mais *paixão*, e que sob certos pontos de vista ela também fosse mais bonita que Sien; mas que o amor por Sien seja menos sincero, certamente não, pois as circunstâncias são muito graves, e o que importa é agir, e assim foi desde o início de nosso encontro.

Veja o resultado; quando você vier me ver, não me encontrará mais desencorajado ou melancólico, mas estará num ambiente no qual acredito você poderá se acomodar, e que pelo menos não *te* desgostará. Um jovem ateliê, um lar ainda jovem, em plena ação.

Não um ateliê místico e misterioso, mas um ateliê que deita suas raízes em cheio na própria vida. *Um ateliê com um berço e uma cadeira de criança.* Onde, portanto, não há estagnação, mas onde tudo incita, conduz e estimula à atividade.

Quando um ou outro vem me dizer que eu seria um mau financista, mostro-lhe minhas instalações. Eu fiz o melhor que pude, irmão, para fazer com que você possa ver (e não somente você, mas qualquer um que tenha olhos) que me esforço, e às vezes consigo, para fazer as coisas de um modo prático. *How to do it* (212).

Hoje eu fiz um estudo do berço de criança com alguns toques de cor.

Além disto, estou trabalhando num desenho igual aos prados que lhe enviei recentemente.

Minhas mãos ficaram um pouco brancas demais para o meu gosto, mas o que é que eu posso fazer?

Eu vou voltar ao campo, pouco me importa que me arrependa, desde que eu não me abstenha de trabalhar. A arte é ciumenta, ela não quer que a doença lhe tenha precedência. Faço, portanto, a seu gosto.

Espero, portanto, que logo você receba cartas razoáveis. Pessoas como eu não deveriam ficar doentes. É preciso entender bem como eu considero a arte. Para chegar à verdade, é preciso trabalhar longamente e muito. O que eu quero dizer e o que eu aspiro é tremendamente difícil, e no entanto não acredito estar aspirando alto demais.

Quero fazer desenhos que *impressionem* certas pessoas. *Sorrow* é um pequeno começo, é possível que uma pequena paisagem como a Laan van Meerdevoort, as campinas de Rijswijk, o secadouro de pescado também sejam um pequeno começo. Pelo menos eles contêm algo que vem diretamente do meu coração.

Seja na figura, seja na paisagem, eu gostaria de exprimir não algo sentimentalmente melancólico, mas uma profunda dor.

Em suma, quero chegar ao ponto em que digam de minha obra: este homem sente profundamente, e este homem sente delicadamente. Apesar da minha suposta grosseria, você me entende? Ou precisamente por causa dela.

O que é que sou aos olhos da maioria – uma nulidade ou um homem excêntrico ou desagradável –, alguém que não tem uma situação na sociedade ou que não a terá; enfim, pouco menos que nada.

Bom, suponha que seja exatamente assim, então eu gostaria de mostrar por minha obra o que existe no coração de tal excêntrico, de tal nulidade.

Esta é minha ambição, que está menos fundada no rancor que no amor "apesar de tudo", mais fundada num sentimento de serenidade que na paixão. Ainda que frequentemente eu esteja na miséria, há contudo em mim uma harmonia e uma música calma e pura. Na mais pobre casinha, no mais sórdido cantinho, vejo quadros e desenhos. E meu espírito vai nesta direção por um impulso irresistível.

Cada vez mais prescindo de outras coisas, e quanto mais prescindo delas mais rápido se torna meu olhar para ver o lado pictórico. A arte pede um trabalho obstinado, um trabalho apesar de tudo e uma observação sempre contínua.

Por obstinado eu quero dizer um trabalho constante, mas igualmente a fidelidade à sua concepção, apesar do que dizem uns ou outros.

Eu espero realmente, irmão, que dentro de alguns anos, e até mesmo já agora, você veja pouco a pouco coisas da minha mão que te compensarão um pouco pelos sacrifícios que você fez. Nestes últimos tempos eu não conversei mais com pintores. E não fiquei muito mal. Não é tanto a língua dos pintores, mas a língua da natureza à qual é preciso dar ouvidos. Compreendo melhor agora do que há um ano atrás por que Mauve me dizia: "Não me fale tanto de Dupré, fale-me antes desta margem de fosso ou de algo análogo". Isto parece brutal, e no entanto é totalmente correto. Sentir as coisas em si mesmas, a realidade, é mais importante que sentir os quadros; em todo caso é mais fecundo e mais vivificante.

Porque tenho da arte e da própria vida, de quem a arte é essência, um sentimento tão vasto e tão amplo, acho irritante e falso quando vejo pessoas posando de acadêmicos. No que me diz respeito, encontro em muitos quadros modernos um encanto particular que os antigos não têm.

Uma das expressões mais elevadas e nobres da arte continua sempre sendo para mim a arte inglesa, por exemplo, Millais, Herkomer e Frank Holl. O que eu quero dizer da diferença entre as artes antiga e moderna é que os artistas modernos talvez sejam mais pensadores.

Há ainda uma grande diferença de sentimento entre o Chill October de Millais, e os prados de Overveen de Ruysdaël, por exemplo. Tanto quanto entre os emigrantes irlandeses de Holl e as mulheres lendo a Bíblia de Rembrandt.

Rembrandt e Ruysdaël são sublimes, tanto para nós quanto para seus contemporâneos, mas há na arte moderna alguma coisa que nos atinge de uma maneira mais pessoalmente íntima.

O mesmo vale para as gravuras em madeira de Swain, e as dos velhos mestres alemães.

Foi portanto um erro quando há alguns anos os modernos foram tomados pelo furor de imitar os antigos.

É por isto que eu acho tão certo o que diz o pai Millet: "Parece-me absurdo que os homens queiram parecer o que de fato não são".

Esta parece uma frase simples, e no entanto ela é de uma profundidade insondável como o oceano, e quanto a mim estimo ser bom tomar a peito estas palavras (218).

Nós estamos naturalmente de acordo, tanto quanto eu o compreendo, sobre o preto na natureza. O preto absoluto na verdade não existe. O preto, como o branco, existe em quase todas as cores e forma a infinita variação de *cinzas,* diferentes em tom e em vigor. Tanto que na natureza não se vê na verdade nada além destes tons ou intensidades.

As cores fundamentais são apenas três: vermelho, amarelo, azul. O alaranjado, o verde e o violeta são tons "compostos".

Pela associação do preto com um pouco de branco, produzem-se variações infinitas de cinza: cinza-*vermelho,* cinza-*amarelo,* cinza-*azul,* cinza-*verde,* cinza-*laranja,* cinza-*violeta.*

Dizer a quantidade que existe de cinzas-verdes diferentes, por exemplo, é impossível, variam ao infinito.

Mas toda a química das cores não é mais complicada que estas simples cores fundamentais. E uma boa compreensão disto vale mais que setenta cores diferentes, visto que, com as três cores fundamentais mais o branco e o preto, podemos fazer mais de setenta tons e intensidades. O colorista é aquele que, vendo uma cor na natureza, consegue analisá-la bem e dizer por exemplo: este cinza-verde é um amarelo com preto e quase nada de azul, etc.

Enfim, aquele que sabe fazer em sua palheta os cinzas da natureza.

Mas para tomar notas ao ar livre ou fazer um pequeno esboço, tanto quanto para o remate mais tarde, um sentido fortemente desenvolvido do contorno é condição absoluta.

Ataquei de novo este rude tronco de salgueiro, e acredito que tornou-se a melhor de minhas aquarelas. Uma paisagem sombria, esta árvore morta perto de um charco estagnado coberto de lentilhas d'água, ao longe um desvio da estrada de ferro do Reno onde linhas se cruzam, prédios pretos e esfumarados, mais longe campinas verdes, um caminho para o transporte de carvão, e um céu onde avançam as nuvens, cinzas com uma única pequena borda resplandecendo em branco, e um fundo azul lá onde as nuvens se dispersam um pouco. Enfim, eu quis fazê-lo tal como parece-me que o pequeno guarda-barreiras com sua blusa e sua bandeirinha vermelha deve enxergá-lo e senti-lo quando pensa: Como o dia está triste hoje...

O sentimento e o amor pela natureza encontram cedo ou tarde um eco naqueles que se interessam pela arte. O pintor tem como dever mergulhar completamente na natureza, e utilizar toda sua inteligência, colocar todo seu sentimento em sua obra, para que ela se torne compreensível para os outros. Mas trabalhar tendo em vista apenas a venda não é precisamente, no meu entender, o verdadeiro caminho, a não ser para zombar dos apreciadores (221).

Quero dizer simplesmente que pintei três estudos. Um da fileira de troncos de salgueiro na campina – (atrás da Geestbrug), a seguir um estudo da estrada cinzenta pertinho de casa – e hoje eu estive nas hortas da Laan van Meerdervoort, e encontrei um campo de batatas com um riacho. Um homem de blusa azul e uma mulherzinha estavam lá colhendo as batatas, e eu acrescentei estas figuras.

O campo era uma terra arenosa e branca, meio roçada – meio coberta de fileiras de tocos ressequidos entremeados de ervas daninhas verdes.

No horizonte, um verde sombrio e alguns telhados.

Foi com verdadeiro prazer que eu fiz este último estudo. Devo lhe dizer que a pintura não me parece tão estranha quanto você poderia imaginar. Ao contrário, ela me é muito simpática, pois é um poderoso meio de expressão.

E permite ao mesmo tempo dizer coisas delicadas, deixar falar um cinza ou um verde delicado em meio à rudeza.

Estou muito contente por ter os apetrechos necessários, pois frequentemente já tive que refrear meus desejos. Isto entreabre um horizonte bem mais amplo (224).

Sábado à tarde eu ataquei um assunto com o qual já tinha sonhado muitas vezes.

É uma vista sobre prados verdes com montes de feno. Eles são atravessados por um caminho cinzento ao longo de um riacho. E, no horizonte, no meio do quadro, o sol se põe, num vermelho-fogo.

É-me impossível desenhar o efeito às pressas, mas veja a composição.

E não era mais que uma questão de cor e de tom, o matiz da gama de cores do céu; primeiro, uma névoa lilás, na qual o sol vermelho está meio coberto por uma nuvem violeta-escuro com uma delgada beirinha de vermelho brilhante; perto do sol, reflexos de vermelhão, mas acima, uma faixa amarela que se torna vermelha e azulada mais ao alto; o chamado *Cerulean-blue,* e então aqui e ali nuvens lilás e cinza que recebem os reflexos do sol.

O solo era uma espécie de tapeçaria de verdes – cinza-castanho, mas cheia de matizes e formigamentos –, a água do pequeno riacho brilha neste solo colorido.

É uma coisa que Émile Breton, por exemplo, pintaria.

Pintei ainda um grande trecho de duna – empastado e pintado à vontade.

Destes dois, da pequena marina, do campo de batatas, *estou certo que ninguém dirá que são meus primeiros estudos de pintura.*

Para lhe dizer a verdade, isto me surpreende um pouco, achei que os primeiros estudos não se pareceriam com nada, e que mais tarde eles melhorariam. E na verdade tenho que dizer que eles se assemelham a alguma coisa e isto me surpreende um pouco.

Acho que isto se deve ao fato de que, antes de começar a pintar, desenhei e estudei perspectiva o tempo necessário para poder compor um assunto que eu visse.

Desde que comprei minhas cores e meus utensílios de pintor, eu suei e trabalhei a ponto de ficar completamente esgotado depois de ter pintado sete estudos. Ainda há um com uma pequena figura, uma mãe com uma criança à sombra de uma grande árvore, numa harmonia de tons sobre uma duna iluminada pelo sol de verão. É um efeito quase italiano.

Eu literalmente não pude me conter, não pude me abster e nem parar de trabalhar...

Eu queria simplesmente lhe dizer o seguinte, eu sinto que há coisas de cor que surgem em mim enquanto eu pinto, coisas que eu não possuía antes, coisas importantes e intensas...

Tanto quanto eu possa me dar conta, não são os piores pintores que ficam às vezes uma semana ou quinze dias sem poder trabalhar. Existe uma causa para isto, são precisamente estes que "dão o sangue", como diz Millet. Isto não é um obstáculo, e na minha opinião, quando necessário, não devemos nos poupar. Se durante algum tempo estamos esgotados, depois nos restabelecemos, e ganhamos com o fato de os estudos estarem armazenados, exatamente como o trigo ou o feno do camponês. Quanto a mim, não penso provisoriamente em descansar (225).

Existe na pintura algo de infinito – não posso lhe explicar mais que isso –, mas é uma coisa admirável para exprimir uma atmosfera. Existem nas cores coisas escondidas de harmonia e de contraste que colaboram por si próprias, e das quais não poderíamos tirar proveito sem isto (226).

Esta semana pintei no bosque alguns estudos bem grandes que eu tratei de levar mais adiante e de aprofundar mais que os primeiros.

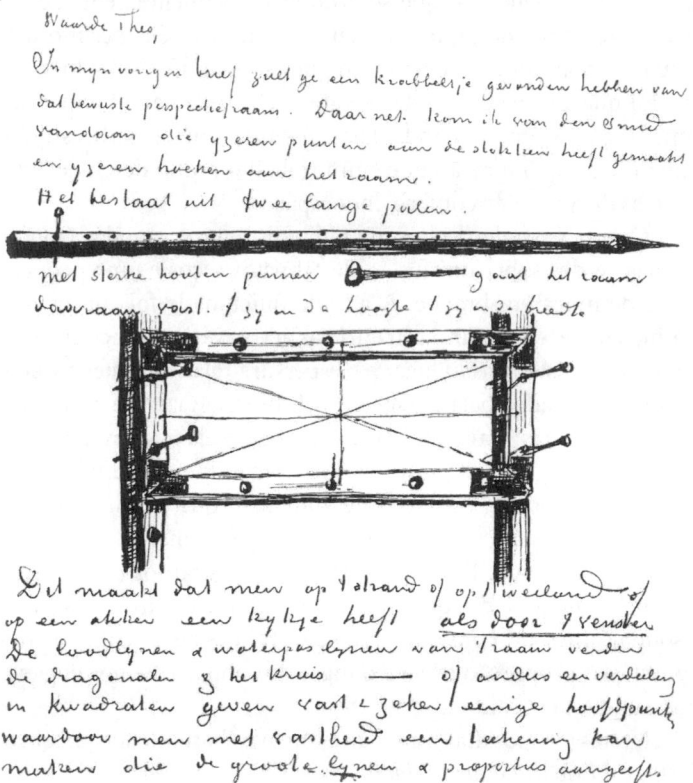

Aquele que, na minha opinião, é o mais bem-sucedido, não é nada mais que um trecho de terra roçada, areia branca, preta e castanha, após uma pancada de chuva. Tanto que os torrões de terra se incendeiam aqui e ali e falam melhor por si.

Após estar desenhando durante algum tempo este trecho de terra, houve uma tempestade com um formidável aguaceiro, que durou bem uma hora. Mas eu tinha tomado um tal gosto pela coisa, que fiquei no meu posto e procurei bem ou mal um abrigo debaixo de uma grande árvore. Quando a tempestade passou e as gralhas voltaram a voar, não me arrependi de ter esperado, graças ao admirável tom sombrio que o solo do bosque tinha adquirido depois da chuva.

Como já tinha começado ajoelhado, antes da tempestade, com um horizonte baixo, tive que me ajoelhar no barro, e é por causa de tais aventuras, que se produzem frequentemente sob as mais diversas formas, que no meu entender não é supérfluo usar roupas de operário, onde não há o que estragar. O resultado, desta vez, foi que eu tive que voltar ao ateliê cheio de barro, o que não impede que Mauve, quando falávamos de um de seus estudos, tenha me dito com razão que é um trabalho árduo desenhar estes pedaços de terra e de conferir-lhes espaço.

O outro estudo do bosque tem como tema grandes troncos de faias verdes sobre um fundo de arbustos secos e uma pequena figura de moça em branco. A grande dificuldade foi conservar a luminosidade, e colocar o céu entre as árvores que se encontravam a diferentes distâncias, o lugar e a espessura relativa destes troncos sendo modificados pela perspectiva. É preciso fazer de maneira a que possamos respirar e passear na floresta, e ela deve exalar...

O que eu gosto na pintura é que, com as mesmas dificuldades que um desenho dá, trazemos de volta algo que dá uma impressão bem melhor e é muito mais agradável de olhar. E ao mesmo tempo é mais exata. Em uma palavra, a pintura nos recompensa mais pelas dificuldades que o desenho. Só que é uma necessidade absoluta, antes de começar, que se saiba desenhar com relativa segurança a proporção exata e o lugar dos objetos. Se nos enganamos, tudo está perdido...

Nestes últimos dias li em parte um livro bastante melancólico: *Cartas e diário de Gérard Bilders*.

O que eu não gosto nele é que, *pintando,* reclame de seu terrível fastio e de sua preguiça como sendo algo sobre o que ele não pode fazer nada, e continua a andar no mesmo círculo mesquinho de amigos, em diversões e num tipo de vida que o enojam. Enfim, ele é para mim uma figura simpática, mas prefiro ler a vida do pai Millet ou de Th. Rousseau ou de Daubigny.

Quando se lê o livro de Sensier sobre Millet, fica-se encorajado, ao passo que o livro de Bilders deixa doente.

Numa carta de Millet, eu sempre encontro uma enumeração das dificuldades, mas também "mesmo assim eu fiz isto ou aquilo", e a seguir a perspectiva de outra coisa que ele absolutamente quer fazer, e que aliás ele executa.

E em G. Bilders é frequente demais: "Eu estive na fossa esta semana e perdi meu tempo, e eu fui a esse concerto ou a essa peça e voltei ainda mais doente". O que me impressiona em Millet são estas simples palavras: "É preciso *ainda assim* que eu faça isto ou aquilo" (227).

Pintei esta semana algo que, acredito, lhe dará aproximadamente a impressão de Scheveningue, como a vimos quando lá estivemos passeando. Um grande estudo de areia, mar e céu – um grande céu de cinza tênue e de branco quente, onde transparece uma única pequena mancha de azul delicado –, a areia e o mar foram tratados em claro, de forma que o conjunto torna-se fulvo, animado contudo por pequenas figuras e barcos de pesca coloridos de uma maneira brutal e curiosa. O assunto do esboço que estou fazendo é um barco de pesca levantando a âncora. Os cavalos estão prontos para serem atrelados e puxar o barco até o mar. Envio-lhe em anexo um pequeno esboço. Ele me custou muito trabalho, eu teria preferido pintá-lo sobre painel ou sobre tela. Tratei de colocar-lhe mais cor, especialmente mais profundidade e firmeza de colorido. É bem curioso que você e eu frequentemente tenhamos as mesmas ideias. Assim é que ontem à tarde eu voltei com um estudo do bosque, e precisamente nesta semana estive muito tomado por esta questão da profundidade do colorido. E eu teria gostado muito de falar contigo precisamente sobre o estudo que fiz, e eis que, na sua carta desta manhã –, você me conta por acaso ter ficado impressionado em Montmartre com as cores fortemente pronunciadas que permanecem harmoniosas.

Não sei se ficamos impressionados precisamente pela mesma coisa, mas sei muito bem que aquilo que me impressionou especialmente você mesmo o teria sentido igual, e talvez visto da mesma forma.

O bosque já está ficando bastante outonal, com efeitos de cor que eu raramente encontrei nos quadros holandeses.

Ocupei-me ontem à tarde com um terreno arborizado um pouco em declive coberto de folhas de faia carcomidas e secas. O solo era de um vermelho-castanho ora mais claro, ora mais escuro, ainda mais por causa das sombras projetadas pelas árvores que lançavam linhas, ora mais fracas, ora mais fortes, meio apagadas. Tratava-se, e eu constatei que isto era bem difícil, de obter profundidade de colorido, a enorme força e a firmeza deste terreno, e contudo somente pintando é que me dei conta de quanta claridade ainda havia nesta obscuridade. O problema é conservar a claridade, e conservar ao mesmo tempo o calor e a profundidade deste tom rico.

Pois não se pode imaginar um tapete tão admirável quanto este castanho-vermelho profundo sob o calor de um sol de crepúsculo outonal temperado pelos galhos.

Deste solo surgem jovens faias, que recebem luz de um lado e são de um verde cintilante, o lado escuro destes troncos sendo de um verde negro quente e poderoso.

Atrás destes pequenos troncos, atrás deste solo castanho-vermelho há um céu, muito tênue, azul-cinza, quente, quase nada azul, cintilante. E abaixo há uma margem nebulosa de verdura e um emaranhado de pequenos troncos e de flores amareladas. Algumas figuras procurando lenha vagueiam como massas sombrias de sombras misteriosas.

A touca branca de uma mulher que se abaixa para alcançar um ramo seco contrasta de repente com o vermelho-castanho profundo do solo. Uma saia apanha luz – uma sombra projetada desaparece –, uma silhueta escura de um homem ergue-se sobre a mata. Uma touca branca, um capuz, um ombro, um busto de mulher se perfilam contra o céu. Estas figuras são grandes e cheias de poesia, aparecem no crepúsculo de uma sombra profunda, como "enormes terracotas" em formação num ateliê.

Estou descrevendo-lhe a natureza, eu mesmo não sei até que ponto consegui reproduzi-la em meu esboço, mas sei muito bem como fiquei impressionado pela harmonia de verde, vermelho, preto, amarelo, azul, castanho, cinza. Era bem no estilo de Groux, um efeito como por exemplo o daquele esboço da *Partida do recruta*, outrora no Palácio Ducal.

Eu tive muitas dificuldades para pintá-lo. Há no fundo um tubo e meio de branco – e no entanto este fundo é muito escuro –, a seguir ocre-vermelho, amarelo, castanho, preto, terra de siena, bistre, e o resultado é um castanho-vermelho, mas que varia do bistre ao bordô profundo e ao rosa-pálido e fulvo. Há ainda musgos e uma pequena faixa de relva fresca, que apanha luz e brilha forte, e que foi muito difícil de reproduzir. Eis enfim um esboço que, independente do que digam, pretendo que tenha um significado e que seja expressivo.

Ao fazê-lo, disse a mim mesmo: não vamos embora antes de ver o efeito do outono e do crepúsculo aqui, o que ele tem de misterioso, de sério.

Sou obrigado – como o efeito não permanece – a pintar rapidamente; as figuras foram colocadas com algumas pinceladas enérgicas, e de uma só vez. Fiquei impressionado ao ver o quanto estes pequenos troncos sustentam-se solidamente no chão; comecei-os com o pincel, mas por causa do solo já empastado – uma pincelada fundia-se como nada, e foi então que, apertando o tubo, fiz brotarem as raízes e os troncos – e modelei-os um pouco com o pincel.

Sim – ei-los, estão brotando e estão solidamente enraizados. Num certo sentido estou contente por não ter *aprendido* a pintar. Talvez eu tivesse *aprendido* a deixar passar despercebidos efeitos deste tipo, agora digo: não, é precisamente isto que eu tenho que conseguir, se isto não for possível, muito bem, mas eu quero tentar, embora não saiba como fazê-lo. *Eu mesmo não sei* como os pinto; venho sentar-me com uma tela branca frente ao local que me impressiona, vejo o que tenho diante dos olhos, e digo a mim mesmo: esta tela branca deve tornar-se alguma coisa – e volto insatisfeito –, coloco-a de lado e depois de ter descansado eu a olho com uma certa angústia – e continuo insatisfeito, porque aquela maravilhosa natureza está muito na minha cabeça para que eu possa estar satisfeito – mas no entanto vejo na minha obra um eco do que me impressionou, vejo que a natureza me contou algo, falou comigo, e que eu anotei isto em estenografia. No meu estenograma podem haver algumas palavras indecifráveis – erros ou lacunas –, no entanto, resta alguma coisa do que o bosque, a praia ou a figura disseram, e não é uma linguagem baça ou convencional, que não tenha nascido da própria natureza, mas de um jeito de fazer ou de um sistema engenhoso. Eis aqui mais um pequeno esboço das dunas. Havia lá alguns desses pequenos arbustos cujas folhas são brancas de um lado, verde-escuro do outro e que se agitam e brilham constantemente. Atrás, o bosque escuro (228).

Sinto em mim a força de produzir, tenho consciência de que chegará um tempo em que poderei, por assim dizer, *cotidianamente* fazer uma ou outra coisa boa, e isto, regularmente (229).

Estou possuído pelos novos prazeres que sinto nas coisas que vejo, porque tenho uma nova esperança de fazer algo que tenha alma.

Estou a tal ponto lambuzado de cores que há cores até nesta carta; estou ocupado com a grande aquarela do banco.

Gostaria muito que ela desse certo, mas o grande problema é manter o desenho por uma profundidade de tom, e a luminosidade é extremamente difícil (230).

Estive algumas vezes em Scheveningue nestes últimos dias, e uma tarde tive a sorte de ver chegar um barco de pesca. Perto do monumento há uma casinha de tábuas onde um homem fica de sentinela. Tão logo o barco se aproximou de forma a ficar visível, o homem saiu com uma grande bandeira azul, seguido por um bando de moleques que não lhe chegavam aos joelhos. Era para eles um enorme prazer poder ficar perto do homem da bandeira e imaginar que assim estavam ajudando a retornar o barco de pesca. Alguns minutos após o homem agitar sua bandeira, passou um rapaz montado num velho cavalo, que devia ir buscar a âncora.

Homens e mulheres, e também mães com crianças, juntaram-se então ao grupo para receber a tripulação.

Quando o barco chegou a uma distância suficiente, o homem a cavalo entrou no mar e voltou com a âncora.

A seguir, os homens foram trazidos à terra nas costas de rapazes calçados com botas altas, e a cada homem que chegava havia um concerto de boas-vindas.

Quando todos chegaram, o bando retornou à casa como carneiros ou uma caravana, com o rapaz sobre o camelo, quero dizer, o cavalo, adiantando-se ao bando como um fantasma. Evidentemente, dediquei toda minha atenção a esboçar os diferentes incidentes.

Também pintei alguma coisa, especialmente o grupo que esbocei ao lado.

Ainda pintei um estudo marinho, nada mais que um trecho de areia, mar e céu cinza e solitário; às vezes, preciso desta solidão – onde não há mais que o mar cinza – com um único pássaro aquático, e nenhum outro ruído além do rumor das ondas. É para me refrescar dos rumores do Geest ou do mercado de batatas.

A seguir, ocupei-me esta semana principalmente com esboços para aquarelas. Continuei a completar a grande aquarela do banco e também um esboço de mulher no jardim do hospital e um trecho do Geest.

Mas como é difícil dar-lhes vida e movimento, e colocar as figuras em seu lugar mantendo-as separadas. É o grande problema: *encarneirar* grupos de figuras que, embora formando um conjunto, olhem por cima da cabeça ou dos ombros uns dos outros; enquanto que, no primeiro plano, as pernas das primeiras figuras se destacam energicamente, e que, mais longe, as saias e as calças formam uma espécie de mistura onde ainda assim haja desenho.

A seguir, à direita e à esquerda, segundo o ponto de vista, a extensão ou o estreitamento dos lados. Em matéria de composição, todas as cenas possíveis que comportem figuras, seja um mercado, seja a chegada de um barco, seja um grupo de pessoas perto de uma cozinha popular, ou na sala de espera do hospital, no Montepio, os grupos que conversam ou passeiam na rua, todos se baseiam no mesmo princípio do rebanho de carneiros, daí a palavra *encarneirar*, e tudo se reduz às mesmas questões de luz, de escuro e de perspectiva (231).

Fazer estudos, no meu entender, é semear, é fazer quadros, é colher.

Acredito que se pense muito mais corretamente quando as ideias surgem do contato direto com as coisas, do que quando se olham as coisas com o objetivo de encontrar esta ou aquela ideia.

O mesmo vale para a questão do colorido. Há cores que por si só contrastam agradavelmente, mas eu me esforço em fazê-lo como o vejo, antes de me pôr a trabalhar para consegui-lo como eu o sinto. E no entanto o sentimento é uma grande coisa sem a qual não poderíamos executar nada (233).

Fiz mais estudos de velhos do hospício e esta semana espero conseguir uma mulher do hospício. Mas estou numa grande penúria, é preciso muita coisa e ainda devo um pouco de dinheiro a Stam. Imagine que esta semana, para minha grande surpresa, recebi de casa um pacote com um paletó de inverno, uma calça grossa, e um quente casaco de mulher; fiquei muito emocionado.

O cemitério com as cruzes de madeira está martelando minha cabeça, talvez eu faça alguns estudos preliminares – gostaria dele sob a neve –, um enterro de camponês ou algo análogo. Enfim, um *efeito* como o esboço dos mineiros anexo.

Para completar as estações, envio-lhe mais um pequeno esboço da primavera e um do outono, que me vieram à cabeça quando eu fazia o primeiro (236).

Estou totalmente de acordo com o que você diz a respeito dos momentos que vivemos às vezes, em que parecemos impenetráveis para as coisas da natureza ou em que a natureza parece não nos falar mais.

Isto me acontece tão frequentemente, e às vezes me permite começar outras coisas. Se estou rebelde à paisagem ou aos efeitos de luz, dedico-me às figuras, e vice-versa. Frequentemente não há nada a fazer a não ser esperar que isto passe, mas mais de uma vez eu consegui afastar a insensibilidade trocando os temas aos quais dou atenção. Mas as figuras me interessam cada vez mais. Eu me lembro de ter vivido uma época em que a sensibilidade para a paisagem me obcecava fortemente, e que eu ficava mais impressionado com um quadro ou um desenho nos quais um efeito de luz ou uma atmosfera estivessem bem expressos do que com uma figura.

Em geral, os pintores de figuras inspiravam-me um frio respeito, mais que uma calorosa simpatia.

Lembro-me ainda de ter ficado particularmente impressionado nesta época por um desenho de Daumier, um velho sob as castanheiras dos Champs-Elysées (uma ilustração para Balzac), embora este desenho não fosse tão importante; mas sei muito bem que ele me impressionou particularmente pela concepção forte e viril de Daumier. E disse a mim mesmo: deve ser bom sentir e pensar desta maneira, e passar por cima de uma porção de coisas para concentrar-se no que dá o que pensar, e no que diz respeito de uma maneira mais pessoal ao homem enquanto homem, mais do que às pradarias e nuvens.

Desejo tão frequentemente sua presença e penso tanto em você. O que você me escreve a respeito do caráter de certos artistas parisienses que vivem com mulheres, que são menos mesquinhos que outros, e que talvez por desespero agarram-se aos jovens, parece-me correto. Há pessoas semelhantes lá e aqui. Talvez lá seja ainda mais difícil para o homem conservar um pouco de frescor na vida doméstica, porque lá quase é preciso ir contra a corrente. Como são numerosos os que se desesperaram em Paris, num desespero calmo, razoável e lógico. Ainda li algo a este respeito sobre Tassaert, de quem gosto muito e cuja sorte me deu muita pena.

Acho toda tentativa nesta direção digna de respeito. Acho também que é possível conseguir, e que não se deve começar por desesperar, mesmo que às vezes desanimemos e que às vezes sintamos um certo abatimento. É preciso reviver, recobrar o ânimo, mesmo que a solução seja diferente do que se acreditava no começo. Não creia que eu despreze pessoas do tipo das que você me descreve, porque suas vidas não seriam baseadas em princípios sérios e ponderados. Minha opinião a este respeito é a seguinte: o resultado deve ser um *ato*, não uma ideia abstrata. Só aprovo princípios e os julgo dignos quando eles se traduzem em atos. Aprovo que se pondere e se esforce por ser consciencioso, pois isto determina de antemão a atividade de um homem e forma um conjunto com seus diversos atos. Acho que aqueles que você me descreve poderiam adquirir um pouco mais de solidez agindo de uma forma mais ponderada. Mas, pensando bem, eu os prefiro àqueles que ficam espalhando seus princípios sem fazer o mínimo esforço e nem sequer imaginar colocá-los em prática. Pois estes últimos não tiram nenhum proveito de seus belos princípios, enquanto que os primeiros são precisamente aqueles que, quando se decidem a viver com energia e ponderação, são capazes de grandes coisas. Pois as grandes coisas não se fazem só por impulso, e são o encadeamento de muitas pequenas coisas reunidas num todo.

O que é desenhar? Como o conseguimos? É a ação de abrir-se um caminho através de um muro de ferro invisível, que parece encontrar-se entre o que *sentimos* e o que *podemos*. Como atravessar este muro, já que de nada serve golpeá-lo com força? Devemos minar este muro e atravessá-lo à base de lima e, no meu entender, lentamente e com paciência. E é assim que poderemos continuar assíduos neste trabalho sem nos distrairmos, a menos que não ponderemos e não arranjemos nossas vidas segundo nossos princípios. E isto vale tanto para as coisas artísticas quanto para as outras. E a grandeza não é uma coisa fortuita, ela deve ser *desejada*. Determinar se os atos de um homem devem conduzi-lo aos princípios, ou os princípios aos atos, esta é uma coisa que me parece tão difícil de saber, e que vale tanto a pena quanto saber quem nasceu primeiro, se a galinha ou o ovo. Mas considero como uma coisa positiva e de grande importância que nos esforcemos em desenvolver nossa energia e nosso pensamento (237).

Vi nestes últimos dias, e tenho também em minha coleção uma grande gravura em madeira de um quadro de Roll, *Uma greve de mineiros*. Por acaso você conhece este pintor, e, em caso afirmativo, o que você já viu dele? Este quadro representa o pátio de uma mina de carvão, frente ao qual fervilha um grupo numeroso de homens, mulheres e crianças que visivelmente tomaram de assalto o prédio. Eles estão em pé ou sentados ao redor de uma carroça tombada e são controlados por guardas a cavalo. Um homem ainda atira uma pedra, mas uma mulher trata de segurar seu braço. Os caracteres são excelentes; são desenhados de forma rude e brutal e também pintados em consonância com o tipo de assunto. Não chega a ser como um Knaus ou Vautier, mas tem mais paixão, por assim dizer – quase nenhum detalhe, o conjunto concentrado e simplificado –, mas tem muito estilo. Há muita expressão, atmosfera e sentimento, e os movimentos das figuras, as diferentes ações, estão magistralmente expressos.

Fiquei muito impressionado, assim como Rappard, a quem enviei um exemplar. Estava num velho número da *Illustration*.

Por acaso eu tenho um de um desenhista inglês, Emslie, que tem como tema homens entrando numa mina para socorrer vítimas de acidentes, enquanto as mulheres esperam. Temas assim raramente são abordados. Quanto ao de Roll, um dia assisti a uma cena análoga: o que acho belo em seu quadro é que ele exprime exatamente uma situação dessas, embora só se vejam poucos detalhes. Isto me fez pensar numa frase de Corot: "Há quadros onde não há nada, e *no entanto tudo está neles*". O conjunto tem algo de grande e de clássico na composição e nas linhas, como num belo quadro histórico, e esta é uma qualidade que continua tão rara hoje quanto sempre o foi e continuará sendo. Isso me faz pensar um pouco em Géricault, especialmente na *Balsa da Medusa*, e ao mesmo tempo em Munkaczy, por exemplo (238).

Preciso perguntar-lhe se há no comércio reproduções baratas de Daumier e, no caso afirmativo, quais? Sempre o achei muito bom, mas foi só nestes últimos tempos que comecei a acreditar que ele é ainda mais importante do que eu pensava. Se souber algo especial a seu respeito, ou se tiver conhecimento de coisas importantes sobre seus desenhos, você poderia me escrever?

Eu já tinha visto algumas de suas caricaturas, e talvez por isto tivesse dele uma falsa impressão. Suas figuras sempre me impressionaram especialmente, mas acho que conheço apenas uma ínfima parte de sua obra, e acredito, por exemplo, que as caricaturas não constituam em absoluto o normal ou o principal de sua obra.

Lembro-me que no ano passado nós tínhamos falado a respeito na estrada de Princenhage, e que você me dizia achar Daumier melhor que Gavarni. Eu tinha tomado o partido de Gavarni e lhe falara do livro que lera sobre ele. Este livro agora está contigo. Devo dizer contudo que, apesar de minha estima por Gavarni não ter diminuído, começo a acreditar que não conheço mais que uma parte muito pequena da obra de Daumier, *e que a parte de sua obra que eu não conheço* encerra precisamente os elementos que (por mais que eu já aprecie o que conheço dele) mais me interessariam. E me ocorre vagamente, mas eu posso estar enganado, que você tinha me falado de grandes desenhos, de tipos ou de retratos populares, e eu gostaria de conhecê-los. Se houvesse várias coisas dele tão belas quanto uma reprodução que eu encontrei recentemente, *As cinco épocas de um bebedor,* ou aquela figura de um velho sob a castanheira da qual já lhe falei, sim, realmente, talvez ele fosse o mestre de todos nós. Você poderia me dar algumas informações a este respeito? (239)

Às vezes penso no ano passado, quando cheguei nesta cidade. Eu imaginava que os pintores formassem uma espécie de círculo ou de associação onde reinassem o calor e a cordialidade e uma certa unanimidade. Isto me parecia natural e eu não imaginava que *pudesse* ser diferente.

Não gostaria de perder as ilusões que alimentava a este respeito quando vim para cá, mesmo que tenha de modificá-las e distinguir entre o que é e o que poderia ser.

Não poderia acreditar que é natural haver tanta frieza e desacordo. A que se deve isto? Não sei e não me sinto autorizado a examinar esta questão, mas parto do princípio, no que me diz respeito, de que devo me abster de duas coisas: primeiro não se deve brigar, deve-se antes favorecer a paz, tanto para os outros quanto para si mesmo. E o que devemos evitar a seguir, na minha opinião, é o desejo de ser na sociedade algo além de um pintor, quando se é um pintor. Como pintores, devemos abstrair-nos de todas as ambições sociais e não participar do que fazem as pessoas que moram no Voorhout, no Willemspark, etc... Pois nos velhos ateliês enegrecidos e escuros reinava um espírito de camaradagem e de sinceridade que valia infinitamente mais que isto que ameaça substituí-los (256).

O que eu gostaria de saber de você é se lhe parece que este modo de fazer poderia eventualmente eliminar algumas das objeções que você tinha ao lápis. São algumas *Heads of the people* e eu teria a intenção de, procurando muitas coisas do gênero, estabelecer um conjunto que não fosse totalmente indigno de receber o título de *Heads of the people*.

Espero, meu velho, que trabalhando muito eu faça algum dia algo de bom. Eu ainda não cheguei lá, mas não desisto, estou me esforçando para consegui-lo, gostaria de realizar algo sério, algo vigoroso, que tenha alma!

Em frente, em frente (257).

Exatamente porque busco e gostaria de manter uma verdadeira amizade, é difícil resignar-me a uma amizade convencional.

Quando, *de ambas as partes*, existe o desejo de viver uma amizade, se às vezes não estamos de acordo, não nos magoamos tão facilmente, ou, se nos magoamos, rapidamente nos recuperamos. Mas quando isso é convencional, é quase inevitável que surja o rancor, exatamente porque não podemos nos sentir livres, e mesmo que não déssemos vazão a nossos sentimentos estes acabariam por deixar reciprocamente uma duradoura impressão desagradável e então podemos perder as esperanças de representar algo um para o outro. Onde há convencionalismo, há desconfiança, e da desconfiança nasce toda a espécie de intrigas. E, com um pouco mais de sinceridade, tornaríamos a vida mais fácil para todos.

Entretanto, acostumamo-nos às situações existentes, mas isto não é normal, e se fosse possível de repente voltar trinta, quarenta ou cinquenta anos atrás, acho que nos sentiríamos mais à vontade do que hoje; quer dizer, eu e você, por exemplo, nos sentiríamos mais à vontade. Daqui a cinquenta anos, acho, ninguém vai querer reviver esta *época*. Pois se ela der origem a uma época de decadência, estaremos muito entorpecidos para refletir a respeito, e caso se produza uma mudança para melhor, "tanto melhor".

Não penso que seja absurdo julgar possível que volte a acontecer uma espécie de época rococó, já que, na história da Holanda, o que chamamos de época rococó teve sua origem no relaxamento dos princípios e na substituição do original pelo convencional. Quando os holandeses querem, tornam-se os síndicos dos têxteis, mas quando o sal perde o sabor vem uma época de decadência. A história prova que não acontece de um golpe, mas pode dar um (266).

Deverei, contudo, passar por outros fracassos, pois acho que a aquarela exige uma grande habilidade e uma grande rapidez no trabalho. Deve-se trabalhar no material meio úmido para obter harmonia, e não há muito tempo para pensar. Trata-se, portanto, não de trabalhar fragmentadamente, e sim de esboçar quase de um só golpe estas vinte ou trinta cabeças. Eis algumas frases espirituosas sobre a aquarela: "A aquarela é algo diabólico", e outra de Whistler, que disse: "Sim, eu fiz isso em duas horas, mas trabalhei anos para poder fazê-lo em duas horas".

....

Você se lembra de me ter trazido no verão passado alguns pedaços de pastel da montanha? Eu quis então utilizá-los mas não funcionou. Sobraram-me alguns pedaços que usei de novo nos últimos dias; anexo um esboço feito com ajuda deste pastel, você notará que é de um preto quente e característico. Gostaria muito que neste verão, por exemplo, você me trouxesse um pouco mais.

Ele oferece uma grande vantagem. Os pedaços sólidos são muito mais fáceis de segurar, quando se faz um esboço, que um pequeno Conté que não se tem como segurar e que se quebra a todo momento.

Este pastel é, portanto, excelente para fazer esboços ao ar livre (270).

Este pastel da montanha tem uma *alma* e uma vida, no Conté eu vejo algo de morto. Mesmo que dois violinos tenham mais ou menos o mesmo aspecto exterior, às vezes ao tocá-los um produz um belo som que o outro não tem.

O pastel da montanha encerra muitas tonalidades. Diria que o pastel da montanha quase entende o que queremos, escuta com inteligência e obedece, enquanto que o Conté é indiferente e não colabora.

O pastel da montanha tem uma verdadeira alma cigana; você poderia me enviar um pouco, se não for pedir demais? (272)

Acho que estou descobrindo no pastel da montanha toda espécie de características que fazem dele o meio por excelência para reproduzir certas coisas da natureza. Esta manhã dei um passeio fora da cidade, nos campos atrás de Zuidbuitensingel, onde Maris morou no início e onde se encontra o depósito de cinzas. Olhei por muito tempo uma fileira de troncos de salgueiro, os mais nodosos, os mais retorcidos e os mais embaraçados que eu jamais vi. Eles delimitavam um trecho de horta – recentemente roçada – e refletiam-se num riacho sujo – muito sujo –, mas onde já resplandeciam alguns brotos de ervas primaveris. Mas estes troncos rugosos e escuros, a terra roçada da qual se podia, por assim dizer, ver a fecundidade, tudo isto tinha qualquer coisa de curiosamente quente em tons escuros e poderosos, que me fez pensar no pastel da montanha. Tão logo eu o tenha de novo, pretendo dedicar-me também à paisagem (273).

Às vezes parece-me que os preços dos diferentes acessórios para desenhistas e pintores aumentaram terrivelmente. Certamente mais de um pintor deve estar contrariado. Um dos meus ideais seria que houvesse mais instituições como, por exemplo, o Graphic, onde as pessoas que querem trabalhar encontram todos os materiais desde que provem capacidades manifestas e energia. Assim como, antigamente, Cadard deu condições a mais de um artista que, por causa dos custos, jamais faria águas-fortes se tivesse que pagar de seu próprio bolso.

Gozo de mais vantagens que muitos artistas, contudo não posso fazer tudo o que estaria animado ou teria vontade de executar. As despesas são tantas, a começar pelo modelo, a comida e a casa, terminando com as diversas cores e pincéis.

E tudo isto é um trabalho de tecelão em que os diversos fios não podem se misturar.

Mas temos todos as mesmas dificuldades, e exatamente porque todos aqueles que pintam ou que desenham têm de enfrentá-las e quase sucumbem a elas, por que não se dão mais as mãos para trabalhar juntos, como soldados de uma mesma fileira? E, sobretudo, por que os ramos da arte menos onerosos são a tal ponto desprezados? (274)

Para quem procura exprimir o que há de brutal numa figura, sua amplitude e sua força, a aquarela não é o meio mais simpático. Se buscamos mais exclusivamente o tom ou a cor, já não se dá o mesmo, a aquarela então presta-se a isso com excelência. Posso *até* admitir que, destas mesmas figuras reais, seja possível fazer outros estudos de outros pontos de vista (particularmente tom e cor) realizados com outra intenção; mas coloco a questão de saber se, admitindo que meu estado de espírito e minha sensibilidade pessoal fazem-me observar em primeiríssimo lugar o caráter, a estrutura e a ação das figuras, as pessoas me censurarão por, seguindo esta sensibilidade, eu acabar fazendo não uma aquarela, mas apenas um desenho em marrom ou preto?

Sem dúvida existem aquarelas cujos contornos são expressos muito energicamente, como por exemplo as de Regamey, as de Pinwell, Walker e Herkomer, nas quais às vezes penso (ou nas do belga Meunier), mas mesmo que eu buscasse isso, Tersteeg ainda assim não se daria por satisfeito. Sempre diz que não é vendável, e em primeiríssimo lugar é preciso ser vendável.

Quanto a mim, atribuo a isto o seguinte significado: "O senhor é uma mediocridade e o senhor é pretensioso em não querer submeter-se e fazer coisinhas medíocres; o senhor se torna ridículo com suas supostas pesquisas, e o senhor não trabalha".

É o que está por trás das palavras que Tersteeg me disse no ano passado e no ano retrasado, e isto continua a me chocar.

Acho que Tersteeg será sempre para mim *"the everlasting no"*.

Não sou o único. Quase todos os que procuram seu próprio caminho têm atrás de si ou ao seu lado alguém deste tipo que eternamente desestimula. Pode ocorrer que isto atormente e perturbe e que terminemos aturdidos, por assim dizer.

Mas, como eu dizia, isto é o *"everlasting no"*, em compensação, no exemplo dos homens de caráter, encontramos um *"everlasting yes"*, e vemos neles o que significa ter uma "fé de carvoeiro" (297).

É preciso que eu tente me fortalecer um pouco, pois se recuperasse um pouco minhas forças, por menos que fosse, já seria mais do que tempo de me valer delas.

Pois perdi minhas forças, não é normal que eu esteja cansado por ter andado uma distância como daqui ao Correio, e é assim que eu estou agora. Ah! eu não me deixo abater, mas tenho que me cuidar.

No fundo minha saúde não está comprometida e não se trata de um estado crônico, pois ele não é provocado pelos excessos e sim pela falta de alimentação ou por uma alimentação que foi ficando muito pouco substancial. Faça, portanto, todo o possível para vir rapidamente, irmão, pois não sei até quando vou conseguir aguentar. Estou muito abatido, sinto que vou sucumbir sob este peso.

Digo-lhe francamente que começo a ter medo de não conseguir escapar disto, pois minha constituição seria bastante boa se não tivesse que jejuar tanto tempo, mas sempre precisei jejuar ou então trabalhar menos, e sempre que possível escolhi a primeira solução, até o momento em que me vi excessivamente fraco. Como continuar a resistir? Vejo de forma tão nítida, tão clara, a influência deste estado de coisas sobre minha obra, que me pergunto ansiosamente como seguir em frente.

Sobretudo, irmão, não fale disto, pois se certas pessoas viessem a sabê-lo, diriam: "Está vendo, há muito tempo já o havíamos previsto e predito", e não somente continuariam a não me ajudar, mas ainda me tirariam a possibilidade de recobrar pacientemente minhas forças e de me reerguer.

Nas atuais circunstâncias, meu trabalho não poderia ser diferente do que é (304).

Pintei mais um estudo sobre a praia. Há alguns diques, ou molhes – quebra-mares –, há inclusive alguns excelentes, feitos de pedras roídas pelo tempo e de galhos entrelaçados. Instalei-me num deles para pintar a maré crescente, até o momento em que o mar chegou tão perto de mim que tive de salvar toda minha tralha. Além disso há entre a aldeia e o mar alguns arbustos de um verde-escuro bronzeado, desgrenhados pelo vento de alto-mar, e tão reais que muitos deles fazem pensar: "Mas é o próprio *Arbusto* de Ruysdaël!" Atualmente o trem a vapor chega até lá, pode-se portanto ir, mesmo tendo bagagem ou estudos ainda frescos para transportar.

É preciso retroceder não apenas dez, mas trinta ou até quarenta e cinquenta anos atrás, para chegar à época em que se pintavam as dunas, etc... no seu verdadeiro aspecto. Naqueles tempos as coisas eram mais ruysdaëlianas que hoje.

Se quisermos ver algo que evoque a atmosfera de um Daubigny ou de um Corot, é preciso ir mais longe, onde o solo quase não tenha sido violado pelos passos dos banhistas, etc...

Scheveningue é sem dúvida muito bonito, mas há muito tempo a natureza não é mais virgem; contudo, extraordinariamente encontrei a natureza virgem durante a excursão de que lhe falei.

Veja mais ou menos como era este quebra-mar.

Raramente o silêncio e a natureza isolada me falaram assim nestes últimos tempos (307).

Acho, no que me concerne, que existe na vida de cada pintor um período de tentativas, e acredito que já tenha passado por isto há algum tempo. Por outro lado, que em mim tudo avança regular mas seguramente e que, mais tarde, através de um trabalho melhor, terei uma visão *retrospectiva* do que estou fazendo hoje, que ressaltará melhor o que há nisto de simples e de verdadeiro, e – já que você mesmo o diz – uma maneira vigorosa de conceber e de ver as coisas (317).

Fui portanto a Voorburg e de lá a Leidschendam. Você conhece aquela natureza: árvores soberbas, cheias de majestade e de serenidade, ao lado de horríveis cupulazinhas verdes tipo brinquedinhos, e tudo o que a pesada imaginação dos aposentados holandeses pode conceber de absurdo em matéria de jardinzinhos, de caramanchões, de varandas. As casas quase todas muito feias, algumas, contudo, velhas e distintas. Mas, neste momento, bem alto, lá em cima, pastagens infinitas como o deserto seguem-se umas às outras, formam-se das imensas massas de nuvens, e o vento bate contra a fieira de casas de campo com seus ramalhetes de árvores do outro lado do canal, onde passa o negro caminho cinzento.

Eram soberbas estas árvores, eu quase diria que havia um drama em cada *figura*, quero dizer, em cada árvore. E, apesar de tudo, o conjunto era quase ainda mais belo que essas árvores atormentadas consideradas cada uma intrinsecamente, justamente porque o momento era tal que mesmo estas absurdas cupulazinhas tomavam um caráter estranho, molhadas pela chuva e sacudidas pelo vento.

Esta imagem me fez ver como também um homem de modos e atitudes absurdos ou cheio de excentricidades e de caprichos, tão logo sinta-se atingido por uma dor verdadeira ou comovido por uma desventura, pode tornar-se uma figura dramática de um caráter extraordinário. Cheguei a pensar um instante na sociedade atual, em como ela também, enquanto precipita-se para sua própria ruína, pode às vezes, vista por contraste à luz de uma renovação, aparecer por momentos como uma grande e escura silhueta.

Sim, para mim, o drama da tempestade na natureza, o drama da dor na vida, são certamente os mais perfeitos. O "Paradou" é belo, mas Gethsemani é ainda mais belo (319).

DRENTHE
(SETEMBRO – NOVEMBRO 1883)

Tudo aqui é belo, aonde quer que se vá. A charneca é muito mais extensa que no Brabante, ao menos perto de Zundert ou de Etten, um tanto monótona ao meio-dia, sobretudo quando há sol; mas precisamente este efeito, que em vão várias vezes eu já quis pintar, não gostaria de perdê-lo. O mar também não é sempre pitoresco, mas também é preciso ver estes momentos e estes efeitos se queremos entender seu verdadeiro caráter. Então, no abrasamento do meio-dia, a charneca às vezes não é nada encantadora, é irritante, aborrecida e cansativa como um deserto, pouco hospitaleira e de certa forma hostil. Pintá-la sob esta luz intensa e representar este afastamento dos planos até o infinito é algo vertiginoso.

No entanto não se deve crer que tal paisagem deva ser entendida de maneira patética, muito ao contrário, quase nunca é o caso. Este mesmo lugar irritante e aborrecido – à tarde, quando um pobre e pequeno personagem se dilui no crepúsculo –, quando esta enorme extensão de terra, queimada pelo sol, fica escura em oposição aos sutis tons lilás de um céu ao cair da tarde, e que a última tênue linha azul do horizonte separa céu e terra, ele pode tornar-se sublime como num J. Dupré.

O mesmo acontece com os homens, camponeses e mulheres; não é sempre que eles são interessantes, mas, quando se é paciente com eles, vemos tudo o que essas pessoas têm de Millet.

Ontem eu descobri um dos mais característicos cemitérios que jamais vi; imagine um trecho de charneca cercado por uma sebe de pequenos pinheiros colados uns aos outros de forma que nos parecem simplesmente um pinhal. Contudo há uma entrada, uma curta aleia, por onde se chega aos túmulos cobertos de tufos de relva e de estevas. Vários deles indicados por tabuletas brancas nas quais se leem os nomes.

É muito bonito ver estevas de verdade sobre os túmulos; o cheiro de terebintina tem algo de místico, a linha escura dos pinheiros que cerca o cemitério separa um céu resplandecente de uma terra rude que em geral é rosa, fulva, castanha, amarelada, tendo entretanto em todo lugar tons lilases.

Não era nada fácil de pintar, procurarei ainda efeitos diferentes deste cemitério; sob a neve, por exemplo, ele deve ficar muito característico. Eu já tinha ouvido falar de Liebermann, mas tua descrição de sua composição me esclareceu muito a seu respeito.

Sua cor deve ser *infinitamente* melhor que a de Henkès (você o diz muito bem, "cor de ardósia com transições para o cinza- -amarelo e o cinza-castanho"). Compreendo-o perfeitamente pelo que você diz. *Isto*, esta maneira de pintar, é uma coisa maravilhosa quando a descobrimos.

E se desejo muito pintar, isto se explica precisamente porque eu quis algo de vigoroso em minha composição e, confesso-o com *muito prazer* – embora tenha ouvido dizer muitas vezes: "você não deve ter um sistema" –, algo de sistemático, também.

É o que ele e muitos outros têm. Por sua descrição, vejo que ele, Liebermann, deve aproximar-se muito do estilo de Herkomer. Sobretudo por sua maneira consequente de ir até o fim em seu sistema e de analisar isso, essas pequenas manchas de luz e de sombra produzidas pelos raios de sol através das folhagens, coisa que faz muita gente embaralhar a vista.

Estou ocupado com outro estudo de um sol vermelho entre bétulas que se encontram nunca campina pantanosa de onde se erguem os vapores brancos da tarde, sobre os quais ainda vemos uma linha de horizonte de um azul-cinzento formado por massas de árvores e alguns telhados (325).

Não vejo como descrever-lhe a região como deveria, pois me faltam as palavras, mas imagine as margens do canal como quilômetros e quilômetros de Michel ou de Th. Rousseau, Van Goyen ou de Ph. de Koninck.

Diferentes faixas ou planos de cor que se tornam cada vez mais estreitos à medida que se aproximam do horizonte. Aqui e ali, acentuados por uma choupana entre manchas de relva, ou uma pequena granja, ou alguns magros álamos, choupos, carvalhos, em toda parte tufos de turfa, e seguidamente passam barcos carregados de turfa ou de espadanas vindos dos pântanos. Aqui e ali algumas vacas magras, de coloração delicada, às vezes alguns carneiros e porcos. As figuras que aparecem de tempos em tempos na campina têm quase sempre muito caráter, às vezes têm um encanto prodigiosamente sutil; desenhei, particularmente, uma mulher num barco; tinha uma fita preta em volta dos enfeites de sua touca, pois estava de luto; e também, mais tarde, uma mãe com sua criança; esta levava um lenço malva ao redor da cabeça. Há muitos tipos de Ostade entre eles; fisionomias que lembram porcos ou corvos, mas, de tempos em tempos, uma figura bonita que é como um lírio entre os espinhos.

Enfim, estou muito contente com esta viagem, pois estou com os olhos cheios com tudo que vi. Esta tarde, a charneca estava extraordinariamente bela. Num dos álbuns Boetzel há um Daubigny que reproduz exatamente este efeito. O ar era de um delicado lilás-branco inexprimível. Nada de nuvens encarneiradas, pois estavam mais amontoadas umas sobre as outras e recobriam todo o céu, como flocos matizados de lilás, de cinza, de branco, com um pequeno e único rasgo através do qual penetrava o azul. A seguir, no horizonte, uma linha vermelha resplandecente; abaixo, a espantosa extensão sombria da charneca marrom, e sobre a brilhante linha vermelha uma quantidade de telhados baixos de pequenas choupanas. À tarde, esta charneca frequentemente tem efeitos que os ingleses denominam pelas expressões *weird* e *quaint*. Moinhos quixotescos ou singulares, massas de pontes levadiças perfilam suas caprichosas silhuetas sobre o trêmulo céu da tarde.

Com os reflexos na água ou na lama e os vidros de suas janelas iluminados, uma aldeia como esta pode ser muito simpática (330).

N. Amsterdã

Tudo aqui é perfeitamente belo, como eu gosto. Quero dizer que aqui é a paz.

Vejo também outra coisa bela: o trágico; mas este trágico está em toda parte, enquanto que aqui não são *somente* efeitos de Van Goyen que encontramos. Ontem desenhei troncos de carvalho apodrecidos, chamados troncos de turfa (são carvalhos que ficam desaparecidos talvez um século sob a turfa e que formam, por sua vez, uma nova camada de turfa; quando se escava encontra-se estes troncos de turfa).

Estes troncos estavam num charco, em meio à lama preta.

Alguns, pretos, encontravam-se sob a água na qual reverberavam, outros, descorados, sobre a campina preta. Um caminhozinho branco atravessa a planície, e atrás há ainda mais turfas, de um preto de fuligem. Por cima, um céu de tempestade. Este charco na lama com seus troncos apodrecidos era tão absolutamente melancólico e dramático como Ruysdaël, como Jules Dupré. Veja um pequeno esboço do Veen.[9]

Você me escreveu sobre Liebermann: seu colorido consiste em tons cinza-ardósia, com transições para o castanho, principalmente para o amarelo-cinza. Nunca vi nada dele, mas agora que vejo a natureza daqui, entendo perfeitamente como ele chega

---

9. O "Veen", na Holanda, designa ao mesmo tempo a turfa e a turfeira. Diz-se "o Veen" no sentido em que se diz a região, as dunas, os campos. (N.E.)

logicamente a isto. Os objetos também me fazem frequentemente, por suas cores, pensar em Michel; você sabe que também nele o céu é cinza (às vezes cinza-ardósia), a terra, castanha com amarelos--cinzentos. É totalmente real e conforme a natureza.

Há efeitos Jules Dupré; certamente os há, mas, durante o outono, é exatamente igual ao que você escreve de Liebermann. Se eu encontrar o que procuro – e por que não o encontraria? –, certamente farei com frequência a mesma coisa na mesma gama.

Claro, para ver desta maneira, não se deve observar a cor local isoladamente, mas considerar esta cor local com relação ao tom do céu.

Este céu é cinza, contudo tão luminoso que nosso branco *puro* talvez não possa reproduzir sua luz e seu brilho. E se o céu, sobre a tela, já é cinza, ficando assim muito inferior à força da natureza, o quanto ainda não será necessário, para manter a lógica, abaixar em alguns tons os castanhos e os cinza-castanhos?

Acho que se analisarmos isto por um instante desta maneira, isto parecerá tão normal que dificilmente poderemos entender como é que nunca o vimos assim antes.

Mas é a cor local de um campo verde ou de uma charneca castanha, considerada isoladamente, que nos induz tão facilmente ao erro (331).

Você foi envolvido em alguns acontecimentos que eu não julgo indiferentes. Melhor e de uma forma diferente que a maioria, você leu os livros de Zola, que considero os melhores sobre a época atual.

Você me disse um dia: "Eu sou como aquela pessoa de Potbouille", e eu lhe respondi: não. Se você fosse *assim*, melhor seria partir para um novo negócio, mas você é mais profundo que ele, e não sei se "no fundo" você é um homem de negócios. "No fundo, bem no fundo", vejo em você o artista, o verdadeiro artista.

Você teve experiências sentimentais pelas quais não procurou, e que lhe deixaram marcas; veja, as coisas acontecem como acontecem. Por quê? Para onde você vai? Este é o novo começo de uma carreira análoga? Decididamente acho que não, é mais profundo que isto. Você precisa mudar, mas isto significa uma regeneração total, não uma repetição da mesma coisa. Você não se enganou no passado; e como o passado não se impôs, você deveria ser o que foi, seu passado é correto. Significa que isto *não* era simplesmente uma preparação geral, as fundações, uma preparação de terreno e ainda não a verdadeira solução? Por que não seria *esta* a explicação? Parece-me que se trata precisamente disto.

Acho que as coisas falam por si tão alto que me parece impossível dizer-lhe outra coisa além do óbvio; mesmo a seus próprios olhos.

Além disto, é bastante curioso, no meu entender, que, precisamente nestes últimos dias, tenha se operado em mim uma mudança. Que precisamente agora eu esteja numa atmosfera que me exalta tão poderosamente, que ordena, regula, fortalece, renova e engrandece meus pensamentos a ponto de eu estar completamente dominado por ela. E que eu possa lhe escrever possuído pelos sentimentos que esta triste charneca solitária faz nascer em mim. Precisamente neste momento, sinto em mim o começo de algo melhor. Algo que ainda não é, mas no entanto eu vejo em minha obra coisas que recentemente eu ainda não havia feito. A pintura está se tornando mais fácil para mim, sinto o desejo de começar um monte de coisas que até agora deixei passar. Sei que isto coincide com tal indefinição das circunstâncias que não é muito certo que eu possa continuar aqui. É possível que, por circunstâncias vindas de seu lado, as coisas tomem um outro rumo. Mas eu o lamentaria muito, ainda que aceitasse tudo com calma.

Não posso evitar imaginar o futuro composto não somente por mim, mas por você e por mim, pintores e colaboradores, camaradas, nesta pequena região de turfas (333).

Preferiria ganhar 150 francos por mês como pintor do que 1.500 francos por mês por outros meios, mesmo como negociante de quadros. Acredito que poderia aprender minha profissão tanto em Paris quanto aqui na charneca; na cidade eu teria a oportunidade de aprender ainda alguma coisa com os outros, de aproveitar suas experiências, e isto não me é de todo indiferente; por outro lado, trabalhando aqui, acredito também poder progredir, mesmo sem ver outros pintores (335).

Conheço duas pessoas agitadas em seu íntimo pela mesma luta: "sou pintor" e "não sou pintor". Rappard e eu mesmo. Uma luta às vezes medonha, uma luta que é justamente a diferença entre nós e alguns outros que levam as coisas menos a sério; para nós mesmos às vezes é muito duro; após uma crise de melancolia, um pouco de luz, um pouco de progresso; alguns outros têm que lutar menos, talvez trabalhem mais facilmente, mas também o caráter do indivíduo se desenvolve menos.

Você também teria que passar por esta luta;[10] e previno-o: esteja intimamente persuadido de que você corre o risco de ser desestimulado por pessoas que, sem dúvida alguma, agirão com as melhores intenções do mundo.

Se algo em seu íntimo lhe disser "você não é pintor", *é então que você deve pintar*, meu velho, e também esta voz se calará, mas somente desta maneira; aquele que ao sentir isto corre a seus amigos contar suas penas perde um pouco de sua energia, um pouco do que tem de melhor em si. Só podem ser seus amigos aqueles que também lutam contra isso, aqueles que pelo exemplo de sua própria atividade estimulam o que há de ativo em você mesmo. É preciso pôr-se ao trabalho com firmeza, com uma certa consciência de que o que se está fazendo está de acordo com a razão, como o camponês que guia seu arado, ou como nosso amigo que, no meu pequeno esboço, ara seu campo, e o ara sozinho. Se não temos cavalo, somos nosso próprio cavalo, é o que um monte de gente faz aqui.

Há uma frase de Gustave Doré que eu sempre achei muito bonita: *Eu tenho a paciência de um boi.* Vejo nesta frase ao mesmo tempo algo bom, uma certa honestidade decidida; enfim, esta frase contém muitas coisas: é uma verdadeira frase de artista. Quando pensamos em pessoas cujo espírito concebe coisas deste gênero, parece-me que raciocínios como aqueles que se ouvem demais entre os negociantes de quadros sobre "o dom dos artistas" são

---

10. Theo, enfrentando dificuldades na Casa Goupil, onde trabalha, menciona numa carta um vago projeto de tornar-se pintor. Vincent, então, escreve várias vezes a seu irmão tentando persuadi-lo a abandonar definitivamente a profissão de marchand e consagrar-se inteiramente à pintura, o que os aproximaria um do outro. Ele chegará mesmo a estabelecer nos menores detalhes materiais um plano de vida comum, baseado num empréstimo de seu senhorio em Drenthe, sem sequer duvidar que este o concederia. (N.E.)

um horrível grasnido de corvo. *Eu tenho paciência,* como é calmo, como é digno; talvez não o disséssemos se justamente não houvesse todo este grasnido de corvos.

Eu não sou um artista – como é grosseiro – mesmo pensá-lo de si próprio – será possível não termos paciência, não aprender com a natureza a ter paciência, a ter paciência vendo silenciosamente surgir o trigo, crescerem as coisas? Seria possível imaginar algo tão absolutamente morto quanto pensar que não podemos nem sequer crescer? Será que pensaríamos em contrariar intencionalmente nosso próprio desenvolvimento? Digo isto para mostrar o quanto acho estúpido falar de artistas que sejam dotados ou não.

Mas, se queremos crescer, é preciso nos entranharmos na terra. Digo-lhe, portanto: plante-se na terra de Drenthe, você germinará; não se resseque numa calçada.

Há plantas que crescem nas cidades, você me dirá, pois seja, mas você é trigo e seu lugar é num campo de trigo...

Não imagino nem um pouco estar lhe dizendo qualquer novidade, só lhe peço que não procure ideias melhores que as que você já carrega em si (336).

Pense em Barbizon,[11] esta história é sublime. Quando lá chegaram os primeiros que ali se iniciaram, eles estavam longe de revelar o que no fundo realmente eram. A região os formou; eles só tinham uma certeza, suponho: não se pode fazer nada de bom na cidade, é preciso ir ao campo, pensavam; é preciso que eu aprenda a trabalhar, que eu me torne totalmente diferente do que sou no momento, sim, algo oposto ao que sou. Diziam a si mesmos: o que eu faço não vale nada, vou me renovar na natureza.

Ao menos, é o que penso comigo mesmo, se fosse necessário ir a Paris – ainda que lá eu devesse encontrar o que fazer –, acho meu futuro aqui infinitamente melhor. O que mais me atrai em Paris, o que mais me faria progredir, seria o fato de estar contigo, de discutir com alguém que sabe o que é um quadro, que compreende o que a pesquisa tem de sensato. Acho Paris muito bom,

---

11. Barbizon: aldeia em Seine-et-Marne, na orla ocidental das florestas de Fontainebleau. Ficou célebre pelas suas belas paisagens e por ser o lugar predileto de grandes pintores de paisagens como Corot, Rousseau, Daubigny, Millet, Troyon, que formaram a chamada "escola de Barbizon". (N.T.)

porque você está em Paris, e por isto mesmo *até* em Paris a coisa iria melhor, se desta forma eu estivesse menos só.

Vamos, meu velho, venha pintar comigo na charneca os campos de batata, venha pois correr comigo atrás do arado e do pastor, venha comigo ver os fogos, tomar um banho de ar puro sob a tempestade que sopra na charneca. Venha para o verde. Não conheço o futuro, se é preciso esperar ou não por mudanças, ou se teremos o vento a favor, mas em todo caso não posso falar de outro modo: não é em Paris, não é na América que é preciso procurar, tudo é eternamente igual. Mude, de fato, mas é na charneca que é preciso procurar (339).

Gostaria de lhe falar um pouco de um passeio que fiz a Zweeloo, a aldeia onde Liebermann morou por muito tempo e fez estudos para seu quadro do último Salão, com as lavadeiras. E onde Termeulen e Jules Bakhuijzen também viveram muito tempo. Imagine um passeio pela charneca, às três horas da manhã, numa carroça descoberta (eu estava acompanhando o homem em cuja casa estou hospedado e que ia ao mercado de Assen). Pelo caminho – um *diek*, como se diz por aqui – sobre o qual, para aterrar, jogaram barro em vez de areia. Foi ainda mais divertido que no barco. Quando começou a clarear um pouco e os galos começaram a cantar em torno das choupanas dispersas pela charneca, as poucas casinhas frente às quais passávamos, cercadas por choupos despojados de onde ouvíamos caírem as folhinhas amarelas – uma velha torre mutilada num pequeno cemitério limitado por um monte de terra e um trigal –, tudo, tudo, tudo tornou-se exatamente igual aos mais belos Corot. Uma calma, um mistério, uma paz, como só ele pintou.

Entretanto, ainda estava completamente escuro quando chegamos a Zweeloo, às seis horas da manhã; vi os verdadeiros Corot, ainda antes do amanhecer.

Nossa entrada na aldeia, entretanto, foi tão bela. Os telhados imensos e musgosos das casas, as estrebarias, os estábulos, os celeiros.

Aqui as moradias são muito grandes entre carvalhos de um bronze soberbo. No musgo, tons de um verde-ouro; no chão, de um escuro lilás-cinza puxando para o vermelho, o azul, ou o amarelo; tons de uma pureza inexprimível no verde dos pequenos trigais; tons negros nos troncos úmidos, contrastando com a chuva dourada das folhas de outono, agitadas e sussurrantes que, como perucas descabeladas sobre as quais se tivesse soprado, pendiam por um fio dos galhos dos choupos, das bétulas, das tílias, das macieiras; e ainda deixavam passar a luz do céu.

Um céu sem nenhuma mancha, luminoso, não branco, mas de um lilás que desafia a análise, um branco no qual se vê fluir o vermelho, o azul, o amarelo, um céu que reflete tudo e que sentimos sobre nós em toda parte, que é vaporoso e que se concilia com a leve bruma abaixo.

Tudo se resolve numa gama de cinza delicado. Contudo, não encontrei um único pintor em Zweeloo; aliás, as pessoas me disseram que eles nunca vinham no inverno.

Espero justamente vir aqui no próximo inverno. Já que não havia pintores, decidi voltar a pé e desenhar um pouco a caminho, em vez de esperar a volta de meu senhorio. Pus-me a fazer um pequeno esboço do famoso pomar de macieiras do qual Liebermann fez seu grande quadro. A seguir, retomei o caminho que havíamos trilhado de manhã cedo.

....

Passava perto de uma pequena igreja igualzinha à *Igreja de Gréville* do pequeno quadro de Millet no Luxemburgo; aqui, em vez do pequeno camponês do quadro com sua enxada, havia um pastor com um rebanho de carneiros perto da cerca. Ao fundo não se percebia o mar, mas sim um mar de trigo jovem, um mar de sulcos de arado em vez do mar de ondas.

O *efeito produzido* – o mesmo. Vi então lavradores muito ocupados – uma carroça de areia, pastores, homens trabalhando na estrada, carroças de esterco. Eu desenhava num pequeno albergue à beira da estrada uma velhinha ocupada em sua roda de fiar, um pequeno personagem negro que parecia saído de um conto de fadas – pequeno personagem negro frente a uma janela clara, pela qual se via o céu claro, um atalho atravessando o verde delicado dos campos e alguns patos bicando a relva.

Quando a seguir caiu o crepúsculo, imagine o silêncio, a paz deste momento. Imagine neste instante uma pequena alameda de choupos altos, com suas folhas de outono, imagine uma larga estrada de barro, inteirinha de barro preto, tendo à direita ao infinito a charneca, à esquerda ao infinito a charneca, as negras silhuetas triangulares de algumas choupanas de palha através de cujas janelas brilhava a luz vermelha do fogo – algumas poças de uma água amarelada e suja que refletiam o céu, nas quais apodrecem os troncos de turfa; imagine este monte de barro, a tarde, ao crepúsculo, tendo, em cima, um céu esbranquiçado, tudo, portanto, preto sobre branco. E entre este monte de barro, um personagem hirsuto, o pastor, um rebanho de coisas de formas ovaladas, metade lã, metade lama, que se empurram em massa, se apertam – o rebanho.

Você o vê chegando – você fica no meio –, você se volta e o segue. Ele avança dificilmente e a contragosto na estrada enlameada. E surge ao longe a granja, alguns telhados com musgo e montes de palha e de turfa entre os choupos.

A pastora também é uma silhueta quase triangular, toda escura. A porta está toda aberta. Atrás, pelas frestas das tábuas, ainda brilha a claridade do céu.

Toda a caravana de lã e de lama desaparece em massa nesta caverna; uma vez lá dentro, o pastor e uma mulher segurando uma lanterna fecham a porta hermeticamente.

A volta do rebanho no crepúsculo é o final da sinfonia que escutei ontem.

Este dia passou-se como um sonho, estive todo o dia tão mergulhado nesta música pungente que literalmente me esqueci de comer e de beber. Eu tinha comido um pedaço de pão camponês e uma xícara de café no pequeno albergue onde desenhara a mulher com a roda de fiar. O dia tinha desaparecido e, desde a alvorada até o crepúsculo, ou melhor, entre uma e outra noite, eu tinha me perdido nesta sinfonia.

Voltava para casa e, sentando-me defronte ao fogo, me dava conta que tinha fome, constatava que tinha uma fome medonha... E eis como as coisas vão por aqui. Tem-se absolutamente a mesma impressão que numa exposição das *Cem obra-primas*, por exemplo. O que é que trazemos de um dia como este? Nada além de uma quantidade de esboços. Ainda assim, trazemos outra coisa mais: um tranquilo desejo de trabalhar (340).

NUENEN
(DEZEMBRO DE 1883 – NOVEMBRO DE 1885)

O isolamento é uma coisa bastante penosa, a gente se sente como numa prisão. No entanto, ainda não posso afirmar até que ponto isto adiantará os meus negócios. O que, aliás, você também não faz.

De minha parte, vejo-me frequentemente melhor entre pessoas que ignoram até mesmo o significado da palavra isolamento por exemplo, os camponeses e os tecelões, do que no mundo civilizado. É uma felicidade para mim. Assim, enquanto estou aqui, envolvo-me intimamente com os tecelões (351).

Escreva-me, se quiser, de forma um pouco mais detalhada a respeito da exposição de Manet, diga-me quais os quadros que lá estão. Eu sempre achei Manet muito original. Você conhece o artigo que Zola escreveu sobre ele? Lamento não ter visto dele mais que umas poucas pinturas. Gostaria sobretudo de ver alguns de seus nus.

Não acho um exagero que alguns – Zola, por exemplo – sejam seus *entusiastas,* embora, de minha parte, não ache de forma alguma que ele possa figurar entre os primeiríssimos deste século. Mas é um talento que *muito certamente* tem sua "razão de ser", o que já é muito. O artigo que Zola escreveu sobre ele se encontra no *Meus ódios.*

Quanto a mim, não posso estar de acordo com Zola quando ele *conclui* que Manet é um homem que em suma abre um novo futuro às concepções modernas na arte. Para mim, não é Manet, é Millet, o pintor essencialmente moderno graças a quem o horizonte se abriu para muitos (355).

Pensei muito em você, estes últimos dias, especialmente por causa de um pequeno livro seu e que Van L. me emprestou: os poemas de François Coppée. Conhecia apenas alguns deles e na época já tinham me impressionado.

É um destes verdadeiros artistas *que dão o sangue,* o que é visível por mais de uma comovente confidência.

E mais artista ainda por se preocupar com tantas coisas tão diferentes, e por saber pintar tão bem uma sala de espera cheia de imigrantes de terceira classe que lá passam a noite – tudo isto cinza, sombrio e melancólico – e ainda desenhar, numa atmosfera totalmente diferente, uma pequena marquesa dançando o minueto, tão elegante quanto um personagem de Watteau (357).

Após ler sua carta a respeito dos desenhos, eu lhe enviei imediatamente uma aquarela de um tecelão e cinco desenhos à pena. De minha parte, direi francamente, acho correto o que você diz, que meu trabalho deve melhorar, mas também acho que sua energia para tirar proveito dele poderia ser um pouco mais acentuada.

Você *jamais vendeu nada meu, nem pouco, nem muito* e na verdade você *nem mesmo tentou.*

Veja você, eu *não me ofendo,* mas é totalmente inútil contentarmo-nos com palavras. De qualquer forma, eu acabaria resmungando.

Por seu lado, continue também a falar *francamente.*

Quanto a saber se é vendável ou invendável, este é um estribilho maçante, e não estou nem um pouco disposto a gastar minha energia nisto.

À guisa de resposta, veja, faço chegar às suas mãos alguns novos trabalhos e continuarei a fazê-lo de muito boa vontade, maior boa vontade impossível.

Apenas que é preciso de uma vez por todas que você diga francamente, eu prefiro, se você acredita poder se ocupar deles em seguida ou se sua dignidade não o permite. Abstração feita do passado, encontro-me frente ao futuro e, reserva feita do que você pensa, estou totalmente decidido a dar-lhe uma boa feição.

Também é preciso que eu me vire, Theo, e, no que lhe diz respeito, ainda estou no mesmo ponto em que estava há alguns anos; o que você diz de meu trabalho atual ("quase vendável, mas..."), é *mais ou menos textualmente a mesma coisa que você me escrevia quando eu lhe enviei os meus primeiros esboços brabantinos de Etten.*

É por isto que eu digo que este é um estribilho maçante. E quando reflito, prevejo que você dirá sempre a mesma coisa; mas se até o presente momento eu evitei quase que sistematicamente tomar qualquer providência junto aos marchands, agora vou mudar de tática e tentar ativamente achar alguns apreciadores para minhas obras.

Pintei a igrejinha e novamente um tecelão. Os estudos de Drenthe são francamente tão ruins? Não estou com muita vontade de lhe enviar os estudos pintados aqui; não, não vale a pena, você poderá vê-los se acaso vier na primavera.

Sim, o que devo pensar do que você diz de meu trabalho? Por exemplo, falemos de meus estudos e Drenthe. Alguns são muito superficiais, eu mesmo lhe disse; mas o que é que recebo por aqueles que foram pintados simplesmente ao ar livre, calmamente, sossegadamente, onde não tento exprimir nada *além do que aquilo que vi*, o que é que recebo?: "Será que você não está muito obcecado por Michel?" (Penso aqui no estudo da choupana na obscuridade, e na maior das cabanas de palha, principalmente naquela com o pequeno campo verde no primeiro plano.) Sem dúvida você dirá a mesma coisa do velho cemitério.

E, no entanto, nem para o cemitério, nem para as choupanas, pensei em Michel, pensei apenas no assunto que tinha diante de meus olhos (358).

Acho muito importante o que você escreve a respeito do Salão. O que você fala de Puvis de Chavannes me dá um *enorme* prazer, pelo fato de você ver sua obra desta maneira; compartilho totalmente sua opinião sobre o talento dele.

No que diz respeito aos coloristas, no fundo estou com você. Posso me interessar muito por um Puvis de Chavannes; isto não impede que eu experimente a mesma coisa que você diante de uma paisagem com vacas de Mauve, e diante de quadros de Maris e de Israëls.

No que diz respeito à minha própria cor, você *não* encontrará em minha obra daqui tons prateados, mas antes tons escuros (por exemplo, betume e bistre); não tenho dúvidas de que alguns me condenarão. Mas você verá por si mesmo como eles são, quando vier para cá.

Parece-me que as pessoas de Nuenen são em geral melhores que as de Etten ou de Helvoirt; aqui há mais sinceridade, ao menos é a minha impressão, agora que eu já estou aqui há algum tempo.

Aqui as pessoas têm um pouco a mentalidade de um *dominée*[12], mas de um jeito com o qual eu me adapto bastante facilmente.

Às vezes a realidade está muito mais perto do Brabante do que nós *sonhamos*.

Devo confessar que estou voltando a alimentar meu primeiro projeto, caído por terra, que era de me fixar no Brabante (368).

Escrevo-lhe a respeito de uma passagem do *Os artistas de meu tempo*, de Charles Blanc.

---

12. Pastor protestante. (N.E.)

"Três meses aproximadamente antes da morte de Eugène Delacroix, nós o reencontramos, Paul Chenavard e eu, nas galerias do Palais-Royal, às dez horas da noite. Foi à saída de um grande jantar onde se havia discutido questões de arte, e a conversação sobre este mesmo assunto tinha se prolongado entre nós dois, com aquela vivacidade, aquele calor que dispensamos sobretudo às discussões inúteis. Falávamos sobre a cor, e eu dizia:

'Para mim os grandes coloristas são aqueles que não pintam o tom local', e eu ia desenvolver meu tema quando percebemos Eugène Delacroix na galeria da Rotunda.

Ele veio a nós exclamando: tenho certeza de que eles estão discutindo pintura! Com efeito, disse-lhe eu, eu estava a ponto de sustentar uma tese que não é, acredito, um paradoxo, e da qual vós sois, em todo caso, melhor juiz que ninguém; eu dizia que os grandes coloristas não pintam o tom local, e convosco certamente não precisarei ir além.

Eugène Delacroix deu dois passos para trás piscando o olho segundo seu hábito: "Isto é perfeitamente verdadeiro", disse ele, "veja um tom por exemplo (e indicava com o dedo o tom cinza e sujo do chão): pois bem, se disséssemos a Paul Véronèse: pinte-me uma bela mulher loira cuja pele tenha este tom, ele a pintaria, e a mulher *seria uma loira em seu quadro*".

A respeito de "cores pobres", não se deve, no meu entender, considerar as cores de um quadro por si mesmas; uma "cor pobre" pode muito bem exprimir o verde tênue e vigoroso de uma campina ou de um trigal quando, por exemplo, estiver sustentada por um castanho-vermelho, um azul-escuro ou um verde-oliva.

Não posso deixar de acreditar que De Bock, que batizou certas cores de *snotkleurtjes* (pobres crianças, remelentas), não teria no fundo objeções ao que precede, pois eu o ouvi dizer um dia que, em certos quadros de Corot, nos céus vespertinos, por exemplo, havia tons que eram muito *luminosos* no quadro e que, considerados em si mesmos, eram *tons cinzentos relativamente escuros.*

Logo lhe escreverão de casa para agradecer sua carta.

Mas, para voltar novamente a esta questão de que poderíamos com uma corzinha suja como o cinza do chão pintar um céu crepuscular ou uma mulher loira, quando a aprofundamos, notamos que ela se desdobra.

Pois, para começar, há o seguinte:

Uma cor escura pode parecer, ou melhor, *produzir claridade*; isto, no fundo, ainda é mais uma questão de tom.

Mas, então, no que diz respeito à *cor* propriamente dita, um vermelho-cinza, relativamente pouco vermelho, parecerá mais ou menos vermelho, em função das cores que lhe farão vizinhança.

Assim com o azul e com o amarelo. Basta colocar um pouquinho de amarelo numa cor para fazê-la tornar-se muito amarela, quando colocamos esta cor num – ou ao lado de um – violeta ou num lilás.

Lembro-me como alguém se esforçava em reproduzir um telhado vermelho sobre o qual batia a luz, por meio do vermelhão e do amarelo-cromo, etc... Não funcionava.

Jaap Maris fê-lo em mais de uma aquarela modulando ligeiramente com ocre-vermelho uma cor que era avermelhada. E isto reproduzia perfeitamente a luz do sol sobre os telhados vermelhos. Se tiver tempo, eu lhe transcreverei ainda uma passagem do livro sobre Delacroix tratando das leis a que as cores estão sempre sujeitas. Mais de uma vez já pensei que, quando se fala de cor, se está falando na verdade do tom. E talvez atualmente haja mais tonalistas do que coloristas. Não é a mesma coisa, embora possam muito bem ir de par (370).

Li com muito prazer *Os mestres de outrora,* de Fromentin. Vi *tratadas* neste livro, em diversas passagens, as mesmas questões que me preocupavam muito nestes últimos tempos e nas quais penso continuamente, especialmente desde o fim da minha estada em Haia, onde ouvi repetir-se o que Israëls havia dito sobre o fato de começar numa tonalidade menor e procurar dar-lhe um valor claro por meio de tons ainda relativamente escuros. De expressar, enfim, a luz por oposição à obscuridade. Já sei tudo o que você pensa do "muito preto", entretanto ainda não estou absolutamente convencido, para citar apenas um exemplo, que um céu cinza deva sempre ser pintado no tom local. E o que Mauve faz, mas Ruysdaël não o fez, Dupré não o faz, Corot e Daubigny???

E o mesmo que ocorre com a paisagem, ocorre com a figura; entendo que Israëls pintava um muro branco de forma totalmente diferente que Regnault ou Fortuny.

E, por consequência, a figura, com relação a esse muro, dá um efeito totalmente diferente.

Quanto a mim, quando ouço você falar num monte de nomes novos, nem sempre entendo, pois não vi absolutamente *nada* deles.

Segundo o que você me disse a respeito do "impressionismo", entendi tratar-se de coisa bem diferente do que eu acreditava, mas o que se deve entender por isto ainda não está claro para mim. No que me diz respeito encontro em Israëls, por exemplo, tantas coisas, que tenho uma curiosidade ou uma atração muito pequena por qualquer coisa que seja diferente ou nova.

Já faz muito tempo, Theo, que estou desgostoso com certos pintores atuais que nos privam do bistre e do betume, com os quais se pintaram tantas coisas magníficas, e que, bem utilizados, dão sabor, riqueza e generosidade ao colorido, sendo sempre tão distintos. E que possuem propriedades tão notáveis e específicas.

Aliás, também exigem esforço para que se aprenda a utilizá-los, pois deve-se usá-los de forma diferente que as cores ordinárias, e acho muito provável que mais de uma pessoa tenha ficado assustada com as tentativas que é preciso fazer no início e que, naturalmente, não dão certo logo ao primeiro dia em que se começa a utilizá-los.

Agora já faz aproximadamente *um ano* que eu comecei a utilizá-los, justamente para os interiores, mas no começo tudo saiu terrivelmente ruim; apesar de tudo, conservei a lembrança de algumas coisas bem bonitas. Você tem mais oportunidades que eu de ouvir falar de livros de arte. Quando encontrar boas obras como, por exemplo, o livro de Fromentin sobre os pintores holandeses, ou se você se lembrar de uma delas, não se esqueça que eu desejo muito que você compre algumas, deduzindo do que você costuma me enviar, desde que tratem de *técnica*. Tenho a intenção de aprender seriamente a teoria; não considero isto de forma alguma inútil, e acredito que frequentemente o que sentimos ou o que pressentimos instintivamente torna-se claro e certo quando somos guiados por alguns textos que tenham um real sentido prático.

Quando ouço dizer que "na natureza não há preto", penso que na realidade o preto também não existe na cor.

Sobretudo não se deve cair no erro de acreditar que os coloristas não empregam o preto, pois não é preciso dizer que desde que o preto entre em composição com elementos azuis, vermelhos ou amarelos, estes tornam-se cinzas, seja vermelho-escuro, amarelo ou azul-cinzento. Acho especialmente muito interessante o que Charles Blanc, no *Artistas de meu tempo*, diz sobre a técnica de Velásquez, cujas sombras e semitons consistem, na maioria das vezes, *em cinzas frios e incolores*, em que o preto e um pouco de branco são os elementos de base. Neste meio neutro e incolor, a menor nuvenzinha, por exemplo, já é muito expressiva (371).

Contudo, meu estoque de cores é tal que eu só posso me lançar com muita prudência em novas coisas de formato maior, tanto mais que isto me ficaria ainda mais caro por causa dos modelos, desde que eu ainda possa encontrar modelos convenientes para o tipo que tenho em mente (faces rudes, planas, com a testa baixa e grossos lábios; não traços sugeridos, e sim cheios e no gênero de Millet), e vestidos como eu imagino.

Pois aqui tudo se relaciona muito exatamente, e não temos a liberdade de dispensar a cor das roupas, pois o efeito reside na aproximação do tom índigo quebrado e do tom cobalto quebrado, realçados pelos elementos ocultos de laranja e castanho-ruço do trigo.

Isto poderia ser algo que expressasse bem o verão. O verão, em minha opinião, não é fácil de expressar; na maioria das vezes um efeito de verão é inclusive impossível ou feio; ao menos esta é minha impressão, mas em compensação há os crepúsculos.

Mas é preciso dizer que não é fácil encontrar no verão um efeito de sol que seja tão rico, tão simples e tão agradável de ver quanto os efeitos característicos das outras estações.

Na primavera há o trigo novo verde tênue e as macieiras rosas em flor.

No outono há o contraste das folhas amarelas com os tons violetas.

No inverno há a neve e os pequenos personagens negros.

Portanto, se no verão há a oposição dos azuis com um elemento laranja no bronze dourado dos trigais, poderíamos fazer exatamente deste modo um quadro que exprimisse bem a atmosfera das estações, com todos os contrastes de cores complementares (vermelho e verde, azul e laranja, amarelo e violeta, branco e preto) (372).

Não pude dar outra forma à minha última carta. Mas saiba que me parece tratar-se de uma desavença inevitável entre você e eu, mais que qualquer outra coisa cuja culpa fosse exclusivamente nossa.

Você me conta que logo haverá uma exposição de Delacroix. Bom. Você certamente verá lá um quadro: *A barricada*, que conheço apenas por biografias de Delacroix. Foi pintado, acho, em 1848. Você conhece, além disso, uma litografia de Lemud, acho; se não for dele, é de Daumier; ela também representa a barricada de 1848. Gostaria que você nos imaginasse os dois vivendo neste ano de 1848, ou num período análogo, pois quando do golpe de estado de Napoleão aconteceu algo de semelhante. Não lhe direi nada que o irrite – aliás, esta nunca foi minha intenção. Quero apenas fazê-lo compreender em que medida a separação que se deu entre nós está relacionada com as correntes gerais que se produzem no mundo, e que desta forma esta separação não tem nada a ver com uma maldade deliberada. Suponha, portanto, que estejamos em 1848.

Quem eram aqueles que se encontraram frente a frente e que podemos tomar como representantes de todos os outros? Guizot, ministro de Luís Felipe, de um lado; Michelet e Quinet com os estudantes, do outro.

Começarei com Guizot e Luís Felipe: eram eles maus ou tirânicos? Não precisamente, eram gente, pelo que vejo, igual a, por exemplo, papai e o avô, o velho Goupil. Pessoas, enfim, de aspecto extremamente venerável, grave e sério. Mas, quando as observamos um pouco mais atentamente e de perto, têm algo de lúgubre, de inexpressivo, de caduco, a tal ponto que nos deixariam doentes. Acaso será exagero?

À parte as diferenças de posição, o mesmo espírito, o mesmo caráter. Estou enganado?

Tomemos agora, por exemplo, Quinet ou Michelet, ou, mais tarde, Victor Hugo. A diferença entre eles e seus adversários seria afinal tão formidável? Sim, mas vendo as coisas superficialmente ninguém o diria; eu mesmo *certa época* achei igualmente bons um livro de Guizot e um livro de Michelet. Mas, no meu caso, à medida que fui mais a fundo, percebi a diferença, e mais, a *contradição*.

Percebi, enfim, que um gira em círculos, perde-se, e que do outro, ao contrário, resta algo de infinito. Desde então aconteceram muitas coisas. Mas tenho como certo que, se você e eu tivéssemos vivido *naquela época*, você se encontraria ao lado de

Guizot e eu ao lado de Michelet. E permanecendo os dois coerentes consigo mesmos, poderíamos com uma certa tristeza nos encontrar frente a frente, como inimigos, por exemplo, numa das barricadas, você à frente, soldado do governo, eu atrás, revolucionário ou rebelde.

E veja que hoje, em 1884 *(por acaso os algarismos são exatamente os mesmos, mas invertidos)*, encontramo-nos novamente frente a frente, embora na verdade não haja barricadas. Mas elas ainda existem para os espíritos que não podem estar de acordo. "*O moinho não mais existe, mas o vento continua.*"

E encontramo-nos, em minha opinião, frente a frente em campos diferentes, não há nada a fazer.

Quer você queira ou não, *você* deve continuar, *eu* devo continuar. Mas, como somos irmãos, não é preciso que nos matemos um ao outro (no sentido figurado).

Quanto a nos ajudarmos como dois homens que se encontram lado a lado no mesmo campo, é impossível, pois, se tivéssemos que nos reunir, nos arriscaríamos a cair sob o fogo do outro.

As frases irritantes que me brotam são balas atiradas não contra você, que é meu irmão, mas mais geralmente contra o partido no qual você se encontra. Também não me sinto diretamente visado pelas frases irritantes que vêm de ti. *Mas você está atirando contra a barricada* e acredita ter méritos por isto; acontece que eu estou atrás dela.

Pense portanto um instante em tudo isto, se puder, pois não acho que você encontrará muito o que corrigir. Não posso falar diferente do que penso; é mais ou menos desta forma que é preciso ver as coisas.

Espero que você entenda o que quero dizer no sentido figurado.

Nem eu nem você nos ocupamos com política, mas estamos na Terra, no mundo, e os homens agrupam-se por si próprios em categorias.

Será que as nuvens podem escolher, *afinal,* se pertencem a um ou outro grupo da tempestade? Se carregarão eletricidade negativa ou positiva? É bem verdade que os homens não são nuvens. Enquanto indivíduos, fazemos parte de um todo que constitui a humanidade. Nesta humanidade há partidos. Até que ponto é a vontade própria, até que ponto é a fatalidade das circunstâncias, que fazem com que pertençamos a um ou a outro partido?

Enfim, estava-se então em 48, agora estamos em 84; *o moinho não existe mais, o vento continua.* Trate ainda assim de saber por si próprio de que lado você realmente se encontra, assim como eu tento sabê-lo por mim mesmo (379).

Os jovens de *agora* não querem *ouvir* falar de *mim;* muito bem, *isto não me incomoda; seja* como homens, *seja* como pintores, a geração de meados de 48 me é muito mais cara que a de 84; e, no que diz respeito a 48, *não* os Guizot, mas os *revolucionários, Michelet, e também os pintores camponeses de Barbizon* (380).

Rappard continua por aqui e ainda ficará ao menos por uma semana, pois seu trabalho está indo às maravilhas.

Ele está fazendo fiandeiras e diferentes estudos de cabeças; já fez uma dezena de estudos que eu acho muito bonitos.

Falamos muito sobre o impressionismo; *acho* que é assim que você classificaria meu trabalho. Mas aqui, na Holanda, é difícil compreender o que quer dizer na verdade o impressionismo.

Mas nos interessa muito, tanto a ele quanto a mim, saber o que representa a tendência atual. É certo que concepções novas e imprevistas estão se formando. Que se começa a pintar num tom totalmente diferente de alguns anos atrás. A última coisa que estou fazendo é um estudo de uma aleia de choupos com suas folhas de outono amarelas, onde o sol forma aqui e ali, entre as folhas caídas no chão, manchas brilhantes que se alternam com as sombras projetadas pelos troncos das árvores.

No fim do caminho há uma casinha de camponeses e acima o céu azul entre as folhas.

Acredito que, dentro de um ano, se continuar a pintar muito e sem interrupções, terei mudado muito mais minha maneira e minhas cores, e que as tornarei ainda um pouco mais escuras ao invés de claras (383).

Você está com toda a razão quando diz que "eu chegaria melhor a um bom resultado se fizesse bons quadros ao invés de discutir questões revolucionárias".

Inclusive acho isto tão verdadeiro que, enquanto você escrevia isso, eu justamente fazia novas gestões tendo diretamente como objetivo progredir, precisamente perguntando se eu poderia pintar ainda alguns estudos no ateliê de Mauve.

Você continua em sua carta a frase acima me perguntando "se eu talvez lhe poderia fornecer novos elementos a respeito das reformas a introduzir no comércio de arte".

Você quer um conselho no seu interesse e no meu próprio? Deixe de generalidades, apoie minhas gestões junto a Mauve e Tersteeg.

Que você me ajude a subir a correnteza – e ganhando dinheiro –, não somente pelo envio de dinheiro, mas também por sua influência, uma colaboração mais estreita e uma amizade de melhor quilate. Tenho em mim forças suficientes para realizar alguma coisa e também ganhar dinheiro.

E então, como você mesmo diz, se eu fizer progressos em minha pintura e se chegar a ter uma boa posição independente, terei mais valor que agora. Entro, ou seja, mais tarde, quando as coisas estiverem um pouco melhores para mim, tentarei com muita boa vontade dar-lhe novos elementos para esta questão da reforma do comércio; com efeito, certamente tenho sobre isto minhas ideias, que resultam de minha própria experiência sobre o que impede os pintores de progredir, e conheço o tipo de coisa que torna a vida dos pintores às vezes insuportável (384).

Não posso me preocupar com o que as pessoas pensam de mim, é preciso que eu *avance,* é nisto que tenho que pensar (388).

Está triste lá fora, os campos são uma verdadeira margueira de montes de terra preta com um pouco de neve, e há frequentemente dias onde não há mais que bruma e lama; à tarde, o sol vermelho, pela manhã, os corvos, a relva seca e a verdura murcha apodrecendo, bosquezinhos negros, e os galhos dos choupos e dos salgueiros eriçados sobre um céu triste, como montes de arame farpado. Isto, eu só vejo de passagem, mas combina totalmente com os interiores muito sombrios nestes escuros dias de inverno.

Combina também com a fisionomia dos camponeses e dos tecelões. Não ouço estes últimos se lamentarem, mas eles têm uma vida dura. Suponhamos que um tecelão que trabalhe duro faça uma peça de sessenta varas[13] em uma semana. Enquanto ele tece, é preciso que uma mulher embobine para ele, ou seja, que ela enrole o fio nos fusos; são, portanto, *dois* a trabalhar e a ter que viver deste trabalho. Por esta peça, o tecelão ganha líquido nesta semana, por exemplo, quatro florins e meio, e, quando ele a leva ao fabricante, frequentemente é obrigado a ouvir que não receberá uma nova peça para tecer em menos de oito ou quinze dias. Portanto, não somente o salário é baixo, mas o trabalho é bem escasso. Assim, essa gente fica frequentemente nervosa e inquieta. É um estado de espírito diferente daquele que eu conheci entre os "carvoeiros" (mineiros), num ano em que houve greves e muitos acidentes (392).

Acredito que quando já tentamos atentamente descobrir os mestres, em certos momentos acabamos por encontrá-los na própria realidade. Quero dizer que também se vê na realidade o que chamamos de suas *criações*, à medida que nossos olhos e nossa sensibilidade vão se assemelhando aos seus. E acredito também que, se os críticos ou os conhecedores estivessem mais familiarizados com a natureza, sua faculdade de julgar seria melhor que agora, quando só conhecem a rotina de viver entre quadros e compará-los entre si. O que em si é excelente, mas falta uma base sólida quando passam a esquecer que a natureza existe e não a aprofundam.

Se mais tarde eu fizer algo melhor, não trabalharei em todo caso de modo *diferente* que agora, quero dizer que será a mesma maçã, mas ela estará mais madura; nem sequer mudarei o que venho pensando desde o início. E esta é a razão pela qual digo a meu próprio respeito: se não valho nada agora, não valerei mais no futuro, mas se eu valer alguma coisa mais tarde, é porque também valho alguma coisa agora. Pois o trigo é trigo, mesmo que algumas pessoas da cidade no início o tomem por capim e vice-versa.

Em todo caso, se as pessoas acham bom ou ruim o que faço e como o faço, de minha parte eu não vejo outro partido a tomar além de lutar com a natureza por tanto tempo quanto necessário para que ela me confie seus segredos.

Continuo a trabalhar em diversos estudos de cabeças e de mãos (393).

---

13. Vara, antiga medida correspondendo a 1,10 m aproximadamente. (N.T.)

Continuo sempre à procura do azul. As figuras de camponeses, aqui, em regra geral, são azuis. No trigo maduro, ou destacando-se sobre as folhas secas de uma ala de faias, de forma que os matizes escalonados de azul-escuro e de azul-claro recobram vida e passam a expressar-se opondo-se aos tons dourados ou aos castanhos-vermelhos; isto é muito bonito, e desde o começo me impressionou. As pessoas daqui também vestem instintivamente roupas do mais belo azul que eu jamais vira.

É um pano grosso que eles mesmos tecem, o fio de urdume é preto, a trama azul e isto forma composições riscadas de preto e de azul. Quando estes tecidos desbotam e ficam descorados pelo tempo e pela chuva, eles adquirem um tom delicado extremamente suave, muito bom para realçar as cores da pele. Um tom suficientemente azul para reagir com todas as cores nas quais há elementos ocultos de laranja, e suficientemente desbotado para não destoar.

Mas esta é uma questão de cor, e no ponto em que me encontro atualmente a questão da forma me interessa ainda mais. Parece-me que conseguimos exprimir melhor a forma com um colorido quase monocromático cujos tons difiram principalmente em intensidade e em valor. Por exemplo, *A fonte*, de Jules Breton, foi pintada praticamente com uma só cor.

Mas convém estudar cada cor em si mesma em função de suas oposições, antes que se possa ter toda a certeza de manter a harmonia (394).

Pensam que imagino – não é verdade – recordo-me dizia alguém que sabia compor magistralmente.

No que me diz respeito, eu não posso *mostrar* nenhum quadro ainda, a rigor nem sequer um *desenho*. Mas o que faço bem são estudos, e é por isto mesmo que com razão posso imaginar que um dia também me será possível compor muito rapidamente. E, aliás, é difícil dizer onde acaba o estudo e onde começa o quadro (396).

Há pessoas que protegem pintores numa época em que eles ainda não o merecem. Bom.

Mas quantas vezes não acontece que isto termine mal, o que é desagradável para as duas pessoas em causa. De um lado, porque o protetor fica desapontado por ter gasto um dinheiro que virou, ou ao menos parece ter virado, fumaça. Por outro lado, porque o pintor acredita poder exigir mais confiança, mais paciência e mais demonstrações de interesse que as que lhe são dispensadas. Mas, na maioria dos casos, é por causa da negligência que existe dos dois lados que surgem os mal-entendidos.

Quero crer que este não será o caso entre nós dois.

E quero crer que pouco a pouco meus estudos lhe darão um pouco mais de alento. Nem você nem eu somos contemporâneos daquela geração que Gigoux, num livro que recebi de ti, chama de "os audaciosos".

Mas a meu ver não deixa de ser conveniente conservar este entusiasmo em nossa época, pois, de qualquer forma, é muitas vezes verdade que a fortuna sorri aos audaciosos e, independentemente do que possa acontecer, especialmente da felicidade ou da "alegria (?) de viver", é preciso obrar e ter audácia, se queremos viver realmente.

E digo: pintemos e produzamos em abundância, e *sejamos nós mesmos com nossos defeitos e nossas qualidades*; digo "nós", pois o dinheiro que você me envia, este dinheiro que, eu sei, custa-lhe muito ganhar para mim, lhe dá o direito, se algo de bom resultar de meu trabalho, de considerá-lo como sendo em parte criação sua (399).

Estou pensando no que diz Millet: *"Não quero suprimir de maneira alguma o sofrimento,* pois frequentemente é ele que faz os artistas se expressarem mais energicamente".

Quando digo que sou um pintor de camponeses, isto é bem real e você verá adiante que é aí que eu me sinto em meu ambiente. Não foi por nada que durante tantas noites meditei junto ao fogo, entre os mineiros, os turfeiros e os tecelões, salvo quando o trabalho não me deixava tempo para a reflexão.

Eu me envolvi tão intimamente com a vida dos camponeses de tanto vê-la continuamente e todos os dias que realmente não me sinto atraído por outras ideias.

Você me escreve que a opinião do público, vale dizer, sua indiferença, sobre a obra de Millet, como você teve a oportunidade de constatar estes dias na exposição, é pouco animadora tanto para os artistas quanto para aqueles que vendem seus quadros. Estou de acordo contigo, mas Millet também a experimentou e a conheceu por si mesmo. Lendo Sensier, impressionou-me o que ele conta do começo de sua carreira. Não me recordo textualmente, mas lembro-me bem do sentido; particularmente, que esta indiferença seria muito difícil para ele, se sentisse a necessidade de calçar belos sapatos e se tivesse uma vida palaciana, mas, dizia ele, "já que ando de tamancos, eu me sairei bem". Aliás, foi o que aconteceu.

Também espero jamais perder de vista "que se trata de andar de tamancos"; quero dizer com isto que se trata de ficar contente em ter o que beber, o que comer, onde dormir e com que se vestir. Trata-se em suma de ficar contente com o que têm os camponeses.

É assim que Millet fazia, e aliás ele *não queria outra coisa*, e é o que faz com que, a meus olhos, ele tenha, *enquanto homem*, mostrado o caminho a seguir a pintores que, por sua vez, não o seguem, como por exemplo Israëls e Mauve, que na verdade vivem abastadamente.

E repito: Millet é o "pai Millet", ou seja, o conselheiro e o guia dos jovens pintores em todos os domínios. A maioria dos que eu conheço – embora eu não conheça muitos – recusaria tal favor; mas quanto a mim, penso como ele e acredito totalmente no que ele diz. Se me estendo um pouco demais nesta frase de Millet, é exatamente porque você escreve que quando os citadinos pintam camponeses, por mais que seus personagens sejam magnificamente bem pintados, involuntariamente, entretanto, eles nos lembram mais os habitantes dos arrabaldes parisienses.

Eu também já tive esta impressão (se bem que, em minha opinião, a mulher colhendo batatas de B. Lepage constitua uma evidente exceção), mas isto deriva justamente do fato de que, na maioria das vezes, os pintores não se envolvem *pessoalmente* com a vida dos camponeses. Por outro lado, Millet disse, "na arte é preciso dar o sangue".

De Groux – e esta era *uma* de suas qualidades – pintava lindamente bem os camponeses. (E o Estado lhe encomendava pinturas históricas!... que ele também fazia muito bem, mas como era melhor quando podia ser *ele mesmo*.)

Continua a ser uma vergonha e um prejuízo para os belgas que de Groux ainda não seja totalmente apreciado como o merece. De Groux é um dos *bons mestres do gênero Millet*. Mas se o grande público não o reconheceu, e ainda não o reconhece, e se ele continua à sombra como Daumier, como Tassaert, ainda há, contudo, quem – Mellery, por exemplo, para citar apenas um – atualmente trabalhe de novo segundo *sua própria* sensibilidade.

Ultimamente, eu vi de Mellery, numa revista ilustrada, uma família de barqueiros na cabine de sua chalupa; o homem, a mulher e as crianças ao redor de uma mesa.

No que diz respeito à simpatia *geral* que as pessoas possam ter por mim, li em Renan, há alguns anos, algo que nunca me saiu da lembrança e em que sempre continuarei a acreditar; quem quiser fazer algo de bom ou de útil não deve contar com a aprovação ou a apreciação geral, nem desejá-la, mas, ao contrário, não esperar simpatia ou ajuda senão de muito poucos, de pouquíssimos espíritos (400).

Anexo, algumas páginas interessantes a respeito da *cor*; trata-se de grandes verdades nas quais Delacroix acreditava.

Acrescente a isto: *os antigos não começavam pela linha, mas pelo meio*, ou seja, é preciso começar pelas bases elipsoidais ou pela esfera das massas em vez de começar pelo contorno.

Sobre este assunto, descobri o livro de Gigoux que diz isto com muita precisão, mas o fato em si já me preocupava há muito tempo.

Os antigos admitiam apenas três cores primárias, o amarelo, o vermelho e o azul, e os pintores modernos também não admitem outras. Estas três cores, com efeito, são as únicas indecomponíveis e irredutíveis. Todo mundo sabe que o raio solar se decompõe numa sequência de sete cores, que Newton chamou de primitivas: o violeta, o índigo, o azul, o verde, o amarelo, o laranja e o vermelho; mas é claro que o termo primitivas não pode convir a três destas cores, que são compostas, pois o laranja se faz com o vermelho e o amarelo, o verde com amarelo e azul, o violeta com azul e vermelho. Quanto ao índigo, ele também não pode figurar entre as cores primitivas, pois não é mais que uma variedade do azul. É preciso, portanto, reconhecer, com os antigos, que na natureza há apenas três cores verdadeiramente elementares, as quais misturando-se duas a duas engendram três outras cores compostas ditas binárias: o laranja, o verde e o violeta.

Estes rudimentos desenvolvidos pelos sábios modernos conduziram à noção de certas leis que formam uma luminosa teoria das cores, teoria esta que Eugène Delacroix conhecia cientificamente e a fundo, após tê-la conhecido por instinto (ver *Gramática das artes e do desenho*, 3ª ed., Renouard). Se combinarmos duas das cores primárias, o amarelo e o vermelho, por exemplo, para compor uma cor binária, o laranja, esta cor binária atingirá seu maior brilho quanto mais a aproximarmos da terceira cor primária não usada na mistura. Da mesma forma, se combinarmos o vermelho e o azul para produzir o violeta, esta cor binária, o violeta, ressaltará pela vizinhança imediata do vermelho. Chama-se com razão de complementar cada uma das três cores primitivas, com relação à cor binária que lhe corresponde. Assim, o azul é complementar do laranja, o amarelo é complementar do violeta, e o vermelho complementar do verde. Reciprocamente, cada uma das cores compostas é complementar da cor primitiva não usada na mistura. Esta exaltação recíproca é o que se chama de lei do contraste simultâneo.

Se as cores complementares forem tomadas com valores iguais, ou seja, com um mesmo grau de vivacidade e de luminosidade, sua justaposição as levará uma e outra a uma intensidade tão violenta, que os olhos humanos mal poderão suportar.

E, por um fenômeno singular, *estas mesmas cores, que se exaltam por sua justaposição, se destruirão se misturadas*. Assim, quando misturamos o azul e o laranja em quantidades iguais, o laranja deixando de ser alaranjado e o azul deixando de ser azul, a mistura destrói os dois tons, *resultando num cinza absolutamente incolor*. Mas se misturarmos dois complementares em proporções desiguais, eles se destruirão apenas parcialmente e teremos *um tom quebrado* que será uma variedade de cinza. Sendo assim, novos contrastes poderão nascer da justaposição de dois complementares, sendo um puro e o outro quebrado. A luta sendo desigual, uma das cores triunfa, e a intensidade da dominante não impede a harmonia entre as duas.

E se agora aproximarmos os semelhantes em estado puro, mas com diversos graus de energia, por exemplo, o azul-escuro e o azul-claro, obteremos um outro efeito, no qual haverá contraste pela diferença de intensidade, e harmonia pela semelhança das cores. Finalmente, se dois semelhantes são justapostos, um em estado puro, o outro quebrado, por exemplo, azul-puro com azul-

-cinza, resultará um outro tipo de contraste, que será atenuado pela analogia. Vemos, portanto, que existem vários meios, diferentes entre si, mas igualmente infalíveis, de fortalecer, sustentar, atenuar ou neutralizar o efeito de uma cor, e isto trabalhando com o que a cerca, sem mexer propriamente nela. Para realçar e harmonizar estas cores, ele emprega ao mesmo tempo o contraste das complementares e a harmonia das análogas, em outros termos: a repetição de um tom vivo pelo mesmo tom quebrado (401).

Existe – eu acho – uma escola de impressionistas.

Mas não a conheço muito. Sei entretanto muito bem quem são os artistas verdadeiros e originais em torno dos quais girarão, como ao redor de um eixo, os paisagistas e os pintores de camponeses. Delacroix, Millet, Corot e o resto. Isto é o que sinto, embora mal expresso.

Quero dizer com isto que, mais que as pessoas, existem regras, princípios ou verdades fundamentais, tanto para o *desenho* quanto para a *cor*, aos quais é *preciso recorrer quando se encontra algo de verdadeiro.*

No caso do desenho, existe, por exemplo, a maneira de trabalhar em círculos, baseando-se especialmente nas formas ovais para o desenho das figuras. Os gregos já sabiam disso e isso será assim até o fim dos tempos. No caso da cor, há questões eternas como, por exemplo, a que foi colocada por Corot a Français, quando Français (que já tinha um nome) perguntava a Corot (que ainda não tinha um nome, que era inclusive desconhecido ou, antes, conhecido em seu detrimento), quando ele (Français) veio a Corot perguntar-lhe certas coisas: "O que é um tom quebrado? O que é um tom neutro?"

Coisa que podemos mostrar melhor na palheta do que exprimir por palavras.

Quero portanto assegurar a Portier nesta carta que minha crença em Eugène Delacroix e nestas pessoas antigas é muito exata e correta.

E enquanto trabalho num quadro em que não se veem claridades de uma lâmpada à maneira de Dou ou de van Schendel, talvez não seja inútil observar que uma das coisas mais belas dos pintores de nosso século foi pintar a *obscuridade*, que apesar de tudo é *cor*.

Tenho esperanças de que a pintura destes comedores de batata dará certo. Fora isto estou trabalhando também num pôr de sol vermelho.

Para pintar a vida do camponês, é preciso ser mestre em tantos temas. Que bom é isto sobre os personagens de Millet: *seu camponês parece ter sido pintado com a terra que semeia!*

Como é correto e verdadeiro. E como é importante poder fazer em sua palheta essas cores que *não sabemos como chamar e que formam a base de tudo.*

Talvez você esteja voltando a se preocupar novamente, quase me atrevo a dizer *certamente*, com as questões da *cor* e principalmente com as cores quebradas e neutras (402).

No que diz respeito aos comedores de batata, é um quadro que ficaria bem cercado de ouro, tenho certeza. Ficaria igualmente bem numa parede coberta por um papel que tivesse o tom profundo do trigo maduro.

Caso ele não seja destacado do resto desta maneira, ele *simplesmente* nem deve ser visto.

Ele *não mostra seu valor* num mundo escuro, e menos ainda num mundo baço. Pois é um interior muito cinza.

Aliás, na realidade, ele também se encontra numa moldura dourada, se assim podemos dizer, pois o espectador veria um forno e o reflexo das chamas nas paredes brancas que foram, é verdade, excluídas do quadro, mas que, na realidade, encerram todo o conjunto.

Ainda uma vez, portanto, é preciso separá-lo do resto emoldurando-o com qualquer coisa num tom dourado ou de cobre.

Pense nisto, por favor, se quiser vê-lo como ele deve ser visto.

Esta proximidade com um tom dourado, ao mesmo tempo, ilumina certas manchas em lugares que você não imaginaria, e suprime o aspecto marmóreo que ele teria caso fosse colocado, por infelicidade, sobre um fundo baço ou preto.

As sombras foram pintadas com azul e uma cor dourada produz efeito sobre isto. Ontem eu o levei a Eindhoven na casa de um amigo que também pinta. Daqui a três ou quatro dias eu o terminarei lá, com um pouco de clara de ovo, e trabalharei ainda em certos detalhes... Como este amigo também trabalha a partir de modelos, ele também vê muito bem o que existe numa cabeça ou numa mão de camponês e, falando em mãos, ele me disse ter chegado a uma noção totalmente diferente de como fazê-las.

Apliquei-me conscientemente em dar a ideia de que estas pessoas que, sob o candeeiro, comem suas batatas com as mãos, que levam ao prato, também lavraram a terra, e que meu quadro exalta portanto o trabalho manual e o alimento que eles próprios ganharam tão honestamente.

Quis que ele fizesse pensar num modo de vida totalmente diferente do nosso, de gente civilizada. Assim, portanto, não desejo nem um pouco que todo mundo o ache nem sequer mesmo belo ou bom.

Durante todo o inverno tive em minhas mãos os fios desse tecido para o qual buscava a feição definitiva, e se agora ele tornou-se um tecido de aspecto rude e grosseiro, não deixa de ser verdade que os fios foram escolhidos com cuidado e seguindo certas regras. E até pode ser que ele seja uma *verdadeira* pintura *de camponeses*. *Eu sei que ele é isto*. Mas quem preferir ver camponeses edulcorados que passe ao largo. Por mim, estou convencido que afinal obtêm-se melhores resultados pintando-os em sua rudeza que conferindo-lhes uma beleza convencional.

Com sua saia e sua camisola azuis, cobertas de poeira e remendadas, e que sob o efeito do tempo, do vento e do sol tenham tomado os mais delicados matizes, uma camponesa é, na minha opinião, mais bonita que uma dama; que ela se vista como uma dama, e tudo que há de verdadeiro nela desaparece.

Um camponês é mais belo entre os campos em suas roupas de fustão, do que aos domingos quando vai à igreja ridiculamente vestido como um senhor.

E, da mesma forma, seria um erro, na minha opinião, dar a uma pintura de camponeses um certo polimento convencional. Se uma pintura de camponeses cheira a toucinho, a comida, a batatas, perfeito! Isso não é nocivo; se um estábulo cheira a esterco, bom! É por isto mesmo que é um estábulo; se os campos têm um cheiro de trigo maduro ou de batatas, ou de guano e de esterco, é justamente aí que está a saúde, especialmente para as pessoas da cidade.

Através de quadros como estes, *eles aprendem algo de útil*. Um quadro de camponeses não deve nunca ser perfumado. Estou curioso em saber se você encontrará no meu algo que lhe agrade, espero que sim. Estou contente que o sr. Portier tenha dito que quer ocupar-se de minhas obras. De minha parte, fiz coisas mais importantes do que simples estudos.

No que se refere a Durand-Ruel, mesmo que ele tenha achado que os desenhos não valem grande coisa, mostre-lhe este quadro. Se ele o achar ruim, bom. Mas mostre-o assim mesmo, a fim de que ele veja que nós colocamos energia em nossa luta. Certamente você ouvirá dizer: "que borrão", prepare-se para isto como eu mesmo já me preparei. Mas certamente acabaremos por fazer algo de *verdadeiro* e *honesto*.

A pintura da vida dos camponeses é coisa séria e, no que me diz respeito, eu me censuraria se não tentasse fazer quadros de tal forma que provoquem sérias reflexões nas pessoas que pensam seriamente na arte e na vida.

Millet, de Groux e tantos outros nos mostraram por seus exemplos que tinham *caráter* e sabiam não se preocupar com censuras como *"sujo, grosseiro, porco, fedido, etc..."*; e só duvidar deles já seria uma vergonha.

Não, temos que pintar os camponeses como se fôssemos um deles, sentindo, pensando como eles mesmos.
Como se não pudéssemos ser diferentes.
Penso frequentemente que os camponeses constituem um mundo à parte, em muitas coisas muito melhor que o mundo civilizado (404).

Quando esta tarde cheguei à choupana, encontrei as pessoas comendo à luz da janelinha em vez de estarem à mesa sob a luz do candeeiro. Era espantosamente belo. A cor também era extraordinária, você se lembra daquelas cabeças pintadas frente à janela; o efeito era o mesmo, mas ainda mais escuro.
De forma que as duas mulheres e o interior eram de uma cor mais ou menos parecida com a de sabão verde-escuro.
Mas a figura de homem, à esquerda, estava ligeiramente iluminada pela luz que entrava por uma porta, mais adiante. Assim, a cor da cabeça e das mãos era a mesma que, por exemplo, a de uma moeda de dez centavos, em suma, cor de cobre-mate. E seu capote, onde batia a luz, era de um azul desbotado, o mais delicado que se possa imaginar.
No que diz respeito aos quadros *claros* de agora, vi tão poucos nestes últimos anos. Contudo, pensei bastante a respeito. Corot, Millet, Daubigny, Israëls, Dupré e muitos outros *também pintaram quadros claros,* o que quer dizer que, por mais profunda que seja a gama, o olhar penetra em todos os cantos e em todas as profundidades.
Mas estes que acabo de citar não são gente que se prenda literalmente ao tom local, seguem a gama na qual começaram, vão até o fim em suas concepções sobre a cor, o tom e o desenho. Quero dizer que intrinsecamente *suas luzes são quase sempre cinzas bastante escuros,* que nos quadros dão um aspecto luminoso pelo contraste; esta é uma verdade que você pode verificar todos os dias. Entenda bem. Não digo que Millet *não* use o branco quando pinta a neve, mas pretendo que ele e os outros tonalistas, se um dia o quisessem, poderiam fazê-lo do mesmo modo que Delacroix disse de Véronèse, que pinta mulheres nuas, brancas e loiras com uma cor que em si mesma se assemelha muito à lama das ruas (405).

Nos meus novos desenhos começo as figuras pelo tronco e parece-me que elas adquirem assim maior amplitude e largura. No caso de não bastarem cinquenta, desenharei cem, e se isto ainda não for o suficiente farei ainda mais, até chegar exatamente onde quero, ou seja, até que tudo seja redondo e que na forma não haja de modo algum nem fim nem começo, mas que se forme um conjunto harmonioso de vida.

Você sabe que é precisamente esta a questão que Gigoux trata em seu livro *Não começar pela linha, mas pelo meio*.

Muntz diz: *o modelado é a virtude da arte*, e o que ele mudou na frase de Ingres é que Ingres dizia: *o desenho é a virtude da arte*, acrescentando *eu gostaria de assinalar o contorno com um arame*. Hébert também tinha o que ele mesmo chamava de *consideração pela linha*.

Há outros ainda que pretendem que todos os dogmas são absurdos enquanto tais. Pena que isto também seja um dogma. É preciso pois limitarmo-nos a fazer aquilo que fazemos, e tentar tirar disto alguma coisa, procurar dar-lhe vida.

Se não tivessem importunado tanto Thys Maris, e se não o tivessem levado a ficar melancólico demais para trabalhar, talvez ele tivesse feito coisas espantosas.

Penso tanto neste rapaz, Theo, pois como sua obra é admirável!

É pura fantasia, mas que mestre.

Deus, se este sujeito pudesse ser ainda o que era no começo, que centro teria se tornado.

Pois a escola holandesa atual precisa de elementos novos que saibam fazer alguma coisa (408).

Eis o esboço de uma cabeça que acabo de fazer. Na minha última remessa de estudos você recebeu a mesma, precisamente a maior delas, mas pintada de uma maneira lisa.

Desta vez, não estendi minha pincelada, e aliás a cor é totalmente outra.

Eu ainda não havia conseguido uma cabeça a tal ponto *pintada com terra*, mas agora várias outras se seguirão.

Se tudo for bem, se eu ganhar um pouco mais, e assim puder viajar mais, pois bem! Espero então também poder algum dia pintar cabeças de mineiros.

Qual é a opinião de Portier sobre os comedores de batata? Eu mesmo sei muito bem que há defeitos, mas justamente porque vejo que as cabeças atuais estão ficando mais poderosas, ouso pretender que, comparados com os quadros seguintes, os comedores de batata também perdurarão (409).

Despachei hoje o citado caixote, contendo, além do que eu lhe escrevi, mais um quadro, *Cemitério de camponeses*. Omiti certos detalhes – quis exprimir como esta ruína demonstra que *há séculos* os camponeses de lá são enterrados nos próprios campos que lavraram durante a vida –, quis dizer o quão simples é o fato de morrer e ser enterrado, tão tranquilamente como a queda de uma folha de outono – nada mais que um pouco de terra revolvida – uma pequena cruz de madeira. Lá onde termina a relva do cemitério, os campos dos arredores traçam, além do muro, uma última linha sobre o horizonte – como um horizonte marinho. E esta ruína me conta como uma fé, uma religião ficou carcomida, por mais que tenha tido fundamentos sólidos, e como, entretanto, para os pequenos camponeses, viver e morrer é e sempre será a mesma coisa que é para a relva e as florzinhas que lá crescem, naquela terra de cemitério, o fato de germinarem e murcharem, singelamente.

"As religiões passam, Deus permanece", disse Vitor Hugo, a quem também acabam de enterrar.

Não sei se você encontrará algo nestes dois temas: a choupana com telhado de caniço fez-me pensar num ninho de rouxinol (411).

Pergunto-lhe, você conhece na velha escola holandesa um único lavrador, um único semeador??? Alguma vez eles tentaram fazer um "trabalhador"? Será que Velásquez o tentou em seu *Carregador de água*, ou em seus tipos do povo? Não.

Nos velhos quadros, os personagens não *trabalham*. Estou penando estes dias numa mulher que eu vi no último inverno arrancando cenouras na neve.

Pois bem! Millet o fez, Lhermitte, e em geral os pintores de camponeses deste século – um Israëls –, que acham isto mais belo que qualquer outra coisa.

Mas *mesmo* em nosso século, como são poucos, entre a legião de pintores, os que se dedicam à *figura* pela *figura* – sim, antes de mais nada –, ou seja, pela forma e pelo modelado; os que só conseguem imaginar um trabalhador trabalhando, e que necessitam daquilo que os antigos evitavam, inclusive os antigos holandeses, que recorriam demais às ações convencionais; quantos sentem a necessidade *de pintar a ação pela ação.*

De forma que a pintura ou o desenho sejam realmente um desenho da *figura* pela figura e a inexprimível forma harmoniosa do corpo humano, mas ao mesmo tempo a ação de *colher cenouras na neve.*

Expresso-me claramente? Espero que sim; diga portanto isto a Serret. Posso exprimi-lo resumidamente: um nu de Cabanel, uma dama de Jacquet e uma camponesa, *exceto as de Bastien Lepage, é claro,* mas uma camponesa de um *parisiense* que aprendeu a desenhar na academia, nos farão perceber os membros e a estrutura do corpo sempre da mesma forma, correta nas proporções e na anatomia, às vezes encantadora. Mas quando Israëls, ou quando Daumier, ou Lhermitte, por exemplo, desenham uma figura, percebemos *muito mais a forma do corpo,* e no entanto, e é por isto que cito propositadamente Daumier, as proporções serão quase arbitrárias, a anatomia e a estrutura não serão nem um pouco corretas *aos olhos dos acadêmicos,* mas terão *vida.* E especialmente em Delacroix.

Ainda não está bem explicado. Diga a Serret *que eu ficaria desesperado se minhas figuras fossem boas,* diga-lhe que eu não as *quero* academicamente corretas, diga-lhe que o que quero dizer é que se fotografássemos um homem lavrando, *ele certamente não estaria lavrando.* Diga-lhe que eu acho as figuras de Michelângelo admiráveis, embora as pernas sejam decididamente muito compridas, os quadris e as coxas muito largos. Diga-lhe que é por isto que Millet e Lhermitte são aos meus olhos os verdadeiros pintores, porque eles não pintam as coisas como elas são, segundo uma análise rebuscada e seca, mas como eles, Millet, Lhermitte, Michelângelo, as sentem. Diga-lhe que meu grande desejo é aprender a fazer tais incorreções, tais anomalias, tais modificações, tais mudanças da realidade, de forma que resultem, sim, mentiras, se lhe apraz, mas mais verdadeiras que a verdade literal.

Exprimir *o camponês em sua ação,* esta é, repito, uma figura essencialmente moderna, o próprio cerne da arte moderna, o que nem os gregos, nem a Renascença, nem os antigos holandeses fizeram.

Na verdade, não me aconteceu muitas vezes de ver claramente enunciada, nos artigos sobre arte, a diferença entre, por um lado, tanto os grandes quanto os pequenos mestres atuais (os grandes, por exemplo, Millet, Lhermitte, Breton, Herkomer, os pequenos, por exemplo, Raffaëli e Regamey) e, por outro lado, as escolas antigas (418).

Quando penso em Millet ou em Lhermitte, acho a arte moderna tão grande quanto Michelângelo e Rembrandt – a antiga é infinita, a nova também é infinita –, a antiga, *gênio,* a nova, *gênio.* Alguém como Chenavard sem dúvida não acreditaria nisto. Mas, quanto a mim, estou convencido que, com respeito a isto, podemos ter fé no presente.

O que faz com que eu saiba o que quero colocar em minha própria obra, e o que eu me esforçarei por atingir, por mais que eu tenha que me perder pessoalmente, é que tenho uma fé absoluta na arte (423).

Você receberá uma grande natureza-morta representando batatas, às quais tentei dar *corpo;* quero dizer exprimir a matéria de tal forma que ela se torne massas que tenham peso e que sejam sólidas, que sentíssemos se, por exemplo, tivéssemos que arremessá-las (425).

Esta semana fui a Amsterdã; não tive tempo de ver quase nada além do museu; fiquei lá três dias; cheguei na terça, parti na quinta. O resultado é que estou *muito contente* por ter ido "custe o que custar"; não me lembro de ter ficado tanto tempo sem ver quadros. Não sei se você se lembra que há, à esquerda da *Ronda noturna*, consequentemente *en pendant* com os *Síndicos dos têxteis,* um quadro (que até agora me era desconhecido) de Frans Hals e P. Codde representando uma vintena de oficiais em serviço. Você prestou atenção? Se não, só *este* quadro isolado – sobretudo para um colorista – vale a viagem a Amsterdã. Há nele uma figura, a figura de um porta-estandarte, no ângulo esquerdo, logo ao lado da moldura – esta figura é, dos pés à cabeça, cinza, eu diria cinza-pérola –, de um tom neutro característico, obtido, acho, com laranja e azul misturados de forma a se neutralizarem; fazendo variar este tom fundamental, tornando-o aqui um pouco mais claro, lá um pouco mais escuro, o pintor chegou a dar a impressão que a figura inteira é toda num único e mesmo cinza. Contudo, os sapatos de couro são de uma matéria diferente que as meias, que diferem dos calções, que diferem do gibão – cada vez uma outra matéria é representada, todas muito diferentes em cor – e tudo no entanto é pintado com cinza de uma única e mesma família.

Calma! Não é tudo.

Neste cinza, ele vai colocar azul e laranja e um pouco de branco; o gibão é ornado com fitas de cetim de um azul divinamente tênue, a cinta e a bandeira são laranja – um colarinho branco.

Laranja-branco-azul, como eram então as cores nacionais – laranja e azul justapostos, a mais maravilhosa gama; sobre um fundo cinza, estas duas cores – que eu chamaria de pólos elétricos (sempre em matéria de cor) – sabiamente misturadas e reunidas de maneira a se destruírem neste cinza e neste branco.

Mais adiante, ele introduziu neste quadro outras gamas laranja sobre outras azuis, mais adiante ainda os mais belos pretos sobre os mais belos brancos; as cabeças – uma vintena – fervilhando de espírito e de vida, e perfeitas! E uma cor! E as figuras de toda essa gente, soberbas até os pés.

Mas raras vezes eu vi figura mais divinamente bela que a daquele homenzinho laranja-branco-azul no ângulo esquerdo. É algo único.

Delacroix se entusiasmaria – e se entusiasmaria ao extremo. Eu fiquei literalmente paralisado. E, de resto, você conhece o cantor, aquele homem rindo – o busto de um preto esverdeado com carmim-carmim, até na cor da pele.

Você conhece o busto do homem em amarelo, limão tênue, cujo rosto, por oposição de tons, é de um bronze ousado e magistral, vermelho-borra de vinho (violeta).

Burger escreveu sobre *A noiva judia*, de Rembrandt, como escreveu sobre Vermeer de Delft, como escreveu sobre Frans Hals, abandonando-se e se esmerando. *Os síndicos* são perfeitos, é o mais belo Rembrandt; mas *A noiva judia* – considerada à parte –, que quadro íntimo, infinitamente simpático, pintado "com uma mão de fogo". Veja você, nos *Síndicos* Rembrandt continua fiel à natureza, mesmo quando, *também* aí e mais uma vez, ele vai às alturas, às mais elevadas alturas, alturas infinitas; contudo, Rembrandt ainda podia fazer diferente, quando não experimentava a necessidade de permanecer fiel, no sentido literal da palavra, como nos retratos, quando ele podia ser *poeta*, vale dizer, Criador.

É isto o que se vê na *Noiva judia*.

Como Delacroix teria entendido bem este quadro. Que sensibilidade nobre, de uma profundidade imensa. *É preciso morrer várias vezes para pintar assim*, eis uma frase que lhe pode muito bem ser aplicada.

Podem dizer o que quiserem dos quadros de Frans Hals, ele nunca deixa de estar *com os pés no chão*, enquanto que Rembrandt penetra tão fundo no mistério que diz coisas que nenhuma língua pode exprimir. É com justiça que se diz de Rembrandt: o Mágico... Não é um ofício fácil.

Empacotei várias naturezas-mortas que você receberá na próxima semana, com ainda duas lembranças de Amsterdã que peguei às pressas, assim como alguns desenhos. Enviarei também daqui a pouco um livro de Goncourt: *Querida*. Goncourt é sempre belo e sua maneira de trabalhar tão fiel, e ademais é tão trabalhado!

Vi dois quadros de Israëls em Amsterdã, especialmente *O pescador de Zandvoort* e um dos seus últimos: uma velha mulher encarquilhada como um pacote de trapos, junto ao leito de morte de seu homem.

Achei as duas obras maravilhosas. Recitem o que quiserem sobre a técnica, com palavras de fariseus, vazias e hipócritas, o verdadeiro pintor deixa-se guiar por esta consciência que chamamos sentimento. Sua alma, seu espírito, não estão a serviço de seu pincel, mas seu pincel é que está a serviço de seu espírito. Assim também a tela é que tem medo do bom pintor e não o pintor da tela.

Também vi em Amsterdã quadros de contemporâneos, Witcamp e outros. Witcamp é com certeza o melhor, lembra Jules Breton. Outros em que penso, mas que não citarei, e que se esgrimem com o que chamam de técnica, são precisamente os que, a meu ver, têm *uma técnica fraca*. Você conhece todos esses tons cinzas que eles acham distintos e que são fracos, e chatos, secos, pueris. Atualmente, fabricam-se cores especiais compostas de tintas ordinárias misturadas com branco puro, para uso dos pintores que trabalham no que acreditam ser uma gama de tons distintos.

Repito, a *técnica,* a mistura das cores, o modelado do *Pescador de Zandvoort,* por exemplo, é, a meus olhos, puro Delacroix, e soberbo; e os cinzas de hoje, chatos e frios, pouco significam em termos de técnica; são uma camada de *pintura,* e Israëls está acima da *pintura.*

Fique sabendo que não estou falando de Jaap Maris, de Willem Maris, de Mauve, Neuhuys, que trabalham todos como se deve, em sua própria gama, Blommer, etc.

Mas a escola desses mestres, seus alunos, parece-me que ela é fraca, Theo.

Também vi Fodor.

O pastor de Decamps é, é preciso dizê-lo, uma obra-prima; lembra-se do Meissonnier, o esboço de um leito de morte? Do Diaz?

Depois, Bosboom, Waldorp, Nuyen, Rochussen, os artistas *pessoais* daquele período, há quarenta anos. Estes eu sempre gosto de rever.

Rochussen é expressivo como Gavarni.

As naturezas-mortas que lhe envio são estudos de cor.

Ainda farei várias; não creio que isso seja inútil. Elas ficarão um pouco menos boas em algum tempo, mas dentro de um ano, por exemplo, estarão melhores que agora, quando tiverem secado bem e recebido uma boa camada de verniz.

Se você pregar à parede de seu quarto uma grande quantidade de meus estudos com percevejos, uns entre os outros, tanto os de agora como os antigos, você verá, acredito, que há uma relação entre estes estudos e que as cores se harmonizam bem.

Falando do "muito escuro", estou muito contente que achem meus estudos muito escuros, especialmente quanto mais vejo quadros nesta gama pueril e fria.

Observe, pois, *O pescador de Zandvoort*, com o que foi pintado? Foi, sim ou não, pintado com vermelho, azul, amarelo, preto e um pouco de branco fosco, com castanho (o todo bem misturado e bem quebrado)? Quando Israëls diz que não se deve escurecer, ele certamente não quer dizer o que fazem hoje. Ele quer dizer que devemos colocar cor nas sombras, mas isto não exclui nenhuma gama; por mais baixa que seja, e certamente não a dos pretos e dos castanhos, e dos azuis profundos, é evidente.

Mas o que pensar deste assunto? Melhor pensar em Rembrandt, em Frans Hals, em Israëls, que nesta distinta impotência (426).

Para se obter algo que tenha calor, é preciso fazê-lo com calor, senão não se afugenta facilmente o frio. Isto que chamam de luminosidade é, em muitos casos, o feio tom de ateliê, de um ateliê de cidade bem pouco simpático. Parece que nunca veem nem a aurora e nem o crepúsculo. É como se não existisse nada além das horas do meio-dia, das duas às três; uma hora muito boa, sim, mas quase sempre sem mais personalidade que um pedaço de trapo (427).

O que você me escreve a respeito de um certo estudo de um cesto de maçãs foi bem observado. Mas é de você mesmo que isto vem??? Pois creio lembrar-me, e até diria que *tenho certeza* que não *foi sempre assim* que você viu as coisas. De qualquer *forma*, estamos agora em vias de concordar sobre as cores. Continue pois a refletir *nestas* questões, pois você verá aonde isto o levará; Burger, Manz e Sylvestre não o ignoravam.

Dizer-lhe *como* eu pintei este estudo é muito simples: o verde e o vermelho são complementares. Desta forma há nas maçãs um certo vermelho por si mesmo muito "canalha", e mais além, ao lado destas, outras puxam para o verde. Há ainda uma ou duas maçãs de outra cor que tomam o conjunto de um certo rosa, muito bom. Este rosa é a cor quebrada resultante da mistura do vermelho e do verde acima citados.

Eis o motivo pelo qual há uma relação entre as cores. Existe um segundo contraste: o mundo contrasta com o primeiro plano, um é de uma cor neutra obtida quebrando o azul pelo laranja; o outro é da mesma cor neutra, apenas modificada pela adição de um pouco de amarelo.

O último estudo é o grande – o melhor na minha opinião, –, apesar do fundo preto fosco, que propositalmente eu deixei fosco, já que os ocres são cores essencialmente *não* transparentes. Quanto a este estudo, o maior, com as batatas, foi feito modificando, quebrando estes ocres não transparentes com um azul transparente.

O ocre vermelho formando um laranja com o ocre amarelo, sua combinação com o azul é mais neutra; e com relação a esta cor neutralizada, eles se tornam seja mais vermelhos, seja mais amarelos. A luminosidade mais forte de toda esta tela é simplesmente o ocre amarelo puro. E a razão para que este amarelo fosco ainda seja expressivo está no fato de ele estar num campo grande de uma espécie de violeta quase neutro; com efeito... o ocre vermelho com azul produz tons violetas.

Ora, os ninhos também foram pintados sobre um fundo preto desenhado, pois quero deixar claro nestes estudos que os objetos não se encontram em seu ambiente natural, mas sobre um fundo convencional. Um ninho *vivo* na natureza é coisa completamente diferente; mal enxergamos o próprio ninho, na verdade o que vemos são os pássaros.

O Rembrandt de Lacaze realmente está no espírito da última época de Rembrandt. Já se fazem bem uns doze anos que o vi, mas eu me lembro, pois ele me impressionou tanto quanto o busto de Fabritius que está em Rotterdam.

Se bem me lembro, a mulher nua da coleção Lacaze também é muito bela, mas de um período posterior. Frente à *Lição de anatomia* de Rembrandt, ah! Realmente fiquei abismado! Você se lembra das cores da pele? *É pura terra,* especialmente os pés. Veja bem: também em Frans Hals as cores da pele são terrosas, aqui no sentido que você conhece. Pelo menos quase sempre. E há também, às vezes, eu até diria sempre, uma relação de oposição entre o tom das roupas e o tom do rosto. O vermelho e o verde se opõem; o cantor *(Dupper)* que tem tons carmins na tez, tem manchas negras com tons verdes, e sobre estas manchas, fitas *num vermelho diferente* deste carmim. O rosto do homenzinho laranja-azul-branco sobre o qual eu lhe escrevi[14] é de uma cor neutra, rosa terroso, violácea, em oposição à sua roupa de couro amarelo à Frans Hals.

O homem *amarelo* "limão tênue" tem violeta fosco no rosto, não há dúvida. Portanto, quanto mais escura é a roupa, mais claro às vezes o rosto, e não por acaso; assim é no seu retrato e de sua mulher no jardim, há *dois* violetas negros (violeta-azul e violeta ruço) e um preto liso (preto-amarelo?); repito, violeta ruço e violeta-azul, preto e preto; portanto, as três cores mais escuras – assim, portanto, as figuras são *muito* brancas, *extraordinariamente* brancas, mesmo para Hals.

Enfim, Frans Hals é um colorista *entre os coloristas,* colorista como Véronèse, como Rubens, como Delacroix, como Velásquez.

Já se disse mais de uma vez e com razão que Millet, Rembrandt e, por exemplo, Israëls, são mais harmonistas que coloristas. E desta vez você dirá: o *preto* e o *branco* podem ou não ser empregados, são ou não frutos proibidos?

Creio que não. Frans Hals usa ao menos vinte e sete pretos. E o branco? Mas você sabe muito bem quantos quadros extraordinários foram feitos intencionalmente com branco sobre branco por alguns coloristas modernos. Que significa portanto dizer: não se deve? Delacroix chamava isto de *repousos* e os empregava enquanto tais. Não se deve ter preconceitos quanto a isto, pois podemos empregar todos os tons, desde que eles estejam no lugar certo e em relação com o resto, é claro.

Você bem sabe que muitas vezes eu acho muito boas as coisas de Apol, como, por exemplo, seu branco sobre branco.

Seu pôr do sol no bosque de Haia, por exemplo, que está em Amsterdã. Realmente, esta coisa é diabolicamente bela.

Não, o preto e o branco têm sua razão de ser e seu significado, e os que pretendem escamoteá-los não o conseguem.

O mais lógico, certamente, é considerar cada um deles como *neutro*: o branco, a mais alta combinação do vermelho, do azul e

---

14. Ver carta 426. (N.E.)

do amarelo mais luminosos possível; o preto, a mais alta combinação do vermelho, do azul e do amarelo mais escuros possível; nada tenho a acrescentar a esta relação, acho-a absolutamente verdadeira.

Portanto, o *luminoso* e o *escuro*, o *tom*, no que diz respeito ao *valor*, está em relação direta com esta quarta gama do *branco ao preto*.

Com efeito, temos:

Gama 1	do amarelo	ao violeta
Gama 2	do vermelho	ao verde
Gama 3	do azul	ao laranja
Somam:		
uma 4ª gama	do branco	ao preto
(a dos tons neutros, vermelho+azul+ amarelo)	(vermelho+azul +amarelo, luz extrema).	(vermelho+azul +amarelo, preto extremo).

É assim que pessoalmente entendo os pretos e os brancos.

Quando misturo vermelho e verde até chegar ao verde avermelhado ou vermelho esverdeado, obtenho, acrescentando o branco, o verde-rosa ou o rosa esverdeado. E, se você quiser, acrescentando o preto, obtenho o verde-castanho, ou o castanho esverdeado. Está claro ou não?

Quando misturo amarelo e violeta, até chegar ao lilás-amarelo ou amarelo-lilás, em outras palavras, até chegar ao amarelo neutralizado ou ao lilás neutralizado, obtenho cinzas pela adição do branco ou do preto.

Enfim, os cinzas e os castanhos entram em consideração sobretudo quando tornamos as cores mais claras ou mais escuras, quaisquer que sejam, aliás, sua natureza e seu teor em vermelho, amarelo ou azul.

É correto, em minha opinião, falar-se de cinzas ou de castanhos-claros, de cinzas ou de castanhos-escuros. Mas como é belo o que nos conta Sylvestre sobre Delacroix, ao dizer que ele pegava um tom ao acaso em sua palheta, "um matiz violáceo inominável", que atirava este tom em algum canto, *tanto para representar a maior luminosidade quanto para a sombra mais profunda,* e que com esta *lama* ele conseguia trabalhar de tal forma que ela resplandecia como a luz ou ficava muda como uma sombra profunda.

Assim ouvi falar de uma experiência com uma folha de papel de cor neutra. Ela ficava esverdeada sobre um fundo vermelho, avermelhada sobre um fundo verde, azulada sobre o laranja, amarelada sobre o violeta, violácea sobre o amarelo.

E mais: supondo que se queira, num quadro, clarear certa *cor de barro*, ou certa *snotkleur*[15] – como Delacroix dizia de Véronèse, que podia pintar um nu loiro com uma cor semelhante à do barro de tal forma que, no quadro, ele *se tornava* efetivamente loiro –, pois bem, pergunto, como isso seria possível, senão pela oposição de fortes intensidades nos pretos azuis, ou nos violetas, ou nos castanhos ruços?

Você, que sempre procura ver se há sombras escuras, e que acha que estas sombras escuras, e mesmo pretas, não valem nada, acha que tem razão? Acho que não, pois senão o *Dante* de Delacroix, por exemplo, ou ainda *O pescador de Zandvoort*, nada valeriam, pois neles há realmente as mais fortes intensidades de pretos-azuis ou violetas.

Acaso Rembrandt e Hals não usavam o preto? E Velásquez? Não somente um, mas vinte e sete pretos diferentes, posso lhe garantir. Assim, este "não se deve usar o preto", vamos! Você se dá conta do que isto quer dizer? Sério, reflita! Pois penso que você ainda poderia chegar à constatação que acho a mais plausível; que você aprendeu e compreendeu mal a questão dos *tons*, ou melhor, que você a aprendeu e compreendeu de um modo *impreciso*. Acontece com tanta gente, a maioria é assim. Mas graças a Delacroix e a outros de sua época, você acabará compreendendo. Diga-me, você notou que meus estudos com fundo preto são todos compostos numa tonalidade muito baixa??? E quando os componho *mais baixo* que a natureza, você notou que não somente minhas sombras, *mas também minhas luzes,* tornam-se proporcionalmente mais escuras, e que apesar de tudo eu preservo a relação entre os tons?

Meus estudos não têm para mim nenhuma razão de ser além de uma espécie de ginástica para subir e descer nos tons; assim, não

---

15. Cor castanha. (N.T.)

se esqueça que pintei meu musgo branco ou cinza com uma cor de barro e que apesar de tudo, no estudo, ele fica claro.
Adeus, saudações,
VINCENT (428).

A questão das cores complementares, do contraste simultâneo e da destruição recíproca dos complementares é a primeira e a mais importante; outra é a questão da influência recíproca de dois semelhantes, por exemplo, um carmim e um vermelhão, um rosa-lilás e um azul-lilás. A terceira questão é a de se opor um azul-pálido ao mesmo azul-escuro, um rosa a um castanho-vermelho, um amarelo-limão a um amarelo-camurça, etc. Mas a primeira questão é a mais importante.

É certo que, estudando as leis das cores, podemos chegar a compreender por que achamos belo o que achamos belo, em vez de ter uma fé instintiva nos grandes mestres; e isto atualmente é bastante necessário, se pensarmos o quanto os julgamentos tornaram-se terrivelmente arbitrários e superficiais.

Você não deve tentar tirar meu pessimismo com respeito ao comércio de quadros, pois *não* é necessariamente daí que resulta meu desânimo. Por mim, penso isto: suponha que eu tenha razão em comparar cada vez mais a singular mixórdia de preços na pintura a uma espécie de tráfico no gênero do comércio das tulipas. Suponha, pois, que assim como o tráfico de tulipas no século passado, o comércio de quadros – e outros ramos desta especulação – desapareça do jeito que veio, no fim deste século, ou seja, bastante rapidamente. Terminado o tráfico de tulipas, *o cultivo de flores permanece*. E, por mim, estou contente por ser um pequeno jardineiro mais ou menos bom ou ruim que trabalha com gosto em seu viveiro.

No momento, minha palheta se degela e a aspereza do início desapareceu.

Muitas vezes ainda quebro a cabeça para começar, mas assim mesmo as cores se sucedem como que sozinhas, e ao tomar uma cor como ponto de partida, me vem claramente à cabeça o que deduzir e como chegar a dar-lhe vida.

Na paisagem, Jules Dupré é certamente como Delacroix, pois que enorme variedade de emoções ele exprime em suas sinfonias de cores!

Aqui, uma marinha com os mais tênues verdes-azuis e azuis quebrados e toda espécie de tons nacarados. Lá, uma paisagem de outono com uma folhagem que vai do vermelho profundo borra de vinho até o verde violento, do laranja pronunciado até o sombrio havana, tendo ainda outras cores no céu, cinzas, lilazes, azuis, brancos, que também contrastam com as folhas amarelas. Ainda mais adiante um pôr de sol em preto, em violeta, em vermelho vivo. E, ainda mais fantástico, como um canto de jardim que vi dele e que jamais esqueci: preto na sombra, branco no sol, um verde pronunciado, um vermelho vivo, e depois ainda um azul-escuro, um castanho-verde betuminoso e um amarelo-claro. Cores que realmente conversam entre si.

Sempre louvei Jules Dupré, e mais tarde ele será ainda mais apreciado que agora. Pois é um verdadeiro colorista, sempre interessante, e com algo tão poderoso e tão dramático.

Sim, é certamente o irmão de Delacroix.

Como já disse, acho muito correta sua carta sobre os pretos, e quando você diz que não se deve pintar a cor local, também está certo.

Contudo, não me satisfaz. Para mim, existem muito mais coisas atrás deste "não pintar a cor local".

"Os verdadeiros pintores são os que não fazem a cor local", este foi o objeto das discussões de Blanc e de Delacroix.

Não posso entender por isto, *a grosso modo,* que um pintor faz bem quando parte das cores de sua palheta em vez de partir das cores da natureza?

Quero dizer que quando desejamos, por exemplo, pintar uma cabeça, olhamos de uma vez por todas a natureza que temos à nossa frente; então dizem-nos: esta cabeça é uma harmonia de castanho-vermelho, de violeta, de amarelo, o todo quebrado; colocarei um violeta, um amarelo e um castanho-vermelho em minha palheta, e vou quebrá-los.

Conservo da natureza uma certa ordem de sucessão e uma certa precisão na atribuição dos tons, estudo a natureza para não fazer coisas insensatas, para permanecer "razoável", mas interessa-me menos que minha cor seja precisamente idêntica, ao pé da letra, a partir do momento em que em minha tela ela fique tão bela quanto na vida.

Um retrato de Courbet tem mais valor, é enérgico, livre, pintado com toda espécie de belos tons profundos de castanho-vermelho, dourados, violetas mais frios na sombra tendo preto como "contraste", com um pedaço de pano tingido de branco para repousar a vista, é mais belo que um retrato de quem quer que seja que tenha imitado a cor do rosto com uma horrível *exatidão*.

A cor por si só exprime alguma coisa, não se pode prescindir disto, é preciso tirar partido; o que produz beleza, beleza verdadeira, também é verdadeiro. Quando Véronèse pintou os retratos de suas elegantes pessoas nas *Bodas de Canaã*, ele aplicou toda a riqueza de sua palheta em violetas-escuros, em maravilhosos tons dourados. Então sobraram-lhe ainda um anil delicado e um branco nacarado nos quais ele tinha pensado – e que não figuram no primeiro plano. Ele os meteu atrás – e foi notável, por si mesma, esta cor transformou-se num ambiente de palácio de mármore e num céu, o que completa de forma característica o grupo de figuras. Este fundo é tão soberbo porque nasceu espontaneamente de um cálculo de cores.

Estou errado ao dizer isto? Não foi pintado como um todo, de forma diferente da que seria se ele tivesse pensado ao mesmo tempo no palácio e nas figuras?

Toda esta arquitetura e este céu são convencionais e subordinados às figuras, foram calculados para torná-las belas. Isto realmente é pintura, e é mais belo que a imitação exata das próprias coisas.

É preciso pensar em algo e tornar seu ambiente indispensável, fazê-lo decorrer do resto.

Dediquei-me durante anos, quase inutilmente e com toda espécie de resultados sofríveis, ao estudo da natureza, à luta com a realidade, não o nego.

Não gostaria de privar-me deste *erro*.

Quero admitir que teria sido loucura e uma estupidez continuar sempre do mesmo modo, mas *não* que eu tenha me esforçado à toa.

"Começa-se por matar, termina-se por curar", é um ditado de médicos (429).

4 de novembro de 1885

Estou totalmente preocupado com essas leis das cores. Ah, se as tivéssemos aprendido quando jovens!

Mas é o que acontece com a maioria das pessoas; ter, por uma espécie de fatalidade, que procurar por muito tempo a luz. Pois as leis das cores que Delacroix codificou pela primeira vez, e que pôs com clareza ao alcance de todos os homens em toda sua amplitude e com todas suas relações, como Newton fez com a gravidade e Stephenson com o vapor, estas leis das cores, repito, são uma verdadeira luz, sem a mínima dúvida.

Não se inquiete que eu deixe aparecerem em meus estudos as pinceladas com espessuras mais ou menos grandes de cor. Isto não significa nada; se as deixarmos por um ano (seis meses também bastam) e então as rasparmos rapidamente a navalha, a pintura terá uma cor muito mais consistente do que se tivesse sido levemente pintada. É bom para a conservação das cores que, especialmente as partes luminosas de um quadro, sejam solidamente pintadas. E os antigos, assim como os franceses atualmente, já faziam esta raspagem. Acredito que os vernizes de uma cor transparente se interpenetram e com frequência desaparecem completamente com o tempo se são aplicados antes que a preparação do quadro esteja completamente seca. Mas aplicados *mais tarde* eles resistem muito bem.

Você mesmo frequentemente observou que com o tempo meus estudos de ateliê, em vez de perderem a cor, ficam melhores.

Acho que isto vem do fato de que minha cor é resistente, quando não emprego óleo. Depois de um ano o pouco de óleo, que existe em toda cor, desaparece e então obtém-se uma boa pasta sólida.

Pintar assim, ou seja, de forma a que a obra seque bem, é, na minha opinião, uma questão importante: é lamentável que certas cores resistentes como o cobalto sejam tão caras. Não sei o que se deve pensar dos cromos e do vermelho de garança, mas posso muito bem imaginar que certos quadros, especialmente os crepúsculos americanos – você conhece esta espécie de pintura –, obtidos com *vernizes* de cromos, resistirão terrivelmente pouco ao tempo.

Daubigny e Dupré, ao contrário, conservam-se. Não é curioso que este Vermeer de Delft em Haia tenha conservado uma cor tão maravilhosa, com toda sua série de tons ousados, vermelho, verde, cinza, castanho, azul, preto, amarelo, branco? (430)

Caro Theo,
  Recebi ontem à tarde o livro de Goncourt, comecei a lê-lo imediatamente, e embora eu ainda tenha de relê-lo com calma, esta manhã eu já tinha uma noção do conjunto; você vê, portanto, que eu estava com muita vontade de tê-lo.
  Não achei que ele elogia demais Boucher.
  Se eu não conhecesse mais que estas três coisas diferentes de Boucher: um rico azul (céu), um bronze (figura de homem) e um branco de nácar (figura de homem), sobretudo acrescentando a anedota da duquesa de Orléans, eu já acharia que ele é *alguém* no mundo da pintura. Goncourt não o elogia demais, porque ao mesmo tempo diz: *canalha*, e isto sem irritar os honrados burgueses, da mesma forma que se pode chamar de canalha a pintura de Bouguereau, de Perrault, etc.
  Além disto, no meu entender ele não elogia demais Boucher, pois não temo por um instante que Goncourt pensasse em negar a superioridade de Rubens, por exemplo. Rubens, que era até mesmo mais produtivo que Boucher, nunca menos que ele, e que, mais que ele, era o pintor das mulheres nuas.
  O que em Rubens quase nunca exclui o lado pungente e íntimo no qual eu penso, especialmente naqueles retratos de mulher em que ele ainda é autêntico ou se supera.
  Mas Chardin!
  Sempre desejei saber alguma coisa do *homem* (*Watteau*. Era exatamente o que eu pensava).
  Terceiro estado, o gênero Corot no que diz respeito à bonomia, mas com mais mágoa e azar na vida.
  É um livro admirável. Latour é espirituoso e voltairiano.
  O pastel é um processo que eu gostaria muito de conhecer; sem dúvida algum dia também o farei; deve ser possível aprendê-lo em algumas horas, se soubermos *pintar* uma cabeça.
  Apreciei muito o que ele disse da técnica de Chardin. Estou cada vez mais convencido que os verdadeiros pintores não acabavam no sentido que muitas vezes se dá ao termo acabar, ou seja, com tanta precisão que se possa enfiar o nariz.

As melhores pinturas, e justamente as mais perfeitas do ponto de vista técnico, ao olharmos de perto, são feitas com uma cor ao lado da outra e produzem seu efeito a uma certa distância. Rembrandt não largou a presa apesar de todos os sofrimentos que isto lhe valeu. (Esses bons burgueses achavam Van der Helst bem melhor, porque também se podia vê-lo de perto.)

Nisto Chardin é tão grande quanto Rembrandt. Israëls tem algo de parecido, e por mim sempre achei Israëls "admirável" justamente por causa de sua técnica. *Seria bom demais* se todo mundo soubesse disso e pensasse assim, como diria *Bonnemort*.

Para trabalhar assim, também é preciso ser um pouco mágico, o que custa muito a aprender; e a frase sombria e sarcástica de Michelângelo: "meu estilo destina-se a produzir grandes imbecis", também é verdadeira no que diz respeito aos audaciosos da *cor*, pois isto também os fracos e os que não têm personalidade não conseguem *imitar*.

Acho que meu trabalho está avançando.

Ontem à tarde aconteceu-me uma coisa que vou lhe contar tão exatamente quanto possível. Você conhece os três carvalhos atrás do jardim de casa; eu me matei em cima deles pela quarta vez. Estive durante três dias sentado frente a eles com uma tela do tamanho da choupana e do cemitério de camponeses que você tem.

Tratava-se daquelas cabeleiras de folhas havana, de modelá-las e dar-lhes a forma, a cor, o tom necessários. À tarde peguei o quadro e fui a Eindhoven, onde mora aquele amigo, que tem um salão bastante suntuoso (tapeçaria cinza, móveis preto e ouro) e o penduramos à parede.

Pois bem! Jamais tive tanta convicção de que chegarei a fazer boas coisas, de que conseguirei avaliar minhas cores de maneira a obter o efeito que desejo. Nele havia havana, verde tênue, e branco (cinza), e mesmo branco puro, tal como sai do tubo. (Você vê que de meu lado, mesmo que eu tenha uma fraqueza pelo escuro, não tenho nenhum preconceito contra o outro extremo, por mais extremo que seja.)

Embora este homem tenha dinheiro, embora ele quisesse muito meu quadro, eu me senti dominado por tal entusiasmo, ao ver que era o que devia ser, que meu quadro, sem tirar nem pôr, com a doce e melancólica paz resultante da combinação de cores, criava uma atmosfera, que *não pude me decidir a vendê-lo*.

Mas como ele tinha ficado impressionado, eu o dei e ele o aceitou simplesmente, como eu queria, sem muitas palavras, dizendo-me apenas que "este troço é diabolicamente bom".

Acho que ainda não tanto. Antes é preciso que eu ainda veja alguns Chardin, alguns Rembrandt, antigos mestres holandeses e franceses e que medite ainda um pouco sobre eles, porque, empregando um pouco menos de cor do que empreguei neste, ainda quero ir muito mais longe.

Você sabe que os Goncourt fizeram gravuras e desenhos. Você não deve achar que me falta sentido prático quando insisto tanto para que você persista em desenhar ou em pintar.

Você poderia muito bem conseguir. Se você quisesse, o resultado não seria medíocre. E *precisamente* para o *comércio*, para ser realmente um *conhecedor* de arte, isto lhe daria uma superioridade com relação a muitos outros, uma superioridade que, na verdade, faz muita falta.

Não sei o que o futuro me reserva. Atualmente, quando leio alguma coisa sobre este perfeito demônio que foi o famoso La Tour, penso, meu Deus! como é verdade, e como este sujeito soube entender bem a vida (exceto quanto à sua horrível avareza), e também a pintura.

Acabo de ver alguns Frans Hals, pois bem!, você sabe que fiquei tão entusiasmado que em seguida lhe escrevi extensamente sobre a questão de *colocar o tema de um só golpe*. Que analogia há entre as intenções de La Tour, etc., e de Frans Hals, quando eles exprimem a vida *com um pastel* que poderíamos fazer desaparecer *com um sopro*. Não sei o que farei e o que o futuro me reserva, mas espero não esquecer as lições que assim aprendi nestes últimos tempos. Colocar seu tema nitidamente *de um só golpe*, mas com um esforço absolutamente impregnado com todo seu espírito e com toda sua atenção.

Atualmente, nada me agrada mais que o trabalho com pincel – até para desenhar –, em vez de fazer o esboço a carvão.

Quando penso em como os antigos holandeses preparavam seus quadros, constato que há *relativamente* pouco desenho propriamente dito. E, contudo, eles desenham de uma maneira impressionante. Mas creio que na maioria dos casos eles começaram, continuaram e terminaram com pincel.

Eles *não preenchiam*. Por exemplo, um Van Goyen. Acabo de ver dele, na coleção Dupper, um carvalho numa duna sob a tempestade, e de Cuyp, uma vista de Dordt.

Uma técnica impressionante, mas feita com nada, como que espontânea, e não se preocupando com a cor, aparentemente não se pode ser mais simples.

Mas quer se trate de figuras ou de paisagens, sempre houve, entre os pintores, uma tendência a convencer as pessoas de que um quadro era algo mais que uma representação da natureza como a veríamos num espelho, algo mais que uma imitação; vale dizer que é uma diversão.

Ainda gostaria de lhe falar muito do que Chardin, em especial, me faz pensar a respeito da cor e da necessidade de não se fazer cor local. Acho isto admirável: "Como surpreender, como dizer de que é feita esta boca desdentada, que tem delicadezas infinitas. Isto é feito com apenas alguns traços de *amarelo* e algumas pinceladas de *azul*!!!"

Quando li isto, pensei em Vermeer de Delft, a paisagem de Haia; quando a vemos de perto, é *incrível*, é feita com cores totalmente diferentes das que imaginaríamos olhando-a de uma certa distância.

Saudações. Não quis deixar de lhe dizer o quanto achei belo o livro de Goncourt.

Sempre seu,

VINCENT (431).

Caro Theo,

Encontrei no livro de Goncourt a frase seguinte que você sublinhou no artigo sobre Chardin. Depois de ter falado sobre como os pintores são pagos de forma medíocre, ele diz: "Que fazer? Tornar-se o quê? É preciso lançar-se numa condição subalterna ou morrer de fome. Adota-se a primeira opção", acrescenta ele, e, à exceção de alguns *mártires*, os demais acabam como "professores de esgrima, soldados ou comediantes".

No fundo tudo isto continua sendo uma realidade. Como você sublinhou o que precede, pensei que sem dúvida você gostaria de saber o que eu espero fazer no futuro, ainda mais que eu acabo de lhe anunciar que desfiz meu atual ateliê.

Os tempos não são mais os mesmos que na época de Chardin. E atualmente há muitas coisas que é difícil de eliminar por meio da razão.

O número de pintores aumentou muito. Atualmente, se um pintor faz algum "trabalho extra", fatalmente cria uma impressão desfavorável no público.

Racionalmente não estou acima disto; eu diria: continue a pintar, faça pois cem estudos, e, se isto não for o suficiente, faça duzentos, e veja se isto não te faz passar a vontade de "fazer um extra".

Ora, habituar-se à pobreza, ver como um soldado ou um carregador vivem e conservam sua boa saúde em todas as circunstâncias, alimentando-se e morando como o povo simples, é tão útil quanto ganhar um mísero florim a mais por semana.

Afinal não estamos no mundo para nos divertirmos e não é preciso viver melhor que ninguém.

No fundo, de *nada* serve viver relativamente um pouco melhor; de qualquer forma não podemos conservar nossa juventude. Se *isto* fosse possível! Mas o que realmente nos faria felizes, materialmente felizes, ser e continuar sendo jovens por muito tempo, não é possível aqui, e nem mesmo na Arábia ou na Itália, embora lá *isto* seja um pouco mais fácil que aqui.

E por meu lado penso que temos mais chances de continuarmos fortes e de nos renovarmos sob o "terceiro-estado" atual. Enfim! digo portanto que, pintando, busco encontrar um meio de viver sem preocupações. Mas acho que estou certo em não negligenciar o retrato, se pretendo ganhar alguma coisa. Sei que não é fácil fazê-lo ao gosto das pessoas, que exigem "ser parecido", e não me atrevo a dizer antecipadamente estar certo de meu sucesso. Contudo não acho a coisa impossível, pois sem dúvida as pessoas daqui não devem ser diferentes das pessoas de outros lugares. Os camponeses e as pessoas da aldeia não se enganam e dizem sem rodeios, *a despeito do que eu lhes diga se lhes asseguro que se enganam: isto* é René de Greef, isto é Toon de Groot, e isto é Dien van de Beek, etc. Chegam às vezes até a reconhecer uma figura de costas. Os burgueses da cidade, e as "cortesãs" não menos que eles, são loucos por um retrato. E Millet descobriu inclusive que os capitães de navio *apreciavam quem fosse* capaz de fazê-los. (Estes retratos sem dúvida destinam-se a suas amantes deixadas em terra.) Isto ainda não foi explorado. Você se lembra disto no Sensier? Sempre me lembro como Millet manteve-se desta maneira no Havre.

Assim pois, tenho um vago projeto de ir a Antuérpia. Com o que e como, ainda me é impossível prever.

Consegui saber o endereço de seis marchands de quadros; gostaria, portanto, de levar alguma coisa comigo. Depois, tenho a intenção de pintar, tão logo chegue lá, alguns cantos da cidade, e além disso expô-los sem demora. Portanto, concentrar tudo para chegar a algum resultado. E como eu parto pobre, de qualquer forma não tenho muito a perder.

Aqui eu conheço demais a região e as pessoas, e estou muito apegado. Tenho certeza de que tudo não se acabou. Alugarei um quarto onde guardarei minhas coisas e assim estarei ao abrigo para o caso de querer me retirar algum tempo de Antuérpia, ou se sentir saudade do campo.

Quanto a "fazer um bico", desde o início, Tersteeg, por exemplo, não parou *de me martelar isto.*

E realmente era martelar, ainda que isto viesse exatamente de Tersteeg. Os que mais falam disto são os mais incapazes de dar uma solução. E, quanto a isto, para esclarecer um pouco o meu caso, a única coisa que eu poderia fazer, se "fizesse um bico", seria, caso conhecesse alguns marchands, ou alguns pintores, por exemplo, viajar com eles para a Inglaterra, etc.

Coisas deste tipo, que se relacionam diretamente com a pintura, naturalmente são uma exceção; senão, um pintor deve, em regra geral, ser pintor e nada mais.

Também não se esqueça que eu não encontrei a melancolia no berço; nas redondezas me deram por apelido *Het Schildermenneke,* e não é totalmente sem uma certa dose de malícia que vou para lá.

Também pensei em Drenthe, mas é muito difícil realizá-lo.

Contudo, será o caso de fazê-lo se meus trabalhos sobre o campo agradarem em Antuérpia. Se as coisas daqui pudessem agradar, seja agora, seja mais tarde, eu continuaria neste caminho e alternaria com outras parecidas de Drenthe.

Mas o problema é que só posso fazer uma coisa de cada vez, e, se estou firmemente ocupado em pintar camponeses, não poderia começar a trabalhar na cidade.

O momento é bom para me evadir, pois tive problemas com relação a modelos e, em todo caso, vou me mudar. A este respeito, aliás, é de se prever que isto não acabaria nunca, neste ateliê com o pastor e o fabriqueiro da paróquia estando logo aí ao lado. Assim, pois, vou me mudar.

De resto, isto não deixa uma impressão durável nas pessoas e, alugando outro quarto e deixando as coisas sossegarem durante um ou dois meses, a intriga perderá muito sua importância.

Não seria melhor se eu pudesse estar lá nos próximos meses, dezembro e janeiro? Em Amsterdã eu tinha uma pensão por cinquenta centavos numa biboca popular; poderia fazer o mesmo lá ou, melhor ainda, poderia fazer um acordo com um ou outro pintor para poder trabalhar em seu ateliê. Existe ainda uma outra razão: é que não é totalmente impossível que lá eu encontre oportunidades de pintar nus. Na academia, certamente não vão me querer, não mais do que eu gostaria, aliás, mas, por exemplo, no estúdio de um escultor (certamente deve haver alguns por lá), encontra-se simpatia bastante facilmente. Não é preciso dizer que tendo dinheiro consegue-se tantos modelos quantos se quiser, mas sem isto é mais difícil. Contudo, certamente deve-se encontrar pessoas lá com quem a gente possa se arranjar para as despesas e que disponham de modelos para o nu. Preciso disto por muitos motivos (433).

Desejaria ir agora à Antuérpia. Sem dúvida a primeira coisa que eu farei lá será ir ver os quadros de Leys em *sua sala de jantar*, se é que os podemos ver. Você conhece aquele *Passeio sobre as muralhas*, e aquela que foi gravada por Bracquemond: *A mesa, A criada*.

Imagino que deva ser bonito lá, no inverno, nas docas sob a neve.

Naturalmente levarei alguns quadros, e serão aqueles que de outro modo eu lhe teria enviado dentro em pouco.

Um grande moinho na charneca, à tarde, e uma vista da aldeia atrás de uma fileira de choupos amarelos, uma natureza-morta e um certo número de desenhos com figuras.

No momento estou um pouco bloqueado em meu trabalho. Está geando muito, de forma que é impossível ir trabalhar ao ar livre. É melhor que eu me abstenha totalmente de pintar modelos enquanto estiver morando nesta casa; a não ser, talvez, quando eu voltar. Assim, estou economizando minhas telas e minhas cores para ter mais munição lá. *Quanto antes eu partir daqui, melhor.*

Recebi nestes últimos dias uma carta de Leurs a respeito de meus quadros. Tersteeg e Wisselingh os haviam visto e "não simpatizaram com eles", segundo ele me escreve.

Apesar de tudo, continuo convencido de que conseguirei fazer certas pessoas mudarem de opinião, mesmo supondo que Tersteeg e Wisselingh não o queiram.

Acabo de ler alguns livros no gênero das *Recordações* de Gigoux, que meu amigo de Eindhoven trouxe, e encontrei coisas muito interessantes sobre pessoas de agora, a começar por Paul Huet. E me anima ver que não estou me dando mal para pintar a natureza, nem no que diz respeito à técnica da pintura, embora confesse de bom grado que ainda mudarei e que isto é necessário.

Assim, veja as cabeças que estão contigo. Há algumas boas, eu tenho quase toda certeza. Pois bem, portanto, em frente! Acho que não me aborrecerei este inverno. É evidente que sobretudo será questão de trabalhar duro. Mas justamente há algo de extraordinário na sensação de que é preciso ir à luta.

Pelo fato de que por muito tempo trabalhei *isoladamente,* imagino que, mesmo *que eu queira e que eu possa* aprender algo com os outros e que até mesmo empreste algo de suas técnicas, continuarei sempre a *ver com meus próprios olhos* e a ter minha própria maneira de conceber.

Que eu vá tentar aprender alguma coisa, nada mais certo. E sobretudo com o nu, se puder. Imagino contudo que não estarei em condições de conseguir logo de início bons modelos e *na quantidade* que desejo, mas sim que terei que ganhar dinheiro fazendo outra coisa para consegui-los. Seja paisagens, seja cantos da cidade, seja retratos, como já lhe falei ou, se necessário, fazendo letreiros e decoração. Ou, o que eu não disse em minha carta anterior, entre as coisas que eu bem *poderia fazer* como extra, dar aulas de pintura, começando por naturezas-mortas, o que, acredito, seja um método diferente dos mestres de desenho. Eu já tentei isto com meu amigo de Eindhoven e me atreveria a recomeçar.

Aqui, não fiz nada mais que pintar incansavelmente para *aprender a pintar,* para adquirir sólidos princípios sobre a cor, etc., sem dar muito espaço a outras preocupações. Mas quando parti

durante alguns dias para Amsterdã, fiquei muito satisfeito em voltar a ver quadros. Pois às vezes é diabolicamente duro ficar totalmente fora da pintura e do mundo dos pintores e não ver nada dos outros.
Desde então, tive muita vontade de voltar por algum tempo.
Quando ficamos totalmente distanciados disto durante anos e lutamos com a natureza, é verdade que não estamos perdendo tempo e que, sem dúvida, armazenamos ânimo e saúde, o que jamais é supérfluo, pois a vida de pintor já é bem dura.
Quanto ao meu trabalho, será preciso ajustá-lo segundo as circunstâncias, quero dizer que, se puder entrar em relações com um apreciador de arte, farei tudo para lhe mostrar algo meu.
Mas o que for diferente não está perdido e, especialmente se eu conseguir fazer alguns novos estudos de cabeças ou de figuras, você os verá imediatamente. Acho que você gostaria de uma das paisagens que estou levando, talvez até das duas, mas acho que sobretudo a com as folhas amarelas lhe agradaria. Junto um rápido esboço.
O horizonte é uma linha escura sobre a linha clara do céu branco e azul. Sobre esta linha escura há pequenas manchas vermelhas, azuladas e verdes ou castanhas formando a silhueta dos telhados e dos pomares, o campo é esverdeado. O céu, mais alto, sobre o qual delgados troncos negros e as folhas amarelas se destacam, é cinza. O primeiro plano coberto por folhas amarelas que caíram, e aí dentro duas figuras pretas e uma azul. À direita, um tronco de carvalho, preto e branco, e um tronco verde com folhas castanho-vermelhas (434).

Você tem razão em me dizer que sentirei falta de um ateliê na Antuérpia. Mas tenho de escolher entre um ateliê sem trabalho aqui, ou trabalho sem ateliê lá.
Optei pela última alternativa, e com um entusiasmo tão grande que é como se fosse uma "volta do exílio". De fato, estive durante muito tempo distanciado do mundo da pintura. E neste meio tempo minhas forças amadureceram um pouco, de maneira que eu me sinto mais independente com respeito às intrigas e capaz de lhes fazer frente. Quero dizer que em Haia eu era mais fraco que os outros com meu pincel – não o digo em desenho e no que se refere a pintar e colocar cores, era mais fácil me confundir que agora.

Desejo violentamente ver Rubens. Mas você notou como Rubens é teatral, e teatral até quanto ao sentimento de seus temas religiosos, frequentemente, inclusive, de um mau teatro? Veja, tome Rembrandt, Michelângelo, tome *O pensador* de Michelângelo. Ele representa claramente um pensador, não é? Mas seus pés são pequenos e ágeis, e sua mão tem a rapidez de um raio como a garra de um leão, e este pensador é ao mesmo tempo um homem de ação, vemos que seu pensamento é uma concentração de espírito, tendo em vista unicamente saltar e agir de uma maneira ou de outra.

Rembrandt faz *diferente*. Especialmente seu Cristo, nos *Discípulos de Emaús*, é uma alma num corpo, o que não é sempre assim num busto de Michelângelo, mas, ainda assim, no gesto que ele faz para convencer há algo de poderoso.

Coloque agora Rubens ao lado disto, uma de suas múltiplas figuras meditativas – e você tem gente que, para estimular a digestão, retirou-se num canto. Assim, em tudo que é religioso ou filosófico, ele é *sem graça* e *vazio*. Mas o que ele sabe fazer são mulheres – como Boucher e melhor que ele –, é aí que ele é quem mais faz pensar e que ele é o mais profundo. O que ele sabe fazer – combinações de cor –, o que ele sabe fazer é uma rainha, um homem de Estado – bem analisados, tais como o são.

Mas o sobrenatural – ali onde começa a magia – não, a não ser colocar algo de infinito numa expressão de mulher, que contudo não é dramática.

Encontrei uma passagem a respeito de Gainsborough que me impele ainda mais a trabalhar *numa só pincelada*. Veja:

"É este arrebatamento do toque que produz tanto efeito. A espontaneidade de sua impressão está toda aí, e se comunica ao espectador. Gainsborough tinha aliás um método perfeito para assegurar o conjunto de suas composições. Esboçava a largos traços seu quadro e o conduzia harmoniosamente de cima para baixo, sem isolar sua atenção em pequenos fragmentos, sem insistir nos detalhes, pois buscava o efeito geral e quase sempre o encontrava graças a esta visão da tela, que ele olhava como olhamos a natureza, de um só golpe de vista" (435).

ANTUÉRPIA
(novembro de 1885 – fevereiro de 1886)

Começo por lhe contar que vi a sala de jantar de Leys, você sabe: *O passeio sobre as muralhas, Os patinadores, A recepção, A mesa,* e num painel entre as janelas, *São Lucas.* Para meu espanto, a composição, pelo menos ao que me parece, era muito diferente das composições definitivas, embora eu ainda não tenha tido a oportunidade de compará-las às fotos dos *quadros.*

É pintado em afresco, portanto, sobre o gesso das paredes. Um afresco pode e na verdade deve durar séculos, mas estes já estão sensivelmente descorados e especialmente o que está em cima da chaminé (fragmento da *Recepção*), que até mesmo já está rachado. Além disso, o filho do barão Leys – que é um espertinho – transformou a sala aumentando uma porta de forma que nos *Patinadores* as pernas dos homens que estão sobre a ponte e olham sobre a balaustrada estão deitadas, o que dá um efeito desfavorável.

Além do mais, a luz é horrivelmente ruim, mas acho que a sala foi originalmente pintada para ser vista sob luz artificial. Por isto, como eu não podia ver nada, pedi à empregada, a quem dei uma gorjeta, que acendesse o lustre, e assim pude ver melhor.

Apesar de tantas coisas que em parte me decepcionaram (em primeiro lugar a cor do afresco e, receio, um mau processo de afresco, com o que Leys não nos tinha acostumado), apesar de tantas coisas que me decepcionaram, ainda assim é soberbo.

A criada, a mulher perto da padaria, a namorada e as outras figuras no *Passeio sobre as muralhas,* a vista sobre a cidade a voo de pássaro, a silhueta das torres e dos telhados sobre o céu, o movimento dos patinadores sobre os fossos gelados são de uma execução soberba.

Vi também o Museu de Pinturas Antigas e o Museu Moderno. Concordo contigo em dizer que as figuras do primeiro plano – as cabeças – no *Cristo no purgatório* são *muito* bonitas, mais bonitas que o resto e que a figura principal; especialmente aquelas duas cabeças de mulheres loiras são Rubens de primeira qualidade. *O jovem pescador,* de Frans Hals, impressionou-me particularmente; M. de Vos, retrato de um decano de guilda, Rembrandt *muito* bonito, dois pequenos Rembrandt que talvez não sejam de Rembrandt mas de N. Maas?? Ou de algum outro; Jordaens, o *Concerto de família;* Van Goyen, S. Ruysdaël. E o Quentin Matsys, o desenho de Santa Bárbara por Van Eyck, etc...

Museu Moderno: o grande Mols segue o estilo de Mesdag com traços característicos de Vollon (Vollon o conhecia bem), Braeckeleer, *não* os ruins: um albergue brabantino, curiosamente belo; belas paisagens de C. de Cock, Lamotinière, Coosemans, Asselbergs, Rosseels, Baron, Munthe, Achterbach, um belo Claus, velhos Leys, um no gênero de Braeckeleer, ainda romântico, outro belo; um belo retrato de Ingres, um belo retrato de David, ainda outras coisas bonitas, e também coisas horríveis, como as vacas em escala natural do piedoso e respeitoso Verboekhoven, etc... (436).

PS. – Estranho que meus estudos pareçam mais escuros aqui na cidade que no campo. Será que isto se deve ao fato de a luz ser menos clara em toda a cidade? Não sei. Mas isto é mais importante do que parece à primeira vista, impressionou-me e me ajudará a entender que certas coisas que estão aí contigo pareçam tão mais escuras do que eu as imaginava no campo. Mas as que eu trouxe, o moinho, a aleia com as árvores no outono, a natureza-morta e dois ou três quadros pequenos não ficaram mal (437).

Acho Rubens muito bonito por causa de sua maneira franca de pintar, de trabalhar com os meios mais simples.

Não classificaria Henri de Braeckeleer entre as pessoas que buscam a todo momento efeitos nacarados, pois nele existe um esforço muito curioso, muito interessante, para atingir a exatidão, e ele é muito pessoal.

Não renuncio à ideia que tenho sobre o retrato, pois é uma boa coisa lutar por isto, e mostrar às pessoas que existe nelas algo além do que um fotógrafo com sua máquina pode revelar (439).

Mas prefiro tanto pintar figuras, e também acho que um dia o mercado ficará abarrotado de paisagens, e embora haja muitas dificuldades por causa dos modelos há mais oportunidades deste lado.

Os marchands dizem que o que se vende melhor são as cabeças e as figuras de mulheres.

Será preciso que eu me decida na primavera se vou ou não para os arredores de Nuenen. Gostaria que você me desse sua opinião sobre este assunto (440).

Ontem pintei alguns estudos em que se vê a catedral.
E também tenho um pequeno do Parque.
Contudo prefiro pintar os olhos dos homens, mais que as catedrais, pois nos olhos há algo que nas catedrais não há, mesmo que elas sejam majestosas e se imponham; a alma de um homem, mesmo que seja um pobre mendigo ou uma prostituta, é mais interessante a meus olhos (441).

Acabo de terminar alguns estudos, e me parece que quanto mais eu pinto mais faço progressos. Logo que recebi seu dinheiro, arranjei um belo modelo a partir do qual fiz uma cabeça em tamanho natural.

É totalmente claro, exceto o que é preto, mas a cabeça se destaca de maneira uniforme sobre um fundo onde procurei colocar um reflexo dourado.

Veja aliás a gama de cores: uma cor de pele de uma bela tonalidade; no pescoço mais bronzeado cabelos negros de azeviche, de um preto que eu tive de fazer com carmim e com azul da prússia; um branco duvidoso para a blusa; amarelo claro muito mais luminoso que o branco para o fundo. Uma nota de vermelho vivo nos cabelos negros de azeviche e um segundo traço vermelho vivo no branco fosco.

É uma empregada de um café-concerto e, apesar de tudo, a expressão que eu procurei é um pouco a de um *ecce homo*.

E é justamente o que eu queria como expressão, ainda que eu tenha querido continuar real apesar disto. Quando a modelo chegou em casa, ela demonstrava visivelmente ter tido algumas noites muito carregadas. Ela me disse então algo bem típico: *a mim a champanhe não me alegra, ela me deixa muito triste.*

Eu tinha o que precisava, e procurei algo ao mesmo tempo voluptuoso e desolado. Comecei um novo estudo a partir dela, mas de perfil.

Vi ontem uma grande foto de um Rembrandt que não conhecia e que me impressionou admiravelmente. É uma cabeça de mulher, a luz caía sobre o peito, o pescoço, o queixo e as abas do nariz, as bochechas.

A testa e os olhos sob a sombra de um grande chapéu tendo sem dúvida plumas vermelhas, e também havia vermelho ou amarelo, sem dúvida, na blusinha decotada. Um fundo escuro. A expressão, um sorriso misterioso como o do próprio Rembrandt em seu autorretrato com Saskia ao colo, em que ele está com um copo de vinho nas mãos.

Todos os meus pensamentos atualmente estão cheios de Rembrandt e de Frans Hals, não porque eu veja muitos de seus quadros, mas porque eu vejo no povo daqui muitos tipos que me fazem pensar naquela época.

O cobalto é uma cor divina, não há nada tão belo para colocar em volta dos objetos; o carmim é o vermelho do vinho e é quente, espirituoso como o próprio vinho.

O verde-esmeralda também. Não chega a ser uma economia privar-se destas cores.

Do cádmio também.

Acredito que você compreenda bem a importância de ser verdadeiro para que eu me permita lhe falar com franqueza.

Pelo mesmo motivo que quando pinto camponeses, quero que eles sejam camponeses, pela mesma razão, quando são putas quero que tenham uma expressão de putas.

É por isto que esta cabeça de puta de Rembrandt me impressionou tanto.

Porque ele captou infinitamente bem esse sorriso misterioso com a seriedade que só ele, o mago dos magos, poderia.

Isto é algo novo para mim, e quero atingi-lo a qualquer preço. Manet o fez, e também Courbet, pois bem, por Deus! Tenho a mesma ambição, porque além disso senti até a medula a infinita beleza das análises femininas dos grandes mestres da literatura, Zola, Daudet, Goncourt, Balzac.

Nem mesmo Stevens me satisfaz, pois suas mulheres não são aquelas de quem pessoalmente eu saiba alguma coisa. E acho que as que ele escolhe não são as mais interessantes. Enfim, seja como for, eu quero ir adiante a qualquer custo, quero ser eu mesmo.

É que sinto em mim a obstinação e estou acima do que as pessoas possam dizer de mim e de minha obra (442).

Antes que eu me esqueça, quero começar respondendo sua pergunta do outro dia, a respeito do quadro de Franck ou Francken na Igreja de Santo André, e que eu vi hoje. Acho que é um bom quadro – o sentimento em especial é belo –, mas não é um sentimento muito flamengo e nem rubeniano. Lembra mais Murillo. O colorido é quente, numa gama ruiva, como em Jordaens às vezes.

As sombras da carnação são muito enérgicas, o que Rubens não tem, mas Jordaens às vezes sim. E é isto que dá algo de misterioso a este quadro que, em sua escola, é bem apreciável.

Não pude me aproximar o suficiente para perceber a técnica, o que teria valido a pena. A *Cabeça do Cristo* é menos convencional do que a concebem em geral os pintores flamengos.

Imagino, contudo, poder fazer o mesmo, e o quadro não me ensinou nada de novo.

E como não estou contente com o que atualmente sou capaz, e quero fazer progressos – passemos adiante –, vejamos outros quadros. O que me impressionou nesta igreja foi um esboço de Van Dyck ou Rubens (?), uma *Descida da cruz* colocada muito alto mas que parecia bela. Muita sensibilidade no cadáver pálido. Isto de passagem.

Existe um vitral que eu acho soberbo – muito, muito curioso. Uma praia, um mar verde com um castelo sobre as rochas, um céu azul resplandecente nos mais belos tons de azul, esverdeado, alvejado, ora com um tom mais baixo, ora mais alto.

Um enorme navio de três mastros, fantasioso e fantástico, ergue sua silhueta contra o céu; refração em todos os lados, luz na obscuridade, obscuridade na luz. Em azul, uma figura da Santa Virgem, em amarelo pronunciado, branco alaranjado. Acima ainda é vitral, em verde-escuro, com preto, com vermelho brilhante.

Enfim, você se lembra? É muito belo, e Lays, ou Jean Tissot da primeira fase, ou Thijs Maris, ficariam tomados.

Vi alguns quadros comprados para o Museu Moderno, *Verhas* e *Farasyn*. *Verhas*: damas montando em jumentos e rapazes pescando na praia; *Farasyn*: uma grande máquina do antigo mercado de peixes de Antuérpia.

Também um Émile Wauters: *O Cairo*, acho, um mercado numa praça.

O *Verhas* está bom, em todo caso é um bom quadro, com cores ousadas numa gama clara, algumas belas combinações entre uma figura laranja sobre um fundo azul-claro, verde-claro e branco.

Continuo trabalhando nos meus retratos e enfim tenho dois que decididamente "são parecidos" (um perfil e um 3/4). Não é tudo, nem mesmo é o principal.

No entanto, vale a pena pesquisá-los, e talvez assim se aprenda a desenhar. Aliás, começo a gostar cada vez mais de retratos.

Existem por exemplo alguns de Rubens muito famosos: *A Virgem com o papagaio, O Cristo sobre a palha*, etc. Quanto a mim, passo ao largo para ver antes aquele brutal retrato de homem – pintado com uma mão admiravelmente firme que às vezes tem o aspecto de um esboço, e que está pendurado não longe da *Saskia* de Rembrandt.

Numa *Descida da cruz,* de Van Dyck, aquela vertical, a grande, também há um *retrato*, decididamente um retrato e não só de uma cabeça, graças a Deus, mas de uma figura inteira, soberba, em amarelo e lilás; uma mulher inclinada que chora, o tronco, as pernas sob o vestido, executados e sentidos de forma bem íntima. Como a arte é grande quando ela é simplesmente verdadeira.

E um Ingres, um David, pintores cuja pintura realmente nem sempre é bela, que interessantes ficam quando, deixando de lado seu pedantismo, eles se permitem ser autênticos, exprimir um caráter, como nas duas cabeças no Museu Moderno. Enfim...

Ah, se pudéssemos ter os modelos que quiséssemos (443).

Domingo passado vi pela primeira vez os dois grandes quadros de Rubens, e, pelo fato de eu ter examinado os do museu por diversas vezes e à vontade, estes dois quadros, *A descida da cruz* e *A ascensão*, tornaram-se para mim ainda mais interessantes. *A ascensão* tem uma característica que me saltou aos olhos: praticamente não há figuras de mulher. Exceto nas janelas laterais do tríptico.

Consequentemente, não é o melhor. Deixe-me dizer-lhe que *A descida da cruz* me mergulha na exaltação. Não por causa da profundeza de sentimentos que encontraríamos num Rembrandt, ou num quadro de Delacroix, ou num desenho de Millet. Nada me comove menos que um Rubens do ponto de vista da expressão da dor humana.

Que eu lhe diga antes, para melhor explicar meu pensamento, que as mais belas cabeças de Madalena ou de *Mater Dolorosa* em prantos sempre me fazem pensar nas lágrimas de uma jovem donzela que tivesse, por exemplo, uma ferida, ou qualquer outra "miseriazinha da vida humana".

Enquanto tais, estes quadros são magistrais, mas não se deve procurar neles nada mais.

Rubens é impressionante na pintura de belas mulheres comuns. Mas na expressão ele *não* é dramático. Compare-o, por exemplo, à cabeça de Rembrandt da coleção Lacaze, à figura de homem na *Noiva judia*, e você compreenderá o que eu quero dizer, especialmente suas oito figuras empoladas de rapazes que executam exercícios físicos com a pesada cruz de madeira na *Ascensão*, parecem-me *absurdas* desde que eu me ponha no ponto de vista da análise moderna das paixões e dos sentimentos humanos. Especialmente em suas expressões humanas (sempre com exceção dos retratos propriamente ditos), Rubens é superficial, vazio, empolado, e mesmo totalmente convencional, tanto quanto Jules Romain e outros pintores ainda piores da decadência.

Mas, no entanto, Rubens me mergulha na exaltação, pois é justamente ele quem busca exprimir e representar realmente – ainda que suas figuras às vezes sejam vazias – uma atmosfera de alegria, de serenidade, de dor, pela combinação das cores.

Assim, na própria *Ascensão à cruz*, a mancha branca – o cadáver numa forte intensidade de luz – é dramática em sua relação de contraste com o resto, tratado em tintas escuras.

De natureza semelhante, mas a meu ver mais belo, é o encanto da *Descida da cruz*, em que a mancha branca é relembrada pelo cabelos loiros, pelo rosto e pelo pescoço brancos das figuras de mulher, enquanto que o ambiente escuro é impressionantemente rico pelas diferentes massas de vermelho, de verde escuro, de preto, de cinza, de violeta, tratadas em menor e aproximadas das outras pelo tom.

Delacroix tentou restituir a fé nas sinfonias de cores. E diríamos que foi em vão, quando observamos que quase todo mundo considera que uma coisa está bem quanto à cor, quando nela encontramos a *exatidão* da cor local; uma mesquinha precisão.

Nem Rembrandt, nem Millet, nem Delacroix, nem quem quer que seja, nem mesmo Manet ou Courbet jamais pretenderam atingir isto, assim como Rubens ou Véronèse.

Vi ainda vários outros quadros de Rubens em diferentes igrejas. E é muito interessante estudar Rubens, precisamente porque em sua técnica ele é, ou parece ser, a própria simplicidade. Porque ele precisa de tão pouco, porque ele faz com uma mão tão lenta, e porque pinta e especialmente desenha sem nenhuma hesitação. Mas o seu forte são os retratos e as cabeças ou figuras de mulheres. É nisto que ele é profundo e também íntimo. E estes quadros conservaram seu vigor, precisamente pela simplicidade de sua técnica.

Que mais eu lhe direi? Que cada vez mais tenho vontade de retomar sem me apressar, ou seja, sem precipitação nervosa, de uma maneira calma e tranquila, todos os meus estudos de figuras, começando pelo começo. Gostaria que meu conhecimento do nu e da estrutura da figura fosse tal que eu pudesse trabalhar de memória (444).

Enfim Verlat viu meu trabalho. Quando ele viu as duas paisagens e a natureza-morta que eu tinha trazido do campo, ele me disse: "Sim, mas isto não é comigo"; mas quando eu lhe mostrei os dois retratos, ele disse: "Isto é outra coisa, em se tratando de figuras, você pode vir".

De forma que a partir de amanhã poderei ir trabalhar no curso de pintura da academia. Além disso falei com Vinck (um aluno de Leys de quem vi coisas à maneira de Leys, medievais) para às tardes desenharmos à antiga.

....

Já desenhei duas tardes lá, e devo dizer que acredito que, justamente para fazer figuras de camponeses, é muito bom desenhar à antiga, sob a condição, contudo, de que não se faça como de hábito. Os desenhos que vejo, na verdade, acho-os todos fatalmente ruins e radicalmente fracassados. E sei muito bem que os meus são totalmente diferentes: o tempo dirá quem está certo. Não há *absolutamente ninguém,* raios!, que tenha noção do que seja uma estátua antiga (446).

Os estudos dos outros (alunos) têm mais ou menos a *mesma cor* que a pele, e vistos de perto dão exatamente esta impressão – mas quando recuamos um pouco, ficam duros de ver, e chatos –, todo este rosa e este amarelo fino, etc., etc., delicados em si mesmos, dão um "efeito produzido" tão duro! Os meus, vistos de perto, são de um ruço esverdeado, cinza-amarelo, branco, preto, e muitas tintas neutras, geralmente cores inqualificáveis. Mas ficam bons, questão da cor à parte, quando recuamos um pouco, e então o ar envolve tudo e dentro há como que uma certa ondulação luminosa. Além disso, o menor pontilhado de cor com o qual se tenha eventualmente velado fica expressivo.

....

Alguns alunos viram meus desenhos: um deles, a propósito de minhas figuras de camponeses, começou imediatamente, nas aulas de nu, a desenhar o modelo com um modelado mais enérgico, sublinhando solidamente as sombras. Ele me mostrou este desenho, e conversamos a respeito; estava cheio de vida e tinha se tornado o mais belo desenho que vi do pessoal daqui. Sabe o que pensam a respeito? O professor Sibert fez com que ele se apresentasse e lhe disse que se ele tivesse o topete de recomeçar, isto seria considerado como zombaria para com seu professor. E eu lhe digo: era o único desenho "generosamente feito", no gênero de Tassaert ou de Gavarni. Veja você o que acontece. Mas isto não é grave e é melhor não ligar e fazer uma cara inocente como se quiséssemos muito desaprender este mau hábito, no qual infelizmente sempre recaímos. As figuras que eles desenham têm quase sempre a cabeça muito pesada e caem de cabeça para baixo, não há nenhuma que *se sustente* solidamente no chão.

E é este *sustentar-se* que já deve *aparecer no primeiro esboço* (447).

Deixe-me dizer-lhe como as coisas se passaram aqui.

O curso de pintura terminou na semana passada, pois antes do fim do curso há um concurso para aqueles que o seguiram; portanto, eu não participo.

Portanto, eu também estou desenhando durante o dia e o professor deste curso, que atualmente faz retratos pelos quais obtém altos preços, perguntou-me por diversas vezes se antes eu nunca desenhara à antiga, e se eu aprendera a desenhar sozinho.

E concluiu: "Vejo que você trabalhou bastante", e "você não levará muito tempo para progredir, e ganhará muito – é preciso um ano, mas que importa?"

Mas há ao meu lado um aluno da minha idade, do qual ele não tem a mesma opinião e que pintou por muito tempo e desenhou por *três anos* à antiga.

Em regra geral os alunos pintam sem fundo e isto é absolutamente proibido para este senhor em questão.
É isto que dá desenhos horrivelmente áridos.
Eis que Sibert, é o nome do professor – que também dirige o curso de nu – disse: "Quanto a você, desenhará como quiser, pois vejo que você leva o desenho a sério; quanto aos outros, em geral, não lhes permito fazerem fundo, porque senão eles escamoteiam o desenho das formas, ao passo que com um fundo branco eles são obrigados a fazê-las, portanto, é uma camisa de força".
Ele também disse que Verlat lhe tinha dito que meu trabalho tinha coisas boas, o que Verlat não me dissera.
Foi precisamente depois de receber sua carta que Sibert veio examinar os desenhos (os meus eram uma cabeça de Niobé e uma mão que poderia ser de Michelângelo; a mão eu havia feito em algumas horas, e justamente ele achou boa). Disse-lhe então que pensava em ir ao ateliê de Cormon, ao que ele respondeu: "Faça como quiser, mas eu lhe digo que Verlat formou vários muito bons e nós nos preocupamos em formar alunos que nos honrem, aconselho-o insistentemente a ficar".
É quase uma boa promessa de sucesso garantido. Que devo fazer? Por outro lado, travei maior conhecimento, por exemplo, com aqueles ingleses que estiveram em Paris, e ouvi suas experiências. Um deles esteve com Gérôme, outro com Cabanel, etc.
Eles pretendem que em Paris se é relativamente mais livre, e que se pode, por exemplo, escolher por si mesmo o que se quer fazer, muito mais que aqui, mas que a correção é indiferente.
Sabe o que penso? O seguinte: em Paris certamente eu trabalharia *mais* que aqui, por exemplo, um desenho por dia ou a cada dois dias. E nós conhecemos, ou melhor, você conhece muita gente boa que não se recusaria a examiná-los e a nos aconselhar.
Em todo caso temos na verdade uma pista: seja que eu fique aqui mais um pouco, seja que eu vá até você (448).

Estamos no último quarto de um século que terminará numa colossal revolução.
Suponhamos que ainda cheguemos os dois a ver seu começo no fim de nossas vidas. Certamente *não* conheceremos os tempos melhores de ar puro e de renovação de toda a sociedade após estas grandes tempestades.

Mas uma coisa é importante: não ser logrado pela falsidade de nossa época, ao menos não ao ponto de não percebermos as horas doentias, sufocantes e deprimentes que precedem a tempestade.

E que digamos: vivemos na angústia, mas as gerações futuras poderão respirar mais livremente.

Um Zola e os Goncourt clamam-no com a candura de grandes crianças; eles, os analistas mais rigorosos, cujo diagnóstico é tão brutal e tão preciso ao mesmo tempo.

E justamente aqueles que você citou, Turgueniev e Daudet, não trabalham sem objetivos e nem sem olhar a seu redor.

Mas todos eles, e com muita razão, evitam predizer utopias, e são pessimistas, já que, quando analisamos, vemos como, na história deste século, as revoluções abortam terrivelmente, mesmo que tenham começado nobremente.

Veja você, o que reconforta é não ter que correr sempre só com nossos pensamentos e nossas ideias, mas colaborar e trabalhar com um grupo.

E assim também *somos capazes* de muito mais, e somos infinitamente mais felizes. Eis o que há muito tempo eu gostaria de ter entre nós e, veja bem, imagino que se você ficasse só, você ficaria mal, pois os tempos andam pouco alegres, *a menos que encontremos a felicidade no próprio trabalho* (451).

Tenho a absoluta necessidade de lhe dizer que eu ficaria muito tranquilo se você achasse bom que, caso necessário, eu fosse a Paris bem mais cedo que em junho ou julho. Quanto mais eu penso, mais isto me parece desejável.

....

Se o caso for viver mais intensamente, pois bem!, no Brabante fico extenuado com a questão dos modelos; sempre a mesma história se repete e me parece que isto não pode dar nada de bom. Assim a gente se afasta de seu caminho. Portanto, permita-me, por favor, ir mais cedo em caso de necessidade. Diria até imediatamente. Se em Paris eu arrumar uma água-furtada, e levar minha caixa de cores e meus instrumentos de desenho, poderia, no que diz respeito ao trabalho, terminar de uma vez o que é mais urgente, esses estudos à antiga que certamente me serão úteis quando eu for ao Cormon. Posso ir desenhar no Louvre ou na Escola de Belas-Artes. Poderemos então, antes de decidirmos nos instalar em outro lugar, ponderar e refletir bem melhor.

Caso necessário, consinto em passar o mês de março em Nuenen, verei como andam as coisas por lá, e como estão as pessoas, e se consigo ter modelos ou não.

Mas se isto não der certo, o que é provável, eu poderia ir diretamente a Paris após o mês de março e começar a desenhar no Louvre, por exemplo.

....

Devo também lhe dizer que, embora eu me acostume, as críticas das pessoas da academia me são frequentemente insuportáveis, pois decididamente eles se tornaram desagradáveis. Contudo procuro sistematicamente evitar as brigas, e prossigo quietinho no meu caminho. Parece-me que estou em vias de encontrar o que procuro, e talvez o encontrasse ainda mais depressa se estivesse sozinho desenhando à antiga. Estou contente por ter ido à academia, justamente porque pude ver fartamente os resultados do que se chama "começar pelo contorno".

Pois é isso que eles fazem sistematicamente e é nisso que eles sempre me contestam: "Faça primeiro um contorno, seu contorno não está correto, não corrigirei isto se você modelar antes de ter seriamente fixado o seu contorno". Como você vê tudo se resume a isto. E você precisa ver!!! Como os resultados deste sistema são chatos, mortos e aborrecidos! Ah! eu lhe garanto, estou contente por ter visto isso de perto. David, ou pior ainda, Pieneman em plena flor. Umas vinte vezes eu quis dizer: "Vosso contorno é um truque, etc.". Mas julguei que não valeria a pena brigar. No entanto, por menos que diga, eu os irrito e eles me irritam (452).

PARIS
(MARÇO DE 1886 – FEVEREIRO DE 1888)

Paris, março de 1886

Meu caro Theo,

Não me censure por ter vindo de repente; refleti muito, e acho que dessa maneira ganhamos tempo. Estarei no Louvre a partir do meio-dia ou mais cedo, se você quiser.

Responda por favor para saber a que horas você poderia estar na Sala Quadrada. Quanto às despesas, repito, dá na mesma. De resto, não é preciso dizer, tenho dinheiro, e antes de fazer qualquer despesa desejo falar-lhe. Arranjaremos as coisas, você verá.

Assim, venha o mais cedo possível.

Com um aperto de mão,

Sempre seu,

VINCENT (459).

Paris, verão de 1887

Sinto-me triste, pois mesmo em caso de sucesso a pintura não renderá o que custa.

Fiquei comovido com o que você escreveu de casa: "Eles vão bastante bem, no entanto, é triste vê-los".

E, contudo, há uns doze anos, juraríamos que apesar de tudo a casa continuaria a prosperar e tudo iria sempre bem. Seria um prazer para a mãe se seu casamento desse certo, e, por sua saúde e seus negócios seria melhor você não ficar só.

Eu sinto passar o desejo de casamento e de crianças e em certos momentos fico bastante melancólico por me sentir assim aos trinta e cinco anos, quando deveria me sentir totalmente diferente.

E às vezes eu odeio esta sórdida pintura.

Foi Richepin que disse em algum lugar: *o amor pela arte faz perdermos o verdadeiro amor.*

Acho isto terrivelmente exato, mas de encontro a isso, o verdadeiro amor faz perdermos o gosto pela arte.

E me ocorre sentir-me já velho e fracassado, e contudo ainda suficientemente apaixonado para não ser um entusiasta da pintura. Para ter sucesso é preciso ambição, e a ambição me parece absurda. Não sei o que será, gostaria especialmente de viver menos às suas custas – e doravante isto não é impossível –, pois espero fazer progressos de forma que você possa, sem hesitações, mostrar o que faço sem se comprometer.

E de resto vou me retirar para algum lugar no Midi[16] para não ver tantos pintores que me enojam como homens...

---

16. Nome dado à região sul-sudoeste da França, onde está Arles. (N.T.)

Vi Tanguy ontem, e ele pôs na vitrine uma tela que eu acabara de fazer, fiz quatro desde sua partida e estou com uma grande em andamento.

Bem sei que estas grandes telas compridas são de difícil vendagem, mas mais tarde as pessoas verão que elas têm vida e bom humor. Agora, o conjunto formará uma decoração de sala de jantar ou de casa de campo (462).

ARLES
(FEVEREIRO DE 1888 – MAIO DE 1889)

Arles, 21 de fevereiro de 1888

Meu caro Theo,
Durante a viagem pensei em você no mínimo tanto quanto na nova região que eu avistava.

Ao menos imagino que, com o tempo, talvez de vez em quando você venha para cá. Parece-me quase impossível que se possa trabalhar em Paris, a menos que se tenha um retiro para descansar e para recobrar a calma e o aprumo. Sem isto, fatalmente fica-se entorpecido.

Por ora, apenas lhe direi que, para começar, há em toda parte pelo menos sessenta centímetros de neve, e continua a nevar. Arles não me parece maior que Breda ou Mons.

Antes de chegar a Tarascon, notei uma paisagem magnífica com imensas rochas amarelas estranhamente emaranhadas nas formas mais imponentes.

Nos pequenos vales entre estes penhascos alinhavam-se pequenas árvores redondas, de folhagem verde-oliva ou verde-cinza, que bem poderiam ser limoeiros.

Mas aqui em Arles a região parece plana. Percebi magníficas terras vermelhas plantadas com vinhas, tendo ao fundo montanhas do mais delicado lilás. E as paisagens nevadas com os cumes brancos contra um céu tão luminoso quanto a neve eram exatamente como as paisagens de inverno que os japoneses fazem.

Aqui o meu endereço:
Restaurant Carrel
    30, Rue Cavalerie, Arles
        (Département Bouches-du-Rhône)

Apenas dei uma voltinha pela cidade, estando mais ou menos estourado ontem à tarde.

Escreverei logo – um antiquário onde fui ontem aqui nesta mesma rua disse-me conhecer um Monticelli. Com um aperto de mão para você e os companheiros.

Do seu,

VINCENT.

Obrigado por sua boa carta e pela nota de cinquenta francos. Até o momento não tenho achado a vida aqui tão vantajosa quanto poderia esperar, mas ao menos tenho três estudos feitos, o que em Paris, estes dias, provavelmente eu não teria conseguido fazer...

Há momentos em que sinto meu sangue voltando a querer circular em minhas veias, o que não era o caso nos últimos tempos em Paris; realmente eu não aguentava mais.

Os estudos que fiz são: uma velha mulher arlesiana, uma paisagem com neve, uma vista de um trecho de calçada com a loja de um salsicheiro. As mulheres são bem bonitas aqui, não é mentira, mas, ao contrário, o museu de Arles é atroz e é um embuste, digno de estar em Tarascon. Há também um museu de antiguidades, estas, verdadeiras (464).

Recebi aqui uma carta de Gauguin, que diz ter estado doente e de cama durante quinze dias. Que está a seco, pois tinha dívidas prementes a pagar. Que deseja saber se você vendeu alguma coisa dele, mas que não quer lhe escrever com medo de incomodar. Que está precisando tanto ganhar algum dinheiro, que estaria resolvido a baixar ainda mais os preços de seus quadros...

Para a exposição dos Independentes, faça como lhe parecer melhor. Que você diria de expor as duas grandes paisagens da colina de Montmartre? Para mim dá mais ou menos na mesma, antes, estou contando um pouco com o trabalho deste ano.

Aqui está geando muito e o campo continua nevado, tenho um estudo de uma campina branca com a cidade ao fundo. E depois dois pequenos estudos de um ramo de amendoeira já em flor apesar do tempo (466).

Finalmente esta manhã o tempo mudou e se acalmou – já tive portanto a oportunidade de aprender o que é este mistral[17]. Dei vários passeios pelas redondezas, mas por causa deste vento estava impossível fazer qualquer coisa.

O céu estava de um azul frio com um grande sol brilhante que fundiu praticamente toda neve, mas o vento era tão frio e tão seco que arrepiava a pele.

No entanto, vi coisas bem bonitas – uma ruína de abadia numa colina cheia de azevinhos, de pinheiros, de oliveiras cinzas.

Atacaremos isto em breve, espero.

Agora acabo de terminar um estudo como aquele meu que está com Lucien Pissarro, mas desta vez são laranjas.

Com isto até agora tenho oito estudos. Mas isto não conta, já que eu ainda não pude trabalhar à vontade e no calor...

Mas como para muitos de nós – certamente estamos entre estes – o futuro ainda é difícil! Acredito muito na vitória final, mas será que os artistas chegarão a desfrutá-la e verão dias mais serenos?

Sábado à tarde recebi a visita de dois pintores amadores, um dos quais é merceeiro e também vende artigos de pintura, e outro é um juiz de paz, com um jeito bondoso e inteligente.

Acabo de ler *Tartarin nos Alpes,* que me divertiu muito.

O pobre Gauguin não tem sorte, receio muito que em seu caso a convalescença seja ainda mais longa que a quinzena que ele teve que passar de cama.

Meu Deus, quando será que veremos uma geração de artistas que tenham corpos saudáveis? Há momentos em que fico realmente furioso comigo mesmo, pois não adianta nada ser mais ou menos doente que os outros, o ideal seria ter um temperamento suficientemente forte para viver oitenta anos, e isto com um sangue que fosse realmente um bom sangue.

Contudo já seria consolador se soubéssemos que virá uma geração de artistas mais felizes (467).

Arles, 10 de março de 1888

Talvez fosse mais fácil convencer alguns marchands e apreciadores a comprar os quadros impressionistas que conven-

---
17. Forte vento frio e seco que sopra na região do Midi. (N.T.)

cer os artistas a repartir igualmente o valor dos quadros vendidos. Contudo os artistas não encontrarão solução melhor que a de se juntarem, doar seus quadros à associação, repartir o valor das vendas, de forma que a sociedade garanta ao menos a possibilidade de existência e de trabalho a seus membros.

Se Degas, Claude Monet, Renoir, Sisley, C. Pissarro tomassem a iniciativa dizendo: nós cinco doamos cada qual dez quadros (ou melhor, doamos cada um, um valor de dez mil francos, valor estimado pelos membros-*experts*, por exemplo Tersteeg e você, que também se associariam, *experts* estes que também depositariam um capital em quadros) e além disso nos comprometemos a doar anualmente um valor de...

E convidamos vocês, Guillaumin, Seurat, Gauguin, etc., etc., a juntarem-se a nós (vossos quadros passando, do ponto de vista do valor, pela mesma avaliação).

Então, os grandes impressionistas do Grand Boulevard, doando quadros que se tornassem propriedade comum, conservariam seu prestígio, e os outros não poderiam censurá-los por guardar apenas para si as vantagens de uma reputação conquistada, sem dúvida alguma, por seus esforços pessoais e por seu gênio individual em primeiro lugar, mas, em segundo lugar, reputação crescente, consolidada e atualmente mantida também pelos quadros de todo um batalhão de artistas que até o momento trabalham mergulhados numa contínua miséria.

De qualquer forma, é de se esperar que a coisa se faça, e que Tersteeg e você tornem-se os membros-*experts* da sociedade (talvez com Portier?).

No que diz respeito ao trabalho, hoje eu trouxe uma tela de 15: é uma ponte levadiça sobre a qual passa um pequeno carro que se perfila contra um céu azul – o rio também azul, taludes alaranjados com verdura, um grupo de lavadeiras com seus corpetes e toucas coloridas. Depois, outra paisagem com uma pequena ponte rústica e lavadeiras também. Enfim, uma aleia de plátanos próximos à estação. Ao todo, desde que cheguei aqui, doze estudos.

Mas, meu caro irmão – você sabe que eu me sinto no Japão –, digo-lhe apenas isto, e ainda não vi nada em seu esplendor habitual.

É por isto (mesmo continuando aflito pelo fato de as despesas serem atualmente tão altas e os quadros sem valor), é por isto que eu não desespero de um sucesso nessa empresa que é fazer uma longa viagem ao Midi.

Aqui vejo coisas novas, aprendo, e sendo tratado com um pouco de moderação, meu corpo não me recusa seus serviços.

Gostaria, por várias razões, de instalar uma pousada que, em caso de esgotamento, poderia servir para trazer ao ar livre os pobres burros de carga de Paris, que são você mesmo e muitos de nossos amigos, os impressionistas pobres.

Assisti à investigação de um crime, cometido à porta de um bordel daqui; dois italianos mataram dois zuavos.[18] Aproveitei a oportunidade para entrar num dos bordéis da ruazinha, chamada "des ricolettes".

Limitam-se a isto minhas façanhas amorosas com as arlesianas. A multidão esteve *a ponto* (os meridionais, conforme o exemplo de Tartarin, sendo mais predispostos à boa vontade que à ação), a multidão, eu dizia, esteve *a ponto* de linchar os assassinos presos no paço da câmara, mas sua represália foi que todos os italianos e todas as italianas, incluindo os moleques saboianos, tiveram que deixar a cidade à força.

Só estou lhe contando isto para dizer que vi as ruas desta cidade cheias de pessoas excitadas. E realmente era muito bonito.

Fiz meus últimos três estudos com a ajuda do quadro perspectivo que você conhece. Dou importância ao uso do quadro, pois não me parece muito improvável que num futuro não muito distante vários artistas se utilizem dele, assim como certamente o fizeram os antigos pintores alemães e italianos, e, sou levado a crer, inclusive os flamengos.

O uso moderno deste instrumento pode diferir do emprego que antigamente lhe davam, mas não acontece o mesmo com o processo de pintura a óleo com o qual hoje obtêm-se efeitos muito diferentes dos obtidos pelos inventores do processo, J. e Hubert v. Eyck? Vale dizer que eu continuo esperando não trabalhar só para mim, creio na necessidade absoluta de uma nova arte da cor, do desenho e – da vida artística. E se trabalharmos com esta fé, parece-me que existem possibilidades de que nossa esperança não seja vã. Você ficará sabendo que a rigor continuo a estar em condições

---

18. Corpo de infantaria francês originalmente composto apenas por soldados argelinos. (N.T.)

de lhe fazer chegar alguns estudos, só que enrolá-los agora ainda é impossível. Um forte aperto de mão. Domingo escrevo a Bernard e a Lautrec, pois prometi-o formalmente, aliás lhe enviarei as cartas. Lamento muito o caso de Gauguin, especialmente porque estando sua saúde abalada, ele não tem mais um temperamento que suporte bem qualquer prova, ao contrário, isto só o abateria ainda mais e deve atrapalhá-lo no trabalho. Até breve,
Sempre seu,

VINCENT (469).

Meu caro Theo,
Aí vão algumas palavras para Bernard e para Lautrec, a quem eu havia prometido formalmente escrever. Envio-as para que você lhes entregue quando possível, não há a mínima pressa, e assim você terá a oportunidade de ver o que eles estão fazendo e ouvir o que dizem, se quiser.

Nestes últimos dias de vento e chuva, trabalhei em casa no estudo do qual há um esboço na carta de Bernard. Eu queria dar-lhe as cores de um vitral e um desenho de linhas firmes.

Estou lendo *Pierre e Jean,* de Guy de Maupassant; é belo, você leu o prefácio, explicando a liberdade que tem o artista de, num romance, exagerar, criar uma natureza mais bela, mais simples, mais consoladora, e depois explicando o que talvez signifique exatamente a frase de Flaubert: *o talento é uma longa paciência,* e a originalidade é um esforço de vontade e de observação intenso?

Existe aqui um pórtico gótico, que começo a achar admirável, o pórtico de Saint-Trophime.

Mas é tão cruel, tão monstruoso feito um pesadelo chinês, que mesmo esse belo monumento de um estilo tão grandioso parece-me de um outro mundo, ao qual estou tão satisfeito por não pertencer quanto ao glorioso mundo do romano Nero.

Será preciso dizer a verdade, e acrescentar que os zuavos, os bordéis, as adoráveis menininhas arlesianas indo fazer sua primeira comunhão, o padre de sobrepeliz que se parece com um perigoso rinoceronte, os bebedores de absinto também me parecem seres de um outro mundo? Não que eu me sentisse em casa num mundo artístico, mas sim para dizer que eu prefiro rir de mim mesmo a me sentir só. E acho que eu me sentiria triste, se não levasse todas estas coisas pelo lado da gozação. Você ainda teve neve em abundância em Paris, pelo que nos conta nosso amigo *L'Intransigeant*. Entretanto, não foi mal pensado um jornalista aconselhar o general Boulanger para enganar a polícia secreta, a passar a usar óculos cor-de-rosa que, segundo ele, combinariam mais com a barba do general. Talvez isto influenciasse de maneira favorável, coisa há tanto tempo tão desejada, o comércio de quadros.

Observe que os vendedores de quadros caros arruínam-se a si mesmos ao se oporem por razões políticas ao advento de uma escola que há anos vem mostrando uma energia e uma perseverança dignas de Millet, Daubigny e outros (470).

Damasqueiros em flor – Acabo de fazer um bosque de damasqueiros em flor num pequeno pomar verde viçoso.

Tive dificuldades para o pôr do sol com figuras e uma ponte. O mau tempo impedindo-me de trabalhar no local, estraguei completamente este estudo querendo acabá-lo em casa. No entanto, imediatamente eu recomecei o mesmo tema numa outra tela, mas o tempo estando completamente diferente, numa gama cinza, e sem figuras.

Será preciso inserir meu nome no catálogo tal como eu o assino nas telas, ou seja, Vincent, e não Van Gogh, pela simples razão de que não saberiam pronunciar este último nome aqui (471).

Eu tinha trabalhado uma tela de 20 ao ar livre: num pomar, um terreno lilás lavrado, uma cerca de caniços, dois pessegueiros cor-de-rosa contra um glorioso céu azul e branco. Provavelmente a melhor paisagem que eu já fiz. No instante em que eu a trouxe para casa, recebo de parte de nossa irmã um cartão holandês dedicado à memória de Mauve, com seu retrato (muito bom o retrato), o texto ruim e não dizendo nada, uma bela água-forte. Só que um não sei-quê me tomou e me apertou a garganta de emoção, e escrevi sobre meu quadro:

VINCENT E THEO

e se você achar bom, nós dois o enviaremos assim como está a Mme. Mauve. Peguei de propósito o melhor estudo que fiz aqui;

não sei o que dirão em casa, mas isto nos é indiferente; pareceu-me que era preciso em memória de Mauve algo de terno e muito alegre, e não um estudo numa gama mais séria que isto.

"Não creia que os mortos estejam mortos,
Enquanto houver viventes,
Os mortos viverão, os mortos viverão."

É assim que eu sinto a coisa, não mais triste que isto. Tenho muitas dificuldades ao pintar por causa do vento, mas amarro meu cavalete em estacas fincadas no chão, e trabalho assim mesmo, é bonito demais (472).

Meu caro Theo,
Estou num furor de trabalho, já que as árvores estão em flor e que eu gostaria de fazer um pomar da Provence de uma alegria monstruosa. Escrever-lhe com a mente descansada apresenta sérias dificuldades, ontem escrevi cartas que em seguida destruí.

... Encontrei uma coisa singular como poucas vezes farei.

É a ponte levadiça com pequeno carro amarelo e grupo de lavadeiras, um estudo em que as terras são laranja vivo, a relva muito verde, o céu e a água azuis.

Falta-lhe apenas uma moldura feita especialmente em azul real e ouro, daquele modelo com a bandeja azul, a moldura externa ouro; se preciso a moldura poderia ser de felpa azul, mas vale mais pintá-la. Acredito poder lhe assegurar que o que estou fazendo aqui é superior ao do campo de Asnières na última primavera (473).

Estou de novo em pleno trabalho, sempre pomares em flor. O ar daqui decididamente me faz bem, recomendo-lhe de viva voz; um dos seus efeitos é bem engraçado: aqui um único copinho de conhaque me sobe à cabeça, portanto, não podendo recorrer a estimulantes para fazer meu sangue circular, ao menos minha constituição se estragará menos.

Só que desde que aqui cheguei, estou com o estômago muito fraco, enfim, provavelmente é caso para ter paciência. Espero fazer progressos reais este ano, o que aliás preciso muito.

Tenho um novo pomar, que está tão bom quanto os pessegueiros cor-de-rosa, são damasqueiros num rosa muito pálido.

Atualmente estou trabalhando em ameixeiras num branco amarelo com mil ramos pretos.

Estou usando uma enormidade de telas e de cores, mas assim mesmo espero não perder dinheiro.

Ontem eu vi novamente um combate de touros, em que cinco homens trabalhavam o boi com bandarilhas e laços; um toreador esmagou o saco pulando a barreira. Era um homem loiro de olhos cinzas, que tinha muito sangue-frio, diziam que ele levará um bom tempo para se recuperar. Ele estava vestido em azul-celeste e ouro, exatamente como o pequeno cavaleiro do nosso Monticelli com três figuras num bosque. As arenas são muito bonitas quando há sol e multidão.

O mês será difícil para você e para mim, só que, se for possível para você, é interesse nosso fazer o maior número possível de pomares em flor. Atualmente estou totalmente ocupado e me faltam ainda dez, eu acho, do mesmo assunto.

Você sabe que eu sou inconstante no meu trabalho, e que este furor de pintar pomares não durará para sempre. Depois disso virão possivelmente as arenas. Depois eu tenho uma *enormidade* de coisas para desenhar, pois gostaria de fazer desenhos no gênero dos crepons japoneses. Não posso fazer nada além de bater no ferro enquanto ele ainda está quente.

Estarei esgotado após os pomares, pois são telas 25 e 30 e 20. Mas não teríamos o bastante mesmo que eu pudesse despachar duas vezes mais. Pois me parece que isto poderia definitivamente quebrar o gelo na Holanda. A morte de Mauve foi um duro golpe para mim. Você verá que os pessegueiros cor-de-rosa foram pintados com uma certa paixão.

Também me falta uma noite estrelada com ciprestes ou talvez sobre um campo de trigo maduro; aqui há noites muito bonitas. Estou numa contínua febre de trabalho.

Estou bem curioso em saber o resultado daqui a um ano, espero que então eu seja menos incomodado por doenças. Atualmente há certos dias em que sofro muito, mas isto não me inquieta nem um pouco, pois nada mais é que a reação a este inverno, que não foi normal. E o sangue está se refazendo, é o principal.

É preciso conseguir que meus quadros valham o que neles já gastei, e que inclusive o excedam, tendo em vista tantas despesas já feitas. Pois bem, isto nós conseguiremos. Nem tudo me sai bem, é claro, mas o trabalho está avançando. Até agora você não reclamou do que eu estou gastando aqui, mas previno-lhe que se continuar meu trabalho no mesmo ritmo, terei dificuldades em conseguir. Só que o trabalho é excessivo.

Se lhe acontecer de ficar apertado um mês ou uma quinzena, avise-me, passarei imediatamente a fazer desenhos e isto nos custará menos. Isto para lhe dizer que você não deve se sacrificar sem motivo, aqui há tanto por fazer, tantos tipos de estudo, que não é a mesma coisa que em Paris, onde não podemos nem sentar onde queremos (474).

Você perguntará – eu lhe peço – ao pai Tasset ou ao pai l'Hôte, qual seu último preço para dez metros de sua tela de gesso ou absorvente e me transmitirá o resultado da discussão que provavelmente terá com esse senhor, para a entrega da mercadoria abaixo discriminada. Eis o pedido:

20 branco de prata, tubos grandes,
10 idem branco de zinco,
15 verde-Véronèse, tubos duplos,
10 amarelo cromo *limão* id.,
10 amarelo cromo (nº dois), id.,
3 vermelhão, id.,
3 amarelo cromo nº três, id.,
6 laca gerânio, tubos pequenos   recentemente moídos,
12 laca gerânio comum,   se estiverem oleosos eu
2 laca carmim,   os devolverei.
4 azul da Prússia, tubos pequenos,
4 cinabre *verde* muito claro, pequenos tubos,
2 mina laranja, tubos pequenos,
6 verde-esmeralda, tubos pequenos.

Não é preciso dizer que você comprando as cores para mim, minhas despesas aqui diminuirão em mais de 50%.

Até agora, gastei mais com minhas cores, telas, etc., que comigo. Tenho ainda um novo pomar para você, mas, por Deus, envie-me as cores sem demora. A época dos pomares em flor é tão passageira, e você sabe que este é um daqueles temas que alegram todo mundo. Tão logo eu possa pagar embalagem e franquia (a

última sem dúvida mais barata aqui na estaçãozinha que na Estação de Lyon, eu lhe envio os estudos).
Por enquanto, como eu já dizia, estou sem um tostão (475).

Esta manhã trabalhei num pomar de ameixeiras em flor; de repente começou a soprar um vento formidável, um efeito que eu nunca tinha visto aqui, e que voltava de tempos em tempos. Entrementes o sol, que fazia resplandecerem todas as florzinhas brancas.
Era tão belo! Meu amigo dinamarquês veio me encontrar, e sob o risco de a qualquer instante ver toda a tralha cair por terra, continuei a pintar – há neste efeito branco muito de amarelo com azul e lilás, o céu é branco e azul. Mas o que dirão da execução dessas coisas que fazemos assim, ao ar livre? Enfim, veremos.
Fiquei arrependido por não ter pedido as cores assim mesmo ao pai Tanguy, embora não houvesse nenhuma vantagem nisso – ao contrário –, mas ele é um homenzinho tão engraçado e eu ainda penso muito nele. Não esqueça de lhe dizer bom-dia por mim se o vir, e diga-lhe que se ele quiser quadros para sua vitrine, ele os terá daqui, e dos melhores. Ah, parece-me cada vez mais que *as pessoas* são a raiz de tudo e, embora seja eternamente melancólico não viver a verdadeira vida, no sentido de que valeria mais trabalhar a própria carne que a cor ou o gesso, no sentido de que valeria mais fabricar crianças que fabricar quadros ou fazer negócios, ainda assim sentimo-nos vivendo quando pensamos que temos amigos entre os que também não estão na verdadeira vida.
Todas as cores que o impressionismo pôs na moda são inconstantes, razão a mais para empregá-las descaradamente muito cruas, o tempo as suavizará mais que o suficiente.
Assim, toda a encomenda que eu fiz, ou seja, os três cromos (o laranja, o amarelo, o limão), o azul da Prússia, o esmeralda, as lacas de garança, o verde-Véronèse, a mina laranja, tudo isto praticamente não se vê na palheta holandesa de Maris, Mauve e Israëls. Só que isto se via na de Delacroix, que tinha paixão pelas duas cores mais condenadas, e pelas melhores razões, o limão e o azul da Prússia. Sem dúvida parece-me que ele fez coisas soberbas com isto, azuis e amarelos-limão (476).

Agora lhe direi que estou trabalhando nos dois quadros dos quais gostaria de fazer cópias.

O pessegueiro rosa é o que me dá mais trabalho.

Você pode ver pelos três quadrados no verso que os três pomares relacionam-se mais ou menos. Tenho agora também uma pequena pereira vertical, igualmente flanqueada por duas telas horizontais. Com isto serão seis telas de pomares em flor. Atualmente procuro todos os dias acabá-los um pouco, e dar-lhes conjunto.

Atrevo-me a esperar outros três, também formando conjunto, mas estes ainda estão apenas em estado embrionário ou de feto.

Gostaria muito de fazer este conjunto de nove telas.

Você entende que podemos considerar as nove telas deste ano como primeira parte de uma decoração definitiva muito maior (esta compõe-se de telas de 25 e de 12), que seria executada exatamente com os mesmos temas na mesma época do próximo ano.

Eis a outra peça de meio das telas de 12.

Terreno violeta, no fundo um muro com álamos retos e um céu muito azul. A pequena pereira tem um tronco violeta e flores brancas, uma grande borboleta amarela sobre uma das ramagens. No canto à esquerda, um pequeno jardim orlado de caniços amarelos, e arbustos verdes e um canteiro de flores. Uma casinha rosa. Estes portanto os detalhes da decoração de pomares em flor que eu lhe destinava.

Só que as três últimas telas existem apenas em estado provisório, e deverão representar um pomar muito grande orlado de ciprestes e grandes pereiras e macieiras (477).

Arles, 20 de abril de 1888

Aqui o esboço do pomar que eu tinha especialmente destinado a você por ocasião do 1º de maio. É absolutamente claro e absolutamente feito de um só golpe. Uma fúria de empastamentos apenas tingidos de amarelo e o lilás na primeira ramagem branca.

Cada vez duvido mais da veracidade da lenda de Monticelli bebedor de enormes quantidades de absinto. Considerando sua obra, parece-me impossível que um homem abatido pela bebida tenha feito isto.

Talvez aquela limusina,[19] a senhora La Roquette, afinal tenha influído com suas maledicências para que esta lenda se tenha enraizado (478).

Arles, maio de 1888

Eu não teria medo de nada se não fosse esta maldita saúde.

E, contudo, estou melhor que em Paris, e se meu estômago ficou muito fraco, este é um mal que eu peguei lá, provavelmente em grande parte por causa do vinho ruim que eu bebia demais. Aqui o vinho também é ruim, só que eu bebo muito pouco. E o caso é que, quase não comendo, e quase não bebendo, estou muito fraco, mas meu sangue se refaz ao invés de se estragar.

Mais uma vez, portanto, é de paciência que eu preciso neste caso, e de perseverança.

Apenas que nós já gastamos tanto dinheiro nesta maldita pintura, que não devemos esquecer que temos que recuperar isto em quadros.

Se nos atrevemos a acreditar, e continuo convencido disto, que os quadros impressionistas subirão, é preciso fazer muitos e valorizá-los. Mais uma razão pela qual é preciso cuidar tranquilamente da qualidade da coisa e não perder tempo.

A rigor eu poderia dividir com alguém o novo ateliê, e gostaria muito disso. Talvez Gauguin venha ao Midi. Talvez eu me arranje com Mc Knight. Então poderíamos cozinhar em casa.

Em todo caso, o ateliê está muito na vista para que eu possa acreditar que ele possa tentar alguma mulher, e uma crise de saias dificilmente conduziria a um concubinato. Aliás, os costumes são, parece-me, menos inumanos e antinaturais que em Paris. Mas, com meu temperamento, farrear e trabalhar não são mais nem um pouco compatíveis e, dadas as circunstâncias, será preciso contentar-me em fazer quadros. O que não é propriamente a felicidade, e nem a verdadeira vida, mas o que é que você quer?

Mesmo esta vida artística, que sabemos não ser a verdadeira, parece-me tão vívida e seria uma ingratidão não contentar-se com ela.

---

19. Da região de Limoges, França. (N.T.)

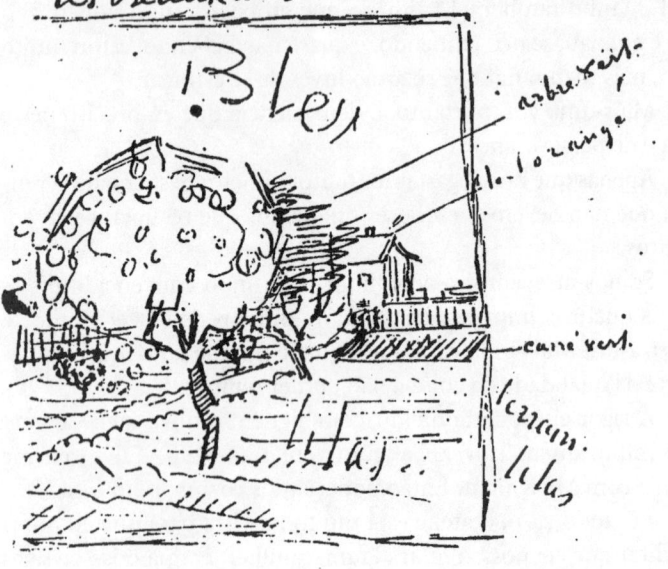

Tenho uma grande preocupação a menos, agora que achei o pequeno ateliê branco. Perdi um tempo vendo um monte de lugares. Parecerá engraçado que a latrina fique no vizinho, numa casa bastante grande que pertence ao mesmo proprietário. Numa cidade do Midi, creio que seria um erro queixar-se, já que estas administrações são raras e sujas e que involuntariamente as imaginamos como ninhos de micróbios. Além do mais, tenho água.

Colocarei algumas japonesarias na parede (480).

Arles, 4 de maio de 1888

Aqui frequentemente penso em Renoir e em seu desenho puro e límpido. É exatamente assim que, aqui, os objetos e personagens ficam na claridade.

Acho que há o que fazer aqui quanto ao retrato. Se aqui as pessoas são de uma ignorância crassa quanto à pintura em geral, elas são *bem mais artistas* do que no norte quanto a sua própria figura e sua própria vida. Vi aqui figuras certamente tão belas quanto um Goya ou um Velásquez. Elas sabem enfiar uma nota rosa num traje preto, ou confeccionar uma roupa branca, amarela, rosa, ou ainda verde e rosa, ou ainda *azul e amarela*, onde não há nada a mudar do ponto de vista artístico. Seurat encontraria aqui figuras de homens muito pitorescas, apesar de seus trajes modernos.

Agora atrevo-me a dizer que as pessoas daqui apreciariam o retrato.

Meu pobre amigo, nossa neurose, etc., vem também de nosso modo de vida um pouco artístico demais, mas também é uma herança fatal, pois na civilização, de geração em geração, a gente vai se debilitando. Se queremos encarar o verdadeiro estado de nosso temperamento, é preciso classificar-nos entre aqueles que sofrem uma neurose que já vem de longe.

Acho que Gruby está certo neste caso – comer bem, viver bem, ver poucas mulheres, numa palavra, viver antecipadamente como se já tivéssemos uma doença cerebral e uma doença na medula, sem contar a neurose que realmente existe. Certamente isto é pegar o touro pelos chifres, o que não é má política.

E Degas faz assim e consegue.

Assim mesmo, você não sente como eu que isso é tremendamente difícil? E será que em suma não nos faria bem ouvir os sábios conselhos de Rivet e de Pangloss, esses excelentes otimistas de verdadeira e jovial raça gaulesa, que nos devolvem o amor-próprio?

Contudo, se queremos viver e trabalhar, é preciso ser muito prudentes e cuidar-nos. Água fria, ar, alimentação simples e boa, estar bem agasalhados, dormir bem, e não ter aborrecimentos (481).

Arles, 5 de maio de 1888

Como é suja esta cidade em suas ruas antigas!

As arlesianas de quem tanto se fala, sabe o que eu acho na verdade? Certo, são realmente encantadoras, mas não são mais que o que deviam ser. E veja, elas se parecem muito mais com um Mignard que com um Mantegna, pois já estão em decadência. O que não impede que sejam bonitas, bem bonitas, e só estou falando aqui do tipo mais comum – um pouco aborrecido e banal. Quantas exceções!

Há mulheres como um Fragonard – e como um Renoir. E o que não podemos classificar no que já foi feito em pintura?

O melhor a fazer seria, sob qualquer ponto de vista, retratos de mulheres e de crianças. Só que me parece que não serei eu quem fará isto, não me sinto um homem suficientemente Bel Ami para isto.

Mas ficaria extremamente contente se este Bel Ami do Midi, que Monticelli não era, mas preparava – que eu sinto no ar, mesmo sentindo não ser eu –, ficaria extremamente contente, se nos aparecesse na pintura um homem como Guy de Maupassant para pintar alegremente as belas pessoas e coisas daqui. Quanto a mim, trabalharei, e, aqui e ali, algo do meu trabalho permanecerá, mas o que Claude Monet é para a paisagem, quem será para a figura pintada?

Contudo, você, como eu mesmo, deve sentir que isso está no ar. Rodin? Ele não pinta a cor, não será ele. Mas o pintor do futuro é *um colorista como jamais houve*. Manet o preparou, mas você sabe muito bem que os impressionistas já fizeram cores mais fortes que a de Manet. Este pintor do futuro, não posso imaginá-lo vivendo em pequenos restaurantes, sendo desdentado, e frequentando bordéis de zuavos como eu.

Mas acho que estou certo, ao sentir que isto virá numa geração futura, e que nós devemos prosseguir, na medida do possível, nesta direção, sem duvidar e sem vacilar.

Acabo de reler novamente *Au Bonheur des Dames* e acho-o cada vez mais belo (482).

Você verá belas coisas em Claude Monet. E em comparação você achará bem ruim o que lhe envio. Atualmente estou descontente comigo e descontente com o que faço, mas entrevejo a possibilidade de fazer melhor na sequência.

E depois espero que mais tarde outros artistas aparecerão nesta bela região, para fazer aqui o que os japoneses fizeram em seu país.

E trabalhar nisto não é tão ruim...

Você encontrará na caixa que lhe envio caniços para Koning. A partir de agora meu endereço será:

Place Lamartine 2.

Espero – e não tenho dúvidas – que, quando de seu retorno a Paris, a primavera enfim tenha chegado, já não é sem tempo, por Deus.

Vivendo em hotel não se progride, e agora, ao fim de um ano, terei móveis, etc., que me pertencerão, e se isto não teria a mínima importância se eu estivesse no Midi apenas por alguns meses, a coisa é completamente diferente quando se trata de uma longa permanência.

E não tenho nenhuma dúvida de que sempre gostarei da natureza daqui, é como com as japonesarias, quando começamos a gostar disto não mais nos arrependemos.

O que aqui muitas vezes me deixa triste, é que é mais caro do que eu havia calculado e que eu não consigo me virar com o mesmo dinheiro que os que foram para a Bretanha, Bernard e Gauguin. Agora, já que estou melhor, apesar de tudo não me dou por vencido e, aliás, se antes eu estivesse bem de saúde, o que eu espero recuperar aqui, isso e muitas outras coisas não me aconteceriam. A caixa já teria partido, se eu não tivesse tido aborrecimentos o dia inteiro.

Digo a mim mesmo que você ainda não recebeu nada de meu trabalho, e que já gastei tanto dinheiro (483).

10 de maio de 1888

Se você separasse o que há de melhor na remessa e considerasse esses quadros como um pagamento meu em dedução do que lhe devo...

Então, no dia em que eu conseguir desta forma algo como uns dez mil francos, me sentirei mais tranquilo.

J'ai trouvé un restaurant mieux où je mange pour 1 franc.

La santé va mieux ces jours ci

Maintenant j'ai deux nouvelles études comme ceci

bleu

Tu en as un dessin déjà d'une femme au bord de la grande route dans les blés

Bleu

Une prairie pleine de boutons d'or très jaune un fossé avec des plantes d'Iris aux feuilles vertes à fleurs violettes dans le fond la ville quelques saules gris — une bande de ciel bleu.

    O dinheiro já gasto em outros anos também deve voltar às nossas mãos, ao menos em valores.

    Ainda estou longe disto.

Mas sinto que nessa natureza aqui há tudo o que preciso para fazer coisas boas. Seria, portanto, culpa minha se eu não o conseguisse. Num único mês, Mauve *fez* e vendeu uns seis mil francos em aquarelas, pelo que você mesmo me contou na época. Pois bem, existem tais filões dos quais, em meio às dificuldades atuais, eu sinto a possibilidade.

Nesta remessa há o pomar cor-de-rosa em tela grosseira, e o pomar branco horizontal, e a ponte, os quais, se os guardarmos, acho que mais tarde poderiam subir, e uns cinquenta quadros desta qualidade nos ressarciriam de alguma forma pela pouca sorte que tivemos no passado. Pegue portanto esses três para sua coleção e não os venda, pois mais tarde valerão quinhentos cada um (485).

Agora tenho dois novos estudos como este:[20] você já tem o desenho de um deles, uma granja à beira da grande estrada nos trigais. Um pasto muito amarelo, cheio de botões dourados, uma vala com lírios de folhas verdes com flores violetas, ao fundo a cidade, alguns salgueiros cinza, uma faixa de céu azul.

Se não ceifarem o pasto, gostaria de refazer esse estudo, pois ele era muito bonito, e foi difícil encontrar a composição. Uma pequena cidade rodeada por um campo inteiramente florido em amarelo e violeta, você sabe, seria um lindo sonho japonês (487).

Tenho dois novos estudos, uma ponte e a beira de uma grande estrada. Muitos dos temas daqui são exatamente, como caráter, a mesma coisa que na Holanda; a diferença está na cor. Há enxofre em todo lugar onde bate o sol.

Você se lembrará que vimos de Renoir um magnífico jardim de rosas. Eu tinha imaginado encontrar temas semelhantes aqui, e de fato na época dos pomares em flor foi o caso. Agora o aspecto mudou e a natureza tornou-se muito mais acre. Mas um verdor e um azul! Devo dizer que as poucas paisagens que conheço de Cézanne representam muito bem a coisa, lamento não ter visto mais (488).

Fiz esta semana duas naturezas-mortas.
Uma cafeteira de ferro esmaltado azul, uma xícara (à esquerda) azul real e ouro, uma jarra de leite quadriculada azul pálido

---
20. Ou seja, como o desenho anexo à carta. (N.T.)

e branco, uma xícara – à direita – branca com desenhos azuis e alaranjados sobre um prato de terra amarelo-cinza, uma jarra de louça ou de faiança azul com desenhos vermelhos, verdes, castanhos, enfim duas laranjas e três limões; a mesa está coberta por uma toalha azul, o fundo é amarelo-verde, portanto, seis azuis diferentes e quatro ou cinco amarelos e alaranjados.

A outra natureza-morta é o jarro de faiança com flores silvestres.

Agradeço muito sua carta e a nota de cinquenta francos.

À medida que o sangue me volta, a ideia de triunfar também me volta. Não me espantaria muito se sua doença também fosse uma reação a este horrível inverno, que durou uma eternidade. E então será a mesma história que aconteceu comigo, respire o máximo possível este ar da primavera, durma *muito cedo,* pois você precisará de sono, e quanto à alimentação, muitos legumes frescos, e nada de vinho *ruim* ou de álcool *ruim*. E muito poucas mulheres e *muita paciência.*

Se isto não passar logo, não faz mal. Agora, lá, Gruby lhe dará uma alimentação forte à base de carne. Aqui eu não poderia comer muita carne, e aqui isto não é necessário. Quanto a mim, o torpor justamente está me deixando, não sinto mais tanta necessidade de me distrair, sou menos atormentado pelas paixões, e posso trabalhar com mais calma; poderia ficar só sem me aborrecer. O resultado é que me sinto um pouco mais velho, mas não mais triste.

Eu não acreditaria se em sua próxima carta você me dissesse não ter mais nada, este talvez seja um processo mais sério, e eu não ficaria surpreso se você ficasse, durante o tempo necessário para se restabelecer, um pouco abatido. Em plena vida artística, por momento, sempre nos assola, a nostalgia da verdadeira vida ideal e irrealizável.

E às vezes nos falta o desejo de nos relançarmos em cheio na arte e de nos restabelecermos para fazê-lo. Sabemos que somos cavalos de carga, e sabemos que será novamente a mesma carga que teremos que levar. E então perdemos a vontade, e preferiríamos viver numa campina com sol, um rio, a companhia de outros cavalos também livres, e o ato de procriação.

E talvez, no fundo, a doença venha um pouco disto, não me surpreenderia. Não mais nos revoltamos contra as coisas, e também não nos resignamos, ficamos doentes e isto nunca passará, e precisamente isto nós não conseguimos remediar.

Não sei quem foi que chamou este estado de: estar atingido pela morte e pela imortalidade. A carga que arrastamos deve ser útil a pessoas que não conhecemos. E aí está, se acreditamos numa arte nova, nos artistas do futuro, nosso pressentimento não está errado. Quando o bom pai Corot dizia, alguns dias antes de sua morte: "Esta noite eu vi em sonhos paisagens com céus todos cor-de-rosa", pois bem, não nos vieram estes céus cor-de-rosa, e amarelos e verdes além do mais, na paisagem impressionista? Apenas para dizer que há coisas do futuro que pressentimos que realmente acontecem.

E nós que, pelo quanto sou levado a crer, não estamos de modo algum perto de morrer, sentimos contudo que a coisa é maior que nós, e mais longa que nossa vida.

Não nos sentimos à morte, mas sentimos a realidade de sermos muito pouca coisa, e que, para sermos um elo na corrente dos artistas, pagamos um alto preço em saúde, em juventude, em liberdade, as quais não desfrutamos nem um pouco, não mais que um burro de carga que puxa uma carroça cheia de gente que, essa sim, desfrutará da primavera.

Enfim, o que eu lhe desejo, como a mim mesmo, é que consigamos recuperar nossa saúde, pois precisaremos dela. Esta *Esperança* de Puvis de Chavannes é uma realidade tão grande. Há no futuro uma arte, e ela deve ser tão bela e tão jovem que, na verdade, se atualmente nela perdemos nossa própria juventude, só podemos ganhar em serenidade. Talvez seja muito tolo escrever tudo isto, mas é assim que eu o sentia, pareceu-me que você, assim como eu, estava sofrendo por ver sua juventude passar em brancas nuvens; mas se ela nasce e ressurge no que fazemos, nada está perdido e a capacidade de trabalhar é uma nova juventude. Recupere-se, portanto, com alguma seriedade, pois precisaremos de saúde. Um forte aperto de mão, também para Koning (489).

Tenho que acrescentar à presente uma encomenda de cores, contudo, caso você preferisse não comprá-las imediatamente, eu poderia desenhar um pouco mais e não perderia nada com isso.

Também dividi a encomenda em duas, conforme o que seria mais ou menos urgente.

O que é sempre urgente é desenhar, e que isto seja feito diretamente com pincel ou com outra coisa, como pena, por exemplo, nunca é o suficiente.

Procuro agora exagerar o essencial e deixar propositalmente vago o banal...

Cada vez mais eu acho que não se deve julgar o bom Deus a partir deste mundo daqui, pois este é um estudo seu que não deu certo.

Que você quer, nos estudos fracassados, quando apreciamos o artista – não encontramos muito o que criticar – e nos calamos.

Mas temos o direito de exigir algo melhor.

No entanto, seria necessário vermos outras obras da mesma mão, este mundo aqui foi evidentemente feito às pressas num daqueles maus momentos, em que o autor não sabia mais o que estava fazendo, e já tinha perdido a cabeça.

O que a lenda nos conta do bom Deus é que assim mesmo ele se esforçou tremendamente neste seu estudo de mundo.

Sou levado a crer que a lenda diz a verdade, mas então o estudo fracassou de várias maneiras. Só os mestres enganam-se desta maneira, este talvez seja o melhor consolo, já que temos então o direito de esperar que esta mesma mão criadora tenha sua revanche. E a partir de então esta vida, tão criticada por tão boas e até excelentes razões, não devemos tomá-la por outra coisa além do que ela é na realidade, e nos resta a esperança de ver coisa melhor numa outra vida (490).

29 de maio de 1888

Meu caro irmão, a ideia muçulmana de que a morte só chega quando tem que chegar – examinemos isto portanto –, a mim me parece que não temos nenhuma prova de algo assim, vinda diretamente do alto.

Ao contrário, parece-me estar provado que uma boa higiene não somente pode prolongar a vida, mas principalmente torná-la mais serena, com um curso mais límpido, enquanto que uma má higiene não somente perturba o curso da vida, mas a falta de higiene pode inclusive pôr um termo à vida antes do tempo. Pois eu não vi com os meus próprios olhos um homem valoroso morrer por falta de um médico inteligente? Ele estava tão calmo e tão tranquilo no meio disto tudo, apenas dizia sempre: "se eu tivesse um outro médico", e morreu encolhendo os ombros, com uma cara que eu nunca esquecerei...

Sabe o que deveríamos fazer com estes desenhos? – álbuns de 6, ou 10, ou 12, como os álbuns dos desenhos originais japoneses. *Tenho muita vontade* de fazer um álbum assim para Gauguin e outro para Bernard. Pois ficarão melhores que isso, os desenhos.

É engraçado, vi numa destas tardes em Mont Majour um pôr de sol vermelho, que lançava seus raios nos troncos e nas folhagens dos pinheiros enraizados num monte de rochas, colorindo de laranja-fogo os troncos e as folhagens, enquanto que outros pinheiros, em planos mais recuados, desenhavam-se em azul da Prússia contra um céu azul-verde tênue, cerúleo. É portanto o mesmo efeito de Claude Monet; foi soberbo. A areia branca e as jazidas de rochedos brancos sob as árvores tomavam tons azulados. O que eu gostaria de fazer é aquele panorama do qual você tem os primeiros desenhos. É de uma vastidão, e não desaparece no cinza, fica verde até a última linha – esta última, a fileira de colinas, azulada. Hoje, tempestade e chuva, o que aliás será bom.

Acho que para o pomar branco será preciso uma moldura branca, fria e crua.

Saiba que eu prefiro abandonar minha pintura, que ver você se matar para ganhar dinheiro. Claro, precisamos dele, mas chegamos ao ponto de ter que procurá-lo tão longe? Você percebe muito bem que "preparar-se para a morte", ideia cristã (felizmente para ele, o próprio Cristo não partilhava dela nem um pouco, ao que me parece – ele, que amava as pessoas e as coisas daqui debaixo mais do que devia, segundo as pessoas que não viam nele mais que um maluco), se você percebe tão bem que se preparar para a morte é coisa com a qual não devemos nos importar, não percebe igualmente que a abnegação, viver para os outros, é um erro se implicar em suicídio, já que neste caso na verdade transformamos em assassinos os nossos amigos? (492).

Meu caro Theo,

Pensei em Gauguin e veja – se Gauguin quer vir para cá, temos a viagem de Gauguin e as duas camas ou os dois colchões que então teremos que comprar de qualquer forma. Mas, depois, como Gauguin é um marinheiro, é possível que consigamos fazer nossa comida em casa.

E com o mesmo dinheiro que eu gasto sozinho, poderemos viver a dois.

Você sabe que eu sempre achei idiota os pintores viverem sós, etc. Sempre se perde quando se está isolado.

Enfim, é uma resposta a seu desejo de tirá-lo de lá.

Você não pode enviar-lhe de que viver na Bretanha e enviar-me de que viver na Provence.

Mas você pode achar bom que nos juntemos, e fixar uma quantia de, digamos, 250 por mês, se todo mês além de meu trabalho você receber um Gauguin.

Não é verdade que desde que não excedamos a quantia seria até vantajoso?

Aliás, esta é a minha ideia de associar-me a outros. Portanto, aí está rascunho de carta para Gauguin, que eu escreverei, se você aprovar, com as mudanças que sem dúvida terão que ser feitas no estilo.

Mas antes de mais nada eu já escrevi assim!

Considere a coisa como um simples negócio, é melhor para todo mundo, e tratemos a coisa francamente assim. Só que, dado que você não está fazendo negócios em benefício próprio, talvez você ache justo por exemplo que eu me encarregue, e Gauguin se associaria comigo como companheiro.

Pensei que você desejaria ajudá-lo, e eu mesmo sofro por ele estar mal, coisa que não mudará de um dia para o outro.

Não podemos propor nada melhor que isto, e outros não fariam tanto.

A mim me aflige gastar tanto sozinho, mas para resolver isso não há outra alternativa além de achar uma mulher com dinheiro, ou companheiros que se associem para os quadros.

Ora, mulher eu não vejo, mas vejo os companheiros.

Se isto for conveniente para ele, será preciso não deixá-lo esmorecer.

E já seria um começo de associação. Bernard, que também vem para o Midi, nos encontrará, e saiba você que eu o vejo sempre na França, à testa de uma associação de impressionistas. E se eu puder ser útil para uni-los, de bom grado eu os acharia todos melhores que eu. Você deve sentir o quanto me contraria gastar mais do que eles; é preciso que eu encontre uma combinação mais vantajosa tanto para você quanto para eles. E assim seria. Pense bem, contudo, mas não é verdade que em boa companhia poderíamos viver com pouco, desde que gastássemos nosso dinheiro em casa?

Mais tarde podem vir dias em que não estejamos tanto em apuros, mas não conto com isso. Eu teria tanto prazer se você recebesse primeiro os Gauguin. Não sou muito esperto para cozinhar, etc., mas eles, ao contrário, estão acostumados com isto, tendo já prestado seu serviço, etc. (493).

6 de junho de 1888

Se você me enviar sua próxima carta domingo *de manhã*, é provável que neste dia eu dê uma escapada até Saintes-Maries para passar a semana. Estou lendo um livro sobre Wagner, que depois lhe enviarei – que artista, um destes na pintura, isso é que seria bom – *ainda virá*.

Acredito na vitória de Gauguin e de outros artistas, mas até que chegue esse dia ainda falta muito tempo, e mesmo que ele tivesse a sorte de vender uma ou duas telas, ainda seria a mesma coisa. Enquanto isto Gauguin poderia morrer como Méryon, desanimado; é muito ruim que ele não esteja trabalhando – enfim, veremos a resposta (494).

Quanto a nós, é preciso cuidar para não ficarmos doentes, pois, se adoecêssemos, estaríamos *mais isolados,* por exemplo, que o pobre zelador que acaba de morrer; estas pessoas têm um ambiente e veem o vaivém doméstico e vivem na ignorância. Mas nós estamos aí, sós com os nossos pensamentos, e às vezes gostaríamos de ser ignorantes.

Dado o físico que temos, precisamos viver com os companheiros (495).

Recebi uma carta de Gauguin, que diz ter recebido uma carta sua contendo cinquenta francos, o que o deixou muito comovido, e na qual você lhe adiantava algo sobre o projeto. Como eu lhe enviei minha carta para ele, ao escrever ele ainda não tinha recebido a proposta mais clara.

Mas ele diz ter experiência, quando estava com seu amigo Lavai na Martinica, os dois se viravam com menos do que se estivessem sós, e que portanto ele estava totalmente de acordo sobre as vantagens que uma vida em comum apresentaria.

Ele diz que suas dores abdominais ainda continuam e me pareceu estar bem triste.

Fala na esperança que tem de achar um capital de seiscentos mil francos, para estabelecer um comércio de quadros impressionistas, e que ele explicará seu plano, e que gostaria que você estivesse à testa deste empreendimento.

Eu não ficaria espantado se esta esperança fosse um fata morgana, uma miragem ocasionada pela miséria, pois quanto mais estamos na miséria – sobretudo quando estamos doentes –, mais pensamos em possibilidades do gênero. Portanto, vejo neste plano sobretudo mais uma prova de que ele está perdendo seu tempo, e que o melhor seria colocá-lo a prumo o mais rapidamente possível.

Ele diz que quando os marujos têm que carregar um fardo muito pesado ou levantar uma âncora, para poder levantar um peso muito grande, para serem capazes de um esforço extremo, eles todos cantam juntos para se animarem e para darem força uns aos outros.

Que é isto que falta aos artistas! Assim, me surpreenderia muito que ele não ficasse contente em vir para cá, mas as despesas do hotel e da viagem são ainda agravadas pela conta do médico, e assim será bem difícil.

Mas me parece que ele deveria deixar a dívida pendente e alguns quadros em penhor – se for para vir aqui. E caso as pessoas não aceitem isso, deixar a dívida pendente sem quadros em penhor. Bem que eu já fui obrigado a fazer o mesmo para ir a Paris, e, embora tenha perdido muitas coisas, não há outro jeito em casos como esse, e mais vale seguir em frente assim mesmo que ficar no marasmo...

Se você visse a Camargue e vários outros lugares, você ficaria como eu muito surpreso em ver que eles têm um caráter absolutamente ao estilo de Ruysdaël.

Tenho um novo tema em andamento; campos a perder de vista verdes e amarelos, que já desenhei duas vezes e que estou recomeçando em quadro, exatamente como um Salomon Konink, você sabe, o aluno de Rembrandt que fazia imensas campinas planas. Ou como um Michel, ou como Jules Dupré, mas enfim é totalmente diferente de jardins de rosas. É verdade que eu só percorri um lado da Provence, e que do outro lado existe a natureza que, por exemplo, Claude Monet pinta (496).

Estou trabalhando numa paisagem com campos de trigo, que não acho inferior ao pomar branco, por exemplo, está no gênero das duas paisagens da Colina de Montmartre, que estavam nos Independentes, mas acho que é mais sólida e tem um pouco mais de estilo. E tenho um outro tema, uma granja e algumas medas, que provavelmente será seu *pendant*. Estou muito curioso em saber o que Gauguin fará. Espero que ele possa vir. Você me dirá que não adianta nada pensar no futuro, mas a pintura avança lentamente, e nela temos que planejar bem antes.

Gauguin, tanto quanto eu, estaria salvo se vendesse algumas telas. Para poder trabalhar é preciso, tanto quanto possível, estar com a vida arranjada, e é preciso uma base um pouco firme que garanta a existência.

Se ele e eu ficarmos aqui bastante tempo, faremos quadros cada vez mais pessoais, justamente porque teremos estudado mais a fundo as coisas da região.

Eu me imagino muito dificilmente mudando de lugar, tendo começado no Midi; melhor não me mexer mais – continuar penetrando na região.

Creio ter mais chances de lograr as coisas e mesmo os negócios um pouco maiores, do que me limitando a fazê-los muito pequenos. E é justamente por isso que eu acho que vou aumentar o formato das telas e descaradamente adotar a tela de 30; elas me custam aqui quatro francos cada, o que não é caro, levando em conta o transporte.

A última tela aniquila totalmente todo o resto, só há uma natureza-morta com cafeteiras, xícaras e pratos e azul e amarelo que resista a seu lado.

Acho que isto se deve ao desenho.

Involuntariamente o que vi de Cézanne me volta à lembrança, pois ele mostrou muito – como na *Colheita* que vimos na casa de Portier – o lado rude da Provence. Ficou totalmente diferente do que era na primavera, mas certamente não é por isto que eu deixaria de gostar dessa natureza que já começa a arder desde agora. Agora em toda parte se vê ouro velho, bronze, até cobre, eu diria, e isto com o anil-verde do céu virando até o branco; isto dá uma cor deliciosa, excessivamente harmoniosa, com tons quebrados ao estilo de Delacroix.

Se Gauguin quisesse juntar-se a nós, acho que teríamos dado um passo adiante. Isto nos colocaria decididamente como exploradores do Midi, e ninguém poderia contestá-lo. É preciso que eu chegue à firmeza de cor que consegui nesta tela, que aniquila as outras. Quando penso que Portier contava na época que os Cézanne que ele tinha pareciam não valer absolutamente nada quando vistos sós, mas que, aproximados de outras telas, escureciam as cores das outras. E também que os Cézanne combinavam bem com o ouro, o que pressupõe uma gama muito elevada. Então talvez eu esteja na pista certa e meu olho esteja se formando pela natureza daqui. Esperemos ainda para ter certeza.

Este último quadro suporta o ambiente vermelho dos tijolos que calçam o ateliê. Quando eu o coloco no chão sobre este fundo vermelho-tijolo, *muito vermelho*, a cor do quadro não fica vazia ou esbranquiçada. A natureza perto de Aix, onde Cézanne trabalha, é exatamente a mesma que aqui, continuamos a estar na Crau. Se voltando com minha tela digo a mim mesmo: "Olha só, cheguei precisamente aos tons do pai Cézanne", só quero dizer com isto que Cézanne, sendo *exatamente da própria região* de Zola, e conhecendo-a portanto tão intimamente, é preciso que se faça mentalmente o mesmo cálculo para chegar a tons semelhantes. Não é preciso dizer que, vistos juntos, este resistiria, mas não seria nada parecido (497).

Você teve sorte em encontrar Guy de Maupassant, acabo de ler seu primeiro livro, *Versos*, poesias dedicadas a seu mestre Flaubert; há um "a beira d'água", que é bem ele. Aí está, o que Vermeer de Delft é, comparado a Rembrandt, entre os pintores, ele é entre os romancistas franceses comparado a Zola...

Sabe que eu acho que uma associação dos impressionistas seria um negócio no gênero da associação dos doze pré-rafaelitas ingleses, e acho que ela poderia nascer. E que então sou levado a crer que os artistas garantiriam reciprocamente sua própria existência, independentemente dos marchands, resignando-se cada um a doar um número considerável de quadros à sociedade, e os lucros assim como as perdas sendo comuns.

Não acredito que esta sociedade durasse indefinidamente, mas creio que enquanto ela estivesse viva, viveríamos com mais ânimo e produziríamos.

Prefiro as coisas tais como são, tomá-las como são sem mudar nada, a reformá-las pela metade.

A grande revolução: a arte aos artistas, meu Deus, talvez seja uma utopia e então tanto pior.

Acho que a vida é tão curta e passa tão rápido; ora, sendo pintor é preciso portanto pintar.

E você bem sabe também que, já que neste inverno por acaso conversamos muito com Pissarro e os outros sobre isto, agora estou me esforçando apenas para acrescentar que, pessoalmente, antes do fim do ano, pretendo fazer minha parte de cinquenta quadros e, se conseguir fazer isto, manterei minha opinião.

Nos dias em que trago de volta um estudo, digo a mim mesmo que se fosse assim todos os dias, a coisa poderia dar certo, mas nos dias em que se volta com as mãos vazias, e que assim mesmo come-se, dorme-se e gasta-se; portanto, não ficamos contentes e sentimo-nos loucos, patifes, ou velhacos (498).

Escrevo-lhe de Saintes-Maries, à beira do Mediterrâneo enfim. O Mediterrâneo tem uma cor igual à das cavalas, ou seja, mutante; nunca se sabe se é verde ou violeta, nunca se sabe se é azul, pois no instante seguinte o reflexo mutante toma um tom rosa ou cinza...

Passei uma noite à beira do mar na praia deserta. Não foi alegre, mas tampouco foi triste: foi belo. O céu de um azul profundo estava salpicado por nuvens de um azul ainda mais profundo que o azul fundamental de um cobalto intenso, e por outras de um azul mais claro, como a alvura azulada de vias lácteas. No fundo azul as estrelas cintilavam claras, esverdeadas, amarelas, brancas, rosas, mais claras, adiamantadas mais como pedras preciosas, que para nós – mesmo em Paris – seria o caso de dizer: opalas, esmeraldas, lápis-lazúli, rubis, safiras.

O mar de um ultramarino muito profundo – a praia, pareceu-me de um tom violeta e ruço pálido, com moitas sobre a duna (de cinco metros de altura, a duna), moitas azul da Prússia (499).

Agora que vi o mar aqui, percebo toda a importância que tem ficar no Midi, e sentir que é preciso exagerar ainda mais a cor – a África não estando longe daqui. Envio-lhe pela mesma remessa os desenhos de Saintes-Maries. Na hora de partir, pela manhã bem cedo, fiz o desenho dos barcos e estou com o quadro em andamento, tela de 30 com mais mar e céu à direita.

Foi antes que os barcos zarpassem, eu os tinha observado todas as outras manhã, mas, como eles partem muito cedo, não tinha tido tempo de fazê-los.

Tenho ainda três desenhos de cabanas, que eu ainda preciso e que seguirão após estes; as cabanas estão um pouco duras, mas tenho algumas mais cuidadas.

Quanto a ficar no Midi, mesmo que seja mais caro; vejamos: gostamos da pintura japonesa, sofremos sua influência, todos os impressionistas têm isto em comum, e não iríamos ao Japão, ou seja, ao seu equivalente, o Midi? Ainda acho, portanto, que, pensando bem, o futuro da nova arte está no Midi.

Apenas é má política ficar aqui sozinho, quando dois ou três poderiam se ajudar vivendo com pouco.

Gostaria que você passasse algum tempo aqui, você sentiria a coisa ao fim de algum tempo, a vista muda, vemos com um olho mais japonês, sentimos a cor de um modo diferente.

Também tenho a convicção de que justamente através de uma longa permanência aqui, eu libertarei minha personalidade.

Os japoneses desenham rápido, muito rápido, como um relâmpago; é que seus nervos são mais delicados, sua sensibilidade mais simples.

Eu só estou aqui há alguns meses, mas – diga-me, será que em Paris eu teria desenhado *em uma hora* o desenho dos barcos? Nem mesmo com o quadro; ora, isto foi feito sem medir, deixando correr a pena...

Se Gauguin viesse aqui, talvez ele e eu pudéssemos acompanhar Bernard até a África, quando este for prestar seu serviço. O que você decidiu quanto à irmã?

O que Pissarro diz é verdade, seria preciso exagerar descaradamente os efeitos produzidos pela afinação ou desafinação das cores. É como com o desenho – o desenho, a cor correta talvez não sejam o essencial a se buscar, pois o reflexo da realidade no espelho, se fosse possível fixá-lo com cor e tudo, não seria de forma nenhuma um quadro, não seria mais que uma fotografia (500).

Tive uma semana de trabalho carregado e duro nos trigais em pleno sol; resultaram estudos de trigais, paisagens e – um esboço de semeador.

Num campo lavrado, um grande campo com torrões de terra violeta – subindo contra o horizonte um semeador em azul e branco. No horizonte um campo de trigo curto e maduro.

Sobre tudo isto, um céu amarelo com um sol amarelo.

Você percebe, pela simples nomenclatura das tonalidades, que *a cor* desempenha nesta composição um papel muito importante.

E o esboço, assim como está – tela de 25 –, me atormenta muito no sentido de que eu me pergunto se não deveria levá-lo a sério e fazer dele um terrível quadro – meu Deus – como eu gostaria!

Mas é que eu me pergunto se terei a força de execução necessária.

Assim eu ponho o esboço tal como está, de lado, quase não me atrevendo a pensar nele. Já faz tanto tempo que é meu desejo fazer um semeador, mas os desejos que tenho por muito tempo nem sempre se cumprem. Portanto, eu quase tenho medo. E, contudo, depois de Millet e de Lhermitte, o que resta a fazer é... o semeador com cor e em formato grande.

Enfim consegui um modelo – um zuavo –, é um rapaz de rosto pequeno, com pescoço taurino, com olhos de tigre, e comecei com um retrato e recomecei com outro; o busto que pintei dele ficou terrivelmente duro, com uniforme de um azul de panelas esmaltadas azuis, com passamanes de um vermelho alaranjado desbotado, com duas estrelas limão sobre o peito, um azul comum e bem difícil de fazer.

A cabeça felina muito bronzeada coberta por um boné garança, apliquei-a contra uma porta pintada de verde e os tijolos laranja de uma parede. É portanto uma combinação brutal de tons disparatados, nada cômoda de levar.

O estudo que fiz parece-me muito duro, e contudo eu gostaria de sempre trabalhar em retratos vulgares e até mesmo gritantes como este. Assim eu aprendo, e antes de mais nada é isto o que quero de meu trabalho. Agora o segundo retrato será do corpo inteiro, sentado contra um muro branco (501).

Frequentemente me aflige que a pintura seja como uma amante ruim que tivéssemos, que gasta, continua gastando e nunca está satisfeita, e me ocorre dizer que, se por acaso de tempos em tempos há um estudo razoável, seria muito mais barato comprá-lo de outro...

E ótimo que Claude Monet tenha achado um meio de fazer de fevereiro a maio esses dez quadros.

Trabalhar depressa não é trabalhar menos seriamente, isto depende da firmeza que se tenha e da experiência.

Não encontro aqui a alegria meridional de que Daudet tanto fala, ao contrário, uma graça insossa, uma indolência sórdida, mas isto não impede que a região seja bela.

No entanto, a natureza daqui deve ser muito diferente da de Bordighera, Hyères, Gênova, Antibes, onde há menos mistral, onde as montanhas dão um caráter totalmente diferente. Aqui, exceto uma cor mais intensa, a natureza lembra a Holanda, tudo é plano, só que pensamos sobretudo na Holanda de Ruysdaël, de Hobbema e de Ostade, mais que na Holanda atual.

O que me surpreende é a escassez de flores; assim, nada de sultanas nos trigais, raramente algumas papoulas.

Trabalhei ontem e hoje no *Semeador,* que está completamente modificado. O céu é amarelo e verde, o solo violeta e laranja. Certamente um quadro como esse, utilizando este magnífico tema, está por ser feito, e espero que algum dia alguém o faça, seja eu mesmo, seja um outro.

A questão continua sendo esta: *A barca de Cristo* de Eugène Delacroix e *O semeador* de Millet são de uma execução absolutamente diferente. *A barca de Cristo* – estou falando do esboço azul e verde com manchas violetas, vermelhas e um pouco de amarelo-

-limão para o nimbo, a auréola – fala uma linguagem simbólica pela própria cor. *O semeador* de Millet é *cinza* incolor, como também o são os quadros de Israëls. Podemos agora pintar o *Semeador* com cores, com um contraste simultâneo de amarelo e de violeta, por exemplo (como o afresco de Apolo, de Delacroix, que justamente é amarelo e violeta), sim ou não? Certamente que sim. Mas faça--o, então! Sim, é o que também diz o pai Martin: "É preciso *fazer* a obra-prima". Mas vá em frente e isto o deixa abstraído como um sonâmbulo. Se ao menos conseguíssemos fazer algo de bom.

Enfim, conservemos a coragem e não desesperemos.

Espero lhe enviar logo este ensaio com alguns outros. Tenho uma vista do Ródano – a ponte de ferro de Trinquetaille, em que o céu e o rio têm cor de absinto, os cais um tom lilás, as personagens debruçadas sobre o parapeito enegrecidas, a ponte de ferro num azul intenso, tendo ao fundo azul uma nota laranja viva e uma nota verde-véronèse intensa. Ainda um ensaio inacabado, mas enfim onde busco alguma coisa mais aflita e mais aflitiva por consequência.

Nada de Gauguin, espero receber tua carta amanhã, perdoe minha indolência. Aperto de mão (503).

Você se lembra, entre os desenhos pequenos, de uma ponte de madeira com lavadouro, uma vista de cidade ao fundo? Acabo de pintar este tema em formato grande.

Devo prevenir-lhe que todo mundo vai achar que eu estou trabalhando rápido demais.

Não acredite nisto.

Não é a emoção, a sinceridade do sentimento da natureza, que nos impele? E se essas emoções são às vezes tão fortes que trabalhamos sem sentir que estamos trabalhando, quando às vezes os toques vêm numa sequência e relacionados entre si como as palavras de um discurso ou de uma carta, é preciso lembrar-se então que nem sempre foi assim, e que no futuro também haverá muitos dias pesados, sem inspiração.

Portanto, é preciso bater o ferro enquanto ele está quente e ir armazenando as barras forjadas.

Ainda não tenho nem a metade das cinquenta telas apresentáveis em público e preciso de todas elas ainda este ano.

Já sei de antemão que vão criticá-las como feitas às pressas.

Sei também que pretendo manter minhas opiniões deste inverno, quando conversamos sobre uma associação de artistas.

Não que eu tenha um grande desejo ou esperança em realizá-la, mas em se tratando de opiniões sérias resta-nos conservar sua seriedade e conservar o direito de voltar a este assunto.

Se Gauguin não vier trabalhar comigo, não terei outro recurso para compensar minhas despesas além de meu trabalho.

Esta perspectiva me assusta apenas mediocremente. Se minha saúde não me trair, despacharei minhas telas, e no conjunto haverá algumas razoáveis.

Estou quase reconciliado com o pomar que não estava na moldura e com seu *pendant* pontilhado. Entre muitos, eles serão razoáveis. Só que eu trabalho com *menos dificuldades* em pleno calor que durante a primavera. Logo eu lhe enviarei algumas telas enroladas, e as outras irão à medida que for possível enrolá-las.

Gostaria muito de duplicar a encomenda de *brancos de zinco*. Este branco de zinco é um pouco a causa da demora na secagem, mas ele tem outras vantagens nas misturas.

Não seria um prazer para Guillaumin encontrar, neste inverno, o patamar e a própria escada, sem falar no ateliê, cheinhos de telas? Portanto, você compreende que eu tenho uma certa ambição, não quanto ao *número* de telas, mas que o conjunto dessas telas represente apesar de tudo um verdadeiro labor, tanto da sua parte como da minha.

Os trigais, assim como os pomares em flor, foram uma ocasião para trabalhar. E mal tenho tempo para me preparar para a nova estação, a das vinhas.

E entre as duas eu ainda gostaria de fazer algumas marinas.

Os pomares representavam o rosa e o branco, os trigais o amarelo, as marinas o azul.

Talvez agora eu vá procurar um pouco os verdes. Ora, o outono dá toda a gama de tons.

Sabe o que eu ainda queria repetir para você? Que os meus desejos pessoais estão subordinados ao interesse de muitos e que sempre me parece que um outro poderia também se aproveitar do dinheiro que eu gasto sozinho. Seja Vignon, seja Gauguin, seja Bernard, seja qualquer outro.

E que para este tipo de combinação, mesmo que acarrete minha transferência de lugar, estou pronto.

Duas pessoas que se entendam, ou mesmo três, não gastam muito mais que uma.

Nem mesmo com as cores.

E, então, sem contar o excedente de trabalhos realizados, você teria a satisfação de estar alimentando dois ou três em vez de um.

Isto para agora ou mais tarde. E, desde que eu seja tão bom quanto os outros, saiba que dificilmente poderíamos ser enganados, pois se eles alegarem dificuldades para trabalhar, eu também conheço essas dificuldades, e talvez soubesse do que se trata. Ora, teríamos perfeitamente o direito, e possivelmente até mesmo o dever, de impelir ao trabalho.

E é isso que é preciso fazer.

Ficando só, meu Deus, não posso evitá-lo; preciso menos de companhia que de um trabalho desenfreado, e eis por que encomendo tão descaradamente telas e cores. E só assim que eu sinto a vida, quando trabalho duro.

Tendo companhia, eu sentiria um pouco menos esta necessidade, ou melhor, trabalharia em coisas mais complicadas.

Mas, isolado, só conto com minha exaltação em certos momentos, e então deixo-me levar a extravagâncias (504).

Raspei um grande estudo pintado, um jardim das oliveiras, com uma figura de Cristo azul e laranja, um anjo amarelo. Um chão vermelho, colinas verdes e azuis. Oliveiras com troncos violetas e carmins, com folhagens verdes, cinzas e azuis. Céu limão.

Raspei pois pensei que não se deve fazer figuras desta importância sem modelo (505).

Meu caro Theo,

Acabo de voltar de uma jornada em Mont Majour, e meu amigo o alferes me fez companhia. Fomos então os dois explorar o velho jardim e roubamos figos excelentes. Se o jardim fosse maior, lembraria o Paradou de Zola, grandes caniços, vinhas, heras, figueiras, oliveiras, romanzeiras com flores carnudas do mais vivo laranja, ciprestes centenários, freixos e salgueiros, carvalhos de rocha, escadas semidestruídas, janelas ogivais em ruínas, blocos de rochedos brancos cobertos de líquen, e pedaços de muros desmoronados dispersos aqui e ali na relva; novamente trouxe um grande desenho, não do jardim, contudo. Com isto tenho três desenhos quando eu tiver uma meia dúzia, os enviarei.

Ontem estive em Fontvieilles para fazer uma visita a Bock e a Mc. Kn., só que estes senhores tinham partido para uma pequena viagem de oito dias pela Suíça.

Acho que o calor sempre me faz bem, apesar dos mosquitos e das moscas.

Acho que estou certo em trabalhar neste instante sobretudo nos desenhos, e em proceder de forma a ter cores e telas de reserva para quando Gauguin chegar.

Gostaria muito que as cores nos dessem tão poucos problemas quanto a pena e o papel. Por medo de desperdiçar cores, frequentemente perco um estudo pintado.

Com o papel, em não se tratando de escrever uma carta mas um desenho, quase não há desperdício; tantas folhas Whatman, tantos desenhos. Creio que se eu fosse rico gastaria menos que agora.

Você se lembra, no Guy de Maupassant, do caçador de coelhos e outras caças, que durante dez anos tinha caçado tanto e tinha se esgotado tanto correndo atrás da caça, que no momento em que queria se casar ele não se entesava mais, o que lhe causava as maiores inquietudes e consternações?

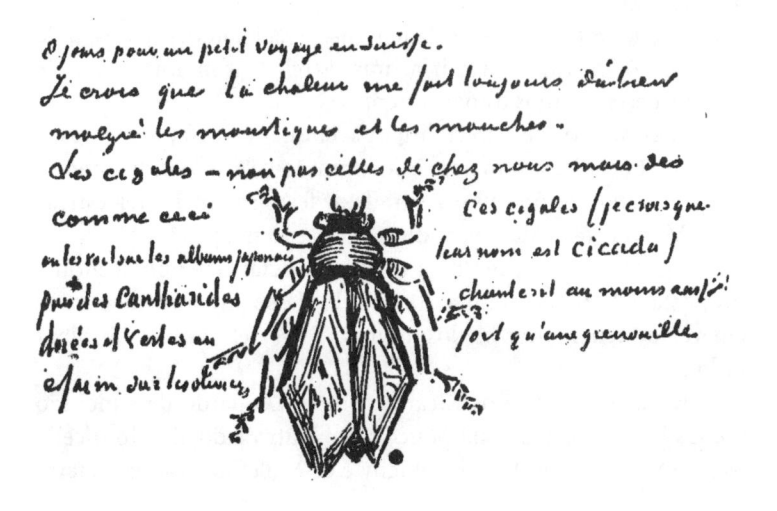

Sem estar no caso deste senhor quanto a ter ou querer me casar, quanto ao físico estou começando a me assemelhar a ele. Segundo o excelente mestre Ziem, o homem torna-se ambicioso no momento em que não se entesa mais. Ora, se para mim dá mais ou menos na mesma me entesar ou não, protesto que isto deva fatalmente me levar à ambição.

É certamente um estranho fenômeno que todos os artistas, poetas, músicos, pintores, sejam materialmente infelizes, inclusive os felizes – e o que você dizia ultimamente sobre Guy de Maupassant prova-o mais uma vez. Isto renova a eterna questão: a vida é inteiramente visível para nós, ou antes da morte só lhe conhecemos um hemisfério?

Os pintores – para falar só deles –, estando mortos e enterrados, falam à geração seguinte ou a várias gerações seguintes por suas obras.

Isto é tudo, ou há ainda algo mais? Na vida de um pintor, talvez a morte não seja o mais difícil.

Eu confesso não saber nada a respeito, mas a visão das estrelas sempre me faz sonhar, *tão simplesmente* quanto me fazem sonhar os pontos negros representando cidades e aldeias num mapa geográfico. E eu me pergunto por que os pontos luminosos do firmamento nos seriam menos acessíveis que os pontos negros do mapa da França?

Se tomamos o trem para ir a Tarascon ou a Rouen, tomamos a morte para ir a uma estrela.

O que certamente é verdadeiro neste raciocínio, é que estando *na vida* nós *não* podemos ir a uma estrela, assim como estando mortos não podemos tomar o trem.

Enfim, não me parece impossível que a cólera, as pedras, a tísica, o câncer, sejam meios de locomoção celeste, assim como os barcos a vapor, os ônibus e a estrada de ferro são meios terrestres.

Morrer tranquilamente de velhice seria ir a pé (506).

Agora sua carta me dá a grande notícia: Gauguin aceitou a proposta. Claro, o melhor seria que ele viesse diretamente para cá em vez de tentar tirar-se dos apuros. Talvez ele vá se embrulhar indo antes a Paris.

É claro que nem os Ricard, nem os Leonardo da Vinci são menos belos só porque há poucos; por outro lado, os Monticelli, os Daumier, os Corot, os Daubigny e os Millet não são mais feios só porque em muitos casos são feitos com grande rapidez e que haja relativamente muitos. Quanto às paisagens, começo a achar que algumas, feitas mais rápido que nunca, estão entre as melhores coisas que estou fazendo. Assim é com aquela da qual eu lhe enviei o desenho, a colheita e também as medas, é verdade que sou obrigado a retocar *o conjunto* para acertar um pouco a execução, para harmonizar o toque, mas numa única sessão longa todo o trabalho essencial está feito, e o economizo ao máximo ao retocá-lo.

Mas quando volto de uma sessão como estas, posso lhe garantir que fico com a cabeça tão cansada, que se este trabalho se repetisse muito, como aconteceu durante a última colheita, eu ficaria completamente abstraído e incapaz de fazer um monte de coisas simples.

Nestes momentos, a perspectiva de não ficar só não me é nada desagradável.

E muitas vezes penso neste excelente pintor que era Monticelli, que diziam ser tão beberrão e demente, quando me vejo eu mesmo voltando do trabalho mental para equilibrar as seis cores essenciais, vermelho – azul – amarelo – laranja – lilás – verde.

Trabalho e cálculo áridos e em que ficamos com o espírito extremamente tenso, como um ator no palco num papel difícil, no qual temos que pensar em mil coisas ao mesmo tempo numa única meia hora.

Depois, a única coisa que alivia e distrai, no meu caso e no de muitos outros, é atordoar-se bebendo um bom gole ou fumando muito. O que sem dúvida é pouco virtuoso, mas só para voltar a Monticelli: eu queria muito ver um beberrão frente a uma tela ou sobre as pranchas.

Naturalmente é uma mentira muito grossa toda essa história perversa e jesuíta de La Roquette sobre Monticelli.

Monticelli colorista lógico, capaz de realizar os mais ramificados e subdivididos cálculos relativos às gamas de tons que ele equilibrava, certamente sobrecarregava seu cérebro com este trabalho, assim como Delacroix e Richard Wagner.

Mas se ele talvez bebia, é que, sendo – Jongkind também – mais forte de físico que Delacroix, e mais atormentado materialmente (Delacroix era mais rico), se não o tivessem feito – sou levado a crer de muito bom grado –, seus nervos lhes teriam pregado outras peças. Desta forma, Jules e Edmond de Goncourt dizem, palavra por palavra, o seguinte: "Fumamos tabacos muito fortes para nos atordoarmos".

Não creia pois que eu manteria artificialmente um estado arrebatado, mas saiba que estou em pleno cálculo muito complicado, ao qual resultam rapidamente, uma atrás da outra, telas feitas bem depressa, mas muito calculadas *previamente*. E aí está, quando lhe disserem que isso foi feito depressa demais, você poderá responder que eles também viram depressa demais. Aliás, eu agora estou retocando um pouco todas as telas, antes de remetê-las. Mas durante a colheita meu trabalho não foi mais fácil que o dos próprios camponeses que fizeram a colheita. Longe de me queixar, é justamente então que na vida artística, ainda que não seja a verdadeira, eu me sinto quase tão feliz quanto poderia estar no ideal da vida verdadeira (507).

Ontem ao pôr do sol eu estava numa charneca pedregosa onde crescem carvalhos bem pequenos e retorcidos, ao fundo uma ruína sobre a colina e trigais no pequeno vale. Era romântico a mais não poder, à Monticelli o sol derramava raios muito amarelos sobre as moitas e o solo, exatamente como se fosse uma chuva de ouro. E todas as linhas eram belas, o conjunto de uma nobreza encantadora. Não seria nada surpreendente ver surgirem de repente cavaleiros e damas voltando de uma caça ao falcão, ou ouvir a voz de um velho trovador provençal. Os solos pareceriam violetas, os longes azuis. Aliás, eu trouxe um estudo, mas que está muito abaixo do que eu teria gostado de fazer.

Eis aqui um novo tema – um canto de jardim com moitas redondas e um chorão e ao fundo tufos de loureiros-rosa. E a relva recém-ceifada com vários feixes de feno secando ao sol, um cantinho de céu azul-verde no alto.

Estou lendo Balzac: *César Birotteau*, vou enviá-lo quando tiver terminado – acho que vou reler tudo de Balzac. Ao chegar aqui eu esperava arranjar apreciadores, mas até agora não me aproximei um só centímetro do coração das pessoas. E agora Marselha? Não sei, mas isto poderia não ser mais que uma ilusão. Em todo caso, parei um pouco de especular sobre este assunto. Portanto, passam-se muitos dias sem que eu diga uma palavra a alguém, a não ser para pedir o almoço ou um café. E assim foi desde o começo.

Até o momento, no entanto, a solidão não me incomodou muito, de tão interessante que eu achei o sol mais forte e seu efeito sobre a natureza (508).

Já disse mais de uma vez como a Camargue e a Crau, salvo uma diferença na cor e na limpidez da atmosfera, me lembram a antiga Holanda do tempo de Ruysdaël. Parece-me que estas duas vistas da campina plana, cobertas por vinhas e campos de palha, vistas de cima, lhe darão uma ideia...

O encanto que estas vastas campinas exercem sobre mim é intenso. Desta forma não me *aborreci* nem um pouco, apesar das circunstâncias essencialmente aborrecidas: o mistral e os mosquitos. Se uma vista nos faz esquecer estas pequenas misérias, é porque ela tem alguma coisa. Você pode ver contudo que não há nenhum *efeito*, à primeira vista parece um mapa geográfico, um plano estratégico, quanto *à execução*. Aliás, eu passei por lá com um pintor que dizia: está aí uma coisa que seria chato pintar. Só que eu já fui bem umas cinquenta vezes a Mont Majour para ver esta vista plana, estou errado? Também estive passeando por lá com algum que *não era pintor*, e quando eu lhe disse: veja, para mim isto é belo e infinito como o mar, ele responde – e ele conhece o mar –, "eu gosto *mais* disso do que do mar, porque é tão infinito quanto ele, e contudo sentimos que é *habitado*".

Ah, eu faria um quadro, não fosse esse maldito vento. É isto que é desolador aqui, quando fincamos o cavalete em qualquer parte. E é exatamente por isto que os estudos pintados não são tão bem acabados quanto os desenhos; a tela sempre treme. Para desenhar, isto não me incomoda.

Você leu *Madame Crysanthème*? Me deu muito o que pensar o fato de os verdadeiros japoneses não pendurarem *nada nas paredes*, a descrição da clausura ou do pagode, em que não há *nada* (os desenhos e curiosidades ficam escondidos nas gavetas). Ah! é assim pois que é preciso olhar uma obra japonesa, num cômodo bem claro, inteiramente despido, aberto sobre a paisagem.

Você não quer fazer a experiência com aqueles dois desenhos da Crau e da beira do Ródano, *que não têm aparência japonesa* e que na verdade talvez o sejam mais que outros? Veja-os num café azul-claro, onde não haja nenhum outro quadro, ou ao ar livre.

Talvez fosse preciso uma moldura de caniço. Aqui eu trabalho num interior despido, quatro paredes brancas e lajotas vermelhas no chão. Se insisto em que você veja assim estes dois desenhos, é que eu gostaria muito de lhe dar uma *ideia verdadeira* da simplicidade da natureza daqui (509).

A arte japonesa, decadente em sua pátria, retoma suas raízes nos artistas impressionistas franceses (510).

A arte japonesa é algo como os primitivos, como os gregos, como nossos velhos holandeses, Rembrandt, Potter, Hals, Vermeer, Ostade, Ruysdaël. *Não passa nunca...*
Você não acha que Boulanger fala muito mal? Ele não causa efeito nenhum com suas palavras. Não o acho menos sério por isto, pois está mais acostumado a valer-se de sua voz para usos mais práticos, para explicar as coisas aos oficiais ou aos intendentes de arsenais. Mas em público ele não causa o menor efeito.

Paris ainda assim é uma cidade engraçada, onde é preciso viver se matando, e onde enquanto não estivermos meio mortos não há nada a fazer, e mesmo assim...!

Acabo de ler *O ano terrível* de Victor Hugo. Nele há esperança, mas... esta esperança está nas estrelas. Acho isto verdadeiro e bem dito e belo, aliás acredito nisto de bom grado.

Mas não esqueçamos que a terra também é um planeta, por conseguinte, uma estrela ou um globo celeste. E se todas essas outras estrelas fossem iguais!!!!!! Não seria muito divertido, enfim tudo estaria por recomeçar. Ora, para a arte, precisamos de *tempo*, não seria nada mal viver mais de uma vida. E não deixa de ter seus encantos acreditar nos gregos, nos velhos mestres holandeses e japoneses continuando sua gloriosa escola em outros globos (511).

Você verá por este esboço o tema dos novos estudos; há um vertical e um horizontal com o mesmo tema, em telas de 30. Bem que existe um tema para um quadro aí, como em outros estudos que tenho. E na verdade não sei mesmo se algum dia farei quadros calmos e tranquilamente trabalhados, pois me parece que meu trabalho continuará sempre desordenado...

Acredito contudo que o vento contínuo daqui deva ter alguma responsabilidade no fato de que os estudos pintados tenham esta aparência selvagem. Pois em Cézanne também se vê isto.

O que permite aos japoneses enfiarem suas obras de arte em gavetas e armários deve ser o fato de que os kakemonos podem ser enrolados, o que não podemos fazer com nossos estudos pintados, pois eles acabariam por rachar. Nada facilitaria mais a conservação de telas entre nós, do que fazê-las serem aceitas normalmente como adorno das residências burguesas. Como antigamente na Holanda.

Assim, aqui no Midi seria muito bom ver quadros pendurados nas paredes brancas. Mas venha ver em todos os cantos enormes medalhões Julien coloridos, uns horrores. E ai!, não mudaremos nada deste estado de coisas.

Contudo – os cafés, talvez com o tempo sejam decorados (512).

Enfim, uma tela que eu cubra vale mais que uma tela em branco. Isso – minhas pretensões não vão mais longe, não tenha dúvidas –, meu direito a pintar, minha razão de pintar, ora, isso eu ainda tenho!

Isto só me custou minha carcaça arruinada, minha cabeça bem maluca no que diz respeito a viver como eu poderia e deveria, viver como um filantropo.

E a você, só lhe custou uns, digamos, quinze mil francos, que você me adiantou.

Ora... não há do que zombarem de nós...

Todo plano carrega dificuldades dissimuladas. Como com Gauguin, isto seria tão simples, mas será que após a mudança ele ainda estará contente?

E já que não se pode fazer planos, não me preocupo que a situação esteja precária.

Sabê-la e senti-la assim é o que nos faz abrir os olhos e trabalhar.

Que agindo assim nos enganemos, eu me atrevo a duvidar, algo nos restará. E confesso nada prever quando vemos gente como Gauguin na frente de um muro. Esperemos que haja saída para eles e para nós.

Se eu pensasse, se refletisse nas possibilidades desastrosas, não conseguiria fazer nada; eu me jogo de cabeça no trabalho, volto com meus estudos; se a tempestade na cabeça estiver roncando forte, bebo um copo a mais para me atordoar.

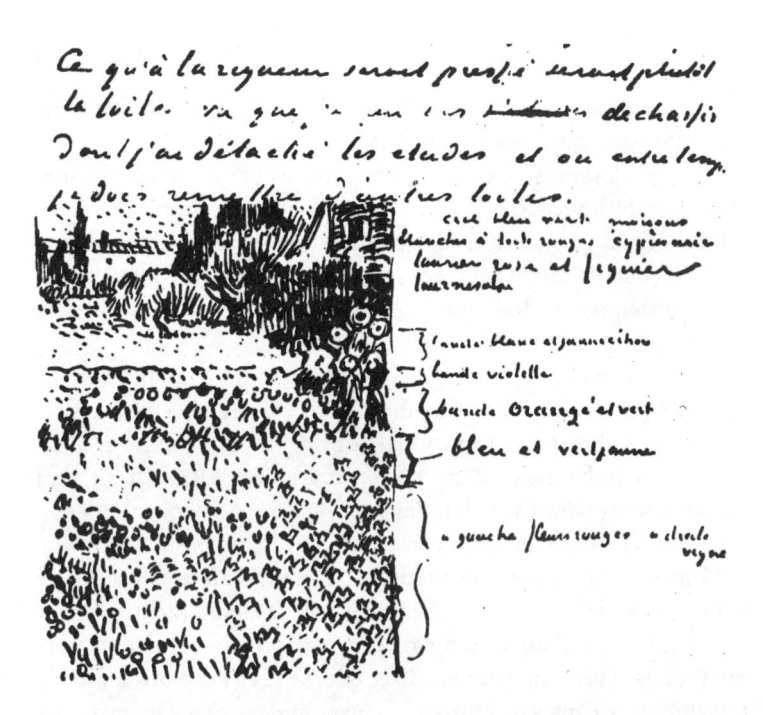

Isto é ser maluco frente ao que *deveríamos ser*.

Mas antes eu me sentia menos *pintor*; a pintura está se tornando para mim uma distração, como a caça aos coelhos é para os malucos que a praticam para se distrair.

A atenção fica mais intensa, a mão mais firme.

É por isto então que eu quase me atrevo a lhe garantir que minha pintura ficará melhor. Pois isso é tudo o que tenho.

Você leu no de Goncourt, que Jules Dupré também lhes parecia um *maluco*?

Jules Dupré tinha encontrado um apreciador que lhe pagava. Se eu pudesse encontrar isso e não viver tanto às suas custas!

Depois da crise que eu tive vindo para cá, não posso mais fazer planos nem nada, estou decididamente melhor agora, mas a *esperança*, *o desejo de chegar* lá se dissiparam e eu trabalho *por necessidade*, para não sofrer tanto moralmente, para me distrair (513).

29 de julho de 1888

Agora você me fala do vazio que às vezes sente, e é exatamente a mesma coisa que eu sinto também.

Consideremos, se você quiser, a época em que vivemos como uma grande e verdadeira renascença da arte, e a tradição carcomida e oficial que ainda está de pé, mas que no fundo é impotente e preguiçosa, os novos pintores sós, pobres, tratados como loucos, e em consequência deste tratamento, ficando realmente loucos ao menos quanto a sua vida social.

Saiba então que você faz exatamente a mesma tarefa que estes pintores primitivos, pois você lhes fornece dinheiro e vende suas telas, o que lhes permite produzir outras. Se um pintor arruína seu caráter trabalhando duro na pintura, que o torna estéril para muitas coisas, para a vida familiar, etc., etc. Se, consequentemente, ele pinta não somente com cores, mas também com abnegação e renúncia, e com o coração partido – o seu trabalho não somente também não é pago, mas também lhe custa, exatamente como para um pintor, essa dissipação meio voluntária, meio fortuita, da personalidade. Tudo isto para lhe dizer que, se você faz pintura *indiretamente*, você é mais produtivo, por exemplo, que eu. Quanto mais você se tornar fatalmente marchand, mais você se tornará artista.

Assim como eu espero estar no mesmo caso... quanto mais fico dissipado, doente, alquebrado, mais também me torno artista, criador, nesta grande renascença da arte da qual falávamos.

Essas coisas, claro, são assim, mas esta arte existindo eternamente, e esta renascença, este broto verde saído das raízes do velho tronco cortado, são coisas tão espirituais, que nos resta uma certa melancolia quando pensamos que com menos despesas poderíamos ter vivido a vida ao invés de viver a arte.

Você deveria, se puder, fazer-me sentir que a arte está viva, você que talvez ame a arte mais que eu.

Digo a mim mesmo que isso não se deve tanto à arte quanto a mim mesmo; que a única maneira de recobrar o equilíbrio e a serenidade é *fazer melhor*.

E eis-nos de volta ao fim de minha última carta, estou me fazendo de velho, não passa de imaginação eu acreditar que a arte é uma velharia. Agora, se você souber o que é uma *mousmé* (Você o saberá quando ler *Madame Chrysanthème* de Loti), acabo de pintar uma.

Gastei toda a semana nisso, não pude fazer nada mais, não estando novamente muito bem. Isso é o que me aborrece, se eu estivesse bem, teria entrementes rabiscado ainda algumas paisagens, mas para fazer direito minha *mousmé* eu tive que poupar minha capacidade mental. Uma *mousmé* é uma menina japonesa – no meu caso, provençal – de doze a catorze anos. Com esta, agora tenho duas figuras: o zuavo e ela...

Recebi de Bernardi dez esboços de seu bordel, existem três que são no estilo de Redon; o entusiasmo que ele tem por isso eu não partilho muito. Mas há uma mulher se lavando, bem rembrandtiana, ou à Goya, e uma paisagem com figuras, muito estranha. Ele me proíbe expressamente de enviá-los a você, mas você os receberá nesta mesma remessa.

Não somente meus quadros, mas sobretudo eu próprio nestes últimos tempos me tornei mais ou menos selvagem como Hugues van der Goes no quadro de Emile Wauters.

Apenas que, tendo cortado cuidadosamente toda minha barba, creio que me pareço tanto com o abade muito calmo no mesmo quadro, quanto com o pintor louco representado tão inteligentemente.

E não me desgosta estar um pouco entre os dois, pois é preciso viver, e sobretudo porque não há como evitar que um dia ou outro possa acontecer uma crise (514).

Começo de agosto

Como a vida é curta e como ela é vã. O que não é razão para desprezar os viventes, ao contrário.

Ademais temos razão em nos ligarmos mais aos artistas que aos quadros...

Agora estou ocupado com um outro modelo: um *carteiro* de uniforme azul engalanado de ouro, grande figura barbuda, muito socrática. Republicano fervoroso como o pai Tanguy. Um homem mais interessante que muita gente...

Vi um efeito magnífico e bem estranho esta tarde. No Ródano, um barco muito grande carregado de carvão atracado ao cais. Visto de cima ele estava todo luzidio e úmido de chuva; a água era de um branco-amarelo e cinza-pérola turvo; o céu lilás e faixa alaranjada no poente; a cidade violeta. No barco, pequenos operários azuis e branco fosco iam e vinham, levando o carregamento para terra. Era puro Hokusai. Estava muito tarde para fazê-lo, mas um dia, quando este barco de carvão voltar, será preciso atacá-lo. Foi num armazém da estrada de ferro que eu vi este efeito, é um lugar que eu acabo de achar e onde haverá ainda muita coisa para fazer (516).

Não há caminho melhor e mais curto para melhorar o trabalho que o de fazer figuras. Ademais, sempre me sinto confiante ao fazer retratos, sabendo ser este trabalho bem mais sério – talvez não seja esta a palavra correta –, mas é o que mais me permite cultivar o que tenho de melhor e de mais sério (517).

Na última semana fiz não só um, mas dois retratos do meu carteiro, um de meio corpo com as mãos, e uma cabeça em tamanho natural. O homenzinho, não aceitando dinheiro, *me saiu mais caro* comendo e bebendo comigo, além do que eu lhe dei a *Lanterna de Rochefort*. Enfim, este é um mal menor e sem importância, levando em conta que ele posou muito bem, e que eu conto pintar também seu recém-nascido dentro em pouco, pois sua mulher acaba de dar à luz...

Hoje provavelmente vou começar o interior do café em que estou hospedado, à noite à luz dos lampiões.

É o que aqui chamam de um "café noturno" (eles são bastante frequentes aqui), que permanece aberto a noite inteira. Os "vadios da noite", portanto, encontram neles um abrigo, quando não têm como pagar um alojamento ou quando estão muito bêbados para ali serem admitidos. Todas essas coisas, família, pátria, talvez sejam mais encantadoras na imaginação de pessoas como nós, que passamos muito bem sem pátria e sem família, do que em qualquer realidade. Parece-me sempre que eu sou um viajante, que está indo a algum lugar, que tem um destino.

Se digo a mim mesmo que este algum lugar, este destino, simplesmente não existe, isso me parece bem razoável e verídico.

O rufião de um bordel, quando atira alguém à porta, tem uma lógica idêntica, também é razoável e sempre tem razão, eu sei. Ademais, ao fim da carreira eu estarei errado. Que seja. Acharei então que não somente as Belas-Artes, mas também todo o resto não eram mais que sonhos, que nós mesmos não éramos absolutamente nada. Se somos *tão leves assim*, melhor para nós, nada se opondo à possibilidade ilimitada de vida futura. Daí que no caso recente da morte de nosso tio, o rosto do morto estava calmo, sereno e grave. Quando é um fato que em vida ele não era nem um pouco assim, nem quando velho, nem quando jovem. Muito frequentemente constatei este efeito, ao olhar um morto como para interrogá-lo. E isto para mim é *uma* prova, e nem a mais séria, de uma existência além-túmulo.

Também uma criança no berço, se a olharmos detidamente, tem o infinito nos olhos. Em suma, eu não sei nada, mas justamente este sentimento de *não saber* torna a vida real que vivemos atualmente comparável a um simples trajeto de trem. Andamos depressa, mas não distinguimos nenhum objeto de muito perto, e sobretudo não conseguimos ver a locomotiva.

É bastante curioso que nosso tio, assim como nosso pai, acreditassem na vida futura. Sem falar de nosso pai, ouvi várias vezes o tio argumentar a respeito.

Ah – ora essa, eles tinham mais certeza que nós, e o garantiam, zangando-se se nos atrevíamos a querer aprofundar a questão.

A *vida futura* dos artistas *através de suas obras*, não vejo grande coisa nisto. Sim, os artistas continuam passando adiante a tocha, Delacroix aos impressionistas, etc. Mas será que isto é tudo?

Se uma boa e velha mãe de família, com ideias bastante limitadas e martirizadas no sistema cristão, fosse imortal assim como o crê, e isto seriamente, e não serei eu a contradizê-la, por que um burro de carga tuberculoso ou nervoso como Delacroix e Goncourt, com ideias amplas, também não o seriam?

Já que parece que justamente as pessoas mais vazias sentem nascer esta esperança indefinível.

Basta. Para que se preocupar? Mas vivendo em plena civilização, em plena Paris e em plenas belas-artes, por que não conservaríamos este *eu* de velha senhora, se as próprias mulheres, sem sua crença instintiva neste *é assim,* não teriam forças para criar e agir?

Os médicos nos dirão então que não somente Moisés, Maomé, o Cristo, Lutero, Bunyan e outros mais eram loucos, mas também Frans Hals, Rembrandt, Delacroix e igualmente todas as boas e velhas senhoras limitadas como nossa mãe.

Ah – é grave isto. Poderíamos perguntar a esses médicos onde estariam então as pessoas razoáveis.

Seriam os rufiões de bordel, que sempre têm razão? É provável. Então, o que escolher? Felizmente não há nenhuma escolha a fazer (518).

O pequeno jardim camponês vertical é, parece-me, o melhor dos três grandes. Aquele com os girassóis é um pequeno jardim de um estabelecimento de banhos; o terceiro jardim, horizontal, é aquele do qual também fiz alguns estudos pintados.
Sob o céu azul, as manchas alaranjadas, amarelas, vermelhas das flores tomam um brilho espantoso, e no ar límpido há um não sei quê de mais feliz e de mais apaixonado que no norte.
Isso vibra como o ramalhete de Monticelli que você tem. Eu me arrependo por não produzir flores aqui. Enfim, mesmo já tendo fabricado aqui uns cinquenta desenhos ou estudos pintados, parece-me não ter feito absolutamente nada. Eu me contentaria de bom grado em não ser mais que um preparador para os outros pintores do futuro que virão trabalhar no Midi.
Agora *A colheita*, *O jardim*, *O semeador* e as duas *Marinas* são esboços feitos a partir de estudos pintados. Acho que todas estas ideias são boas, mas nos estudos pintados falta nitidez no toque. Razão a mais para que eu tenha sentido a necessidade de desenhá-los.
Quis pintar um velho camponês cujas feições eram extremamente parecidas com as de nosso pai. Só que ele era mais comum e beirava a caricatura.
Contudo eu queria fazê-lo exatamente como ele era: como um pequeno camponês.
Ele prometeu vir e em seguida disse que queria o quadro para ele, enfim, que eu teria que fazer dois iguais, um para ele e outro para mim. Disse-lhe que não. Talvez algum dia ele volte...
Por que não conservamos nossas conquistas como o fazem médicos e mecânicos? Quando eles descobrem ou acham algo, conservam este saber, mas nessas artes horríveis esquecemos tudo, não conservamos nada.
Millet nos legou a síntese do camponês e hoje, sim, temos Lhermitte, claro, há ainda alguns outros, Meunier... mas aprendemos hoje mais geralmente a ver os camponeses? *Não*, quase ninguém sabe produzir um.

Será que a culpa não é um pouco de Paris e dos parisienses, inconstantes e traiçoeiros como o mar?

Enfim, você tem toda razão ao dizer: sigamos nosso caminho tranquilamente, trabalhando para nós mesmos. Sabe, independentemente do sacrossanto impressionismo, ainda assim eu gostaria de fazer coisas que a geração *anterior*, Delacroix, Millet, Rousseau, Diaz, Monticelli, Isabey, Decamps, Dupré, Jongkind, Ziem, Israëls, Meunier, e muitos outros, Corot, Jacques, etc., pudesse compreender.

Ah, Manet esteve bem perto, e também Courbet, de casar a forma com a cor. Eu por mim gostaria muito de ficar quieto por uns dez anos, não fazendo mais que estudo, e depois fazer um ou dois quadros de figuras. O velho plano tão recomendado e tão raramente executado.

Se os desenhos que eu lhe envio são muito duros, é porque os fiz de maneira a poder mais tarde, se eles se conservarem, utilizá-los como referência para a pintura.

Este pequeno jardim camponês vertical é, ao natural, soberbo em cores; as dálias são de um púrpura rico e escuro, a dupla fileira de flores é rosa e verde de um lado, e laranja quase sem verdura do outro. Ao meio uma dália branca e uma pequena romeira com flores do mais resplandecente laranja-vermelho e frutas verde-amarelas. O solo cinza, os altos caniços de um verde-azulado, as figueiras esmeralda, o céu azul, as casas brancas com janelas verdes e telhados vermelhos, a manhã cheia de sol, a tarde inteiramente banhada de sombras lançadas, projetadas pelas figueiras e pelos caniços.

Se Quost estivesse lá, ou Jeannin! Que você quer, para fazer tudo seria preciso uma escola inteira de pessoas trabalhando juntas na mesma região, complementando-se como os velhos holandeses, retratistas, pintores de gênero, pintores de paisagens, pintores de animais, pintores de naturezas-mortas...

Aqui, nos dias de penúria, há apenas uma vantagem sobre o norte, o bom tempo (pois até o mistral é *ver* tempo bom). Um sol bem glorioso, em que Voltaire se esquentou bebendo seu café. Sem querer sentimos Zola e Voltaire por toda parte. É tão vivo como um Jan Steen, um Ostade.

Certamente haveria possibilidades para uma escola de pintura aqui, mas você diria que a natureza é bela em qualquer lugar, se nela mergulharmos com suficiente profundidade...

Vi no jardim de um camponês uma figura de mulher esculpida em madeira, proveniente da proa de uma nau espanhola.

Ela se encontrava num bosquezinho de ciprestes e era puro Monticelli.

Ah! estes jardins das granjas com suas grandes e belas rosas da Provence, vermelhas, e as vinhas, as figueiras! É muito poético, e o eterno sol forte, apesar do qual o verde continua muito verde.

E a cisterna de onde vem uma água clara, que irriga a granja através de regos, formando um pequeno sistema de canalização. Um velho cavalo da Camargue todo branco faz o sistema funcionar.

Nada de vacas nessas pequenas granjas.

Mas aqui, granja e espelunca noturna são menos lúgubres, menos dramáticas que no norte, pois o calor, etc., tornam a pobreza menos dura e melancólica.

Trabalhei de novo numa figura de zuavo sentado num banco contra uma parede branca; com esta, estou na quinta figura.

Esta manhã fui a um lavadouro onde havia figuras de mulher de formas tão largas quanto as Negras de Gauguin, especialmente uma vestida de branco-preto-rosa, e uma outra, bem jovem, toda em amarelo. Eram bem umas trinta, velhas e jovens (519).

Em breve você conhecerá o senhor Patience Escalier, espécie de homem com enxada, velho boiadeiro da Camargue, atualmente jardineiro numa herdade da Crau.

Hoje mesmo eu lhe envio o desenho que fiz a partir desta pintura, assim como o retrato do carteiro Roulin.

A cor deste retrato de camponês é menos escura que os comedores de batata de Nuenen – mas o muito civilizado parisiense *Portier*, provavelmente assim chamado porque atira todos os quadros porta afora,[21] vai dar com a cara no mesmo problema. Desde então você mudou, mas você verá que ele não mudou, e realmente é pena que não haja em Paris mais quadros de *tamancos*. Não acho que o meu camponês faça má figura frente, por exemplo, ao Lautrec que você tem, e inclusive atrevo-me a acreditar que o Lautrec ficará, por contraste simultâneo, ainda mais distinto, e que o meu

---

21. Aqui Van Gogh faz um jogo de palavras com o nome do marchand Portier, palavra que literalmente significa porteiro. (N.T.)

ganhará com esta estranha aproximação, pois sua qualidade ensolarada e ardente, crestada pelo grande sol e pelo ar puro se manifestará melhor ao lado do pó de arroz e das roupas elegantes.

Que engano os parisienses não terem tomado gosto pelas coisas rudes, pelos Monticelli, pela barbotina. Enfim, sei que não devemos desanimar só porque a utopia não se realiza.

Só que eu acho que o que eu aprendi em Paris *se esvai*, e estou voltando às ideias que me surgiram no campo, antes de conhecer os impressionistas.

Eu não ficaria muito impressionado se dentro em pouco os impressionistas encontrassem o que censurar em minha maneira de fazer, que foi fecundada mais pelas ideias de Delacroix que pelas suas.

Pois, em vez de procurar representar exatamente o que tenho sob os olhos, sirvo-me mais arbitrariamente da cor para me exprimir com força.

Enfim, deixemos isto em paz enquanto teoria, mas vou lhe dar um exemplo do que quero dizer.

Eu gostaria de fazer o retrato de um amigo artista, que tem grandes sonhos, que trabalha assim como o rouxinol canta, porque esta é sua natureza. Este homem será loiro. Eu queria colocar no quadro meu apreço, o amor que tenho por ele.

Eu o pintarei portanto tal como ele é, o mais fielmente possível para começar.

Mas o quadro não termina assim. Para terminá-lo, vou ser agora um colorista arbitrário.

Vou exagerar o loiro de sua cabeleira, chegarei aos tons alaranjados, aos cromos, ao limão pálido.

Atrás da cabeça, em vez de uma parede banal do mesquinho apartamento, pinto o infinito, faço um fundo simples com o azul mais rico, mais intenso que eu possa criar, e por esta simples combinação da cabeça loira clareada sobre este fundo em rico azul, obtenho um efeito misterioso como a estrela no anil profundo.

Também no retrato do camponês procedi desta forma. Sem, contudo, neste caso, querer evocar o brilho misterioso de uma pálida estrela no infinito. Mas sim supondo o homem terrível que eu tinha que fazer em pleno calor da colheita, em pleno Midi. Daí os laranjas fulgurantes como o ferro abrasado, daí os tons de ouro velho luminoso em meio às trevas.

Ah, meu caro irmão... e as pessoas honradas não verão nesta exageração nada mais que uma caricatura. Mas que importa? Nós lemos *A terra* e *Germinal,* e ao pintarmos um camponês, gostaríamos de mostrar que esta leitura acabou por se incorporar a nós.

Não sei se poderei pintar o carteiro *como o sinto*; este homem enquanto revolucionário é como o pai Tanguy; provavelmente é considerado um bom republicano, pois detesta cordialmente a república que desfrutamos, e porque afinal duvida um pouco e está um pouco desencantado com a própria ideia republicana.

Mas certo dia eu o ouvi cantando *A Marselhesa,* e pensei estar em 89, não no ano que vem, mas há noventa e nove anos. Era um Delacroix, um Daumier, um velho e puro holandês.

Infelizmente isso tudo não posa, e no entanto seria necessário um modelo inteligente para poder fazer o quadro.

Devo dizer-lhe agora que estes dias estão sendo materialmente muito difíceis.

A vida aqui é muito cara, independente do que eu faça, mais ou menos como em Paris, onde gastando cinco ou seis francos por dia não se tem muita coisa.

Tenho modelos, consequentemente, sofro bastante.

Pouco importa, continuo assim mesmo.

Também posso lhe garantir que se por acaso você me enviasse um pouco mais de dinheiro, isto faria bem para os quadros, mas não para mim. Só me resta a escolha entre ser um bom pintor ou um mau pintor. Escolhi a primeira alternativa. Mas as necessidades da pintura são como as de uma amante ruinosa, não se consegue fazer nada sem dinheiro, e nunca se tem o suficiente.

Além do mais, a pintura deveria ser feita às expensas da sociedade, e não de artistas sobrecarregados.

Mas, aí está, não podemos falar nada, pois *ninguém nos obriga a trabalhar,* a indiferença pela pintura sendo fatalmente bastante generalizada, quase eternamente.

Felizmente meu estômago se restabeleceu a tal ponto, que eu vivi três semanas deste mês à base de biscoitos de marinheiro, leite e alguns ovos.

É o calor que restitui minhas forças, e com certeza não foi um erro vir *agora* para o Midi, em vez de esperar até que o mal fosse irreparável. Sim, agora estou tão bem quanto qualquer um, o que só me aconteceu momentaneamente em Nuenen, por exemplo, e isso não é nada desagradável. Por qualquer um entendo gente como os trabalhadores grevistas das terraplanagens, o pai Tanguy, o pai Millet, os camponeses.

Estando bem, é preciso conseguir viver com um pedaço de pão, trabalhando o dia inteiro, e ainda ter forças para fumar e beber um trago, o que é necessário nestas condições. E sentir ainda assim, claramente no alto, as estrelas e o infinito. A vida torna-se então, apesar de tudo, quase encantada. Ah! os que não acreditam no sol daqui são bem ímpios.

Infelizmente, ao lado do bom deus sol, na maior parte do tempo há este diabo de *mistral*.

O correio de sábado – valha-me Deus! – já passou, e eu estava certo de receber sua carta; mas você vê que eu não estou me perturbando (520).

O que Gruby diz, privar-se de mulheres e alimentar-se bem, é uma verdade, isso faz bem, e se, trabalhando com a cabeça, gastamos o cérebro e a medula, é muito lógico que não nos desperdicemos fazendo amor mais que o necessário.

Mas isto é mais fácil de se praticar no campo que em Paris.

O desejo por mulheres que contraímos em Paris não seria um pouco o resultado da própria doença nervosa da qual Gruby é o inimigo declarado, mais que um sintoma de vigor?

Ademais vemos este desejo desaparecer justamente no momento em que nos restabelecemos. A raiz do mal encontrando-se na própria constituição física, na fatal debilitação das famílias de geração em geração, na profissão ruim, aliás, e na triste vida em Paris, a raiz do mal certamente continua aí, e não poderíamos curá-la.

Este restaurante em que estou é bem curioso, é inteiramente cinza, o assoalho é de betume cinza como uma calçada, papel cinza nas paredes. Persianas verdes sempre fechadas, uma grande cortina verde frente à porta sempre aberta, impedindo a poeira de entrar.

Isso já é de um cinza Velásquez – como nas *Fiandeiras* –, não falta nem mesmo o raio de sol muito fino e muito violento através de uma persiana, como aquele que atravessa o quadro de V. Mesinhas com toalhas brancas, naturalmente. E, depois, atrás desse aposento cinza-Velásquez, percebe-se a antiga cozinha, limpa como uma cozinha holandesa, assoalho de lajotas muito vermelhas, legumes verdes, armários de carvalho, fogão de cozinha com os cobres luzentes, de ladrilhos azuis e brancos, e o grande fogo laranja-claro. E ainda há duas mulheres que servem, igualmente em cinza, mais ou menos como o quadro de Prévost que você tem em casa, bem comparável sob todos os aspectos.

Na cozinha uma velha mulher e uma servente baixinha e gorda, também em cinza, preto, branco. Não sei se estou descrevendo de forma suficientemente clara, mas isso é o que vi de puro Velásquez aqui.

Na frente do restaurante um pátio coberto, calçado com lajotas vermelhas, e nos muros, vinhas, convolvuláceas e trepadeiras.

Isso ainda é de um verdadeiro provençal antigo, enquanto que os outros restaurantes são tão à moda de Paris, *que mesmo não tendo nenhum tipo de porteiro* ainda assim têm uma portaria e a tabuleta "dirija-se ao porteiro".

Portanto, nem sempre tudo é deslumbrante. Também vi um estábulo com quatro vacas café com leite e um bezerro da mesma cor; o estábulo branco-azul forrado de teias de aranha, as vacas muito limpas e muito bonitas, um grande cortinado verde contra a poeira e as moscas na porta de entrada.

Cinza também, cinza-Velásquez!

Era tao calmo – este café com leite e havana da pelagem das vacas com o suave branco-cinza azulado das paredes, o tapete verde-amarelo e cintilante do exterior ensolarado fazendo-lhe uma oposição deslumbrante. Como você vê, há muita coisa por fazer além do que já fiz.

Tenho que ir trabalhar. Vi de novo uma coisa muito calma e muito bonita outro dia, uma jovem moça de tez café com leite – se bem me lembro –, cabelos cinzentos, olhos cinzas, corpete de índia rosa pálido, sob o qual se viam os seios erguidos, duros e pequenos. Isto contra o verdor esmeralda das figueiras. Uma mulher bem rústica, grande ar virginal.

Não é totalmente impossível que eu a faça posar ao ar livre, assim como sua mãe – jardineira – cor de terra, que estava então de amarelo fosco e azul desbotado.

A tez café com leite da mocinha era mais escura que o rosa do corpete.

A mãe estava surpreendente, sua figura amarelo fosco e azul desbotado se destacava em pleno sol contra um canteiro de flores resplandecentes, branco-neve e limão. Portanto, um puro Vermeer de Delft. Não é nada feio o Midi (521).

Agora temos aqui um glorioso calor forte e sem vento, que faz bem o meu gênero. Um sol, uma luz, que, na falta de algo melhor, só posso chamar de amarelo, amarelo-enxofre pálido, limão pálido ouro. Como é belo o amarelo! E como verei melhor o norte...

Quanto aos estudos, tenho dois de cardos num terreno baldio, cardos brancos da fina poeira do caminho.

A seguir, um pequeno estudo de um albergue de estrada, carruagens vermelhas e verdes; também um pequeno estudo dos vagões do Paris-Lyon-Mediterrâneo; os dois últimos estudos tendo sido aprovados como bem no tom moderno, pelo jovem êmulo do intrépido general Boulanger, o muito brilhante alferes zuavo. Este valoroso militar abandonou a arte do desenho em cujos mistérios eu me esforçava por iniciá-lo, mas por um motivo plausível, pois inopinadamente teve que fazer um exame, para o qual receio que ele estivesse pouco mais que despreparado.

Supondo que o jovem francês supracitado esteja dizendo a verdade, ele teria surpreendido seus examinadores pela firmeza de suas respostas, firmeza esta que ele teria consolidado na véspera do exame, passada num bordel...

Você recebeu os desenhos dos jardins e os dois desenhos de figura? Acho que o quadro da cabeça do velho camponês tem cores tão estranhas quanto *O semeador*, mas *O semeador* é um fracasso, e a cabeça do camponês é mais que isto. Ah, esta eu enviarei sozinha, tão logo esteja seca, e porei uma dedicatória para você (522).

Ficar despreocupado, esperar que um dia ou outro nos livremos da miséria, pura ilusão! Eu me daria por feliz em trabalhar por uma pensão não mais que suficiente, e por minha tranquilidade em meu ateliê toda minha vida.

Pois bem, se repito ainda uma vez que me é absolutamente inerente fixar-me em Pont-Aven ou em Arles, proponho-me a ser inflexível quanto a instalar um ateliê fixo, e morar nele e não em hospedarias.

Se você for bondoso o bastante para dar-nos, a Gauguin e a mim, as condições de nos instalarmos aqui, só posso lhe dizer que se não aproveitarmos esta ocasião para nos livrarmos dos senhorios, estaremos jogando fora todo o seu dinheiro e toda nossa possibilidade de resistir ao cerco da miséria...

Receio que não terei um modelo bem bonito de mulher; ela tinha prometido, mas depois – ao que parece – ganhou alguns cobres fazendo a farra e achou mais o que fazer.

Ela era extraordinária, o olhar era como o de Delacroix, e uma feição bizarra, primitiva. Levo as coisas com paciência, na falta de outro modo de suportá-las, mas esta contínua contrariedade com os modelos é bem irritante. Espero fazer esses dias um estudo de loureiros-rosa. Se pintássemos polidamente como Bouguereau, as pessoas não teriam vergonha de se deixar pintar; mas creio que o fato de acharem que o que eu faço é "malfeito", *que não é mais que quadros cheios de pintura*, me fez perder muitos modelos. Então as honradas putas têm medo de se comprometer e de que zombem de seus retratos. E há com o que quase se desanimar, quando sentimos que poderíamos fazer tantas coisas se as pessoas tivessem um pouco mais de boa vontade. Não posso me resignar a dizer que "as uvas estão verdes", não me consolo por não ter mais modelos.

Enfim, é preciso ter paciência e voltar a procurar outros.

E se, quando jovens, podemos acreditar que pelo trabalho assíduo podemos satisfazer nossas necessidades, isto atualmente torna-se cada vez mais duvidoso. Disse de novo a Gauguin, em minha última carta, que se pintássemos como Bouguereau poderíamos esperar ganhar alguma coisa, mas que o público jamais mudará, e só gosta de coisas suaves e polidas. Tendo um talento mais austero, não se deve contar com o produto do próprio trabalho; a maioria das pessoas inteligentes o suficiente para compreender e gostar dos quadros impressionistas são e continuarão a ser pobres demais para comprá-los. Será que G. ou eu trabalharemos menos só por causa disto? Não – mas seremos obrigados a aceitar a pobreza e o isolamento social como coisas inerentes. E, para começar, instalemo-nos onde a vida for mais barata. Tanto melhor se o sucesso vier, tanto melhor se algum dia pudermos viver mais folgadamente.

O que me toca o coração na obra de Zola é esta figura de Bongrand-Jundt.

É tão verdadeiro o que ele diz: "Acreditam, infelizes, que quando o artista conquistou seu talento e sua reputação, passa a

> *Je ne m'en ferais pas de mauvais sang dans ce cas*
>
> *Je travaille dans ce moment à une étude comme ça des bateaux vu d'en haut d'un quai les deux bateaux sont d'un rose violacé l'eau est très verte pas de ciel un drapeau incolore au mât*

estar ao abrigo? Pelo contrário, a partir de então fica-lhe proibido produzir algo que não seja totalmente bom. Sua própria reputação o obriga a cuidar tanto mais de seu trabalho quanto as chances de venda se rarefazem. Ao menor sinal de fraqueza toda a malta invejosa lhe cai em cima e destrói exatamente essa reputação e essa fé, que um público inconstante e traiçoeiro momentaneamente teve nele".

Mais forte que isto é o que diz Carlyle:

"Conheceis aqueles vagalumes que no Brasil são tão luminosos, que à noite as damas os fincam com alfinetes em suas cabeleiras; a glória é muito boa, mas, vede, ela é para o artista o que o alfinete é para esses insetos.

"Quereis triunfar e brilhar; sabeis exatamente o que estais desejando?"

Ora, eu tenho horror ao sucesso, receio a ressaca de um sucesso dos impressionistas, os dias já difíceis de hoje nos parecerão mais tarde ter sido "os bons tempos".

Pois bem, G. e eu temos que nos prevenir, temos que trabalhar para ter um telhado sobre a cabeça, camas, enfim, o indispensável para aguentar o cerco do fracasso, que durará por *toda nossa existência*, e temos de nos fixar no lugar mais barato. Só então teremos a tranquilidade necessária para produzir bastante, mesmo vendendo pouco ou não vendendo nada...

Concluo: viver mais ou menos como monges ou eremitas, tendo o trabalho como primeira paixão, com a resignação do bem-estar.

A *natureza, o bom tempo* daqui são a vantagem do Midi. Mas acredito que Gauguin jamais renunciará à batalha parisiense, ele a deseja demais, e acredita mais que eu num sucesso duradouro. Isto não me fará nenhum mal, pelo contrário, eu me desespero demais, talvez. Deixemos-lhe portanto esta ilusão, mas saibamos que o que sempre lhe será necessário é a moradia, o pão cotidiano e as cores. Este é o seu calcanhar de Aquiles, e é porque agora ele se endivida, que ele terminará derrotado de antemão.

Correndo em sua ajuda, nós mesmos lhe tornamos a vitória parisiense de fato possível.

Se eu tivesse as mesmas ambições que ele, provavelmente não combinaríamos. Mas não me interessam nem o meu sucesso, nem a minha felicidade, interessa-me a permanência dos empreendimentos enérgicos dos impressionistas, interessa-me esta questão de abrigo e do pão cotidiano deles. E acho um crime eu ter tudo isto quando com a mesma quantia dois poderiam viver.

Quando se é um pintor, passa-se ou por louco, ou por milionário; uma xícara de leite custa-lhe um franco, um pão com manteiga, dois, e os quadros não se vendem. Eis por que é preciso que nos associemos como faziam os antigos monges, os frades da vida comum de nossas charnecas holandesas. Já percebo que Gauguin espera o sucesso, ele não poderia privar-se de Paris, não prevê o quão *infinita* é a penúria. Você pode perceber, nestas circunstâncias, o quanto me é indiferente ficar aqui ou ir-me embora. É preciso deixá-lo lutar sua batalha, aliás, ele a vencerá. Muito longe de Paris ele se acharia inativo, mas guardemos para nós a absoluta indiferença quanto ao sucesso ou quanto ao fracasso. Eu tinha começado a assinar minhas telas, mas logo parei com isto, pareceu-me demasiada besteira. Numa marina há uma assinatura vermelha muito exorbitante, porque eu queria colocar uma nota vermelha no verde. Enfim, você logo as verá. Fim de semana será um pouco duro, espero portanto receber sua carta preferivelmente um dia antes que um dia depois (524).

15 de agosto de 1888

    Guardei comigo o grande retrato do carteiro, e esta cabeça que lhe envio foi *uma única* sessão.

    Pois bem, este é o meu forte, fazer um homem toscamente numa única sessão. Se eu pudesse, meu caro irmão, faria sempre assim, beberia com o primeiro que aparecesse e o pintaria, e não em aquarela, mas a óleo, sessão corrida, feito Daumier.

    Se eu fizesse cem assim, entre eles haveria alguns bons. E eu seria mais francês e mais *eu*-mesmo, e beberia mais. Isto me tenta tanto, não a bebida, mas a pintura de vagabundo. Assim fazendo, será que eu ganharia tanto como artista quanto perderia como homem? Se eu acreditasse nisso eu seria um maluco famoso, agora não sou um dos famosos; mas, como você pode ver, não tenho suficiente ambição por este tipo de glória para pôr lenha nesta fogueira. Prefiro esperar a próxima geração, que fará com os retratos o que Claude Monet faz com as paisagens; ricas e geniais no estilo de Guy de Maupassant.

    Pois eu sei que não sou um deles, mas os Flaubert e os Balzac não geraram os Zola e os Maupassant? Vivas pois, não para nós, mas para a próxima geração. Você conhece pintura o bastante para ver e apreciar o que eu possa ter de original, e também para poder perceber a inutilidade de apresentar o que eu faço ao público de hoje, já que os outros me superam em nitidez de toque. Isto se deve mais ao vento e outras circunstâncias, que ao que eu seria capaz sem o mistral e sem as circunstâncias fatais de uma juventude que se evaporou, de uma relativa pobreza (525).

    Estou pintando com o ardor de um marselhês comendo *bouillabaisse*,[22] o que não deve impressioná-lo, já que se trata de pintar grandes girassóis.

    Estou com três telas em andamento: 1ª) três grandes flores num vaso verde, fundo claro, tela de 15; 2ª) três flores, uma em broto e desfolhada e um botão sobre fundo azul real, tela de 25; 3ª) doze flores e botões num vaso amarelo (tela de 30). A última, portanto, é claro sobre claro e será a melhor, espero. Provavelmente não ficarei nisto. Na esperança de viver num ateliê nosso com G.,

---

22. *Bouillabaisse*, espécie de caldeirada de frutos do mar, prato típico da região de Marselha. (N.T.)

eu gostaria de fazer uma decoração para o ateliê. Nada além de grandes girassóis. Ao lado de sua loja, no restaurante, você sabe que há uma decoração muito bonita com flores, eu sempre me lembro do grande girassol da vitrine.

Enfim, se executar este plano, terei uma dúzia de painéis. O conjunto será, portanto, uma sinfonia em azul e amarelo. Estou trabalhando nisto todas estas manhãs, desde o nascer do sol, pois as flores murcham depressa e é preciso fazer o conjunto de um só traço.

Começo a gostar cada vez mais do Midi.

Estou com mais um estudo em andamento, de cardos empoeirados com um inumerável enxame de borboletas brancas e amarelas.

Fiquei novamente sem modelos, que esperava conseguir estes dias.

Tenho um monte de ideias para novas telas. Voltei a ver hoje aquele mesmo barco de carvão sendo descarregado pelos operários, do qual eu já lhe havia falado, no mesmo lugar dos barcos de areia dos quais eu lhe enviei um desenho. Seria um excelente tema. Só que cada vez mais estou começando a buscar uma técnica simples, que talvez não seja impressionista. Gostaria de pintar de maneira que, a rigor, qualquer pessoa que tenha olhos possa ver claro (526).

Você poderia pedir a Tasset sua opinião sobre a seguinte questão? A mim me parece que quanto mais finamente for moída uma cor, mais ela fica saturada de óleo. Ora, não é preciso dizer que não apreciamos muito o óleo.

Se pintássemos como o sr. Gérôme e os outros ilusionistas fotográficos, sem dúvida pediríamos cores moídas bem fino. Ao contrário, não achamos propriamente detestável que a tela tenha um aspecto rude. Portanto, se em vez de moermos a cor na pedra durante sabe-se lá quantas horas, a moêssemos o tempo exato para torná-la manipulável, sem nos preocuparmos tanto com a fineza do grão, teríamos cores mais frescas, que talvez escurecessem menos. Se ele quiser fazer a experiência com os três cromos, o véronèse, o vermelhão, o laranja, o cobalto, o ultramar, tenho quase a certeza que por muito menos dinheiro teremos cores mais frescas e mais duráveis. E a que preço? Tenho certeza que isto pode ser feito.

Provavelmente com os garanças, o esmeralda, que são transparentes, também.

Estou agora no quarto quadro de girassóis.

Este quarto é um ramalhete de catorze flores e tem um fundo amarelo, igual a uma natureza-morta de gamboas e limões que eu fiz há algum tempo.

Só que é muito maior, produz um efeito bem singular, e acho que desta vez foi pintado com maior simplicidade que as gamboas e os limões.

Você se lembra que um dia vimos no palácio Drouot um Manet bem extraordinário, algumas peônias cor-de-rosa grandes com suas folhas verdes sobre um fundo claro? Tão vivas e tão *flores* quanto qualquer uma, e contudo pintadas em plena pasta sólida, e não como um Jeannin.

Eis o que eu chamaria de simplicidade de técnica. E devo dizer que nestes últimos dias tenho me esforçado em fazer um trabalho com pincel sem pontilhados ou outras coisas, sem nada além de um toque variado. Mas um dia você o verá.

Que pena que a pintura custe tão caro. Esta semana eu tive o suficiente para me incomodar menos que as outras, portanto eu me soltei; eu teria gasto a nota de cem numa única semana, mas ao fim teria meus quatro quadros, e mesmo se acrescentasse o preço de toda a cor que usei, a semana não teria sido um fracasso. Acordei todos os dias bem cedo, almocei e jantei bem, pude trabalhar assiduamente, sem fraquejar. Mas aí está, vivemos numa época em que o que fazemos não tem valor; não somente não vendemos, mas como você pode ver com Gauguin, se quisermos fazer empréstimos garantidos pelos quadros produzidos, nada conseguiremos, por mais insignificante que seja a quantia e por mais importantes que sejam os trabalhos. E assim é que somos abandonados a nossa própria sorte. E receio que, em toda nossa vida, isso não mudará nem um pouco. Oxalá consigamos preparar uma vida melhor aos pintores que nos seguirão, já seria alguma coisa.

Contudo a vida é curta, especialmente os anos em que nos sentimos fortes o suficiente para enfrentar tudo.

Enfim, é de se recear que, tão logo a nova pintura seja apreciada, os pintores se embotem.

Em todo caso, o que é positivo é que não somos nós os de agora que somos a decadência. Gauguin e Bernard falam agora em fazer "pintura de criança". Prefiro isto que a pintura dos decadentes. Como se explica que as pessoas vejam no impressionismo algo de decadente? Na verdade é exatamente o contrário (527).

A pintura, no estado em que se encontra, promete tornar-se mais sutil – mais música e menos escultura –, enfim, promete a *cor*. Contanto que ela cumpra esta promessa...

Os girassóis avançam, há um ramalhete novo de catorze flores sobre fundo amarelo-verde, portanto, exatamente o mesmo efeito – mas em maior formato, tela de 30 – que uma natureza-morta de gamboas e limões que você já tem, mas nos girassóis a pintura é mais simples. Você se lembra que um dia nós vimos no palácio Drouot um ramalhete de peônias de Manet? As flores cor-de-rosa, as folhas muito verdes, pintadas em plena pasta e não com veladuras como os de Jeannin, destacando-se, acho, sobre um simples fundo branco.

Está aí uma coisa bem íntegra.

Quanto ao pontilhado, para aureolar ou outra coisa, acho isso uma verdadeira descoberta; mas já é de se prever que esta técnica, assim como qualquer outra, tornar-se-á um dogma universal. Razão a mais pela qual a grande *Gamela* de Seurat, as paisagens com grandes pontilhados de Signac, o barco de Anquetin, com o tempo tornar-se-ão ainda mais pessoais, ainda mais originais...

Consegui dois modelos esta semana: uma arlesiana e o velho camponês que desta vez estou fazendo contra um fundo laranja vivo que, embora não tenha a pretensão de reproduzir a ilusão de um pôr do sol vermelho, ainda assim talvez seja uma sugestão.

Infelizmente receio que a pequena arlesiana vá me enganar para o resto do quadro. Candidamente, da última vez que ela veio, pediu-me adiantado o dinheiro que eu lhe havia prometido para todas as poses, e como eu não pusesse nisso nenhuma dificuldade, ela se mandou sem que eu tornasse a vê-la.

Enfim, um dia ou outro ela há de voltar, seria um pouco forte demais se ela sumisse de vez.

Também estou com um ramalhete em andamento, e ainda uma natureza-morta com um par de velhos sapatos (529).

1º de setembro de 1888

Sinto que mesmo agora eu poderia ser um pintor totalmente diferente, se fosse capaz de superar o problema dos modelos, mas também sinto a possibilidade de me entorpecer e de deixar passar a época da potência de produção artística, assim como ao longo da vida perdemos os culhões...

Envio-lhe hoje três volumes de Balzac, são um pouco velhos, etc., mas um Daumier ou um de Lemud não ficam mais feios só porque pertencem a uma época que já não existe mais. Enfim, estou lendo neste momento *O imortal*, de Daudet, que acho *muito bonito*, mas bem pouco consolador.

Acho que serei obrigado a ler um livro sobre caçadas de elefantes, ou um livro absolutamente mentiroso de aventuras categoricamente impossíveis de Gustave Aimard, por exemplo, para fazer passar a aflição em que *O imortal* vai me deixar. Justamente porque é tão belo e tão verdadeiro ao fazer-nos sentir o nada do mundo civilizado. Devo dizer contudo que prefiro como força real seu *Tartarin*. Cumprimente a irmã e mais uma vez obrigado por sua carta (530).

Ontem passei novamente o dia com aquele belga, que também tem uma irmã nos vintistas. O tempo não estava bom, mas era um belo dia para conversar; passeamos e também vimos novamente coisas bem bonitas nas corridas de touro e fora da cidade. Falamos mais seriamente do plano de, se eu conservar um canto no Midi, ele estabelecer um tipo de base na região das minas de carvão. E então Gauguin e eu poderíamos, no caso em que a importância de um quadro justificasse a viagem, mudar de lugar, ficando ora no norte, mas em região conhecida em que tivéssemos um amigo, ora no Midi.

Você o verá em breve, este moço de fisionomia dantesca, pois ele irá a Paris, e hospedando-o – se houver lugar – você lhe fará um grande bem; ele tem uma aparência bem distinta, e acredito que também chegará a sê-lo em seus quadros.

Ele gosta de Delacroix, e conversamos bastante a respeito de Delacroix ontem, justamente ele conhecia o esboço violento da *Barca de Cristo*. Pois bem, graças a ele, tenho enfim um primeiro esboço daquele quadro com o qual sonho há muito tempo: o poeta. Ele posou para mim. Sua cabeça fina com os olhos verdes se destaca em meu retrato contra um céu estrelado ultramar profundo; a roupa é um casaco amarelo, uma gola de pano cru, uma gravata colorida. Ele me deu duas sessões num único dia.

Mandei fazer duas molduras de carvalho para minha nova cabeça de camponês e para meu estudo do *Poeta*. Ah! meu caro irmão, às vezes sei tão bem o que quero! Posso muito bem na vida e também na pintura me privar de Deus, mas não posso, sofrendo, privar-me de algo maior que eu, que é minha vida, a potência de criar.

E se, frustrados nesta potência fisicamente, procuramos criar pensamentos em vez de criar crianças, continuamos contudo a fazer parte da humanidade.

E num quadro eu gostaria de dizer algo consolador como uma música. Gostaria de pintar homens ou mulheres com aquele não sei quê de eterno, do qual outrora a auréola era o símbolo, e que procuramos através da própria irradiação, da vibração de nossos coloridos.

O retrato assim concebido não se torna um Ary Scheffer só porque tem atrás um céu azul como no *Santo Agostinho*. Pois, colorista, Ary Scheffer o é muito pouco.

Mas estaria mais de acordo com o que Eugène Delacroix buscou e encontrou em seu *Tasso na prisão* e tantos outros quadros representando um homem *real*. Ah, o retrato, o retrato com o pensamento, a alma do modelo, isso me parece tanto ter que vir! O belga contou que eles têm em casa um Groux, o esboço do *Bénédicité* do museu de Bruxelas...

Assim continuo sempre entre duas correntes de ideias. A primeira: as dificuldades materiais, virar e tornar a se virar para se sustentar. A seguir: o estudo da cor. Continuo a ter sempre a esperança de encontrar aí mais alguma coisa. Exprimir o amor de dois namorados pelo casamento de dois complementares, sua combinação e suas oposições, as vibrações misteriosas dos tons aproximados. Exprimir o pensamento de uma cabeça pela irradiação de um tom claro num fundo escuro.

Exprimir a esperança por alguma estrela. O ardor de um ser pelo brilho de um pôr de sol. Certamente não se trata aqui de ilusão realista, mas não são coisas que realmente existem? (531).

8 de setembro de 1888

Enfim, para grande júbilo do senhorio, do carteiro que eu já pintei, dos vagabundos visitantes noturnos e de mim mesmo, passei três noites pintando, e dormindo durante o dia. Frequentemente me parece que a noite é bem mais viva e ricamente colorida que o dia. Agora, quanto a recuperar o dinheiro pago ao senhorio por minha pintura, não insistirei, pois o quadro é um dos mais feios que eu já fiz. Ele é equivalente, embora distinto, aos comedores de batata.

Procurei exprimir com o vermelho e o verde as terríveis paixões humanas.

A sala é vermelho-sangue e amarelo-surdo, um bilhar verde ao meio, quatro lâmpadas amarelo-limão com brilho laranja e verde. Em todos os lugares um combate e uma antítese entre os mais diversos verdes e vermelhos, nos personagens dos pequenos vadios dormindo; na sala vazia e triste, o violeta e o azul.

O vermelho-sangue e o verde-amarelo do bilhar, por exemplo, contrastam com o verdinho tênue Luís XV do balcão, onde há um ramalhete rosa.

As roupas brancas do patrão, velando num canto desta fornalha, tornam-se amarelo-limão, verde pálido e luminoso...

Deu-me um grande prazer saber que Pissarro viu algo na *Jovem moça*. Pissarro disse algo sobre *O semeador*? Mais tarde, quando eu tiver levado mais adiante estas pesquisas, *O semeador* sempre será o primeiro ensaio deste gênero. O *Café noturno* continua *O semeador*, assim como a cabeça do velho camponês e do poeta, se conseguir fazer este último quadro.

Não é uma cor localmente verdadeira do ponto de vista realista do ilusionismo, mas uma cor que sugere uma emoção qualquer de um temperamento ardente.

Quando Paul Mantz viu, na exposição que vimos nos Champs Élysées, o esboço violento e exaltado de Delacroix: *A barca de Cristo*, ele se comoveu e exclamou em seu artigo: "Eu não sabia que se podia ser tão terrível com o azul e o verde".

Hokusai faz lançarmos a mesma exclamação, mas por suas *linhas*, seu *desenho*; quando você diz em sua carta: essas ondas são *garras*, a nau está presa nelas, podemos senti-lo.

Pois bem, se fizéssemos cores totalmente fiéis, ou desenhos totalmente fiéis, não produziríamos estas emoções (533).

Para alojar alguém, haverá o mais belo cômodo de cima, que tentarei arrumar, tanto quanto possível, como um aposento de mulher realmente artístico.

A seguir, meu próprio quarto, que eu quero extremamente simples, e com móveis quadrados e amplos: a cama, as cadeiras, a mesa, tudo em madeira branca.

Embaixo, o ateliê e um outro cômodo, também ateliê, mas ao mesmo tempo cozinha.

Você verá um dia destes um quadro da casinha em pleno sol, ou então com a janela iluminada e o céu estrelado.

Doravante você poderá contar aqui em Arles com sua casa de campo. Pois estou entusiasmado pela ideia de arrumá-la de maneira a que você fique contente, e que seja um ateliê num estilo totalmente a propósito, assim, supondo que dentro de um ano você venha passar férias aqui e em Marselha, tudo estará pronto, e a casa estará, segundo eu me proponho, toda cheia de pinturas de cima a baixo.

O quarto no qual você se hospedará, ou que será de Gauguin, se G. vier, terá nas paredes brancas uma decoração com grandes girassóis amarelos.

De manhã, abrindo a janela, vê-se o verde dos jardins, o sol nascente e a entrada da cidade...

Em meu quadro do *Café noturno*, busquei exprimir que o café é um lugar onde podemos nos arruinar, ficar loucos, cometer crimes. Enfim, procurei, através dos contrastes de rosa tênue e de vermelho-sangue e borra de vinho, de suaves verdes Luís XV e Véronèse, contrastando com verdes-amarelos e verdes-azuis duros, tudo isto numa infernal atmosfera de fornalha, de enxofre pálido, exprimir algo como o poder das trevas de uma espelunca.

E contudo sob uma aparência de alegria japonesa e da bonomia do *Tartarin*...

Por enquanto só *O semeador* e o *Café noturno* são ensaios de quadros compostos (534).

10 de setembro de 1888

As ideias para trabalhar me vêm *em abundância*, e isto faz com que, mesmo estando isolado, eu não tenha tempo para pensar ou sentir; estou feito uma locomotiva de pintar...

Tenho um estudo de um velho moinho, pintado em tons quebrados como *O carvalho sobre o rochedo,* aquele estudo que você me dizia ter emoldurado junto com *O semeador.*

A ideia d'*O semeador* continua sempre me voltando. Os estudos exagerados como *O semeador,* e como agora o *Café noturno,* parecem-me de uma feiura atroz e ruins em geral, mas quando fico emocionado com alguma coisa, como agora com este pequeno artigo sobre Dostoiévski, são os únicos que me parecem ter um significado mais sério. Tenho agora um terceiro estudo, de uma paisagem com fábrica e um enorme sol num céu vermelho sobre os telhados vermelhos, em que a natureza parece estar encolerizada num dia de mistral bravo (535).

17 de setembro de 1888

Uma tela quadrada de 30, que representa um canto de jardim com um chorão, relva, arbustos aparados redondos, um arbusto de loureiro-rosa. O mesmo canto de jardim do qual você já tem um estudo na minha última remessa. Mas, sendo maior, há um céu limão sobre o conjunto, e também as cores têm riquezas e intensidades de outono. Além disso, é feito bem mais em plena pasta, simples e oleosa. Este é o primeiro quadro desta semana.

O segundo representa o lado de fora de um café, com seu terraço iluminado por um grande lampião de gás na noite azul, com um canto de céu azul estrelado.

O terceiro quadro desta semana é um autorretrato *quase descolorido,* em tons cinzentos sobre um fundo Véronèse pálido.

Comprei especialmente para isto um espelho bastante bom para trabalhar sobre mim mesmo na falta de modelos, pois se eu conseguir pintar a coloração de minha própria cabeça, o que não deixa de apresentar certa dificuldade, também poderei pintar as cabeças dos outros homens e mulheres.

A questão de pintar cenas ou efeitos noturnos no local e durante a noite mesmo me interessa enormemente. Esta semana eu não fiz nada além de pintar, dormir e tomar minhas refeições. Isto significa sessões de doze horas, de seis horas e mais, e depois sonos de doze horas seguidas também (537).

Neste instante restam-me no bolso cinco francos. Peço-lhe então que me envie o que puder ou – mas por envio imediato – mais um luís[23] para passar esta semana, ou então cinquenta francos se for possível.

Enfim, estou mais ou menos certo de conseguir fazer uma decoração que valerá dez mil francos daqui a algum tempo.

Se o que fazemos abre-se para o infinito, se vemos que o trabalho tem sua razão de ser e continua mais além, trabalhamos mais serenamente. Ora, você tem isso por duas razões.

Você é bom para com os pintores e saiba que, quanto mais eu reflito, mais eu sinto que não há nada de mais realmente artístico que amar as pessoas. Você poderá me dizer que então seria melhor dispensarmos a arte e os artistas. À primeira vista isto é verdade, mas enfim os gregos e os franceses e os antigos holandeses aceitaram a arte, e vemos a arte sempre ressuscitar após as decadências fatais, e não creio que seríamos mais virtuosos só pelo fato de abominarmos tanto os artistas quanto sua arte.

"Agora sinto que meus quadros não são suficientemente bons para compensar as vantagens que aproveitei através de ti. Mas acredite-me, se um dia eles forem suficientemente bons, você terá sido também seu criador, tanto quanto eu, porque nós os estamos fazendo juntos."

Se tivéssemos menos mistral, esta região seria realmente tão bela e se prestaria tanto à arte quanto o Japão (538).

De manhã cedo eu já lhe escrevi, depois fui continuar um quadro de jardim ensolarado. Depois trouxe-o de volta – e tornei a sair com uma tela em branco e esta também está feita. E agora novamente tenho vontade de lhe escrever de novo.

Pois jamais tive tal oportunidade, aqui a natureza é *extraordinariamente* bela. Em todo e qualquer lugar a cúpula do céu é de um azul admirável, o sol tem um brilho de enxofre pálido e é suave e encantador como a combinação dos azuis-celestes e dos amarelos nos Vermeer de Delft. Não posso pintar tão bem quanto isto, mas isto me absorve tanto que eu me deixo ir sem pensar em regra alguma.

Com este eu tenho três quadros dos jardins frente a minha casa. Mais os dois cafés, mais os girassóis. Mais o retrato de Bock

---
23. O luís era uma moeda de ouro com valor de vinte francos. (N.T.)

e o meu. Mais o sol vermelho sobre a fábrica, os carregadores de areia, o velho moinho. Deixando os outros estudos de lado, você vê que já é bastante trabalho realizado. Mas minhas cores, minhas telas e meu bolso esgotaram-se totalmente hoje. O último quadro, feito com os últimos tubos na última tela, um jardim naturalmente verde, foi pintado com verde propriamente dito, só com um pouco de azul da Prússia e de amarelo-cromo. Começo a me sentir totalmente diferente do que eu era ao vir para cá; não tenho mais dúvidas, não hesito mais ao atacar alguma coisa, e isto poderia se desenvolver ainda mais. Mas que natureza! Estou num jardim público, bem perto da rua das moças de vida fácil, e Mourier, por exemplo, mal entrava aqui, mesmo quando quase diariamente passeávamos nestes jardins, mas do outro lado (existem três).

Mas você entende que é exatamente isto que dá um não sei quê de Boccaccio ao lugar.

Este lado do jardim, aliás, é, pelas mesmas razões de castidade ou de moral, desprovido de arbustos floridos como o loureiro-rosa. São plátanos comuns, pinheiros em arbustos rígidos, um chorão e relva verde. Mas é de uma intimidade! Há jardins de Manet assim.

Enquanto você puder suportar o peso de todas as cores, telas, e do dinheiro que sou forçado a gastar, continue a me enviar, pois o que estou preparando será melhor que a última remessa e acho que ganharemos em vez de perder. Se eu conseguir fazer um conjunto que seja bom. O que estou tentando.

Mas seria absolutamente impossível que Thomas me emprestasse duzentos ou trezentos francos sobre meus estudos? Isto me *faria* ganhar mais que mil, pois eu não saberia lhe dizer o quanto estou extasiado, extasiado com o que vejo!

E isso dá aspirações de outono, um entusiasmo que faz com que não se sinta passar o tempo. Cuidado com a ressaca, com os mistrais de inverno.

Li há algum tempo um artigo sobre Dante, Petrarca, Boccaccio, Giotto, Botticelli, meu Deus! como fiquei impressionado ao ler essa gente.

Ora, Petrarca esteve aqui pertinho em Avignon, e eu vejo os mesmos ciprestes e loureiros-rosa.

Tentei colocar alguma coisa disto num dos jardins pintados em plena pasta, amarelo-limão e verde-limão. Giotto foi quem mais me tocou, *sempre sofrendo* e sempre cheio de bondade e de ardor, como se já vivesse num outro mundo.

Giotto aliás é extraordinário, e eu o aprecio mais que os poetas: Dante, Petrarca, Boccaccio.

Sempre me parece que a poesia é mais *terrível* que a pintura, embora a pintura seja mais baça e afinal mais chata. E o pintor, afinal, não diz nada, ele se cala, e eu ainda prefiro isto. Meu caro Theo, quando você tiver visto os ciprestes, os loureiros-rosa, o sol daqui – e este dia chegará, fique tranquilo –, você pensará ainda mais nos belos Puvis de Chavannes, "Suave região" e tantos outros.

Em meio ao lado Tartarin e ao lado Daumier tão engraçados desta região, onde as pessoas têm o sotaque que você conhece, existe algo tão grego, e existe a Vênus de Arles assim como a de Lesbos, e, apesar de tudo, ainda se sente esta juventude.

Não tenho a mínima dúvida de que um dia você também conhecerá o Midi.

Talvez você vá visitar Claude Monet quando ele estiver em Antibes, ou enfim encontrará alguma oportunidade.

Quando sopra o mistral, contudo, isto aqui é exatamente o contrário de uma região suave, pois o mistral é muito irritante. Mas que compensação, que compensação quando há um dia sem vento! Que intensidade de cores, que ar puro, que vibração serena.

Amanhã começo a desenhar até que me cheguem as cores. Mas eu agora cheguei à decisão de não mais desenhar um quadro a carvão. Isso não adianta nada, é preciso atacar o desenho com a própria cor para desenhar bem...

Esta tarde tive um público selecionado... de quatro ou cinco gigolôs e uma dúzia de pivetes que achavam especialmente interessante ver as cores saindo dos tubos. Pois bem, este público aí – é a glória, ou melhor, tenho a firme intenção de zombar da ambição e da glória tanto quanto destes garotos, e destes vadios das margens do Ródano e da ruazinha do fundo de Arles.

O que Seurat anda fazendo? Eu não me atreveria a lhe mostrar os estudos já enviados, mas gostaria que ele visse os dos girassóis, dos cabarés e dos jardins; penso frequentemente em seu sistema, e contudo não o seguirei nem um pouco, mas ele é um colorista original e o mesmo vale para Signac, mas num outro nível; os pontilhistas descobriram algo de novo e apesar de tudo eu gosto muito deles. Mas eu – digo-o com franqueza – estou retornando ao que procurava antes de ir a Paris, e não sei se alguém antes de mim já falou em cores sugestivas, mas Delacroix e Monticelli, mesmo não tendo falado nisto, já as faziam.

Mas estou novamente como estava em Nuenen, quando fiz um esforço vão para aprender música, já então eu percebia muito bem as relações que existem entre nossas cores e a música de Wagner.

Agora é verdade, vejo no impressionismo a ressurreição de Eugène Delacroix, mas as interpretações sendo divergentes e um tanto irreconciliáveis, ainda não será o impressionismo que formulará a doutrina (539).

Acabo de pintar meu autorretrato, que tem a mesma coloração cinzenta, e a menos que se nos pintem com cores, deixaremos de nós uma ideia bem pouco expressiva. Justamente como eu tive uma enorme dificuldade para encontrar a combinação dos tons cinzentos e rosa-cinza, não posso apreciar a semelhança em preto.

Cartas a Theo | 247

Acaso Germinie Lacerteux seria Germinie Lacerteux sem a cor? Evidentemente não. Como eu gostaria de ter pintado retratos de nossa família.

Pela segunda vez raspei um estudo de um Cristo com o anjo no jardim das oliveiras.

Pois aqui eu vejo verdadeiras oliveiras, mas não posso, ou melhor, também não quero pintá-lo sem modelos, mas tenho ele todo na minha cabeça, com as cores, a noite estrelada, a figura do Cristo azul, os mais intensos azuis, e o anjo amarelo-limão quebrado. E todos os violetas desde um púrpura vermelho-sangue até o cinza na paisagem...

A arte na qual trabalhamos, sentimos que ainda tem um longo futuro e, portanto, é preciso situar-se entre os que mantêm a serenidade, e não viver como os decadentes. Aqui eu terei cada vez mais uma existência de pintor japonês, vivendo bem a natureza como um pequeno-burguês. Você pode perceber então que isto é menos lúgubre que os decadentes. Se eu conseguir viver bastante serei algo como o pai Tanguy.

Enfim, não sabemos nada de nosso futuro pessoal, mas sentimos contudo que o impressionismo durará. Até breve e muito, muito obrigado por todas as suas gentilezas (540).

Sei que já lhe escrevi ontem, mas o dia esteve de novo tão bonito. Minha grande mágoa é que você não possa ver o que estou vendo aqui.

A partir das 7 horas da manhã, eu me sentei frente a algo que contudo não é nada de muito especial: um arbusto de cedro ou de cipreste redondo, plantado na relva. Você já conhece este arbusto redondo, pois você já tem um estudo do jardim. Aliás, incluo aqui um esboço de minha tela; novamente uma quadrada de 30.

O arbusto é verde, um pouco bronzeado e variado.

A relva é muito, muito verde, Véronèse-limão, o céu muito, muito azul.

O grupo de arbustos ao fundo é todo de loureiros-rosa loucos furiosos; essas malditas plantas florescem de tal forma que até poderiam sofrer uma ataxia motora. Elas estão carregadas de flores frescas e ainda de um monte de flores murchas, seu verdor também se renova por vigorosos brotos novos aparentemente inesgotáveis.

Um cipreste fúnebre todo preto ergue-se sobre isto e algumas figuras coloridas passeiam num caminho rosa.

Isto faz *pendant* com uma outra tela de 30 do mesmo lugar, só que de um ponto de vista totalmente diferente, em que todo o jardim é colorido com verdes muito diferentes sob um céu amarelo-limão pálido.

Mas não é verdade que este jardim tem um estilo estranho, que nos permite imaginar muito bem os poetas da Renascença, Dante, Petrarca, Boccacio, passeando entre estes arbustos sobre a relva florida? É verdade que eu suprimi algumas árvores, mas o que conservei na composição está tal qual realmente é. Apenas colocaram arbustos a mais que não combinam.

Hoje eu trabalhei de novo desde as 7 horas da manhã até as 6 da tarde sem me mexer a não ser para comer alguma coisa a dois passos daqui. E é por isto que o trabalho avança tão depressa.

Mas o que você dirá disto, e o que eu mesmo vou achar daqui a algum tempo?

Atualmente estou com a lucidez ou a cegueira de um apaixonado pelo trabalho.

Pois esse ambiente de cores é totalmente novo para mim e me exalta extraordinariamente.

Cansaço nem um pouco; ainda farei um quadro esta noite mesmo e o trarei pronto...

Os estudos atuais realmente são feitos num único *jorro de pasta*. O toque não é muito dividido e os tons são frequentemente quebrados, e enfim involuntariamente sou obrigado a empastar como Monticelli. Às vezes eu realmente acredito estar continuando este homem, só que eu ainda não fiz figuras apaixonadas como ele.

E é provável que eu também não o faça antes de alguns estudos sérios da realidade. Mas isto não tem pressa, agora estou decidido a trabalhar duro até que eu tenha superado (541).

Coloquei no ateliê todas as japonesarias, os Daumier, os Delacroix e o Géricault. Se você encontrar a Pietà de Delacroix ou o Géricault, eu o exorto a comprar tudo o que puder. O que eu gostaria muito de ter no ateliê ainda são os trabalhos do campo de Millet, e a água-forte de Lerat de seu *Semeador* que Durand-Ruel vende a 1,25 francos. E em último lugar a pequena água-forte de Jacquemart segundo Meissonnier, *O leitor*; um Meissonnier que eu sempre achei admirável. Não posso evitar de gostar dos Meissonnier.

Estou lendo um artigo na *Revue des Deux Mondes* sobre Tolstói; parece que Tolstói ocupa-se muito com a religião de seu povo, como George Eliot na Inglaterra.

Deve haver algum livro religioso de Tolstói, acho que intitula-se *Minha religião*, deve ser muito bonito. Nele, ele procura, pelo que presumo neste artigo, o que permanecerá eternamente verdadeiro na religião de Cristo e o que todas as religiões têm em comum. Parece que ele não admite nem a ressurreição do corpo e nem mesmo a da alma, e diz como os niilistas que depois da morte não há mais nada, mas, o homem morto estando realmente morto, resta sempre a humanidade viva.

Enfim, não tendo lido o próprio livro, eu não saberia dizer exatamente como ele concebe a coisa, mas acredito que sua religião não deve ser cruel e nem aumentar nossos sofrimentos, mas ao contrário deve ser muito consoladora e deve inspirar a serenidade, a atividade e a coragem de viver e uma porção de coisas.

Acho *admiráveis*, nas reproduções de Bing, o desenho do *talo de capim*, os cravos e o Hokusai.

E, independente do que se diga, os mais vulgares crepons coloridos com tons sem graça são para mim admiráveis pela mesma razão que Rubens e Véronèse. Sei muito bem que isto não é arte primitiva. Mas o fato de os primitivos serem admiráveis não constitui para mim de forma alguma motivo para dizer, como está se tornando moda, que "quando vou ao Louvre não consigo passar dos primitivos".

Acho que acabarei deixando de me sentir só em casa e que nos dias de inverno com tempo ruim, por exemplo, e nas noites longas, encontrarei alguma ocupação que me absorverá inteiramente.

Um tecelão, um cesteiro, frequentemente passam estações inteiras sós ou quase sós, tendo seu ofício como única distração.

Mas justamente o que faz com que estas pessoas fiquem em casa é o sentimento do lar, o *aspecto tranquilizador e familiar das coisas*. É claro que gostaria de ter companhia, mas, se não tiver, não será por isto que ficarei infeliz, além do que, sobretudo, chegará o dia em que terei alguém. Tenho poucas dúvidas disto. Ora, acredito que também aí, quando temos boa vontade para hospedar pessoas, encontramos muita gente entre os artistas para quem a questão da moradia é um problema muito grave. Depois, quanto a mim, creio que é absolutamente meu dever tentar ganhar dinheiro com meu trabalho e portanto vejo claramente meu trabalho diante de mim.

Ah! se todos os artistas tivessem com o que viver, com o que trabalhar... Mas as coisas não sendo assim, quero produzir, e produzir muito e com obstinação. E talvez chegará o dia em que poderemos aumentar os negócios e ser mais influentes para os outros.

Mas isto está longe e ainda há muito trabalho por fazer!

Se vivêssemos em tempos de guerra, possivelmente teríamos que lutar; deploraríamos, lamentaríamos por não viver em tempos de paz, mas enfim, sendo necessário, lutaríamos.

E do mesmo modo certamente temos o direito de desejar um estado de coisas em que o dinheiro não fosse necessário para viver. Contudo, já que hoje não se faz nada sem dinheiro, é preciso, se gastamos, pensar em arranjá-lo, e eu tenho mais possibilidades de ganhar com a pintura que com o desenho.

Afinal há muito mais gente sabendo fazer um esboço que gente que saiba pintar fluentemente e que tome a natureza pelo lado da cor. Isto continuará sendo raro, e por mais que demorem em recriar um quadro, um dia surgirão apreciadores...

Começo agora a ver melhor a beleza das mulheres daqui e então sempre penso de novo em Monticelli. A cor desempenha um papel enorme na beleza das mulheres daqui; não digo que suas formas não sejam belas, mas não é este o charme local. São as grandes linhas dos trajes coloridos bem vestidos e o *tom* da pele, mais que as formas. Mas enfrentarei dificuldades antes de poder fazê-las da forma como começo a senti-las. Do que eu estou certo é que progrido ficando aqui. E para fazer um quadro que seja realmente do Midi não basta uma certa habilidade. É olhar longamente as coisas que nos amadurece e nos faz conceber mais profundamente. Nunca pensei que, deixando Paris, acharia Monticelli e Delacroix *tão verdadeiros*. É só agora, após meses e meses, que começo a perceber que eles não imaginaram nada. E acho que no ano que vem você vai voltar a ver os mesmos temas de pomares, da colheita, mas com uma cor diferente e sobretudo com uma execução mudada.

E estas mudanças e variações ainda levarão algum tempo.

Sinto que, sempre trabalhando, não devo me apressar. Afinal, o que aconteceria se puséssemos em prática o velho ditado: é preciso estudar uma dezena de anos e então produzir algumas figuras? E no entanto foi isso que Monticelli fez, sem contar certos quadros que ele fez como estudos.

E, no entanto, figuras como a mulher amarela, como a mulher de sombrinha – o pequeno que você tem, os namorados que Reid tinha –, são figuras completas nas quais, quanto ao desenho, nada resta a fazer senão admirá-las. Pois nelas Monticelli chega a um desenho consistente e soberbo como Daumier e Delacroix. A verdade é que, aos preços em que estão os Monticelli, comprá-los seria uma ótima especulação. Dia virá em que suas belas figuras *desenhadas* serão estimadas como sendo arte maior.

Acredito que a cidade de Arles tenha sido outrora infinitamente mais gloriosa pela beleza de suas mulheres e pela beleza de seus trajes. Hoje, enquanto caráter, tudo isto tem um ar doente e apagado.

Mas, olhando bem, o velho encanto se liberta.

Parece que no livro *Minha religião* Tolstói insinua que, independente de qualquer revolução violenta, também haverá uma revolução íntima e secreta nas pessoas, da qual ressurgirá uma nova religião, ou melhor, algo totalmente novo, que não terá nome, mas que terá o mesmo efeito de consolar, de tornar a vida possível, que outrora tivera a religião cristã.

Parece-me que este livro é bem interessante, acabaremos fartos de tanto cinismo, de tanto ceticismo e de tanta zombaria, e desejaremos viver mais musicalmente. Como isto se dará, e o que encontraremos? Seria curioso poder predizê-lo, mas ainda vale mais pressentir isto em vez de ver no futuro absolutamente nada além de catástrofes, que contudo não deixarão de se abater como raios terríveis sobre o mundo moderno e a civilização através de uma revolução, ou de uma guerra, ou de uma bancarrota dos Estados carcomidos. Ao estudarmos a arte japonesa, veremos então um homem incontestavelmente sábio, filósofo e inteligente, que passa seu tempo como? Estudando a distância da Terra à Lua? Não. Estudando a política de Bismarck? Não. Apenas estudando um talo de capim.

Mas este talo de capim leva-o a desenhar todas as plantas, a seguir as estações, os grandes aspectos das paisagens, enfim, os animais, e depois a figura humana. Assim ele passa sua vida, e a vida é muito curta para fazer tudo isto.

Ora, não é quase uma verdadeira religião o que nos ensinam estes japoneses tão simples que vivem na natureza como se eles próprios fossem flores?

E não poderíamos estudar a arte japonesa, parece-me, sem que nos tornássemos muito mais alegres e mais felizes; e é preciso que voltemos à natureza apesar de nossa educação e de nosso trabalho num mundo de convencionalismos.

Não é triste que até hoje os Monticelli não tenham sido reproduzidos em belas litografias ou em vibrantes águas-fortes? Gostaria muito de ver o que diriam os artistas se um gravador como o que gravou os Velásquez fizesse uma bela água-forte de Monticelli. Tanto faz, acho que é mais um dever nosso procurar admirar e conhecer as coisas, que querer ensiná-las aos outros. Mas as duas coisas poderiam andar juntas.

Invejo aos japoneses a extrema nitidez que têm todas suas coisas. Elas nunca são aborrecidas e nunca parecem ter sido feitas às pressas. Seu trabalho é tão simples quanto respirar e fazem uma figura com alguns traços firmes com a mesma facilidade com que abotoam uma camisa.

Ah! eu preciso conseguir fazer uma figura com uns poucos traços. Isto me ocupará o inverno inteiro. Uma vez que eu tenha conquistado isto, poderei fazer o passeio dos bulevares, a rua, um monte de temas novos. Enquanto lhe escrevia esta carta, já fiz uma dúzia de desenhos. Estou perto de atingi-lo, mas é muito complicado, pois o que eu procuro é que, com alguns traços, a figura de homem, de mulher, de criança, de cavalo, de cachorro, tenha cabeça, corpo, pernas, braços, que combinem.

Até breve e um abraço,
Sempre seu,

VINCENT (542).

Setembro de 1888

Junto a esta um pequeno esboço de uma tela quadrada de 30, o céu estrelado finalmente pintado à noite mesmo sob um lampião de gás. O céu é azul-verde, a água é azul real, o chão é malva. A cidade é azul e violeta, a luz do lampião é amarela com reflexos dourado-ruço descendo até o bronze-verde. Sobre o campo azul-verde do céu a ursa maior tem uma cintilação verde e rosa, cuja discreta palidez contrasta com o dourado brutal do lampião.

Duas figuras de namorados no primeiro plano.

Igualmente esboço de uma tela de 30 quadrada representando a casa e seus arredores debaixo de um sol de enxofre, sob um céu de cobalto puro. O tema é de uma dificuldade! Mas justamente quero superá-lo. Pois é terrível, essas casas amarelas sob o sol e mais o incomparável frescor do azul. Todo o chão também é amarelo. Eu ainda lhe enviarei um esboço melhor que este desenho feito de cabeça; a casa à esquerda é rosa com persianas verdes, aquela que está à sombra de uma árvore.

É ali que fica o restaurante onde todos os dias eu almoço, meu amigo carteiro fica no fim da rua à esquerda, entre as duas pontes da estrada de ferro. O café noturno que pintei não está no quadro, ele fica à esquerda do restaurante...

E me faz bem fazer coisas difíceis. O que não impede que eu tenha uma terrível necessidade de – direi a palavra – religião, então à noite saio fora para pintar as estrelas, e sempre sonho com um quadro assim, com um grupo de figuras vivas dos amigos...

Esse padre beneditino deve ter sido bem interessante. Qual seria segundo ele a religião do futuro? Provavelmente ele diria: continuará sendo a mesma do passado. Victor Hugo diz que Deus é um farol intermitente, neste caso agora, certamente, estamos num momento em que a luz está apagada.

Gostaria apenas que pudessem nos provar algo tranquilizante e que nos consolasse de maneira que não nos sentíssemos mais culpados ou infelizes, e que assim pudéssemos caminhar sem nos perdermos na solidão ou no nada, e sem ter que a cada passo temer ou prever nervosamente o mal que sem querer poderíamos estar causando aos outros. Este estranho Giotto de quem se diz em sua biografia que estava sempre enfermo e sempre cheio de ardor e de ideias, pois é, eu gostaria de poder chegar a esta segurança que nos torna felizes, alegres e vivos em todos os momentos. Isto é bem mais fácil de se fazer no campo ou numa cidadezinha do que no inferno parisiense. Eu não ficaria surpreso se você gostasse da *Noite estrelada* e dos *Campos lavrados*, são mais calmas que outras telas.

Se o trabalho andasse sempre assim, eu teria menos inquietações com o dinheiro, pois as pessoas viriam mais facilmente se a técnica continuasse a ser mais harmoniosa. Mas este maldito mistral é bem incômodo para dar pinceladas que se portem bem e se entrelacem com sentimento, como uma música tocada com emoção...

Em certos momentos, quando a natureza fica tão bela quanto nesses dias, tenho uma lucidez terrível, e então não me reconheço mais e o quadro me vem como em sonho. Receio um pouco que isto tenha sua reação melancólica quando chegar o mau tempo, mas procurarei evitá-lo pelo estudo daquela questão de desenhar figuras de memória.

Vejo-me sempre frustrado em minhas melhores capacidades por falta de modelos, mas não me inquieto com isto, faço paisagens e cores sem me preocupar em saber aonde isso me levará. O que eu sei é que se fosse suplicar por modelos – pose para mim, eu lhe imploro –, estaria fazendo como o bom pintor de Zola na *Oeuvre*. E certamente Manet, por exemplo, não fez assim. E Zola não diz em seu livro como agiam aqueles que não viam na pintura nada de sobrenatural...

O livro de Tolstói *Minha religião* já foi publicado em francês em 1885, mas eu nunca o vi em nenhum catálogo.

Ele parece não acreditar muito numa ressurreição seja do corpo, seja da alma. Sobretudo ele parece não acreditar muito no céu – portanto ele pensa as coisas como um niilista –, mas, num certo sentido em oposição a estes, ele atribui grande importância a fazermos bem as coisas, já que provavelmente isto é tudo o que temos.

E se ele não crê na ressurreição, parece crer em seu equivalente – a duração da vida, a marcha da humanidade –, o homem e a obra continuados quase que infalivelmente pela geração seguinte. Enfim, não devem ser efêmeros os consolos que ele dá. Ele próprio sendo fidalgo, fez-se operário, sabe confeccionar botas, sabe consertar fogões, sabe puxar o arado e lavrar a terra.

Eu não sei nada disso, mas sei respeitar uma alma humana enérgica o bastante para reformar-se assim. Meu Deus, apesar de tudo não podemos nos queixar de viver numa época em que só haveria vagabundos, quando sabemos da existência de tal espécie de pobres mortais que nem mesmo acreditam muito no próprio céu (543).

Junto a esta uma notável carta de Gauguin, que eu lhe pedirei para conservar como tendo uma importância fora do comum.

Estou falando de sua descrição de si mesmo, que me toca muito fundo. Ela me chegou com uma carta de Bernard que Gauguin provavelmente terá lido e que talvez aprove, na qual Bernard diz mais uma vez que deseja vir para cá e me propõe em nome de Laval, Moret, um outro novo e ele próprio uma troca com eles quatro.

Diz também que Laval virá igualmente, e que esses dois outros têm vontade de vir. Não quero outra coisa, mas, em se tratando da vida em comum de vários pintores, estipulo antes de mais nada que seria preciso um chefe para pôr ordem na casa, e que naturalmente este seria Gauguin. Razão pela qual eu gostaria que Gauguin estivesse aqui ainda antes deles (aliás, Bernard e Laval só virão em fevereiro, B. tendo que fazer em Paris seu exame médico militar). Quanto a mim, quero duas coisas: quero recuperar o dinheiro que já gastei, para devolvê-lo a você, e quero que Gauguin tenha sua paz e tranquilidade para produzir e respirar enquanto artista bem livre. Se eu recuperar meu dinheiro já gasto e que há anos você já vem me emprestando, aumentaremos a casa e procuraremos instalar um ateliê de renascença e não de decadência. Estou bem convencido de que podemos acreditar que Gauguin ficará sempre conosco e que de ambos os lados não haverá nenhuma perda. Somente associando-nos assim seremos cada um de nós mais ele mesmo, e a união fará a força.

Entre parênteses, não é preciso dizer que eu não farei a troca do retrato de G., pois acredito que ele deva ser muito bonito; mas vou pedir-lhe que ele no-lo ceda em troca de seu primeiro mês aqui, ou como reembolso pela viagem.

Mas você percebe que se eu não lhes tivesse escrito com certa veemência, este retrato não existiria, e Bernard também fez um, no entanto.

Digamos que eu me tenha zangado, digamos que eu tenha sido um erro, no entanto o resultado é que Gauguin deu à luz um quadro e Bernard também. Ah! Meu estudo das vinhas, eu suei sangue em cima dele, mas está feito, sempre em tela quadrada de 30, sempre para a decoração da casa. Não tenho *mais nenhuma tela.*

Você sabe que se tivermos Gauguin conosco estaremos frente a um negócio muito importante, que nos abrirá uma nova era.

Quando eu te deixei na estação do Midi, bem aflito, quase doente e quase alcoólatra, por força de subir o meu moral, percebi contudo vagamente que neste inverno tínhamos colocado tanta convicção em nossas discussões com tantos artistas interessantes. Mas mesmo assim não me atrevi a ter esperanças.

Após o continuado esforço de tua e de minha parte, até chegar aqui, agora começa a surgir no horizonte: a Esperança.

Que você fique no Goupil ou não, tanto faz, você fará parte de um todo, com G. e seu séquito.

Assim, você seria um dos primeiros, se não o primeiro, marchand apóstolo. Eu vejo minha pintura começando a surgir, e vejo também um trabalho entre os artistas. Pois, assim como você, por seu lado, procurará arranjar-nos dinheiro, eu por minha vez ativarei com todas as minhas forças a produção, e darei eu mesmo o exemplo.

Ora, tudo isto, se nos portarmos bem, servirá para formar uma coisa mais duradoura que nós mesmos.

Esta tarde eu tenho que responder a Gauguin e a Bernard, e vou dizer-lhes que em todo caso começaremos todos por nos sentirmos bem unidos e que, quanto a mim, confio que esta união fará nossa força contra as fatalidades de dinheiro e de saúde...

As *vinhas* que acabo de pintar são verdes, púrpuras, amarelas, com cachos violeta, com ramos pretos e laranjas.

No horizonte alguns salgueiros cinza-azuis e o lagar bem, bem longe, com um telhado vermelho e longínqua silhueta de cidade lilás.

Na vinha, pequenas figuras de senhoras com sombrinhas vermelhas e outras pequenas figuras de trabalhadores das vinhas com sua carreta.

Um céu azul em cima e um primeiro plano de areia cinza. Isto faz *pendant* com o jardim, com o arbusto redondo e os loureiros-rosa.

Acho que você vai preferir estas dez telas ao conjunto da última remessa e me atrevo a esperar duplicá-las durante o outono.

Dia a dia isto está mais esplêndido. E quando as folhas começarem a cair – não sei se isto acontece aqui nos primeiros dias de novembro como em casa – , quando toda a folhagem das árvores estiver amarela, contra o azul isto ficará surpreendente. Ziem já nos mostrou algumas vezes esplendores assim. A seguir um curto inverno, e depois voltaremos mais uma vez aos pomares em flor (544).

Um dia você também verá meu autorretrato, que enviei a Gauguin (*Autorretrato dedicado a Gauguin*, Arles, 1888, Cambridge, Fogg Art Museum, Harvard University), pois espero que ele o conserve consigo.

É todo cinzento contra um Véronèse pálido (sem amarelo). A roupa é aquele casaco castanho bordado em azul, mas no qual eu exagerei o castanho até chegar ao púrpura, e o tamanho dos bordados azuis.

A cabeça foi modelada em plena pasta clara contra um fundo claro quase sem sombras. Apenas fiz os olhos *um pouco* oblíquos, à japonesa (545).

Outubro

Obrigado por sua carta, mas desta vez eu penei bastante, meu dinheiro acabou-se na *quinta-feira*, de forma que até segunda-feira ao meio-dia foi um *tempo enorme*. Durante esses quatro dias eu vivi principalmente de vinte e três cafés com pão que ainda tenho que pagar. Não é sua culpa, se existe culpa ela é minha. Pois eu estava doido para ver meus quadros nas molduras, e encomendei molduras demais para meu orçamento, tendo em vista que o aluguel e a faxineira também tinham que ser pagos. Ainda hoje mesmo isto vai me exaurir, pois tenho ainda que comprar tela e prepará-la eu mesmo, a de Tasset não tendo chegado ainda. Você poderia perguntar-lhe o mais cedo possível se ele já enviou os dez metros ou ao menos cinco metros de tela comum a 2,50 francos?

Mas isto tudo me seria indiferente, meu caro irmão, se eu não sentisse que você mesmo deve estar sofrendo com esta pressão que atualmente o trabalho exerce sobre nós. Contudo atrevo-me a acreditar que, se você visse os estudos, dar-me-ia razão em trabalhar a todo vapor enquanto faz bom tempo. O que nos últimos dias não é o caso, um impiedoso mistral varre furiosamente as folhas mortas. Mas entre agora e o inverno, ainda teremos um certo tempo, e efeitos magníficos, e então será novamente preciso jogar-se inteiro no trabalho. Estou tão absorvido pelo trabalho que não consigo parar. Fique tranquilo, o mau tempo me deterá ainda cedo demais. Como já aconteceu hoje, ontem e anteontem. Procure por seu lado persuadir Thomas. Alguma coisa ele há de fazer. Sabe o que hoje me sobrou para a semana, e isto após quatro dias de rígido jejum? Apenas seis francos. E estamos na segunda-feira, ainda no dia em que recebo sua carta.

Comi no almoço, mas hoje à noite já será preciso que eu jante apenas um pedaço de pão.

E todo este dinheiro está indo apenas para a casa e para os quadros. Pois já fazem três semanas que eu não tenho nem com que tomar um trago de três francos...

Não demore, se isto não incomodá-lo demais, não demore em me enviar o luís e a tela.

Estive tão duro desde *quinta*, que de quinta a *segunda* só fiz duas refeições, quanto ao resto eu só tomei pão e café que mais uma vez eu fui obrigado a beber fiado e que tive que pagar hoje. Assim, se puder, não demore (546).

Gostaria muito de fazê-lo entender esta verdade: que dando dinheiro aos artistas, você mesmo está realizando uma obra de artista, e que eu apenas desejo que minhas telas cheguem a ser tais, que você não fique insatisfeito com o *seu* trabalho (550).

Tenho mais uma tela de 30, *Jardim de outono,* dois ciprestes verde-garrafa e forma de garrafa, três pequenos castanheiros com folhagem havana e laranja. Um pequeno teixo com folhagem limão-pálida e tronco violeta, dois pequenos arbustos com folhagem vermelho-sangue e púrpura escarlate.

Um pouco de areia, um pouco de grama, um pouco de céu azul.

E, no entanto, eu tinha jurado não trabalhar. Mas todo dia é a mesma coisa, encontro de passagem coisas tão belas que afinal é preciso assim mesmo fazê-las.

A propósito, você já leu *Os irmãos Zemgamno* dos Goncourt? Se não, leia. Se eu não tivesse lido isso, talvez ousasse mais, e até depois de o ler, o único receio que tenho é de pedir-lhe dinheiro demais. Se eu me estourasse num esforço, isto me seria absolutamente indiferente. Num caso destes eu ainda teria recurso, pois eu me dedicaria ou ao comércio, ou escreveria. Mas, enquanto eu estiver na pintura, não vejo nada além da associação de vários e a vida em comum.

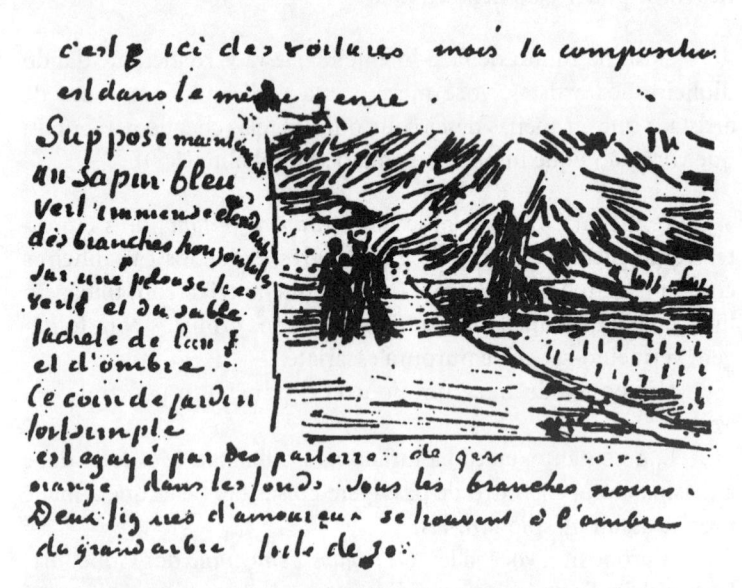

As folhas começam a cair, as árvores amarelecem a olhos vistos, o amarelo aumenta todos os dias.

É pelo menos tão belo quanto os pomares em flor, e, quanto ao trabalho que estamos fazendo, atrevo-me a acreditar que não somente nada perderemos, como poderemos até ganhar (551).

Você já releu os *Tartarin*? Ah, não esqueça! Você se recorda, no *Tartarin*, do lamento da velha diligência da Tarascon, esta página admirável? Pois bem, acabo de pintar esta carruagem vermelha e verde no pátio do albergue. Você verá. Este esboço apressado lhe dá uma ideia da composição: primeiro plano simples de areia cinza, fundo também muito simples; muros cor-de-rosa e amarelos com janelas de persianas verdes, canto de céu azul. As duas carruagens muito coloridas, verde, vermelho, rodas – amarelo, preto, azul, laranja. Sempre tela de 30. As carruagens foram pintadas à maneira de Monticelli, com empastamentos. Na época você tinha um Claude Monet bem bonito, representando quatro barcos coloridos numa praia. Pois bem, aqui são carruagens, mas a composição é do mesmo gênero.

Agora suponha um imenso pinheiro azul esverdeado, estendendo ramos horizontais sobre um gramado muito verde e areia salpicada de luz e de sombra.

Este canto de jardim muito simples é alegrado por canteiros de gerânios cor de laranja ao fundo, sob os ramos negros.

Duas figuras de namorados encontram-se à sombra da grande árvore; tela de 30.

A seguir duas outras telas de 30, a *Ponte de Trinquetaille*, e uma outra ponte sobre a qual passa a estrada de ferro.

Esta última tela, em termos de coloração, lembra um pouco um Bosboom. Enfim, a *Ponte de Trinquetaille*, com todos aqueles degraus, é uma tela feita numa manhã cinzenta: as pedras, o asfalto, o calçamento são cinzas, o céu azul pálido, pequenas figuras coloridas, uma árvore mirrada com folhagem amarela. Portanto, duas telas em tons cinzentos e quebrados e duas telas muito coloridas.

Perdoe esses esboços bem ruins, estou moído por ter pintado aquela *Diligência de Tarascon*, e vejo que estou sem cabeça para desenhar...

Quantas coisas ainda por mudar; não é verdade que os pintores deveriam viver todos como operários? Um carpinteiro, um ferreiro, normalmente produzem infinitamente mais que eles.

Na pintura também deveriam existir grandes oficinas, onde cada qual trabalharia mais regularmente.

São cinco telas que eu comecei esta semana, o que eu acho que eleva a quinze o número dessas telas de 30 para decoração.

2 telas de *Girassóis*.
3 telas de *Jardim do poeta*.
2 telas de *Outro jardim*.
1 tela de *Café noturno*.
1 tela de *Ponte de Trinquetaille*.
1 tela de *Ponte de estrada de ferro*.
1 tela de *A casa*.
1 tela de *A diligência de Tarascon*.
1 tela de *A noite estrelada*.
1 tela de *Os campos*.
1 tela de *A vinha* (552).

Diga-me, o que Seurat anda fazendo? Se você o vir, diga-lhe por mim que estou fazendo uma decoração que atualmente já tem quinze telas quadradas de 30 e que para formar o conjunto serão necessárias pelo menos outras quinze e que, neste trabalho mais amplo, muitas vezes é a lembrança de sua personalidade e da visita que fizemos a seu ateliê para ver suas belas e grandes telas que me encoraja nesta tarefa (553).

Enfim envio-lhe um pequeno esboço para ao menos dar-lhe uma ideia da feição que o trabalho está tomando. Pois hoje eu voltei à carga. Ainda estou com os olhos cansados, mas, enfim, eu tinha uma ideia nova na cabeça e aí está o esboço. Sempre tela de 30. Desta vez trata-se simplesmente de meu quarto, só que aqui a cor é que tem que fazer a coisa e, emprestando através de sua simplificação um estilo maior às coisas, sugerir o *descanso* ou o sono em geral. Enfim, a visão do quadro deve descansar a cabeça, ou melhor, a imaginação.

As paredes são de um violeta pálido. O chão é de lajotas vermelhas.

A madeira da cama e das cadeiras é de um amarelo de manteiga fresca, o lençol e os travesseiros, limão-verde bem claro.

O cobertor, vermelho escarlate. A janela, verde.

A mesinha, laranja, a bacia, azul.

As portas, lilás.

E pronto – nada mais neste quarto com os postigos de janela fechados.

O feitio dos móveis também deve exprimir um descanso inviolável.

Os retratos na parede, um espelho, uma toalha e algumas roupas.

264 | *Vincent van Gogh*

A moldura – como não há branco no quadro – será branca.
Isto para compensar o descanso forçado a que fui obrigado.
Amanhã eu também trabalharei nele o dia inteiro, mas você pode ver como a concepção é simples. As sombras, próprias e projetadas, foram suprimidas; foi colorido com tintas planas e chapadas como os crepons. Isto vai contrastar com, por exemplo, *A diligência de Tarascon* e *O café noturno*.
Não lhe escrevo muito pois amanhã vou começar muito cedo sob a luz fresca da manhã, para acabar minha tela.
Como vão as dores? Não esqueça de me dar notícias.
Espero que você me escreva nesses dias.
Um dia eu lhe farei esboços dos outros cômodos também.
Um forte aperto de mão (554).

Que uma nova escola *colorista* terá origem no Midi não tenho dúvidas, vendo cada vez mais os do norte basearem-se mais na habilidade do pincel, e no efeito dito pitoresco, que no desejo de expressar algo pela própria cor.
Aqui, sob um sol mais forte, achei verdadeiro o que dizia Pissarro, e aliás Gauguin me escrevia a mesma coisa; a simplicidade, o descolorido, a nobreza dos grandes efeitos do sol.
Jamais, no norte, suspeitarão do que se trata.
Quanto a vender, certamente eu lhe dou razão em não procurá-lo expressamente, certamente que eu preferiria não vender nunca, se possível...
Este dormitório é algo parecido àquela natureza-morta de romances parisienses com capas amarelas, cor-de-rosa, verdes, você se lembra? Mas acho que sua execução é mais viril e mais simples.
Nada de pontilhados, nada de hachuras, nada, tintas chapadas, mas que se harmonizam. Não sei o que farei depois, pois continuo com a vista cansada.
E, nesses momentos, logo após um trabalho duro, e quanto mais duro for, sinto-me com a cachola vazia, oras.
E se eu me deixasse levar por isto, nada me seria mais fácil que detestar o que acabo de fazer e de dar-lhe uns pontapés, como o pai Cézanne. Afinal, por que dar-lhe uns pontapés? Deixemos os estudos quietos se não encontrarmos neles nada de bom, e, se encontrarmos algo de bom, por Deus, tanto melhor.
Enfim, não pensemos tanto assim no bem e no mal, sendo isto sempre muito relativo.

É exatamente este o defeito dos holandeses: chamar uma coisa de totalmente boa ou totalmente ruim, coisa que não existe com este rigor.

Também li *Césarine* de Richepin, tem coisas boas, a marcha dos soldados em debandada, como sentimos seu cansaço! Às vezes, mesmo sem ser soldados também não andamos assim na vida?

A disputa entre o filho e o pai é bem comovente, mas é como *La Glu* do mesmo Richepin, acho que ele não deixa nenhuma esperança, enquanto que Guy de Maupassant, que certamente também escreveu coisas tristes, no fim faz as coisas terminarem mais humanamente. Vide *Senhor Parent*, vide *Pierre e Jean*, eles não terminam com um final feliz, mas enfim as pessoas se resignam e ainda assim vão em frente. Eles não terminam com sangue, atrocidades como essa, oras. Prefiro muito mais Guy de Maupassant a Richepin, por ser mais consolador. Atualmente acabo de ler *Eugenie Grandet*, de Balzac, história de um camponês avarento (555).

Mandei instalar gás no ateliê e na cozinha, o que me custou vinte e cinco francos. Se Gauguin e eu trabalharmos todas as noites durante uma quinzena, não recuperaremos o dinheiro? Só que agora, como Gauguin pode chegar a qualquer dia, preciso, de qualquer maneira, mas de qualquer maneira, de mais cinquenta francos pelo menos.

Não estou doente, mas vou ficá-lo sem a mínima dúvida se não começar a tomar refeições mais fortes, e se não parar de pintar por alguns dias. Enfim, mais uma vez me encontro mais ou menos reduzido ao caso da loucura de Hugues van der Goes no quadro de Emile Wauters. E não fosse eu ter a personalidade um pouco dupla do monge e do pintor, eu estaria há muito tempo completamente e em cheio reduzido ao caso mencionado acima.

Enfim, mesmo que assim fosse, não creio que minha loucura seria do tipo persecutório, já que meus sentimentos, em estado de exaltação, tendem mais às preocupações com a eternidade e a vida eterna.

Mas mesmo assim é preciso que eu desconfie de meus nervos, etc...

Aqui está esboço bem vago de minha última tela, uma fileira de ciprestes verdes contra um céu cor-de-rosa com lua crescente limão pálido. Primeiro plano de chão vazio, areia e alguns cardos.

Dois namorados, o homem azul pálido com chapéu amarelo, a mulher com um corpete rosa e uma saia preta. Esta é a quarta tela do *Jardim do poeta* (*Jardim do poeta I,* Arles 1888, The Art Institute of Chicago) que fará a decoração do quarto de Gauguin. Fico horrorizado em ter de lhe pedir dinheiro mais uma vez, mas não posso fazer nada e com tudo isto ainda estou quebrado. Contudo acredito que o trabalho que faço gastando um pouco mais, um dia nos parecerá mais barato que o precedente (556).

Obrigado por sua carta e pela nota de cinquenta francos. Como você soube por meu telegrama, Gauguin chegou com boa saúde. Ele me dá inclusive a impressão de estar melhor que eu.
Naturalmente ele está muito contente com a venda que você fez, e eu também, pois assim certas despesas ainda absolutamente necessárias para nos instalarmos não precisarão esperar e também não ficarão só por sua conta. Com certeza hoje Gauguin lhe escreverá. Ele é um homem muito interessante, e estou muito confiante de que com ele faremos uma porção de coisas. Provavelmente ele vai produzir muito aqui, e talvez eu também, espero.

E atrevo-me a crer que então o fardo será um *pouco* menos pesado para você, até atrevo-me a crer *muito* menos pesado.

Sinto em mim a necessidade de produzir até estar moralmente esmagado e fisicamente esvaziado, justamente porque em suma não tenho nenhum outro meio de chegar a participar nas despesas.

Não posso fazer nada se meus quadros não vendem.

Contudo dia virá em que veremos que eles valem mais que o preço que nos custaram em cores e minha vida, afinal bem pobre.

Não tenho nenhum outro desejo nem outra preocupação quanto ao dinheiro ou às finanças além de, em primeiro lugar, não ter dívidas.

Mas, meu caro irmão, minha dívida é tão grande, que quando eu a tiver pago, o que no entanto eu pretendo conseguir, a doença de produzir quadros terá tomado toda minha vida, e me parecerá não ter vivido. Só que talvez a produção de quadros me ficará um pouco mais difícil, e no que diz respeito à quantidade, nem sempre teremos tantos.

Que agora eles não se vendam, me dá a mesma angústia que você mesmo sofre; mas para mim isto seria – se não o atrapalhasse tanto o fato de eu não render nada – razoavelmente indiferente.

Mas em finanças, basta-me entender a verdade segundo a qual um homem que vive cinquenta anos e gasta dois mil por ano, gasta cem mil francos e é preciso que arranje os mesmos cem mil. Fazer mil quadros a cem francos durante uma vida de artista é muito, muito difícil, mas quando o quadro vale cem francos... e ainda assim... às vezes nossa tarefa é bem dura. Mas não há o que mudar nisto.

Provavelmente enganaremos Tasset totalmente, pois tanto Gauguin quanto eu usaremos, ao menos em grande parte, cores mais baratas. E as telas também vamos prepará-las nós mesmos. Por um momento cheguei a pensar que ia ficar doente, mas a chegada de Gauguin me distraiu tanto que estou certo de que isto passará. Basta que eu não descuide de minha alimentação por algum tempo, só isso e mais nada (557).

22 de outubro

Doente, já lhe disse que eu não pensava está-lo, mas teria ficado se minha despesas tivessem que continuar.

Pois eu estava numa inquietação atroz por obrigá-lo a fazer um esforço acima de suas forças.

Por um lado, eu sentia que o melhor que eu tinha a fazer era levar a cabo o negócio começado de convencer Gauguin a juntar-se a nós; e, por outro lado, como você deve saber por experiência própria, mobiliar-se e instalar-se é sempre mais difícil do que a princípio imaginamos. Agora enfim estou conseguindo tomar fôlego, pois nós todos tivemos uma tremenda sorte com a venda que você conseguiu para Gauguin. De uma forma ou de outra, todos os três, ele, você e eu, podemos descansar um pouco para pensar com calma no que acabamos de fazer.

Não tenha medo de que eu vá me preocupar com dinheiro. Gauguin tendo vindo, a meta foi provisoriamente atingida. Combinando ele e eu nossas despesas, não gastaremos a dois nem mesmo o que eu gastava aqui sozinho.

Ele poderá até mesmo guardar um pouco de dinheiro à medida que for vendendo. Que lhe servirá para, digamos em um ano, instalar-se na Martinica, e que sem isto, ele não poderia poupar.

Você terá o meu trabalho, e mais um quadro dele todo mês. E eu farei o mesmo trabalho sem enfrentar tantas dificuldades e sem gastar tanto. Já há algum tempo me parecia que a combinação que acabamos de fazer era boa política. A casa está funcionando muito

muito bem e está ficando não somente confortável, mas também uma casa de artistas.

Portanto, não tema nada, quanto a mim e nem quanto a você mesmo.

Na verdade eu fiquei horrivelmente inquieto por você, pois se Gauguin não tivesse tido as mesmas ideias eu teria feito despesas bem grandes para nada. Mas Gauguin é impressionante como homem, ele não se deixa entusiasmar demais e esperará aqui, bem tranquilamente e trabalhando duro, a melhor ocasião para dar um imenso passo adiante. Ele precisava tanto de um descanso quanto eu. É verdade que, com o dinheiro que acaba de ganhar, ele também poderia descansar na Bretanha, *mas do jeito que as coisas estão atualmente, ele está seguro de poder esperar sem recair em dívidas fatais*. Não gastaremos a dois mais de 250 francos por mês. E gastaremos *muito menos* em cores, pois vamos produzi-las nós mesmos. Portanto, não se inquiete nem um pouco conosco, e retome seu fôlego também; você precisará muito dele.

Quanto a mim eu gostaria apenas de lhe dizer também que não lhe peço mais que continuar com uma remuneração mensal de 150 (e o mesmo para Gauguin). O que em todo caso reduz minha despesa pessoal. Enquanto que os quadros certamente aumentarão.

Então depois, se você guardar meus quadros consigo em Paris ou aqui, ficarei muito mais contente se puder dizer simplesmente que você prefere guardar meu trabalho para nós a vendê-lo, a neste momento ter que me envolver com a luta pelo dinheiro. Certamente. Aliás, se o que eu faço for bom, não perderemos dinheiro algum, pois isto se conservaria como um vinho que tivéssemos na adega. Por outro lado, não é mais que minha obrigação esforçar-me em fazer uma pintura tal que, *inclusive* do ponto de vista do dinheiro, seja preferível que ela esteja em minha tela e não nos tubos.

Para terminar, atrevo-me a esperar que dentro de seis meses tanto Gauguin quanto você e eu perceberemos ter fundado um pequeno ateliê que durará e que permanecerá como um lugar, ou uma estação, necessário, ou ao menos útil, para todos aqueles que quiserem ver o Midi. Um forte aperto de mão (558).

Novembro de 1888

Finalmente então eu tenho uma *Arlesiana*, uma figura (tela de 30) esboçada em uma hora, fundo limão pálido, o rosto cinza, a roupa negra, negra, negra, um azul da Prússia totalmente cru. Ela está apoiada sobre uma mesa verde e sentada numa cadeira de madeira alaranjada...

Mesmo trabalhando duro aqui, Gauguin continua a ter saudades dos países quentes. E realmente é incontestável que se fôssemos por exemplo a Java, tendo a preocupação de fazer cores, veríamos um monte de coisas novas. Ademais, nestes países mais luminosos, sob um sol mais forte, tanto a sombra própria quanto a sombra projetada dos objetos e das figuras torna-se totalmente diferente e é tão colorida que somos simplesmente tentados a suprimi-las. Isto já acontece aqui...

Acho que você gostaria das folhas caindo que fiz aqui.

São troncos de choupos lilases, cortados pela moldura na altura em que começam a aparecer as folhas.

Estes troncos de árvores semelhantes a pilastras bordejam uma aleia onde encontram-se alinhados à direita e à esquerda velhos túmulos romanos de cor lilás azulada. Ora o solo está coberto, como que atapetado, por uma camada espessa de folhas caídas alaranjadas e amarelas. Elas continuam caindo como flocos de neve.

E na aleia, figuras negras de namorados. O alto do quadro é uma campina muito verde sem céu ou quase.

A segunda tela é a mesma aleia, mas com um homem velho e uma mulher gorda e redonda como uma bola.

Ah, se domingo você estivesse conosco! Vimos um vinhedo vermelho, bem vermelho como um vinho tinto. Ao longe ele se tornava amarelo, e a seguir um céu verde com um sol, terrenos, após a chuva, violetas e cintilando amarelos aqui e ali onde se refletia o pôr do sol (559).

Não acho desagradável tentar trabalhar de memória, pois isto me permite não sair de casa. Trabalhar num calor de estufa não me incomoda, mas o frio, como você sabe, não faz meu gênero. Só que eu fracassei nesta coisa que fiz do jardim de Nuenen, e sinto que para os trabalhos feitos de memória também é preciso ter prática.

Mas fiz retratos de *uma família inteira*, a do carteiro de quem anteriormente eu já havia feito a cabeça – o homem, a mulher, o bebê, o menino, e o filho de dezesseis anos, todos uns tipos, e bem franceses, embora às vezes pareçam ser russos. Telas de 15. – E aí você sabe o quanto eu me sinto em meu elemento, e até certo ponto isto me consola pelo fato de eu não ser médico. Pretendo insistir nisto e obter poses mais sérias, pagáveis em retratos. E se eu conseguir fazer ainda melhor toda esta família, pelo menos terei feito algo pessoal e a meu gosto. Atualmente estou mergulhado em plena merda de estudos e mais estudos e mais estudos, e isto ainda vai durar – uma tal desordem que me deixa aflito, e contudo isto me dará um caráter próprio aos quarenta anos.

De quando em vez uma tela que se torna quadro, tal como o semeador em questão, que eu também acho melhor que o primeiro.

Se pudermos manter o cerco, um dia a vitória chegará, ainda que não estejamos dentre aqueles de quem se falará. É um pouco o caso de pensar no provérbio: alegria na rua, dor em casa.

Que é que você quer! Supondo que ainda temos toda uma batalha pela frente, é preciso tentar amadurecer tranquilamente.

Você sempre me disse para que eu me preocupasse com a qualidade, e não tanto com a quantidade.

Ora nada nos impede de termos muitos estudos entendidos como tais e consequentemente não vendermos um monte de coisas. E se, cedo ou tarde, formos *obrigados* a vender, venderemos então um pouco mais caro as coisas que do ponto de vista da pesquisa séria sejam mais sustentáveis.

Acho que, contra minha própria vontade, não conseguirei me impedir de lhe enviar algumas telas em breve, *digamos em um mês*. Digo contra minha própria vontade pois estou convencido de que é melhor para as telas secarem completamente aqui no Midi, até que a pasta esteja completamente endurecida, o que leva muito tempo, ou seja, um ano. Abster-me de enviá-las certamente seria o melhor. Pois neste momento não temos nenhuma necessidade de mostrá-las, isso eu posso perceber muito bem.

Gauguin está trabalhando muito, gosto muito de uma natureza-morta com fundo e primeiro plano amarelos, ele tem em andamento um retrato meu que eu não colocaria entre suas empresas malsucedidas; atualmente está fazendo paisagens e tem enfim uma boa tela de lavadeiras, muito boa mesmo, na minha opinião (560).

Fiz um esboço de bordel e pretendo mesmo fazer um quadro de bordel.

Também terminei uma tela de um vinhedo todo púrpura e amarelo[24], com pequenas figuras azuis e violetas e um sol amarelo.

---
24. Este seria o único quadro de Van Gogh vendido em vida. (N.E.)

Acho que você poderá colocar esta tela ao lado das paisagens de Monticelli.

Vou começar a trabalhar mais frequentemente de memória, e as telas feitas de memória são sempre menos desajeitadas e têm um ar mais artístico que os estudos a partir de modelo, especialmente quando trabalhamos em tempos de mistral.

Acho que ainda não lhe disse que Rilliet partiu para a África. Ele está com um estudo meu pelo trabalho a que se deu para levar as telas a Paris, e Gauguin deu-lhe um pequeno desenho em troca de uma edição ilustrada de *Mme. Chrysanthème*. Eu ainda não recebi as trocas de Pont-Aven, mas Gauguin me assegurou que as telas foram feitas.

Aqui o tempo está chuvoso e com vento, e estou bem contente por não estar só, trabalho de memória nos dias ruins, o que não funcionaria se eu estivesse só.

Gauguin também quase acabou seu café noturno. Ele é muito interessante como amigo, devo dizer-lhe que ele sabe cozinhar *perfeitamente*, acho que aprenderei com ele, é bem prático. Estamos nos arranjando bastante bem para fazer molduras com simples varetas pregadas ao chassis e pintadas, coisa que eu comecei a fazer. Você sabia que foi um pouco Gauguin quem inventou a moldura branca? E a moldura de quatro varetas pregadas sobre o chassis custa *cinco soldos*[25], e certamente iremos aperfeiçoá-la.

Essas molduras ficam muito bem, pois não têm relevo, e formam um todo com a tela (561).

Obrigado pelos 100 francos e pela sua carta. Eu sei que você vai gostar de saber que eu recebi uma carta de Jet Mauve agradecendo-nos a pintura. Uma bela carta onde ele fala dos velhos tempos. Eu vou respondê-la e pretendo incluir alguns desenhos junto com a carta.

Você também vai gostar de saber que nós temos um acréscimo na nossa coleção de retratos de artistas. Um autorretrato de Laval, muito bom.

E também uma marina de Bernard em troca de uma tela minha.

O retrato de Laval é bem ousado, chama muito atenção. Me parece um daqueles quadros que, como você sempre diz, devemos

---

25. Soldo, em francês *sou*, moeda valendo cinco cêntimos (N.T.)

ficar com ele antes que outra pessoa reconheça a sua excepcional qualidade.

Trabalhei em duas telas.

Uma recordação de nosso jardim de Etten, com repolhos, ciprestes, dálias e figuras, e a seguir uma Leitora de romance, numa biblioteca igual à Lecture Française; uma mulher toda em verde. Gauguin me anima a imaginar, e as coisas imaginadas certamente têm um caráter mais misterioso (562).

Você não perderá nada esperando um pouco por meu trabalho, e deixaremos nossos caros amigos tranquilamente desprezarem os atuais. Felizmente para mim, sei muito bem o que quero, e no fundo me é extremamente indiferente a crítica de trabalhar às pressas.

Como resposta, produzi estes dias ainda mais às pressas.

Gauguin me dizia outro dia que tinha visto de Claude Monet um quadro de girassóis num grande vaso japonês muito bonito, mas – ele prefere os meus. Não sou desta opinião – mas não creia que eu esteja esmorecendo.

Lamento como sempre, como você já sabe, a dificuldade em conseguir modelos, as mil contrariedades para vencer esta dificuldade. Se eu fosse um homem completamente diferente, e se fosse mais rico, poderia *forçar* isto, atualmente não desisto e insisto surdamente.

Se aos quarenta anos eu fizer um quadro de figuras semelhante às flores de que Gauguin falava, terei uma posição de artista ao lado de qualquer um. Portanto, perseverança.

Enquanto isto sempre posso lhe contar que os dois últimos estudos são bem engraçados.

Telas de 30, *uma cadeira* de madeira e palha toda amarela, sobre lajotas vermelhas contra uma parede (durante o dia).

A seguir, a cadeira de Gauguin, vermelha e verde, efeito noturno, parede e assoalho também vermelhos e verdes, sobre o assento dois romances e uma vela. Em tela fina com empasto grosso (563).

Gauguin e eu fomos ontem a Montpellier para ver o museu e especialmente a sala Brias. Existem lá muitos retratos de Brias, feitos por Delacroix, por Ricard, por Courbet, por Cabanel, por Couture, por Verdier, por Tassaert, por outros mais. A seguir há quadros de Delacroix, de Courbet, de Giotto, de Paul Potter, de Botticelli, de Th. Rousseau, bem bonitos. Brias era um benfeitor para os artistas, não lhe direi mais que isto. No retrato de Delacroix, é um homem com barba e cabelos ruivos, que se parece tremendamente consigo ou comigo, e que me fez pensar naquela poesia de Musset: "Partout où J'ai touché la terre/un Malheureux vêtu de noir/ auprès de nous venait s'asseoir/qui nous regardait comme un frère"[26]. Você teria a mesma impressão, tenho certeza. Vou pedir-lhe encarecidamente para ir ver, naquela livraria onde se vendem litografias de artistas antigos e modernos, se você teria

---

26. Em toda a parte em que toquei o chão/ um infeliz vestido em negro/ Junto anós vinha sentar-se/ e nos mirava como um irmão. (N.E.)

condições de obter sem muita despesa a litografia de Delacroix: *O Tasso na prisão dos loucos*, pois me parece que aquela figura deve estar relacionada com este belo retrato de Brias.

De Delacroix existe lá ainda um estudo de *Mulata* (que algum tempo atrás Gauguin copiara), *As odaliscas*, *Daniel na cova dos leões*, e de Courbet: 1º) *As senhoritas da cidade*, magnífico, uma mulher vista de costas, uma outra no chão numa paisagem; 2º) *A fiandeira* (soberbo) e ainda uma porção de Courbets. Enfim, você deve saber que esta coleção existe, ou conhecer pessoas que já a viram, e consequentemente estar em condições de falar a respeito. Portanto não vou insistir sobre o museu (a não ser sobre os desenhos e bronzes de Barye). Gauguin e eu conversamos muito sobre Delacroix, Rembrandt, etc.

A discussão é de uma *eletricidade excessiva*, às vezes saímos dela com a cabeça tão cansada quanto uma bateria elétrica depois da descarga. Estivemos em plena magia, pois como bem disse Fromentin: Rembrandt é sobretudo um mágico...

Você conhece o estranho e soberbo retrato de homem de Rembrandt da galeria de Lacaze; disse a Gauguin que quanto a mim eu via nele um certo traço de família ou de raça com Delacroix ou com ele, Gauguin. Não sei por que eu sempre chamo este retrato de *O viajante*, ou *O homem vindo de longe*. Esta é uma ideia equivalente ou paralela àquela que eu já lhe contei, para você olhar sempre o retrato de *Six velho*, o belo retrato de Six com luvas, como o seu futuro, e a água-forte de Rembrandt, *Six lendo perto da janela sob um raio de sol*, como seu passado e seu presente. Assim estamos nós, Gauguin me dizia esta manhã, quando lhe perguntei como se sentia, que ele "sentia-se voltando à sua antiga natureza", o que me deu muito prazer. Chegando aqui no inverno passado, cansado e com a cabeça quase que apagada, antes de começar a me recuperar eu também sofri interiormente um pouco.

Como eu gostaria que algum dia você visse este museu de Montpellier; tem coisas muito bonitas.

Diga a Degas que Gauguin e eu fomos a Montpellier ver o retrato de Brias feito por Delacroix, pois é preciso acreditar sem hesitação *que o que é*, é, e o retrato de Brias por Delacroix parece-se consigo e comigo como se fosse um novo irmão (564).

23 de dezembro de 1888

Agradeço-lhe muito a carta, a nota de cem nela incluída e também a ordem de pagamento de cinquenta francos.

Eu por mim acredito que Gauguin tinha se desanimado um pouco com a boa cidade de Arles, com a casinha amarela onde trabalhamos, e sobretudo comigo.

De fato, tanto para ele quanto para mim, aqui ainda existiriam sérias dificuldades a vencer.

Mas estas dificuldades estão mais dentro de nós mesmos que em qualquer outra parte.

Em suma, por mim eu acredito que ou ele vai decididamente partir, ou ele decididamente ficará aqui (565).

Espero que Gauguin o tranquilize completamente; também um pouco quanto às coisas da pintura.

Pretendo logo voltar ao trabalho.

A faxineira e meu amigo Roulin tomaram conta da casa, puseram tudo em boa ordem.

Quando sair, eu poderei retomar meu caminhozinho aqui e logo chegará a bela estação e eu recomeçarei os pomares em flor.

Estou, meu caro irmão, tão *aflito* por sua viagem, eu teria desejado que você fosse poupado, pois afinal nenhum mal me aconteceu e não havia por que você se incomodar.

Eu não saberia lhe dizer o quanto me alegra que você tenha feito as pazes, e mais que isto, com os Bonger.

Diga isto de minha parte a André e dê-lhe um aperto de mão bem cordial por mim.

O que eu não teria dado para que você visse Arles quando o tempo está bom; agora você a viu em negro.

Coragem contudo, envie as cartas diretamente para mim à praça Lamartine, 2. Enviarei a Gauguin seus quadros que ficaram em casa, tão logo ele queira. Devemos-lhe o dinheiro que ele gastou nos móveis.

Um aperto de mão, tenho de voltar novamente ao hospital, mas dentro em pouco sairei de vez.

Sempre seu, VINCENT.

Escreva também uma palavra de minha parte à mãe: que ninguém se inquiete.

No dia 25 de dezembro, Vincent tem um ataque de loucura e faz com que exploda a crise que se armava entre ele e seu amigo Gauguin. Van Gogh corta com uma navalha a própria orelha e a entrega a um policial (segundo Gauguin). Aqui a descrição do incidente pelo próprio Gauguin em seus detalhes, segundo o que foi relatado em seu livro *Antes e depois*.

Incidente da automutilação de Van Gogh

por **Paul Gauguin** (*Antes e depois*, L&PM POCKET, vol. 72)

Já faz muito tempo que tenho vontade de escrever sobre Van Gogh e certamente o farei um belo dia quando estiver inspirado: por enquanto vou contar a respeito dele ou, melhor dizendo, a nosso respeito, certas coisas capazes de esclarecer algumas inverdades que circularam.

Seguramente, o acaso fez com que durante minha existência vários homens que frequentaram minha casa e discutiram comigo enlouquecessem.

Os dois irmãos Van Gogh estão neste caso e pessoas mal-intencionadas, outras com ingenuidade, atribuíram a mim sua loucura. Certamente algumas pessoas podem ter mais ou menos ascendência sobre seus amigos, mas daí a provocar a loucura há uma boa distância. Muito tempo depois da catástrofe, Vincent me escreveu da casa de saúde onde cuidavam dele. Ele me dizia:

"Como você é feliz por estar em Paris! Ainda é aí onde se encontram as sumidades, e certamente você deveria consultar um especialista para curar a sua loucura. Não somos todos loucos?" O conselho era bom, por isso não o segui, sem dúvida por contradição.

Os leitores do Mercure *puderam ver, numa carta de Vincent, publicada há alguns anos, sua insistência em me fazer ir até Arles, para fundar, segundo suas ideias, um ateliê do qual eu seria o diretor.*

Naquele tempo eu trabalhava em Pont-Aven, na Bretanha, e talvez porque, tendo começado a estudar, estava ligado a esse lugar, ou talvez porque, por um vago instinto, eu previa que algo de anormal aconteceria, resisti por muito tempo, até o dia em que, vencido pelos impulsos sinceros de amizade de Vincent, pus-me a caminho.

Cheguei a Arles num fim de noite e esperei o dia clarear num café. O proprietário me olhou e exclamou: "É você o amigo do peito, eu o reconheço".

Um retrato meu, que enviara a Vincent, era suficiente para explicar a admiração do homem. Mostrando o meu retrato, Vincent lhe dissera que eu era um grande amigo que logo chegaria a Arles.

Nem cedo demais nem muito tarde, fui acordar Vincent. O dia foi consagrado à minha instalação, a muitas conversas, a passeios para estar em condições de admirar as belezas de Arles e das arlesianas, pelas quais, entre parênteses, não fiquei muito entusiasmado.

Já no dia seguinte estávamos trabalhando; ele, continuando, e eu, começando. Preciso lhe dizer que jamais tive as facilidades cerebrais que os outros, sem tormento, encontram na ponta dos seus pincéis. Aqueles desembarcam da estrada de ferro, tomam suas paletas e, num átimo de tempo, fazem um efeito de sol. Quando está seco, isso vai para o jardim de Luxemburgo e é assinado "Carolus Duran".

Não admiro o quadro, mas admiro o homem...
Ele, tão seguro, tão tranquilo.
Eu, tão incerto, tão inquieto.

Em cada país preciso de um período de incubação, preciso toda vez aprender a essência das plantas, das árvores, de toda a natureza enfim, tão variada e tão caprichosa, jamais querendo se deixar admirar e se entregar.

Fiquei no meu canto algumas semanas antes de apreender claramente o gosto ácido de Arles e de seus arredores. O que não impedia que se trabalhasse com afinco, sobretudo Vincent. Entre dois seres, ele e eu, um todo vulcão e o outro fervendo também, mas de alguma forma preparava-se uma batalha.

Primeiramente achei, em tudo e por tudo, uma desordem que me chocava. A caixa de cores mal bastava para conter os tubos espremidos, nunca fechados, e, apesar dessa desordem, desse desperdício, um todo brilhava na tela; também em suas palavras. Daudet, Goncourt, a Bíblia queimavam esse cérebro de holandês. Em Arles, os cais, as pontes e os barcos, todo o sul transformava-se para ele na Holanda. Ele esquecia mesmo de escrever o holandês e, como se pôde ver pela publicação de suas cartas ao seu irmão, jamais escrevia senão em francês e de forma admirável, com os enquanto que, quanto a que não acabavam mais.

Apesar de todos os meus esforços para elucidar nesse cérebro desordenado uma razão lógica em suas opiniões críticas, não encontrei uma explicação para tudo o que havia de contraditório entre sua pintura e suas opiniões. Assim, por exemplo, ele tinha uma admiração sem limites por Meissonier e um ódio profundo por Ingres. Degas era o seu desespero e Cézanne não passava de um trapaceiro. Pensando em Monticelli, ele chorava.

Uma das coisas que o deixava possesso era ser forçado a reconhecer em mim uma grande inteligência, em desacordo com minha testa muito pequena, sinal de burrice. No meio de tudo isso, uma grande ternura, ou melhor, um altruísmo evangélico.

Desde o primeiro mês vi nossas finanças em comum tomarem os mesmos ares de desordem. Como fazer? A situação era delicada, sendo a caixa modestamente suprida por seu irmão, empregado na casa Goupil; de minha parte, em combinação de troca por quadros. Era preciso falar e ter um embate com uma suscetibilidade muito grande. Portanto, foi só com muita precaução e maneiras meigas, pouco compatíveis com meu caráter, que abordei a questão. Devo confessar, consegui fazê-lo muito mais facilmente do que imaginava.

Numa caixa, uma quantia tanto para passeios noturnos e higiênicos quanto para o tabaco e também para as despesas imprevistas, incluindo o aluguel. Junto, um pedaço de papel e um lápis para tomar nota, honestamente, do que cada um tirava. Numa outra caixa, o restante da quantia dividida em quatro partes, para a despesa de alimentação semanal. Nosso pequeno restaurante foi suprimido e, com a ajuda de um pequeno fogão a gás, encarreguei-me da cozinha, enquanto Vincent fazia as compras para a casa, sem se afastar muito. Uma vez, contudo, Vincent quis preparar uma sopa, mas, não sei como, fez suas misturas. Sem dúvida como as cores nos seus quadros. Acontece que não pudemos comê-la. E o meu Vincent, rindo e exclamando: "Tarascon! O boné do tio Daudet". Na parede, com giz, ele escreveu:

> Sou o Espírito Santo
> Sou são de espírito

Por quanto tempo permanecemos juntos? Não saberia dizê-lo, me esqueci totalmente disso. Apesar da rapidez com que a catástrofe *aconteceu, apesar da febre de trabalho que tomara conta de mim, todo esse tempo me pareceu um século.*

Sem que as pessoas desconfiassem, dois homens fizeram ali um trabalho colossal e útil para os dois. Talvez para outros? Algumas coisas dão frutos.

No momento em que cheguei a Arles, Vincent estava inteiramente mergulhado na escola neoimpressionista e sem grande sucesso, o que o fazia sofrer; não que essa escola, como todas as outras, fosse ruim, mas porque ela não correspondia à sua natureza, tão pouco paciente e tão independente.

Com todos os seus amarelos sobre violetas, todo esse trabalho de cores complementares, ele só conseguia chegar a harmonias suaves, incompletas e monótonas; faltava ali o som do clarim.

Pus-me a ensinar-lhe, o que não me foi difícil, pois encontrei um terreno rico e fecundo. Como todas as naturezas originais e marcadas pelo selo da personalidade, Vincent não tinha nenhum medo da concorrência e não era nenhum cabeça dura.

A partir desse dia, meu Van Gogh fez progressos espantosos: ele parecia descobrir tudo o que havia nele e daí se originou aquela série de sóis sobre sóis, em pleno sol.

"Vocês viram o retrato do poeta?

O rosto e os cabelos amarelos de cromo 1.

A roupa amarela de cromo 2.

A gravata amarela de cromo 3 com um alfinete verde-esmeralda num fundo amarelo de cromo nº 4."

É o que me dizia um pintor italiano e ele acrescentava:

– Maerda, maerda, tudo é amarelo: não sei mais o que é a pintura.

Seria inútil entrar aqui nos detalhes técnicos. Isto para lhes informar que Van Gogh, sem perder um dedo de sua personalidade, encontrou um ensino fecundo em mim. E todo dia ele me agradecia por isso. É o que ele quer dizer quando escreve, ao senhor Aurier, que deve muito a Paul Gauguin.

Quando cheguei a Arles, Vincent procurava se encontrar, enquanto eu, muito mais velho, era um homem feito. A Vincent devo alguma coisa, que é, com a consciência de lhe ter sido útil, o fortalecimento de minhas ideias picturais anteriores: devo a ele, também, a consciência de que – quando se atravessa momentos difíceis – sempre há alguém mais infeliz que a gente.

Quando leio esta passagem: "O desenho de Gauguin lembra um pouco o de Van Gogh", sorrio.

Nos últimos tempos de minha estada, Vincent tornou-se excessivamente brusco e barulhento, depois taciturno. Algumas noites o surpreendi, de pé, perto da minha cama.

A que atribuir o meu despertar nesse momento?

O fato é que, quando isso ocorria, bastava dizer-lhe em tom bem grave: "O que é que você tem, Vincent?" para que, sem uma palavra, ele voltasse para a cama e caísse num sono profundo.

Tive a ideia de fazer seu retrato pintando a natureza-morta que ele tanto amava, a dos girassóis. Quando terminei, ele me disse: "Sou eu mesmo, mas eu enlouquecido".

Na mesma noite fomos ao café. Ele tomou um absinto leve.

De repente, ele me jogou na cara o copo e o seu conteúdo. Aparei o golpe e, pegando-o forte pelo braço, saí do café, atravessei a praça Victor Hugo e, alguns minutos depois, Vincent achava-se em sua cama, onde em alguns segundos dormiu para se levantar somente na manhã seguinte.

Ao despertar, muito calmo, ele me disse: "Meu caro Gauguin, tenho uma vaga lembrança de que ontem à noite o ofendi".

– Eu o perdoo de bom grado e de todo coração, mas a cena de ontem poderia se repetir, e se eu fosse atacado poderia perder as estribeiras e estrangulá-lo. Permita-me então escrever ao seu irmão para anunciar-lhe meu regresso.

Que dia, meu Deus!

Chegando a noite, acabara meu jantar e sentia a necessidade de ir sozinho respirar o ar perfumado dos loureiros em flor. Já atravessara quase inteiramente a praça Victor Hugo, quando ouvi atrás de mim um pequeno passo bem conhecido, rápido e irregular. Virei-me no exato momento em que Vincent se precipitava sobre mim com uma navalha aberta na mão. Meu olhar nesse momento deve ter sido muito poderoso, pois ele parou e, baixando a cabeça, retomou correndo o caminho de casa.

Será que fui covarde nesse momento e não deveria tê-lo desarmado e procurado acalmá-lo? Várias vezes interroguei minha consciência e não me censurei em nada.

Quem quiser que me jogue a primeira pedra.

Em seguida, fui a um bom hotel de Arles, onde, depois de perguntar a hora, reservei um quarto e me deitei.

Muito agitado, pude dormir somente às três horas da manhã e acordei bastante tarde, em torno de sete e meia.

Chegando à praça, vi reunida uma grande multidão. Perto de nossa casa, gendarmes e um senhor baixo, de chapéu-coco, que era o comissário de polícia.

Eis o que se passara.

Van Gogh voltou para casa e imediatamente cortou sua orelha, exatamente na base da cabeça. Deve ter levado um certo tempo para estancar a força da hemorragia, pois no dia seguinte numerosas toalhas molhadas estavam estendidas nas lajes dos dois cômodos de baixo. O sangue sujara os dois cômodos e a escadinha que subia para nosso quarto de dormir.

Quando teve condições de sair, a cabeça envolvida por um gorro basco completamente enfiado, foi direto para uma casa onde, na falta de um compatriota, encontra-se alguém conhecido, e deu ao sentinela sua orelha bem limpa e fechada num envelope. "Tome", disse ele, "como lembrança minha", depois fugiu e voltou para casa, onde se deitou e adormeceu. No entanto, teve o cuidado de fechar as venezianas e de colocar numa mesa perto da janela uma lamparina acesa.

Dez minutos depois toda a rua entregue às "mariposas" estava em movimento e todo o mundo comentava indiscretamente o acontecimento.

Estava longe de imaginar tudo isso quando apareci na soleira da porta de nossa casa, e o senhor de chapéu melão me disse bruscamente, com um tom mais do que severo.

– O que o senhor fez com o seu amigo?

– Não sei...

– Sim... o senhor sabe... Ele está morto.

Não desejo que ninguém passe por um momento desses e precisei de alguns longos minutos para raciocinar e sentir o meu coração batendo.

A ira, a indignação, a dor também e a vergonha de todos esses olhares que me devassavam por inteiro me sufocavam, e foi balbuciando que disse:

– Está bem, senhor, vamos subir e falar lá em cima.

Na cama Vincent jazia, completamente envolto pelos lençóis, todo encolhido com os joelhos junto ao corpo: parecia inanimado. Suavemente, bem suavemente, apalpei seu corpo cujo calor era com certeza sinal de vida. Senti como se toda a minha inteligência e a minha energia estivessem voltando.

Quase em voz baixa, eu disse ao comissário de polícia:

– Acorde-o com muito cuidado, e se ele perguntar por mim diga-lhe que parti para Paris. Minha presença poderia lhe ser fatal.

Devo confessar que, a partir desse momento, esse comissário foi tão razoável quanto possível e, inteligentemente, mandou buscar um médico e um carro.

Quando acordou, Vincent, depois de perguntar por seu camarada, seu cachimbo e seu tabaco, pensou em pedir a caixa que estava em baixo e onde ficava o nosso dinheiro. Essa suspeita me veio logo à cabeça, mas eu já estava preparado para qualquer sofrimento!

Vincent foi levado ao hospital e, logo que chegou, seu cérebro recomeçou a divagar.

Do resto, as pessoas que poderiam se interessar por estes tristes acontecimentos já sabem e seria inútil falar, não fosse esse enorme sofrimento de um homem tratado numa casa de loucos que, por intervalos mensais, se viu retomando a razão o bastante para compreender o seu estado e pintar com raiva os quadros admiráveis que conhecemos.

A última carta que recebi estava datada de Auvers, perto de Pontoise. Ele me dizia que esperava ficar curado o suficiente para vir me ver na Bretanha, mas que naquele momento não via a perspectiva de uma cura.

"Caro mestre (a única vez em que pronunciou essa palavra), depois de tê-lo conhecido e de o deixar aflito, é mais digno morrer em bom estado de espírito do que em um estado degradante."

Deu um tiro de pistola em sua barriga e foi somente algumas horas depois, deitado no seu leito e fumando seu cachimbo, que ele morreu, guardando toda a sua lucidez de espírito, com amor por sua arte e sem ódio aos outros.

Nos Monstros, Jean Dolent escreve:

"Quando Gauguin diz: 'Vincent', sua voz é doce".

Não sabendo disso, mas tendo adivinhado, Jean Dolent tem razão. Sabemos por quê.

Meu caro amigo Gauguin,

Aproveito minha primeira saída do hospital para escrever-lhe duas palavrinhas de amizade bem sincera e profunda. Pensei muito em você no hospital, mesmo estando com febre e fraqueza relativa.

Diga – a viagem de meu irmão Theo realmente era tão necessária – meu amigo?

Agora ao menos tranquilize-o totalmente e, quanto a si, rogo-lhe que confie que na verdade nenhum mal existe neste que é o melhor dos mundos, onde tudo sempre anda da melhor forma.

Então desejo que você dê recomendações de minha parte ao bom Schuffenecker, e que você se abstenha, até fazermos reflexão mais madura de ambas as partes, de falar mal de nossa pobre casinha amarela, e que você cumprimente de minha parte os pintores que vi em Paris. Desejo-lhe prosperidade em Paris, com um bom aperto de mão,

Sempre seu, VINCENT.

Roulin foi realmente bom para mim, foi ele quem teve a presença de espírito de me fazer sair dali antes que os outros estivessem convencidos.

Responda-me por favor (566).

2 de janeiro de 1889

Meu caro Theo,

A fim de tranquilizá-lo totalmente quanto a mim escrevo-lhe estas breves palavras no gabinete do médico interno sr. Rey, que você mesmo conheceu. Ficarei ainda alguns dias aqui no hospital, e depois posso esperar voltar para casa muito tranquilamente.

Agora eu lhe peço só uma coisa, não se preocupe, pois isto me causaria uma preocupação a *mais*.

Falemos agora de nosso amigo Gauguin, eu o assustei? Afinal por que ele não me dá nenhum sinal de vida? Ele deve ter ido embora contigo. Aliás ele precisava rever Paris, e em Paris talvez ele se sinta mais em casa do que aqui. Diga a Gauguin que me escreva, e que sempre penso nele.

Um bom aperto de mão, li e reli sua carta contando o reencontro com os Bonger. Perfeito. Quanto a mim estou contente em continuar como estou. Ainda uma vez um bom aperto de mão para você e Gauguin.

Sempre seu, VINCENT.

Continue a escrever para o mesmo endereço à praça Lamartine, 2[27] (567).

Meu caro Theo,

Talvez eu não lhe escreva uma carta muito longa hoje, mas em todo caso algumas palavras para lhe dizer que hoje eu voltei para casa. Como eu lamento que você tenha se incomodado por tão pouca coisa, desculpe-me, pois afinal eu sou provavelmente a causa principal. Não previ que isto teria como consequência que fossem lhe chamar. Basta. O sr. Rey veio ver a pintura com dois de seus amigos médicos, e eles ao menos compreendem tremendamente depressa o que são complementares.

Agora pretendo fazer o retrato do sr. Rey, e possivelmente outros retratos tão logo me tenha reacostumado um pouco com a pintura. Obrigado por sua última carta; claro, eu sinto você sempre presente, mas saiba também por sua vez que estou trabalhando no mesmo que você.

Ah! como eu gostaria que você tivesse visto o retrato de Brias de Delacroix e todo o museu de Montpellier onde Gauguin me levou. Como já trabalharam no Midi antes de nós; realmente me é muito difícil acreditar que nos tenhamos desviado tanto assim. No que diz respeito a regiões quentes, meu Deus! sem querer, eu sonho com uma certa região de que fala Voltaire, isso sem contar com os simples castelos de areia. Estes são os pensamentos que me ocorrem voltando para casa.

---

27. O dr. Rey, médico do hospital, escrevera a Theo a seguinte carta:
"Acrescento algumas palavras à carta do senhor seu irmão para tranquilizá--lo a seu respeito.
Estou feliz em poder anunciar-lhe que minhas previsões se realizaram e que esta superexcitação foi apenas passageira. Acredito firmemente que ele estará restabelecido em alguns dias. Insisti em que ele mesmo lhe escrevesse para que o senhor se apercebesse melhor de seu estado. Eu lhe pedi que viesse ao meu consultório para conversar um pouco. Isto o distrairá e lhe fará bem.
Queira aceitar os mais sinceros cumprimentos,
Rey". (N.E.)

Estou muito desejoso em saber como vão os Bonger e se o relacionamento com eles se mantém, o que eu espero.

Se você achar bom – Gauguin tendo partido –, reajustaremos o mês a 150 francos, acho que ainda verei aqui dias mais calmos que os do ano passado.

O que eu precisaria muito para minha instrução são todas as reproduções dos quadros de Delacroix que ainda se possa conseguir naquela loja que vende a um franco, eu acho, as litografias de artistas antigos e modernos, etc. *Decididamente* não quero as mais caras.

Como vão nossos amigos holandeses de Haan e Isaäcson? Cumprimente-os de minha parte.

Acho apenas que devemos nos manter tranquilos quanto à minha pintura. Se você quiser, é claro que eu já posso enviá-las, mas quando eu recuperar a calma espero fazer coisa diferente. Contudo, para os Independentes faça como melhor lhe aprouver e como farão os outros.

Mas você não faz ideia do quanto eu lamento que você ainda não tenha feito sua viagem para a Holanda.

Enfim, não podemos mudar os fatos, mas recupere-se o quanto for possível por correspondência ou como puder, e diga aos B. o quanto eu lamento ter sido talvez involuntariamente a causa desse atraso. Estes dias escrevo para a mãe e para Wil, também tenho que escrever para Jet Mauve.

Escreva-me logo e fique totalmente tranquilo quanto a minha saúde, saber que as coisas vão bem consigo me curará completamente. O que Gauguin está fazendo? Sua família estando no norte, tendo sido convidado para expor na Bélgica, e atualmente fazendo sucesso em Paris, quero crer que ele encontrou seu caminho. Um bom aperto de mão, apesar de tudo estou razoavelmente contente por isto já ser coisa passada. Mais uma vez um vigoroso aperto de mão (568).

9 de janeiro de 1889

Fisicamente estou bem, o ferimento está cicatrizando muito bem e estou recuperando a grande perda de sangue, pois como e digiro bem. O mais temível seria a insônia, e o médico não me disse nada a respeito nem eu ainda lhe falei também. Mas eu a combato sozinho.

Combato esta insônia aplicando uma forte dose de cânfora em meu travesseiro e em meu colchão, e caso alguma vez lhe acontecer de não conseguir dormir, recomendo-lhe isto. Estava com muito medo de dormir sozinho em casa, e fiquei preocupado em não conseguir dormir. Mas tudo se passou muito bem e atrevo-me a crer que isto não voltará mais. O sofrimento com isto no hospital foi atroz e todavia estando, com tudo isso, bem mais que desmaiado, posso lhe dizer como curiosidade que continuei a pensar em Degas. Gauguin e eu tínhamos conversado anteriormente sobre Degas e eu tinha observado a Gauguin que Degas havia dito...

"Estou me guardando para as arlesianas."

Ora, você que sabe o quanto Degas é sutil, ao voltar a Paris diga-lhe que eu confesso que até o momento fui incapaz de pintar as mulheres de Arles sem deturpá-las, e que ele não deve acreditar em Gauguin, se Gauguin lhe falar bem antes do tempo de meu trabalho, que só se fez doentiamente.

Ora, se eu me recobrar, *devo recomeçar* e não poderia atingir novamente estes cumes aos quais a doença parcialmente me arrastou (569).

17 de janeiro

Meu caro Theo,

Obrigado por sua boa carta assim como pela nota de cinquenta francos que ela continha. Você mesmo poderá responder a todas as questões neste momento, eu não me sinto capaz. Eu quero muito, depois de refletir, encontrar uma solução, mas é preciso que eu releia novamente sua carta, etc.

Mas antes de discutir o que eu gastaria ou deixaria de gastar durante um ano inteiro, talvez fosse melhor rever um pouco só este mês corrente.

Foi totalmente lamentável sob todos os pontos de vista, e eu certamente ficaria feliz se afinal você prestasse seriamente um pouco de atenção em como isto está e como esteve durante tanto tempo.

Mas o que é que você quer? Infelizmente isto está complicado de diversas formas; meus quadros não têm valor, custam-me, é verdade, despesas extraordinárias, às vezes inclusive em sangue e cérebro talvez. Não vou insistir, e o que você quer que eu diga?

Voltemos a examinar o mês atual e falemos apenas de dinheiro. Em 23 de dezembro ainda havia em caixa um luís e três soldos. Neste mesmo dia recebi de você a nota de cem francos.

Eis as despesas:

Dado a Roulin para pagar a faxineira seu mês de dezembro:	20 francos
Assim como a primeira quinzena de janeiro 10 francos =	30fr.
Pago ao hospital:	21fr.
Pago aos enfermeiros que me fizeram curativos:	10fr.
Ao regressar paguei uma mesa, um aquecedor a gás, etc. que me tinham sido emprestados e que eu comprei então a prestação:	20fr.
Pago para lavar toda a roupa de cama, as roupas ensanguentadas, etc:	12fr. 50
Diversas compras, como uma dúzia de pincéis, um chapéu, etc., etc., digamos:	10fr.
	103fr. 50

E assim já chegamos, no dia mesmo ou no dia seguinte à minha partida do hospital, a um desembolso forçado de minha parte de 103 fr. 50, aos quais devemos acrescentar que no primeiro dia eu fui alegremente almoçar com os Roulin no restaurante, totalmente tranquilizado e não temendo uma nova angústia.

Enfim o resultado de tudo isto foi que lá pelo dia 8 eu estava duro. Mas um ou dois dias depois eu tomei emprestados cinco francos. Mal estávamos no dia 10. Eu esperava por volta do dia 10 uma carta sua, ora, esta carta só chegando hoje, dia 17 de janeiro, o intervalo foi um jejum dos mais rigorosos, e ainda mais doloroso pois minha recuperação não poderia acontecer nestas condições.

Contudo eu voltei ao trabalho, e já tenho três estudos feitos no ateliê, mais o retrato do sr. Rey que eu lhe dei como lembrança. Assim, ainda não foi desta vez que houve algum mal pior que um pouco mais de sofrimento e de relativa angústia. E conservo todas as minhas esperanças. Mas sinto-me fraco e um pouco inquieto e temeroso. O que, eu espero, passará logo que eu recupere minhas forças.

Rey me disse que bastava ser muito sensível para ter o que eu tive quando de minha crise, e que atualmente eu só estava anêmico, mas que realmente eu deveria me alimentar. Mas eu tomei a liberdade de dizer ao sr. Rey que se para mim atualmente o mais importante era recuperar minhas forças, se por um grande acaso ou mal-entendido justamente me acontecera de novo ter que passar por um rigoroso jejum de uma semana, se em semelhantes circunstâncias ele já teria visto muitos loucos ficarem razoavelmente tranquilos e capazes de trabalhar; e que se não, ele então se dignasse a recordar-se, quando chegasse a ocasião, que provisoriamente eu ainda não sou louco. Agora, nestes desembolsos efetuados, considerando que a casa ficou toda atrapalhada com esta aventura, e toda a roupa de cama e minhas roupas ficaram imundas, existe nessas despesas algo de indevido, de extravagante ou de exagerado? Se imediatamente ao voltar eu paguei o que *devia* a pessoas mais ou menos tão pobres quanto eu, houve erro de minha parte, ou poderia eu ter economizado mais?

Agora, hoje, dia 17, recebo enfim cinquenta francos.
    Com isto primeiro eu pago os cinco francos emprestados ao dono do café, mais dez despesas feitas a crédito no curso desta última semana, o que dá:.. 7fr.50
Tenho ainda que pagar roupa trazida do hospital, e mais desta semana passada, e conserto de sapatos e de uma calça, o que dá uns............... 5fr...
Madeira e carvão de dezembro ainda por pagar e repor, não menos de.. 4fr...
Faxineira, segunda quinzena de janeiro................................ 10fr.
                                                                                           26fr.50

Amanhã pela manhã, quando eu saldar esta quantia, me sobrarão líquidos.. 23fr.50

Nós estamos no dia 17, faltam treze dias para completar o mês.

Quanto você acha que eu poderia gastar por dia? É preciso ainda acrescentar que você enviou trinta francos a Roulin, com os quais ele pagou os 21 fr. 50 do aluguel de dezembro.

E aí estão, meu caro irmão, as contas do presente mês. E não acabou.

Abordemos agora as despesas que lhe foram ocasionadas por um telegrama de Gauguin, a quem eu já censurei bem formalmente por tê-lo enviado.

As despesas assim malfeitas seriam inferiores a duzentos francos? O próprio Gauguin pretende ter feito assim manobras magistrais? Escute, eu não insistirei mais sobre o absurdo desta atitude, suponhamos que eu estivesse alucinado a mais não poder, por que então o ilustre colega não estava mais calmo?

Não insistirei mais neste ponto.

Eu não saberia louvá-lo o suficiente por ter pago a Gauguin de tal forma que só lhe resta congratular-se pelas relações que manteve conosco. Esta é desgraçadamente mais uma despesa maior que o devido, mas enfim vejo aí uma esperança.

Ele não deve, ou pelo menos não deveria começar a ver um pouco que nós não fomos seus exploradores, mas ao contrário tentamos salvaguardar-lhe a existência, a possibilidade de trabalhar e... e... a honestidade?

Se isto está abaixo dos grandiosos projetos de associações de artistas que ele propôs e que ele continua a sustentar você sabe muito bem como, se isto está abaixo de seus outros castelos de areia – por que não considerá-lo então como irresponsável pelas dores e estragos que ele inconscientemente teria causado tanto a si quanto a mim em sua cegueira?

Se atualmente esta tese ainda lhe parecer muito atrevida, não insistirei mais, mas veremos.

Houve antecedentes no que ele chama de "o banco de Paris", e ele se acha esperto nisto. Talvez quanto a isto você e eu sejamos decididamente pouco curiosos.

Apesar de tudo, isto não está totalmente em desacordo com certas passagens de nossa correspondência anterior.

Se Gauguin fosse a Paris para examinar-se um pouco, ou fazer-se examinar por um médico especialista, meu Deus, não sei muito bem qual seria o resultado.

Eu o vi diversas vezes fazendo coisas que você ou eu, tendo outra consciência, não nos permitiríamos fazer; ouvi dizerem dele duas ou três coisas do mesmo gênero, mas eu, que o vi de muito perto, acho que ele é levado por sua imaginação, talvez pelo orgulho, mas é bastante irresponsável.

Esta conclusão não implica muito uma recomendação para escutá-lo em qualquer circunstância. Mas por ocasião do seu acerto de contas, vejo que você agiu com uma consciência superior e então acredito que nada temos a recear quanto a sermos induzidos por ele a erros de "banco de Paris".

Mas ele... meu Deus! Que ele faça tudo o que quiser, que tenha suas independências (??) (que maneira de considerar seu caráter independente), suas opiniões, e que ele siga seu caminho, já que lhe parece conhecê-lo melhor que nós.

Acho bem estranho que ele me reivindique um quadro de girassóis oferecendo-me em troca, suponho, ou de presente, alguns estudos que ele deixou aqui. Devolverei seus estudos, que terão provavelmente mais serventia para ele do que jamais teriam para mim.

Mas por enquanto fico com minhas telas aqui, e categoricamente ficam comigo os girassóis em questão.

Ele já tem dois, que se dê por satisfeito.

E se não estiver contente com a troca que fizemos, ele pode retomar sua pequena tela da Martinica e o autorretrato que me enviou da Bretanha, devolvendo-me por sua vez meu retrato e minhas duas telas de girassóis que ele pegou em Paris. Se portanto alguma vez ele voltar a este assunto o que eu digo está suficientemente claro.

Como Gauguin pode pretender agora ter receio de me incomodar com sua presença, quando dificilmente ele poderia negar que soube que eu o chamara insistentemente e que lhe disseram mais de uma vez que eu insistia em vê-lo imediatamente.

Justamente para lhe dizer que guardasse isto entre nós, sem incomodar você. Ele não quis escutar.

Cansa-me recapitular tudo isto e pensar e repensar em coisas deste tipo.

Tentei nesta carta mostrar-lhe a diferença que existe entre minhas despesas líquidas e geradas por mim mesmo, e aquelas pelas quais sou menos responsável.

Fiquei desolado em saber que justamente neste momento você tivesse estas despesas, que não beneficiavam ninguém.

Que consequências isto terá é o que verei à medida que recuperar minhas forças se minha situação for sustentável. Receio muito uma mudança ou um deslocamento justamente por causa de novas despesas. Não tenho conseguido, já há algum tempo, recuperar totalmente o meu fôlego. Não abandono o trabalho porque às vezes ele avança, e creio com paciência justamente em chegar a recuperar através dos quadros feitos as despesas anteriores. Roulin vai partir já no dia 21, ele vai servir em Marselha, o aumento de salário é mínimo, e ele será obrigado a deixar por algum tempo sua mulher e suas crianças, que só poderão segui-lo bem mais tarde, pois as despesas de toda uma família seriam mais pesadas em Marselha.

É uma promoção para ele, mas é um consolo bem, bem magro que assim o governo dá a um empregado destes, após tantos anos de trabalho.

E no fundo acho que tanto ele como sua mulher estão muito, muito aflitos. Roulin frequentemente me fez companhia nesta última semana. Estou totalmente de acordo consigo de que não devemos nos meter em questões de médicos que não nos dizem absolutamente respeito.

Justamente porque você escreveu ao sr. Rey dizendo que em Paris você o apresentaria a Rivet, pelo que entendi, acho que não fiz nada de comprometedor ao dizer-lhe que se ele fosse a Paris me daria um grande prazer se pudesse levar um quadro como lembrança minha para o sr. Rivet.

Naturalmente eu não lhe disse nada além disso, mas o que eu lhe disse é que sempre lamentaria por não ser médico, que os que acreditam que a pintura é bela, fariam melhor em não ver nela mais que um estudo da natureza.

Apesar de tudo é pena que Gauguin e eu tenhamos abandonado talvez rápido demais a questão de Rembrandt e da luz que havíamos iniciado. De Haan e Isaacson continuam aí? Que eles não desanimem. Após minha doença eu naturalmente fiquei com o olho muito, muito sensível. Vi o coveiro de De Haan, do qual ele teve a gentileza de me enviar uma fotografia. Pois bem, parece-me que há um verdadeiro espírito de Rembrandt nesta figura, que parece iluminada pelo reflexo de uma luz emanando do túmulo aberto diante do qual permanece sonâmbulo o citado coveiro.

Isto é feito de uma maneira muito sutil. Eu não trabalho o tema com carvão, e ele, De Haan, usou como meio de expressão justamente o carvão, que além do mais é um material incolor.

Gostaria muito que De Haan visse um estudo meu de uma vela acesa e dois romances (um amarelo e outro rosa) colocados sobre uma cadeira vazia (justamente a cadeira de Gauguin), tela de 30, em vermelho e verde. Acabo de trabalhar ainda hoje em seu *pendant*, minha própria cadeira vazia, uma cadeira de madeira branca com um cachimbo e uma bolsa de tabaco. Nos dois estudos como em outros, procurei um efeito de luz com cor clara, De Haan provavelmente compreenderá o que procuro se você lhe contar o que acabo de escrever.

Por mais comprida que já esteja esta carta, na qual tentei analisar o mês, e na qual reclamo um pouco do estranho fenômeno que é Gauguin ter preferido não falar mais comigo, desaparecendo, resta-me ainda acrescentar algumas palavras de apreço.

O que ele tem de bom é saber administrar maravilhosamente bem a despesa diária.

Enquanto que eu frequentemente fico ausente, preocupado em chegar a um bom *termo*, ele tem mais controle do dinheiro dia a dia.

Mas seu fraco é que, com um coice e um safanão, ele estraga tudo o que havia feito.

Ora, depois de conquistarmos uma posição devemos mantê--la ou desertar? Não quero julgar ninguém por isto, esperando eu próprio não ser condenado no caso de me faltarem as forças, mas se Gauguin tem tantas virtudes assim e tanta capacidade de fazer o bem, como é que ele vai empregá-las?

Não posso mais acompanhar seus atos, e me contenho silenciosamente, contudo, com um ponto de interrogação.

Às vezes ele e eu trocamos ideias sobre a arte francesa, sobre o impressionismo...

Parece-me agora impossível, ou pelo menos bem improvável, que o impressionismo se organize e se acalme.

Por que não aconteceria o que aconteceu na Inglaterra com os pré-rafaelistas?

A sociedade dissolveu-se.

Talvez eu leve essas coisas muito a peito, e talvez eu esteja triste demais. Gauguin alguma vez teria lido *Tartarin nos Alpes*, e se lembraria do ilustre colega tarrasconês de Tartarin, que tinha tal imaginação, que num instante ele havia criado uma Suíça todinha imaginária?

Ele se lembraria do nó numa corda encontrado no alto dos Alpes após a queda?

E você, que tanto gostaria de saber como aconteceram as coisas, já leu o *Tartarin* inteiro?

Isto o ensinaria suficientemente a reconhecer Gauguin.

Exorto-o muito seriamente a rever esta passagem do livro de Daudet.

Você chegou a reparar, quando de sua viagem para cá, no estudo que pintei da diligência de Tarascon, que, como você sabe, é mencionada no *Tartarin caçador de leões*?

E depois, você se recorda do Bompard no *Numa Roumestan* e sua feliz imaginação?

Eis o que ele é, embora de um outro gênero; Gauguin tem uma bela, franca e absolutamente completa imaginação do Midi, e com esta imaginação ele vai agir no norte! Meu Deus! Ainda veremos muitas gracinhas!

E examinando agora, com toda liberdade, nada nos impede de ver nele o tigrezinho bonaparte do impressionismo enquanto... não sei muito bem como dizer isto, seu eclipsamento, digamos, de Arles for comparável ou paralelo à volta do Egito do pequeno caporal supracitado, o qual também voltou depois a Paris, e que sempre abandonava seus exércitos na miséria.

Felizmente, Gauguin, eu e os outros pintores ainda não estamos armados com metralhadoras e outros tão nocivos engenhos de guerra. Eu por mim estou bem decidido a continuar armado apenas com meu pincel e minha pena. A altos brados Gauguin todavia me reclamou em sua última carta "suas máscaras e luvas de esgrima", escondidas no quartinho de minha casinha amarela.

Vou me apressar em lhe devolver por remessa postal estas infantilidades.

Esperando que ele nunca se sirva de coisas mais sérias.

Fisicamente ele é mais forte que nós, suas paixões também devem ser bem mais fortes que as nossas. Ademais ele é pai de família, e depois sua mulher e suas crianças estão na Dinamarca, e simultaneamente ele quer ir para o outro lado do globo, na Martinica. É espantosa toda a reviravolta de desejos e de necessidades incompatíveis que isto deve lhe causar. Eu ousei garantir-lhe que, se ele ficasse tranquilo conosco, trabalhando aqui em Arles sem perder dinheiro, e até ganhando, pois você estava cuidando de seus quadros, sua mulher certamente lhe teria escrito e teria aprovado sua tranquilidade. E tem mais ainda, tem que ele esteve enfermo e gravemente doente, e que era preciso encontrar tanto o mal quanto o remédio. Ora, aqui suas dores já tinham passado. Por hoje chega. Você tem o endereço de Laval, o amigo de Gauguin? Você pode dizer a Laval que eu estou muito espantado que seu amigo Gauguin não lhe tenha levado um retrato meu, que eu lhe destinara. Agora eu o enviarei a você, e você poderá fazê-lo chegar em suas mãos. Tenho um outro, novo, para você também. Ainda uma vez obrigado por sua carta, peço-lhe que reflita que realmente seria impossível viver treze dias com os 23 fr. 50 que me restarão; com vinte francos que você me enviasse na próxima semana eu tentaria conseguir.

Aperto de mão, vou reler mais uma vez sua carta e logo lhe escreverei sobre as outras questões (571).

23 de janeiro de 1889

Ontem Roulin foi embora (naturalmente minha remessa de ontem foi enviada antes da chegada de sua carta esta manhã). Era comovente vê-lo com suas crianças neste último dia, especialmente com a menorzinha, quando ele a fazia rir e pular em seu colo e cantava para ela.

Sua voz tinha um timbre estranhamente puro e emocionado onde havia, ao mesmo tempo, para meus ouvidos, uma suave e aflita canção de ninar e como que uma longínqua ressonância dos clarins da França revolucionária. Entretanto, ele não estava triste, pelo contrário, ele pôs seu uniforme novinho que tinha recebido naquela mesma manhã, e todo mundo o festejava...

Acabo de terminar uma nova tela que tem uma aparenciazinha quase elegante, um cesto de vime com limões e laranjas – um ramo de ciprestes e um par de luvas azuis – você já viu cestos de fruta meus assim...

Ora, fundir suficientemente depressa esses dourados e esses tons de flores não é qualquer um que faz, é preciso toda a energia e toda atenção de um indivíduo inteiro.

Quando depois da doença revi minhas telas, a que me pareceu melhor foi a do meu quarto...

Estou fazendo o retrato da senhora Roulin em que estava trabalhando antes de ficar doente.

Eu tinha disposto nele os vermelhos desde o rosa até o laranja, o qual chegava aos amarelos até o limão com verdes claros e escuros.

Eu teria muito prazer em terminar isto, mas receio que ela não vá mais querer posar com seu marido ausente.

Você pode ver que a partida de Gauguin é terrível, justamente porque novamente deita fora todos os esforços que fizemos para criar e mobiliar a casa que hospedaria os amigos em seus piores dias.

Embora ainda assim conservemos os móveis, etc. E por mais que hoje todo mundo tenha medo de mim, com o tempo isto poderá desaparecer...

Pois bem, siga este caminho.

Durante minha doença revi cada quarto de nossa casa em Zundert, cada atalho, cada planta do jardim, o aspecto dos campos da vizinhança, os vizinhos, o cemitério, a igreja, nossa horta atrás – até mesmo o ninho de corvo numa grande acácia no cemitério.

Isto porque eu ainda tenho daqueles dias as mais primitivas lembranças de todos vocês; para lembrar-se de tudo isto, só a mãe e eu.

Não vou insistir nisto, pois é melhor que eu não tente relembrar tudo o que então me passou pela cabeça.

Mas, se você quiser, você pode expor as duas telas de girassóis.

Gauguin ficaria contente em receber uma, e eu gosto da ideia de dar a Gauguin um prazer de certo valor. Então ele deseja uma destas duas telas, pois bem, refarei uma das duas, a que ele desejar.

Você verá que estas telas saltarão aos olhos. Mas eu o aconselho a ficar com elas, para sua intimidade com sua mulher.

É uma pintura de aspecto um pouco mutante, que ganha riqueza ao olhar-se mais detidamente.

Você sabe aliás que Gauguin gosta extraordinariamente delas. Entre outras coisas ele me disse "isto... é... a flor".

Você sabe que Jeannin tem a peônia, que Quost tem a malva rosa, mas eu tenho um pouco o girassol.

Você viu, quando de sua visita apressada, o retrato em negro e amarelo da sra. Ginoux?

Este retrato foi pintado em três quartos de hora. É preciso que eu termine agora (573).

Tenho uma tela de *Berceuse*[28], exatamente aquela na qual eu estava trabalhando quando a doença veio me interromper. Desta agora eu também tenho duas cópias.

Acabo de dizer a Gauguin a respeito dessa tela que, tendo ele e eu conversado sobre os pescadores da Islândia e de seu melancólico isolamento, expostos a todos os perigos, sós no mar triste, *acabo de dizer* a Gauguin que a partir destas conversas íntimas veio-me a ideia de pintar um quadro tal que os marinheiros, ao mesmo tempo mártires e crianças, vendo-o na cabine de um barco de pescadores da Islândia, experimentassem um sentimento de acalanto que lhes recordasse suas canções de ninar.

Agora isto se parece, se assim o quisermos, a uma cromolitografia de bazar. Uma mulher vestida de verde com cabelos alaranjados destaca-se contra um fundo verde com flores rosa. Agora estes disparates agudos de rosa cru, laranja cru, verde cru são suavizados pelos bemóis dos vermelhos e dos verdes.

Imagino essas telas precisamente entre as dos girassóis, que assim formam lampadários ou candelabros a seu lado, do mesmo tamanho, e o conjunto compondo-se assim de sete ou nove telas.

(Gostaria de fazer mais uma cópia para a Holanda se conseguir de novo o modelo.)

Como continuamos no inverno, escutem, deixem-me continuar tranquilamente meu trabalho, se for um trabalho de louco, meu Deus! tanto pior. Nada posso fazer então.

As alucinações intoleráveis contudo passaram, reduzindo-se atualmente a um simples pesadelo, de tanto tomar brometo de potássio, eu acho...

E mais uma vez ou tranquem-me logo numa casa de loucos, não me oponho caso eu estiver enganado, ou deixem-me trabalhar

---

28. *Berceuse* é tanto a cantiga de ninar quanto a mulher que acalanta as crianças. (N.E.)

com todas as minhas forças, tomando as precauções que mencionei. Se eu não estiver louco, chegará o momento em que lhe enviarei o que desde o começo eu lhe havia prometido. Ora, os quadros talvez fatalmente terão que se dispersar, mas quando você vir o conjunto do que estou pretendendo, atrevo-me a crer que terá uma impressão consolado...

Você terá sido pobre todo o tempo para me alimentar, mas eu ou devolverei o dinheiro ou entregarei a alma. Agora chegará sua mulher que tem bom coração, para rejuvenescer-nos um pouco, os velhos...

O que lhe digo é verdade. Se não for absolutamente necessário trancar-me numa casa de loucos, então eu ainda estou bom o suficiente para pagar, ao menos em mercadorias, as dívidas que me tentaram. E terminando, devo ainda lhe dizer que o comissário central de polícia veio muito amigavelmente me visitar ontem. Ele me disse, ao apertar minha mão, que se alguma vez eu precisasse dele poderia consultá-lo como *amigo*. Coisa que estou longe de recusar, pois justamente logo eu poderia estar nesse caso, se surgissem dificuldades quanto à casa.

Estou aguardando o momento de pagar o aluguel, para ter uma entrevista com o gerente ou o proprietário cara a cara.

Mas para me pôr para fora eles teriam dificuldades, pelo menos neste momento...

O trabalho justamente me distrai. E eu *preciso* de distrações – ontem fui às Folies Arlésiennes, o novo teatro daqui – foi a primeira vez que eu dormi sem pesadelos mais sérios. Representava-se (era uma sociedade literária provençal) o que se chama de um *Natal* ou uma *Pastoral*, uma reminiscência do teatro medieval cristão. Foi muito ensaiado e deve ter-lhe custado bastante dinheiro.

Naturalmente representava-se o nascimento de Cristo, entremeado pela história burlesca de uma família de camponeses provençais embasbacados.

Bom – o que era tão surpreendente quanto uma água-forte de Rembrandt – era a velha camponesa, uma mulher igualzinha à sra. Tanguy, uma cabeça dura de pedra, falsa, traiçoeira, louca; tudo isto se percebia no decorrer da peça.

Ora, sendo ela, na peça, levada frente à manjedoura, com sua voz trêmula pôs-se a cantar e então sua voz mudou, mudou de bruxa para anjo, e de voz de anjo para voz de criança, e depois a resposta de uma outra voz, esta firme e calorosamente vibrante, uma voz de mulher atrás dos bastidores.

Foi surpreendente. Aliás posso dizer-lhe que os assim chamados "prosadores" esforçaram-se bem.

Eu, nesta regiãozinha aqui, não preciso nem um pouco ir para os trópicos. Acredito e sempre acreditarei na arte a se criar nos trópicos, e acho que será maravilhosa, mas, enfim, pessoalmente eu estou muito velho e (especialmente se eu pusesse uma orelha de papel) muito esquecido para ir.[29]

Gauguin o fará? Não é necessário. Pois se isto tiver que acontecer, acontecerá sozinho.

Não somos mais que elos da corrente.

Este bom Gauguin e eu no fundo nos compreendemos, e se somos um pouco loucos, que seja; não somos também um pouco artistas o suficiente para contrabalançar as inquietações a este respeito pelo que dizemos com o pincel?

Todo mundo talvez um dia sofra de neurose, de histeria, de epilepsia, ou outra coisa.

Mas não há compensação? Em Delacroix, em Berlioz e Wagner? E é real essa loucura artística de nós todos, não nego que sobretudo eu não tenha sido atingido até a medula; mas digo e sustento que nossas compensações e consolos podem, com um pouco de boa vontade, ser considerados como amplamente preponderantes.

Sempre seu,

VINCENT (574).

30 de janeiro de 1889

Comecei hoje uma terceira *Berceuse*. Sei muito bem que isto não está tão desenhado e nem pintado tão corretamente quanto um Bouguereau, o que quase lamento, tendo o sério desejo de ser correto. Mas isto fatalmente não sendo nem um Cabanel, nem um Bouguereau, ao menos espero que seja bem francês.

---

29. A expressão "Je suis trop en carton", literalmente, " eu sou muito de papelão", significa ficar/estar esquecido. Van Gogh faz um jogo de palavras com a suposta orelha de papel que colocaria no lugar da orelha que havia cortado, e o fato de estar esquecido no Midi. (N.T.)

Hoje tivemos um tempo magnífico, sem vento, e estou com tanto desejo de trabalhar que fiquei surpreso, pois não contava mais com isto.

Terminarei esta carta como a de Gauguin, dizendo-lhe que certamente ainda há vestígios da superexcitação precedente em minhas palavras, mas isto nada tem de surpreendente já que nesta boa região tarasconesa todo mundo é um pouco doido (575).

3 de fevereiro de 1889

Talvez haja na *Berceuse* um pequeno ensaio de *música* da cor daqui; é mal pintada e tecnicamente os cromos de bazar são infinitamente melhor pintados, mas ainda assim...

Quando eu saí do hospital com o bom Roulin, eu imaginava que não tinha tido nada, somente *depois* é que percebi que eu estivera doente. O que você quer? Há momentos em que eu fico tomado pelo entusiasmo ou pela loucura ou pela profecia como um oráculo grego em seu trípode.

Tenho então muita presença de espírito com as palavras e falo como as arlesianas, mas sinto-me tão fraco com tudo isto...

Devo dizer que os vizinhos, etc., são de uma bondade particular comigo, como todo mundo aqui sofre seja de febre, seja de alucinação ou loucura, entendemo-nos como gente da mesma família. Ontem fui rever a moça onde eu tinha ido no meu desvario, disseram-me lá que coisas assim, aqui na região, não têm nada de surpreendente. Ela tinha sofrido e tinha desmaiado, mas já tinha se acalmado. Aliás falam bem dela.

Quanto a considerar-me totalmente são, não devemos fazê-lo. As pessoas da região que são doentes como eu falam a verdade. Podemos viver, muito ou pouco, mas sempre haverá momentos em que perderemos a cabeça. Peço-lhe portanto que não diga que eu não tenho nada, ou não teria nada[30] (576).

---

30. No decorrer do mês de fevereiro, o estado de Vincent se agravou. Ele imaginava que queriam envenená-lo. Theo, não tendo mais notícias de Arles, telegrafou e recebeu, em 13 de fevereiro, a seguinte resposta do dr. Rey: "Vincent bem melhor. Esperando curá-lo, mantivemo-lo aqui. Por hora fique tranquilo". Alguns dias mais tarde, uma carta de Vincent chegava a Theo. (N.E.)

Fevereiro de 1889

Meu caro Theo,

Enquanto eu estava completamente fora de mim teria sido vão tentar escrever-lhe para responder sua boa carta. Hoje acabo de voltar provisoriamente para casa, espero que de uma vez. Há tantos momentos em que me sinto completamente normal, e precisamente me parece que, se o que tenho não é mais que uma doença peculiar da região, é preciso esperar tranquilamente aqui até que isto termine, mesmo que volte a repetir-se (o que não será o caso, suponhamos).

Mas eis o que digo de uma vez por todas a você e ao sr. Rey. Se cedo ou tarde for desejável que eu vá a Aix, como já se falou, consinto de antemão e me submeterei.

Mas na minha qualidade de pintor e de operário não é lícito a ninguém, nem mesmo a você ou ao médico, tomar tal atitude sem prevenir-me e consultar-*me* sobre isso, mesmo porque, tendo até o momento sempre conservado uma presença de espírito relativa quanto ao meu trabalho, tenho o direito de dizer (ou ao menos opinar sobre) o que seria melhor, se manter meu ateliê aqui ou mudar completamente para Aix. Isto a fim de evitar tanto quanto possível as despesas e perdas de uma mudança, e de só fazê-la em caso de absoluta urgência.

Parece que corre entre as pessoas daqui uma lenda que as faz ter medo da pintura, e que na cidade andam falando nisso. Bom, eu sei que na Arábia é a mesma coisa, e contudo temos um monte de pintores na África, não é verdade?

O que prova que com um pouco de firmeza podemos modificar estes preconceitos, ou ao menos continuar pintando ainda assim.

O mal é que estou bastante propenso a me deixar impressionar, a sentir eu próprio as crenças de outrem e a nem sempre questionar o fundo de verdade que possa existir no absurdo.

Aliás Gauguin também é assim, como você pôde observar ele mesmo também andava cansado quando de sua temporada aqui, por não sei que enfermidade.

Tendo já ficado mais de um ano aqui, tendo ouvido falar praticamente todo o mal possível sobre mim, sobre Gauguin, sobre a pintura em geral, por que eu não aceitaria as coisas tais como são, enquanto aguardo a partida daqui? Ou acaso eu poderia ir para algum lugar pior do que aquele em que já estive por duas vezes, no hospício?

As vantagens em ficar aqui são que, como diria Rivet, em primeiro lugar "aqui eles são todos doentes" e então ao menos não me sinto só.

E depois, como você bem sabe, gosto muito de Arles, embora Gauguin tenha uma tremenda razão em chamá-la de a mais suja cidade de todo o Midi.

E encontrei tantas amizades já entre os vizinhos, junto ao sr. Rey, e aliás entre todo mundo no hospício, que realmente eu preferiria continuar a ficar doente aqui, que esquecer a bondade destas mesmas pessoas que têm os mais incríveis preconceitos para com os pintores e a pintura, ou que, em todo caso, não têm dela nenhuma ideia mais clara ou sadia como nós.

Depois, no hospício eles agora me conhecem, e se isto voltasse a me atacar, aconteceria em silêncio, e no hospício eles saberiam o que fazer. Não tenho o menor desejo e nem vejo a necessidade de ser tratado por outros médicos (577).

22 de fevereiro de 1889

Bom – afinal há tantos pintores que de um modo ou de outro são doidos, que pouco a pouco me consolarei.

Mais que nunca eu compreendo os sofrimentos de Gauguin, que pegou a mesma coisa nos trópicos, uma sensibilidade excessiva. No hospital justamente eu vi uma negra doente, que lá permanece e trabalha como servente. Diga-lhe isto.

Se você dissesse a Rivet que está tão preocupado comigo, certamente ele o tranquilizaria dizendo-lhe que, porque há tanta simpatia e comunhão de ideias entre nós, você sente um pouco a mesma coisa. Não pense tanto em mim, como uma ideia fixa, aliás; sabendo-o calmo, eu me viraria melhor. Aperto-lhe a mão em pensamento; você é muito bom ao dizer que eu poderia ir a Paris, mas penso que a agitação de uma cidade grande nunca valerá nada para mim, até breve (578).

19 de março

    Pareceu-me ver em sua bondosa carta tanta angústia fraterna contida, que sinto ser meu dever romper meu silêncio. Escrevo-lhe de plena posse de minha presença de espírito e não como um louco, mas como o irmão que você conhece. Eis a verdade. Um certo número de pessoas daqui endereçou ao prefeito[31] (acho que ele se chama sr. Tardieu) uma petição (eram mais de oitenta assinaturas) me indicando como um homem indigno de viver em liberdade, ou algo assim.

    O comissário de polícia ou o comissário central deu então ordem de me internarem de novo.

    Tanto é que aqui estou por longos dias sob chaves, ferrolhos e guardas no hospício, sem que minha culpabilidade tenha sido provada ou sequer seja provável.

    Não é preciso dizer que no íntimo de minha alma tenho muito o que dizer a respeito disso tudo. Não é preciso dizer que não adiantaria me zangar, e que me pareceria, num caso semelhante, que excusar-me seria me acusar.

    Somente para adverti-lo que libertar-me – primeiro eu não o peço, estando convencido de que toda esta acusação vai se reduzir a nada.

    Somente, eu dizia, você vai achar difícil me libertar. Se eu não contivesse minha indignação eu seria imediatamente considerado louco perigoso. Esperemos com paciência, aliás emoções fortes só poderiam agravar meu estado. É por isto que eu lhe peço pela presente que os deixe fazer e não se envolva.

    Fique sabendo que isto talvez complicasse e embrulhasse a coisa.

    Ainda mais porque você compreenderá que eu, mesmo estando totalmente calmo neste momento, posso facilmente recair num estado de superexcitação com novas emoções morais.

    Assim você pode imaginar que duro golpe em pleno peito foi saber que havia aqui tantas pessoas covardes o bastante para se unirem em tão grande número contra um só, e ainda por cima doente.

    Bom – para seu governo, quanto ao meu estado moral, estou

---

31. O *maire* é o presidente das câmaras municipais na França e acumula algumas funções executivas a nível municipal. (N.T.)

muito abalado, mas reencontro apesar de tudo uma certa calma para não me zangar.

Aliás, a humildade me convém após a experiência de ataques repetidos. Portanto, não perco a paciência.

O principal, nunca é demais dizê-lo, é que você também se mantenha calmo e que nada o atrapalhe em seus negócios. Depois de seu casamento poderemos nos ocupar em tirar tudo isto a limpo, e enquanto, palavra!, deixe-me aqui tranquilamente. Estou convencido de que o senhor prefeito, assim como o comissário, são na verdade amigos e que farão todo o possível para arranjar isso tudo.

Aqui, exceto a liberdade, exceto muitas outras coisas que eu gostaria que fossem diferentes, não estou muito mal.

Aliás eu lhes disse que nós não estávamos em condições de suportar as despesas. Não posso me mudar sem despesas, ora, já faz três meses que eu não trabalho e perceba que eu poderia estar trabalhando, se eles não tivessem me exasperado e me incomodado.

Como vão a mãe e a irmã?

Não tendo nada mais com que me distrair – proíbem-me até mesmo de fumar, o que no entanto é permitido aos outros doentes –, não tendo nada mais a fazer, penso em todos os conhecidos, o dia inteiro e a noite inteira.

Que miséria – e tudo isso por nada, por assim dizer.

Não lhe escondo que eu teria preferido morrer a causar e sofrer tanto estorvo.

O que você quer? Sofrer sem reclamar é a única lição que se deve aprender nesta vida.

Agora, com tudo isto, se devo retomar minha tarefa de pintar, naturalmente preciso de meu ateliê, dos móveis, pois certamente não temos com que renová-lo, em caso de perda. Ficar novamente reduzido a viver em hotéis, você sabe que meu trabalho não o permite, é preciso que eu tenha meu canto fixo.

Se estes senhores daqui protestam contra mim, eu também protesto contra eles, e só lhes resta me ressarcir por perdas e danos amigavelmente, enfim, só lhes resta devolver-me o que perderei por sua culpa e ignorância.

Se – suponhamos – eu ficasse alienado de uma vez, claro, não digo que isto seja impossível, seria preciso em todo caso cuidar de mim de outra forma, devolver-me a liberdade, meu trabalho, etc.

Então – palavra – eu me resignaria.
Mas não se trata nem mesmo disso, e se me deixassem tranquilo, há muito tempo eu já estaria recuperado. Criticam-me porque fumei e bebi, bom, mas o que você quer, com toda sua sobriedade no fundo eles só me causam novas misérias. Meu caro irmão, talvez o melhor seja zombar de nossas pequenas misérias e também um pouco das grandes misérias da vida humana. Siga seu caminho de homem e não perca de vista seus objetivos. Nós, artistas da sociedade atual, não somos mais que uns vasos quebrados. Como eu gostaria de lhe enviar minhas telas, mas tudo está debaixo de chaves, ferrolhos, polícia e grades. Não venha me libertar, tudo se arranjará sozinho, apenas avise Signac para que ele não se meta, pois isso seria pôr a mão no vespeiro – antes que eu escreva de novo. Em pensamentos aperto sua mão bem cordialmente, cumprimente sua noiva, a mãe e a irmã (579).

Essas emoções repetidas e inesperadas, se tivessem que continuar, poderiam transformar uma perturbação mental passageira e momentânea numa doença crônica.

Estou certo de que, se nada atrapalhar, atualmente estou em condições de fazer o mesmo trabalho, e até melhor quanto aos pomares, do que o que eu fiz no ano passado.

Sejamos agora firmes tanto quanto possível e em suma não nos deixemos atrapalhar tanto. Desde o começo eu tive uma oposição bem maldosa aqui. Todo este barulho naturalmente fará bem ao "impressionismo", mas você e eu, pessoalmente, sofreremos por um monte de putos e de covardes (580).

24 de março

Meu caro Theo,
Escrevo-lhe para dizer que vi Signac, o que me fez um bem considerável. Ele foi muito valoroso, muito correto e muito simples quando se apresentou o problema de abrir ou não à força a porta fechada pela polícia, que tinha arrebatado a fechadura. Começaram por não querer deixar-nos fazer, e contudo afinal entramos. Dei-lhe como lembrança uma natureza-morta que tinha exasperado os bons guardas da cidade de Arles, só porque ela representava dois arenques

defumados, que, como você sabe, são chamados de guardas. Você não ignora que em Paris fiz duas ou três vezes esta mesma natureza-morta, que na época inclusive troquei por um tapete. Isto basta para lhe dizer no que é que se metem essas pessoas e como elas são idiotas.

Acho Signac bem calmo, e dizem que ele é tão violento; ele me deu a impressão de ser alguém que tem firmeza e equilíbrio, eis tudo. Raramente ou nunca eu tive com um impressionista uma conversa de ambas as partes tão sem desacordos ou choques aborrecidos. Assim é que ele foi ver Jules Dupré e o reverencia. Sem dúvida você contribuiu para que ele viesse melhorar um pouco meu moral, obrigado por isto. Aproveitei a minha saída para comprar um livro: *Os da Gleba*, de Camille Lemonnier. Já devorei dois capítulos – é de uma nobreza, é de uma profundidade! Aguarde, eu o enviarei. É a primeira vez depois de muitos meses que eu pego um livro nas mãos. Isto me diz muito e me cura consideravelmente.

Na verdade há muitas telas a lhe enviar, como Signac pôde constatar; minha pintura não o espanta, pelo que me pareceu. Signac achou, e é perfeitamente verdade, que eu parecia estar bem.

Com isto voltam-me o desejo e o gosto pelo trabalho. Só que naturalmente se eu tiver que diariamente enfrentar, no meu trabalho e na minha vida, a encheção de saco dos policiais e dos peçonhentos e vagabundos eleitores municipais, que peticionam contra mim a seu prefeito, eleito por eles mesmos e que por consequência os escuta, não será mais que humano de minha parte que eu sucumba de novo. Signac, sou levado a crer, dir-lhe-á qualquer coisa no mesmo sentido.

Na minha opinião é preciso decididamente opor-se à perda do mobiliário, etc. Depois – por Deus! – preciso de minha liberdade para exercer minha profissão.

O sr. Rey diz que ao invés de comer bastante e regularmente eu me mantive principalmente com café e álcool. Admito tudo isto, mas não é menos verdade que para atingir o alto tom amarelo que eu atingi neste verão, bem que foi preciso subir um pouco o moral. Que afinal o artista é um homem que trabalha, e definitivamente não é o primeiro pateta a aparecer que o vencerá.

É preciso que eu sofra a prisão ou o hospício? Por que não? Rochefort, Hugo, Quinet e outros não deram um exemplo eterno sofrendo o exílio, e o primeiro até mesmo o banimento?

Mas só o que eu quero dizer é que isto está acima da questão da doença e da saúde.

Naturalmente fica-se fora de si em casos similares – não digo casos iguais, ocupando eu um lugar bem inferior e secundário, mas digo similares.

E eis a causa primeira e última de meu desvario.

Você conhece esta frase de um poeta holandês:

"Ik ben aan d'aard gehect met meer dan aardsche banden".[32]

É o que senti com muita angústia – antes de mais nada – em minha doença mental.

Infelizmente tenho uma profissão que não conheço o suficiente para me exprimir como desejaria.

Paro por aqui com medo de recair, e passo a outro assunto.

Você poderia me enviar antes de sua partida:

3 tubos branco de zinco,
1 tubo mesmo tamanho cobalto,
1 tubo mesmo tamanho ultramar,
4 tubos mesmo tamanho verde-Véronèse,
1 tubo mesmo tamanho verde esmeralda,
1 tubo mesmo tamanho mina laranja.

Isto para o caso – provável, se eu tiver meios de retomar meu trabalho – de daqui a pouco eu voltar a trabalhar nos pomares. Ah, se nada tivesse aparecido para me encher o saco!

Reflitamos bem antes de ir para outro lugar. Você está vendo que no Midi eu não tive muito mais sorte que no norte. Em todo lugar é mais ou menos a mesma coisa.

Penso em aceitar decididamente minha profissão de louco, assim como Degas tomou a forma de um escrivão. Mas acontece que eu não sinto ter toda a força necessária para desempenhar tal papel.

Você me fala sobre o que chama de "o verdadeiro Midi". Acima o motivo pelo qual eu nunca irei para lá. Deixo isto, como convém, para pessoas mais completas, mais perfeitas que eu. Eu por mim sou bom só para algo intermediário, de segunda importância e apagado.

Por mais intensa que possa ser minha sensibilidade, ou por mais que meu poder de expressão possa adquirir numa idade em que as paixões materiais ficam mais extintas, jamais eu poderia,

---

32. Estou ligado à terra por laços mais que terrestres. (N.E.)

sobre um passado tão carcomido e abalado, erguer um edifício predominante.

Portanto o que me acontecer me é mais ou menos indiferente – inclusive ficar aqui –, acho que ao fim e ao cabo meu destino se equilibrará. Portanto cuidado com atitudes impensadas – você se casando, eu ficando velho –, é a única política que nos convém.

Até breve, espero, escreva-me sem tardar e creia-me, após pedir-lhe que dê minhas recomendações à mãe, à irmã e à noiva, seu irmão que lhe quer bem.

Ah, não posso esquecer de lhe dizer uma coisa na qual pensei muito frequentemente. Totalmente por acaso, encontrei num artigo de um jornal velho uma frase escrita numa tumba antiga aqui nos arredores, em Carepentas.

Eis este epitáfio muito, muito, muito antigo, do tempo, digamos, da Salambo de Flaubert.

"Tebas, filha de Telhui, sacerdotisa de Osiris, que jamais reclamou de ninguém."

Se você vir Gauguin, conte-lhe isto. E eu pensava numa mulher envelhecida; você tem aí o estudo dessa mulher que tinha os olhos tão estranhos e que eu tinha achado por outro acaso.

Que significa "ela jamais reclamou de ninguém"? Imaginem uma eternidade perfeita, por que não, mas não se esqueçam que a realidade destes séculos antigos tinha isto: "ela nunca reclamou de ninguém".

Você lembra que um domingo o bom Thomaz veio nos ver e disse "ah, mas – são mulheres assim que os excitam?"

Não, não é precisamente que nos excitem sempre, mas, afinal, de tempos em tempos na vida, nos sentimos pasmos como se deitássemos raízes no chão.

Agora você me fala do "verdadeiro Midi" e eu dizia que afinal me parecia que isso era mais para pessoas mais completas que eu. O "verdadeiro Midi" não será talvez o lugar onde encontraríamos razão, paciência e serenidade suficientes para tornarmo-nos como esta boa "Tebas, filha de Telhui, sacerdotisa de Osiris, que jamais reclamou de ninguém"?

Face a isto, sinto-me como não sei qual ser ingrato.

A você e sua mulher, por ocasião de seu casamento, esta é a felicidade, a serenidade que eu lhes desejarei, que tenham intimamente este verdadeiro Midi na alma.

Se eu quiser que esta carta parta hoje, é preciso que eu a termine; aperto de mão, boa viagem, recomendações à mãe e à irmã. Sempre seu,

                VINCENT (582).

Começo de abril de 1889

Estou bem estes dias, a não ser um certo fundo de vaga tristeza difícil de definir – mas enfim –, recuperei mais forças fisicamente do que perdi, e estou trabalhando.

Tenho justamente no cavalete um pomar de pessegueiros à beira de um caminho com os Alpines ao fundo. Parece que saiu um belo artigo sobre Monet no *Figaro*; Roulin leu e ficou impressionado, pelo que me dizia...

Felizmente o tempo está bonito e o sol glorioso e as pessoas daqui rapidamente esquecem por um instante todas as suas preocupações e então irradiam alegria e ilusões.

Reli estes dias *Os contos de Natal* de Dickens, onde há coisas tão profundas, que é preciso frequentemente reler, tem enormes afinidades com Carlyle.

Roulin, mesmo não tendo idade suficiente para ser para mim como um pai, tem para mim contudo severidades silenciosas e ternuras iguais às de um velho guerreiro para com um jovem.

Sempre – mas sem nenhuma palavra – um não sei que que parece significar: não sabemos o que nos acontecerá amanhã, mas seja como for, pense em mim. E isto faz bem quando vem de um homem que não é nem amargo, nem triste, nem perfeito, nem feliz e nem sempre irrepreensivelmente justo. Mas tão bondoso e tão cordato e tão comovido e tão ingênuo. Escute, eu não tenho o direito de me queixar de quem quer que seja em Arles, quando penso em certas pessoas que aqui vi e que jamais poderei esquecer (583).

Signac me pediu para encontrá-lo em Cassis, mas levando em conta que já temos despesas o suficiente sem isto, independente do que eu ou você façamos, isso está acima de nossos meios (584).

21 de abril de 1889

No fim do mês eu desejaria ir novamente para o hospício em Saint-Rémy ou para uma outra instituição deste tipo da qual o senhor Salles me falou. Dispense-me de entrar em detalhes para argumentar todos os prós e os contras de tal atitude.

Falar disto me exasperaria muito.

Bastará, espero, que eu diga que me sinto decididamente incapaz de recomeçar a reinstalar um novo ateliê, e de ficar sozinho, aqui em Arles ou em qualquer parte, no momento tanto faz; tentei me acostumar à ideia de recomeçar, entretanto no momento, impossível.

Eu teria medo de perder a faculdade de trabalhar, que agora está me voltando, forçando-me e tendo, além do mais, de carregar nas costas todas as outras responsabilidades de ter um ateliê.

E provisoriamente desejo ficar internado tanto para minha própria tranquilidade quanto para a dos outros.

O que me consola um pouco é que estou começando a considerar a loucura como uma doença qualquer, e aceito a coisa como ela é, enquanto que, durante as crises, parecia-me que tudo o que eu imaginava era real. Enfim, justamente eu não quero nem pensar e nem falar nisso. Poupe-me das explicações, mas peço a você e aos srs. Salles e Rey que ajam de maneira que fim do mês ou começo de maio eu vá para lá como pensionista internado.

Recomeçar esta vida de pintor que eu tive até hoje, logo isolado, no ateliê, e sem outro recurso para me distrair a não ser ir a um café ou a um restaurante sob a crítica de todos os vizinhos, etc., *eu não aguento mais;* ir viver com outra pessoa, mesmo que fosse um outro artista – difícil, muito difícil –, é tomar para si uma responsabilidade grande demais. Não me atrevo sequer a pensar.

Enfim comecemos por três meses, depois veremos, ora a pensão deve ser de uns oitenta francos, e eu farei um pouco de pintura e desenho sem pôr tanto furor quanto no ano passado. Não se magoe com tudo isto. Esses dias, mudando, transportando todos os móveis, embalando as telas que lhe enviarei, foi triste, mas me parecia muito mais triste o fato de que isto me foi dado com tanta fraternidade por você, e que durante tantos anos foi no entanto você sozinho quem me sustentou, e afinal ser obrigado a vir lhe contar toda esta triste história; mas me é difícil exprimir isto como eu o sentia. A bondade que você teve para comigo não se perdeu, pois você a teve e isto permanece sendo seu, e mesmo que os resultados materiais fossem nulos, é razão a mais para que isto permaneça sendo seu, mas eu não consigo dizer isto como o sentia.

Agora, você entende que, se o álcool foi certamente uma das grandes causas da minha loucura, ela veio então muito lentamente, e também será lentamente que ela desaparecerá, se é que ela desaparecerá, é claro. Ou se isso vem do fumo, mesma coisa. Mas não espero mais que isto – esta cura –, a horrível superstição de certas pessoas quanto ao álcool, de forma que elas mesmas se aproveitam para jamais beber ou fumar.

Já nos é recomendado não mentir, não roubar, etc., não cometer outros grandes ou pequenos crimes e seria muito complicado se fosse absolutamente indispensável não ter nada além de virtudes numa sociedade na qual estamos indubitavelmente muito enraizados, seja ela boa ou ruim.

Asseguro-lhe que nesses dias estranhos em que muitas coisas me parecem esquisitas, pois minha cabeça está agitada, não chego a detestar o pai Pangloss...

Mas você me prestará um serviço tratando decididamente a questão com o sr. Salles e o sr. Rey.

Parece-me que com uma pensão de uns setenta e cinco francos por mês deve haver meios de me internar de maneira a que eu tenha tudo o que preciso.

Depois eu gostaria muito, se a coisa for possível, de poder sair durante o dia para ir desenhar ou pintar ao ar livre.

Uma vez que, aqui, eu agora saio todos os dias e acredito que isso possa continuar.

Pagando mais, advirto-lhe que eu ficaria menos feliz. A companhia dos outros doentes, você compreende, não me é nada desagradável, ao contrário, me distrai.

A alimentação trivial me cai muito bem, especialmente se lá me dessem, como aqui, um pouco mais de vinho que de costume, meio litro ao invés de um quarto, por exemplo.

Quanto a um aposento individual, é preciso saber como serão os regulamentos de uma instituição destas. Saiba que Rey está sobrecarregado de trabalho, sobrecarregado; se ele lhe escrever, ou o sr. Salles, é melhor fazer exatamente o que eles disserem. Enfim, é preciso resignar-se, meu caro, com as doenças de nosso tempo – no fundo, não é mais que justo que, tendo vivido anos com a saúde relativamente boa, cedo ou tarde paguemos o tributo. Você percebe que, para mim, se me fosse dado escolher, eu não teria escolhido precisamente a loucura, mas uma vez que pegamos um negócio desses, de nada adianta nos enganarmos. Entretanto talvez me reste ainda assim o consolo de poder continuar a trabalhar um pouco na pintura. Como você fará para não dizer a sua mulher nem muito bem e nem muito mal de Paris e de uma porção de coisas?

Você se sente de antemão totalmente capaz de sempre conservar exatamente a justa medida sob todos os pontos de vista?

Aperto-lhe a mão em pensamentos, não sei se lhe escreverei muito, muito frequentemente, pois nem todos os meus dias são suficientemente lúcidos para escrever com alguma lógica.

Todas as suas bondades para comigo, hoje eu as achei maiores do que nunca, não consigo dizer-lhe como eu o sinto, mas eu lhe asseguro que essa bondade foi de um bom quilate, e se você não vê seus resultados, meu caro irmão, não se atormente por isto, sua bondade permanecerá.

Apenas transfira para sua mulher esta afeição tanto quanto possível. E se nos correspondermos um pouco menos, você verá que, se ela é tal qual a imagino, ela o consolará. Eis o que espero. Rey é um homem bem valoroso, terrivelmente trabalhador, sempre na labuta. Que gente, os médicos de hoje!

Se você vir Gauguin, ou se lhe escrever, mande lembranças de minha parte. Eu ficaria muito contente em ter notícias sobre o que você diz da mãe e da irmã, e se elas estão bem, diga-lhes para levarem minha história – por Deus, como uma coisa com a qual elas não devem se afligir demais, pois sou infeliz relativamente, mas enfim, talvez apesar disso ainda me restem alguns anos razoavelmente comuns pela frente. É uma doença como outra qualquer e atualmente quase todos os amigos que conhecemos tem alguma coisa. Assim, vale a pena ficar falando? Lamento criar estorvos ao sr. Salles, a Rey e especialmente a você, mas o que você quer, a cabeça não está suficientemente equilibrada para recomeçar como antes – portanto a questão é não mais fazer cenas em público e naturalmente, estando agora um pouco calmo, sinto perfeitamente que eu estava num estado doentio moral e fisicamente. E as pessoas então foram boas comigo, as que eu me lembro e o resto, enfim, eu causei inquietações e se estivesse num estado normal nada disto teria acontecido desta maneira. Adeus, escreva quando puder.

Sempre seu,
                              VINCENT (585).

29 de abril de 1889

    Fui visitar o sr. Salles com sua carta para o diretor do asilo de Saint-Rémy, e ele vai para lá hoje mesmo, assim fim de semana tudo estará arranjado, espero. Eu não ficaria infeliz nem desgostoso se daqui a algum tempo pudesse me alistar na legião estrangeira por cinco anos (aceitam até os quarenta anos, acho). Minha saúde do ponto de vista físico está melhor que antes, e talvez prestar o serviço me fizesse mais bem que todo o resto. Enfim, não digo que se deva ou que se possa fazer isto sem refletir e sem consultar um médico, mas, enfim, é preciso levar em conta que qualquer coisa que façamos não será tão boa quanto esta.

    Agora, se não, naturalmente enquanto for possível me restará a pintura e o desenho, o que estou longe de recusar. Ir a Paris ou a Pont-Aven eu não me sinto capaz, aliás na maior parte do tempo eu não tenho nenhum desejo ou pesar muito forte.

    Às vezes, assim como as ondas se abatem desesperadas contra as surdas falésias, uma tormenta de desejo de abraçar alguma coisa, uma mulher tipo galinha; mas, enfim, é preciso entender isto pelo que é, um efeito de superexcitação histérica mais que uma correta visão da realidade...

    Ah! meu caro Theo, se você visse as oliveiras nesta época!... A folhagem prata velha e prata verdejante contra o azul. E a terra lavrada alaranjada. É algo totalmente diferente do que se imagina no norte, é de uma delicadeza, de uma distinção!

    É como os salgueiros despojados de nossas campinas holandesas ou os arbustos de carvalho de nossas dunas, isto é, o murmúrio de um bosque de oliveiras tem algo de muito íntimo, de imensamente velho. É muito bonito para que eu me atreva a pintar ou possa conceber. O loureiro-rosa – ah! – fala de amor e é belo como o *Lesbos* de Puvis de Chavannes, onde havia as mulheres à beira do mar. Mas a oliveira é ainda outra coisa, é, se quisermos comparar a algo, um Delacroix (587).

30 de abril de 1889

    Como Delacroix tinha razão, alimentando-se somente de pão e vinho e conseguindo achar uma maneira de viver em harmonia com sua profissão. Mas sempre sobra a fatal questão do dinheiro

– Delacroix tinha rendas. Corot também. E Millet – Millet era camponês e filho de camponeses...

A água de uma inundação chegou a alguns passos da casa, motivo a mais para que a casa, tendo ficado sem fogo na minha ausência, no meu retorno, ressumasse água e salitre pelas paredes.

Isso me impressionou, não somente o ateliê soçobrado, mas até os estudos, que seriam sua lembrança, arruinados; é tão definitivo, e meu entusiasmo em instalar algo simples mas duradouro era tão autêntico. Isso foi lutar contra uma força maior, ou melhor, foi fraqueza de caráter de minha parte, pois me restam graves remorsos, difíceis de definir. Acho que esta foi a causa de eu ter gritado tanto nas crises, eu queria me defender e não conseguia mais (588).

2 de maio de 1889

Gostaria de me alistar; o que receio é – meu acidente sendo conhecido aqui na cidade – que aqui me recusem; mas o que eu temo então, ou melhor, o que me torna tímido, é a possibilidade, a probabilidade aqui de uma recusa. Se eu tivesse algum conhecido que pudesse me arrumar cinco anos na legião, eu iria.

Somente não quero que isto seja considerado como mais um ato de loucura de minha parte, e é por isto que eu estou lhe falando, assim como ao sr. Salles, para que, caso eu vá, isso aconteça com toda a serenidade e reflexão...

Talvez, digo; mas, enfim, seja como for, se eu soubesse que me aceitariam, eu iria para a legião. É que eu me tornei tímido e hesitante desde que vivo como que maquinalmente.

Entretanto a saúde vai muito bem e estou trabalhando um pouco. Tenho em andamento uma aleia de castanheiros com flores cor-de-rosa com uma pequena cerejeira e uma glicínia e o caminho do parque salpicado de sol e sombra.

Isto fará *pendant* com o jardim que está na moldura de nogueira.

Se falo em me engajar por cinco anos, não vá pensar que faço isto com a ideia de me sacrificar ou de fazer o bem.

Eu "me atrapalhei" na vida e meu estado mental não somente *é* como também *foi* abstraído, de forma que independente do que fizessem por mim, eu não posso pensar em equilibrar minha vida.

Quando eu *tenho* que seguir uma regra como aqui no hospício, sinto-me tranquilo. E no serviço militar seria mais ou menos a mesma coisa. Agora, se aqui eu certamente corro um sério risco de ser recusado, pois sabem que eu sou alienado ou epiléptico provável (embora pelo que eu ouvi dizer existam cinquenta mil epilépticos na França, dos quais apenas quatro mil internados, e que portanto isto não é tão extraordinário), talvez em Paris, falando por exemplo com Détaille ou Caran D'Ache, me incorporassem logo. Não seria um ato mais impensado que qualquer outro, enfim, reflitamos, mas para agir. Enquanto isto, faço o que posso para trabalhar *em qualquer coisa*, pintura inclusive, tenho bastante boa vontade.

Mas o dinheiro que custa a pintura, isso me esmaga sob um sentimento de dívida e de covardia e seria bom que isto acabasse, se possível (589).

3 de maio de 1889

Ah! o que você diz de Puvis e de Delacroix é tremendamente verdade, estes demonstraram muito bem o que podia ser a pintura, mas não confundamos as coisas, já que há imensas distâncias. Ora, eu como pintor nunca significarei nada de importante, sinto-o perfeitamente. Supondo tudo diferente, o caráter, a educação, as circunstâncias, então talvez houvesse podido existir isso ou aquilo. Mas nós somos práticos demais para confundirmos as coisas. Às vezes eu lamento não ter conservado a palheta holandesa dos tons cinzas e de ter pincelado sem insistir as paisagens de Montmartre. Também penso em recomeçar a desenhar mais com pena de caniço, o que, como as vistas de Montmajour do ano passado, fica mais barato e me distrai igual. Hoje fiz um desenho desses, que ficou muito preto e bem melancólico para a primavera, mas enfim, aconteça o que me acontecer e independente das circunstâncias em que eu me encontrar, isto é algo que pode por muito tempo me servir como ocupação, e de alguma maneira até mesmo poderia tornar-se um ganha-pão...

Tenho uma certa esperança de que, com o que em suma eu sei de minha arte, chegará um tempo em que novamente produzirei, mesmo estando no asilo. De que me serviria uma vida mais fictícia de artista em Paris, com a qual eu só me iludiria pela metade, e para a qual consequentemente falta-me o indispensável entusiasmo primitivo para me lançar?

Fisicamente é surpreendente como estou bem, mas isto não é o suficiente para, baseado nisto, acreditar que o mesmo ocorra mentalmente.

Gostaria muito de, uma vez um pouco conhecido lá, tentar tornar-me pouco a pouco enfermeiro, enfim, trabalhar em qualquer coisa e voltar a ter uma ocupação – a primeira que aparecer.

Vou precisar muito do pai Pangloss, quando naturalmente me acontecer de ficar novamente apaixonado. O álcool e o tabaco afinal têm isto de bom ou de ruim – isso é um pouco relativo –, são antiafrodisíacos, acho que é assim que se diz. Nem sempre desprezíveis no exercício das belas-artes. Enfim, este será o desafio em que será preciso não me esquecer totalmente de debochar. Pois a virtude e a sobriedade, receio muito, me levariam novamente àquelas paragens onde normalmente eu perco bem depressa o norte, e onde dessa vez devo tentar ter menos paixão e mais bonomia.

O possível passional significa pouco para mim, enquanto que me resta contudo, atrevo-me a crer, o poder de sentir-me ligado aos seres humanos com os quais viverei. Como vai o pai Tanguy? – é preciso cumprimentá-lo de minha parte.

Ouço dizer pelos jornais que há coisas boas no Salão. Escute – não se faça um impressionista totalmente exclusivo, afinal se há qualidade em alguma coisa não a percamos de vista. Claro, a cor está progredindo precisamente através dos impressionistas, mesmo quando eles se desviam, mas Delacroix já foi mais completo que eles.

E oras, Millet, que não tem nenhuma cor, que obra a sua!

A loucura é salutar por isto, porque nos tornamos talvez menos exclusivos...

Ah, pintar figuras como Claude Monet pinta paisagens! Eis o que apesar de tudo resta por fazer, e antes que a rigor só vejamos Monet entre os impressionistas. Pois enfim, em figuras, Delacroix, Millet, vários escultores fizeram bem melhor que os impressionistas, inclusive J. Breton...

E assim sempre teremos uma certa paixão pelo impressionismo, mas sinto que estou voltando cada vez mais a ideias que eu já tinha antes de ir a Paris...

Tenho em meu quarto o famoso retrato de homem – a gravura em madeira que você conhece – *Uma tangerina de Monorou* (a prancha grande do álbum Bin), *O talo de capim* (do mesmo álbum), *A Pietà e o bom samaritano*, de Delacroix, e *O leitor*, de Meissonnier, e mais dois grandes desenhos à pena de caniço.

Estou lendo neste momento o *Médico do campo*, de Balzac, que é bem bonito; existe nele uma figura de mulher nada louca, mas muito sensível, que é muito encantadora; eu o enviarei quando tiver acabado. Eles têm muito lugar aqui no hospício, há com o que fazer ateliês para uns trinta pintores.

É preciso que eu me resigne, é bem verdade que um monte de pintores ficam loucos, é uma vida que leva a ficar muito abstraído, para dizer o mínimo. Se eu me relanço em cheio no trabalho, muito bem, mas continuo sempre louco.

Se eu pudesse me alistar por cinco anos, eu me recuperaria consideravelmente e ficaria mais razoável e mais senhor de mim mesmo.

Mas uma ou outra coisa, tanto faz (590).

SAINT-RÉMY
(MAIO DE 1889 – MAIO DE 1890)

Obrigado por sua carta. Você tem toda razão em dizer que o sr. Salles foi perfeito em tudo isso, tenho grandes obrigações para com ele.

Queria dizer-lhe que acho que fiz bem em vir aqui, primeiro vendo a *realidade* da vida dos loucos ou doidos diversos neste zoológico, perco o vago temor, o medo da coisa. E pouco a pouco posso chegar a considerar a loucura como sendo uma doença como outra qualquer. Depois a mudança de ambiente, pelo que imagino, me faz bem.

Tanto quanto eu saiba, o médico daqui está inclinado a considerar o que eu tive como um ataque de natureza epiléptica. Mas eu não perguntei mais nada.

Você já recebeu a caixa de quadros? Estou curioso em saber se eles sofreram mais ou não.

Tenho outros dois em andamento – flores de íris violetas e um arbusto de lilás, dois motivos tirados do jardim.

A ideia do dever de trabalhar me volta muito à cabeça e acho que todas as minhas faculdades para o trabalho me voltarão bem depressa. Só que muitas vezes o trabalho me absorve tanto que eu acho que continuarei sempre abstraído demais e desajeitado para me virar também com o resto da vida (591).

9 de maio de 1889 [33]

É bastante engraçado talvez, que o resultado deste terrível ataque seja não haver mais em meu espírito quase nenhum desejo nem esperança bem claros, e eu me pergunto se é assim que pensamos quando, as paixões já um pouco extintas, começamos a descer a montanha ao invés de subi-la. Enfim, minha irmã, se você pode acreditar, mais ou menos, que tudo vai sempre muito bem no melhor dos mundos, então talvez também possa crer que Paris é nisto tudo a melhor das cidades.

---

33. Carta dirigida à esposa de Theo. (N.T.)

Você já observou que os velhos burros de carga têm grandes olhos belos e aflitos às vezes como os cristãos? Seja como for não somos nem selvagens e nem camponeses e talvez tenhamos até mesmo o dever de amar a (assim chamada) civilização. Afinal seria provavelmente hipócrita dizer ou achar que Paris é ruim quando lá vivemos. A primeira vez que vemos Paris pode acontecer aliás que tudo nos pareça antinatural, sujo e triste.

Enfim, se você não gosta de Paris, não goste principalmente da pintura e nem daqueles que direta ou indiretamente dela se ocupam, pois é muito duvidoso que ela seja bela ou útil.

Mas o que você quer? Há gente que ama a natureza mesmo sendo doido ou doente, estes são os pintores; depois há os que amam o que a mão do homem faz e estes chegam até a amar os quadros. Embora aqui haja alguns doentes muito graves, o medo, o horror que antes eu tinha da loucura já diminuiu muito (591).

25 de maio de 1889

O que você diz da *Berceuse* me causa prazer; é bem verdade que as pessoas do povo, que compram cromos e escutam os realejos com sentimentalismo, têm uma ligeira razão, e talvez sejam mais sinceras que certos frequentadores de bulevar que vão ao Salão.

A Gauguin, se ele quiser aceitar, você dará um exemplar da *Berceuse* que não estava montado no chassis, e a Bernard também, como testemunho de amizade. Mas se Gauguin quiser *girassóis*, nada mais justo que ele lhe dê em troca algo de que você goste.

O próprio Gauguin começou a gostar especialmente dos *girassóis* mais tarde, depois de tê-los visto bastante tempo.

Resta saber ainda se você os coloca da forma seguinte, isto é, a *Berceuse* no meio e as duas telas de *girassóis* à direita e à esquerda, formando como que um tríptico.

E então os tons amarelos e laranja da cabeça recuperam seu esplendor pela vizinhança das janelas amarelas do tríptico.

E então você compreenderá por que eu lhe escrevia que minha ideia era a de fazer uma decoração como se fosse, por exemplo, para o fundo de uma cabine de navio. O formato se alargando assim, a execução sumária tem sua razão de ser. A moldura do meio é então a vermelha. E os dois girassóis que formam o conjunto são os emoldurados por varetas.

Você vê que estas simples molduras de ripas ficam bastante bem, e uma moldura dessas não custa quase nada. Talvez fosse bom emoldurar assim as vinhas verdes e vermelhas, o semeador e os campos sulcados, e o interior do meu quarto também.

Aí está uma nova tela de 30, mais uma vez banal como um cromo de bazar, que representa os eternos ninhos de verdor para os namorados.

Grossos troncos de árvores cobertos de hera, o solo também coberto de hera e de vincas, um banco de pedra e uma moita de rosas pálidas sob a fria sombra. No primeiro plano algumas plantas com cálices brancos. É verde, violeta e rosa.

Não se trata – o que infelizmente falta aos cromos de bazar e aos realejos – de dar um estilo.

Desde que estou aqui, o jardim desolado, com grandes pinheiros sob os quais cresce alta e mal cuidada a relva entremeada de ervas diversas, me foi suficiente para trabalhar e eu ainda não fui para fora. Entretanto, a paisagem de Saint-Rémy é muito bonita e pouco a pouco provavelmente eu farei incursões.

Mas ficando aqui, naturalmente o médico pôde ver melhor o que eu tinha e ficará, atrevo-me a crer, mais tranquilo em me deixar pintar.

Eu lhe *asseguro* que estou bem aqui e que provisoriamente não vejo razão alguma para ir a Paris ou arredores. Tenho um quartinho com papel de parede cinza esverdeado e com duas cortinas verde-água com desenhos de rosas muito pálidas, avivadas por finos traços de vermelho-sangue.

Estas cortinas, provavelmente restos de um rico arruinado e já defunto, têm desenhos bem bonitos. Provavelmente da mesma fonte provém uma poltrona muito usada, coberta com um forro salpicado à maneira de Diaz ou de Monticelli, castanho, vermelho, rosa, branco, creme, preto, azul-miosótis e verde-garrafa; pela janela com grades de ferro percebo um trigal num cercado, uma perspectiva à Van Goyen, sobre a qual pela manhã vejo o sol nascer em toda sua glória. Com isto – como há mais de trinta quartos vazios – tenho mais um quarto para trabalhar.

A comida não é nem boa e nem ruim. Naturalmente cheira um pouco a mofo, como num restaurante barato de Paris ou num pensionato. Estes infelizes, não tendo absolutamente o que fazer (nenhum livro, nada para se distraírem além de um jogo de bolas e um jogo de damas), têm como única distração diária empanturrar-se de grãos-de-bico, feijão, lentilhas e outras especiarias e vitualhas coloniais em quantidades regulamentadas e em horas estabelecidas.

A digestão destas mercadorias oferecendo certas dificuldades, ele preenchem assim seus dias de uma maneira tão inofensiva quanto barata.

Mas sem brincadeira, o *medo* da loucura diminui consideravelmente ao ver de perto as pessoas por ela afetadas, como eu facilmente poderia ficar a seguir.

Antigamente eu tinha repulsa por estes seres e me era muito desolador ter que pensar que tanta gente de nossa profissão, Troyon, Marchal, Méryon, Jundt, M. Maris, Monticelli, e muitos outros, tinham acabado assim. Eu não podia sequer imaginá-los nesse estado. Pois bem, atualmente penso em tudo isto sem receio, ou seja, não acho isso mais atroz do que se essas pessoas tivessem morrido de outra coisa, de tísica ou de sífilis, por exemplo. Estes artistas, vejo-os recuperando seu ar sereno, e você acha que é pouca coisa reencontrar ancestrais da profissão? E, sem brincadeira, fico muito agradecido por isto.

Pois embora haja quem urre ou habitualmente diga despropósitos, existe aqui muita amizade verdadeira entre uns e outros. Eles dizem: é preciso tolerar os outros para que os outros nos tolerem, e outros argumentos muito justos, que assim eles põem em prática. E entre nós entendemo-nos muito bem, posso por exemplo às vezes conversar com alguém que só responde por sons incoerentes, pois ele não tem medo de mim.

Se alguém cai numa crise, os outros cuidam dele e intervêm para que ele não se machuque.

E é a mesma coisa com aqueles que têm a mania de se zangar frequentemente. Os mais antigos do zoológico acorrem e separam os brigões, se briga houver.

É verdade que há os que têm casos mais graves, sejam os que são imundos, sejam os perigosos. Estes ficam numa outra ala. Agora tomo duas vezes por semana um banho no qual fico duas horas, e o meu estômago está infinitamente melhor que há um ano, portanto, só me resta continuar aqui tanto quanto eu saiba. Aqui acho que eu gastarei menos que em outro lugar, levando em conta que eu aqui ainda tenho trabalho a fazer, pois a natureza é bonita.

Minha esperança seria que daqui a um ano eu soubesse melhor que agora o que posso e o que quero. Então pouco a pouco me voltará alguma ideia para recomeçar. Voltar a Paris ou a qualquer outro lugar atualmente não me seduz nem um pouco, aqui eu estou no meu lugar. Aquilo de que mais sofrem os que aqui estão há anos, é de uma extrema relaxidão. Ora, numa certa medida meu trabalho me preservará disto.

A sala em que ficamos nos dias de chuva é como uma sala de espera de terceira classe de alguma cidade estagnada, ainda mais porque há honoráveis alienados que sempre estão vestidos com chapéu, óculos, bengala e trajes de viagem, mais ou menos como nos balneários, e que representam os passageiros.

Sou obrigado a lhe pedir mais algumas cores e especialmente telas. Quando lhe enviar as quatro telas do jardim que estou fazendo, você verá que, levando em conta que a vida aqui se passa sobretudo no jardim, isso aqui não é tão triste assim. Desenhei ontem uma enorme borboleta da noite bem rara, que chamam de cabeça de morto, e que tem uma coloração de uma espantosa elegância, preto, cinza, branco matizado e com reflexos carmim ou tendendo levemente para o verde-oliva; é muito grande. Para pintá-la seria preciso matá-la e era uma pena, de tão bonita que ela era. Eu lhe enviarei o desenho com alguns outros desenhos de plantas (592).

Esta manhã vi o campo de minha janela muito tempo antes do nascer do sol; havia apenas a estrela da manhã, que parecia muito grande. Daubigny e Rousseau pintaram isto contudo com toda a expressão íntima e toda a grande paz e majestade que isso tem, acrescentando um sentimento tão pungente, tão pessoal. Emoções como essa eu não detesto.

Sempre sinto remorsos, e muito, quando penso em meu trabalho tão pouco em harmonia com o que eu desejaria fazer. Espero que ao longo do tempo isto me leve a fazer coisas melhores, mas ainda não chegamos lá...

Já faz quase um mês inteiro que estou aqui, nenhuma vez tive o mínimo desejo de estar em outro lugar, somente a vontade de voltar ao trabalho se reforça um tantinho...

Você leu o novo livro de Guy de Maupassant, *Forte como a morte*? De que se trata? A última coisa que eu li nesta categoria foi o *Sonho* de Zola; achei muito, muito bonita a figura de mulher, a bordadeira, e a descrição do bordado todo de ouro. Justamente porque isso é como uma questão de cor, dos diferentes amarelos, inteiros e quebrados. Mas a figura de homem pareceu-me pouco viva e a grande catedral também me metia melancólico. Só que este contraste lilás e azul-escuro faz, se assim o quisermos, ressaltar a figura loira. Mas afinal Lamartine já fez coisas assim (593).

Que dizer de novo? Não muita coisa. Tenho em andamento duas paisagens (telas de 30), vistas tomadas das colinas, uma é o campo que vejo da janela de meu quarto. No primeiro plano um campo de trigo devastado e atirado ao chão após uma tempestade. Uma cerca e além do verde cinzento de algumas oliveiras, cabanas e colinas. Enfim, no alto da tela, uma grande nuvem branca e cinza imersa no azul.

É uma paisagem de uma extrema simplicidade – inclusive de coloração. Ela ficaria bem como *pendant* daquele estudo do meu quarto que se estragou. Quando a coisa representada está totalmente de acordo quanto ao estilo com a maneira de representar não é isto que faz a elegância de um objeto de arte?

É por isto que um pão caseiro, no que diz respeito à pintura, é especialmente bom quando pintado por Chardin.

Agora, a arte egípcia, por exemplo, o que a torna extraordinária não é o fato de que estes serenos reis calmos, sábios e doces, pacientes, bons, parecem não poder ser diferentes do que são, eternamente agricultores adoradores do sol? Os artistas egípcios, portanto, tendo fé, trabalhando por sensibilidade e instinto, exprimem todas essas coisas inatingíveis: a bondade, a infinita paciência, sabedoria, a serenidade, por meio de alguns traços hábeis e proporções maravilhosas. Isto para dizer mais uma vez que, quando, coisa representada e a maneira de representar estão de acordo a coisa tem estilo e porte.

Quando vejo um quadro que me intriga, involuntariamente sempre me pergunto: "em que casa, quarto, canto de quarto, na casa de que pessoa isto ficaria bem, estaria em seu lugar?"

Assim, os quadros de Hals, de Rembrandt, de Vermeer só estão em seu lugar numa antiga casa holandesa.

Ora os impressionistas – sempre se trata do fato de que, se um interior não fica completo sem uma obra de arte, um quadro também não o fica se não combinar com um ambiente original e resultante da época na qual foi produzido. E não sei se os impressionistas são melhores que seu tempo ou então ainda não o valem.

Numa palavra: existem almas e interiores de casa mais importantes do que o que se exprimiu pela pintura? Sou levado a crer que sim...

Na paisagem daqui muitas coisas frequentemente lembram Ruysdaël, mas falta a figura dos lavradores.

Em casa, em toda parte e em qualquer época do ano veem--se homens, mulheres, crianças, animais trabalhando, e aqui nem um terço disso, e assim mesmo não é o trabalho franco do norte. Parece que trabalham com uma mão desajeitada e frouxa, sem ânimo. Talvez esta seja uma ideia errada, pelo menos espero, não sendo da região. Mas isto torna as coisas mais frias do que acreditaríamos lendo o Tartarin, que talvez já tenha sido expulso daqui há muitos anos com toda sua família...

Depois sinto-me tentado a recomeçar com as cores mais simples, os ocres, por exemplo.

Será que um Van Goyen é feio só porque é pintado em pleno óleo com muito poucas cores neutras, ou um Michel? (594).

19 de junho de 1889

Enfim tenho uma paisagem com oliveiras e também um novo estudo de céu estrelado.

Mesmo não tendo visto as últimas telas nem de Gauguin, nem de Bernard, estou bastante convencido de que estes dois estudos que eu menciono são de um sentimento similar.

Depois que você tiver visto por algum tempo estes dois estudos, assim como aquele da hera, talvez eu possa lhe dar uma ideia melhor do que com palavras, das coisas sobre as quais Gauguin, Bernard e eu conversamos algumas vezes e que nos preocupavam; não é um retorno ao romântico ou a ideias religiosas, não. Contudo, passando por Delacroix, mais do que parece, através da cor e de um desenho mais voluntário do que a exatidão ilusória, exprimiríamos uma natureza campestre mais pura que os arrabaldes, os cabarés de Paris.

Procuraríamos pintar seres humanos igualmente mais serenos e mais puros que os que Daumier tinha sob os olhos, mas, é claro, seguindo Daumier para desenhar disto.

Que isso exista ou não, deixamos isso de lado, mas acreditamos que a natureza se estende além de Saint-Ouen.

Talvez mesmo lendo Zola fiquemos comovidos pelo som do francês puro de Renan, por exemplo...

Gauguin, Bernard ou eu talvez fiquemos todos no meio do caminho, talvez não vençamos, mas também não seremos vencidos, talvez não estejamos aqui para nossa própria vitória, mas para consolar ou para preparar uma pintura mais consoladora.

O que me agradaria muito ter por aqui para ler de quando em vez seria um Shakespeare. Existe por um shilling, o "Dicks shilling Shakespeare", que é completo. Não faltam edições, e acho que as mais baratas não são mais alteradas que as mais caras. Em todo caso não quero nenhuma que custe mais que três francos (595).

25 de junho de 1889

Dois estudos de ciprestes naquele difícil matiz verde-garrafa, trabalhei os primeiros planos com empastamentos de branco de alvaiade, o que dá firmeza aos terrenos.

Acho que os Monticelli eram frequentemente preparados assim. Sobre isto aplica-se então as outras cores. Mas não sei se as telas são fortes o suficiente para este trabalho...

Reli com muito prazer *Zadig ou O destino*, de Voltaire. É como o *Candide*. Nele ao menos o poderoso autor deixa entrever que resta uma possibilidade de que a vida tenha um sentido, "embora conviessem na conversa que as coisas deste mundo nem sempre acontecem ao gosto dos mais sábios"...

Tenho um campo de trigo muito amarelo e muito claro, talvez a tela mais clara que eu já tenha pintado.

Os ciprestes sempre me preocupam, gostaria de fazer com eles algo como as telas dos girassóis, pois me espanta que ainda não os tenham feito como eu os vejo.

Como linha e como proporção, é tão belo quanto um obelisco egípcio.

E o verde é de uma qualidade tão distinta.

É a mancha *negra* de uma paisagem ensolarada, mas é um tom negro dos mais interessantes, dos mais difíceis de fazer corretamente, que eu possa imaginar.

Ora, é preciso vê-los aqui contra o azul, *dentro* do azul para dizer melhor. Para pintar a natureza aqui, como em qualquer lugar, é preciso estar nela por muito tempo. Desta forma um Monthénard não me dá o tom verdadeiro e íntimo, pois a luz é misteriosa e Monticelli e Delacroix sentiam isto. E o Pissarro falava disto muito bem na época; e estou bem longe de conseguir fazê-lo como ele dizia que se devia fazer.

Naturalmente você me dará um grande prazer enviando-me as cores, se possível, logo; mas faça como puder sem que isto o incomode muito...

Acho que das duas telas de ciprestes, esta da qual fiz o esboço será a melhor. Nela as árvores são muito grandes e maciças. O primeiro plano muito baixo, sarças e espinheiros. Atrás das colinas violetas um céu verde e rosa com uma lua crescente. O primeiro plano principalmente é muito empastado, tufos de sarça com reflexos amarelos, violetas, verdes (596).

Agradeço-lhe também muito cordialmente pelo Shakespeare. Isto me ajudará a não esquecer o pouco de inglês que sei, mas sobretudo é tão belo! Comecei a ler a série que mais ignoro, que antigamente, estando ocupado com outras coisas ou não tendo tempo, me foi impossível ler: a série dos reis. Já li o *Ricardo II*, *Henrique IV* e a metade do *Henrique V*. Leio sem pensar se as ideias das pessoas daquela época são as mesmas que as nossas, ou o que acontece quando as colocamos cara a cara com as crenças republicanas, socialistas, etc. Mas o que me toca, assim como certos romancistas de nossa época, é que as vozes dessas pessoas, que no caso de Shakespeare nos chegam de uma distância de vários séculos, não nos pareçam desconhecidas. É tão vivo que acreditamos conhecê-las e vê-las.

Assim o que só, ou quase só Rembrandt tem entre os pintores, esta ternura ao olhar os seres, que vemos seja nos *Peregrinos de Emaús*, seja na *Noiva judia*, seja naquela estranha figura de anjo como a que está no quadro que você teve a oportunidade de ver – esta ternura pungente, este infinito sobre-humano entreaberto e que então parece tão natural, em Shakespeare encontramos em muitas passagens. E depois retratos sérios ou alegres, como o *Six* e o *Viajante*, como a *Saskia*, é sobretudo disso que estão cheios...

A fim de que você tenha uma ideia do que estou fazendo, envio-lhe hoje uma dezena de desenhos, todos a partir de telas em andamento.

A última que comecei é o campo de trigo em que há um pequeno segador e um grande sol. A tela é toda amarela com exceção do muro e do fundo de colinas violáceas. A tela cujo motivo é quase o mesmo tem coloração diferente, sendo verde cinzenta com um céu branco e azul (597).

5 de julho de 1889

Vivo sóbrio aqui, pois tenho a possibilidade de fazê-lo, antes eu bebia porque não sabia mais como fazer de outra forma. Enfim isto me é de uma indiferença!!! A sobriedade muito premeditada – é verdade – leva contudo a um estado de ânimo no qual o pensamento, se o tivermos, é mais fluente. Enfim é uma diferença como entre pintar cinza ou colorido. De fato eu vou pintar mais cinza...

Diverti-me muito ontem lendo *Measure for Measure*. Depois li *Henrique VIII*, onde há tão belas passagens, como a de Buckingham e as palavras de Wolsey após a queda.

Acho que tenho sorte em poder ler ou reler isto à vontade e espero muito depois ler enfim *Homero*.

Lá fora as cigarras cantam esganiçadamente, um grito estridente, dez vezes mais forte que o dos grilos, e a relva toda queimada toma belos tons de ouro velho. E as belas cidades do Midi estão na situação de nossas cidades mortas ao longo do Zuyderzee, outrora animadas. Enquanto que na queda e na decadência das coisas, as cigarras tão caras ao bom Sócrates perduraram. E aqui certamente elas ainda cantam em grego antigo (599).

Que história esta venda Sécretan! Sempre me dá prazer saber que os Millet se mantêm. Mas como eu gostaria de ver mais reproduções boas de Millet, para que elas chegassem ao povo (600).

Durante muitos dias estive *completamente alucinado* como em Arles, se não pior, e é de se presumir que estas crises ainda voltarão no futuro; é *abominável*.

Há quatro dias não posso comer, estando com a garganta inchada. Não lhe conto estes detalhes para reclamar, mas para provar-lhe que eu ainda não estou em condições de ir a Paris ou a Pont-Aven, a não ser que fosse para ir a Charenton[34]. Esta nova crise, meu caro irmão, me pegou nos campos e quando eu estava pintando num dia de ventania. Eu lhe enviarei a tela que ainda assim eu terminei.

E era justamente um ensaio mais sóbrio, de cor mate sem aparência, verdes quebrados, vermelhos e amarelos ferruginosos de ocre, tal como eu lhe dizia, que às vezes tinha vontade de recomeçar com uma palheta como no norte (601).

Agosto de 1889

Ontem recomecei a trabalhar um pouco – uma coisa que vejo de minha janela –, um campo de colmos amarelos que está sendo lavrado, a oposição entre a terra lavrada violeta e as faixas de colmo amarelo, fundo de colinas.

O trabalho me distrai infinitamente mais que qualquer outra coisa e se por uma vez eu pudesse nele me lançar com toda minha energia, este seria possivelmente o melhor remédio.

A impossibilidade de ter modelos, um monte de outras coisas, contudo, me impedem de consegui-lo.

Enfim, é preciso que eu tente levar as coisas um pouco mais passivamente e ter paciência (602).

Setembro de 1889

Meu caro, não esqueçamos que as pequenas emoções são os grandes timoneiros de nossas vidas, e que as obedecemos sem saber. Se recuperar o ânimo sobre os erros cometidos e por cometer, o que seria minha cura, ainda me é difícil, não esqueçamos por consequência que tanto nossas hipocondrias e melancolias, quanto nossos sentimentos de bonomia e de bom senso não são nossos únicos guias e sobretudo não são nossos guardas definitivos, e que se você também se encontra frente a duras responsabilidades a arriscar, senão a tomar, por Deus! não nos ocupemos *demais* um do outro, já que, fortuitamente, as circunstâncias de viver em situações tão distantes de nossas concepções juvenis sobre a vida de artistas haverão ainda assim de nos irmanar como sendo,

---

34. *Charenton*, um dos mais antigos e temíveis hospícios de Paris. (N.T.)

sob muitos aspectos, companheiros de destino. As coisas estão ligadas de tal maneira que aqui às vezes achamos baratas na comida como se realmente estivéssemos em Paris, em compensação, pode ser que em Paris você às vezes tenha uma real sensação do campo. Claro, isso não é grande coisa, mas enfim é tranquilizador. Assuma portanto sua paternidade como a assumiria um homem de nossas velhas charnecas, as quais através de todos os ruídos, tumultos, nevoeiros, angústias das cidades permanecem para nós – por mais tímido que seja o nosso carinho – inefavelmente queridas. Ou seja, assuma sua paternidade em sua qualidade de exilado, de estrangeiro e de pobre, baseando-se a partir de então no instinto do pobre sobre a probabilidade de real existência de pátria, de real existência ao menos da lembrança, ainda que todos os dias nos esqueçamos. Assim, cedo ou tarde encontramos nosso destino; mas na verdade seria um pouco hipócrita, tanto para você quanto para mim, esquecer nosso bom humor, nossa confiante simplicidade de pobres-diabos, se, nesta Paris tão estranha, fôssemos agora insistir completa e demasiadamente em nossas preocupações.

Verdade, estou tão contente de que, se aqui às vezes há baratas na comida, em sua casa há mulher e criança.

Aliás é tranquilizador que Voltaire, por exemplo, nos tenha deixado livres para não acreditar em absolutamente tudo o que nós imaginamos (603).

Setembro de 1889

Meu caro irmão – é sempre em meio ao trabalho que eu lhe escrevo –, estou trabalhando como um verdadeiro possesso, mais que nunca estou num furor surdo de trabalho. E creio que isto contribuirá para minha cura. Talvez me aconteça algo como o que fala Eugène Delacroix: "Encontrei a pintura quando não tinha mais nem paixão e nem ânimo", no sentido de que minha triste doença me faz trabalhar com um furor surdo – muito lentamente, mas da manhã à noite sem parar – e provavelmente aí está o segredo: trabalhar muito tempo e lentamente. Não sei, mas acho que tenho uma ou duas telas em andamento nada ruins, primeiro o ceifeiro nos trigais amarelos e o retrato em fundo claro, que será para os vintistas, se todavia se lembrarem de mim no momento certo, ora, para mim seria indiferente, se não preferível, que eles me esquecessem...

Ontem eu comecei o retrato do vigilante chefe e talvez também faça sua mulher, pois ele é casado e mora numa casinha a alguns passos do estabelecimento.

Uma figura muito interessante, há uma bela água-forte de Legros representando um velho nobre espanhol, se você se lembrar, isso lhe dará uma ideia do tipo. Ele esteve no hospício de Marselha durante duas epidemias de cólera, enfim, é um homem que viu muito a morte e o sofrimento, e tem em seu rosto não sei que recolhimento, como o rosto de Guizot – pois esse rosto tem um pouco disto, mas diferente –, que me vem involuntariamente à memória. Mas ele é do povo, e mais simples. Enfim, você verá, se eu conseguir terminá-lo e se fizer uma cópia...

Ufa – o ceifeiro está pronto, acho que é um dos que você porá em sua casa – é uma imagem da morte tal como nos fala o grande livro da natureza – mas o que eu procurei foi aquele "quase sorrindo". E todo amarelo exceto uma linha de colinas violetas, um amarelo pálido e loiro. Acho engraçado que eu tenha visto assim através das grades de ferro de uma casa de loucos.

Pois bem, sabe o que espero, uma vez que recomeço a ter esperanças? É que a família seja para você o que para mim é a natureza, os torrões de terra, a relva, o trigo amarelo, o camponês, ou seja, que você encontre em seu amor pelas pessoas motivo *não só para trabalhar* mas com que se consolar e reerguer-se, quando necessário (604).

O que você diz da cópia a partir de Millet, a *Vigília*, me deu grande prazer. Quanto mais eu penso, mais acho que reproduzir coisas de Millet que ele não teve tempo de pintar a óleo tem sua razão de ser. Trabalhar seja em seus desenhos, seja em suas gravuras sobre madeira, não é portanto pura e simplesmente copiar.

É antes traduzir para uma outra língua – a das cores – as impressões de claro-escuro em branco e preto. Assim acabo de terminar as três outras *Horas do dia* segundo as gravuras de Lavieille. Isto me custou muito tempo e muito esforço. Pois você sabe que neste verão eu já fiz os *Trabalhos do campo*. Ora, estas reproduções – você as verá algum dia – eu não as enviei pois, mais que aquelas, eram tentativas, que contudo me serviram muito para as *Horas do dia*. Mais tarde, quem sabe, talvez possa fazer litografias delas (623).

Veja, nesses tempos de hoje existe tanta gente que não se sente feita para o público, mas que sustenta e reforça o que fazem os outros. Os tradutores de livros por exemplo. Os gravadores, os litógrafos. Veja Vernier, por exemplo, e Lerat.

Isto para lhe dizer, portanto, que não hesito em fazer cópias. Como gostaria, se eu tivesse tido a oportunidade de viajar, de copiar a obra de Giotto, este pintor que seria moderno como Delacroix, se não fosse um primitivo, e que é tão diferente dos outros primitivos. Não vi muitas coisas dele, no entanto, mas eis aí alguém que é consolador.

Assim, o que penso fazer em pintura são os *Bebedores* de Daumier e o *Galé* de Regamey, você os encontrará em gravuras sobre madeira.

No momento estou nos Millet, mas isto é para lhe dizer que não me faltam temas para trabalhar.

Assim, mesmo estando meio preso, poderei me ocupar durante muito tempo.

O que os impressionistas descobriram quanto à cor, se desenvolverá ainda muito mais, mas há um elo que muitos esquecem, que liga tudo isto ao passado, e eu me esforçarei em demonstrar que creio muito pouco numa separação rigorosa entre os impressionistas e os outros. Acho uma felicidade que este século tenha tido pintores como Millet, Delacroix, Meissonnier, *que não podemos superar*. Pois mesmo que não gostemos tanto de Meissonnier quanto de outros, não podemos negar, ao ver seus *Leitores*, sua *Parada*, tantos outros quadros, que isso é alguma coisa. E assim deixamos de lado o que é o seu forte, ou seja, a pintura militar, pois apreciamos menos isto que os campos (624).

12 de fevereiro de 1890

O artigo de Aurier[35] me encorajaria, se eu ousasse me deixar levar, a arriscar mais a abandonar a realidade e fazer com a cor algo como uma música de tons, assim como são certos Monticelli. Mas me é tão cara a verdade e também o *procurar fazer verdadeiro*; enfim eu acho, eu acho que prefiro continuar a ser sapateiro a ser músico de cores.

Em todo caso procurar permanecer verdadeiro talvez seja um remédio para combater a doença que continua a me preocupar sempre (626).

29 de abril de 1890

O resto das telas é escasso; não tendo podido trabalhar já há dois meses, estou bem atrasado. Você achará que as oliveiras com céu amarelo são a melhor, com as montanhas, imagino: as primeiras ficam bem como *pendant* às com céu amarelo. Quanto

---

35. Em janeiro de 1890 o crítico Albert Aurier publicou no *Mercure de France* um artigo com comentários muito favoráveis ao trabalho de Vincent. Foi a primeira e única crítica positiva que Vincent recebeu em vida. (N.T.)

ao retrato da *Arlesiana*, você sabe que eu prometi um exemplar ao amigo Gauguin, e você o fará chegar a suas mãos. E os ciprestes são para o sr. Aurier. Eu gostaria de refazê-los com um pouco menos de empastamento, mas falta-me tempo.

Enfim é preciso ainda lavá-los várias vezes com água fria, depois um verniz forte quando os empastos estiverem bem secos, então, quando o óleo tiver evaporado bem, os pretos não se soltarão. Agora, necessariamente, eu precisaria de cores, que em parte você poderia comprar de Tanguy, se ele estiver aborrecido ou se isto lhe for agradável. Mas naturalmente ele não pode cobrar mais caro que o outro. Eis a lista de cores que eu precisaria:

Tubos grandes:
12 brancos de zinco, 3 cobalto, 5 verde-Véronèse, 1 laca comum, 2 cromo 2, 2 verde-esmeralda, 4 cromo 1, 1 laranja, 2 ultramar.

E mais (mas isto no Tasset) 2 laca-gerânio, tubos médios. Você me faria um favor fazendo-me chegar pelo menos a metade já, pois perdi muito tempo.

Depois precisaria de seis pincéis, seis pincéis de esmaltar, e sete metros de tela ou até dez.

Que dizer desses dois meses passados? Isto não vai nada bem, estou mais triste e chateado do que poderia dizer e não sei mais onde estou.

A encomenda de cores sendo um pouco pesada, mande-me a metade, se lhe for mais conveniente.

Mesmo estando doente eu ainda fiz algumas pequenas telas de memória que você verá mais tarde, lembranças do norte, e no momento acabo de terminar um canto de campina ensolarada, que acho mais ou menos vigoroso. Você logo verá isto.

Queira pedir ao sr. Aurier para não mais escrever artigos sobre minha pintura; insista que, em primeiro lugar, ele está enganado a meu respeito, e depois que realmente eu me sinto muito arruinado de desgosto para poder enfrentar a publicidade. Fazer quadros me distrai, mas ouvir falar neles me é mais difícil do que ele pensa...

Fiquei doente no momento em que estava fazendo as flores de amendoeira. Se eu tivesse conseguido continuar a trabalhar, você pode deduzir que eu teria outras árvores em flor. Agora, as árvores em flor já quase acabaram, realmente eu não tenho sorte. Sim, é preciso procurar sair daqui, mas ir para onde? Não creio que se possa estar mais trancado e prisioneiro nas casas que não têm a pretensão de nos deixar livres, como em Charenton ou em Montevergues (629).

Maio de 1890

Talvez eu vá tentar trabalhar a partir dos Rembrandt, tenho em especial uma ideia para fazer *O homem rezando*, numa gama de tons partindo do amarelo-claro até o violeta.

Junto a esta a carta de Gauguin, faça como lhe parecer melhor quanto à troca, pegue o que mais lhe agradar, tenho certeza que cada vez mais temos o mesmo gosto (630).

Fiz duas telas da relva fresca no parque, uma das quais é de uma simplicidade extrema, veja o rápido esboço.

Um tronco de pinheiro violeta-rosado e a seguir a relva com flores brancas e dentes-de-leão, uma pequena roseira e outros troncos de árvore ao fundo, bem em cima da tela. Estando lá fora – estou certo que a vontade de trabalhar me devorará e me tornará insensível a todo o resto, e de bom humor.

E eu me deixarei ir não sem reflexão, mas sem insistir em lamentar coisas que poderiam ter acontecido. Dizem que na pintura não se deve procurar nada, nem nada esperar, além de um bom quadro e uma boa conversa e um bom jantar como felicidade máxima, sem contar os incidentes menos brilhantes. Talvez seja verdade, e por que recusar-se a aceitar o possível, sobretudo se assim fazendo enganamos a doença? (631).

AUVERS-SUR-OISE
(21 DE MAIO – 29 DE JULHO DE 1890)

4 de junho de 1890

....

Ele me parece na verdade tão doente e perturbado quanto você e eu, e ele é mais velho e perdeu há poucos anos sua mulher;

mas é muito médico e sua profissão e sua fé o sustentam contudo. Já somos muito amigos e por acaso ele também conheceu Brias de Montpellier e tem sobre ele a mesma opinião que eu; que é alguém importante na história da arte moderna.

Estou trabalhando em seu retrato, a cabeça com um boné branco, muito loiro, muito claro, as mãos também com carnação clara, um paletó azul e um fundo azul-cobalto, apoiado sobre uma mesa vermelha, sobre a qual um livro amarelo e uma planta de dedaleira com flores púrpuras. Está na mesma linha de sentimento que o meu retrato, que fiz quando vim para cá.

O sr. Gachet é absolutamente *fanático* por este retrato e quer que eu faça um para ele, se puder, exatamente igual, o que eu também desejo fazer. Ele chegou também a compreender agora o último retrato da *Arlesiana,* da qual você tem um cor-de-rosa; quando ele vem ver os estudos, sempre volta a esses dois retratos e os admite exatamente, mas exatamente, assim como eles são.

Espero logo enviar um retrato dele. Depois, pintei em sua casa dois estudos, que lhe dei na semana passada, um aloé com malmequeres e ciprestes, e domingo último algumas rosas brancas, um vinhedo com uma figura branca (638).

17 de junho de 1890

Tenho dois estudos em andamento, o primeiro, um ramalhete de plantas selvagens, cardos, espigas, folhas de diferentes verdes. Uma quase vermelha, a outra muito verde, a terceira amarelada.

O segundo estudo, uma casa branca no verde, com uma estrela no céu da noite, uma luz laranja na janela e verdes-escuros e uma nota rosa-escura. No momento é tudo. Tenho uma ideia para fazer uma tela mais importante da casa e do jardim de Daubigny, da qual já tenho um pequeno estudo (642).

Meu caro amigo Gauguin,
Obrigado por ter-me escrito novamente, meu caro amigo, e esteja certo de que desde minha volta pensei em você todos os dias. Fiquei em Paris apenas três dias e o barulho etc. parisiense me causando uma péssima impressão, julguei mais prudente para minha cabeça ir-me embora para o campo, não fosse isto eu depressa teria ido vê-lo. E me dá um prazer enorme você dizer que o retrato de *Arlesiana*, rigorosamente baseado em seu desenho, o agradou.

Procurei manter-me respeitosamente fiel ao seu desenho, tomando contudo a liberdade de interpretar, por meio de uma cor do mesmo caráter sóbrio e do mesmo estilo do desenho em questão.

É uma síntese de *Arlesiana*, se você quiser; como as sínteses de arlesianas são raras, entenda-a como uma obra sua e minha, como resumo de nossos meses de trabalho conjunto. Fazê-la custou-me, de minha parte, mais um mês de doença, mas também sei que é uma tela que será compreendida por você, por mim, e por outras poucas pessoas, como gostaríamos que ela fosse compreendida...

Ainda tenho de lá um cipreste com uma estrela, um último ensaio – um céu noturno com uma lua sem brilho, só o delgado crescente emergindo da opaca sombra projetada da terra –, uma estrela com um brilho exagerado, se você quiser, brilho suave de rosa e verde no céu ultramar onde passam as nuvens. Embaixo uma estrada margeada por altos caniços amarelos, atrás deles as baixas Alpines azuis; um velho albergue com janelas iluminadas alaranjadas, e um altíssimo cipreste, bem reto, bem sombrio.

Na estrada uma carruagem amarela puxada por um cavalo branco e dois passantes retardatários. Muito romântico, se lhe parece, mas também, acho, provençal...

Veja, uma ideia que talvez lhe convenha, estou tentando fazer estudos de trigo assim – entretanto não posso desenhar isto: nada mais que hastes de espiga azul esverdeadas; folhas longas com fitas verdes e rosas pelo reflexo; espigas amarelecendo, ligeiramente margeadas de rosa pálido pela floração empoeirada – uma campainha rosa embaixo enrolada ao redor de uma haste.

Sobre isto, num fundo bem vivo e contudo tranquilo, eu gostaria de pintar retratos. São verdes de diferentes qualidades, de mesmo valor, de maneira a formar um todo verde, que por sua vibração faria pensar no ruído suave das espigas balançando ao vento; não é nada fácil como colorido (643).

24 de junho de 1890

Esta semana fiz um retrato de uma menina de uns dezesseis anos, em azul contra fundo azul, a filha do pessoal onde eu moro. Dei-lhe este retrato, mas fiz uma cópia para você, uma tela de 15.

A seguir tenho uma tela de um metro de largura por apenas cinquenta centímetros de altura, de campos de trigo, e outra que lhe faz *pendant*, do interior de um bosque, alguns troncos lilases de choupos e embaixo a relva florida, rosa, amarelo, branco e vários verdes. Finalmente um efeito vespertino – duas pereiras bem pretas contra céu amarelecendo, com trigos e no fundo violeta, o castelo encaixado no verde sombrio (644).

Ontem e anteontem pintei o retrato de Mlle. Gachet que você verá logo, espero; o vestido é rosa, ao fundo a parede verde com pontos laranja, o tapete vermelho com pontos verdes, o piano violeta-escuro; tem um metro de altura por cinquenta de largura.

Foi uma figura que pintei com prazer – mas é difícil. Ele me prometeu fazê-la posar novamente com um pequeno órgão. Farei um para você. – Notei que esta tela fica muito bem com outra horizontal de trigais, ficando assim uma tela vertical e rosa, e a outra num verde pálido e amarelo complementar ao rosa; mas ainda está longe o tempo em que as pessoas compreenderão as curiosas relações que existem entre partes da natureza que contudo se explicam e exaltam-se uma a outra.

Mas alguns, no entanto, já percebem isto, o que já é alguma coisa. E depois já é uma vitória ver no vestuário das pessoas arranjos de cores claras bem bonitas; se pudéssemos fazer o retrato das pessoas que vemos passar, ficariam tão bonitos quanto qualquer época do passado, e até acho que muitas vezes há na natureza atualmente toda a graça do quadro de Puvis, entre a arte e a natureza. Assim, ontem vi duas figuras: a mãe num vestido carmim-escuro, a filha em rosa pálido com um chapéu amarelo sem nenhum ornamento, rostos camponeses muito sadios, crestados pelo ar puro, queimados pelo sol; especialmente a mãe com a cara muito, muito vermelha e cabelos negros e dois diamantes nas orelhas. E pensei novamente na tela de Delacroix, *A educacão maternal*. Pois na expressão daqueles rostos realmente havia tudo o que havia no rosto de George Sand. Você sabe que há um retrato – busto de *George Sand* – de Delacroix, do qual há uma gravura na *Illustration*, com os cabelos curtos? (645)

30 de junho de 1890

Uma carta de Gauguin bastante melancólica, ele fala vagamente em estar bem decidido a ir a Madagascar, mas tão vagamente que logo se vê que ele só pensa nisto por não saber realmente no que pensar.

E a execução do plano parece-me quase absurda.

Eis três esboços – um de uma figura de camponesa, grande chapéu amarelo com nó de fitas azul-celeste, rosto muito vermelho, blusa de rico azul com pontilhado laranja, fundo de espigas de trigo.

É uma tela de 30, mas receio que seja um pouco grosseira. A seguir a paisagem horizontal com os campos, motivo como um de Michel, mas aqui a coloração é verde suave, amarelo e azul-esverdeado.

E mais um interior de bosque, troncos de choupos violetas, que atravessam perpendicularmente a paisagem como colunas, a profundidade do bosque é azul e sob os grandes troncos o campo florido, branco, rosa, amarelo, verde, relva alta e ruiva e flores (646).

23 de julho de 1890

Talvez você veja este esboço do jardim de Daubigny – é uma das minhas telas mais trabalhadas –, acrescento um esboço de velhos colmos e os esboços de duas telas de 30 representando imensas extensões de trigo após a chuva...

O jardim de Daubigny; primeiro plano de relva verde e rosa. À esquerda, um arbusto verde e lilás e um tronco de planta com folhagens esbranquiçadas. No meio, um canteiro de rosas, à direita uma sebe, um muro e, em cima do muro, uma aveleira com folhagem violeta. A seguir uma sebe de lilases, uma fileira de tílias arredondadas amarelas, a casa em si ao fundo, rosa, com teto de telhas azuladas. Um banco e três cadeiras, uma figura negra com chapéu amarelo e no primeiro plano um gato preto. Céu verde pálido (651).

(Dias 27 de julho, Vincent van Gogh atirou contra seu próprio peito, vindo a morrer dois dias depois. Um dos seus últimos quadros é a soturna paisagem Trigal com corvos.*)*

Carta que Vincent trazia consigo no dia 29 de julho de 1890

Meu caro irmão,

Obrigado por sua gentil carta e pela nota de cinquenta francos que ela continha. Já que as coisas vão bem, o que é o principal, por que insistiria eu em coisas de menor importância? Por Deus! Provavelmente se passará muito tempo antes que se possa conversar de negócios com a cabeça mais descansada.

Os outros pintores, independente do que pensem, instintivamente mantêm-se à distância das discussões sobre o comércio atual.

Pois é, realmente só podemos falar através de nossos quadros. Contudo, meu caro irmão, existe isto que eu sempre lhe disse e novamente voltarei a dizer com toda a gravidade resultante dos esforços de pensamento assiduamente orientado a tentar fazer o bem tanto quanto possível – volto a dizer-lhe novamente que sempre o considerarei como alguém que é mais que um simples mercador de Corots, que por meu intermédio participa da própria produção de certas telas, que mesmo na derrocada conserva sua calma.

Pois assim é, e isto é tudo, ou pelo menos o principal, que eu tenho a lhe dizer num momento de crise relativa. Num momento em que as coisas estão muito tensas entre marchands de quadros de artistas mortos e de artistas vivos.

Pois bem, em meu próprio trabalho arrisco a vida e nele minha razão arruinou-se em parte – bom –, mas pelo quanto eu saiba você não está entre os mercadores de homens, e você pode tomar partido, eu acho, agindo realmente com humanidade, mas, o que é que você quer? (652)

Glossário de nomes próprios

Aimard, Gustave (1818-1883) – Escritor francês. Ambientava seus romances de aventura na América Latina.

Anker, Albert (1831-1910) – Grande pintor suíço que se destacou em cenas de interiores, familiares e íntimas.

Aurier, G.-Albert (1865-1892) – Filósofo, jornalista, crítico e teórico de arte, apesar de sua curta existência, exerceu influência na imprensa parisiense. Batalhou na *Revue Indepéndente* e no *Mercure de France* para impor Van Gogh, Gauguin, Henry de Groux e outros pintores desconhecidos na época. Foi o único crítico a mencionar e elogiar Van Gogh enquanto este estava vivo.

Barye, Antoine-Louis (1796-1875) – Escultor francês.

Begemann, Margot (1840-1907) – Apaixonou-se por Vincent quando tinha 43 anos de idade. Embora tenha sido socorrida a tempo, sua tentativa de suicídio foi muito séria, tendo injetado estricnina em si mesma.

Bernard, Émile (1868-1941) – Pintor, desenhista e escritor francês. Pintor mediano, no entanto teve papel destacado na história da arte moderna devido à sua estreita ligação com aqueles que seriam grandes pintores, como Van Gogh, Toulouse-Lautrec (com quem estudou no ateliê de Cormon), Paul Gauguin, Paul Cézanne e Odile Redon. Manteve grande correspondência com todos eles, escreveu ensaios identificando a revolução que iniciava e, o mais importante, catalogou, conservou as cartas e anotou depoimentos que ajudaram a lançar luzes sobre a obra e o pensamento destes heróis da arte moderna.

Bing, Siegfried (1838-1905) – Marchand de origem alemã estabelecido em Paris, um dos responsáveis pela introdução da arte japonesa na França, especialmente as gravuras.

Blanc, Charles (1813-1882) – Crítico de arte francês, autor de inúmeros livros sobre arte, inclusive o clássico *Histoire de Peintre de toutes les écoles* em 14 volumes.

Boccaccio, Giovanni (1313-1375) – Primeiro grande prosador italiano. Autor de *Decameron*, onde está descrito o modo de vida dos burgueses fiorentinos apaixonados pela cultura e sobretudo pelos prazeres.

Bonger – Família de Johanna Gesina van Gogh-Bonger (1862-1925). Jo, como ficou conhecida, casou-se com Theo van Gogh em 1889, com quem teve um filho, Vincent Wilhem van Gogh. Com a morte de Vincent em 29 de julho 1890 e do irmão Theo seis meses depois, em janeiro de 1891, Jo, auxiliada pelo pintor Émile Bernard, foi a grande guardiã e responsável pela valorização do trabalho de Vincent van Gogh, até então absolutamente desconhecido. Graças a ela, foram guardadas todas as cartas encontradas na época e organizadas exposições da obra de Vincent no mundo inteiro. Ela deixou ainda um texto de memórias onde conta a vida de Vincent, publicado na íntegra nesta edição. Todo o trabalho de catalogação das cartas trocadas entre os irmãos também foi Jo quem as publicou pela primeira vez em 1914.

Boninghton, Richard Parkes (1802-1828) – Pintor inglês. Viveu pouco, mas deixou obra de consistência, tendo como tema paisagens pastoris e cidades inglesas. Um belo conjunto de sua obra está exposto na Tate Gallery de Londres.

Botticelli, Sandro di Mariano Felipepi, dito (1444-1510) – Grande pintor italiano de Florença. Autor de célebres "madonas" e de cenas religiosas.

Boucher, François (1708-1770) – Pintor clássico francês.

Boudin, Eugène Louis (1825-1898) – Pintor francês que retratou magnificamente as praias da Normandia, da Bretanha e a costa holandesa. Quadros de belo colorido.

Boughton, George Henry (1833-1905) – Pintor, ilustrador e escritor inglês.

Bouguereau, Adolphe William (1815-1905) – Célebre pintor francês que se destacou pela precisão do desenho e preocupação em utilizar os principais valores da arte acadêmica em vigor na época. Abordou temas clássicos, mitológicos, orientais, bem como registrou cenas históricas de época.

Boulanger (1837-1891) – General e político francês, muito influente na época, representando os nacionalistas e bonapartistas.

Foi ministro em 1888 e, deposto, reuniu em torno de si a oposição ao governo representativo. Acabou preso, condenado e exilado. Suicidou-se na Bélgica.

Bracquemond, Felix Joseph August (1853-1914) – Desenhista virtuoso e gravador muito conhecido e apreciado na Paris da sua época. É autor de famosos retratos em água forte de Delacroix e Goncourt.

Braeckeller, Henry (1840-1888) – Pintor belga, expressivo representante da escola romântica.

Breton (Jules e Émile) – Jules Adolpho Breton (1827-1906), pintor clássico francês especialista em cenas rústicas e pastoris, também se destacou como poeta. Seu irmão Émile Breton (1831-1902) foi paisagista, autor de cenas campestres que mostravam camponeses em seu trabalho.

Brias, Alfred (1821-1876) – Na verdade, Alfred Bruyas. Filho de banqueiro, entusiasta da arte moderna, tornou-se um dos grandes colecionadores do seu tempo, adquirindo quadros de Corbet, Millet, Corot, Delacroix, Tassaert entre muitos outros.

Brion, Gustave (1824-1877) – Pintor francês, representou os costumes dos camponeses na beira do Reno.

Brueghel, Pieter (1525-1569) – Pintor de grandes recursos técnicos. Inovou nas suas pinturas, dando a elas um carácter cósmico de aguda sensibilidade. Pintou cenas populares satíricas e ao mesmo tempo moralistas. Retratou a miséria e as dificuldades dos camponeses. Era conhecido como Brueghel, o Velho, e Van Gogh refere-se a ele como Brueghel, o Camponês. Seu filho Pieter (1564-1638), conhecido como Brueghel, o Moço, ou Brueghel, do Inferno, celebrizou-se pela pintura quase caricata, interpretando obras de seu pai e criando cenas de incêndio ou de inferno. É seu o famoso quadro *O incêndio de Troia*.

Buchelius, Arnold (Arnold von Buchel ou Aernout van Buchel) (1565-1641) – Historiador e humanista flamengo cuja erudição foi comparada favoravelmente com a de Erasmo de Rotterdam.

Burger, Godofred August (1747-1798) – Poeta e crítico de arte alemã, autor de *Leonor*.

Cabanel, Alexandre (1823-1889) – Pintor acadêmico francês. Foi um dos decoradores do Panthéon em Paris. Foi um magnífico pintor de retratos e possui obras-primas em nus femininos.

Carlyle, Thomaz (1795-1881) – Historiador e filósofo francês. Foi do idealismo alemão ao puritanismo escocês, deixando uma obra polêmica, exaltada e rica em metáforas.

Cassagne, Padre (1636-1679) – Membro da academia francesa de letras e célebre (na época) pregador.

Cézanne, Paul (1839-1906) – Pintor francês. Um dos pilares da arte moderna, participou da criação do impressionismo e influenciou diretamente Picasso e Braque na invenção do cubismo, a primeira grande revolução *pós-impressionista* na história da arte. Ficou célebre pelas suas paisagens quase geométricas, suas *banhistas* e os tons pastéis e profundos de suas cores, especialmente o verde e os terras. Pintou incansavelmente a montanha de *Saint Victoria* em Aix-en-Provence, onde nasceu e morreu.

Chardin, Jean Baptiste (1699-1770) – Pintor francês de grande expressão no seu tempo. Especializado em cenas com figuras humanas e expressivos retratos.

Chevalier, Sulpício Guilherme (1804-1866) – Caricaturista francês, muito popular no seu tempo.

Codde, Pieter (1599-1678) – Pintor holandês cuja enorme habilidade em adaptar seu próprio estilo fez com que fosse escolhido para completar um grupo de retratos inacabados de Frans Hals.

Compte-Calixto, François Claudius (1813-1880) – Pintor e litógrafo francês. Pintou cenas italianas, especialmente na Sardenha.

Constable, John (1776-1837) – Grande pintor paisagista inglês. Teve grande influência sobre seus contemporâneos, principalmente os franceses. Enquadrava-se na escola romântica.

Coppée, François (1842-1908) – Poeta e dramaturgo francês, membro da Academia de Letras e muito popular na época.

Cormon, Fernand (1845-1924) – Pintor francês de origem acadêmica, especializado em temas históricos. Formou o "Atelier Cormon", onde dava aulas de pintura.

Corot, Jean-Baptiste (1796-1875) – Pintor francês, magnífico paisagista, um dos mais importantes e influentes pintores do seu tempo.

Courbet (1819-1877) – Pintor francês. Mestre e fundador da escola realista. Paisagista emérito, foi um dos precursores da ruptura com a pintura acadêmica.

Couture, Thomas (1815-1879) – Pintor francês de temas históricos.

Cuyp, Albert (1605-1691) – Pintor paisagista holandês com obras no Museu do Louvre, em Paris, Metropolitan, de Nova York, entre outros.

Dante Alighieri (1265-1321) – Considerado "pai" da poesia italiana, autor do grande poema *A Divina Comédia*.

Daubigny, Charles François (1817-1878) – Grande pintor paisagista francês, um dos membros da escola de Barbizon (ver nota neste glossário). Amigo de Corot e um dos precursores do impressionismo.

Daudet, Alphonse (1840-1897) – Romancista e dramaturgo francês. Suas obras mais conhecidas são "Cartas do meu moinho" e "Tartarin de Tarascon".

Daumier (1808-1879) – Pintor, desenhista e caricaturista francês. Como caricaturista foi admirado por Balzac e Baudelaire, pela expressão de seu traço e pela crítica feroz aos ricos franceses. Como pintor, valorizou o traço e foi um pintor realista, considerado como um dos precursores do expressionismo.

David, Gerard (1460-1523) – Pintor primitivo flamengo, autor de "O batismo de Cristo".

David, Louis (1748-1825) – Influente pintor francês, principal membro da chamada escola "neoclássica". Foi deputado durante a Revolução Francesa e, depois, no Império, foi o pintor predileto de Napoleão. Pintou quadros célebres, como *A sagração de Napoleão*, exposto no Louvre, e *Marat morto*.

De Haan, Meijer Isaac (1852-1895) – Pintor holandês, amigo de Theo van Gogh, que o apresentou a Vincent.

Decamps, Alexandre Bariel (1803-1860) – Um dos grandes mestres do romantismo francês. Célebre pelas suas cenas orientais, paisagens e quadros de animais. Um grande lote de suas pinturas está exposto no Museu do Louvre, em Paris.

Degas, Edgar (1834-1917) – Pintor, gravador e escultor francês. Mestre na obra de exprimir com poderosa simplificação as formas e o movimento. Moderno, fez um trabalho muito peculiar, sendo alinhado junto aos impressionistas, embora tenha pintado muitos interiores com cenas de bailarinas e bares. Pintou ainda retratos e o cotidiano das cidades com destaque a cenas de hipódromo.

Delacroix, Eugène (1798-1863) – Pintor francês, foi um dos mais importantes pintores do século XIX, sendo considerado o precursor da nova escola romântica. Fez alguns quadros célebres, como o retrato de Chopin (que considerou-se muito honrado por ser retratado por ele), o célebre *A deusa da liberdade nas barricadas*, *A tomada de Constantinopla pelos Cruzados* e muitos outros. Van Gogh era fascinado por Delacroix, a quem citou dezenas de vezes nesta correspondência.

Delaroche, Paul (1797-1856) – Pintor francês autor de minuciosos quadros de temas históricos, como os famosos *Assassínio do Duque de Guise* e *Os Girondinos*.

Díaz de la Peña, Narcisse Virgilio (1807-1876) – Pintor francês pertencente à escola de Barbizon.

Dick, Anton van (1599-1641) – Grande pintor holandês. Van Dick e Rubens foram os grandes expoentes da escola flamenga. Seus retratos, especialmente o de Carlos I, são admiráveis obras-primas. Sua obra está entre as mais importantes na história da arte. Entre seus quadros destacam-se, além do retrato de Carlos I, os célebres *A descida da cruz*, *A virgem dos doadores* e *Vênus pedindo a Vulcano armas para Enéas*.

Dickens, Charles (1812-1870) – Grande escritor inglês realista, célebre por sua obra voltada aos desamparados; escreveu, entre outros, *Oliver Twist*, *David Copperfield* e *Documentos de Pickwick*.

Dolent, Jean (1832-1909) – Literato francês, conhecido por seus retratos de artistas.

Doré, Gustave (1833-1883) – Foi um dos maiores ilustradores e caricaturistas de todos os tempos. São célebres suas ilustrações de obras clássicas como a *Bíblia*, *A Divina Comédia*, *Dom Quixote* etc.

Dupré, Jules (1811-1889) – Pintor francês influenciado por Constable e os paisagistas ingleses, pintava com vigor, valorizando o relevo e a dramaticidade da luz do entardecer, preferencialmente o cinza e o ocre.

Durand-Ruel, Paul (1831-1922) – Foi um comerciante de quadros que entrou para a história da arte pelo apoio que deu aos *revolucionários* pintores que criaram o impressionismo e os movimentos posteriores mais radicais. Sua galeria, fundada pelos seus avós, funciona até hoje em Paris controlada pelos seus netos.

Dürer, Albrecht (1471-1528) – Considerado o maior pintor da renascença alemã.

Eliot, George (1819-1880) – Pseudônimo de Mary Anne Evans, escritora inglesa.

Escola de Barbizon – Grupo de artistas franceses composto – entre outros – por Rousseau, Dupré, Jacque Diaz, Troyon, Corot, que se reuniram na região de Barbizon, na década de 1830 e, rompendo com a tradição clássica, buscavam inspiração diretamente na natureza, influenciados por Constable, entre outros paisagistas ingleses, que se caracterizavam pelo colorismo e a pincelada nervosa.

Eugène Fromentin (1820-1876) – Pintor e escritor francês. Destacou-se pelo seu trabalho na Argélia, desenhando e pintando paisagens, animais e o povo africano.

Fabritius, Carel (1622-1654) – Pintor e desenhista holandês célebre pelo seu talento e seus retratos que utilizavam a cor exagerada.

Fantin-Latour, Henri (1836-1904) – Pintor francês realista e tradicional, contemporâneo de Van Gogh e famoso pelos seus grandes retratos coletivos, onde retratou Verlaine e Rimbaud numa cena entre outros intelectuais em célebre quadro exposto no Museu d'Orsay, em Paris. Retratou ainda Balzac, Zola, Delacroix, Whistler, Monet, Renoir, Manet, Baudelaire e outros expoentes da intelectualidade francesa na época.

Feyen, Eugène (1815-1908) – Pintor francês de cenas populares. Irmão de Augustin Feyen-Perrin.

Feyen-Perrin, Augustin (1826-1888) – Pintor francês que retratou cenas na tradição popular de Millet, ou seja, com a preocupação de abordar temas sociais.

Flaubert, Gustave (1821-1880) – Grande escritor francês, célebre pelo estilo meticuloso, autor de *Madame Bovary*.

Fragonard, Jean-Honoré (1732-1806) – Pintor francês, célebre pela refinadíssima técnica e pelo clima hedonista e até erótico de seus retratos femininos.

Francken (ou Franck) – Família de pintores da Antuérpia nos séculos XVI e XVII que se tornou conhecida por mesclar o gosto flamengo com o classicismo italiano. Foram cerca de 30 membros. Os mais famosos foram **Jeronymus, o velho** (1542-1616), seu irmão **Ambrósio** (1544-1618) e **Franz Francken II** (1581-1642). Provavelmente Vincent refere-se a Jeronymus.

Fromentin, Eugène (1820-1876) – Pintor, romancista e crítico de arte francês. Autor do livro *Os mestres de outrora*, ao qual Van Gogh se refere, considerado uma obra-prima de crítica de arte.

Gachet, Paul Ferdinand (1828-1909) – Conhecido como dr. Gachet. Amigo de vários pintores, como Degas, Manet, Monet, Renoir, Pissarro, Cézanne, entre outros, foi grande apreciador e incentivador dos impressionistas. Acolhia artistas e intelectuais em geral na sua casa em Auvers-sur-Oise. Foi recomendado a Theo pelo pintor Pissarro, e cuidou de Vincent van Gogh até o fim de sua vida. Foi também pintor e gravador, tendo exposto no Salão dos Artistas Independentes com o pseudônimo de Van Ryssel. Reuniu uma enorme e valiosa coleção de impressionistas e quadros de Van Gogh em particular. Grande parte desta coleção foi doada ao Museu do Louvre.

Gainsborough, Thomas (1727-1788) – Pintor inglês.

Gauguin, Paul (1848-1903) – Foi um dos precursores do impressionismo, ultrapassando este movimento para tornar-se – juntamente com Cézanne e Van Gogh – uma das mais poderosas influências da arte contemporânea, especialmente os *fauvistas*, que, juntamente com os *cubistas*, romperam e ampliaram os limites da arte moderna no início do século XX. Gauguin trabalhou no mercado financeiro e abandonou tudo para dedicar-se à arte, radicando-se no Taiti, onde produziu a parte mais importante da sua obra. Ao sol dos trópicos desenvolveu sua filosofia e seu estilo inconfundível. Foi amigo e admirado por Van Gogh. Gauguin é o centro do célebre episódio onde Van Gogh cortou a orelha, descrito por ele mesmo neste livro.

Gavarni, Sulpício Guilherme Chevalier dito (1804-1866) – Célebre caricaturista francês.

Géricault, Theodore (1791-1824) – Um dos mais célebres pintores românticos franceses, autor do clássico «Jangada da medusa», exposto no Louvre.

Gerôme, Jean Lyon (1824-1904) – Pintor acadêmico francês, membro da academia de Belas-Artes. Autor de *A saída do baile de máscaras* e o célebre *A morte de Cézar*, ambos expostos no Museu do Louvre.

Giotto, Angiolotto di Bondone, dito (1266-1336) – Grande pintor italiano de Florença. Amigo de Dante Alighieri, é considerado um dos grandes gênios da história da arte, tendo introduzido novos valores na pintura (até então uma arte primária), como a expressão, a paixão, a graça, o movimento e a naturalidade das cenas e personagens. Deixou grandes afrescos e pinturas decorativas em igrejas italianas.

Gladwell, Harry Golding (1860-1945) – assumiu a firma do pai, Gladwell & Company – Experts in Fine Arts, que foi fundada por John Boydell e funciona até hoje em Londres.

Goes, Hughes van der (1420-1482) – Grande pintor flamengo (escola holandesa), especialista em motivos religiosos.

Goncourt, Irmãos – Grandes romancistas franceses; Edmond Huot de Goncourt (1822-1896) e Jules Goncourt (1830-1870). Romancistas naturalistas, escreveram livros coletivamente sobre história, arte e sociedade da França no século XVIII. Edmond Goncourt publicou sozinho *La Fille Elisa, Les Frères Zanganno,* entre outros livros. Criou, como legado de seu testamento, uma academia livre composta de dez membros de grande representatividade cultural diante da sociedade francesa, cuja finalidade seria destacar um grande romance anualmente. Hoje o Prêmio Goncourt é o principal prêmio literário da França e um dos mais importantes de todo o mundo.

Goupil, Casa – Prestigiosa galeria de arte europeia com muito destaque em meados do século XIX. Vincent trabalhou nesta galeria graças à interferência de seu tio, diretor da sucursal em Haia. De Haia, Van Gogh é enviado, sempre pela Casa Goupil, a Bruxelas.

Goya y Lucientes, Francisco de (1746-1828) – Grande pintor espanhol, célebre pelas suas cenas de guerra e violência, retratos densos e escuros, cenas religiosas e figuras esguias. A guerra contra Napoleão inspirou-lhe a fantástica série de gravuras *Os desastres da guerra* e os célebres quadros representando os fuzilamentos de 2 e 3 de maio de 1808. O realismo, a dramaticidade e a peculiaridade das cores fazem de Goya um dos precursores da pintura moderna.

Goyen, Johan Joseph van (1596-1666) – Grande mestre holandês, considerado o pioneiro no consagrado *naturalismo* que caracterizou a pintura dos grandes mestres flamengos. Pintou paisagens, cidades, e marinhas escuras e belíssimas.

Groux, Henry de (1867-1930) – Pintor belga de grande expressão dramática dentro da tradição moderna de James Ensor e Odile Redon. São célebres seus quadros *A morte de Siegfried* e *Cristo na tempestade*.

Gruby, David (1810-1898) – Cientista húngaro.

Guillaumin, Armand (1841-1921) – Pintor francês, amigo de Monet, Pissarro, Cézanne; participou de inúmeras exposições dos pintores impressionistas. Grande paisagista.

Guizot – Van Gogh pode estar se referindo a François Guizot (1787-1874), ou seu filho Maurice François Guizot (1838-1892), ambos historiadores, tradutores e membros da academia francesa.

Haden, Francis Seymour (1818-1910) – Cirurgião e importante gravador inglês, responsável pela renovação da gravura na Inglaterra.

Hals, Frans (1581-1666) – Pintor flamengo conhecido pela grandiosidade de seus retratos coletivos e sua técnica apuradíssima, de um realismo e movimento pouco comuns em seus companheiros de escola.

Hamon, Jean Louis (1821-1874) – Pintor francês, especialista em grandes composições. Traçado clássico e cores escuras contrastando com céus claros e densos vermelhos.

Haverman, Hendrik Johannes (1857-1928) – Pintor holandês.

Heilbuth, Ferdinand (1826-1889) – Pintor alemão.

Herbert, Antoine Auguste (1817-1908) – Pintor francês especialista em quadros históricos de estilo refinado e aristocrático. Pintou muitos retratos e o famoso *Beijo de Judas*, exposto no Louvre, em Paris.

Herkomer, Humberto (1849-1914) – Desenhista e pintor alemão, naturalizado inglês, de grande talento.

Hest, Bartelemy van der (1611-1678) – Ilustre pintor holandês, mestre do retrato. É autor do célebre quadro *O Banquete da Guarda Civil*, entre outras deslumbrantes obras-primas.

Hokusai, Katsushika (1760-1849) – Um dos mais famosos pintores japoneses de todos os tempos.

Holl, Frank (1845-1888) – Pintor inglês que se notabilizou pela sua sensibilidade social e ideias socialistas. Pintou cenas dramáticas do sofrimento do povo pobre e dos prisioneiros encarcerados na prisão de Newgate. Respeitado pela academia pelo seu virtuosismo, sobrevivia pintando retratos que eram muito admirados pelos seus contemporâneos, inclusive – paradoxalmente – pela Rainha Vitória.

Hood, Thomas (1799-1845) – Poeta satírico inglês, autor de *Canção da camisa* e *Miss Kilmanseg*.

Hoornik, Clasina Maria (1850-1904) – Conhecida pelo apelido de "Sien", prostituta que conheceu Vincent em 1882, serviu-lhe como modelo e usou de certas artimanhas para seduzi-lo, o que não deve ter sido muito difícil, considerando que sua pobreza e gravidez eram reais. Clasina transmitiu uma doença venérea a Vincent, que passou três semanas no hospital, em junho de 1882.

Ingres, Dominique (1780-1867) – Aluno de David, o grande pintor de Napoleão, distinguiu-se pela pureza de seu desenho. Autor de *Odalisca*, *Banho turco*, entre muitas outras obras célebres.

Isaacson, Jacob Joseph (1859-1952) – Pintor holandês especializado em cenas bíblicas e retratos. Trabalhou também como jornalista. Conheceu Theo em Paris, de quem ficou amigo. Trabalhou como correspondente da revista de arte *A carteira*, onde publicou o primeiro texto sobre Vincent, altamente elogioso.

Israëls, Jozef (1824-1911) – Foi um dos mestres da pintura holandesa do século XIX, com suas cenas de camponesas pungentes e perfeitas tecnicamente. Sua cor escura e dramática aproximava-se muito de Rembrandt.

Jan Madiol, Adriaan (1845-1892) – pintor holandês.

Jeannin, Joseph Georges (1841-1925) – Pintor francês especialista em composições florais.

Jongkind, John Bartholdo (1819-1891) – Pintor e gravador holandês, paisagista emérito, um dos iniciadores do impressionismo.

Jordaens, Jacob (1593-1678) – Pintor flamengo conhecido pela grandiosidade de seus retratos coletivos. Sua técnica apuradíssima era de um realismo e movimento pouco comuns em seus companheiros de escola.

Jundt, Gustave Adolphe (1830-1884) – Pintor alemão.

Kanus, Louis (1849-1910) – Pintor realista alemão.

Koninck, Philips (1619-1688) – Um dos mestres do período barroco da pintura holandesa. Especializou-se em paisagens e cenas rurais, com a presença de camponeses e tipos da classe burguesa.

Lacerteux, Germine – Título de quadro de Degas e personagem do romance dos irmãos Goncourt com o mesmo nome.

Lamartine, Alphonse de (1790-1869) – Poeta romântico e político francês, autor de *As meditações*. Foi ministro dos negócios estrangeiros em 1848.

Laval, Charles (1862-1894) – Pintor francês, amigo de Vincent e Gauguin. Foi retratado por Paul Gauguin. Pintou um autorretrato que está no Museu Van Gogh em Amsterdã.

Leys, Jean August Henry (1815-1869) – Pintor e desenhista belga da escola romântica, muito influenciado por Delacroix. De grande prestígio artístico e social, recebeu várias condecorações e, finalmente, o título de Barão pelo Rei Leopoldo I. É responsável pelas pinturas murais do palácio em Antuérpia.

Lhermitte, Léon-Augustin (1844-1925) – Pintor realista dentro da tradição acadêmica francesa, célebre por suas cenas rurais. Admirado por Van Gogh, que diz, numa de suas cartas à Theo: "Millet e Lhermitte são aos meus olhos os verdadeiros pintores, porque eles não pintam as coisas como elas são, segundo uma análise rebuscada e seca, mas como eles, Millet, Lhermitte, Michelângelo, as sentem". Seu quadro *La Moisson* (*A colheita*) é um ícone da visão do duro trabalho dos camponeses.

Liebermann, Max (1847-1935) – Pintor alemão. Paisagista, sofreu a influência do impressionismo francês. Considerado o fundador da escola impressionista alemã.

Manet, Édouard (1832-1883) – Pintor francês considerado como grande precursor dos impressionistas; é autor de quadros célebres, como *Almoço na relva* e *Olympia*.

Mantegna, Andrea (1431-1506) – Grande pintor italiano.

Mantz, Paul (1821-1895) – Crítico de arte francês.

Marchal, Charles François (1825-1877) – Pintor francês.

Maris, Jacob (1837-1899) – Foi um destacado pintor holandês. Dedicava-se a paisagens, cenas rurais, sempre com intenso colorido.

Maris, Thijs (1839-1917) – Famoso pintor de retratos holandês, irmão dos também pintores Jacob Maris e Willem Maris (1844-1910).

Matsys, Quentin (1466-1530) – Foi o primeiro pintor de expressão flamengo a fazer a síntese da tradição holandesa com as ideias da renascença italiana. Pintou cenas religiosas, onde explorou a luz e os detalhes à maneira da tradição flamenga. Mas seu trabalho foi marcado pela grande qualidade das cenas cotidianas e paisagens.

Maupassant, Guy de (1850-1893) – Admirado e estimulado por Flaubert, Maupassant foi um dos grandes escritores franceses em todos os tempos, autor de contos e novelas realistas e fantásticas, como o clássico de terror *Horla*. Morreu louco em um hospício no interior da França.

Mauve, Antonio (1838-1888) – Pintor holandês. Viveu em Paris e Oosterbeek, onde retratou os trabalhadores do campo. Ligado por laços de parentesco a Vincent van Gogh, foi seu primeiro preceptor nas artes e também o primeiro a reconhecer que Vincent tinha talento.

Meissonier, Jean Louis Ernest (1815-1891) – Pintor e desenhista francês. Pintou cenas do cotidiano e especializou-se no final de sua vida em cenas militares, retratando com um realismo minucioso os elementos do quadro. Foi célebre e reconhecido com honras e condecorações por Napoleão III.

Méryon, Charles (1821-1868) – Famoso gravador francês, admirado por Baudelaire, que retratou Paris.

Mesdag, Hendrik Willem (1831-1915) – Pintor holandês especialista em marinhas. Notabilizou-se por retratar os portos da Holanda com grande beleza e precisão.

Meunier, Constantin (1831-1905) – Pintor e escultor belga. Pintou cenas campesinas e a vida nas minas de carvão da região do Borinage. Seus quadros são tristes e trágicos. Caracterizou-se pela preocupação com os temas sociais.

Michel, François Emile (1828-1909) – Pintor e crítico de arte francês pertencente à Academia de Belas-Artes.

Michelet, Jules (1798-1874) – Pensador liberal e célebre historiador francês.

Mignard, Pierre (1612-1695) e **Mignard, Nicolas** (1606-1668) – Irmãos, ambos pintores franceses. Provavelmente Vincent refere-se a Pierre, que pintava mulheres com frequência.

Millais, John Everett (1829-1896) – Desenhista e pintor de retratos inglês; um dos iniciadores do pré-rafaelismo.

Millet, Jean François (1814-1875) – Marcou uma geração de pintores pela sua sensibilidade social e pelos retratos de camponeses e operários – que executou em pleno período clássico. Foi durante muito tempo alvo do preconceito do público e da crítica que o consideravam um "pintor de camponeses", melancólico e trágico. Seu trabalho só foi reconhecido no final da vida, quando suas enormes e monumentais composições de aspecto clássico e tecnicamente perfeitas foram valorizadas pelos críticos de arte e grandes colecionadores. Foi a grande influência filosófica e estética de Vincent van Gogh.

Monet, Claude (1840-1926) – Um dos fundadores da escola impressionista, marco fundamental na história da arte moderna. O próprio nome da escola se deve a um quadro seu: *Impressão: sol nascente*. Pintou as célebres séries *Catedral de Rouen* e *Ninfeias*. Os impressionistas pintavam geralmente ao ar livre, procurando captar as sutilezas da incidência da luz sobre a natureza e os objetos. As dezenas de telas da Catedral de Rouen são tomadas geralmente do mesmo ângulo, mas com cores totalmente diferentes, pois pintadas e observadas em diferentes horários.

Monticelli, Adolphe (1824-1886) – Pintor francês que fez parte da escola de Barbizon (ver nota neste glossário). Utilizava muito o ocre, o amarelo e os céus tumultuados. Um de seus quadros ("Marinha perto de Marselha") pertence ao acervo permanente do MASP (Museu de Arte de São Paulo). Levou uma vida difícil e boêmia, tendo morrido muito pobre e doente devido ao alto consumo de bebida e absinto. Vincent van Gogh tinha verdadeira obsessão pelo trabalho e a vida difícil de Monticelli. Hoje um pintor esquecido, foi para Van Gogh sua última e definitiva referência, a ponto de escrever à Theo: "Olhe, deixe-me continuar meu trabalho... se é o trabalho de um louco, azar... trabalho sem parar da manhã à noite para lhe provar que estamos com certeza na pista de Monticelli..." Por ocasião da única crítica (positiva) que recebeu em vida do crítico Aurier, no jornal *Mercure de France*, Van Gogh escreveu a Aurier uma carta onde recusa os elogios: "(...) Não me sinto à vontade quando imagino que o que você diz de mim caberia melhor a outros. Sobretudo a Monticelli... Seu artigo teria sido mais justo se, antes de falar de mim, você tivesse feito justiça a Gauguin e a Monticelli. *Porque a parte que me cabe ou caberá, eu lhe asseguro, ficará muito em segundo plano"*. (O grifo é do próprio Van Gogh). A propósito desta obsessão, Gauguin se lembrará, muito tempo depois do suicídio do "amigo Vincent", que "Degas o desesperava, Cézanne não passava de um mistificador, e, ao pensar em Monticelli, chorava".

Moret, Henry (1856-1913) – Pintor impressionista francês, amigo de Gauguin.

Munthe, Gerard Louis (1838-1900) – Pintor norueguês radicado em Dusseldorf, Alemanha.

Ostade, Adriaen van (1610-1685) – Mestre do naturalismo holandês, casado com a filha de outro grande mestre (Jan van Goyen), Ostade retratou cenas do cotidiano das cidades e paisagens em técnica perfeita. Nem moralista, nem crítico social. Retratou o seu tempo e a sociedade da sua época.

Pangloss – Personagem do clássico *Cândido ou o otimismo* de Voltaire (1694-1778), célebre pelo seu otimismo, "vivemos no melhor dos mundos".

Petrarca, Francesco (1304-1374) – Poeta e humanista italiano; historiador, arqueólogo e pesquisador de manuscritos antigos. Foi o primeiro dos grandes humanistas do renascimento.

Pieneman, Jan Willem (1779-1853) – Influente pintor holandês, autor de obras históricas importantes sobre a história da Holanda. Foi o primeiro diretor da Koninklijke Académie voor Schone Kunsten e do célebre Rijksmuseum. Influenciou fortemente os pintores holandeses do seu tempo.

Pissarro, Louis (1830-1903) – Pintor francês de origem judaica, mestre do impressionismo. Pintou paisagens e cenas rústicas.

Potter, Paulus (1625-1654) – Pintor de animais e paisagista holandês. Sua obra-prima, *Prado com três bois e três carneiros*, está exposta no Louvre, em Paris. Sua pintura é naturalista e tida como essencialmente verdadeira.

Puvis des Chavannes, Pierre Cécil (1824-1898) – Pintor francês de tradição acadêmica, muito admirado por Paul Gauguin.

Quost, Ernest (1842-1931) – Premiado pintor francês da primeira escola impressionista. Especialista em paisagens, cenas urbanas e naturezas mortas.

Rappard, Anton van (1858-1892) – Pintor holandês, conheceu Theo em Paris quando de uma viagem de estudos. A visita que Vincent lhe fez, a conselho de Theo, como descrito, foi o início de uma amizade que durou cerca de cinco anos, tendo inclusive compartilhado um estúdio com Vincent em Bruxelas.

Redon, Odile (1840-1916) – Pintor e litógrafo francês. Sua arte era de grande personalidade, quase visionária. É considerado um precursor do surrealismo.

Rembrandt, Harmenszoon van Rijn (1606-1669) – Pintor holandês considerado um dos mestres da pintura de todos os tempos pelo seu enorme domínio do claro-escuro, do desenho, da composição e da cor; entre sua grande produção destacam-se *Ronda noturna, O samaritano, Lição de anatomia, Os síndicos dos tecelões*.

Renan, Ernest (1823-1892) – seminarista, passou a historiador da língua e da religião afastando-se da fé católica e tornando-se um humanista. Propunha uma ética muito elevada, baseada na fraternidade entre os homens, ao invés da religião revelada. Em *Recordações da infância e da juventude*, 1883, ele descreve o processo e as circunstâncias que o levaram a perder a fé.

Renoir, Auguste (1841-1919) – Foi um dos precursores e mestres do impressionismo. Pintou os célebres nus femininos e o *Moulin de la Gallette*.

Rey, Dr. Felix (1867-1932) – Médico que atendeu Vincent quando este foi internado no hospital de Arles após o incidente do corte da orelha. Durante a internação, em 1888, Van Gogh pintou o retrato do Dr. Rey, que nunca gostou da pintura, tendo utilizado a tela para tapar um buraco do galinheiro do hospital. Mais tarde foi descoberta por um pintor que acabou vendendo-a em seguida. Depois de muitas idas e vindas a tela acabou nas mãos do marchand Ambroise Vollard, que vendeu-a a um russo rico. Em 1917, com a Revolução Bolchevique, o quadro foi confiscado e colocado no Museu Pushkin, onde está até hoje.

Reynolds, Sir Joshua (1723-1792) – Fundador e primeiro presidente da Royal Academy of Arts da Inglaterra, foi um dos mais influentes pintores ingleses do século XVIII.

Richepin, Jean (1849-1926) – Poeta e dramaturgo francês.

Rivet, André Rivet (1572-1651) – Teólogo francês.

Rochussen, Charles (1814-1894) – Pintor holandês, de Rotterdam, conhecido pelas suas paisagens e aquarelas.

Rodin, Auguste (1840-1917) – Escultor realista e poderoso, de técnica perfeita e de inspiração apaixonada e expressionista. Um dos maiores escultores de todos os tempos, autor de *O pensador* e *O beijo*, entre outras obras-primas.

Roelofts, Georg (1853-1913) – Pintor holandês.

Roll, Alfred Philipe (1846-1919) – Pintor francês que pintou cenas históricas de vivo realismo.

Romain, Jules (1492-1546) – Pintor e arquiteto italiano de grande influência no classicismo de seu tempo. Um dos seus trabalhos mais conhecidos é *A sagrada família*, exposta no Louvre, em Paris.

Roulin, Joseph (1841-1903) – A família Roulin tornou-se célebre ao ter vários membros retratados por Van Gogh na « série família Roulin ». O mais famoso foi Joseph Roulin, amigo e protetor de Vincent durante sua tumultuada estadia em Arles, entre 1888 e 1889.

Rousseau, Theodore (1812-1867) – Um dos destacados membros da chamada escola de Barbizon (ver nota neste glossário). Paisagista emérito, pintou dezenas de vezes a floresta de Fontainebleau, e em seus quadros os céus tumultuados e expressivos têm grande importância na composição.

Rubens, Paulus Petrus (1577-1640) – Pintor flamengo nascido em Antuérpia, é considerado um dos grandes mestres da pintura em todos os tempos.

Ruysdaël, Jacob Isaac (1628-1682) – Pintor holandês considerado um grande paisagista, mestre nos jogos de luz e sombra e na suavidade das cenas que representava.

Saal, Georg Eduard Otto (1818-1870) – Um dos mais prolíficos pintores alemães do seu tempo.

Scheffer, Ary (1795-1858) – Pintor francês. Um dos primeiros representantes do romantismo. Suas telas têm um tom místico e romântico.

Schreyer, Georges (1828-1899) – Pintor e gravador alemão da escola romântica. Retratou o interior pastoril e possui várias cenas de camponeses repousando sob grandes montes de feno, cena que seria também retratada dezenas de vezes por Van Gogh.

Seurat, Georges Pierre (1859-1910) – Pintor francês, mestre impressionista e criador do "Pontilhismo".

Signac, Paul (1863-1935) – Pintor impressionista francês.

Sisley, Alfred (1839-1899) – Um dos mestres das paisagens impressionistas.

Souvester, Èmile (1806-1854) – Escritor francês. Tratou em seus romances da vida e dos costumes da gente simples da Bretanha. Escreveu, entre outros livros, *O filósofo sob os tetos* e *O mendigo de Saint-Sulpice*.

Steen, Jan (1626-1679) – Um dos grandes pintores holandeses do século XVII, com estilo típico da escola de Delft, ou seja, magnífico realismo, sutileza cênica e perfeccionismo nos detalhes importantes do quadro. É considerado o pintor holandês de grande humor em suas composições, tendo se retratado muito sutilmente em cenas coletivas. Pintou cenas íntimas e prosaicas, tais como uma mulher lavando os pés, coisa incomum na época. O Metropolitan Museum de Nova York é possuidor de um número representativo de seus quadros.

Stower, Beechter (1811-1896) – Escritor americano de formação puritana e extremamente influente, escreveu um livro sobre os escravos (*Uncle Tom's Cabin*...) de grande repercussão, que acabou influenciando na Guerra Civil americana.

Tanguy, Julien (1825-1894) – Foi um curioso e folclórico mercador de material de pintura (telas, pincéis, tintas etc.) e quadros. Por sua loja passaram todos os "mestres" da arte moderna, na época em que não dispunham de dinheiro para comprar a tinta e os pincéis. Pai Tanguy, como era conhecido, entendia e admirava profundamente a revolução que se armava na pintura. Embora pobre, era generoso com os pintores pobres de Montmartre. Participou da Comuna de Paris.

Tassaert, Nicolau Francisco Octávio (1800-1874) – Pintor francês.

Tasset, Guillaume (ou Guilhermo Carlos Tasset) (1843-1925) – Nascido no Peru, filho de pai francês. Foi pintor e fabricante de tintas associado com o pintor Lhote. Forneceu tintas para Vincent em Arles, depois que este se desentendeu com Pai Tanguy.

Tissot, James Jacques Joseph (1836-1902) – Pintor de grande prestígio na França e Inglaterra. Ilustrou a famosa revista *Vanity Fair* e pintou personagens mundanos das altas rodas londrinas e parisienses. No final da vida, voltou-se para a religiosidade e foi em peregrinação para Palestina. O resultado foram magníficas ilustrações da *Bíblia*.

Tolstói, Conde Leon Nikolaievitch (1828-1910) – Grande escritor russo idealista, escreveu alguns dos maiores clássicos da história da literatura universal, como *Anna Karenina*, *Guerra e paz* e *A morte de Ivan Ilitch*.

Toulouse-Lautrec, Henri Marie Raymond de (1864-1901) – Célebre pintor dos cabarés parisienses, um dos maiores nomes da arte moderna, pintou o retrato de Vincent van Gogh em Paris, na primavera de 1886, quando conheceram-se no estúdio de Cormon. Ambos os pintores influenciaram-se mutuamente.

Troyon, Constant (1810-1865) – Pintor francês.

Turgueniev, Ivan (1818-1883) – Escritor russo bastante influenciado pelo pensamento ocidental. Autor de *Pais e filhos* e *As águas primaveris*.

Turner, William (1775-1851) – Pintor inglês cujo estilo e técnica são considerados de grande influência para o surgimento da pintura impressionista.

Van Eyck, Hubert (1385-1426) e **Van Eyck, Jan** (1395-1441) – Irmãos, pintores flamengos, cuja autoria das obras se confunde e é objeto de debate até hoje. O que se sabe com certeza é que Jan van Heyk foi um dos mais influentes pintores do século XV.

Van Gogh, Cornelis Vincent (1867-1900) – Irmão mais novo de Vincent e Theo. Pretendia ir para a África do Sul tentar a sorte na mineração ou no comércio de diamantes. Suicidou-se aos 33 anos de idade.

Vautier, Benjamin (1829-1898) – Pintor clássico suíço.

Velásquez, Diego Rodrigues de Silva y (1599-1660) – Grande pintor espanhol nascido em Sevilha. Retratista poderoso, de traço e composição habilmente simplificada com colorido e relevo admiráveis. Velásquez é o artista mais importante da escola espanhola. Possui obra-primas célebres como *As Infantas, A forja de vulcano, A rendição de Breda,* os retratos de Felipe IV, Maria-Thereza e muitos outros mais.

Verboeckhoven, Eugène Joseph (1798-1881) – Pintor belga especialista em paisagens e animais. Seu irmão Carl Verboeckhoven foi também destacado pintor especializado em marinhas.

Verlat, Michel Marie Charles (1824-1890) – Pintor belga nascido na Antuérpia. Medalha de ouro na Exposição Universal de Paris em 1855 e um dos mais prestigiados pintores acadêmicos de seu tempo.

Vermeer, Johanes van (ou Vermeer de Delft) (1632-1675) – Holandês, nascido na cidade de Delft, onde nasceram alguns dos maiores pintores holandeses. Vermeer ultrapassou a história e virou lenda, tendo sido alvo de grande retrospectiva em Washington na virada para o século XXI. Sua produção conhecida, de menos de 40 quadros, é considerada um dos conjuntos mais importantes de pintura de toda a história da arte. Moderno no que se refere à abordagem da pintura como a materialização da ilusão do olhar, Vermeer foi precursor do uso de recursos óticos para desenhar e marcar suas telas. Ele utilizava a câmara escura para obter maior precisão no desenho. Em alguns de seus quadros ele chega a utilizar o recurso fotográfico do "desfocado".

Véronèse, Paolo Calliari (1528-1588) – Mestre italiano, autor de uma obra monumental em ornamentos, complexidade estética de composição, luz e sombra. Célebre pelo colorido e riqueza de detalhes dos seus quadros.

Victor Hugo (1802-1885) – Um dos maiores escritores franceses de todos os tempos, com incursões na política. Foi líder do influente Romantismo francês e autor dos clássicos *Os miseráveis, Nossa senhora de Paris, Os trabalhadores do mar,* entre outros romances, além de extensa obra poética.

Vignon, Claude (1593-1670) – Pintor, desenhista e gravador francês. Grande mestre, influenciado por Caravaggio, é autor de destacada obra religiosa. Mas ficou conhecido também pelo vigor quase violento de suas cenas pintadas e de suas gravuras, onde arrancava grande dramaticidade do claro-escuro.

Viollet-le-Duc, Eugène Emannuel (1815-1886) – Arquiteto, restaurador e teórico em arquitetura, especialista em Idade Média, responsável pela restauração de inúmeros palácios, prédios e monumentos franceses, entre eles, a igreja de Saint Germain-des--Prés e a catedral de Notre Dame de Paris.

Viaud, Julien (1850-1923) – Chamado Pierre Loti.

Vollard, Ambroise (1866-1939) – Célebre marchand de Paris. Vendeu quadros de praticamente todos aqueles que mais tarde seriam os pintores que mudaram a arte no século XX. Foi responsável pela edição de gravuras dos impressionistas, cubistas (como Picasso), além da impressão das cartas de Van Gogh, em 1911.

Wagner, Richard (1813-1883) – Grande compositor alemão, revolucionou a ópera. Autor de *Tristão e Isolda*, *Parsifal*, *Anel de Nibelungo*, entre outras obras célebres.

Waldorp, Antoine (1803-1866) – Artista holandês pupilo de Brechenheimer. Muitos trabalhos do mestre são atribuídos ao virtuoso pupilo. Pintou cenas domésticas, interiores de igrejas, mas adquiriu notoriedade ao pintar marinhas.

Watteau, Antoine (1736-1819) – Célebre pintor, gravador e aquarelista francês. Retratou como poucos cenas campestres e populares, sendo uma referência na história da pintura francesa.

Wauters, Emile (1846-1933) – Pintor belga.

Weber, Carl Emil Otto (1832-1888) – Pintor alemão.

Whistler, James Abott MacNeil (1834-1903) – Pintor e gravador americano, célebre por seu virtuosismo.

Ziem, Felix (1829-1911) – Pintor francês, mestre da luz, retratou a arquitetura de Veneza e do Oriente. Um dos seus quadros mais conhecidos é *Carmagnola decapitada em Veneza pelo crime de alta traição*.

Zola, Émile (1840-1902) – Célebre escritor francês, chefe da escola naturalista, autor de *Germinal*; como crítico de arte escreveu um ensaio sobre Édouard Manet e inúmeros artigos sobre Monet,

Manet e os pintores que surgiam no final do século XIX, fundando a escola impressionista. Em seu livro *O bom combate* ele destaca as qualidades dos pintores modernos e antevê o surgimento de uma "nova arte", voltada para o cotidiano, para as "cenas vivas", destinada a mostrar a "vida verdadeira".

Jo van Gogh-Bonger

Biografia de Vincent van Gogh por sua cunhada

Apresentação

Ivan Pinheiro Machado

Este livro reproduz o importantíssimo documento que se constituiu a *Biografia de Vincent van Gogh por sua cunhada*, de Johanna van Gogh-Bonger, escrito no começo do século XX e até então inédito no Brasil, quando foi publicado na Coleção L&PM POCKET em 2004. Na mesma edição que reproduzimos neste livro, foram publicadas as cartas de Theo para Vincent e de Vincent para seu amigo Émile Bernard. Portanto, neste livro o leitor dispõe dos documentos originais e fundamentais que revelam a saga, a vida, a enorme importância e o trágico destino dos irmãos Vincent e Theo van Gogh. Mais do que isso: o leitor tem em mãos documentos onde estão registrados fatos e personagens (Gauguin, Pissarro, Degas, Monet, Lautrec e muitos outros) que contribuíram com a definitiva revolução que mudou a cara da arte no final do século XIX.

Esta edição baseou-se na monumental obra *The Complete Letters of Van Gogh*, publicada pela Bulfinch Press, empresa pertencente ao grupo Little, Brown and Company. Vale dizer que a biografia de Van Gogh e as cartas dos irmãos Van Gogh foram traduzidas para o inglês pela própria Jo, como revela seu filho no texto a seguir.

Johanna van Gogh-Bonger   Theo van Gogh

Prefácio
Johanna van Gogh-Bonger, minha mãe

Vincent Willem van Gogh[1]

Johanna Gesina Bonger, a esposa de Theo, nasceu em Amsterdã, a 4 de outubro de 1862. Foi a quinta de uma família de sete irmãos. Seu pai era vendedor de apólices de seguro. Ele gostava muito de música, e minha mãe sempre recordava com saudade as apresentações de um quarteto de cordas que se reunia de noite em casa de seus pais.

Como era costumeiro nesses dias, os dois filhos mais velhos foram matriculados em uma escola técnica de Comércio e depois fizeram estágio como aprendizes em escritórios comerciais. Era considerado perfeitamente natural que as filhas mais velhas fossem treinadas nos afazeres domésticos, a fim de ajudar sua mãe nessas tarefas. Já as mais moças tiveram oportunidade de estudar mais. Minha mãe completou o curso de inglês, sua irmã mais moça foi matriculada no Conservatório de Música, enquanto seu

---

1. Vincent Willem van Gogh (1890-1978) – Filho de Theo van Gogh e Johanna van Gogh-Bonger. Carregando a enorme carga do nome do célebre tio, Vincent Willem entrou na Faculdade de Tecnologia de Delft, em 1907, e graduou-se engenheiro mecânico em 1914. Ao longo de sua vida, foi muitas vezes carinhosamente conhecido como "O Engenheiro". Após a morte de sua mãe, passou a ser o único herdeiro e guardião de toda a obra de Van Gogh. Embora não fosse um apaixonado pela pintura, dividiu sua vida entre o trabalho como engenheiro (trabalhou na profissão na França, Estados Unidos e Japão) e a proteção e cuidado com o legado Van Gogh. Casou-se com Josina Wibaut em 1915 e voltou para Amsterdã em 1920, onde criou uma empresa de consultoria tecnológica. Após a Segunda Guerra Mundial, lançou a semente para a criação de um museu exclusivamente para Van Gogh. Finalmente, em 1960, o "Engenheiro" conseguiu criar, apoiado pelo governo holandês, a Fundação Vincent van Gogh. Em 1973 ele doou todo o seu imenso acervo de pinturas, desenhos e cartas para o recém-criado Van Gogh Museum em Amsterdã. Teve dois casamentos e quatro filhos.

irmão mais moço, o caçula, estudava direito (W. A. Bonger, mais tarde professor de Sociologia e Criminologia na Universidade de Amsterdã).

O irmão favorito de mamãe era Andries (cujo apelido era Dries), que havia nascido logo antes dela. Em Paris, ele fez amizade com Theo van Gogh e também conheceu Vincent (veja as "Cartas", em que Vincent frequentemente o menciona sob o nome de André, à maneira francesa). Posteriormente, em Amsterdã, ele passou a vender apólices de seguros, como seu pai. Manteve íntima amizade com Odilon Redon, chegando a possuir uma grande coleção dos trabalhos deste artista. Também adquiriu vários quadros de Vincent, Cézanne e Émile Bernard (a quem conhecia bastante bem).

Na casa ao lado da que pertencia à família Bonger, na avenida Weteringschans, morava a família Weissman. Minha avó era uma das irmãs do Sr. Weissman, o pai da família; deste modo, os filhos das duas famílias se criaram juntos. Um dos primos era A. W. Weissman, arquiteto do Museu Municipal de Amsterdã (o Stedelijk Museum), tendo escrito livros especializados sobre a arquitetura do século XVII e de épocas posteriores. Suas *Reminiscências* foram publicadas no Anuário nº XLII (42) da Genootschap Amstelodamum (Sociedade Amsterdanense) de 1948. Nesse trabalho, entre outras coisas, ele apresentava uma descrição da avenida Weteringschans na época de sua juventude.

Johanna Bonger foi uma criança alegre e cheia de vida. Ela estudou inglês e passou nos exames com as classificações A e B, respectivamente em Filologia (basicamente Sintaxe, Etimologia e Linguística) e Literatura, o que correspondia a diplomas universitários nessa época. Em conexão com tais estudos, ela permaneceu alguns meses em Londres, onde trabalhou na biblioteca do Museu Britânico. Para seu exame de Literatura, era requerido que realizasse um estudo em profundidade de um autor em particular; ela escolheu o poeta Shelley.[2] Como tantos jovens da época, ela tinha grande admiração por Multatuli (pseudônimo de Eduard Douwes Dekker [1820-1887], um autor holandês considerado um dos pioneiros do pensamento moderno), cujas obras a influenciaram bastante.

---

2. Percy Bysshe Shelley, 1792-1822, poeta romântico inglês. (N.T.)

A partir dos dezessete anos, ela escreveu um diário, no qual descrevia seus sentimentos e experiências com grande franqueza, expressando-se de forma muito clara.

Aos vinte e dois anos, ela começou a lecionar Inglês em um internato feminino, localizado em Elburg; mais tarde, transferiu-se para o Colégio Feminino de Utrecht.

Em 1889, ela se casou com Theo van Gogh, amigo de seu irmão Andries, que também estava morando em Paris.

Em 1891, após um ano e meio de felicidade, Johanna retornou para a Holanda com seu filhinho, alguns móveis e grande número de quadros que, na época, eram considerados completamente sem valor. Um inventário destes quadros, nos quais podem ser incluídas obras de Monticelli, Gauguin e Van Gogh, realizado por uma personalidade muito conhecida na época, menciona duzentos quadros de Vincent van Gogh, no valor de dois mil guilders. Com frequência recebeu o conselho de "livrar-se" desses quadros, mas nunca o tomou em consideração.

Minha mãe não queria retornar para a casa de seus pais, onde ainda moravam algumas de suas irmãs. Na primavera de 1891, ela mudou-se para Bussum, na época ainda uma pequena aldeia tranquila, localizada a 15 milhas de Amsterdã. Aí também morava uma amiga de seus tempos de escola, a Sra. Veth-Dirks, viúva de um pintor.

Seu diário, no qual não havia escrito durante seu casamento curto e feliz, começa novamente em 1891 com as palavras: *"Tout n'est que rêve!"* (Tudo é somente um sonho!).

A fim de transmitir uma impressão da vida e dos pensamentos de minha mãe nesse anos, incluo a seguir alguns fragmentos desse diário:

15 de novembro de 1891

Para dar (ao nenê) ar fresco e saudável, eu fui morar em Bussum – a fim de ganhar dinheiro para manter a nós dois, eu estou recebendo pensionistas –; agora devo tomar cuidado para não me deixar degradar ao nível de uma criada doméstica, com todas estas preocupações e tarefas que tenho de executar em casa; ao contrário, devo manter vivo meu espírito. Theo me ensinou muitas coisas a respeito da arte; não, é melhor que eu diga logo – ele me ensinou muitas coisas sobre a própria vida.

Além de cuidar da criança, ele me deixou outra tarefa, a de zelar pela obra de Vincent – torná-la pública e fazer com que seja apreciada tanto quanto me for possível. Todos os tesouros que Theo e Vincent coletaram – a fim de preservá-los inviolados para a criança –, esta também é minha tarefa. Não é como se não tivesse um objetivo na vida, porém me sinto solitária e abandonada.

18 de novembro

Hoje, pela primeira vez, senti-me capaz de trabalhar de novo. Durante o primeiro semestre que passei aqui, tive de fazer um esforço tão grande somente para aprender as tarefas domésticas mais simples que não me sobrava tempo para pensar em nada mais.

De vez em quando, consigo ler alguma coisa – mas somente um romance comum ou um jornal. A "máquina doméstica" está agora em pleno funcionamento e, embora me conserve ocupada o dia inteiro, já não ocupa mais a totalidade de meus pensamentos e, pelo menos à noite, posso trabalhar de novo...

24 de fevereiro de 1892

Esta tarde, estiveram aqui dois pintores – Verkade e Serrurier.[3] *Foi uma delícia poder falar francês novamente. Eles acharam lindos os trabalhos de Vincent; para mim foi uma reação tão incomum – escutar todas aquelas exclamações de admiração. As pessoas na Holanda não são generosas no que se refere à apreciação da obra de Vincent. Hoje eu me lembrei daqueles dias lindos em Paris...*

Amanhã à noite será realizada na Arti [a associação dos artistas de Amsterdã, com suas próprias salas de exibição] *uma exposição dos desenhos de Vincent – tenho grandes expectativas a*

---

3. Jan Verkade, 1868-1946, pintor pós-impressionista holandês; Gustave Serrurier-Bovy, 1858-1910, arquiteto e decorador belga, introdutor do movimento Art Nouveau na Holanda, criador do estilo de mobiliário chamado Serrurier. (N.T.)

respeito dela, um sentimento de triunfo indescritível, quando eu imagino que chegou finalmente o momento do reconhecimento, com as pessoas achando o trabalho dele lindo. Tenho que ir lá, que mais não seja para escutar o que as pessoas vão dizer, que atitudes assumirão – aquela mesma gente que costumava rir de Vincent e divertir-se às custas dele.

Estive ocupada o tempo todo com os quadros durante os meses de janeiro e fevereiro. Depois de uma correspondência interminável com Isaäcson e de uma visita de Toorop (pintor holandês, 1858-1928) existem agora finalmente dez óleos com Buffa em Amsterdã e vinte com Oldenzeel em Rotterdam.[4] Em dezembro, houve uma exposição no Pulchri[5] e agora, quinta-feira, 25 de fevereiro, vai haver a exposição da Arti.

Foi uma linda noite – todas as pessoas que eu queria vieram assistir – Breitner, Israëls, Witsen, Jan Veth, Jan Stricker e Kee Vos,[6] Martha van Eeden. Estava superlotado. As pessoas gostaram das pinturas. Agora eu vou começar a escrever cartas a sério e com muita insistência... Acabei de atualizar o meu diário, e vou agora mantê-lo fielmente em dia. Mais tarde, o menino deve ser capaz de julgar a vida de sua mãe, o que ela pensava, sentia e queria. Seu diário e as cartas de seu pai e de seu tio –, com estes ele poderá reconstruir suas vidas como o foram no passado.

3 de março

Esta manhã eu estive na galeria de Wisselingh em Amsterdã – e gostei muito. É como aquelas pecinhas apertadas em que Theo morava no boulevard Montmartre – um pouco menos elegantes, no seu aspecto, quero dizer –, mas cheias de coisas esplêndidas. Um pequeno Corot[7], mostrando um moinho no alto de uma colina verdejante; um Monticelli encantador, com árvores em botão; um esplêndido

---

4. Buffa e Oldenzeel, negociantes de arte. (N.A.).
5. "Pulchri" era a associação dos artistas de Haia, com suas próprias salas de exposição (como a Arti, de Amsterdã). (N.A.)
6. Willem Amoldus Witsen, 1860-1923, pintor holandês. (N.T.)
7. Jean-Baptiste Corot, 1796-1875. (N.T.)

Neuhuys[8], retratando uma criança no berço; uma natureza-morta de Vollon, fria, mas cheia de distinção; um Michel – magnífico –, um Breitner sombrio e fantástico – há muito tempo que não via tanto esplendor reunido em um único lugar. Eu tinha levado comigo um pequeno quadro de Vincent – mas um que era muito, muito bonito – e mostrei-o a eles, e agora eles querem receber alguns outros quadros em consignação. Que triunfo! Fiquei tão contente – fiquei feliz o dia inteiro. Esta tarde, quando voltei de trem para Bussum com a criança no colo, o céu estava tão deliciosamente lindo... – cada vez que o sol dourado pulava de trás das nuvens brancas e vaporosas – era como se fosse o rosto de Theo regozijando-se ao ver que o trabalho de seu irmão estava sendo reconhecido! Esta noite, chegou uma carta de Toorop, informando-me que a exposição em Haia será realizada muito em breve – bem no meio deste mês –; que tempestade de emoções irá provocar desta vez! Temos de reunir toda a nossa coragem para enfrentá-la e permanecermos resolutos frente aos inimigos, porque vão haver tantos reunidos lá!...

6 de março

Nestes últimos dias passei cada hora de folga absorvida nas cartas. Eu já adiei demais, mas de agora em diante, vou assumir este dever como uma de minhas tarefas regulares – pretendo trabalhar constantemente nelas até terminar todas. Não com a paixão dos primeiros dias – porque então eu me ocupava com elas até as altas horas da noite –, uma extravagância que não posso mais permitir a mim mesma. Meu principal dever é o de manter-me saudável e cheia de energia para poder cuidar da criança. Mas, em meus pensamentos, eu continuo vivendo o tempo todo com Theo e Vincent – ai! como era infinitamente delicada, terna e amável a qualidade desse relacionamento. O amor que eles sentiam um pelo outro, a maneira como eles compreendiam um ao outro e, ai!, como era comovente a dependência de Vincent em certas ocasiões – Theo nunca lhe permitia sentir-se assim, porém, às vezes, ele mesmo entendia a situação de sua dependência e, nessas ocasiões, suas cartas eram tão tristes... Muitas vezes eu chorei ao lê-las.

---

8. Johannes Albert Neuhuys, 1844-1914, pintor holandês. (N.T.)

Meu querido – meu amado – meu Theo –, em cada palavra, em cada entrelinha, estou pensando em você, em como você me tornou parte de si mesmo durante aquele curto tempo em que permanecemos juntos – é como se eu ainda estivesse vivendo com você, como se permanecesse a seu lado. Espero que seu espírito continue a me inspirar, de tal modo que tudo transcorra bem para o nosso garotinho.
Quem irá escrever esse livro sobre Vincent?

20 de março

Alguns dos quadros de Vincent estão agora em exposição na galeria de Oldenzeel em Rotterdam. No Nieuwe Rotterdamse Courant[9] *apareceram dois artigos escritos por Johan de Meester,[10] além de uma crítica muito entusiasmada em outro jornal. Isso produziu em mim uma sensação inexprimível, porque, dessa maneira, ele está se tornando cada vez mais conhecido. Na quarta-feira, eu fui a Leiden com o jovem Vincent. Lá celebramos muito agradavelmente o aniversário de Wil[11] e, no dia seguinte, eu fui a Rotterdam conversar com o próprio Oldenzeel e ver como iam as coisas. Ele mora em uma casa magnífica, é quase um palácio de mármore e, em um dos corredores, lá estavam expostos os desenhos – esplêndidos! Já os quadros não estavam tão bem apresentados; ao redor de alguns dos óleos ele tinha colocado molduras que os deixavam feios; porém, no outono, ele pretende fazer uma outra exposição e, então, tudo poderá ser magnífico...*

25 de março

Recebi uma carta de Toorop, em que ele me dizia que estava preparando a exposição de Vincent – pelo menos essa é uma outra carga que vai sair de meus ombros. Os quadros já foram enviados, o navio já partiu para o mar!...

---

9. Jornal holandês, O Novo Correio de Rotterdam. (N.T.)
10. Johan de Meester, 1860-1931, pintor e crítico de arte holandês. (N.T.)
11. Willemina Jacoba, 1862-1941, a irmã mais nova de Vincent. (N.T.)

27 de março

Foi um domingo chuvoso, travei conhecimento com Gavarni[12] através do livro de De Goncourt; gosto tanto de comparar as vidas de outros artistas com a de Vincent... Gavarni também, frequentemente, (viveu em) pobreza e privação. Também forjou o próprio talento com dificuldade e através de seu próprio esforço. Foi outro que não nasceu com o dom.

Eu só li o livro meio por cima, mas depois vou estudá-lo cuidadosamente e, mais tarde, vou estudar com toda a calma as litografias que possuo...

Hoje chegou uma carta da Pulchri; a exposição será inaugurada dia 6 de maio, nas galerias novas. Portanto, esse assunto já está resolvido.

31 de março

Um dia lindo e ensolarado. Um melro está cantando alegremente na árvore que fica em frente a nossa casa. Como tudo isso me parece novo outra vez! – estes pássaros, flores e plantas. Só agora me dou conta que fui educada em uma casa na cidade e que nunca estive no campo quando era criança...

7 de abril

Já faz alguns dias que a Sra. Van Gogh está parando comigo...

Durante as tardes, nós nos sentamos juntas na varanda envidraçada, com todo o conforto, e conversamos a respeito de todo tipo de coisa, assuntos de família, todas as lembranças do passado, esses assuntos que me agradam tanto. Eu preciso ficar sabendo tudo quanto for possível a respeito de Vincent, porque pretendo deixar tudo por escrito.

---

12. Sulpice-Guillaume, Chevalier Gavarni, chamado Paul Gavarni, 1804-1866, pintor francês.

13 de maio

Domingo que vem será inaugurada a exposição de Vincent em Haia. O que nos trará esse dia? Satisfação ou desapontamento? Há quanto tempo eu venho esperando por ela; finalmente se tornará realidade...

18 de maio

A abertura da exposição foi no dia 16 de maio. Não foi uma coisa linda. Não tomaram o cuidado suficiente com a apresentação dos quadros; havia espaço e luz suficientes para se verem os quadros e nada mais que isso. Muita gente veio de tarde. Acima de tudo, fiquei satisfeita por encontrar o velho Israëls.[13] Ele achou que alguns dos quadros eram muito bons, mas afirmou que havia fronteiras intransponíveis entre o que podia ser pintado e o que não podia; e que Vincent, com muita frequência, tinha querido pintar o impossível, por exemplo, o sol.

Mas quando ele tinha escolhido motivos que se achavam a seu alcance, ele tinha produzido muita beleza... Toorop foi encantador, como sempre, bondoso, simples, simpático...

21 de junho

No próximo domingo vai ser inaugurada a Exposição Escolhida. Espero poder ir assistir, juntamente com Will...

26 de junho

Abertura da Exposição Escolhida. Ai, quantas coisas lindas eu vi! A Jovem Noiva, um óleo de Thijs Maris é tão frágil e terna quanto nossa felicidade. E aquele grande óleo de Israëls, Sozinho no Mundo, como é melancólico e triste... Eu senti muita pena que não escolheram dois quadros mais bonitos de Vincent. Estou começando a traçar meus planos para uma exposição na Arti, desta vez com a obra completa de Vincent. Mais cedo ou mais tarde isso terá de ser feito.

---

13. Jozef Israëls, 1824-1911, famoso pintor da Escola de Haia. (N.A.)

Como me senti sozinha no meio de toda aquela multidão. Dentre todos eles, o mais gentil foi Derkinderen[14]; suas saudações cordiais ainda permanecem em minha lembrança.

Toorop estava presente, Breitner, Van Eeden, Jolles,[15] mas, para mim, todos eles são apenas conhecidos casuais...

26 de setembro

Meu coração está alegre porque uma exposição dos trabalhos de Vincent será realizada na galeria Panorama no próximo dezembro. Eu mesma falei com Van Kesteren,[16] e Jan Veth[17] e Holst[18] vão organizá-la; novamente tenho uma expectativa para o futuro...

Ontem foi um dia bastante estranho. Primeiro, eu dei um passeio a pé durante a tarde, com mamãe e a criança, ao longo da estrada de Graveland. Era um dia de outono deliciosamente tranquilo. Depois do jantar, eu fui com eles a Amsterdã para assistir Bep[19] cantar no "Ons Huis"[20]. Foi uma visão bastante agradável; o salão não estava cheio de damas e cavalheiros vestidos com toda a elegância, porém apinhado de pessoas (comuns), com suas roupas usadas e seus rostos cansados e marcados pelo tempo, as quais, finalmente, tinham a oportunidade de passar uma noite de divertimento e recreação. Eu fiquei sentada, observando todo o tempo as expressões de suas faces durante a execução das diversas peças. A Sonata de Grieg[21] os deixou

---

14. Derkinderen, 1859-1925, pintor e mais tarde diretor da Academia de Amsterdã. (N.A.)

15. Van Eeden, 1860-1832, poeta, novelista e, mais tarde, iniciador de um movimento de reforma. Breitner é um pintor bem conhecido, professor em Haia. Jolles é um ensaísta e cronista. (N.A.)

16. O gerente da galeria Panorama. (N.A.)

17. Jan Veth, 1864-1925, famoso pintor e escritor, um dos amigos de minha mãe. (N.A.)

18. Roland Holst, 1869-1938, artista gráfico, mais tarde diretor da Academia de Amsterdã. (N.A.)

19. A irmã mais moça de minha mãe, Elisabeth. (N.A.)

20. O salão de concertos de uma associação de ensino profissional, localizado em um bairro operário da cidade. (N.A.)

21. Edvard Hagerup Grieg, 1843-1907, compositor norueguês. (N.T.)

indiferentes; ninguém entendeu sequer uma nota da composição. Mas as canções interpretadas por Bep foram muito apreciadas e, durante as passagens mais melancólicas, eles ficaram muito sentimentais, seus olhos banhados em lágrimas. Eles também acharam lindas as declamações: interpretaram os poemas intitulados O Cego, *de Van Beers,[22]* Eles Eram Oito *e* A Menina que Fazia Tricô. *Foi uma linda noite. E a vista da cidade à noite a partir da estação da estrada de ferro era bela e encantadora.*

... Amanhã, eu vou começar a fazer umas traduções. Tenho de ganhar mais um pouco...

A partir daí, durante muitos anos, minha mãe traduziu contos do francês e do inglês (para o holandês), a fim de serem publicados em forma de novela, um trecho por dia, em De Kroniek (A Crônica), um semanário editado por P. L. Tak, em que tinham expressão tanto a literatura moderna como a vida política. Durante os primeiros anos, a editora era a firma de C. M. van Gogh, a companhia do tio de Vincent (veja as "Cartas"); a cada semana imprimia gravuras de Marius Bauer[23] e uma série de litografias, Contemporâneos Bem Conhecidos, organizada por Jan Veth. Com relação à correspondência de Vincent, ela escreveu nessa ocasião a um de seus amigos:

"*As cartas ocuparam um lugar muito importante em minha vida, desde o começo da doença de Theo. Na primeira noite solitária que eu passei em nossa casa, depois de retornar, eu peguei o maço de cartas. Sabia que nelas eu o encontraria de novo. Noite após noite, foram a minha consolação, depois daqueles dias horríveis.*

Eu não estava procurando Vincent, mas Theo. Bebia cada palavra, absorvia cada detalhe. Não lia as cartas apenas com meu coração, mas com minha alma inteira. E assim permaneceu desde então. Eu li a correspondência e reli muitas vezes, até que a figura de Vincent se delineou claramente diante de mim. Imagine, mesmo por um só momento, a experiência por que passei, quando voltei à Holanda –

---

22. Jan van Beers, 1852-1927, pintor belga. (N.T.)
23. Marius Bauer, 1864-1932, pintor, mais conhecido por suas águas-fortes com motivos orientais. (N.A.)

perceber a nobreza e a grandiosidade da vida solitária daquele artista. Imagine meu desapontamento perante a indiferença demonstrada pelas pessoas, tanto no que se referia a Vincent, como a seu trabalho... Algumas vezes, isso me deixava muito triste. Relembro como, ano passado, no dia da morte de Vincent, eu saí para a rua tarde da noite. O vento soprava, chovia, estava escuro como breu. Através das janelas de todas as casas, eu via luzes e pessoas reunidas ao redor das mesas. Senti-me tão abandonada que, pela primeira vez, compreendi o que Vincent deve ter sentido nessas ocasiões, quando todos lhe davam as costas, quando ele se sentia como "...se não houvesse lugar para ele sobre a Terra..." Gostaria de poder transmitir-lhe a influência que Vincent teve sobre minha vida. Foi ele que me ajudou a acomodar minha vida de tal forma que posso agora sentir-me em paz comigo mesma. Serenidade – essa era a palavra favorita dos dois (irmãos), aquela qualidade que eles consideravam como sendo a mais elevada. Serenidade – pois eu a encontrei. Desde aquele inverno em que fiquei sozinha, não me senti mais infeliz – "cheio de tristeza, mas sempre me regozijando..." – essa é uma de suas expressões, que agora consigo entender."

Nossa casa em Bussum, chamada *Villa Helma*, era muito grande e frequentemente ficava cheia de gente. Muitas das amizades mais duradouras de mamãe datam daquela época. No decorrer dos anos, diversas pessoas que exerceram um certo papel na vida artística ou intelectual se hospedaram em nossa casa durante alguns dias. Nossa sala de estar não era grande, mas era muito confortável (nas casas holandesas, a sala de visitas e a sala de jantar costumam ser a mesma). Sobre a lareira, estava pendurado o quadro *Os Comedores de Batatas;* do lado oposto, acima do guarda-louça, *A Colheita;* por cima da porta de entrada, estava o *Boulevard de Clichy*. Em cima do piano, tinham sido pendurados quatro pequenos quadros de Monticelli; ao lado do guarda-louça, os autorretratos de Guillaumin e de Bernard e, junto à lareira, o *Vaso de Flores,* de Vincent (o vaso roxo). A partir da ponta do quebra-luz de porcelana branca que protegia a lâmpada de parafina, colocado sobre a mesa, tinham sido colocadas na parede algumas gravuras japonesas. Em outra sala, havia o grande quadro de Gauguin (de Martinica), colocado sobre o sofá de Theo, que era recoberto por uma tapeçaria oriental; naquela época, o costume era esse; hoje, seria considerado um sacrilégio (sentar sobre a tapeçaria). No corredor do térreo, encontravam-se os desenhos de Vincent mostrando o pátio do hospital de Arles e a fonte de St.-Rémy. No quarto, estavam os três *Pomares em Flor*, os *Botões de Amendoeira*, a *Pietà*, um pastiche do quadro de Delacroix e *A Vigília*, um estudo copiado do quadro de Millet. Ao redor da casa, havia um jardim cheio de árvores.

Embora Mamãe estivesse sempre ocupada com os afazeres domésticos, ela me dava bastante atenção; ela reservava as tardes para mim.

Vinham pessoas, de tempos em tempos, só para ver os quadros. As exposições, que cada vez se tornavam mais numerosas, davam muito trabalho a Mamãe. As embalagens, algumas vezes incluindo a armação de caixotes para o transporte, foram feitas em nossa casa, durante muitos anos, resultando em muita poeira, muito barulho e muita sujeira que tinha de ser limpa depois.

Por sorte, havia um carpinteiro na aldeia, chamado Verkouteren (depois sucedido por "Janus"), que tinha aprendido com um pintor a técnica de embalar quadros. Lembro-me muito bem das frequentes expedições em que acompanhei Mamãe até o depósito da estação ferroviária, a fim de expedir ou receber engradados e caixas cheias de quadros.

Mamãe formava suas opiniões de forma bastante independente; desse modo, suas ideias, de vez em quando, eram bem diferentes das do resto da família. Ela ingressou no Partido Socialista, na época fundado há bem pouco tempo, entrando em contato, assim, com outro tipo de pessoas. Todavia, ela não chegou a participar da vida política, mas sempre se devotou a seu filho, seu segundo marido e coisas semelhantes.

Em 1901, ela casou com Johan Cohen Gosschalk, pintor e autor de crônicas e livros sobre arte, que era bem mais moço do que ela. Então nos mudamos para uma casa que tinha sido construída por Willem Bauer, irmão do pintor Marius Bauer.

Ele era muito inteligente e dotado de grande sensibilidade artística, porém tinha péssima saúde. Após sua morte, Mamãe afirmou que, através dele, tinha aprendido a ver muitas coisas com maior claridade e pureza.

Em 1903, fomos viver em Amsterdã. Os mesmos arranjos para o transporte dos quadros foram repetidos. Durante vinte e três anos, Mamãe morou no mesmo apartamento, no número dois da rua Brachthuijzer, esquina com a Koninginneweg.

Durante o verão de 1905, houve uma grande exposição da obra de Vincent no Stedelijk Museum (Museu Municipal) de Amsterdã; Mamãe alugou as galerias necessárias para esse propósito. Vieram dois mil visitantes, em um período de dois meses.

Nessa época, o Rijksmuseum de Amsterdã recusou uma oferta de empréstimo de quadros de Vincent; somente se dispuseram a expor dois desenhos, desde que fossem oferecidos como doação. Porém, em outros países, foram realizadas mais exposições, entre outras, várias foram organizadas na galeria Cassiret, em Berlim. O Folkwangsmuseum (Museu de Retratos do Povo) de Hagen, na Vestfália (Alemanha), foi o primeiro a incluir quadros de Vincent em suas coleções. Por volta de 1936, esses quadros foram vendidos em Amsterdã. Em 1910, os quadros de Vincent foram mostrados pela primeira vez em Londres, na Exposição Pós-Impressionista, ocasião em que muitas pessoas ainda riram deles. Hoje, os *Girassóis* e *A Cadeira* se encontram na Galeria Tate.[24]

Ao longo dos anos, Mamãe se esforçou permanentemente para colocar as cartas de Vincent em ordem cronológica, porque muitas delas não tinham data. A sequência somente pôde ser estabelecida através de fatos ou referências. No começo, ela copiava as cartas a mão. Mais tarde, elas passaram a ser datilografadas. Ela mesma corrigia as provas, carta por carta.

O primeiro volume da edição holandesa foi publicado na primavera de 1914. Em 1915, ela se mudou para Nova York, onde começou a traduzir as cartas de Vincent para o inglês. Quando faleceu, dia 2 de setembro de 1925, tinha chegado até a carta nº 526. Ela havia retornado para a Holanda em 1919. Ainda durante sua vida, foi necessária uma segunda edição da versão holandesa, o que significava um grande sucesso para um país tão pequeno; ela se alegrou muito com a notícia.

---

24. Famosa galeria londrina, fundada no ano de 1897. (N.T.)

Mamãe costumava ler muito; mais tarde, desenvolveu grande interesse por biografias. Os jovens gostavam muito dela e sua companhia era sempre muito interessante e instrutiva.

Em seu funeral, os diretores da Wereldbibliotheek (Biblioteca Mundial), que haviam publicado a edição das cartas em holandês, enviaram-lhe uma coroa com a inscrição: *Fidelidade, Devoção, Amor.*

Jo van Gogh provavelmente em 1889.

Nota de Jo van Gogh-Bonger

"*Seria realmente um livro notável se fosse possível ver em quantas coisas ele (Vincent) pensou, e como ele sempre permaneceu fiel a si mesmo.*"

Carta de Theo à sua mãe, 8 de setembro de 1890[1]

Quando me tornei a jovem esposa de Theo e entrei, no mês de abril de 1889, em nosso apartamento na *Cité Pigalle*, em Paris, encontrei, na parte inferior de uma pequena escrivaninha, uma gaveta cheia de cartas escritas por Vincent e, semana após semana, vi aumentarem de número os envelopes amarelos, sobrescritados com sua letra característica, que logo se tornaram bastante familiares para mim.

Após a morte de Vincent, Theo discutiu comigo o projeto de publicar estas cartas, mas a morte logo o levou também, antes que ele pudesse começar a execução de seu plano.

Passaram-se quase vinte e quatro anos desde a morte de Theo, antes que eu pudesse completar a publicação.

Foi necessário muito tempo para decifrar as cartas e colocá-las em ordem; isso foi ainda mais difícil porque, com frequência, não estavam datadas, sendo necessário pensar muito cuidadosamente antes de conseguir classificar estas cartas em seus devidos lugares.

Houve outra razão, entretanto, que me impediu de torná-las públicas antes. Teria sido uma injustiça feita a Vincent criar interesse em sua personalidade antes que o trabalho a que dedicou sua vida fosse reconhecido e apreciado como o merecia.

Muitos anos se passaram antes que Vincent fosse reconhecido

---

1. Escrita cerca de seis semanas após o suicídio de Vincent (29 de julho de 1890) e quatro meses antes do falecimento do próprio Theo, que morre de paralisia a 21 de janeiro de 1891. Veja a cronologia a partir da página 593. (N.T.)

como um grande pintor. Agora, já é tempo de sua personalidade ser conhecida e compreendida.

Espero que estas cartas sejam lidas com consideração.

Amsterdã, janeiro de 1914.

Biografia de Vincent van Gogh

O nome da família Van Gogh provavelmente é derivado da cidadezinha de Gogh, localizada na fronteira da Alemanha com a Holanda, porém, no século XVI, os Van Gogh já se achavam estabelecidos definitivamente na Holanda. De acordo com os *Annales Généalogiques*, de Arnold Buchelius, um Jacob van Gogh morava nessa época em Utrecht, "na [rua da] Coruja, atrás da Prefeitura". Jan, filho de Jacob, que morava "na [rua da] Bíblia, abaixo do Mercado do Linho", vendia livros e vinho e era também capitão da Guarda Civil. Seu brasão de armas era uma barra com três rosas, que permanece até hoje como as armas da família Van Gogh.

No século XVII, encontramos muitos Van Gogh ocupando altas funções na administração pública holandesa. Johannes van Gogh, magistrado de Zutphen, foi nomeado Tesoureiro Principal da União em 1628; Michel van Gogh – originalmente Cônsul-Geral para o Brasil e mais tarde Tesoureiro da província de Zelândia – foi membro da "Embaixada" que foi homenagear e comunicar o reconhecimento e apoio da Holanda ao rei Charles II da Inglaterra, quando este subiu ao trono em 1660. Mais ou menos no mesmo período, Cornelius van Gogh tornou-se um clérigo "Remonstrante" em Boskoop. Seu filho Matthias começou a trabalhar como médico em Gouda e mais tarde tornou-se ministro protestante em Moordrecht.

No começo do século XVIII, a posição social da família decaiu. David van Gogh, que se estabeleceu em Haia, era um fabricante de fios de ouro; seu filho mais velho, Jan, seguiu a mesma profissão e casou-se com Maria Stalvius; ambos pertenciam à Igreja Protestante Valã. O segundo filho de David, Vincent (1729-1802) era escultor profissional e, segundo consta, viveu em Paris na mocidade; em 1749, ele foi um dos Cent Suisses. Através dele, a prática da arte parece ter entrado na família, juntamente com a fortuna; ele morreu solteiro e deixou uma certa soma em dinheiro para seu sobrinho Johannes (1753-1840), filho de seu irmão Jan.

Johannes, como seu pai, foi fabricante de fios de ouro, e mais tarde foi nomeado "professor de Bíblia" e assumiu também funções administrativas na Klosterkerk (Igreja do Claustro) em Haia. Casou-se com Johanna van de Vin, natural de Malines, e seu filho Vincent (1789-1874), graças ao legado de seu tio-avô Vincent, conseguiu cursar a Faculdade de Teologia, na Universidade de Leijden [Leyden ou Leiden]. Este Vincent, o avô do pintor, era um homem de grande inteligência e com um extraordinariamente forte senso de dever. Na escola de Latim, ele se distinguiu e recebeu todo tipo de prêmios e honrarias. *"O diligente e estudioso jovem, Vincent van Gogh merece ser indicado como exemplo para seus colegas e companheiros, tanto por seu bom comportamento, como por seu zelo persistente"*, declarou o Reitor da Universidade, o Sr. De Booy, em 1805. Completou seus estudos na Universidade de Leijden com pleno sucesso e formou-se em 1811 aos vinte e dois anos de idade. Tinha muitos amigos e seu *album amicorum* preserva sua memória em versos gregos e latinos. Um pequeno ramalhete de violetas e miosótis bordado em fios de seda, assinado E. H. Vrydag, 1810 – foi executado pela jovem que se tornou sua esposa assim que ele garantiu sua subsistência, ao ser nomeado pastor da Paróquia de Benschop. Eles viveram felizes por longo tempo; primeiro na casa paroquial de Benschop, depois em Ochten e, a partir de 1821, em Breda, onde sua esposa morreu em 1875 e onde ele permaneceu até sua morte, como um homem altamente respeitado e estimado.

Eles tiveram doze filhos, dos quais um morreu na infância. Havia um sentimento cálido e cordial na família e, por mais distante que os filhos se tenham apartado em suas viagens pelo mundo, sempre permaneceram em contato constante e procuravam compartilhar da sorte ou do infortúnio uns dos outros. Duas das filhas se casaram com oficiais do exército em altas posições, os generais Pompe e Graeuwen; as outras três ficaram solteiras.

Todos os seis filhos chegaram a ocupar posições destacadas na sociedade. Johannes seguiu a carreira marítima e atingiu o posto mais elevado da Marinha holandesa, o de Vice-Almirante; seu sobrinho Vincent morou em sua casa durante alguns meses, no ano de 1877, enquanto ele era comandante dos Estaleiros Navais em Amsterdã. Três de seus filhos se tornaram comerciantes de arte. O mais velho, Hendrik Vincent – o "Tio Hein", como era referido nas cartas que seus familiares escreviam uns aos outros – primeiro abriu uma casa comercial em Rotterdam, estabelecendo-se depois em Bruxelas. Cornelis Marinus tornou-se proprietário da firma "C. M. van Gogh", bastante conhecida em Amsterdã (frequentemente seus sobrinhos se referiam a ele somente pelas iniciais, "C. M."). O terceiro, que teve a maior influência sobre as vidas de seus sobrinhos, Vincent e Theo (Theodore), chamava-se também Vincent.

Em sua juventude, sofrera de constante má saúde e não pudera cursar a universidade, o que causou profunda tristeza em seu pai, que tinha colocado nele suas maiores expectativas. Ele abriu uma pequena papelaria em Haia, onde começou vendendo tintas e materiais para desenho; em pouco tempo expandiu-a até atingir as dimensões de uma galeria de arte importante, conhecida em toda a Europa. Era um homem extraordinariamente bem-dotado, espirituoso e inteligente, exercendo grande influência sobre o mundo artístico de seu tempo. A Casa Goupil de Paris ofereceu-lhe sociedade, e a firma, na verdade, só alcançou o seu maior renome depois que Van Gogh aceitou o convite. Ele estabeleceu-se em Paris, e o Sr. Tersteeg assumiu o cargo de gerente em Haia, e foi nessa filial que tanto Vincent como Theo receberam seu primeiro treinamento no comércio de arte. Goupil foi "a casa" que exerceu uma influência fundamental sobre os irmãos e na qual Theo trabalhou por toda a sua vida e fez uma carreira muito bem sucedida. Vincent trabalhou na Casa Goupil por seis anos; apesar de tudo, seu coração estava preso a ela, porque, em sua juventude, tinha sido *"a mais bela, a melhor e a maior do mundo"*. (Carta 332 a Theo)

Somente um dos seis filhos do pároco Van Gogh seguiu a vocação de seu pai. Theodore (8 de fevereiro de 1822 – 26 de março de 1885) estudou teologia em Utrecht, formou-se e, em 1849, assumiu a paróquia de Groote-Zundert, uma pequena aldeia no Brabant, junto à fronteira belga, onde foi instalado pároco por seu pai. Theodore van Gogh era um homem de aparência bastante atraente (alguns o chamavam de "o pároco bonito"), amável por natureza e apresentando belas qualidades espirituais; porém não era um pregador eloquente e, desse modo, permaneceu esquecido durante vinte anos na pequena aldeia de Groote-Zundert, antes que fosse transferido para lugares melhores, como Etten, Helvoirt e Nuenen. Porém, em seu pequeno círculo, era calorosamente amado e respeitado; seus filhos o idolatravam.

Em maio de 1851, ele desposou Anna Cornelia Carbentus, nascida no ano de 1819 em Haia, onde seu pai, Willem Carbentus, tinha uma oficina de encadernação de livros. Ele fora encarregado de encadernar a primeira Constituição da Holanda, o que lhe granjeou a honraria de "Encadernador do Rei". Sua filha mais moça, Cornelia, já estava casada com Vincent van Gogh, o negociante de obras de arte; sua filha mais velha era esposa de Stricker, um eclesiástico muito respeitado em Amsterdã. A vida matrimonial de Theodore e de Anna Carbentus foi muito feliz. Em sua esposa, ele achou uma companheira e uma colaboradora que se dedicava a seu trabalho paroquial de todo o coração. Apesar de ter de criar sua própria família, com todas as tarefas domésticas que isso determinava, ela acompanhava Theodore nas visitas aos paroquianos. Seu espírito alegre e cordial nunca era abatido pela monotonia da tranquila vida aldeã. Foi uma mulher admirável e capaz de despertar muito amor. Viveu até a avançada idade de oitenta e sete anos e, apesar de ter perdido o marido e três filhos adultos, conservou até o fim a energia e o espírito que fez com que suportasse todas as vicissitudes da vida.

Uma de suas qualidades, juntamente com seu profundo amor pela natureza, era a grande facilidade com que conseguia expressar seus pensamentos no papel: suas mãos, sempre ocupadas com trabalhos destinados aos outros, empunhavam prontamente não apenas a agulha de costura ou a agulha de tricô, mas também uma pena de escrever. *"Eu só estou lhe mandando umas poucas linhas"* era uma de suas expressões favoritas, e quantas dessas "poucas linhas" chegavam justamente a tempo de trazer conforto e energia àqueles a quem eram endereçadas. Durante quase vinte anos, foram para mim uma fonte constante de esperança e coragem e, neste livro, que é um monumento a seus filhos, devo incluir algumas palavras dedicadas à grata lembrança de sua mãe.

A 30 de março de 1852, chegou um filho natimorto na casa paroquial de Zundert, mas um ano depois, exatamente na mesma data, Anna van Gogh deu à luz um menino saudável, que recebeu o nome de Vincent Willem, em homenagem a seus dois avós e que, em qualidades, caráter e aparência, lembrava muito mais sua mãe que seu pai. A energia e força de vontade inquebrantável que Vincent demonstrou através de sua vida foram, em princípio, traços herdados de sua mãe; foi dela, também, que ele herdou a visão arguta e inquisidora que se projetava por baixo do supercílio saliente. Os cabelos louros do pai e da mãe saíram avermelhados em Vincent; ele tinha estatura média, ombros bastante largos e dava a impressão de ser forte e robusto. Isso também é confirmado pelas palavras de sua mãe, ou seja, que nenhum de seus filhos, *exceto Vincent*, era muito forte. Uma constituição mais fraca que a sua certamente teria se quebrantado muito antes sob a pesada tensão a que Vincent a submeteu.

Ele foi um menino de temperamento difícil, frequentemente turbulento e teimoso; sua criação não foi a adequada para contrabalançar essas características, porque os pais eram muito indulgentes, especialmente com relação ao filho mais velho. Certa vez, a avó Van Gogh, que viera de Breda para visitar o filho e a nora em Zundert, testemunhou um dos terríveis acessos de raiva do pequeno Vincent. Tendo aprendido através da experiência com seus próprios doze filhos, ela agarrou o pequeno raivoso pelo braço e, com um certeiro tapa na orelha, tirou-o para fora da sala. A mãe indulgente ficou tão indignada com esse procedimento que não falou com a sogra o dia inteiro; e somente o caráter igualmente gentil do jovem pai conseguiu promover a reconciliação entre elas. No final da tarde, ele atrelou os cavalos a uma carroça de passeio e levou as duas mulheres até o campo. Foi então que, sob influência de um belíssimo pôr do sol, elas finalmente perdoaram uma a outra.

O pequeno Vincent tinha grande amor por animais e flores e fazia todo tipo de coleções. Não havia surgido ainda qualquer sinal de dotes extraordinários para o desenho; somente foi observado que, na idade de oito anos, ele modelou um pequeno elefante de argila que chamou a atenção de seus pais. No entanto, Vincent destruiu a peça porque – segundo ele – estavam fazendo demasiado espalhafato por causa dela. O mesmo aconteceu com um desenho muito curioso de um gato, episódio que sua mãe sempre recordava. Durante algum tempo, ele frequentou a escola da aldeia, mas seus pais descobriram que seu relacionamento com os filhos dos camponeses o deixava ainda mais grosseiro e violento. Por essa razão foi contratada uma governanta para lecionar as crianças da casa paroquial.

Dois anos depois de Vincent, nasceu uma meninazinha e, dois anos mais tarde, a 1º de maio de 1857, um segundo filho, que recebeu o nome do pai. Depois dele, vieram mais duas irmãs e um irmão caçula (a irmã mais moça, Willemien, que sempre viveu com sua mãe, era a única a quem Vincent escrevia, mesmo assim em raras ocasiões). Theo era mais delicado e gentil que seu irmão quatro anos mais velho. Sua constituição era mais suave e seus traços faciais mais refinados, mas tinha também a mesma pele clara com cabelos avermelhados e os mesmos olhos azuis-claros que, em certas ocasiões, tornavam-se azuis-esverdeados.

Na carta 338, o próprio Vincent descreve as semelhanças e diferenças entre seus respectivos aspectos físicos. Em 1889, Theo me escreveu a respeito da cabeça de mármore de João Batista esculpida por Rodin: "*O escultor concebeu uma imagem do precursor de Cristo que recorda exatamente o rosto de Vincent. Só que eles nunca se viram. Aquela mesma expressão de tristeza, aquela mesma testa desfigurada por rugas fundas, o que denota pensamentos profundos e uma férrea autodisciplina, que é idêntica à de Vincent, embora a testa dele seja um tanto mais fugidia; o formato do nariz e a estrutura da cabeça são igualmente os mesmos*". Quando, mais tarde, tive oportunidade de ver o busto, descobri nele uma perfeita semelhança, mas com Theo.

Os dois irmãos sentiram-se fortemente atraídos um pelo outro desde a infância, enquanto a irmã mais velha, ao recordar sua própria infância, dizia que Vincent habitualmente mexia com ela e a provocava. Theo recordava somente que Vincent era capaz de inventar umas brincadeiras tão maravilhosas que, certa vez, as outras crianças resolveram lhe "dar de presente" a roseira mais linda do jardim, a fim de demonstrar-lhe sua gratidão. Sua infância foi marcada pela poesia da vida rural no Brabant; eles cresceram entre os trigais, a charneca e os bosques de pinheiros, dentro daquela atmosfera peculiar de uma casa paroquial em uma aldeia protestante, cujo encanto permaneceu com eles até o final de suas vidas. Talvez não tenha sido o melhor treinamento para prepará-los para as durezas da vida futura. Muito jovens ainda tiveram que enfrentar o mundo e, durante os anos que se seguiram, sempre manifestaram amargura e imensa saudade do *doce lar* da pequena aldeia na charneca!...

Vincent retornou para casa várias vezes e manteve por toda a sua vida o aspecto de um "caipira do interior". Já Theo, mais cosmopolita, transformou-se em um parisiense bastante refinado, embora tenha conservado em seu coração alguns aspectos do "menino de Brabant", como ele gostava de referir a si próprio, em tom de brincadeira.

Como Vincent observou certa vez, com razão: *"Sempre permanecerá em nós alguma coisa dos campos cultivados e das terras devolutas do Brabant"*. Quando seu pai faleceu e sua mãe teve de sair do Brabant, ele se queixou: *"Será uma sensação muito estranha pensar que nenhum de nós permaneceu no Brabant"*. Mais tarde, quando seu fiel irmão o visitou no hospital de Arles e, cheio de ternura e piedade, deitou a cabeça no travesseiro ao seu lado, Vincent murmurou: *"Exatamente como em Zundert"*. Pouco depois, ele escreveu: *"Durante minha doença, eu via novamente cada peça da casa de Zundert, cada caminho, cada planta do jardim, a paisagem dos campos que se avistava de casa, os vizinhos, o cemitério, a igreja, nossa horta nos fundos – cada detalhe, até mesmo um ninho de pega em uma acácia alta que crescia no cemitério"*. (Carta 573.) Aquelas primeiras lembranças da infância ensolarada eram inapagáveis.

Quando Vincent fez doze anos, foi enviado para o internato do Sr. Provilly em Zevenbergen. Sobre esse período não se descobriu qualquer detalhe, além do que uma das irmãs escreveu a Theo: *"Você recorda de como, nos aniversários de Mamãe, Vincent vinha de Zevenbergen e como nós nos divertíamos nessas ocasiões?"* Nada se sabe a respeito dos seus amigos durante essa época.

Quando ele completou dezesseis anos, a escolha de uma profissão se fez urgente e o Tio Vincent foi consultado. Este último, que nesse meio tempo havia adquirido uma grande fortuna como comerciante de objetos de arte, tinha sido obrigado, em razão de sua má saúde, a aposentar-se prematuramente da extenuante vida comercial de Paris, ainda que permanecesse financeiramente ligado à firma. Tinha se estabelecido em Prinsenhage, que ficava perto tanto da casa de seu velho pai, em Breda, como de seu irmão favorito, em Zundert. Em geral, ele passava o inverno com sua esposa em Menton, no sul da França, e, durante sua viagem para lá, ele parava em Paris para tratar de seus assuntos comerciais. Sua linda residência campestre em Prinsenhage tinha sido aumentada a fim de dar espaço para uma galeria contendo sua coleção de quadros raros: foi aqui que Vincent e Theo entraram em contato com o mundo das artes.

Havia um relacionamento cálido e cordial entre a casa paroquial de Zundert e a mansão sem crianças de Prinsenhage. "A carruagem" que vinha de lá era sempre saudada ruidosamente pelas crianças de Zundert, pois sempre trazia muitas surpresas – flores, frutas exóticas e alimentos delicados e pouco comuns; por outro lado, a presença alegre e vivaz dos irmãos de Zundert frequentemente lançava um raio de sol de felicidade sobre a vida do enfermo de Prinsenhage. Estes irmãos, também chamados Vincent e Theo, tinham apenas um ano de diferença entre eles e eram totalmente ligados um ao outro; o fato de que suas esposas também fossem irmãs fortalecia ainda mais os laços entre eles. O que seria mais natural que o rico comerciante de obras de arte elegesse o jovem sobrinho que trazia seu nome como seu sucessor na firma – ou até mesmo seu herdeiro?

Assim, em 1869, Vincent ingressou na casa comercial Goupil & Cia., em Haia, como o mais jovem dos empregados, sob as ordens diretas do Sr. Tersteeg. Seu futuro parecia promissor. Ele morava na pensão da família Roos, junto à praça do Beestenmarkt, em que Theo também viveu, alguns anos mais tarde. Era uma casa confortável, em que todas as suas necessidades materiais eram perfeitamente atendidas, mas não havia qualquer intercurso intelectual. Mas isso ele encontrava com diversos parentes e amigos de sua mãe, a quem visitava frequentemente: os Haanebeeks, os Van Stockums e a Tia Sophie Carbentus e suas três filhas. Uma delas casou-se com nosso famoso pintor holandês, Anton Mauve; uma segunda, com um pintor menos conhecido, A. le Comte. Tersteeg enviava aos pais relatórios favoráveis a respeito do desempenho e do potencial de Vincent, que era descrito – tal qual seu avô em sua época – como "um jovem diligente e estudioso" apreciado por todos.

Depois de estar em Haia durante três anos, Theo, que ainda estava na escola em Oisterwijk (perto da aldeia de Helvoirt, para onde seu pai tinha sido transferido), veio passar alguns dias com ele. Foi depois dessa visita, em agosto de 1872, que começou a correspondência entre os dois irmãos, e a partir do primeiro bilhete, agora amarelo e desbotado, escrito com letra quase infantil, foi mantida ininterruptamente até a morte de Vincent, em cujas roupas foi encontrada uma carta inacabada dirigida a Theo. O desanimado *que veux-tu?* com que conclui o texto parece um gesto de resignação, através do qual ele se despedia da vida.

Os principais acontecimentos das vidas dos dois são mencionados nas cartas e completados nesta biografia através de detalhes revelados pelo próprio Theo ou encontrados na correspondência dos pais com Theo, que também a preservou cuidadosamente (infelizmente, as cartas de Vincent para seus pais foram destruídas). Elas datam desde janeiro de 1873, quando Theo, com apenas quinze anos de idade, foi enviado a Bruxelas, a fim de fazer também o seu aprendizado na carreira de comerciante de arte. Essas cartas estão cheias do amor mais terno e preocupação com o menino que saiu de casa tão cedo. *"Bem, Theo, agora que você tem quinze anos, já é um homem feito"*, diz sua mãe, em uma das cartas. Eles se prendiam carinhosamente a ele porque Theo, mais que qualquer um dos outros filhos, retribuía seu amor com ternura e devoção permanentes e, ao crescer, tornou-se, como eles tantas vezes disseram, "a glória que coroa nossa velhice". As cartas contam todos os pequenos acontecimentos da vida quotidiana na casa paroquial: quais as flores que estavam crescendo no jardim, como tinha sido a produção das árvores do pomar, se o rouxinol já tinha sido escutado, quais as visitas que haviam passado por lá, o que estavam fazendo as irmãs e o irmão menores, qual o texto do sermão do pai para aquele domingo, encontrando-se também, no meio de tudo isso, muitos detalhes a respeito da vida de Vincent.

Em 1873, Vincent tinha sido transferido para a filial da firma em Londres. Ao sair de Haia, ele recebeu uma bela recomendação do Sr. Tersteeg, que também escreveu aos pais de Vincent dizendo que, em sua galeria, todos gostavam de ser atendidos por ele – tanto os simples apreciadores das artes como os clientes e até os pintores –, e completava dizendo que, na sua opinião, "obteria sucesso em sua profissão". *"É uma grande satisfação para nós saber que causou boa impressão logo no início da sua carreira e constatar também que ele permanece um rapaz tão modesto como sempre foi"*, escreveu a mãe. A princípio, tudo foi bem em Londres; o Tio Vincent lhe havia fornecido cartas de apresentação a vários de seus amigos e ele se lançou ao trabalho com grande prazer. Ganhava um salário de noventa libras por ano e, embora o custo de vida fosse elevado, conseguia separar algum dinheiro para mandar de vez em quando para casa, a fim de ajudar a família. Ele comprou uma cartola, para se parecer com um verdadeiro comerciante – *"você não pode andar em Londres se não tiver uma"* – e apreciava muito suas viagens diárias desde os subúrbios, onde morava, até a galeria, localizada em Southampton Street, no centro financeiro.

A primeira pensão em que se instalou pertencia a duas senhoras, que também eram donas de dois papagaios. O lugar era adequado, mas um tanto caro; deste modo, no agosto seguinte, ele se mudou para a casa da Sra. Loyer, viúva de um pároco protestante do sul da França, que, com sua filha Ursula, mantinha também uma escola maternal. Foi ali que passou os dias mais felizes de sua vida. Ursula lhe causou profunda impressão. *"Nunca pensei e nem sequer sonhei que pudesse haver um amor tal como o que existe entre ela e sua mãe"*, escreveu ele para uma de suas irmãs; acrescentando: *"Ame-a, por amor de mim"*.

Isso ele não mencionou para seus pais, porque não havia confessado seu amor sequer a Ursula – mas, em suas cartas para casa, demonstrava-se radiante de felicidade. Escreveu que apreciava muito a vida que levava – *"Oh, a plenitude de uma vida rica, a Tua dádiva, oh, Deus!"*

Em setembro, um amigo da família viajou a Londres e dispôs-se a levar um pacote para Vincent. O pacote continha uma curiosa encomenda: entre outras coisas, um maço de capim e uma coroa de folhas de carvalho trançada em casa durante as férias por Theo, que, nesse meio tempo, tinha sido transferido de Bruxelas para a filial da Casa Goupil em Haia. Ele queria que Vincent tivesse alguma coisa em seu quarto que o fizesse recordar seus amados campos e bosques.

Ele passou um Natal feliz com as Loyers. Ocasionalmente ele enviava para casa um pequeno desenho, mostrando a casa e a rua em que morava ou o interior de seu quarto, *"de tal modo que podemos imaginar exatamente como se parece, de tão bem desenhado que está"*, escreveu sua mãe. Durante esse período, ele parece ter pensado na possibilidade de tornar-se pintor; mais tarde, ele escreveu de Drenthe para Theo: *"... apesar da frequência com que eu ficava desenhando às margens do Tâmisa, quando deixava Southampton e voltava para casa à tardinha, nunca tive bons resultados. Se tivesse havido então alguém que pudesse me dar algumas noções de perspectiva, de quantos desapontamentos eu teria sido poupado e quão mais avançado eu estaria agora!..."*

Nessa época, ele se encontrava esporadicamente com Matthijs Maris, mas era tímido demais para abrir-lhe o coração e preferia guardar os seus anseios e desejos dentro de seu próprio coração – ele ainda tinha uma longa estrada de sofrimento a percorrer antes de atingir seu objetivo.

Em janeiro, seu salário foi aumentado e, até a primavera, suas cartas continuaram alegres e felizes. Ele pretendia visitar a Holanda em julho; mas, antes disso, ele aparentemente se encheu de coragem e falou a Ursula do amor que sentia por ela. Para seu desapontamento, descobriu que ela já estava noiva do homem que se hospedara em sua casa antes da chegada de Vincent. Ele tentou de tudo a fim de fazê-la romper o noivado, mas não conseguiu.

Com essa primeira e grande desventura, seu caráter modificou-se: ao voltar para casa durante as férias, ele estava magro, silencioso e deprimido – uma pessoa completamente diferente. Mas ele começou *a desenhar* muito. Mamãe escreveu: *"Vincent fez lindos desenhos: ele desenhou a janela do quarto e a porta da frente, depois todas as partes da casa e também um grande esboço das casas em Londres para as quais dá sua janela; este é um talento que me enche de alegria, porque pode ser de grande utilidade para ele".*

Acompanhado pela mais velha de suas irmãs, que queria arranjar um emprego, ele retornou a Londres. Alugou algumas peças mobiliadas em Ivy Cottage, situada na Estrada Nova de Kensington, nº 395. Nesse novo local, sem qualquer tipo de vida familiar, foi ficando cada vez mais silencioso e deprimido e, ao mesmo tempo, foi tornando-se cada vez mais religioso.

Seus pais ficaram contentes porque ele saíra da casa das Loyers. *"Viver na casa das Loyers, com todos esses segredos, não lhe fez bem algum e, afinal de contas, não era uma família como as outras... mas o fato de não conseguir realizar suas esperanças deve ter sido um grande desapontamento para ele"*, escreveu seu pai. Sua mãe queixou-se: *"As noites já são tão longas e seu trabalho termina tão cedo; ele deve sentir-se muito solitário. Só espero que isto não lhe faça mal".*

Eles estavam inquietos e se preocupavam com sua vida retirada e solitária. Tio Vincent também insistia que ele deveria sair mais, conhecer outras pessoas. *"Esse aspecto é tão necessário quanto o aprendizado de sua profissão."* Mas a depressão continuava. As cartas enviadas para casa foram tornando-se progressivamente mais raras; sua mãe começou a pensar que era o nevoeiro de Londres que o deprimia e que até mesmo uma mudança temporária lhe faria bem. *"Pobre menino, ele tem tão boas intenções, mas eu acredito que as coisas estão muito difíceis para ele agora."*

Em outubro de 1874, o Tio Vincent efetivamente o transferiu para a matriz de Paris por um breve período. O próprio Vincent não gostou nada da mudança; de fato, zangou-se tanto que até mesmo parou de escrever para casa, para grande tristeza de seus pais. *"Ele está simplesmente de mau humor"*, disse sua irmã; e Theo confortou os pais: *"Ele está indo muito bem".*

No final de dezembro, ele retornou a Londres, onde alugou novamente o mesmo apartamento e retomou sua vida solitária. Foi nessa época que, pela primeira vez, ele foi descrito como *um excêntrico*. Seu amor pelo desenho tinha passado, mas ele lia muito. A citação de Renan que encerra seu período em Londres claramente mostra o que se passava na sua cabeça e que sonhos elevados ele tinha então: *"... sacrificar todos os desejos pessoais... realizar grandes coisas... atingir a nobreza e superar a vulgaridade da existência de quase todos os indivíduos"*. Ele apenas ainda não sabia como atingir seus objetivos.

Em maio de 1875, foi transferido para a filial da galeria em Paris, setor de pinturas onde sentiu-se totalmente deslocado. Sentia-se mais à vontade em sua "cabana", como ele chamava o quartinho alugado em Montmartre. Preferia ficar em casa lendo a Bíblia com seu amigo Harry Gladwell, a frequentar a agitada vida mundana de Paris.

Seus pais concluíram de suas cartas que as coisas ainda não estavam bem. Depois que ele veio visitar a família no Natal e tiveram uma longa conversa, seu pai escreveu a Theo: *"Estou quase acreditando que Vincent deve deixar a Casa Goupil dentro de dois a três meses; há tantas coisas boas nele, todavia pode ser necessário que ele troque de emprego. Certamente, ele não se sente feliz onde está"*. E eles o amavam demais para persuadi-lo a permanecer em um lugar em que estava tão infeliz. Ele queria viver para os outros, sentir-se útil, realizar algo de grande; ele ainda não *sabia como*, mas sabia que *não era* vendendo quadros em uma galeria. Ao retornar da Holanda, teve uma entrevista decisiva com o Sr. Boussod (genro e sucessor do Sr. Goupil), que terminou com a sua demissão, a contar de 1º de abril; ele aceitou a decisão sem oferecer qualquer desculpa ou justificativa. Uma das acusações feitas contra ele foi justamente o fato de que ele tinha ido visitar a família na Holanda no Natal e no Ano-Novo, a época mais movimentada para o comércio parisiense.

Em suas cartas, ele parece não dar muito importância para a demissão, mas percebia perfeitamente como as nuvens estavam se amontoando lúgubre e ameaçadoramente sobre ele. Aos vinte e três anos de idade, estava desempregado, sem a menor possibilidade de seguir uma carreira melhor; o Tio Vincent ficara profundamente desapontado com seu tocaio e declarara que "ia lavar as mãos" em relação a ele. Seus pais tinham as melhores intenções, mas não podiam fazer muito por ele, porque tinham sido obrigados a gastar suas economias com a educação de seus filhos (o salário do pastor era de cerca de 820 guilders por ano). Vincent tinha recebido sua parte e agora era a vez dos outros irmãos. Parece que Theo, que logo se tornaria o conselheiro e o apoio financeiro da família, já tinha nessa época sugerido que Vincent se tornasse pintor. Nessa ocasião, ele nem sequer quis pensar na ideia. Seu pai sugeriu que procurasse um emprego em um museu ou tentasse abrir uma pequena galeria de arte particular, como o Tio Vincent e o Tio Cor tinham feito antes dele; dessa maneira, ele poderia seguir suas próprias ideias a respeito de arte e não seria mais obrigado a vender quadros que considerasse ruins. Mas seu coração novamente o atraiu para a Inglaterra, onde pensou em tornar-se professor.

Respondendo a um anúncio de jornal, conseguiu um emprego em abril de 1876 em Ramsgate, na escola de um certo Sr. Stokes (em julho a escola se mudaria para Isleworth). Ele recebia somente alimentação e alojamento, sem salário. Logo em seguida, conseguiu colocação na escola de um certo Sr. Jones, homem de mais recursos, pastor metodista, que contratou Vincent como uma espécie de pregador auxiliar.

Suas cartas para casa no entanto eram tétricas. *"Parece que alguém está me ameaçando"*, escreveu. Seus pais perceberam muito bem que o magistério não o satisfazia. Sugeriram que ele estudasse para prestar exames que lhe garantissem um título universitário em francês ou alemão, mas ele também não queria saber disso. *"Eu gostaria que ele pudesse encontrar algum trabalho mais relacionado com a arte ou a natureza"*, escreveu sua mãe, que entendia o que estava se passando dentro dele. Pressionado pelo desespero, ele se apegava à religião, através da qual tentava satisfazer sua necessidade de beleza, do mesmo modo que seu anseio de viver para ajudar aos outros. Em certas ocasiões, ele parecia embriagar-se com as palavras doces e melodiosas dos hinos e textos bíblicos em inglês, com o encanto romântico das igrejinhas dos vilarejos e com a atmosfera delicada e santa que exalava dos ofícios religiosos anglicanos. As cartas que escrevia nesses dias demonstravam uma sensibilidade quase mórbida. Vezes sem conta, ele falou a respeito de conseguir algum tipo de posição eclesiástica – porém, quando veio para casa passar o Natal, foi decidido que ele não retornaria a Isleworth, porque lá não teria a menor perspectiva para o futuro. Apesar disso, continuou amigo do Sr. Jones, que mais tarde veio passar alguns dias na casa paroquial de Etten e com quem encontrou-se mais tarde na Bélgica.

Novamente Tio Vincent usou de sua influência e arrumou um emprego na livraria de Blussé e Van Braam, em Dordrecht. Ele aceitou o emprego sem grande entusiasmo. As palavras escritas a Theo por uma de suas irmãs foram reveladoras: *"Você parece pensar que ele é alguma coisa superior a um ser humano comum, mas eu acho que seria muito melhor se ele mesmo pensasse que é apenas uma pessoa igual às outras"*. Outra das irmãs escreveu: *"Essa religião o deixou totalmente aborrecido e anti-social"*.

Pregar o Evangelho parecia ser a única coisa que ele realmente queria e assim os familiares se mobilizaram para proporcionar-lhe o estudo da teologia. Os tios de Amsterdã prometeram ajudá-lo; ele poderia viver com o Tio Jan [Johannes] van Gogh, comandante dos Estaleiros Navais, o que representaria uma grande economia. O tio Stricker encontrou o melhor professor de línguas clássicas disponível, o Dr. Mendes da Costa, na época bastante famoso, enquanto ele mesmo o ajudava em suas lições; ao mesmo tempo, ele podia satisfazer seu amor por quadros e gravuras frequentando a galeria particular do Tio Cor. Todos tentaram facilitar as coisas para ele, exceto o Tio Vincent, que se opunha firmemente ao projeto do sobrinho e não quis ajudar em nada – o futuro veio a demonstrar que era ele quem tinha razão. Vincent começou a estudar cheio de coragem; primeiro, tinha de preparar-se para um exame para ser admitido em uma universidade; depois, precisaria de mais sete anos até ser considerado plenamente qualificado. Seus pais se indagavam ansiosamente se ele teria a força necessária para perseverar e se ele, que nunca tivera o hábito de estudar regularmente, seria capaz de render-se à disciplina acadêmica aos vinte e quatro anos de idade.

Esse período em Amsterdã, de maio de 1877 até 1878, foi uma longa história de sofrimento. Depois do primeiro semestre, Vincent começou a perder o ardor e a coragem. Fazer exercícios de ortografia e estudar gramática não era absolutamente o que ele tinha vontade de fazer; ele queria confortar e alegrar as pessoas através da pregação do Evangelho – certamente, ele não precisava de tanta erudição para isso! O que ele realmente queria era um trabalho *prático* e, quando seu professor finalmente percebeu que Vincent jamais alcançaria um sucesso acadêmico, aconselhou-o a largar os estudos.

No *Handelsblad* de 2 de dezembro de 1910, o Dr. Mendes da Costa escreveu suas recordações sobre o aluno que mais tarde se tornaria tão famoso. Lembrou muitos detalhes característicos: a aparência nervosa e estranha de Vincent, que, todavia, não era desprovida de encanto; sua intenção fervorosa de estudar o melhor possível; seu hábito peculiar de autodisciplina e autopunição; e, finalmente, sua total inadequação para um estudo regular. Não era ao longo desse caminho que realizaria os seus sonhos! Ele confessou abertamente ter ficado satisfeito quando as coisas se definiram e ele pôde enxergar seu futuro com mais coragem do que quando se dedicava desalentadamente a seus estudos teológicos, um período que, mais tarde, ele denominou de "a pior fase de minha vida".

Mas ele conservou a "humildade" e agora queria tornar-se um pregador do Evangelho na Bélgica; para essa função secundária não era requerido nenhum diploma universitário e não precisava falar latim nem grego – bastavam três meses na Escola de Evangelização em Bruxelas. As lições eram gratuitas, e as únicas despesas seriam alimentação e alojamento; logo depois, ele poderia conseguir uma nomeação para algum lugar. Em julho, ele viajou para lá com seu pai, acompanhado pelo Sr. Jones, que, a caminho da Bélgica, tinha passado alguns dias com eles em Etten. Juntos, eles visitaram os membros da Comissão de Evangelização: o Reverendo Senhor Van den Brink, de Rousselaere; o Reverendo Senhor Pietersen, de Malines, e o Reverendo Senhor De Jong, de Bruxelas. Vincent explicou seu caso claramente e causou muito boa impressão. Seu pai escreveu: *"Sua estada no estrangeiro e aquele último ano em Amsterdã não foram totalmente infrutíferos, no final das contas, porque, quando ele se dispõe a esforçar-se, demonstra que aprendeu e observou muito na escola da vida"*. Consequentemente, Vincent foi aceito como aluno.

Mas os pais viam essa nova experiência com ansiedade: *"Tenho sempre tanto medo de que, onde quer que Vincent se encontre ou seja lá o que for que ele possa estar fazendo, ele estragará tudo com sua excentricidade e suas ideias e pontos de vista sobre a vida, que são tão estranhos"*, escreveu sua mãe. Seu pai acrescentou: *"Uma coisa que nos entristece muito é perceber que ele literalmente não conhece as alegrias da vida, sempre caminha com a cabeça baixa, mesmo que nós tenhamos feito tudo que estava a nosso alcance para que ele obtivesse uma situação honrada! Até parece que ele, deliberadamente, escolhe sempre o caminho mais difícil"*.

De fato, esse era o caminho de Vincent – humilhar-se, esquecer-se de si mesmo, sacrificar-se, *mourir à soi-même* (mortificar corpo e espírito) – era esse o duro ideal que ele tentou atingir durante todo o tempo em que procurou refugiar-se na religião: era uma pessoa intensa, nunca fazia uma coisa pela metade. Mas seguir os caminhos palmilhados por outros, submeter-se à vontade de outras pessoas estava fora de questão: queria descobrir por si mesmo o caminho da salvação e alcançá-la por seus próprios méritos. No final de agosto, ele foi para a escola de Bruxelas, que fora inaugurada recentemente e tinha, além dele, somente mais três alunos. Certamente ele era o mais adiantado nas aulas do Prof. Bokma, mas não se sentia à vontade na escola; era como se fosse "um peixe fora d'água", como ele mesmo disse, com o agravante de que era seguidamente ridicularizado por seus colegas, devido à excentricidade das suas roupas e de seu comportamento.

Ele não tinha habilidade para pregar de improviso e era, portanto, obrigado a ler sermões escritos previamente. Mas a maior objeção contra ele era que "não se submetia"; deste modo, depois dos três meses, ele não foi designado para nenhuma missão. Embora desse a má notícia a Theo (na Carta nº 126) de uma maneira bastante displicente, ele parece ter ficado muito perturbado e humilhado. Seu pai recebeu uma carta de Bruxelas, provavelmente da escola, informando que Vincent estava magro e fraco, quase não dormia e parecia em um estado de grande excitação nervosa, portanto seria melhor que ele viesse buscá-lo a fim de levá-lo de volta para casa.

Imediatamente, o pai viajou para Bruxelas e conseguiu ajeitar tudo. Vincent foi por sua própria conta para a região belga de Borinage, onde conseguiu alojamento por trinta francos por mês, na pensão do Sr. Van der Haegen, rua de l'Église nº 39, na aldeia de Pâturages, perto de Mons. Dava aulas para crianças à noite, visitava os pobres e dirigia estudos bíblicos; quando a Comissão se reunisse novamente em janeiro, ele pretendia tentar outra vez conseguir uma nomeação. Ele gostava do contato com as pessoas e em suas horas de lazer desenhava grandes mapas da Palestina, dos quais seu pai encomendou quatro, a dez francos cada um. Finalmente, em janeiro de 1879, recebeu uma nomeação temporária de seis meses, na localidade de Wasmes, pelo salário de cinquenta francos por mês, em troca do qual teria de ministrar aulas sobre a Bíblia, ensinar as crianças e visitar os doentes – justamente o trabalho que mais lhe agradava.

Suas primeiras cartas dessa época demonstravam grande contentamento: ele se dedicava de corpo e alma a seu novo trabalho, especialmente à parte prática; seu maior interesse era cuidar dos doentes e dos feridos. Não demorou muito ele voltou a cair nos velhos exageros – tentou praticar as doutrinas de Jesus, dando tudo quanto tinha: seu dinheiro, suas roupas e até mesmo sua cama –, saindo da boa pensão Denis em Wasmes e se mudando para uma choupana miserável em que faltavam os confortos mais básicos. Seus pais logo tiveram notícia disso, e quando, no final de fevereiro, o Reverendo Sr. Rochelieu veio inspecionar seu trabalho, a bomba explodiu. Seu radicalismo foi tanto que a Comissão considerou inadequado o seu comportamento, pois um homem que não se preocupava consigo mesmo não servia como exemplo para os demais. O Conselho Eclesiástico de Wasmes realizou uma reunião e decidiu que, se ele não mudasse, seria dispensado de seu cargo. Ele aceitou a repreensão muito friamente: *"O que faremos agora?"*, escreveu. *"Jesus também permaneceu muito calmo durante a tempestade: talvez as coisas tenham de piorar ainda mais antes que melhorem."* Novamente seu pai foi ajudá-lo e conseguiu acalmar a tempestade. Ele o levou de volta à antiga pensão e o aconselhou a ser menos exagerado em sua missão.

Por algum tempo, tudo funcionou a contento: pelo menos ele escreveu que não recebia queixas de ninguém. Mais ou menos nessa época, ocorreu uma forte explosão em uma das minas. Em seguida houve uma greve em protesto pela segurança e Vincent passou a dedicar-se inteiramente aos mineiros. Movida por sua ingênua fé religiosa, sua mãe escreveu: *"As cartas de Vincent, que contêm tantas coisas interessantes, revelam que, com todas as suas peculiaridades, mesmo assim ele demonstra um caloroso interesse pelo bem-estar dos pobres; seguramente, Deus não deixará de considerar isto em seu favor"*. Durante esse mesmo período, ele também escreveu que havia tentado desenhar as vestes e ferramentas dos mineiros e que mostraria seus esboços quando voltasse para casa. Em julho, novamente seus pais receberam más notícias. *"Ele não atende aos desejos da Comissão e nada o modifica neste sentido. Ele se porta como se fosse surdo a todas as advertências que lhe fazem"*, escreveu sua mãe. Quando o período probatório de seis meses terminou, ele não foi nomeado novamente, porém recebeu três meses de aviso prévio para procurar outro emprego.

Ele saiu de Wasmes e viajou a pé até Bruxelas, a fim de pedir conselhos ao Reverendo Pietersen, que tinha deixado Malines e se mudado para a capital. Este último pintava em suas horas vagas e tinha até mesmo um estúdio: foi esse provavelmente o motivo por que Vincent foi pedir-lhe ajuda. Ele chegou estafado e suado, tão exausto quanto exaltado; sua aparência era tão descuidada que a filha do proprietário da casa, que lhe abriu a porta, assustou-se, chamou o pai e foi esconder-se. O Reverendo Pietersen, no entanto, recebeu-o com bondade; conseguiu-lhe um bom alojamento para a noite, convidou-o para almoçar no dia seguinte, mostrou-lhe o estúdio e, como Vincent tinha trazido consigo alguns de seus desenhos representando os mineiros, eles provavelmente falaram tanto a respeito de desenhos e pinturas quando sobre evangelização.

"*Vincent me dá a impressão de um ser iluminado por sua própria luz*", escreveu o Reverendo Pietersen aos pais de Vincent.

Sua mãe escreveu: "*Que felicidade que ele sempre encontre alguém para ajudá-lo, como o Reverendo Pietersen está fazendo agora!*"

De acordo com os conselhos deste último, Vincent decidiu permanecer no Borinage, custeando as próprias despesas, uma vez que não seria mais financiado pela Comissão, conseguindo alojamento com o Evangelista Frank, em Cuesmes. Pela metade de agosto, a pedido deles, foi visitar seus pais em Etten. "*Ele está com bom aspecto, exceto pelas roupas. Ficou lendo Dickens o dia todo e só fala quando lhe perguntam alguma coisa; quanto a seu futuro, nem uma palavra*", escreveu sua mãe. Mas o que ele poderia dizer a respeito de seu futuro? Teria alguma vez parecido mais sem esperança do que agora?

Suas ilusões de levar conforto e alegria às vidas miseráveis dos mineiros através da pregação do Evangelho tinham se desvanecido lentamente na luta amarga entre a dúvida e a religião que se travava dentro dele nessa época e que por fim fez com que perdesse a fé em Deus. Os textos bíblicos e as reflexões religiosas foram se tornando cada vez mais raros em suas cartas até desaparecerem totalmente. E nada surgiu para ocupar o seu lugar. Ele desenhava e lia muito – entre outras, as obras de Dickens, Beecher Stowe, Victor Hugo e Michelet – mas fazia tudo aleatoriamente, sem qualquer método ou objetivo. Retornando ao Borinage, ele vagueava sem trabalho, sem amigos e, frequentemente, sem pão; porque, embora recebesse dinheiro de casa e Theo já lhe enviasse também um pouco, não podiam dar-lhe mais do que o estritamente necessário; além disso, as remessas vinham irregularmente, e Vincent era um péssimo administrador de dinheiro: chegava a passar dias e até mesmo semanas sem um centavo no bolso.

Em outubro, Theo, que havia sido contratado em caráter permanente pela Casa Goupil de Paris, visitou-o, tentando em vão induzi-lo a traçar alguns planos mais definidos para o futuro. Ele ainda não estava preparado para tomar qualquer decisão a respeito de que rumos seguir. Antes de tomar consciência de seu verdadeiro poder, ele teria de combater o terrível inverno de 1879-1880, o período mais triste e desesperançado de uma vida que nunca foi muito afortunada. Foi durante esses dias que ele iniciou, com dez francos no bolso, sua melancólica expedição (também a pé) até Courrières, onde morava Jules Breton, cujos quadros e poemas ele admirava muito. Sonhava em encontrá-lo, mas a única coisa que conseguiu ver foi o prédio do estúdio que Breton recém mandara construir; não teve coragem para bater na porta e se apresentar. Desapontado, tendo gasto todo o seu dinheiro, ele iniciou a longa jornada de volta para casa. Na maior parte das vezes, ele dormia ao ar livre ou em algum celeiro. Em algumas ocasiões, conseguia trocar um desenho por um pedaço de pão, mas passou por tantas privações físicas e morais, que sua saúde jamais se recuperou totalmente.

Na primavera, ele retornou à casa paroquial de Etten e falou novamente sobre retornar a Londres. *"Se é isso que ele realmente quer, vou ajudá-lo"*, escreveu seu pai. Todavia, acabou voltando ao Borinage, onde, no verão de 1880, viveu na casa do mineiro Charles Decrucq, em Cuesmes. De lá, no mês de julho, ele escreveu uma carta comovedora (número 133), que descreve o que se passa no mais íntimo de seu ser: "*... minha única ansiedade é: como posso me tornar útil?... Posso servir a algum propósito e fazer algum bem?*" É o velho desejo, o velho anseio para servir e confortar a humanidade, que o levou a escrever mais tarde, quando, finalmente, descobrira sua verdadeira vocação: *"Através de um quadro eu quero dizer alguma coisa confortadora, do mesmo modo que a música é confortadora"*.

Agora, nos seus dias do mais profundo desalento e escuridão, finalmente a luz começava a surgir. Não era nos livros que ele encontraria a satisfação, nem sua vocação seria para a literatura, como algumas vezes sugeriu em suas cartas: ele retornou para seu antigo amor. *"Eu disse a mim mesmo: vou pegar meu lápis... Vou recomeçar meus desenhos... A partir desse momento, tudo pareceu transformar-se para mim..."* Esta frase soa como um grito de libertação; ele acrescenta, um pouco mais adiante: "*... não tenha medo por minha causa. Se ao menos eu puder continuar trabalhando... tudo vai se arranjar para mim*". Finalmente tinha encontrado o trabalho de sua vida, e seu equilíbrio mental foi restaurado; não tinha mais dúvidas a respeito de si mesmo e, por mais difícil ou dura que sua vida voltasse a ser no futuro, a serenidade interior, a convicção interna de que tinha encontrado sua própria vocação haviam de perdurar e nunca mais o abandonariam.

O quartinho na casa do mineiro Ducrucq, que ele tinha de dividir com os filhos de seu hospedeiro, tornou-se também seu primeiro estúdio. Foi ali que ele iniciou sua carreira de pintor, desenhando mineiros indo para o trabalho nas primeiras horas da manhã. Ali também ele copiou, com atividade incessante, seus grandes desenhos no estilo de Millet e, quando o quarto se tornou pequeno demais para ele, passou a trabalhar no jardim.

Com a chegada do frio e o aumento da sua produção, Vincent decidiu que seu alojamento em Cuesmes estava ficando apertando demais e mudou-se em outubro para Bruxelas, onde se instalou em um pequeno hotel, situado na avenida du Midi, nº 72. Estava ansioso para ver quadros novamente, mas, acima de tudo, esperava conhecer e conviver com outros artistas.

No fundo do seu coração, ele sentia uma necessidade muito grande de ter amigos, ser simpático e bondoso. Gostaria de conhecer um artista com quem pudesse viver e trabalhar. Mas seu caráter difícil afastava-o das outras pessoas e inviabilizava seu desejo de convivência e sociabilidade.

Theo, que nesse meio tempo tinha conquistado uma boa posição na galeria parisiense, podia agora ajudá-lo financeiramente e não mais apenas com conselhos. Ele fez Vincent entrar em contato com um jovem pintor holandês, Van Rappard, que tinha trabalhado durante algum tempo em Paris e agora estava estudando na academia de Bruxelas. No começo a amizade não progrediu, porque as diferenças entre o rapaz nobre e rico e o vagabundo sujo de Borinage eram grandes demais; no entanto, o gosto artístico e as opiniões de ambos eram muito semelhantes e os dois acabaram por se entender. Surgiu uma amizade – talvez a única verdadeira que Vincent conseguiu estabelecer na Holanda; durou cinco anos e então foi desfeita por um mal-entendido, que Van Rappard sempre lamentou, embora ele reconhecesse que todo o seu relacionamento com Vincent fora difícil.

"Eu me lembro do momento de nosso primeiro encontro, em Bruxelas, como se fosse ontem: ele chegou ao meu quarto às nove

horas da manhã e, no princípio, não nos demos muito bem, mas nosso relacionamento foi melhorando cada vez mais, à medida que trabalhávamos juntos", escreveu Van Rappard à mãe de Vincent depois da morte deste. E prosseguia: *"Quem quer que tenha assistido a esta existência árdua, trabalhosa e triste não podia deixar de sentir simpatia por esse homem que exigia tanto de si mesmo, que acabou arruinando tanto o corpo como a mente. Ele pertencia àquela casta que produz os grandes artistas. Embora Vincent e eu estivéssemos separados nos últimos anos por um mal-entendido que eu sempre lamentei – nunca deixei de lembrá-lo e recordar o tempo que passamos juntos com grande simpatia. A figura peculiar de Vincent sempre voltará a minha mente envolta em uma luz melancólica mas radiante, ele será para sempre nas minhas recordações aquele Vincent lutador, valoroso, fanático e tenaz, que costumava explodir tão frequentemente em acessos de cólera, que era tão irritadiço, porém, mesmo assim, merecia amizade e admiração pela nobreza de seu intelecto e por suas elevadas qualidades artísticas".*

A opinião de Vincent sobre Van Rappard é claramente revelada em suas cartas. Ele conheceu também através de Theo o pintor Roelofts, mas foi uma relação de menor importância. Vincent não aceitou o conselho de Roelofts para ingressar na Academia de Belas-Artes. Talvez ele tenha até mesmo tentado e não tenha sido admitido, porém o mais provável é que estivesse farto de instituições acadêmicas e de teorias. Na pintura, do mesmo modo que na teologia, ele preferia trilhar seu próprio caminho; foi por essa razão que não entrou em contato com os outros pintores holandeses que viviam nessa época em Bruxelas e estudavam ou ensinavam na Academia, como, por exemplo, Haverman.

Ele estudou Anatomia sozinho, desenhou modelos vivos e, a partir de uma carta que escreveu a seu pai, parece que recebeu lições de perspectiva de um pintor pobre, que lhe cobrava um franco e meio por aulas de duas horas. Não foi possível descobrir o nome desse pintor, mas pode ter sido Madiol.

No final do inverno, com a partida de Van Rappard, em cujo estúdio tinha trabalhado com bastante frequência, ele ansiava por um novo ambiente, especialmente pelas paisagens do campo. As despesas em Bruxelas também eram um tanto pesadas, e ele acreditava que seria mais barato ir morar com seus pais em Etten, onde ele teria cama e comida de graça e poderia usar todo o dinheiro que recebesse para financiar seu trabalho.

Permaneceu com a família por oito meses; o verão de 1881 foi novamente para ele uma época de felicidade. Van Rappard veio visitá-lo e ele sempre recordaria com prazer a estada do amigo na casa paterna. *"E minha visita a Etten! Ainda posso vê-lo sentado junto à janela quando eu entrei"*, escreveu ele na mesma carta à mãe de Vincent citada acima. *"Até hoje recordo o prazer do belo passeio que fizemos todos juntos naquela primeira tarde, através dos campos e ao longo daquela senda estreita! Nossas excursões a Seppen, Passievaart, Liesbosch – frequentemente folheio meus cadernos de esboços até encontrar os desenhos que fiz nesses lugares"*.

No começo de agosto, Theo veio de Paris. Logo depois, Vincent viajou até Haia a fim de se aconselhar com Mauve sobre seu trabalho; este último o encorajou decididamente, o que o levou a retomar seu trabalho com grande entusiasmo. Finalmente, foi nesse período que encontrou a segunda mulher que teria grande influência em sua vida. Entre os hóspedes que passaram o verão na casa paroquial de Etten, veio uma prima de Amsterdã – uma jovem viúva, com sua filha de quatro anos. Totalmente mergulhada no luto e na tristeza pela morte de seu marido, que ela amara com grande ternura, não percebeu que sua beleza e tocante melancolia causavam profunda impressão sobre o primo, alguns anos mais moço que ela. *"Ele era tão bom com meu garotinho"*, escreveu ela mais tarde, ao recordar essa ocasião.

Vincent gostava de crianças e tentou conquistar o coração da mãe através de uma grande devoção demonstrada à filha. Passeavam juntos e conversavam muito; ele também desenhou um retrato dela (que parece haver se perdido). O pensamento de uma relação mais íntima nem sequer passava por sua cabeça e, quando Vincent finalmente se animou a falar de seu amor por ela, sua resposta imediata foi um *não* muito decidido. Ela retornou em seguida para Amsterdã e nunca mais se encontraram. Vincent não queria aceitar sua decisão e, com sua tenacidade inata, continuou tentando e esperando que seus sentimentos para com ele se modificassem. Como suas cartas não tinham resposta, ele acusou tanto os pais dela como os seus de oporem-se ao enlace. Somente tempos depois, numa visita a Amsterdã, quando ela simplesmente se recusou a vê-lo, convenceu-se da total desesperança de seu amor.

"Ele só imaginava estar apaixonado por mim", disse ela, mais tarde; mas para ele, o sentimento era tão sério quanto infeliz, e a recusa foi um divisor de águas em sua vida. Se ela tivesse correspondido ao seu amor, talvez isso o estimulasse a buscar uma boa posição social, pois teria de sustentar tanto ela quanto a criança. Da forma como aconteceu, ele acabou por perder toda e qualquer ambição mundana e, a partir daí, viveu exclusivamente para seu trabalho, sem dar sequer um passo para tornar-se financeiramente independente. Mas não conseguiu ficar em Etten por mais tempo. Ficou irritadiço e nervoso, seu relacionamento com os pais foi-se tornando cada vez mais difícil e em dezembro, depois de uma violenta discussão com o pai, partiu subitamente para Haia.

Os dois anos que ele passou nessa cidade constituíram um período muito importante para sua obra, e suas cartas da época descrevem-no perfeitamente. Seu desalento logo foi superado com a mudança de ambiente e seu relacionamento com Mauve; mas o sentimento de ter sido desprezado e ridicularizado permaneceu por muito tempo: ele sentia-se completamente abandonado. Quando, em janeiro, conheceu uma pobre mulher, abandonada, suja e malvestida, prestes a dar à luz, ele a tomou sob sua proteção, em parte por piedade, mas também para encher o grande vazio que existia em sua vida. *"Espero que esta assim-chamada modelo não lhe cause nenhum prejuízo. Esses maus relacionamentos frequentemente nascem de um sentimento de solidão e insatisfação"*, escreveu seu pai a Theo, que sempre foi o confidente de ambos os lados e tinha de escutar as queixas e preocupações de todos.

O pai não estava longe da verdade. Vincent não sabia viver sozinho; ele queria viver para alguém, queria ter uma esposa e filhos e, já que a mulher que amava o havia rejeitado, pegou a primeira infeliz que cruzou seu caminho, com um filho que não era seu. A princípio, ele tentou convencer Theo, em cada carta que lhe escrevia, de como tinha agido digna e sabiamente; os cuidados e ternura comoventes com que cercou a mulher, quando ela deixou o hospital após o período de convalescença pós-parto, nos atingem pungentemente, quando pensamos sobre quem esse tesouro de amor era derramado. Ele agora se orgulhava de ter a própria família, mas esse sentimento de felicidade começou a deteriorar-se no momento em que começaram a partilhar de fato de uma vida em comum. Começou a ficar insuportável conviver com uma mulher grosseira e ignorante, com o rosto marcado pela varíola. O sotaque era vulgar e seu caráter desprezível. Era alcoólatra e tinha uma vida pregressa altamente discutível, o que dava margem a todo tipo de intrigas e comentários dentro da própria família, razão pela qual ele parou de escrever a respeito de sua vida doméstica. Ela o conquistara posando para os seus quadros (foi o modelo do lindo óleo *Tristeza*). Com o desgaste da relação entre eles, ele parou de utilizá-la como modelo.

Essa ligação infeliz fez com que ele perdesse a simpatia de todas as pessoas em Haia que demonstravam algum interesse por ele. Nem Mauve nem Tersteeg podiam aprovar que ele assumisse a responsabilidade de uma família – e que família! – ao mesmo tempo que permanecia financeiramente dependente de seu irmão mais moço. Tanto os conhecidos como os parentes ficaram chocados ao vê-lo caminhar pelas ruas com uma mulher tão desleixada; ninguém mais queria relacionar-se com ele, e sua vida doméstica era tão tumultuada que ninguém mais vinha visitá-lo. A solidão ao seu redor foi-se tornando cada vez maior e, como de costume, somente Theo o compreendia e continuava a ajudá-lo.

Quando Theo veio visitá-lo pela segunda vez em Haia, no verão de 1883, e viu pessoalmente a situação (a casa estava suja e desarrumada, tudo se encontrava em más condições e, além disso, Vincent contraíra grandes dívidas), aconselhou Vincent a deixar que a mulher seguisse seu próprio caminho, uma vez que era simplesmente impossível que ele levasse uma vida normal. Ela mesma já havia percebido que as coisas não podiam continuar daquela maneira, porque Vincent precisava de uma quantia razoável de dinheiro para adquirir os materiais de pintura e não deixava o suficiente para sustentar a ela e à criança; além disso, ela e sua mãe já haviam feito planos para ganhar dinheiro de outra maneira. O próprio Vincent percebia que Theo estava certo e, em seu coração, ansiava por uma mudança de ambiente e pela liberdade de ir aonde seu trabalho o chamasse. Foi muito difícil desistir da responsabilidade que havia colocado sobre seus próprios ombros e deixar a pobre mulher seguir o seu próprio caminho. Ele a defendeu até o último momento e desculpou suas falhas com estas palavras sublimes: "... *se ela nunca experimentou o que era bom, como ela mesma poderia ser boa?..*".

Foi nesses dias difíceis que ele permitiu a Theo ler seu coração mais profundamente do que nunca. As últimas cartas enviadas de Haia (Cartas 313 a 322) dão a chave para muitas coisas que permaneciam incompreensíveis até então. Pela primeira vez, ele falou abertamente do que tinha acontecido por ocasião de sua demissão da Casa Goupil; mostrou suas dificuldades com o trabalho quando escreveu: "*É... tão doloroso para mim falar com as pessoas. Não é que eu tenha medo delas, nem de falar com elas, mas é que eu sei que causo uma impressão desfavorável*". E acrescentou, muito ingenuamente: "*... o cérebro humano não é capaz de suportar tudo... Olhe só Rappard, que teve febre cerebral e teve de viajar até a Alemanha, a fim de recuperar-se*". Como se ele, de fato, quisesse dizer: "*Não me obriguem a conviver com pessoas estranhas, porque a mesma coisa*

A casa paroquial de Nuenen, vista dos fundos.
O estúdio de Vincent ficava na ala direita.

pode acontecer comigo". Mais uma vez, ele mencionou a velha história de amor em Etten: *"Uma simples palavra... fez-me sentir que... nada se modificou dentro de mim a este respeito, esta é e vai permanecer uma ferida que eu sempre carregarei em meu peito; é profunda demais e não pode ser curada. Passados muitos anos, ainda será tão dolorosa quanto foi no primeiro dia"*. Com isso ele quis dizer claramente como sua vida poderia ter sido diferente sem essa desilusão de amor.

    Quando, em setembro, ele finalmente partiu para Drenthe, tinha feito tudo o quanto estava ao seu alcance para prover o futuro da mulher e da criança. Despediu-se com grande tristeza, especialmente do meninozinho, ao qual amava como se fosse seu próprio filho.

    A viagem a Drenthe demonstrou-se um fracasso, ao invés de trazer-lhe qualquer benefício. Porém algumas de suas cartas mais belas datam desses dias. A estação já estava avançada demais, o campo apresentava um aspecto demasiado inóspito, e aquilo que Vincent desejava mais ardentemente – entrar em contato com alguns artistas, por exemplo, Liebermann – não foi realizado.

    A amarga solidão e a falta de dinheiro causaram uma tensão muito forte sobre seus nervos. Ficou com medo de adoecer e, em dezembro de 1883, voltou às pressas para a casa paroquial onde moravam seus pais, o único lugar do mundo em que podia encontrar um porto seguro.

    Nesse meio tempo, seu pai tinha saído de Etten e sido chamado para assumir a paróquia de Nuenen, uma aldeia nas cercanias da cidade de Eindhoven. O novo local e a região circunvizinha agradaram tanto a Vincent que, em vez de uma curta visita, como ele inicialmente pretendera, permaneceu lá por dois anos. Queria pintar as paisagens do Brabant e seus tipos característicos, e, ao realizar esse objetivo, ignorou todos os obstáculos.

    Viver com seus pais era muito difícil para ambas as partes. Em uma pequena paróquia de aldeia, onde todos sabem de tudo o que acontece, um pintor era obviamente uma anomalia; tanto mais um pintor como Vincent, que tinha rompido de uma forma tão completa com todas as formalidades e convenções e, inclusive, com a própria religião. Deve ter havido um verdadeiro exercício de amor e paciência de parte a parte para que a estada durasse tanto.

Quando as cartas que escrevia de Drenthe para seus pais foram se tornando mais melancólicas, seu pai escreveu ansiosamente a Theo: *"Tenho a impressão de que Vincent está de novo passando por uma crise. Ele parece estar com a mente cheia de melancolia; mas como poderia ser de outro modo? Deve ser muito doloroso para ele lembrar seu passado e como acabaram todos os seus relacionamentos anteriores. Se ao menos ele tivesse coragem suficiente para pensar na possibilidade de que a causa dos seus problemas esteja dentro de si mesmo. Eu não acredito que ele reconheça os seus problemas, só sente rancor pelos outros, especialmente contra aqueles cavalheiros de Haia. Precisamos ter muito cuidado com ele, porque parece estar em uma dessas fases de revolta contra tudo".*

E como eles tiveram cuidado! Quando ele retornou para casa por sua própria decisão, eles o receberam cheios de amor e fizeram tudo que estava a seu alcance para proporcionar-lhe conforto. Estavam orgulhosos, também, do progresso que ele fizera em seu trabalho, sobre o qual – deve ser mencionado – eles não depositavam de início grandes esperanças. *"Você não gostou daqueles desenhos de uma torre, feitos a bico-de-pena, que Vincent lhe mandou? Ele parece ter tanta facilidade para desenhar"*, escreveu seu pai a Theo, nos primeiros dias de dezembro. E depois, a 20 de dezembro: *"Acredito que você esteja ansioso para saber como Vincent está se saindo. A princípio, parecia uma coisa sem esperança, mas, aos poucos, as coisas foram se arranjando por si mesmas, especialmente depois que nós concordamos que ele ficasse conosco durante algum tempo, a fim de fazer alguns estudos. Ele quis que a sala de passar roupa fosse ajeitada para ele, embora nós mesmos não achássemos que fosse adequada. Mandamos colocar uma boa estufa lá dentro; como a peça tinha piso de pedra, mandamos colocar um assoalho de madeira, a fim de torná-la o mais confortável possível; colocamos uma cama em um estrado de madeira, para que a umidade não pudesse subir.*

O resultado foi que a peça ficou bonita, quente e seca, de tal modo que tudo saiu melhor do que esperávamos. Propus mandar abrir uma janela grande em uma das paredes, mas ele não concordou. Para resumir, estamos fazendo essa experiência com todo o cuidado e pretendemos deixá-lo completamente à vontade em suas peculiaridades de vestir, etc. As pessoas daqui, de qualquer modo, já o viram e, embora seja uma pena que ele demonstre tanta reserva, não podemos mudar o fato de que ele é tão excêntrico... Ele parece ocupar-se muito em fazer planos para o seu futuro [de Theo], mas seria inteligente de sua parte não se deixar influenciar a fazer coisas que não sejam práticas, porque, ai de nós!, essa é certamente uma das peculiaridades dele. Uma coisa é certa: ele trabalha muito e encontra todo tipo de modelo por aqui; já fez diversos desenhos de que todos nós gostamos muito".

Esse era o sentimento da parte deles, mas Vincent não estava satisfeito com toda essa bondade. Na verdade, ele ansiava por uma compreensão mais profunda do que seus pais jamais poderiam lhe dar, por mais que se esforçassem. Pela metade de janeiro de 1884, quando sua mãe sofreu um acidente em Helmond e foi trazida para casa com um fêmur fraturado, as relações ficaram menos tensas. Vincent, que se tornara um bom enfermeiro durante sua estada no Borinage, ajudou a cuidar de sua mãe com a maior devoção e, em cada carta escrita nesse período, eles o louvavam por seu auxílio incessante. *"Vincent é incansável e passa o resto do tempo pintando ou desenhando com o maior zelo." "O médico louvou a habilidade e o interesse de Vincent." "Vincent demonstrou ser o enfermeiro ideal e, ao mesmo tempo, ele trabalha [nos desenhos] com a maior ambição." "Eu fervorosamente espero que seu esforço obtenha o maior sucesso, pois é edificante ver o quanto ele trabalha"*, declaravam as cartas escritas em fevereiro.

As cartas do próprio Vincent nessa época eram lúgubres e cheias de queixas e reclamações injustas contra Theo, dizendo que ele nunca vendia nenhum de seus trabalhos e nem sequer tentava, terminando, finalmente, com um brado amargo: *"Você não pode me dar uma esposa, você não pode me dar um filho, você não pode me dar um emprego. Dinheiro, sim. Mas de que me adianta, se eu tenho de passar sem o resto?"* Theo, que sempre o compreendeu, nunca lhe deu uma resposta ferina ou encolerizada, por mais iradas e injustas que fossem as reclamações; um leve sarcasmo era a única réplica que ele se permitia e, mesmo isso, só de vez em quando.

Em maio, Vincent mudou-se para um estúdio novo, maior, mais confortável, com duas peças, na casa do sacristão da igreja católica local. Com isso o seu ânimo melhorou um pouco. Logo depois, Van Rappard veio passar algum tempo com ele novamente. Além disso, durante a enfermidade de sua mãe, Vincent passou a conversar mais com os vizinhos e a fazer amigos na aldeia, pois as pessoas vinham diariamente ver como estava a paciente. Sobre isso ele escreveu:, *"Estou me dando melhor com as pessoas daqui, uma coisa que, para mim, é de grande importância, porque decididamente a gente precisa de algum tipo de distração e, quando me sinto muito solitário, meu trabalho sofre em razão disso".* Mas ele prosseguiu, profeticamente: *"... no entanto, talvez seja melhor eu me preparar para o caso de isso não durar muito".*

Sem dúvida, os tempos difíceis aproximavam-se novamente. Ele ficou amigo de uma das visitantes constantes de sua mãe, a mais jovem de três irmãs que moravam na casa ao lado da residência paroquial. Ela era muito mais velha que ele, não era bonita nem talentosa, mas tinha um espírito vivaz e um coração generoso. Frequentemente, ela e Vincent saíam juntos para visitar os pobres, davam longos passeios juntos e, no que diz respeito a ela pelo menos, a amizade logo se transformou em amor. Quanto a Vincent, suas cartas não dão a impressão de que estivesse apaixonado (o fato é que escreveu muito pouco a respeito), mas, no entanto, parecia inclinado a casar-se com ela. Ao saber do projeto, a família dela protestou veementemente, e brigas violentas ocorreram entre as irmãs, o que fez muito mal ao espírito de Vincent.

"Vincent trabalha bastante, mas não é muito sociável", escreveu sua mãe em julho. E as coisas ainda ficariam piores, porque a irmã mais jovem, violentamente excitada pelas discussões com suas irmãs mais velhas, tentou suicídio. Ela fracassou na tentativa, mas sua saúde ficou tão abalada, que teve de ser transferida para a clínica de um médico em Utrecht. Ela se recuperou completamente e, seis meses depois, retornou a Nuenen; mas o relacionamento deles estava rompido para sempre: e o caso deixou Vincent em grande amargura e desalento.

Para seus pais, as consequências também foram dolorosas, porque, a fim de não se encontrarem com Vincent, os vizinhos passaram a evitar a casa paroquial. *"... o que para mim é uma grande privação, mas você sabe que sua mãe não gosta de se queixar..."*, escreveu a mãe em outubro desse ano, comentando o desfecho do caso. Durante esse período, Van Rappard veio de novo passar uns dias com eles. *"Ele não é uma pessoa de muita conversa, mas trabalha muito"*, escreveu a mãe de Vincent. O próprio Van Rappard escreveu, em 1890, na carta que lhe enviou e que citamos acima: *"Com que frequência eu penso nos estudos dos tecelões, que ele pintou em Nuenen e na intensidade de sentimentos com a qual ele representou suas vidas. Por menos desenvolvida que fosse sua técnica na época, o quadro transmitia uma profunda e verdadeira melancolia. E que estudos lindos ele fez da velha torre da igreja junto do cemitério! Eu sempre vou lembrar o efeito da luz do luar que ele pintou em um deles, o qual me impressionou particularmente nessa ocasião. Quando eu penso nesses estudos, realizados naquelas duas peças junto da igreja, lembro muitas coisas agradáveis: eu recordo todo o ambiente que a cercava – a casa paroquial alegre e hospitaleira, com seu lindo jardim, a família Begemann[46], nossas visitas aos tecelões e aos camponeses. Como eu gostava de tudo isso!"*

Depois que Van Rappard foi embora, Vincent não tinha outras distrações, senão encontrar-se com algumas pessoas em Eindhoven, que tinha conhecido através de um pintor de paredes que o abastecia de tintas. Os "novos amigos" eram um antigo ourives, chamado Hermans, um curtidor, de nome Kerssemakers; e também um telegrafista, cujo nome não foi mencionado. A todos eles Vincent iniciou na técnica e na arte da pintura. O Sr. Kerssemakers registrou suas reminiscências dessa época, no semanário *De Amsterdammer* de 14 e 21 de abril de 1912, incluindo a seguinte descrição do estúdio de Vincent que, de acordo com ele, tinha uma aparência muito "boêmia":

"Era espantoso observar como todo o espaço para pendurar alguma coisa nas paredes ou para colocar alguma coisa em pé contra elas estava totalmente ocupado por pinturas a óleo, desenhos em aquarela ou a lápis de cera. Cabeças de homens e de mulheres com narizes arrebitados de palhaços, malares exageradamente salientes e orelhas grandes que eram estranhamente acentuadas, as mãos pareciam mais patas calosas e enrugadas: tecelões diante de teares, mulheres enrolando novelos de lã, agricultores plantando batatas, camponesas arrancando ervas daninhas das hortas, inumeráveis naturezas-mortas, certamente uns dez estudos a óleo da pequena capelinha de Nuenen, que o entusiasmava tanto que ele a pintara em todas as estações do ano e em todos os tipos de clima (mais tarde, a capelinha foi demolida pelos "vândalos de Nuenen", como ele os chamava). Havia uma grande pilha de cinzas ao redor da estufa, que jamais tinha visto um espanador ou uma

escova de polir metal; num canto havia algumas cadeiras com assento de palhinha e um armário em que estavam armazenados seus curiosos modelos: pelo menos trinta ninhos de pássaros diferentes, todo tipo de musgo e de plantas secas, que ele recolhia em suas andanças pelas charnecas, alguns pássaros empalhados, um fuso grande e uma roca, um conjunto completo de ferramentas agrícolas, bonés e chapéus velhos, toucas e capuzes grosseiros, tamancos, etc".

Ele também descreve a viagem que fizeram juntos a Amsterdã (no outono de 1885), a fim de visitar o *Rijksmuseum*; a maneira como Vincent, usando um sobretudo grosseiro de lã de ovelha e seu inseparável chapéu de pele, sentou-se calmamente na sala de espera da estação ferroviária e se pôs a pintar cenas da cidade. Descreve também o momento em que foram olhar os quadros de Rembrandt no museu, e o deslumbramento de Vincent diante de *A Noiva Judia*; Kerssemakers reproduz suas palavras enquanto admirava o quadro: "Acredite se quiser... *que eu estaria disposto a dar dez anos de minha vida só para continuar sentado aqui em frente a este quadro por uns quinze dias, comendo apenas umas cascas de pão...*".

Comer pão seco não era absolutamente uma novidade para ele; de acordo com Kerssemakers, Vincent só comia pão assim, como se fosse uma espécie de punição, a fim de não "paparicar" demais a si próprio. A sua impressão da obra de Vincent foi registrada da seguinte maneira:

"*Em... minha primeira visita a... Nuenen foi impossível para mim compreender o seu trabalho. Era uma coisa tão totalmente diferente ... tão grosseira e descuidada, tão violenta e inacabada, que... eu fui incapaz de achar alguma coisa bonita ou bem feita. Em minha segunda visita a impressão... foi bem melhor, embora, em minha ignorância, eu ainda achasse que ou ele não sabia desenhar bem ou negligenciava com o maior descaso o desenho de suas figuras humanas; tomei a liberdade de expressar abertamente minha opinião a respeito. Ele não se zangou nem um pouco, apenas riu e disse:* "Mais adiante, você vai mudar de opinião".

Enquanto isso, os dias de inverno passavam melancolicamente na casa paroquial. "*Por amor de Vincent, eu gostaria que o inverno já tivesse acabado: ele não pode trabalhar ao ar livre, e as longas noites não são propícias a seu trabalho. Frequentemente pensamos que seria melhor para ele estar no meio de pessoas que seguissem a mesma profissão, mas não podemos tomar decisões por ele*", escreveu seu pai em dezembro. Sua mãe queixou-se: "*Como é possível que ele se comporte de uma maneira tão pouco gentil? Se ele tem planos para o futuro, ele que vá à luta, ainda é jovem; é quase impossível suportar o seu comportamento. Eu acho que ele quer uma mudança – talvez ele possa encontrar alguma coisa que lhe dê alguma inspiração. Por aqui, tudo está sempre na mesma, e ele praticamente não conversa com ninguém*". Mesmo assim, ela conseguia encontrar um momento de luz no conjunto sombrio: "*Vimos quando Vincent recebeu o livro que você mandou. Ele parece estar gostando muito da leitura. Eu escutei quando ele disse que era um livro muito bom; desse modo, fique sabendo que lhe deu grande prazer. Estou feliz de que recebamos livros regularmente do clube de leitura; as ilustrações das revistas também o deixam muito interessado; também recebemos a* Nouvelle Revue, *etc., de tal modo que, a cada semana, aparece alguma coisa nova que lhe dá grande prazer*".

Incessantemente, Vincent prosseguiu seu trabalho nas cabanas miseráveis dos tecelões e camponeses. "*Raramente iniciei um ano com aspecto mais deprimente e num estado de espírito mais abjeto*", escreveu ele no Dia do Ano-Novo de 1885. "*Ele parece estar-se afastando cada vez mais de nós*", queixava-se seu pai, cujas cartas estavam se tornando cada vez mais melancólicas, como se ele não se achasse capaz de lidar com as dificuldades provocadas pela convivência com seu filho talentoso e irrefreável e se sentisse impotente contra a violência incontrolável de Vincent. "*Esta manhã tive uma conversa com Vincent; sua atitude estava mais gentil que o habitual e declarou que não tinha qualquer motivo para sentir-se deprimido*", escreveu seu pai. "*Espero que ele um dia alcance algum tipo de sucesso*", foram as últimas palavras que escreveu a respeito de Vincent, em uma carta datada de 25 de março. Dois dias mais tarde, chegando a casa após uma longa caminhada através da charneca, ele caiu na soleira da porta e foi carregado para o interior já sem vida.

Seguiram-se tempos difíceis na casa paroquial; a mãe recebeu permissão de ficar por mais um ano, mas para Vincent, esse triste evento provocou uma grande mudança. Como resultado de diversas discussões desagradáveis com os outros membros da família, ele resolveu mudar-se da casa paroquial, passando a dormir no estúdio, onde permaneceu de maio a novembro. Durante esse período ele concentrou-se totalmente em registrar em pintura a vida dos camponeses. Passou esses meses nas cabanas dos tecelões ou nas plantações. *"É uma coisa boa pisar na neve funda durante o inverno; no outono, afundar os pés nas folhas amarelas; no verão, caminhar no meio do trigo maduro; e, na primavera, pisar no capim... sempre no meio dos ceifadores e das camponesas, um céu imenso acima da cabeça durante o verão, junto às fogueiras no inverno, sentir que sempre foi assim e que sempre será."* (Carta 413) Agora, ele se achava em harmonia consigo mesmo e com tudo quanto o cercava e, quando enviou a Theo a sua primeira obra-prima, Os Comedores de Batatas, podia afirmar com plena razão que ela brotara *"do coração da vida camponesa".*

Seguiu-se uma série ininterrupta de estudos: as cabanas dos velhos camponeses e suas esposas com jeito de bruxas, a velha torre da igreja junto ao cemitério, as paisagens de outono e os ninhos dos pássaros, grande número de naturezas-mortas e os poderosos desenhos dos camponeses do Brabant. Foi também em Nuenen que ele escreveu as lindas passagens sobre o emprego e os efeitos da cor, com referência às Leis das Cores propostas por Delacroix. Parece estranho que ele, que seria considerado num futuro próximo um dos primeiros impressionistas ou até mesmo um neo-impressionista, declarasse: *"Há uma escola – segundo creio – de impressionistas. Mas eu sei muito pouco a respeito deles".* (Carta 402) Com seu habitual espírito de contradição, ele acrescentou, mais tarde: *"A partir do que você me contou a respeito dos impressionistas, eu percebi que existe uma diferença com relação ao que eu pensava; mas, quanto a mim, eu acho que Israëls, por exemplo, é tão grande, que não chego a sentir grande curiosidade por este novo movimento, nem me acho agora com desejo de conhecer alguma coisa diferente ou nova. Acredito que ainda vá mudar muito minha pintura, tanto a pincelada como minhas cores, mas espero que elas escureçam bastante, ao invés de iluminar-se".* Mas tão logo ele se mudou para a França, passou a pensar de maneira diferente.

Durante os últimos dias de sua estada em Nuenen, surgiram dificuldades entre ele e o padre católico, que, durante muito tempo, contemplara com maus olhos o estúdio que ficava junto à sua igreja. Os desentendimentos culminaram quando o padre proibiu seus paroquianos de posarem para Vincent, que já estava pensando em uma nova mudança. Ele avisou que ia deixar o estúdio no dia 1º de maio, mas só partiu para Antuérpia no final de novembro, deixando para trás todos os quadros e desenhos pintados no Brabant. Quando, em maio, sua mãe também saiu de Nuenen, tudo o que pertencia a Vincent foi encaixotado e deixado aos cuidados de um carpinteiro de Breda. Esse material ficou abandonado e muitos anos depois o carpinteiro vendeu tudo para um negociante de ferro-velho.

O que Theo pensava de seu irmão nessa época é mostrado em sua carta de 13 de outubro de 1885, escrita para uma de suas irmãs: *"Vincent é uma dessas pessoas que passaram por todas as experiências possíveis através da vida e acabam se retirando do mundo; agora, temos de esperar para ver se ele realmente é um gênio... Eu acho que ele é... Se obtiver sucesso em seu trabalho, ele se tornará um grande homem. Quanto ao sucesso mundano, provavelmente vai acontecer com ele o mesmo que se passou com Heyerdahl, isto é, será admirado por alguns, mas não será entendido pela maioria do público. Aqueles, entretanto, que buscam alguma coisa no artista, mais do que mero brilho superficial, irão respeitá-lo; e, na minha opinião, esta será uma recompensa suficiente pela animosidade de tantos outros".*

Em Antuérpia, Vincent alugou um quartinho sobre a pequena loja de um vendedor de tintas, por vinte e cinco francos ao mês, na rua des Images, nº 194. Era apenas uma pecinha pequena, mas ele a tornou acolhedora, pendurando gravuras japonesas pelas paredes. Depois que alugou uma estufa e uma lâmpada, sentiu-se seguro e escreveu com grande satisfação: *"Não vou me aborrecer facilmente por aqui, posso garantir-lhe"*. Pelo contrário, ele passou a temporada de três meses em uma intoxicação febril de trabalho. A vida da cidade, de que sentira saudade por tanto tempo, o deixava fascinado; ele nem tinha olhos suficientes para vê-la, nem mãos que bastassem para representá-la: ele se deliciava fazendo retratos de todos os tipos interessantes que encontrava e, a fim de pagar os modelos, ele sacrificava tudo quanto tinha. Ele nem ao menos se preocupava em comer. *"... Quando eu recebo... dinheiro, meu maior apetite não é por comida, mesmo que esteja passando fome, mas meu apetite pela pintura é ainda maior: imediatamente saio à cata de modelos e continuo assim, até terminar o dinheiro..."* – escreveu.

Em janeiro, quando percebeu que não podia continuar vivendo dessa maneira, porque as despesas com os modelos, mesmo sendo amadores casuais, eram muito pesadas, ele se matriculou na Academia, que era gratuita e onde encontrava modelos todos os dias. Hageman e De Baseleer se achavam entre seus colegas de estudo; e, da Holanda, também viera Briët. Durante as noites, ele participava também das aulas de desenho e, depois disso, quase todos os dias ficava até altas horas em um botequim fazendo esboços dos clientes. Com tanto esforço, sua saúde foi abalada, e no começo de fevereiro, ele escreveu que estava literalmente desgastado e exaurido; de acordo com o médico, estava em um estado de completa prostração. Mesmo assim, percebeu-se que ele não tinha a menor intenção de abandonar o trabalho. Vítima de seu temperamento, já começava a fazer planos de mudar sua vida. O curso na Academia já estava quase acabando e, além disso, ele tivera vários desentendimentos com os mestres. Era independente demais e demasiado confiante em si mesmo para submeter-se à orientação deles.

Alguma coisa tinha de ser feita. Theo achava melhor que Vincent voltasse para o Brabant, mas este preferia mudar-se para Paris. Theo pediu-lhe que adiasse a viagem, pelo menos até junho, para que ele pudesse alugar um apartamento maior. Mas, com sua impetuosidade habitual, Vincent não queria esperar por tanto tempo e, em uma manhã do final de fevereiro, Theo recebeu em seu escritório no Boulevard um bilhetinho escrito a lápis de cera que dizia: Vincent já havia chegado e esperava por ele no *Salon Carré* do museu do Louvre. Provavelmente, ele deixou todos os seus trabalhos em Antuérpia – talvez seu senhorio, o vendedor de tintas, tivesse ficado com eles em troca do aluguel atrasado do quartinho. Certamente, nenhum dos estudos que ele mencionou em suas cartas – os panoramas do parque, a Catedral de Antuérpia, Het Steen (O Castelo), etc. – jamais foi encontrado novamente.

Depois do encontro no Louvre, Vincent foi morar no apartamento de Theo na rue de Laval. Uma vez que ali não havia lugar para um estúdio, ele trabalhou durante o primeiro mês no estúdio de Cormon, o que não o deixou nada satisfeito. Em junho, quando se mudaram para a rue Lépic nº 54, em Montmartre, ele passou a ter seu próprio estúdio e nunca mais retornou ao de Cormon.

O novo apartamento ficava no terceiro andar, tinha três salas bastante grandes, um quartinho e uma cozinha. A sala de visitas foi decorada de forma muito confortável e acolhedora, com a linda escrivaninha antiga de Theo, um sofá e uma estufa grande, porque os dois irmãos eram muito sensíveis ao frio. Junto a ela ficava o quarto de Theo. Vincent dormia no quartinho e, por trás dele, ficava o estúdio, uma peça de tamanho normal com uma janela não muito grande. As primeiras coisas que ele pintou ali foram inspiradas no ambiente que o cercava – a vista da janela do estúdio, o Moulin de la Galette visto de todos os lados, a janela do pequeno restaurante de Madame Bataille, onde ele fazia as refeições, pequenas vistas de Montmartre, que, nessa época, ainda tinha um aspecto rural – tudo pintado em tons leves e ternos, conforme o estilo de Mauve. Mais tarde, ele pintou flores e naturezas-mortas e tentou renovar sua paleta, sob a influência dos artistas franceses que pintavam ao ar livre, como Monet, Sisley, Pissarro, etc., que já trabalhavam com Theo, que já os tinha apresentado para o público em sua galeria.

Com a mudança de ambiente, sem preocupações materiais e uma vida fácil e confortável, Vincent melhorou muito, tanto sua saúde como seu temperamento. No verão de 1886, Theo escreveu para a mãe: *"Estamos gostando muito do novo apartamento; você nem reconheceria Vincent: ele mudou tanto, que isto chama mais a atenção das outras pessoas que a mim mesmo. Ele teve de fazer uma grande operação na boca, porque tinha perdido quase todos os dentes, devido às más condições de seu estômago. O médico diz que agora ele recuperou totalmente a saúde; está fazendo grandes progressos em seu trabalho e já começou a fazer algum sucesso. Ele está num estado de espírito muito melhor que antes e muitas pessoas daqui gostam dele... Ele arranjou uns amigos que lhe enviam quantidade de flores lindas todas as semanas, as quais ele usa para pintar naturezas-mortas. Ele anda pintando principalmente flores, com o objetivo específico de tornar as cores de seus próximos quadros mais brilhantes e mais claras. Se pudermos continuar a viver juntos desta maneira, e acho que a sua fase mais difícil já ficou para trás, ele finalmente encontrará seu caminho".*

Continuar a viver junto com Vincent era a grande dificuldade; de todas as coisas que Theo fez por seu irmão, provavelmente nenhuma lhe custou maiores sacrifícios do que suportar a convivência com ele durante dois anos. A verdade é que, passada a excitação com a nova vida e os encantos de Paris, Vincent logo recaiu em sua velha irritabilidade; talvez a vida urbana também não combinasse com sua personalidade e lhe estressasse os nervos. Qualquer que fosse a causa, seu temperamento naquele inverno tornou-se pior do que nunca e transformou a vida de Theo em um verdadeiro inferno, já que sua própria saúde não se encontrava nas melhores condições nessa época. Vincent colocava uma grande tensão sobre Theo, cujo trabalho era muito exigente e exaustivo: ele tinha transformado a galeria do bairro de Montmartre em um centro dos impressionistas: ele apresentava quadros de Monet, Sisley, Pissarro, além de Raffaelli e Degas – que não conseguia expor em nenhum outro lugar – Seurat, etc. Todo o final de tarde, muitos colecionadores e apreciadores lotavam o porão da galeria, e se estabeleciam acirrados debates em torno da nova arte que Theo expunha. E ele defendia até a exaustão seus jovens pintores não só perante o público como perante *ces messieurs*, como Vincent sempre chamava os proprietários da firma.

 Quando ele chegava em casa, exausto todas as noites, não encontrava repouso; o impetuoso e violento Vincent começava a expor-lhe suas próprias teorias a respeito da arte e do comércio de arte, concluindo sempre que Theo deveria abandonar a Casa Goupil e abrir sua própria galeria. Em geral, essas discussões estendiam-se noite a dentro; de fato, em certas ocasiões, ele chegava a sentar-se em uma cadeira ao lado da cama de Theo, a fim de arrematar seus últimos argumentos. *"Você faz ideia de como é difícil, às vezes, não poder conversar com mais ninguém, exceto com cavalheiros que falam de assuntos comerciais e artistas que, em geral, passam por grandes dificuldades na vida? – sem nunca entrar em contato com mulheres e crianças de seu próprio meio? Você não consegue fazer ideia da solidão de que somos tomados em uma cidade grande"*, escreveu Theo certa vez à sua irmã mais moça.

 Era também para ela que, em determinados momentos, ele abria seu coração com referência a Vincent: *"Minha vida doméstica é quase intolerável. Ninguém mais quer me visitar, porque a conversa sempre termina em discussões e, além disso, ele é tão desleixado que a sala permanece sempre uma enorme bagunça. Eu gostaria que ele fosse morar sozinho. Ele algumas vezes concorda, mas tenho certeza de que, se eu lhe dissesse para se mudar, isso só significaria para ele mais um motivo para ficar. Até parece que eu não lhe faço bem algum; a única coisa que lhe peço é que não me prejudique; todavia, ao permanecer comigo, é justamente o que ele faz, porque eu quase não consigo mais suportar"*. Mais adiante, ele escreve: *"É como se houvesse duas pessoas em um só corpo: uma é maravilhosamente bem-dotada, carinhosa e refinada, enquanto a outra é egoísta e de coração duro. Essas personalidades se alternam, de tal modo que primeiro a gente o escuta falar de uma maneira, depois da outra, sempre apresentando uma série de argumentos em favor de ambos os lados de uma discussão. É uma pena que ele seja seu pior inimigo, porque ele torna a vida difícil não somente para os outros, mas especialmente para si próprio"*.

Entretanto, quando sua irmã o aconselhava a *"abandonar Vincent, pelo amor de Deus"*, Theo respondia: *"É um caso tão peculiar. Se ao menos ele tivesse outra profissão, há muito tempo eu já teria feito o que você está me aconselhando. Frequentemente eu me interroguei se não estava agindo de maneira errada em ajudá-lo assim, permanentemente: muitas vezes, estive a ponto de deixá-lo virar-se sozinho. Depois de receber sua carta, eu pensei nisso novamente, mas cheguei à conclusão de que devo continuar a protegê-lo. Ele certamente é um grande artista, e mesmo se o que ele pinta agora nem sempre seja bonito, certamente lhe será de grande utilidade no futuro: talvez seu trabalho venha a ser sublime, e eu me sentiria muito envergonhado de tê-lo impedido de realizar seus estudos com regularidade. Por menos prático que possa ser, se ele tiver sucesso em seu trabalho, certamente chegará o dia em que ele irá começar a vender seus quadros... Estou firmemente resolvido a continuar da mesma forma que até agora, mas realmente espero que ele, por sua própria iniciativa encontre um outro lugar para morar"*.

Mas essa separação nunca chegou a ocorrer. O velho amor e amizade que os ligava desde a infância nunca cessou, nem mesmo nessas circunstâncias. Theo conseguia controlar-se e, na primavera, escreveu: *"Já que agora estou me sentindo muito mais forte que no inverno passado, espero ter condições de fazer alguma coisa para que melhore nosso relacionamento; fora isso, pelo menos no presente, não haverá outras mudanças e, para falar a verdade, estou satisfeito com isso. Nossa família já se espalhou tanto pelo mundo que acho errado causar ainda mais separações"*. Cheio de coragem, ele prosseguiu ajudando Vincent a carregar o fardo de sua vida.

Com a chegada da primavera, tudo melhorou. Vincent podia trabalhar ao ar livre de novo e passou a pintar frequentemente em Asnières, onde realizou o lindo tríptico da *L'Île de la Grande Jatte*, mostrando as margens do Sena, com os pequenos restaurantes alegres e brilhantes, os barquinhos ao longo do rio, os parques e jardins, tudo cintilando de luz e cor. Nessa época, ele se encontrava muito com Émile Bernard, um jovem pintor, quinze anos mais moço, que ele conhecera no estúdio de Cormon. Ele tinha um pequeno estúdio de madeira no quintal da casa de seus pais, em Asnières, onde, em certas ocasiões, eles trabalharam juntos e no qual Vincent iniciou um retrato de Bernard. Porém chegou um dia em que ele teve uma violenta discussão com o velho Sr. Bernard, envolvendo os projetos deste último para seu filho. Vincent não suportava ser contrariado por ninguém; ele saiu às pressas, carregando o retrato ainda úmido embaixo de braço, e nunca mais pôs os pés na casa dos Bernard. Mas a amizade com o jovem Bernard continuou e suas *Cartas de Vincent van Gogh* (publicadas pelo editor Vollard, de Paris) contêm as páginas mais belas jamais escritas por Vincent.

Durante o inverno de 1887-1888, Vincent novamente pintou retratos – o famoso autorretrato diante do cavalete, mas também muitos outros autorretratos. Pintou também o retrato do Tio Tanguy, o velho comerciante de tintas da rue Clauzel, que permitia a seus clientes exporem seus quadros em suas vitrines. Ocasionalmente, ele foi descrito como um mecenas; mas o pobre velho estava completamente desprovido das qualidades necessárias para tal papel e, mesmo que as possuísse, sua esposa era esperta e econômica e nunca lhe permitiria exercê-lo. Pelo contrário, ele enviava, com pleno direito e justiça, contas muito meticulosas pelas tintas que fornecia e não entendia muito bem os quadros que deixava expor em suas vitrines.

O famoso quadro *Interior com uma Dama Junto ao Berço* foi criado nesse período. Quando Theo, que nesse inverno tinha comprado alguns quadros de jovens artistas a fim de ajudá-los, quis fazer o mesmo com relação a Vincent, este último pintou para ele a linda *Natureza-Morta em Amarelo*, cintilante e irradiante, como se tivesse brilho próprio, e a dedicou com letras vermelhas, *"a meu irmão Theo"*.

No final do inverno, ele se cansou de Paris; a vida urbana era demais para ele, o céu, demasiado cinzento, o clima, muito frio. Em fevereiro de 1888, ele viajou para o sul. *"Depois de tantos anos de privações e infortúnio, sua saúde não tinha melhorado em nada e ele, decididamente, preferia um clima mais ameno"*, escreveu Theo. *"Primeiro, ele foi a Arles, a fim de observar a região, mas depois, provavelmente, vai se instalar em Marselha. Antes que ele partisse, eu o levei para assistir a um concerto de Wagner; ambos gostamos muito da música. Ainda me parece estranho que ele tenha ido embora. Ultimamente, ele tem significado muito para mim"*. Bernard conta como Vincent trabalhou nesse último dia em Paris, limpando e arrumando o estúdio, *"para que meu irmão pense que ainda estou aqui"*.

Foi em Arles que Vincent atingiu seu apogeu. Após a opressão da vida parisiense, seu amor inato pela natureza fez com que ele revivesse na Provença ensolarada. Seguiu-se um período feliz, em que sua produtividade foi imensa e sem perturbações. Sem dar grande atenção à própria cidade de Arles, com suas famosas ruínas da arquitetura imperial romana, ele foi pintar as paisagens ao redor, a riqueza gloriosa das flores da primavera, uma série de pomares em botão, os trigais sob o sol causticante da época da ceifa, uma riqueza quase embriagadora das cores do outono, a gloriosa beleza dos jardins e praças. Alguns dos melhores quadros dessa época são da série *O Jardim do Poeta*, onde ele viu, como em uma visão, os fantasmas de Dante e de Petrarca. Em Arles ele pintou *O Semeador, Os Girassóis, A Noite Estrelada, O Mar Diante de Stes.-Maries* – seu impulso criador e sua energia pareciam inesgotáveis. *"Eu tenho uma terrível lucidez em certos momentos, nestes dias em que a natureza é tão bela; deixo de ter consciência de mim mesmo e a pintura vai se criando a si mesma, como se fosse em um sonho"*, escreveu ele, exclamando em êxtase: *"Finalmente descobri que a vida é quase encantada"*.

A partir de então suas cartas, escritas em francês, passaram a refletir completamente o que se passava dentro dele. Algumas vezes, mesmo quando havia escrito pela manhã, sentava-se de novo à noite a fim de contar a seu irmão quão esplêndido tinha sido o seu dia. *"Nunca tive antes uma oportunidade assim: aqui a natureza é extraordinariamente bela."* No dia seguinte: *"Eu sei... que já lhe escrevi hoje, mas, novamente, o dia foi tão belo! Só lamento é que você não possa ver o que estou vendo por aqui"*.

Completamente absorvido pelo seu trabalho, como se encontrava então, a grande solidão que o cercava em Arles não o perturbava. Exceto por um breve contato com McKnight, Bock e Milliet, o tenente dos zuavos, ele não fez qualquer amizade. Porém, depois que alugou uma casinha na Place Lamartine, onde ficou morando sozinho, arrumando-a segundo seu próprio gosto – decorando-a com seus próprios quadros e transformando-a em uma *maison d'artiste* –, ele sentiu novamente o velho anseio que já expressara no início de sua carreira de pintor em 1880: associar-se com outro artista, para viverem e trabalharem juntos. Foi então que ele recebeu uma carta de Paul Gauguin, que estava na Bretanha. O pintor dizia que estava literalmente quebrado, completamente sem dinheiro, e pedia que Vincent intercedesse junto a Theo para que ele aceitasse vender seus quadros: *"Eu queria escrever a seu irmão, mas tenho medo de incomodá-lo, porque sei que é um homem muito ocupado. O pouco que consegui vender é apenas o suficiente para pagar as dívidas mais urgentes e, dentro de no máximo um mês, não vou dispor de absolutamente nada. O zero é uma força negativa... Eu não quero importunar seu irmão, mas se você lhe enviasse algumas linhas a este respeito, minha mente se tranquilizaria ou, pelo menos, saber disso me ajudaria a ter paciência. Meu Deus, como são terríveis essas questões de dinheiro para um artista!"*

Imediatamente, Vincent agarrou-se à ideia de ajudar Gauguin. Ele tinha de vir para Arles, onde eles viveriam e trabalhariam juntos. Theo pagaria as despesas e Gauguin lhe daria quadros em troca. Vezes sem conta ele insistiu nesse plano, com sua perseverança e teimosia inatas, embora, a princípio, Gauguin não parecesse sentir a menor inclinação em concordar com essa empreitada. Eles tinham se conhecido em Paris, mas não fora mais que um conhecimento superficial; e eram demasiado diferentes, tanto em talento como em caráter, para conseguirem harmonizar-se em uma convivência diária.

Gauguin, nascido em Paris no ano de 1848, era filho de um jornalista bretão que trabalhava em Paris, enquanto sua mãe era uma *créole* americana. Sua juventude foi cheia de aventuras: partira para o mar como grumete, trabalhara em um banco e pintava somente em suas horas de folga. Então, depois de casar-se e constituir família, devotou-se inteiramente à arte. Sua esposa e filhos retornaram para a cidade em que ela nascera, Copenhague, na Dinamarca, uma vez que ele era totalmente incapaz de sustentá-los. Ele viajou para a Martinica, nas Antilhas, onde pintou, entre outros, seu famoso quadro, *Les Negresses*. Na época ele se achava em Pont-Aven, na Bretanha, sem a menor fonte de renda; sua grande necessidade de dinheiro fez com que aceitasse a proposta de Vincent e se mudasse para Arles. A tentativa foi um triste fracasso, que trouxe consequências quase fatais para Vincent.

Não obstante os meses de esforços sobre-humanos por que passara, ele forçou cada nervo em seu corpo a uma nova manifestação de poder, antes que Gauguin chegasse. "*Sou vaidoso o suficiente para querer causar uma certa impressão sobre Gauguin através de minha obra... Eu consegui... avançar no meu trabalho, fui tão longe quanto pude, em meu grande desejo de lhe mostrar alguma coisa nova e também para não me sujeitar a sofrer sua influência... antes que eu lhe possa mostrar minha própria originalidade*", escreveu Vincent na carta 556. Quando percebemos que neste último surto de trabalho se encontra um dos quadros mais famosos de Vincent, *La Chambre à Coucher* (O Quarto de Dormir), além da série do *Jardim do Poeta*, só podemos ficar céticos diante da afirmação posterior de Gauguin de que, antes de sua chegada, Vincent estava apenas espalhando tintas na tela e que ele só progrediu devido às lições que Gauguin lhe teria ministrado. A partir daí podemos avaliar a precisão da descrição completa do episódio em Arles feita por Gauguin, que é, na verdade, uma curiosa mistura de verdade e ficção.

O fato é que Vincent estava completamente exausto e tenso além do limite, incapaz de medir forças contra o duro Gauguin, com seus nervos fortes e raciocínio frio. Logo o relacionamento se transformou em uma luta silenciosa entre eles. Tiveram discussões intermináveis, enquanto fumavam seus cachimbos na pequena casa amarela, discussões estas que em nada colaboravam para acalmar Vincent. "*Seu irmão realmente é um pouco agitado e espero conseguir tranquilizá-lo aos poucos*", escreveu Gauguin a Theo, logo depois de sua chegada a Arles. Para Bernard, ele relatou com maior franqueza que realmente existia muito pouca simpatia entre Vincent e ele próprio. "*Vincent e eu, em geral, concordamos em muito poucas coisas, especialmente a respeito de pintura. Ele admira Daudet, Daubigny, Ziem e o grande Rousseau – toda essa gente que eu não suporto.*

E, ao contrário, detesta Ingres, Rafael, Degas – pessoas que eu admiro. Eu lhe respondo: 'Brigadeiro, você tem toda razão', a fim de conseguir um pouco de paz. Ele realmente gosta muito de meus quadros, mas quando eu estou pintando, ele sempre acha que estou errado nisto ou naquilo. Ele é romântico, enquanto eu me inclino muito mais para o lado primitivo". Anos depois Gauguin escreveu sobre esse período: *"Entre nós dois, ele um verdadeiro Vulcano e eu também fervendo, desde o começo se preparava algum tipo de luta.."*

A situação foi tornando-se cada vez mais tensa. Na segunda quinzena de dezembro, Theo recebeu de Gauguin a seguinte carta: *"Prezado Sr. Van Gogh: Ficaria grandemente agradecido se me enviasse parte do dinheiro dos quadros que vendeu. Afinal de contas, tenho de voltar a Paris. Vincent e eu simplesmente não conseguimos viver juntos em paz, devido à incompatibilidade de gênios, e ambos necessitamos de tranquilidade para desenvolver nosso trabalho.*

"Ele é um homem dotado de uma inteligência notável; eu o respeito profundamente e lamento ter de deixá-lo; mas, repito, é necessário. Aprecio toda a delicadeza de sua conduta com relação a mim e peço-lhe que me perdoe por tomar esta decisão". Vincent também escreveu, na Carta 565, que Gauguin parecia estar cansado de Arles, tanto quanto da "casa amarela" e dele próprio. Mas a disputa já estava armada; Gauguin escreveu uma nova carta a Theo, pedindo-lhe que este considerasse seu retorno a Paris somente como uma possibilidade mais ou menos remota. Com certeza as coisas tinham se acalmado momentaneamente. Mas era somente a calmaria que antecede à tempestade.

Na véspera do Natal – Theo e eu tínhamos acabado de noivar e pretendíamos viajar para a Holanda juntos (eu estava hospedada em Paris em casa de meu irmão, Andries Bonger, que era amigo de Theo e de Vincent) – chegou um telegrama de Gauguin que chamava Theo a Arles. Na noite de 24 de dezembro, Vincent, em um estado de violenta excitação, *un accès de fièvre chaude* (um acesso de febre intensa), tinha cortado fora um pedaço de sua própria orelha e o levara de presente a uma mulher que trabalhava em um bordel. Uma grande confusão se seguira. O carteiro Roulin tinha acompanhado Vincent até em casa. A polícia foi chamada pela vizinhança, ele foi encontrado inconsciente e sangrando na cama, e o levaram para o hospital. Foi lá que Theo o encontrou, em uma severa crise, ficando com ele durante todo o período de festas de Natal. O médico considerou que sua situação era muito séria.

"*Houve momentos, enquanto eu estava com ele, que ele parecia bem, mas, logo depois, recaía em suas preocupações a respeito de filosofia e teologia. Isso era dolorosamente triste de contemplar, pois, em certas ocasiões, todos os seus sofrimentos afloravam e ele tentava chorar, mas nem isso conseguia; pobre lutador e pobre, pobre sofredor. Nesse momento, ninguém poderia fazer qualquer coisa para aliviar-lhe daquele sofrimento forte e profundo. Se ele tivesse encontrado alguém com que pudesse abrir o coração, talvez nunca tivesse chegado a esse ponto*", escreveu-me Theo, depois que ele retornou a Paris, trazendo Gauguin. E, no dia seguinte: "*Ainda há esperança, mas durante sua vida ele já realizou muito mais que a maioria, ao mesmo tempo que sofreu e lutou muito mais que grande parte das pessoas seria capaz. Se ele tiver de morrer, então que seja, mas fico de coração partido, cada vez que penso nessa possibilidade*".

A ansiedade durou mais alguns dias. Dr. Rey, o médico encarregado do hospital, a cujos cuidados Theo confiara Vincent com tanta insistência, manteve-o constantemente informado: "*Sempre terei prazer em enviar-lhe notícias, porque eu também tenho um irmão e também eu fui separado de minha família*", escreveu ele a 29 de dezembro, quando os prognósticos ainda eram muito ruins. O ministro protestante, o Rev. Sr. Salles, também visitou Vincent e escreveu a Theo a respeito de suas condições. E além desses – o último, mas não o menos importante –, havia o carteiro Roulin, que estava muito impressionado com o acidente que ocorrera com seu amigo Vincent, em companhia do qual ele passara muitas horas agradáveis no *Café de la Gare*, de Joseph Giroux. Nesse café ele havia pintado belos retratos do próprio Roulin e de Josephe e sua família. Todos os dias ele ia até o hospital em busca de notícias, que transmitia fielmente a Paris. Como ele não tinha uma boa caligrafia, seus dois filhos, Armand e Camille, se alternavam no ofício de secretários. Sua esposa, que posou para *La Berceuse* (Madame Giroux foi também o modelo de *La Arlésienne*), também visitava o amigo doente e testemunhou o seu primeiro sinal de melhora, quando Vincent indagou da saúde da pequena Marcelle, o lindo bebê que ele tinha pintado há tão pouco tempo.

Foi quando as condições de saúde de Vincent melhoraram subitamente. O Reverendo Sr. Salles escreveu a 31 de dezembro que tinha encontrado Vincent perfeitamente calmo. Ele havia dito que estava ansioso para começar a pintar de novo. Um dia depois, o próprio Vincent escreveu a lápis um bilhete destinado a tranquilizar Theo e, em janeiro, chegou outro bilhete dele, ao qual o Dr. Rey acrescentou algumas palavras igualmente tranquilizadoras. A 5 de janeiro, chegou uma carta entusiástica de Roulin: *"Vincent já está totalmente recuperado. Está melhor do que antes daquele acidente infeliz"*. Roulin informava que ia ele mesmo falar com o médico e dizer-lhe para dar alta a Vincent, a fim de que este pudesse retomar as suas pinturas. No dia seguinte, eles saíram do hospital e passaram quatro horas juntos. *"Lamento muito que minhas primeiras cartas fossem tão alarmantes e peço-lhe perdão; estou muito satisfeito em lhe dizer que me enganei neste caso. Ele apenas lastima todo o trabalho que lhe deu e sente muito pela ansiedade que lhe causou. Tenha certeza de que farei tudo quanto estiver a meu alcance para distraí-lo"*, escreveu Roulin.

A 7 de janeiro, Vincent deixou o hospital, aparentemente recuperado por completo; mas a partir daí, infelizmente, qualquer grande excitação ou fadiga fazia com que voltassem os ataques nervosos... Eles duravam por períodos variáveis de tempo. Quando melhorava, voltava ao trabalho com o antigo vigor. Em fevereiro, ele foi levado de volta ao hospital por um breve espaço de tempo. Depois de seu retorno para a "casa amarela", os vizinhos, que tinham passado a temê-lo, fizeram uma petição ao prefeito, alegando que era perigoso deixá-lo em liberdade. Em consequência, ele foi de fato enviado de volta ao hospital a 27 de fevereiro – dessa vez, sem motivo algum. O próprio Vincent manteve o mais profundo silêncio sobre esse episódio infeliz, durante um mês inteiro, mas o Reverendo Salles enviou a Theo um relatório fidedigno. A 2 de março, ele escreveu: *"Os vizinhos armaram uma confusão sem o menor motivo. Os atos que atribuíram a seu irmão (mesmo que tenham sido exatos) não justificam acusar um homem de insanidade ou privá-lo de sua liberdade. Infelizmente, aquela ação tola que originou sua remoção inicial para o hospital faz com que as pessoas interpretem de maneira errônea qualquer coisa singular que o pobre jovem faça: em qualquer outra pessoa, permaneceria sem ser notada, mas* vinda dele, qualquer coisa imediatamente assume uma importância particular... Como eu lhe escrevi ontem, no hospital todos tiveram uma boa impressão dele... Afinal, é o médico – e não o chefe de polícia – que pode julgar esse tipo de questão".

Mas o incidente causou profunda impressão sobre Vincent e acabou resultando em outro ataque, do qual, dessa vez, ele se recobrou com espantosa rapidez. Novamente, foi o Reverendo Salles que informou Theo sobre a recuperação de Vincent. A 18 de março, ele escreveu: "*Seu irmão conversou comigo com perfeita calma e lucidez a respeito de sua condição e também sobre a petição assinada por seus vizinhos. A petição deixou-o muito magoado. 'Se a polícia,' disse ele, 'tivesse protegido minha liberdade, impedindo que as crianças e até mesmo os adultos se juntassem ao redor de minha casa e trepassem pelas janelas como fizeram (como se eu fosse alguma espécie estranha de animal), eu mais facilmente teria conservado o controle de mim mesmo; seja como for, nunca fiz mal a ninguém'. Em resumo, achei seu irmão transformado; Deus permita que essa mudança favorável seja mantida. Sua doença é imprevisível: é impossível entender as mudanças súbitas e completas que ocorrem dentro dele. É evidente que, enquanto ele se mantiver nas condições em que eu o encontrei, não há o menor motivo para interná-lo em um hospício; ninguém, tanto quanto eu sei, teria esse tipo de coragem sinistra*". Um dia depois dessa entrevista com o Reverendo Salles, Vincent escreveu de novo a Theo temendo que esses ataques nervosos passageiros se transformassem em uma moléstia crônica. E, com uma resignação tranquila, ele concluiu: "*...sofrer sem queixar-se é a única lição que deve ser aprendida nesta vida*".

Ele logo recuperou a liberdade, mas continuou morando no hospital até que o Reverendo Salles lhe conseguiu novas acomodações em outro lado da cidade. Sua saúde tinha ficado tão boa que o Reverendo escreveu, a 19 de abril: "*Algumas vezes parece não ter ficado nenhuma sequela desse ataque que o afetou de maneira tão severa*". Porém, quando ele estava a ponto de assinar o contrato com o novo senhorio, subitamente confessou ao Reverendo Salles que não tinha coragem de instalar-se em um novo estúdio e que ele mesmo achava que seria melhor internar-se em algum sanatório durante alguns meses. "*Ele está plenamente consciente de sua condição e me fala a respeito de sua doença, cujo retorno ele teme, com tocante candura e simplicidade*", escreveu o Reverendo Salles. "'*Eu não estou preparado*', *disse-me ele anteontem*, '*para dirigir nem a mim mesmo nem os meus negócios. Eu me sinto muito diferente do que eu era antes*'." O Reverendo Salles então procurou nas redondezas e recomendou o Asilo de St.-Rémy, que se localizava bem perto de Arles; ele acrescentou que os médicos de Arles aprovavam a mudança, "*devido ao fato de que, tão logo deixasse o hospital, seu irmão ficaria completamente só*".

Era isso que mais preocupava Theo. Logo antes de nosso casamento, em resposta à minha pergunta sobre se Vincent não preferiria voltar a Paris ou se não preferiria passar algum tempo com sua mãe e irmãs na Holanda, já que estava tão sozinho em Arles, Theo me escreveu: "*Sim, uma das maiores dificuldades é justamente que, com boa ou má saúde, ele está totalmente isolado do mundo exterior. Mas, se você o conhecesse, estaria duplamente consciente de como é difícil resolver a questão do que deve ou pode ser feito por ele. Como você sabe, já faz muito tempo que ele rompeu com essas coisas que se denominam sob o rótulo de "convenções". O jeito como ele se veste e suas maneiras mostram imediatamente que ele é uma personalidade incomum, e as pessoas que o veem vão logo dizendo: esse cara é louco. Para mim, isso não tem a menor importância, mas para Mamãe, é uma situação insuportável. Depois, existe alguma coisa em sua maneira de falar que faz com que as pessoas logo passem a gostar ou a desgostar imensamente dele. Sempre existem pessoas ao seu redor que simpatizam com ele, mas também já fez muitos inimigos. É impossível para ele relacionar-se com as pessoas de forma normal e despretensiosa: sempre é ódio ou paixão. É difícil, mesmo para aqueles que são os seus melhores amigos, ficar em bons termos com ele por muito tempo, porque ele não respeita os sentimentos nem as opiniões de ninguém. Se eu tivesse tempo, iria até ele e, por exemplo, faria uma excursão a pé junto com ele. É a única coisa, imagino eu, que pode realmente lhe fazer bem. Se eu pudesse encontrar algum desses pintores que estivesse disposto a fazer isso em meu lugar, eu o contrataria para essa empreitada. Mas aqueles com quem ele gostaria de ficar têm um certo medo dele, uma circunstância que a visita de Gauguin a Arles não fez nada para modificar.*

"*E depois, há ainda outra coisa que me deixa com medo de trazê-lo de volta para cá. Em Paris, ele viu muitos motivos que gosta-*

ria de pintar, mas vezes sem conta seus planos foram frustrados. Os modelos não queriam posar para ele; foi até proibido de pintar nas ruas; com seu temperamento irascível, provocava cenas desagradáveis, as quais o excitavam tanto que ele ficava totalmente intratável. O resultado é que Vincent ficou com uma verdadeira aversão a Paris. Se ele mesmo manifestasse o desejo de retornar para cá, eu não hesitaria nem por um momento... mas, por outro lado, eu acredito que a melhor coisa que posso fazer em benefício dele é deixá-lo seguir suas próprias inclinações. Uma vida tranquila é algo totalmente impossível para ele, exceto sozinho no meio da natureza, ou entre pessoas muito simples, como os Roulins; porque, onde quer que ele vá, deixa o rastro de sua passagem. Seja lá o que for que ele veja e ache que está errado, tem de criticar imediatamente, o que, muitas vezes, provoca desentendimentos.

"Espero que ele possa encontrar no futuro uma esposa que o ame tanto que se disponha a compartilhar de sua vida: mas não vai ser nada fácil. Você recorda daquela moça, personagem do livro A Terra Virgem, de Turgeniev? Aquela que se juntou aos niilistas e atravessou a fronteira com os papéis comprometedores? Eu imagino que a mulher adequada para ele seja assim – alguém que conheceu a fundo as misérias da vida... Uma coisa que me dói muito é não poder fazer alguma coisa realmente importante e eficiente por ele. Para pessoas incomuns, são necessários remédios incomuns, e imagino que eles serão encontrados somente em lugares onde as pessoas comuns nem sequer pensariam em procurar."

Agora foi o próprio Vincent que decidiu internar-se em St.--Rémy.

Inicialmente Theo achou que a resolução de Vincent era mais uma espécie de autossacrifício a fim de não incomodar mas ninguém; assim, Theo escreveu-lhe uma vez, perguntando enfaticamente se ele não preferiria ir para Pont-Aven ou voltar a Paris.

Porém, quando Vincent manteve firmemente sua decisão, Theo escreveu-lhe: *"Eu não considero que sua ida para St.-Rémy seja uma retirada do mundo, como você disse, mas simplesmente um repouso temporário para obter sua cura, que o ajudará a retornar com forças renovadas. Acho que uma das razões da sua doença é o seu descuido consigo mesmo, com sua saúde. Em um estabelecimento como esse de St.-Rémy você tem que seguir certas regras, como obedecer aos horários das refeições, por exemplo; e acredito que esse tipo de regularidade não vai lhe causar mal algum – muito pelo contrário".* [101]

Theo acertou tudo com o diretor do estabelecimento, o Dr. Peyron. O acordo incluía um quarto particular para Vincent, mais uma peça em que ele pudesse pintar e a recomendação para que dessem tanta liberdade quanto possível para que ele pudesse passear à vontade. Vincent partiu para St.-Rémy no dia 8 de maio, acompanhado pelo Reverendo Salles, que escreveu a Theo no dia seguinte: *"Nossa jornada a St.-Rémy foi realizada dentro das melhores condições possíveis. O Sr. Vincent permaneceu totalmente calmo e ele mesmo expôs seu caso ao diretor, como um homem plenamente consciente de suas condições. Ele ficou comigo até o momento da minha partida e, quando me despedi dele, agradeceu-me calorosamente, parecendo um pouco comovido ao pensar na nova vida que o aguardava naquela casa. O Sr. Peyron garantiu-me que todos terão com ele toda a gentileza e consideração que sua situação exige".*

Que tocante soa esse "um pouco comovido" pela partida de seu fiel companheiro! Sua despedida quebrava o último laço que prendia Vincent ao mundo exterior; ele ficou isolado, imerso naquilo que era pior que a maior das solidões; cercado de neuróticos e lunáticos, sem ninguém com quem pudesse conversar, ninguém que pudesse compreendê-lo. O Dr. Peyron tinha a maior boa vontade, mas era um homem reservado e silencioso; as cartas mensais através das quais ele mantinha Theo informado da situação não evidenciavam a cálida simpatia demonstrada pelos médicos que atendiam no hospital de Arles.

Vincent passou um ano inteiro nesse ambiente no mínimo melancólico, lutando com energia inquebrantável contra os ataques incessantes de sua moléstia, enquanto continuava sua obra com o mesmo zelo incansável. Afinal, ela era a única coisa que podia mantê-lo vivo, agora que tudo mais lhe tinha falhado. Ele pintou a paisagem desolada que via de sua janela do nascer ao pôr do sol; caminhava até lugares distantes a fim de pintar as extensões de prados que avançavam até os contrafortes dos Alpes; pintava os olivais, com seus ramos retorcidos e desamparados, os ciprestes lúgubres, o jardim sombrio do asilo; foi aqui também que ele pintou o *Ceifeiro* – segundo ele, *"uma imagem da morte, como o grande livro da natureza a descreve".*

Não era mais o trabalho esfuziante, ensolarado e triunfante de Arles. Na obra de agora, soava um tom muito mais triste e profundo do que o emitido pelos clarins agudos de suas sinfonias em amarelo, executadas durante o ano anterior; sua paleta se tornara mais sóbria, melancólica.

"*Sofrer sem queixar-se*" – quão bem ele tinha aprendido essa lição. Quando o mal traiçoeiro o atacou novamente em agosto, justamente quando ele já esperava estar totalmente curado, apenas emitiu um comentário desalentado: "*Não vejo mais qualquer possibilidade de readquirir a coragem ou a esperança*".

Lutou dolorosamente durante aquele inverno, durante o qual ele pintou algumas de suas mais belas obras: a *Pietà*, no estilo de Delacroix; *A Ressurreição de Lázaro* e *O Bom Samaritano*, pastiches de Rembrandt, e *As Quatro Horas do Dia*, em que imitava Millet. Seguiram-se alguns meses, durante os quais ele não conseguiu trabalhar, mas agora ele sentia que perderia a energia para sempre se permanecesse por mais tempo nesse ambiente fatal; ele *tinha que sair* de St.-Rémy.

Já há algum tempo, Theo vinha procurando algum lugar adequado para transferir Vincent. Ele pensava em algo perto de Paris, mas ainda assim, no campo – em que ele pudesse viver sob os cuidados de um médico que, ao mesmo tempo, se comportasse como um amigo. Seguindo a sugestão de Pissarro, ele finalmente encontrou o lugar desejado em Auvers-sur-Oise, a uma hora de trem de Paris; e o médico indicado foi o Dr. Gachet, que, na sua juventude, fora amigo de Cézanne, Pissarro e os outros impressionistas e que morava lá.

Vincent retornou do sul a 17 de maio de 1890. Primeiro, ele foi passar alguns dias conosco em Paris. Um telegrama enviado de Tarascon informou-nos que ele chegaria às dez da manhã. Durante essa noite, Theo nem conseguiu dormir de ansiedade, temendo que alguma coisa acontecesse com Vincent durante a viagem; ele recém se recuperara de um longo e terrível ataque, mas se recusara a viajar acompanhado seja lá por quem fosse. Como nos sentimos aliviados quando, finalmente, chegou a hora em que Theo deveria sair para esperá-lo na estação!

Da *Cité Pigalle* até a gare de Lyon havia uma boa distância; parecia que uma eternidade se passara, antes que eles retornassem.

Eu já estava começando a ficar com medo de que alguma coisa tivesse acontecido quando, finalmente, vi um fiacre aberto entrar na *Cité*; dois rostos alegres inclinaram a cabeça em cumprimento e duas mãos abanaram – logo depois, Vincent estava diante de mim.

Eu esperava encontrar um homem adoentado, mas eis que surgiu diante de mim um rapagão robusto, de ombros largos, com uma coloração saudável na fisionomia cortada por um sorriso, e uma aparência muito resoluta; de todos os autorretratos, aquele em que aparece diante do cavalete é o que mais se parece com ele nesse período. Aparentemente, tinha ocorrido de novo aquela estranha mudança súbita e espantosa em suas condições, a que o Reverendo Salles aludira, depois de tê-la observado em Arles, para sua grande surpresa.

"*Mas ele parece estar perfeitamente bem; ele parece muito mais forte que Theo!*" – foi a primeira coisa que me passou pela cabeça.

Então Theo o conduziu para o quartinho em que se encontrava o berço de nosso garotinho; ele também recebera o nome de Vincent. Em silêncio, os dois irmãos ficaram contemplando o bebê calmamente adormecido – ambos tinham lágrimas nos olhos. Então Vincent voltou o rosto sorridente para mim e disse, apontando para a coberta simples de crochê que recobria a criança no berço: "*Não o cubra demais de rendas, maninha*".

Ele permaneceu três dias conosco, alegre e vivaz durante todo o tempo. St.-Rémy não foi mencionado. Saía sozinho para comprar azeitonas, que ele comia todos os dias e insistia que nós também deveríamos comer. Na primeira manhã, acordou-se muito cedo e ficou andando pela casa em mangas de camisa, olhando para seus quadros pendurados nas paredes, os quais enchiam nosso apartamento. As paredes estavam literalmente cobertas deles – no quarto, estavam *Os Pomares em Flor*; na sala de jantar, sobre a lareira, *Os Comedores de Batatas*; na sala de estar (sala de visitas era um nome demasiado imponente para a salinha confortável), a grande *Paisagem de Arles* e a *Vista Noturna do Ródano*. Além disso, para grande consternação de nossa *femme de ménage*, havia quadros embaixo da cama, embaixo do sofá, embaixo e atrás dos armários do pequeno quarto de hóspedes. Pilhas imensas de telas sem moldura estavam agora espalhadas pelo chão ou encostadas às paredes e aos móveis, sendo estudadas com grande atenção.

Tínhamos também muitos visitantes, mas Vincent logo percebeu que a agitação de Paris não lhe fazia bem e, além disso, estava ansioso para recomeçar a trabalhar. Assim, a 21 de maio, ele partiu para Auvers, levando uma carta de recomendação para o Dr. Gachet, cuja fiel amizade se transformaria em seu principal apoio durante o curto espaço de tempo que ele passou em Auvers. Prometemos ir visitá-lo em seguida, e ele disse que também queria voltar dentro de algumas semanas, a fim de pintar nossos retratos. Em Auvers, ele se instalou em uma hospedaria e começou a trabalhar imediatamente.

A paisagem recoberta de colinas, os campos inclinados e os tetos de colmo da aldeia agradaram-lhe muito, mas o que ele mais apreciava era ter modelos e poder pintar novamente figuras humanas. Um dos primeiros retratos que ele pintou foi do próprio Dr. Gachet, que imediatamente sentiu grande simpatia por Vincent. Passavam a maior parte do tempo juntos e tornaram-se grandes amigos – uma amizade que não terminou com a morte de Vincent, pois o Dr. Gachet e seus filhos continuaram a honrar a sua memória com uma religiosidade rara, que se tornou uma espécie de adoração, tocante em sua simplicidade e sinceridade.

"*Quanto mais eu penso nele, tanto mais eu penso que Vincent era um gigante. Não se passa um dia sem que eu olhe para seus quadros. Sempre vejo neles uma nova ideia, alguma coisa diferente... Penso novamente no pintor e julgo que foi um colosso. Além de tudo, era também um filósofo*", escreveu Gachet a Theo, pouco depois da morte de Vincent. Falando do amor do último pela arte, ele disse: " '*Amor pela arte*' *não é uma expressão exata; devemos falar em 'fé' – naquela fé pela qual morreram os mártires!*" Nenhum de seus contemporâneos conseguiu entendê-lo melhor.

Era curioso observar que o próprio Dr. Gachet era um pouco parecido fisicamente com Vincent (embora fosse muito mais velho), e seu filho Paul – na época com quinze anos – era bastante parecido com Theo.

A casa dos Gachet, construída em uma colina, estava cheia de quadros e de antiguidades, que recebiam um mínimo de luz diurna através de janelinhas estreitas. Em frente da casa, havia um esplêndido jardim em terraços, aos fundos, um grande pátio, no qual todo tipo de aves, patos, galinhas, perus e pavões caminhavam livremente, na companhia de quatro ou cinco gatos. Era uma casa muito original e de muito bom gosto. O médico não atendia mais aos doentes de Auvers, mas tinha um consultório em Paris, no qual atendia seus pacientes vários dias por semana; no resto do tempo, ele pintava e fazia gravuras em seu quarto de trabalho, que mais parecia a oficina de um alquimista da Idade Média.

Logo depois, a 10 de junho, recebemos seu convite para passarmos um dia inteiro em Auvers, levando o bebê conosco. Vincent veio nos encontrar na estação ferroviária, trazendo um ninho de pássaro para servir como brinquedo para seu pequeno sobrinho e tocaio. Insistiu em carregar o bebê pessoalmente e não descansou enquanto não lhe mostrou todos os animais do pátio. Um galo que cacarejou alto demais fez o bebê chorar de medo, até ficar com o rosto vermelho; Vincent começou a rir e a gritar: *"O galo canta cocoricó!"* Sentia-se muito orgulhoso de haver apresentado seu pequeno xará ao mundo animal. Almoçamos ao ar livre e, depois disso, demos um longo passeio a pé; o dia estava tão tranquilo, tão cheio de felicidade, que ninguém poderia suspeitar quão tragicamente esta felicidade seria destruída poucas semanas mais tarde.

No princípio de julho, Vincent nos visitou de novo em Paris. Na época, estávamos exaustos, porque o bebê sofrera de uma séria doença; Theo estava novamente considerando o velho plano de demitir-se da Casa Goupil e estabelecer-se de forma independente; Vincent não estava satisfeito com o lugar em que estavam sendo guardados os quadros e conversamos a respeito de nossa mudança para um apartamento maior. É importante registrar que foi uma longa visita marcada pela preocupação e ansiedade. Muitos amigos vieram visitar Vincent – entre eles Aurier, que há pouco tinha escrito seu famoso artigo a respeito de Vincent e que agora voltara para ver os quadros ao lado do próprio pintor. Toulouse-Lautrec veio almoçar e fez muitas brincadeiras com Vincent a respeito do empregado de um agente funerário que haviam encontrado nas escadarias do prédio. Guillaumin também era esperado, mas isso já era demais para Vincent, que não quis esperar pela próxima visita. Queria voltar rápido para Auvers, estava cansado demais e excitado. Seu estado de espírito ficou documentado em suas últimas cartas e o prenúncio da catástrofe que se aproximava estava no quadro em que ele pinta tenebrosos pássaros negros que flutuam através da tempestade sobre os campos de trigo.

"*Espero que ele não esteja se tornando novamente melancólico, nem que um novo ataque o esteja ameaçando outra vez: tudo está indo tão bem ultimamente*", escreveu-me Theo no dia 20 de julho, depois de me levar, juntamente com o bebê, para fazer uma visita à Holanda. Antes ele voltou a Paris para tratar de negócios e acertar as suas férias. A 25 de julho, ele me escreveu: "*Tenho em mãos uma carta de Vincent que me parece totalmente incompreensível. Quando finalmente chegará um tempo de felicidade para ele? Ele é uma pessoa tão boa*". Esse tempo feliz nunca chegaria para Vincent; o medo de um ataque que sentia avizinhar-se (ou a chegada desse ataque) levou-o à morte.

Na noite de 27 de julho ele disparou um revólver contra si mesmo. O Dr. Gachet escreveu nessa mesma noite a Theo: "*Com a maior tristeza, devo perturbar seu repouso. Sim, penso que é meu dever escrever-lhe imediatamente. Às nove horas da noite de hoje, domingo, seu irmão Vincent mandou me chamar, dizendo que precisava me ver imediatamente. Fui até lá e encontrei-o muito doente. Ele se feriu... Como eu não sabia o seu endereço, e ele se recusou a fornecê-lo, este bilhete vai alcançá-lo por intermédio da Casa Goupil*". Consequentemente, a carta não chegou às mãos de Theo senão na manhã seguinte. Ele partiu imediatamente para Auvers. De lá, ele me escreveu no mesmo dia, 28 de julho: "*Esta manhã, um pintor holandês, que também mora em Auvers, trouxe-me uma carta do Dr. Gachet, contendo más notícias a respeito de Vincent e pedindo-me para vir. Deixando tudo, viajei para cá e encontrei-o um pouco melhor do que esperava. Não vou escrever os detalhes, porque são muito tristes, mas você deve saber, minha querida, que a vida dele pode estar em perigo...*

"*Ele ficou satisfeito que eu tivesse vindo vê-lo, e permanecemos juntos todo o tempo... pobre sujeito, teve muito pouca felicidade durante a sua vida, e não tem mais a menor ilusão. O fardo se torna muito pesado de vez em quando, e ele sente-se muito solitário. Muitas vezes, ele me indaga a respeito de você e do bebê e diz que não podia imaginar que houvesse tanta tristeza na vida. Oh, se ao menos nós pudéssemos lhe transmitir um pouco de coragem para que continue enfrentando a vida! Mas não fique muito preocupada: seu estado de saúde já esteve em condições igualmente desesperadoras antes, mas sua constituição robusta enganou os próprios médicos".* Dessa vez, a esperança mostrou-se vã. No começo da manhã de 29 de julho, Vincent faleceu.

Theo me escreveu: *"Uma de suas últimas frases: 'Gostaria de morrer dessa maneira', e seu desejo foi satisfeito. Mais alguns momentos e tudo tinha acabado. Ele tinha encontrado o descanso que não pudera achar sobre a terra... Na manhã seguinte, vieram de Paris e de outros lugares oito amigos que decoraram a sala em que estava o ataúde com os seus quadros, e o efeito foi magnífico. Mandaram muitas flores e coroas. O Dr. Gachet foi o primeiro a trazer uma grande braçada de girassóis, porque sabia que Vincent gostava muito deles...*

"Agora ele descansa em um lugar ensolarado no meio dos trigais..."

De uma carta de Theo para sua mãe: *"Não se pode descrever até que ponto se está triste nem encontrar o menor conforto. É uma tristeza que vai perdurar e que, certamente, não conseguirei esquecer enquanto viver. A única coisa que posso dizer é que ele recebeu agora o descanso por que tanto ansiava... A vida foi sempre um fardo pesado demais para ele; mas agora, como acontece com tanta frequência, todo mundo está louvando o seu talento... Oh, mãe, ele era tão meu, meu próprio irmão!"*

A frágil saúde de Theo foi profundamente afetada. Seis meses mais tarde, a 25 de janeiro de 1891, ele seguiu seu irmão na morte.

Eles descansam lado a lado, no pequeno cemitério, entre os campos de trigo de Auvers.

Dezembro de 1913
J. van Gogh-Bonger.

Cartas de Theo a Vincent

Theo van Gogh, provavelmente em 1889.

T 1a[1]
Paris, 10 de julho de 1887.
Minha muito querida Caro:

Já há longo tempo trago comigo uma pesada carga, da qual quero finalmente me desfazer. Se você não fosse quem é, já teria me acusado há muito tempo de falta de cordialidade, porque deixei suas cartas sem resposta por um período tão longo. Uma de minhas maiores faltas é justamente a de que sou muito preguiçoso para escrever cartas e, seguidamente, tenho de ler as reclamações nesse sentido, que chegam nas cartas enviadas por minha família, queixando-se de minha lentidão em responder.

Mas, oh, já faz muito tempo que eu quero agradecer-lhe as suas provas de amizade, que, ao serem recebidas, me causaram um prazer muito grande. Na verdade tive a sensação, por um momento, de reviver os dias tão felizes que passamos no passado. Não que seja preciso eu me lembrar daquele tempo; o lugar que você ocupa na minha memória, pensando no pequeno círculo de amigos do passado, nunca será esquecido, pois não é sempre que se encontra uma amiga como você sempre foi.

Quando recebi sua última carta, no meu aniversário, pareceu-me que eu estava vendo tudo outra vez: as cenas passavam diante de meus olhos; e minha mente não podia evitar de unir-se à sua em seus pensamentos sobre o nosso lar e a nossa família. O retrato de sua querida filha mais moça ocupa um lugar de honra sobre minha lareira e é sempre um prazer para mim poder contemplá-lo.

Posso muito bem imaginar que ela seja um tesouro e que você esteja se deliciando com a preciosa experiência de ver esses jovens garotinhos crescerem, enquanto tem o prazer de educá-los. Foi para mim extremamente doloroso saber que está com problemas de saúde. Espero, do fundo de meu coração, que o ar e o sol do verão, que agora são abundantes, permitam a você uma completa recuperação. Quanto a mim, também não estive muito bem durante um curto período no inverno passado, mas em seguida minha saúde foi totalmente restaurada. Para falar a verdade, não é justo ficar doente ou mesmo sentir-se um tanto abalado, quando

---

1. A indicação **T**, seguida de número de ordem, remete às cartas de Theo van Gogh; a letra **B** conduz às cartas de Vincent para Émile Bernard.

uma pessoa tem tanto trabalho a fazer com relação a seus próprios negócios.

Como você talvez já saiba, estou vivendo agora com meu irmão Vincent, que está estudando a arte da pintura com zelo infatigável. Uma vez que ele precisa de um espaço muito grande para desenvolver seu trabalho, estamos morando em um apartamento bastante espaçoso em Montmartre (rua Lépic, nº 54) que é, como você sabe, um subúrbio de Paris, construído ao longo de uma colina. A coisa mais notável a respeito de nossa casa é que suas janelas nos mostram uma vista magnífica da cidade inteira, com as colinas de Meudon, St.-Cloud e assim por diante na linha do horizonte e, acima deste, uma imensidão de céu quase tão grande como aquela que se divisa do alto de uma duna na praia.

Com os diferentes efeitos produzidos pelas várias mudanças no céu, este se torna um modelo para nem sei quantos quadros diferentes, e se o visse, provavelmente você mesma acrescentaria que ele poderia servir de inspiração também para a poesia.

Uma descrição de um panorama com esse mesmo caráter, embora feita a partir de outro local, pode ser encontrado no livro de Zola intitulado *Une Page d'amour,* que talvez você já tenha lido. Acredito que você possa imaginar que para mim, da mesma forma que no passado, as pinturas sempre se encontram entre as maiores atrações da vida e meus relacionamentos regulares com pintores não fizeram com que minha predileção por suas obras diminuísse. Só que, nesse caso, às vezes eu tenho dúvidas sobre do que gosto mais, se é do próprio pintor ou do seu trabalho... Considero uma grande injustiça que o ramo das artes seja tão pouco acessível ao povo, porque somente umas poucas pessoas sabem como se pode encontrar nele uma rica fonte de poesia. A esse respeito, os novelistas e os músicos são os *enfants gâtés,* as crianças estragadas pelos mimos. E, todavia, é possível apreciar um ramo das artes tanto quanto os outros.

Quando eu consigo encontrar tempo para isso, a leitura, pelo menos, permanece sempre uma fonte de grande prazer para mim. Você não acha que muitas coisas lindas têm sido produzidas ultimamente? O que eu deploro é que tantas coisas excelentes tenham sido escritas que dificilmente podemos discutir, pelo menos em presença de outras senhoras. Zola, Guy de Maupassant e outros vão continuar sendo considerados como frutos proibidos ainda

Fac-símile de carta de Theo a Vincent.

por um longo período. Não faz muito tempo, apreciei profundamente os livros de Loti (que qualquer pessoa pode ler): com que maestria ele descreve a natureza e que delicadeza de sentimentos está contida neles! Na Holanda, as pessoas costumam manter-se muito bem informadas sobre tudo quanto é publicado, de tal modo que esse já pode ser um livro velho para você, porém me aventuro a enviar-lhe uma cópia do *Pêcheur d'Islande*.

Neste verão, talvez muito em breve, farei uma viagem até a Holanda; fico muito feliz com a perspectiva de visitar todos os meus velhos amigos. Assim que chegar a Haia, será uma verdadeira festa para mim poder dar um pulo até sua casa para termos uma longa conversa, como fazíamos antigamente, escutar as notícias de todos vocês, o que está acontecendo com Willem, com as meninas, etc., etc. Que notícia triste para mim foi saber que o Sr. v. S. perdeu sua esposa tão repentinamente!... Que contraste com sua carreira que, fora isso, tem sido tão próspera. Ele ficou com o filho? Espero que sim, porque desejo a felicidade deles do fundo de meu coração.

Tenho certeza de que você será gentil o bastante para dizer mil coisas amáveis ["*mille choses aimables*"] em meu nome a seu pai, sua mãe, etc., com lembranças especiais para Willem e beijos nas meninas. Quanto a você mesma, agradeço-lhe de novo muito calorosamente por sua carta e espero que me perdoe por não lhe ter enviado uma resposta antes. Eu lhe desejo tudo de bom.

Afetuosamente seu, Theo van Gogh.

T 1
19 de outubro de 1888.
Meu caro Vincent:

Foi realmente uma omissão muito séria de minha parte ter conversado com você a respeito de De Haan e Isaäcson, sem mencionar o que eles fizeram até o momento presente. Acima de tudo, eu gostaria de lhe dar uma ideia do tipo de pessoas que eles são. Eu não vi o quadro acabado e em tamanho natural; porém, julgando-se por uma fotografia tirada de um esboço preliminar, eu acho que não pode ser tão ruim assim. O tema é Uriel Acosta diante de um Tribunal; a representação de um dos grandes crimes da história judaica. A composição não é nada parecida com a de Rembrandt, porque a luz não se acha concentrada em uma parte do quadro;

todavia, está espalhada por toda a pintura com bastante eficácia. Uma vez que as vestimentas correspondem às daquela época, foi afirmado que se trata de uma má imitação de Rembrandt. É certo que o pintor foi influenciado por este último, mas, não obstante, há uma qualidade bastante pessoal nos trabalhos dele que tive oportunidade de ver, a ser encontrada na maneira segundo a qual ele espalha a luz por toda a tela ou por todo o desenho. As peças que eu vi foram principalmente desenhos a carvão, porque o restante de sua obra foi deixado na Holanda. Estou lhe enviando agora duas fotografias de desenhos, para que você possa julgar por si mesmo; pena que as fotografias não ficaram muito boas e os desenhos parecem estar um pouco apagados.

Estão considerando Breitner como um dos mais vigorosos dos holandeses modernos; eu não acho que o considerem superior a J. Maris, mas certamente o colocam acima de Israëls. Acredito que, se você os conhecesse, compartilharia de minha opinião de que não há razão para desconfiar deles. Eu não vi ainda nenhum trabalho de Isaäcson, exceto seus esboços, que são muito bem feitos e originais. Ele está esperando alguns desenhos que lhe devem ser devolvidos de Londres. Seurat não voltou à cidade ainda e eu não sei o que ele está fazendo. Ele é muito vigoroso, esse camarada; eu concordo inteiramente com você que as molduras, que ele calcula de modo a destacarem as pinturas, valem muito mais que quaisquer outros tipos de molduras caras.

Há bem pouco tempo, eu tive oportunidade de ler *Tartarin de Tarascon*, que eu acho um ótimo livro, e seu *Nababo*, de que gostei muito menos. Também vou ler o outro *Tartarin*. Eles não têm *Madame Chrysanthème* na biblioteca, mas alguém prometeu que ia conseguir-me um exemplar, para que eu pudesse ler. Estou muito ansioso para conhecer essa obra. É muito chato que você esteja tendo problemas nos olhos. Qual será a causa disso?

Pois então Gauguin vai ficar com você; olhe, isso vai significar uma grande mudança na sua vida. Espero que você tenha sucesso em seu projeto de transformar a casa em um refúgio em que os artistas possam sentir-se como se estivessem em suas próprias casas.

Bem, vou parar por aqui, caso contrário a carta não poderá seguir esta noite.

Cordialmente seu, Theo.

T 2
23 de outubro de 1888.
Meu caro Vincent:

Fiquei muito perturbado ao saber que você não está se sentindo bem de saúde. Devo supor que tem trabalhado demais e, consequentemente, esqueceu-se de tomar os devidos cuidados com seu próprio corpo. Fiquei contente por sua carta ter chegado hoje, porque, em pouco tempo, devo partir para Bruxelas, e, nesse caso, você teria de esperar pelo menos por mais dois dias. Mas que belo financista você me saiu! O que me causa tristeza é saber que, apesar disso, você está sempre tão miseravelmente apertado, já que não consegue deixar de fazer todo o tipo de coisas para ajudar os outros. Na verdade, eu gostaria que você fosse um pouco mais egoísta, pelo menos até o seu orçamento ficar mais bem equilibrado.

Você compreenderá que o Padre Thomas tem-me tratado com a maior frieza; você deveria ter entrado em contato com ele pessoalmente, esse tipo de coisa. Agora vamos tratar de nos desvencilhar da dificuldade; os outros virão nos procurar por vontade própria. Você ficará contente ao saber que vendi aquele óleo grande de Gauguin, *Les Bretonnes*, que estava em exibição na galeria Diot. Estou enviando quinhentos francos a ele; assim, por algum tempo ele ficará bem de vida. Ele ainda pretende ir trabalhar com você? De Haan está chegando esta semana e ele vai passar alguns dias em minha casa, uma coisa que será muito agradável para mim, porque, provavelmente, ele se transformará (pelo menos durante algum tempo) na figura central de um grupo de jovens que costuma reunir-se por aqui.

A leitura de sua carta anterior me deu a impressão de que você acredita que estes camaradas conhecem todas as respostas para todas as questões, conforme é costume entre os holandeses, mas, se você formou essa opinião, a culpa é minha. Quando eu lhe disse que eles sabiam como analisar um quadro, tomando como ponto de partida o exame e a compreensão da técnica empregada e assim por diante, eu não quis dizer que eles separam as qualidades; eu estava realmente me referindo à singular clareza de suas mentes, que os impede de misturarem as coisas. Isaäcson, particularmente, me dá a impressão de ser um verdadeiro erudito. Eles agora receberam da Holanda alguns quadros e estudos – muito bons, só um tanto escuros. Eles têm a intenção de permanecer em Paris durante o inverno e então partir para o campo, assim que o tempo lhes permita viajar para fora da cidade.

Pretendo retornar de Bruxelas na sexta-feira ou no sábado e espero então poder escrever-lhe uma carta com menos pressa.

Espero também que sua indisposição não seja séria e que você não perca a coragem, mesmo que Gauguin não vá visitá-lo.

Seu, Theo.

T 3
27 de outubro de 1888.
Meu caro Vincent:

Fiquei cheio de alegria ao encontrar, assim que retornei de Bruxelas, tanto seu telegrama como sua carta, respondendo à que lhe mandei antes de viajar. Estou lhe enviando uma ordem de pagamento postal, uma vez que, embora seja possível que Gauguin tenha recebido a carta que lhe enviei, endereçada para Pont-Aven, pensando que ele ainda se encontrasse lá, há também a possibilidade de que ele não a tenha recebido e, como vocês são dois agora, será mais difícil conseguir o dinheiro suficiente para viver do que quando você estava sozinho. Por que você não tenta abrir uma conta em algum armazém ou loja de alimentos, para o caso de eu não estar por aí, como aconteceu há pouco tempo, ou se for impossível para mim enviar-lhe dinheiro de imediato? Estou muito contente que Gauguin esteja agora com você, porque eu tinha medo que surgisse algum problema que o impedisse de ir até aí. Mas agora estou vendo em sua carta que você não está com boa saúde e que anda muito preocupado. Quero lhe dizer uma coisa de uma vez por todas. Eu considero como se a questão do dinheiro e a venda de quadros e todos esses assuntos financeiros não existissem, ou, no máximo, fossem uma espécie de doença.

Já que é certo que o problema do dinheiro não vai desaparecer antes de uma formidável revolução ou, provavelmente, que uma série de revoluções se tenham realizado, é necessário tratá-lo como uma doença. Quer dizer, você deve tomar as precauções necessárias contra acidentes e complicações que possam resultar dela, mas não há razão para ficar com a cabeça cheia de preocupações por causa disso. Você vem pensando demais em dinheiro ultimamente e, embora possa não estar percebendo os sintomas, está sofrendo por causa deles. Por acidentes, eu quero dizer miséria e, a fim de evitar chegar a esse ponto, é necessário levar as coisas com calma, não fazer excessos e tentar escapar de outras doenças tanto quanto for possível. Você passa falando sobre o dinheiro que me deve e que pretende me devolver. Eu não quero nem ouvir falar desse assunto. Tudo o que eu quero é que você não se preocupe com coisa alguma. Sou eu que tenho de trabalhar para ganhar dinheiro. Uma vez que nem você nem eu temos muito, precisamos nos esforçar para não colocarmos um peso excessivo sobre nossos ombros; porém, tirando essa consideração, poderemos seguir em frente bastante bem por alguns meses, mesmo que eu não venda mais nada. Se você sentir uma necessidade muito grande de trabalhar *para seu próprio sustento*, vá em frente, diga logo, e eu acredito que, apesar disso, nós poderemos atravessar essa fase, mas eu não entendo o seu cálculo sobre tantos quadros a cem francos cada um. Se nós quisermos que eles valham cem francos cada um, vai ser a mesma coisa que não valerem nada, porque a ignóbil sociedade em que vivemos somente presta seu apoio àqueles que, de fato, não precisam. Mas, sabendo disso, vamos nos comportar do mesmo jeito que faz a sociedade e, desse modo, podemos dizer que nós não precisamos do auxílio dessa gente; não é verdade que um homem prevenido vale por dois?

Você pode fazer uma coisa para mim, se quiser – seguir agindo exatamente como no passado, criar um grupo de artistas e amigos do qual nós dois façamos parte, uma coisa de que eu sou completamente incapaz, mas que *você* tem sido capaz de fazer desde que chegou à França. Você não sabe a dor que eu sinto quando você diz que trabalhou tanto que tem a impressão de que nem sequer está mais vivendo.

Em primeiro lugar, eu não acredito que isso seja verdade, porque, de fato, você está vivendo *e vivendo* como os grandes da terra e os aristocratas. Mesmo assim eu lhe suplico para que sempre me avise a tempo, antes que comece a sentir que está vivendo na miséria e que adoeça por não ter um pedaço de pão para mantê-lo vivo. Espero que a companhia de Gauguin lhe seja agradável e que você recupere a saúde dentro de pouco tempo.

Ainda não recebi as telas de Gauguin. Ele realmente as enviou para mim ou eu terei de ir procurá-las através dos bons ofícios de alguém mais? Em Bruxelas, fui apresentado ao filho de De Groux, que também é artista. Infelizmente, foi na última noite de minha estada lá, e assim, não tive tempo de dar uma olhadela no seu trabalho. Parece que discutem furiosamente o movimento da arte que temos aqui, mas também o aprovam por lá, e seria uma ótima ideia organizar uma exposição permanente também em Bruxelas. De Haan vem amanhã passar uns dias comigo, o que me deixa muito contente; estou muito curioso para saber o que ele pretende fazer, porque está ansioso para começar a trabalhar. Em anexo, você encontrará uma carta de nossa mãe, que ela pediu que lhe enviasse. Tasset lhe enviará em breve as tintas e as telas.

Espero vê-lo em seguida. Um cordial aperto de mão para Gauguin.

Theo

T 3 a
Goupil & Cia.
Boussod, Valadon & Cia.
Sucessores
Boulevard Montmartre nº 19, Paris
Endereço telegráfico: Boussoval Paris
13 de novembro de 1888.

Prezado Sr. Gauguin:

Provavelmente vai gostar de saber que seus quadros estão obtendo grande sucesso. Mesmo antes de receber a carta de meu irmão eu mandei colocá-los em cavaletes ajustáveis, e, para apresentar melhor as suas telas formato trinta, escolhi uma moldura branca de madeira natural de alta qualidade, na qual elas se destacam muito bem. Degas está tão entusiasmado com o seu trabalho que está comentando a respeito dele com várias pessoas: ele mesmo pretende comprar a tela que representa uma paisagem de primavera, com uma pradaria e duas mulheres em primeiro plano, uma sentada e a outra de pé. Duas telas já foram definitivamente vendidas. Uma é a paisagem vertical, com dois cães em uma pastagem, a outra é uma lagoa ao lado da estrada. Como existe uma combinação de troca de quadros, estou pedindo pela primeira 375 francos, preço líquido para o senhor, e, pela segunda, 225 francos.

Também posso vender aquela roda de garotas bretãs, mas essa tela está precisando de um pequeno retoque. A mão da garotinha, que quase toca a moldura, adquire uma importância desnecessária quando se contempla a pintura como um todo. O provável comprador deseja que o senhor revise um pouco o formato daquela mão, mas sem alterar absolutamente nada mais no quadro. Segundo me parece, isso não será um trabalho muito difícil para o senhor e, desse modo, estou-lhe enviando a tela. O comprador está disposto a dar quinhentos francos pela pintura, incluída uma moldura que irá custar quase cem francos. Por favor, considere se está disposto a fazer-lhe a vontade e se deseja fechar o negócio.

No que se refere ao quadro recentemente vendido, eu deduzi quinze por cento, que é a percentagem mínima cobrada pela firma. Muitos pintores nos dão vinte e cinco por cento. Se nós passarmos a vender os seus quadros em base regular, tenho de pedir-lhe para fazer o mesmo, caso esteja disposto. Nesse caso, é mais fácil realizar trocas ou vender a crédito. Por favor, escreva-me, comunicando qual é a sua opinião sobre esse assunto.

Fiquei contente em saber que vocês dois estão se dando tão bem e que o senhor conseguiu começar a trabalhar imediatamente. Gostaria de poder estar aí com os dois. Sua saúde está melhor?

Um caloroso aperto de mão.

Cordialmente seu, T. van Gogh.

T 4
Paris, 16 de março de 1889.
Meu querido irmão:

Ouvi dizer que você ainda não melhorou, o que me deixou muito triste. Gostaria muito que você pudesse escrever e me contar como está se sentindo, porque não há nada mais perturbador que essa incerteza e, se você puder me dizer o que está acontecendo precisamente, tanto mais cedo eu poderei fazer alguma coisa para aliviá-lo. Você já fez tanto por mim, que é uma grande tristeza saber que, precisamente na época em que, muito provavelmente, irei gozar muitos dias de felicidade com minha querida Jo, você está passando por dias de sofrimento. Ela teve a gentil ideia de que, uma vez que deseja compartilhar de minha vida tanto quanto possível, você poderia tornar-se irmão dela, da mesma forma como sempre foi meu. Esperamos, do fundo de nossos corações, que você possa recuperar sua saúde completamente e que possa recomeçar a trabalhar dentro em breve.

Enquanto arrumo meu novo apartamento, sinto grande prazer em olhar para seus quadros. Eles tornam as peças tão alegres, e existe em cada um deles uma intensidade muito verdadeira, um toque real do ambiente campestre. É justamente como você costumava dizer, sobre certos trabalhos de outros artistas – que eles lhe davam a impressão de terem sido colhidos diretamente nos campos.

Se não estivéssemos tão distantes um do outro, eu certamente iria visitá-lo para ver pessoalmente como está, mas agora não tenho tempo e, de qualquer modo, fico imaginando se minha visita seria útil para você.

Signac pretende ir para o sul dentro de poucos dias. Ele irá visitá-lo e ver como você está. Estou agora fazendo uma exposição de Claude Monet em minha casa; ele vem tendo bastante sucesso. Não vai se passar muito tempo antes que o público comece a pedir quadros da nova escola, porque essas obras certamente estimulam a mente do público. Caso você possa, seria muito gentil de sua parte mandar-me notícias por carta ou enviar alguém com essas informações a seu respeito, porque, exceto pelas cartas dos Srs. Rey e Salles, não tenho sabido nada a seu respeito.

Eu lhe desejo a melhor saúde e permaneço seu irmão que muito o ama,
Theo.

T 5
24 de abril de 1889.
Meu caro Vincent:

Fiquei muito comovido com sua carta, que recebemos ontem; realmente, você está dando um valor excessivo a uma coisa que é inteiramente natural, sem levar em consideração que já me pagou várias vezes, através do trabalho que realiza e por meio de sua amizade, que é de um valor muito mais elevado que qualquer quantia de dinheiro que eu jamais possa esperar possuir. É muito doloroso para mim saber que ainda não se encontra em perfeita saúde. Embora, segundo me parece, nada em sua carta demonstre algum tipo de fraqueza mental – muito pelo contrário – o fato de que você acha necessário ir para um sanatório é em si mesmo bastante sério. Esperamos que isso seja, para você, apenas uma medida preventiva. Como eu o conheço o bastante para imaginá-lo capaz de todos os sacrifícios, estive pensando se, no fundo, você teria achado aí uma solução a fim de causar menos incômodos àqueles que o conhecem. Se esse for o caso, eu lhe imploro que nem experimente, porque a vida em um estabelecimento desses dificilmente poderá ser agradável. Assim, você deve ponderar bem o que pretende fazer e tentar primeiro alguma outra coisa. Você poderia até vir passar algum tempo conosco ou, quem sabe, viajar para Pont-Aven durante o verão; ou ainda poderia alugar um quarto na casa de algumas pessoas que estivessem dispostas a cuidar de você.

Agora, se não há nada disso por trás de sua decisão, acho que você tem toda razão em ir para St.-Rémy. Após permanecer lá por um período, será capaz de recuperar a confiança em suas próprias forças e depois, passado algum tempo, nada o impedirá de retornar a Arles. O Sr. Salles enviou-me alguns folhetos sobre o estabelecimento de St.-Rémy e neles consta que é uma terceira pessoa quem deve solicitar a admissão do paciente. Deste modo, incluo uma carta para o diretor do estabelecimento, que você pode usar como melhor lhe parecer. Assim que decidir partir, eu lhe mandarei o dinheiro necessário.

Agora só me resta acrescentar que estamos aqui desde sábado. Na segunda-feira já estávamos mais ou menos instalados e, a cada dia que passa, o apartamento dá mais a impressão de um lar, graças a todos os tipos de invenções de Jo. Nos entendemos muito bem, e a felicidade que estamos vivendo é maior do que eu poderia descrever. Quando viajamos, Mamãe e nossas irmãs estavam em perfeitas condições de saúde. De fato, Mamãe dá a impressão de estar ficando mais jovem. Ela agora retornou para Breda, após uma ausência de mais ou menos um mês.

Meu casamento lhe deu grande prazer, particularmente porque Jo, ela e Wil se dão perfeitamente bem; além disso, existe alguma coisa tão sincera em seu comportamento que ela causa uma impressão muito agradável sobre as pessoas.

Embora ela não saiba de muitas coisas, ela tem enorme boa vontade em aprender tudo, o que faz com eu já não tenha os temores que tinha antes de nosso casamento. Até agora tudo transcorre muito melhor do que eu fui sequer capaz de imaginar. Nunca sonhei com tanta felicidade.

Enquanto estive na Holanda, não tive tempo para ver muitas pinturas; não obstante, eu fui olhar de novo *A Noiva Judia* e outros quadros de Rembrandt; os óleos de Frans Hals em Haarlem, que eu achei ainda mais belos do que me recordava; e o retrato de uma velha, também de Rembrandt, que está exposto no Museu de Bruxelas. Como é lindo este último quadro! Realmente, não existe nada mais notável e característico na Holanda do que esses velhos retratos. A gente sente uma distância tão grande dessa época quando se olha para o pessoal de hoje. Havia uma exposição de esboços a carvão de Mauve, na galeria C. M., folhas retiradas de seus cadernos de esboços. Coisas muito comovedoras. Jet nos deu um desses desenhos de presente, uma coisa que me deixou muito, muito feliz.

Escreva-nos assim que tiver tomado sua decisão definitiva e não se desespere, porque certamente ainda há de passar por melhores dias.

Eu lhe aperto ambas as mãos.
Theo.

T 6
Paris, 2 de maio de 1889.
Meu caro Vincent:

Muitos agradecimentos por sua carta, que nos demonstra que ao menos sua força física não deixa nada a desejar, vendo, como você disse, que tem até demais; entretanto, isso é uma coisa em que não deveria basear-se muito: *sentir* a própria força não significa ter muita força; mas se isso realmente for verdade, tanto melhor. Entretanto, há uma coisa em sua carta que eu totalmente desaprovo e vou dizer-lhe logo o que é, e depois disso, você faça o que bem quiser. Refiro-me a seus planos de engajar-se na Legião Estrangeira.

Isso não passa de um ato de desespero, não é? Eu não acredito que, de repente, você tenha desenvolvido o gosto pela vida militar. O fato é que você não se sente capaz de pintar no momento, porque você se encontra em um estado de convalescença. Isso, me parece, lhe deu a ideia de que nunca mais será capaz de pintar e você deve estar dizendo a si mesmo que três meses cuidando de sua saúde, sem poder trabalhar, custam dinheiro e não produzem nenhum. Mas você esquece que, mesmo supondo que o deixem pintar quando for soldado, você será tratado como um menino de internato e que, se você já tem medo do rigor de um estabelecimento como St.-Rémy, terá muito mais a temer da disciplina da vida militar . Posso entender que essa sua ideia surgiu do seu pavor exagerado de me causar despesas e preocupações. Saiba que você está esquentando a cabeça sem a menor necessidade. Para mim, o ano passado não foi ruim no que se refere a dinheiro, assim você pode contar com aquele que lhe enviei antes, sem qualquer escrúpulo e sem medo de me causar dificuldades. Se não sentir repulsa de ir passar alguns dias em St.-Rémy, digamos, um mês somente, você poderá ser examinado lá por médicos especialistas e, provavelmente, vai lucrar em aceitar-lhes os conselhos.

Por outro lado, o diretor do estabelecimento em St.-Rémy me disse, em uma carta que me enviou, que ele não vai assumir nenhum compromisso em permitir a sua saída antes de tê-lo examinado completamente, porém eu suponho que, após tê-lo visto, não haverá a menor dúvida de que ele vai liberá-lo e permitir que retorne ao trabalho.

Quanto a mim, atribuo uma boa parte de sua doença ao fato de que o lado material de sua existência vem sendo muito negligenciado. Em um estabelecimento semelhante a St.-Rémy, pelo menos haverá refeições regulares e assim por diante, e eu acho que essa vida regrada não vai lhe fazer mal algum – muito pelo contrário. Agora, se você preferir, nós podemos tentar obter algumas informações sobre os estabelecimentos de Aix ou de Marselha, a fim de ver se eles apresentam melhores condições.

Quantos homens se dariam por satisfeitos por terem feito todo o trabalho que você já realizou! O que mais você quer? Não era seu desejo mais profundo criar alguma coisa? E se você conseguiu fazer tudo o que já fez, então por que lhe desespera a possibilidade de uma nova fase no futuro, em que você poderá realizar um bom trabalho de novo? Por pior que a sociedade o esteja tratando no momento, há ainda formas de viver dentro dela; veja Puvis de Chavannes, Degas e tantos outros. Tenho certeza de que, se você tiver força de vontade, será capaz de retomar o seu trabalho em seguida. Apesar disso, não fique pensando que eu não simpatizo com o seu sentimento de desilusão quando, por exemplo, você retornou ao seu estúdio e descobriu que tudo estava mofado por causa da umidade.

Tenha coragem; cedo ou tarde esses desastres todos hão de passar.

Lembranças e os melhores votos de minha esposa, que goza de excelente saúde. Ela está se acostumando perfeitamente com a casa. Um caloroso aperto de mão,
Theo.

T 7
(sem data)
Meu querido Vincent:

Somente algumas palavras apressadas para lhe agradecer por sua última carta e para dizer-lhe que eu não considero sua ida para St.-Rémy como uma *retirada,* como você disse, mas simplesmente como um período de repouso temporário para sua cura, a fim de que você possa voltar depois de algum tempo, com suas forças renovadas.

Você me faria uma grande gentileza se me escrevesse ou mandasse me dizer como está sendo tratado no Sanatório, como é a comida, etc. O Sr. Salles falou-me muito bem do que viu. Esse cavalheiro foi extremamente gentil; ele me escreveu uma longa carta para relatar a sua visita. Como, através da leitura do seu telegrama, não dá para dizer se você foi de fato para lá ou não, eu não sei se ele o acompanhou até lá, como havia se prontificado.

Há um quadro muito bonito pintado por Raffaelli no Salon, representando dois bebedores de absinto. Eu acho que ele se torna mais vigoroso quando pinta esses *déclassés,* embora o quadro com as duas garotinhas vestidas de branco talvez seja o melhor retrato do Salon deste ano. Zorn tem uma pintura de jovens tomando banho na praia, uma coisa mais ou menos no estilo de *Na Arcádia,* de Harrison, que talvez você recorde. Há um *Nascimento de*

Cristo, de Uhde, de fato, um tríptico, do qual transpira um belo sentimento. Fora disso, há muito pouca coisa de interesse no bazar inteiro. Concordo inteiramente com você que não se deve acreditar exclusivamente no impressionismo, todavia é fato que ele apresenta alguma coisa de especial, uma originalidade que está faltando em praticamente tudo o que é exposto no Salon.

Espero poder vê-lo em seguida. Cuide bem da sua saúde. Um cordial aperto de mão,
Theo.

T 8
Paris, 8 de maio de 1889.
Caro irmão:

É mais do que tempo que sua nova irmãzinha finalmente tenha uma conversa particular consigo, em vez de deixar para Theo o envio de suas notícias. Antes de nos casarmos, eu sempre pensava: *Ora, até o presente você não reuniu coragem bastante para escrever a Vincent a respeito de tudo o que acontece consigo,* mas, agora, nós somos realmente irmão e irmã, sem a menor dúvida, e eu ficaria muito contente se você também me conhecesse um pouco e, se possível, me amasse também um pouquinho.

Quanto a mim, eu já o amo há bastante tempo... Tanto Wil como Theo têm me contado muitas coisas a seu respeito, e aqui em nossa casa há tantas coisas que nos fazem lembrar de você; quando eu encontro uma encantadora jarra ou um vasinho ou alguma outra coisa desse tipo, tenho certeza de que vou escutar algo como: *isso* foi comprado por Vincent, *aquilo* Vincent achou muito bonito. Dificilmente se passa um dia sem que falemos em você. Você deve ter notado que eu ainda falo "nossa casa", pois não consigo me acostumar a dizer "nosso apartamento". Eu realmente gostaria muito que você visse como Theo arrumou tudo, de uma forma tão bonita e confortável, antes que eu chegasse. O quarto de dormir, especialmente, é uma coisa tão doce, muito claro e cheio de detalhes cor-de-rosa – de manhã, quando ainda estou deitada na cama, meu olhar recai naturalmente sobre aquele lindo pessegueiro em flor que você pintou e que parece me contemplar de volta com tanta gentileza todas as manhãs. Sobre o piano de nossa sala de visitas (nós temos um, foi presente da tia Cornélie) também está pendurado um quadro seu – uma pintura grande, da qual eu gosto muito. É uma paisagem nos arredores de Arles. A sala de jantar também está cheia de seus óleos, mas Theo ainda não está satisfeito com a disposição e passa todas as manhãs de domingo pendurando os quadros em lugares diferentes e modificando tudo.

É tão delicioso nos domingos, quando Theo fica em casa o dia todo. Eu me lembro muito bem de que, quando eu era criança, adorava os domingos porque na minha casa eles eram muito agradáveis e suaves (uma coisa que a maioria das pessoas não conseguia entender). Agora, aqui, tenho a mesma sensação de calma e serenidade em relação aos domingos Do mesmo modo, esta segunda-feira foi duplamente agradável para mim, porque todas as galerias estavam fechadas em virtude da abertura da exposição – naturalmente, nós não fomos ao salão, mas nos divertimos à nossa maneira. Paris estava muito linda nesse dia. Tenho grandes esperanças de que chegarei a amar esta cidade tanto quanto Theo – mas, em determinados momentos, tenho muito medo de que isso não seja possível. É um lugar muito barulhento, agitado e confuso e eu gosto tanto da tranquilidade! Estou tão contente por estarmos vivendo aqui, em nossa *cité* tranquila – pode não ser um bairro aristocrático, mas certamente é uma zona muito típica da cidade – há um grande estúdio de pintura do outro lado da rua e uma porção de jardinzinhos bem pequeninos nas outras casas que ficam em frente à nossa – em cada um deles existe uma arvorezinha e alguns pés de lilás, que estão em plena floração neste momento, o que desperta em mim uma sensação tão deliciosa!... Quantas flores lindas existem em Paris! – se eu tivesse de enumerar algumas das melhores qualidades de Paris, certamente esta seria uma das primeiras a mencionar!

Um grande número dos conhecidos de Theo já veio nos visitar, geralmente ao entardecer. A noite passada, por exemplo, houve uma grande reunião com Pissarro e seu filho, Isaäcson, e o jovem Nibbrig (não sei se você chegou a conhecer Nibbrig) e também o meu irmão – que, já faz algum tempo, vem jantando conosco todos os dias, porque a esposa dele está de visita à Holanda.

Eu gostaria de saber falar francês um pouco melhor – consigo me virar o suficiente para fazer as compras ou para falar com minha *femme de ménage* (doméstica), mas me parece ainda que manter uma conversação, especialmente quando Theo está presente, é uma coisa horrivelmente difícil. Assim, não me animei a escrever esta carta em francês – embora eu saiba que, na realidade, é assim que você prefere –, porém Wil me contou que ela mesma lhe escreve em holandês. Assim que eu sentir que estou me transformando um pouquinho em uma *parisienne*, vou começar a escrever em francês – estamos combinados?

Lies e Wil andaram fazendo uns planos para nos visitar este verão, as duas juntas; como seria agradável recebê-las aqui, especialmente Wil. Como ela vai se divertir às minhas custas! – logo ela, que é uma dona de casa tão eficiente... Ela sabe fazer qualquer trabalho doméstico – enquanto eu – para falar sinceramente – não sei fazer nada – já deixei o arroz queimar duas vezes e, outra vez, queimei o doce de passas de ameixa – pobre Theo, ele acaba engolindo tudo o que eu faço!

Quanto ao mais, estamos nos dando muito bem juntos – estamos casados há três semanas, mas me parece que nosso casamento já dura anos –, é como se tivéssemos estado juntos durante toda a vida. O que é pior é que eu ainda não me pareço em nada com uma senhora casada – ontem, quando eu fui pagar a conta do padeiro, o pobre homem não conseguia acreditar que eu fosse Madame Van Gogh e insistia em me chamar de *mademoiselle*, o que é, realmente, uma coisa muito estranha!

Bem, agora tenho de preparar o almoço, porque Theo vai chegar dentro de um minuto ou dois – assim, vou-me despedindo por hoje – espero não tê-lo chateado, mas o fato é que eu me habituei ultimamente a escrever sobre essas pequenas coisas da vida diária, porque todos gostam muito de saber disso em Breda e também em Amsterdã. Talvez eu não seja mais capaz de escrever uma carta séria – mas vou melhorar mais adiante, pelo menos assim espero.

Com minhas lembranças mais cordiais e enviando-lhe os meus melhores votos,

Sua irmãzinha afetuosa, Jo.

T 9
Paris, 22 de maio de 1889.
Meu caro Vincent,

Muito obrigado por sua carta; Jo também ficou muito contente por você ter escrito a ela. Ficamos satisfeitos em saber que sua viagem até St.-Rémy foi tranquila e que você está se sentindo mais calmo do que estava em Arles. De qualquer maneira, espero que sua estada nesse lugar não seja muito longa, porque dificilmente poderá ser agradável estar perto de tantos lunáticos. O que eu gostaria mesmo era poder encontrar alguém que fosse capaz de cuidar pessoalmente de você quando precisasse e, ao mesmo tempo, lhe desse plena liberdade de ação. Certamente encontraremos alguém assim. Se você não sentisse tanto pavor de retornar a Paris ou arredores, eu mesmo tentaria encontrar por aqui alguma pensão que servisse a esse propósito.

Por favor, conte-nos em sua próxima carta qual a sua opinião sobre o lugar em que você está. Como está sendo tratado, se lhe dão comida suficiente, qual é o comportamento das pessoas com que tem de lidar. Você tem permissão para andar pelo campo? Acima de tudo, não se desgaste demais, nem física nem mentalmente, porque, neste momento, o melhor é fazer tudo que estiver ao seu alcance para recuperar suas forças. Depois disso, poderá voltar a trabalhar com toda a naturalidade.

Alguns dias atrás, recebi sua encomenda, que é muito importante: há alguns trabalhos soberbos entre os quadros que me enviou. Chegou tudo em excelentes condições e sem o menor dano. O berço, o retrato de Roulin, a pequena semeadora junto à árvore, o bebê, a noite estrelada, os girassóis e a cadeira com o cachimbo e a bolsa de tabaco são os meus preferidos.

Os dois primeiros são muito curiosos. Certamente não existe nada neles que corresponda aos padrões de beleza ensinados oficialmente, mas têm uma qualidade tão comovedora e ao mesmo tempo tão próxima da realidade. Quem saberá dizer se nós estamos mais certos do que as pessoas simples que preferem comprar quadros com cores berrantes? Ou, então, essas pessoas simples que se encantam com esses quadros não possuem a mesma inspirada sensação que esses sujeitos pretensiosos que visitam os museus para olhar os quadros? Agora, em suas telas, há um vigor que não se encontra nas litogravuras coloridas. Com o decorrer do tempo, elas se tornarão muito belas, à medida que as diversas camadas de tinta forem secando e se firmando. Sem a menor dúvida, virão a ser profundamente apreciadas algum dia. Quando vemos que as obras de Pissarro, Gauguin, Renoir e Guillaumin não encontram compradores, devemos ficar quase felizes por igualmente não termos as preferências do público. O certo é que os que agora estão na moda, certamente serão esquecidos. E é bem possível que os tempos mudem dentro em breve. Se você pudesse ver como foram fracos o Salon deste ano e a Exposição Universal, na parte que se refere às pinturas, acho que você concordaria que a admiração por essas pinturas não vai durar por muito mais tempo. A escola holandesa é bem melhor.

Há duas aquarelas de J. H. Weissenbruch, das quais eu gostei particularmente, e também peças de Willem e Jacob Maris, Bosboom, Israëls e Breitner. Um dos trabalhos de Weissenbruch representa um moinho à beira de um canal, o céu azul, mas com uma nuvenzinha escondendo o sol. O outro é um canal à noite, com barcos visíveis ao luar. Este é um artista maravilhosamente bom, mas Tersteeg diz que a sua obra não é vendável.

Não faz muito tempo que me encontrei com Gauguin, que no momento está trabalhando também com escultura. Em breve, ele pretende ir para Pont-Aven, onde De Haan já está morando. Parece que, dentro de pouco tempo, haverá uma Exposição dos Independentes; gostaria muito de saber qual é a sua opinião a respeito e quais as telas que sugere para a exposição. Ouvi dizer que cada participante pode apresentar apenas quatro telas, porque não há espaço suficiente para mais obras.

Vou escrever de novo em seguida; você também me escreva, se estiver se sentindo bem. Um cordial aperto de mão.

Seu, Theo.

Gentis lembranças de Jo.

T 10
16 de junho de 1889.
Meu querido Vincent:

Já faz muito, muito tempo que eu deveria ter-lhe escrito esta carta, mas a verdade é que estava tentando organizar melhor meus pensamentos. Há momentos em que nossos sentimentos são claros, mas outras vezes é difícil expressar com exatidão os nossos pensamentos. Também não estou certo de que, mesmo hoje, poderia escrever-lhe da forma adequada, mas minha carta será enviada de qualquer maneira, pelo menos para que saiba que pensamos muito em você e que seus últimos quadros me fizeram refletir muito sobre o estado de sua mente no momento em que os pintava. Em todos eles existe um vigor de colorido que você não tinha alcançado anteriormente – somente isso já é uma rara qualidade –, mas você chegou ainda mais além e, se existem algumas pessoas que tentam encontrar o simbólico através da tortura deliberada das formas, eu observo essa mesma atitude em muitas de suas telas, especialmente na expressão do epítome de seus pensamentos sobre a natureza e as criaturas vivas, essas qualidades que você acredita serem tão fortemente inerentes a elas. Mas como seu cérebro deve ter mourejado e como você arriscou tudo, até chegar ao próprio limite em que a vertigem é inevitável!

Por esse motivo, meu caro irmão, quando você me contou que estava trabalhando novamente, fiquei feliz e preocupado ao mesmo tempo. Feliz porque, ao entregar-se ao trabalho, você evita cair no estado de espírito a que sucumbem muitos dos pobres infelizes que aí estão. E preocupado porque acho que você não deveria jogar-se nestas regiões misteriosas de onde, com certeza, não se sai impunemente. Evite essas experiências mais radicais enquanto não estiver plenamente recuperado. Não se incomode mais que o necessário, porque, se você não fizer nada mais além de simplesmente contar a história do que viu, já haverá suficientes qualidades na tela para fazer com que sua pintura se torne permanente no tempo. Pense nas naturezas-mortas e nas flores que Delacroix pintou quando partiu para o campo a fim de viver com George Sand. É verdade que, depois disso, ele retornou ao estilo anterior, fase em que pintou *A Educação da Virgem*; e quem pode dizer que você não vai produzir uma obra-prima mais tarde, se seguir o meu conselho? Organize seu trabalho de tal modo que não esgote suas forças. Como você sabe, está havendo uma exposição no *Café à l'Exposition*, em que Gauguin e alguns outros (Schuffenecker) estão apresentando seus trabalhos. A princípio, eu havia dito que colocaria também alguns quadros seus, mas eles assumiram um ar tão presunçoso que eu fiquei enojado. De qualquer forma, Schuffenecker garante que essa exposição vai eclipsar a obra de todos os demais pintores e, se tivessem permitido, ele faria um desfile por Paris inteira, adornado com uma porção de bandeiras coloridas, a fim de mostrar que era o grande herói conquistador. A impressão que eu tive foi de entrar na Exposição Universal pela porta dos fundos. Como sempre, houve exclusões: Lautrec, por exemplo, não teve permissão para apresentar aqui os seus trabalhos, e outros também não. Há alguns dias, um esboço de Rembrandt foi vendido em hasta pública; gostaria que você tivesse visto. É a figura do Arcanjo Gabriel em pé, igual à figura que ele colocou no céu em sua água-forte *A Anunciação aos Pastores*. Uma verdadeira maravilha! As cores permanecem perfeitamente claras; se bem que talvez, originalmente, fosse tudo mais amarelado. As sombras eram muito mais coloridas que de hábito, e eram provavelmente de um azul, verde e roxo pronunciados, mas o efeito geral e a harmonia são magníficos.

Aqueles que ficaram mais bem representados na grande exposição foram Corot, Manet, Delacroix, Millet, Ricard e, especialmente, Daumier. Eles tinham exposto alguma coisa de Degas, também, mas ele mandou retirar seus quadros.

Gauguin viajou para Pont-Aven há duas semanas e, desse modo, não viu seus últimos quadros. Isaäcson manifestou uma opinião muito favorável sobre sua última remessa. Eu vou mandar-lhe de volta o quadro sobre o quarto, mas você nem deve pensar em retocar esta tela, a não ser que não consiga consertar os danos que sofreu. Copie o quadro e então mande o original de volta, para que eu mande consertar a tela. O vinho tinto está muito lindo. Está pendurado em uma das salas de nosso apartamento. Gostei muito também daquela figura de mulher vista do alto. Recebi uma visita de um certo Polack, um cavalheiro que conhece bem a Espanha e suas pinturas. Ele declarou que este último quadro era tão bom quanto as obras de qualquer um dos grandes espanhóis.

Boa saúde e um aperto de mão de Jo e
Theo.

T 11
Paris, 5 de julho de 1889
Meu querido irmão:

Desta vez eu vou tentar escrever-lhe em francês; em primeiro lugar, porque eu sei que você prefere assim e depois... se duas pessoas se expressam na mesma língua, vão acabar por entender-se melhor, acho eu. Só que, no meu caso, não tenho o costume de escrever em francês e fico com medo de cometer erros que lhe parecerão ridículos – mas vou procurar fazer o melhor possível. Dentro de algum tempo, espero já ser capaz de me expressar fluentemente – porém, no momento, se os estranhos que encontro não falam inglês (nem holandês), a conversa fica longe de ser animada, posso lhe garantir!

Agora vou lhe dar uma grande notícia, uma coisa sobre a qual concentramos uma boa parte de nossa atenção nos últimos tempos – é que, no próximo inverno, provavelmente em fevereiro, esperamos ter um nenê, um garotinho lindo, e vamos chamá-lo de Vincent, se você nos fizer a gentileza de concordar em ser o padrinho. É claro que eu sei que não podemos contar muito com isso e que pode perfeitamente ser uma menina, mas Theo e eu não podemos deixar de imaginar que o nenê vai ser um menino. Quando eu mandei a notícia ao pessoal de Amsterdã e de Breda, todos eles responderam: "*Você deve estar muito satisfeita, que felicidade!*" etc., etc. Todavia, para lhe dizer a verdade com o máximo de honestidade, eu não fiquei nada satisfeita da primeira vez que fiquei sabendo que estava esperando um bebê; ao contrário, fiquei até muito aflita, e Theo teve um enorme trabalho para me consolar...

Não é que eu não goste de nenês – veja, por exemplo, meu irmãozinho, que agora tem doze anos: eu o agarrei em meus braços antes que ele tivesse duas horas de vida e acho que não existe nada mais bonito no mundo que um nenê – mas olhar para um nenê é um prazer um tanto egoísta. Quando eu penso que nem Theo nem eu estamos com boa saúde, fico com muito medo de que tenhamos um filho fraco e, segundo minha maneira de pensar, o maior tesouro que os pais podem legar a seus filhos é uma constituição robusta. Mas quanto a isso, o médico me confortou muito, dizendo que comer bem e cuidar bem de mim produzirão ótimos resultados: o nenê não terá nenhum motivo para se queixar.

Você recorda o retrato do nenê da família Roulin, que mandou para Theo? Todos admiram muito esse quadro e as pessoas já me perguntaram muitas vezes: "*Por que você colocou este quadro em um lugar tão escondido?*" A razão é que, do meu lugar na mesa de jantar, eu posso perfeitamente ver os grandes olhos azuis, as mãozinhas lindas e as bochechas redondas desse nenê; e gosto de imaginar que o nosso será igualmente forte e com a mesma saúde e tão bonito quanto ele – e que seu tio virá nos visitar um dia a fim de pintar-lhe o retrato também!

Em uma de suas últimas cartas, você perguntou a Theo se ele ainda estava jantando em restaurantes? Santo Deus, claro que não! – nunca – para que adiantaria ter-se casado, se não pudesse jantar em casa? Ele chega todos os dias ao meio-dia para almoçar e às sete e meia para jantar. De noite é comum que alguém apareça por aqui, como Isaäcson ou Hart Nibbrig. Tersteeg jantou duas vezes conosco e De Haan também veio nos visitar – e, na noite em que ele estava aqui, *Monsieur* Pissarro e seu filho também vieram. Em geral, estamos muito cansados à noite e vamos cedo para a cama, mas, não obstante, eu acho que Theo não anda com uma boa aparência, porque aquela venda de Sacrétan o deixou muito fatigado. Além disso, o calor está pavoroso! Que ninguém venha me elogiar Paris quando o tempo está assim! E Theo me disse que em agosto fica ainda pior!

Li com grande prazer o que você escreveu a Theo sobre suas leituras de Shakespeare. Não é lindo? – e tão poucas pessoas já leram as peças dele. *"É muito difícil!"* (dizem eles) – só que isso não é verdade – eu, pelo menos, entendo o que ele escreveu muito melhor que Zola. Mas quando eu penso que essas coisas tão lindas foram escritas há quase trezentos anos, fico imaginando que o mundo não progrediu muito desde então. Uma vez eu assisti a *O Mercador de Veneza* no teatro, quando estive em Londres, e a impressão que me causou foi muito mais forte do que quando eu simplesmente li a peça. Também vi *Hamlet* e *Macbeth,* mas essas duas foram na versão holandesa – traduzidas, perdem muito de sua beleza.

Bem, agora vou lhe dizer até logo – por favor, escreva logo, dando suas opiniões a respeito de nosso meninozinho, porque deve ser um menino.

Sua irmã, Jo.

T 12
16 de julho de 1889.
Meu caro Vincent:

Fui absolutamente incapaz de escrever-lhe antes, porque o calor tem sido insuportável e eu me sentia tão fraco por causa disso que o menor esforço me deixava extremamente cansado. Agora, praticamente já me recuperei – espero que totalmente. Agradeço-lhe por suas cartas e os lindos desenhos que me mandou. O desenho do hospital em Arles é realmente notável, aquele outro que mostrava a borboleta no ramo de roseira silvestre também: as cores podem ser simples, mas o desenho é muito belo. Os últimos desenhos dão a impressão de terem sido feitos em um acesso de fúria criativa e se encontram um pouco mais distantes dos modelos da natureza. Acho que entenderei melhor depois que vir um desses esboços transformado em quadro. Eu convidei várias pessoas para verem seus quadros: os Pissarro, pai e filho, o "Tio" Tangui, Verenskiold, um norueguês com grande talento que recebeu a medalha de honra na seção de seu país, durante a Exposição Universal de Maus.

Este último é o secretário do "Clube dos XX", em Bruxelas. Ele veio me perguntar se você estaria disposto a ceder algumas obras para a próxima exposição que eles estão organizando. Há tempo de sobra para isso, mas ele não sabia se poderia voltar a Paris antes do evento. Eu disse a ele que não achava que você tivesse alguma objeção. Ele deve convidar Bernard também. Em geral, as pessoas gostam de seus efeitos noturnos e girassóis (de Vincent). Eu coloquei uma de suas telas com girassóis em nossa sala de jantar acima do tampo da lareira. Causa o efeito de uma tapeçaria de cetim bordada a ouro; é simplesmente magnífico!

A partir do dia 15, não terei mais à minha disposição o apartamento na rua Lépic e, como é impossível guardar todos os seus quadros em nosso próprio apartamento, aluguei uma pecinha na casa do "Tio" Tangui, onde coloquei uma boa quantidade de suas telas. Escolhi aquelas que podiam ser retiradas dos bastidores, podendo então prender-se outra tela neles. O "Tio" Tangui foi muito prestativo e podemos fornecer coisas novas todo o tempo, que ele exibirá em sua galeria. Você pode imaginar muito bem como ele está entusiasmado com aqueles quadros seus que mostram cores mais expressivas, como os vinhedos, os efeitos noturnos, etc. Eu gostaria que você pudesse escutar o que ele anda dizendo de suas obras, nem que fosse uma vez. Também esqueci de lhe contar que De Haan esteve aqui; ele mandou para Jo um enorme ramalhete de papoulas de todas as cores; de fato, nunca vi um buquê tão glorioso e você precisava ver a chuva de pétalas multicoloridas quando as flores começaram a murchar! Ele gosta muito do que você faz. Agora ele está com Gauguin. Isaäcson parece meio perdido, agora que De Haan não está por aqui. Gauguin está escrevendo para um jornal, e estou mandando uns exemplares de seus artigos; ele me escreveu uma carta na semana passada e me pediu seu endereço, porque tinha perdido; De Haan me contou que Gauguin anda pintando umas coisas muito bonitas. Você não teve muita sorte por não se encontrar com o Reverendo Salles ou com o Doutor Rey quando esteve em Arles. Eu recebi uma carta do primeiro destes cavalheiros. Antes de receber sua carta, em que me pedia para enviar a ele a sua tela *Os Peregrinos de Emaús*, eu lhe enviei o *Angélus*, uma litografia executada por Vernier. Lamento não ter pensado no tema do seu quadro, porque acho que essa obra teria correspondido muito mais ao gosto dele.

Você pode muito bem imaginar que a notícia da gravidez de Jo deixou seus pais muito excitados. O pai e a mãe dela vêm nos visitar na próxima semana. Nossa mãe também ficou muito satisfeita.

O que você disse é bastante verdadeiro – que a carta dela é extraordinária para a idade que tem. Sim, certamente foi uma coisa muito boa que eu me tivesse casado, porque, se não fosse esse o caso, eu acho que estaria presentemente muito doente, ao passo que agora acredito estar recuperando as forças e assim poderei trabalhar um pouco melhor do que tenho feito ultimamente.

Jo é muito boa para mim, mesmo que tenha passado por uns dias bem difíceis, em consequência da gravidez, vomitando, etc.; agora, ela parece estar melhor de saúde, pelo menos está com bom aspecto. Espero que a criança possa nascer com saúde. Acredito que, em geral, os filhos herdam o tipo de constituição dos pais e não o seu presente estado de saúde, no momento em que foram concebidos.

Agora estou com pressa de encerrar esta carta. Em anexo, você encontrará uma ordem de pagamento, porque, uma vez que não conseguiu encontrar o pastor Salles, é possível que esteja precisando de alguma coisa.

Os melhores votos, também os de Jo, e novamente lhe agradeço muito por suas gentis missivas e por todos os desenhos.

Seu, Theo.

T 13
Paris, 29 de julho de 1889.
Meu caro Vincent:

Estou meio preocupado para saber se você recebeu ou não minha última carta, que continha uma ordem de pagamento de cem francos. Em geral, você responde assim que recebe; se não fosse assim, eu poderia pensar que ainda não teve tempo para responder.

Eu reprovo a mim mesmo por lhe escrever tão raramente, porém, nos últimos tempos, escrever cartas tem sido extremamente difícil para mim; realmente, não sei por que razão. Recebi sua última remessa, que estava em perfeitas condições e que considero extremamente bela. São estas as coisas que você deixou guardadas até secarem? Pergunto, porque, na maior parte das telas, encontro maior clareza de expressão e um efeito geral tão bonito. Aquela com os arbustos e as árvores cobertas de hera, que mostra aquela rua, o Passeio de Arles, e também os campos com

Retrato de Theo van Gogh por Isaäcson

os jardins na primavera são muito lindas. Estas e outras também já foram montadas em esticadores, dos quais havíamos removido as telas anteriores, que se encontram agora no estabelecimento de Tangui. Depois de serem colocadas em molduras, ficaram muito decorativas. Quanto ao próprio Tangui, ele também gosta muito delas . Na minha opinião, você escolheu temas muito bons para seus quadros: aquelas árvores de folhagem densa, cheias de frescor e banhadas pela luz do sol constituem um modelo maravilhosamente bom. Eu ficaria muito satisfeito se você vivesse em um ambiente inteiramente a seu gosto, se estivesse rodeado pelas pessoas de quem gosta, que retribuíssem sua amizade; mas de qualquer modo, você não poderia trabalhar melhor do que está fazendo agora e quantas coisas magníficas tem produzido recentemente!

Estou feliz em saber que está bem de saúde. O Sr. Peyron me escreveu outro dia, a fim de dizer que achava seu estado satisfatório. Vamos esperar que você vá melhorando cada vez mais. Os pais de Jo encontram-se conosco agora – sua mãe está hospedada conosco, mas seu pai ficou em casa de André. É uma bela distração, especialmente para Jo, que é forçada a fazer um pouco de exercício, o que é necessário no seu estado. Ela parece muito bem, só está um pouco fraquinha. Quanto a mim, estou com um aspecto cadavérico, mas fui consultar Rivet, que me prescreveu todo tipo de remédios, os quais, pelo menos, conseguiram fazer parar minha tosse, que estava me matando. Acho que isso, pelo menos, já passou. Foi a mudança em minha vida, e, em consequência da maneira como estou sendo tratado agora, vou recuperar as forças, assim que a pior parte de minha indisposição tiver ficado para trás. Ontem, fomos a St.-Germain. Ah, como o campo está bonito!... Por que será que as pessoas vêm se desgastar nas cidades, quando no campo podem respirar um ar muito mais saudável, capaz de lhes restaurar a vida e a saúde?

Você já tem permissão para sair do estabelecimento de vez em quando? Escreva uma carta assim que puder – só para me dizer como está. Não trabalhe demais.

Um cordial aperto de mão e outro de Jo.

Seu, Theo.

T 14
Paris, 14 de agosto de 1889.
Caro Vincent:

Achei tão estranho não receber carta sua que telegrafei para saber se você estava bem. O Dr. Peyron me respondeu em uma carta na qual informava que você esteve doente durante um ou dois dias, mas que já está se recuperando. Pobre rapaz, como eu gostaria de ser capaz de fazer alguma coisa para pôr um fim a esse pesadelo. Quando sua carta não chegou, me passou pela cabeça, não sei por que, que você estava viajando para nos ver e queria nos fazer uma surpresa. Se você achar que vai lhe fazer bem passar uns dias entre pessoas que ficariam felizes de fazer tudo quando estivesse a seu alcance para lhe dar alguma espécie de estímulo, as quais adorariam ter você junto delas, por favor, lembre-se de nosso pequeno quarto de hóspedes. Foi inaugurado um dia desses pela mãe de Jo e deste modo demonstrou ser habitável. Espero que essa indisposição não seja nada mais que uma decorrência passageira de sua última crise, mas se você atribui essa recaída a alguma coisa especial, não deixe de me informar a respeito. O doutor e o resto da equipe estão sendo bons para você? Eles fazem algumas distinções entre os diversos pacientes ou isso depende de quanto eles pagam?

Se uma pessoa tem o espírito perturbado, é provável que encare as coisas de uma forma diferente e sob uma luz pior que o normal; assim, por favor, escreva-nos tão logo puder, nem que seja uma ou duas linhas. Eu não acho que esteja me preocupando mais que o necessário, mas espero que você me conte tudo. Conosco, está tudo bem; estou me sentindo muito melhor do que há algumas semanas, e minha tosse desapareceu totalmente, graças aos remédios de Rivet.

Em sua última carta, você escreveu que nós éramos irmãos por mais de uma razão. É assim que eu também me sinto e, embora meu coração não seja tão sensível quanto o seu, posso compreender o seu sentimento de estar sendo sufocado por tantos pensamentos que não podem ser concretizados. Nunca perca a coragem e lembre-se de quanto eu sinto falta de você.

Jo cordialmente lhe deseja uma pronta recuperação. Espero que possa enviar-nos boas notícias a seu respeito em breve.
Seu, Theo.

T 15
Paris, 16 de agosto de 1889.
Caro Vincent:

Recebemos sua carta para Cor e já lhe entregamos hoje de manhã, porque ele chegou aqui muito cedo, às seis e meia. Ficamos tão contentes que ele pôde fazer sua viagem a Southampton via Paris – com toda a certeza ele vai estar longe por muito tempo, e Theo, especialmente, lamentaria muito não encontrá-lo mais uma vez. Nesta manhã mesmo, nós começamos a mostrar-lhe a cidade, desde a *Place de l'Étoile* até a *Place de la Bastille,* e ele ficou totalmente encantado. Theo ficou um tantinho desapontado porque você não lhe escreveu uma só palavra. Por favor, escreva logo para nós – nem que seja um *bilhetinho* – porque estamos muito ansiosos para ficar sabendo de sua saúde através de suas próprias palavras e esperamos, do fundo de nossos corações, que em breve você esteja se sentindo melhor. Você não faz ideia da frequência com que falamos e pensamos em você. Mamãe também escreveu dizendo que estava ansiosa por receber uma carta sua. Sabe o que Cor trouxe consigo quando chegou esta manhã? Trouxe um presente – um par das meiazinhas mais lindas para nosso garotinho (porque eu insisto em acreditar que vai ser um meninozinho – por mais que você faça troça de mim!).

Se possível, escreva mesmo uma cartinha para Theo em seguida – ele está tão ansioso por uma! Um cordial aperto de mão, mesmo que só em pensamento.

Carinhosamente sua, Jo.

Felizmente, Theo está muito bem de saúde outra vez.

T 16
Paris, 5 de setembro de 1889.
Meu caro Vincent:

Você me deu grande prazer quando me escreveu; quando não se tem nenhuma notícia, a tendência é pensar que as coisas são muito piores do que realmente são. Já é bastante ruim que você tenha passado por uma crise, mas, felizmente, vejo em sua carta que agora está sentindo-se melhor. A vista de sua janela – de que você me mandou um esboço – deve ser muito bonita; em Paris, às vezes a gente quase morre para enxergar uma verdadeira paisagem campestre – pelo menos você tem um fragmento de paisagem à sua disposição. Nos arredores de Paris, nunca se vê nenhum camponês e, na verdade, eu já nem sei mais qual é o tempo da colheita do trigo ou das batatas. De fato, na cidade você encontra pessoas que também são interessantes, mas há momentos em que você fica cheio de tudo. Aí, já que não se pode ir até lá, contemplar uma pintura de uma verdadeira paisagem no campo faz muito bem e, certamente, em certos momentos de desalento, um Bodmer lhe dará tanto prazer, ou talvez até mesmo mais, que certos quadros realizados com técnica cientificamente acurada, mas sem aquele elemento veraz e saudável que pode ser obtido através de uma fatia de pão integral. Rousseau também tem um pouco dessa técnica... Na exposição, há uns quadros seus com trechos de florestas em que você pode reconhecer todas as espécies de árvores, com um mato rasteiro de arbustos e cogumelos verdadeiros por baixo. Seguramente, se esses sujeitos não são artistas – e é necessário ser extremamente exigente para não considerá-los como tais –, de qualquer modo, ele são *homens*, e deveríamos desejar que o mundo estivesse cheio de gente como eles.

Lembre-se também do velho Pissarro, o pai, que, apesar de todas as dificuldades por que tem passado, andou pintando recentemente algumas coisas muito belas. Quadros onde você também encontra essas qualidades de rusticidade que logo demonstram que o homem se encontra mais à vontade usando tamancos de madeira do que botinas de couro cromado. Pouco tempo atrás, ele perdeu a mãe, que já estava muito velha, o que não impede que tenha sido um duro golpe para ele, mesmo que já estivesse esperando por isso. Também teve de se submeter a uma operação em um dos olhos, e o pior é que eu acho que a sua visão não melhorou em nada. Ele está continuamente usando uma espécie de focinheira (para enxergar melhor), uma engenhoca que o incomoda muito mesmo... Depois, ele costuma passar por grandes dificuldades para vender suas obras e está atravessando um período de sérios apertos financeiros, embora continue sempre cheio de coragem. Um de seus filhos está em Londres, e parece que há escolas por lá em que são ensinadas as artes decorativas, e os discípulos são absolutamente livres para tratarem dos temas conforme seu próprio entendimento. A primeira coisa que lhe deram para fazer foi uma frisa composta de ramos de sarça. Seria uma boa coisa que se fizesse algo assim por aqui, porque, ao deixarem os rapazes seguirem seus próprios caminhos, eles encontrariam ornamentos retirados das mesmas fontes da natureza e o resultado poderia ser uma grande mudança na arte da decoração de interiores, etc. É uma pena que os impressionistas sejam desconhecidos na Inglaterra: deve haver pessoas por lá que apreciariam suas obras.

Esta semana, Tersteeg enviou-me oito aquarelas de J. H. Weissenbruch que, entre parênteses, ainda não morreu; são obras muito, muito boas. Embora ele não se preocupe muito com os detalhes da vegetação, conhece o caráter dos campos holandeses tão bem quanto Daumier conhece seus advogados... As árvores retorcidas, os caminhos lamacentos através das campinas – e como os céus que pinta são parecidos com os que se vê sobre a Holanda! Estou muito feliz que Tersteeg tenha criado coragem para comprá-las; é o mesmo de sempre: ele começa dizendo "não" e, depois de conversar um pouco, reconsidera e frequentemente muda de ideia. Nesta terra em que entenderam Jongkind, eles serão capazes de entender este também. De qualquer modo, devemos experimentar.

Gauguin enviou-me mais algumas telas. Ele escreveu dizendo que havia hesitado antes de mandá-las, porque aquilo que ele diz estar buscando através de seu trabalho não foi expressado nelas como gostaria. Mas ele afirma que encontrou esse caminho em outras de suas telas, que ainda não secaram. Entretanto, na minha opinião, o fato é que essa remessa não é tão boa quanto a do ano passado; há, entretanto, entre elas *uma tela* que é verdadeiramente um belo Gauguin. Ele a intitulou, *La Belle Angèle*. É um retrato disposto na tela no mesmo estilo daquelas cabeças japonesas pintadas em papel crepom. Há uma fisionomia e um busto delineados sobre um fundo. Trata-se de uma mulher bretã, sentada, mãos cruzadas no colo, vestido preto, avental lilás e uma touca branca; os contornos são acinzentados e o fundo pintado em um lindo tom de lilás azulado, entremeado de flores vermelhas e rosadas. A expressão da cabeça e a atitude da figura foram muito bem compostas. Para falar a verdade, a mulher que serviu de modelo parece mais uma vaca jovem, mas existe alguma coisa tão fresca na composição e, ao mesmo tempo, uma qualidade tão camponesa, que o resultado é muito agradável de se ver.

Bem, ainda tenho para lhe contar que a Exposição dos Independentes está aberta e que seus dois quadros estão lá, *Os Íris* e *A Noite Estrelada*. A última foi muito mal exposta, porque não dá para o espectador se colocar a uma distância suficiente para uma apreciação adequada, já que foi pendurada em uma sala muito estreita, mas a outra está extremamente bem exposta. Eles a colocaram na parede mais estreita da sala e atrai a vista de longe. É um belo estudo, cheio de ar e de vida. Há alguns Lautrecs, cujo efeito é muito poderoso, entre outras coisas, um baile no *Moulin de la Galette*, que é realmente muito bom. Só foi permitido aos pintores enviarem dois quadros cada um, porque a exposição está sendo realizada em um lugar muito menor que o anterior.

Seurat tem praias marítimas, Signac, duas paisagens. Há também um quadro de Hayet, aquele amigo de Lucien Pissarro, representando a *Place de la Concorde* à noite, cheia de carruagens, com os lampiões de gás, etc. Faz recordar de algum modo aquela tela de Seurat sobre os malabaristas (*Les Saltimbanques*), mas eu acho que é mais harmoniosa.

Estamos com boa saúde. Praticamente não estou tossindo mais e me sinto bem mais forte. Jo também está bastante saudável: já dá para notar que está grávida, mas isso ainda não lhe atrapalha os movimentos. Uma das irmãs dela está hospedada conosco neste momento. Mamãe recebeu uma carta de Cor; ele já viajou para bem longe, mas está em perfeita saúde.

Escreva-me logo umas poucas linhas, se estiver disposto. Mais uma vez, agradeço-lhe muito por sua carta.

Mantenha a coragem; um cordial aperto de mão e outro de Jo.
Seu, Theo.

T 17
Paris, 18 de setembro de 1889.
Meu caro Vincent:

Adiei a resposta à sua última carta, porque tinha esperança de poder encontrar-me primeiro com Pissarro, o pai. Mas fiquei sabendo que ele viajou agora para sua terra natal, ainda que pretenda regressar em breve a Paris. Quando o "Tio" Tangui e eu conversamos, já havíamos tocado naquele assunto, se era possível encontrarmos um meio de realizar aquele arranjo que você mencionou, mas logo aconteceu a morte da mãe dele, portanto não era o momento certo. No ano passado, De Haan ofereceu-se para ir morar com ele; mas ele disse que não tinha lugar suficiente em sua casa e foi procurar acomodações nas casas de seus vizinhos, mas tudo em vão. Falei a respeito disso com Jouve, que me prometeu abrir os olhos para um possível arranjo, uma vez que é impossível morar com ele, por falta de espaço. Mas ele tem seu estúdio. Ele dá a impressão de estar em melhores condições financeiras, agora que arranjou um emprego como decorador de interiores. Esse homem é muito sensato.

Mas com referência ao essencial – isto é, saber se a sua saúde vai melhorar, se você vai poder morar com uma ou outra dessas pessoas –, essa é que é a grande pergunta. Quando você fala em vencer sua doença através do trabalho, meu velho e querido companheiro, foi isso que você sempre tentou fazer e, por isso, é importante que você modifique seu modo de viver. Eu tenho convicção de que, se você tratar melhor do corpo, fortalecê-lo, assim que você tiver mais sangue em suas veias, todos esses pensamentos tristes desaparecerão. Sempre fico com medo quando você começa a trabalhar desse jeito, como se estivesse em um frenesi, porque nesse estado, você se exaure trabalhando. Eu entendo que a inatividade é um enorme peso na sua cabeça, especialmente quando não tem nenhuma companhia que realmente lhe agrade; porém, quando você voltar para cá, há o perigo de que encontre pessoas que o deixem nervoso. Na minha opinião, você deveria passar algum tempo no campo, em qualquer parte em que se encontre algum artista esquecido, mas o problema é que você sabe muito bem como sofre com o frio e, enquanto não se achar completamente curado, bem, você não deve ficar sozinho nunca.

De acordo com Rivet e a partir das cartas do Sr. Peyron, há uma possibilidade – na qual eu acho que você prefere não acreditar –, de que venha a ficar completamente curado. Para que isso aconteça, é absolutamente necessário que você não cometa nenhuma imprudência e que permaneça sob a supervisão de um médico. Você quer vir para cá, internar-se em algum sanatório até o fim do inverno e depois ir ao campo para pintar? *Por favor, escreva-me e me dê uma resposta categórica.* Por que você permanece trancado e por que não sai para apanhar um pouco de ar fresco? Isso só pode lhe fazer bem, ao passo que uma vida sedentária não vai lhe adiantar para nada.

Também é necessário que você coma carne.

Provavelmente, a esta altura, as tintas que Tasset lhe enviou já chegaram; quanto à segunda remessa de branco, vai chegar às suas mãos dentro de muito pouco tempo; ele não tinha mais em seu estoque. Há três quadros de Meunier na exposição que você veria com prazer. Um deles é um estudo de telhados vermelhos, acima dos quais se erguem as filas de chaminés das fábricas, todas emitindo grossas colunas de fumaça destacadas contra um céu matinal em um tom de branco leitoso. A número dois mostra um grupo de operários a caminho da fábrica, marchando dois a dois através de montes de escória e pilhas de carvão, com andaimes de madeira e rochas negras ameaçando os céus. O número três é *La Hercheuse*. Ela está parada, conversando com um garotinho, antes de descer pelo elevador ao interior da mina. Estão vestidos da mesma forma, mas a figura dela é totalmente feminina; acima de suas cabeças, uma grande viga corta parte do céu contra o qual suas silhuetas estão delineadas. E isso também, embora possa não ser nem impressionista nem pintura moderna, é um trabalho muito bom, digam o que disserem. Todos os três quadros foram pendurados bem alto na sala em que estão expostos.

Há ainda uma estátua em tamanho natural representando um operário encarregado de um pudlador, uma obra fundida em bronze que lembra as figuras de Millet, também um trabalho muito bom.

Jo está muito bem; agora se encontra mais ou menos no meio do período da gravidez. Por enquanto, tudo corre bem; ela está com o ventre grande, o que a atrapalha um pouco, porém, exceto por um enjoo ou acesso de náusea ocasionais, não sente nenhum incômodo. Não se sente mais inquieta nem assustada. Espero que você esteja passando melhor e que não esteja mais se sentindo muito infeliz. Falamos e pensamos em você com muita frequência.

Os melhores votos de Jo e meu cordial aperto de mão.

Seu, Theo.

T 18
4 de outubro de 1889.
Meu querido Vincent:

Realmente, demorei para lhe escrever e comunicar que sua última remessa de quadros chegou em perfeita ordem. Gostei muito do campo de trigo e das montanhas; o desenho e a composição são muito belos. No campo de trigo; consigo divisar aquela qualidade inabalável que a natureza apresenta, mesmo em seus aspectos mais ferozes. O pomar também está extremamente bem pintado. Isaäcson, que ultimamente anda escrevendo para um jornal holandês, deseja escrever alguma coisa, um artigo ou uma coluna, sobre o seu trabalho. Ele me pediu que lhe emprestasse alguns quadros, que ele queria expor por algum tempo em sua casa a fim de inspirar-se. Pediu que, entre os quadros, estejam o das montanhas e o trigal.

Assim que eu lhe enviar as reproduções dos quadros de Millet, incluirei os artigos escritos por Isaäcson; eu não aprovo inteiramente a sua busca de palavras novas, porém, falando francamente, ele diz coisas boas a respeito de seu trabalho, coisa que a maioria dos críticos de arte não faz. Sua carta me deu muito prazer e agradeço-lhe muito por ter escrito. Posso entender perfeitamente que, em momentos de grande excitação artística, a presença das irmãs de caridade dificilmente será uma influência tranquilizadora sobre você. O Dr. Peyron veio visitar-me e parece estar com muito boa vontade com relação a você. Gosto muito do rosto dele. Ele me informou que, no momento, você está absolutamente saudável e que, se não fosse pelo fato de que faz tão pouco tempo que você passou por uma crise, ele já teria insistido com você para sair com maior frequência, pelo menos para passear pelas redondezas do Sanatório. Ele me disse que, depois de constatar que sua viagem a Arles desencadeou uma crise, quer ter certeza de que você esteja bem o suficiente para que possa lhe dar alta para ir morar em qualquer outro lugar.

Além disso, eu conversei com Pissarro e discuti o assunto aquele. Eu não acho que ele tenha grande autoridade dentro de sua própria casa, porque, segundo me parece, quem usa as calças é sua mulher. Depois de alguns dias, ele me comunicou que, em sua própria casa, não seria possível, mas que ele conhece um homem em Auvers, que, além de ser médico, pinta um pouco nas horas vagas. Ele me disse que o cavalheiro em questão conhece todos os impressionistas. Ele acha possível que ele lhe dê abrigo durante algum tempo. Mas ele ainda tem de procurá-lo e conversar a respeito. Se você pudesse encontrar alguma coisa nessa região, seria muito bom para sua saúde. Bernard vem nos visitar amanhã, para dar uma olhada em alguns de seus quadros, e depois eu irei até sua casa, para ver o que foi que ele trouxe consigo de sua própria obra.

Sinto-me bem ao saber que você está melhor. Se a sua mudança de residência o trouxer primeiro a Paris, isso me dará realmente muito prazer.

Recebemos boas notícias de Wil e de Mamãe; Jo também está ótima e lhe manda suas calorosas saudações.

Um aperto de mão cordial.

Seu, Theo.

T 19
22 de outubro de 1889.
Meu caro Vincent:

Em anexo, você encontrará cento e cinquenta francos, com que me fará a gentileza de pagar o saldo devedor ao Sr. Peyron, sendo o restante para suas despesas de viagem até Arles. Em minhas cartas ao Sr. Peyron, eu pedi que me informasse caso houvessem despesas suplementares, mas ele nunca me enviou uma só palavra a respeito. Portanto, peça, por favor, que cada vez que receber minha carta mensal, me informe se devo alguma coisa; deste modo, a conta não vai ficar muito alta. Espero que sua saúde continue boa e que esteja tendo sorte em seu trabalho. Uma porção de pessoas me visitou recentemente para ver os seus trabalhos que tenho em casa: o filho de Israëls, que está passando algum tempo em Paris; Veth, um holandês que pinta retratos e que escreve para o *Nieuwe Gids*, aquele periódico sobre o qual você deve ter ouvido falar – ele causa indignação em tantas pessoas... Mas, frequentemente, apresenta artigos muito bons; e depois veio Van Rysselberghe, um dos Vintistas de Bruxelas. O último também quis ver tudo o que estava no depósito de Tangui, porque seus quadros parecem interessá-lo muito.

Na Bélgica, as pessoas já estão mais acostumadas com pinturas multicoloridas; isso se deve, em grande parte, à influência da exposição do Grupo dos XX, embora eles não estejam comprando nada por lá. A Exposição dos Independentes já terminou e *Os lírios* já retornaram às minhas mãos; esse é um dos seus melhores trabalhos. Tenho a impressão de que sua obra é mais forte quando você pinta coisas reais como essa, ou como a diligência em Tarascon, ou a cabeça de uma criança, ou o mato rasteiro com a hera, olhados de cima. A forma é tão bem definida e o conjunto tão cheio de cor.

Eu entendo perfeitamente bem o que o está preocupando tanto com relação às suas últimas telas, como a aldeia ao luar ou as montanhas, mas eu acho que a busca de qualquer tipo de estilo é prejudicial à verdadeira percepção das coisas. Na última remessa de Gauguin, noto que ele está com a mesma procupação que você, mas no trabalho dele há muito mais reminiscências das gravuras japonesas, do estilo egípcio, etc. No que se refere a mim, prefiro muito mais um quadro retratando uma mulher bretã da maneira como ela se comporta no campo a uma mulher bretã com os ademanes de uma japonesa, porém a arte não conhece limites e, desse modo, um pintor tem permissão para fazer o que pensa que deve fazer com seus modelos ou temas. Guillaumin esteve em Auvergne no verão passado e trouxe consigo algumas telas bastante boas que pintou por lá. No que se refere a ele, não está se esforçando muito para obter novos efeitos em sua coloração. Ele se contenta com o que já encontrou e sempre encontramos os mesmos pontos rosa, laranja e violeta-azulado, mas sua pincelada é vigorosa, e sua visão da natureza muito certamente é ampla.

Pissarro foi embora de novo e suponho que esteja agora tratando daquele nosso assunto com aquele homem respeitável em Auvers. Espero que ele tenha sucesso e que nós possamos vê-lo de volta na próxima primavera, se não for antes. Jo está muito bem; está ficando com a cintura consideravelmente maior e já sente o movimento da criança dentro dela, mas isso não lhe causa uma sensação muito desagradável.

Mamãe reenviou-nos uma carta que recebeu de Cor; ele já chegou em Johannesburg. É uma terra bastante selvagem e é preciso andar com um revólver na cintura o tempo todo. Não existe vegetação por lá, nada exceto areia, a não ser nos lugares onde existem oásis. Minha carta tem de ir para o correio agora. Jo lhe envia suas melhores lembranças. Um cordial aperto de mão.

Seu, Theo.

T 20
Paris, 16 de novembro de 1889.
Meu caro Vincent:

Em anexo você encontrará uma carta de Gauguin, que ele me enviou, pedindo que a encaminhasse para você. O trabalho da floresta mencionado nesta carta também chegou. Que excelente *workman* ele é! Essa obra foi executada de uma forma tão cuidadosa que deve ter-lhe dado um enorme trabalho. A figura feminina, especialmente, que foi executada em madeira polida, é muito bem feita, enquanto as figuras que a rodeiam foram esculpidas em madeira colorida sem lixar. Obviamente é um trabalho bizarro, que não expressa uma ideia muito claramente definida, mas se assemelha a uma obra de arte japonesa, cujo significado, pelo menos para um europeu, é igualmente difícil de apreender. De qualquer forma não nos podemos furtar a admirar a combinação das linhas e dos belos elementos. O efeito geral tem um tom bastante "sonoro". Eu gostaria muito que você visse esse trabalho. Sem a menor dúvida, você adoraria.

Esta semana eu fui ver Bernard, que me mostrou o que tem pintado recentemente. Em minha opinião, ele realizou grandes progressos. Seu desenho está menos definido, mas permanece ali. Há mais agilidade em suas pinceladas. Existe agora uma influência mais definida do Primitivismo; por exemplo, ele executou uma figura ajoelhada, com um grupo de anjos ao redor. O chão está revestido de grandes tijoletas, e as figuras foram distribuídas como as peças de um jogo de xadrez, mas existe uma de anjo que realmente apresenta grande nobreza. Ele também pintou um Cristo no Jardim das Oliveiras. Um Cristo roxo com cabelos vermelhos, acompanhado por um anjo amarelo.

É muito difícil de entender, e a busca por um estilo definido muitas vezes leva o pintor a executar cenas e figuras ridículas. Quando se veem muitos quadros, muitos mesmo (que às vezes fica-se com vontade de não ver nenhum por algum tempo), no meu caso, os que eu mais aprecio são os que representam temas saudáveis e verdadeiros, sem compromisso com todo esse negócio de escolas e ideias abstratas.

Talvez você me responda que cada obra de arte deve necessariamente ser o resultado de um grande número de combinações complicadas. Isso é verdade, mas para o pintor também devem surgir momentos em que ele se sente tão inspirado por seu modelo ou tema que ele o executa de tal forma que dá para saber, ou pelo menos sentir, que é simplesmente como se estivéssemos nos confrontando com uma coisa concreta. É esse meu sentimento cada vez que contemplo a maior parte de suas telas. No momento, existe uma na vitrina de Tangui, uma paisagem campestre na primavera, com choupos que se distribuem ao longo da tela de tal maneira que não se pode ver nem o topo nem as raízes das árvores. Gosto muito desse quadro. Verdadeiramente representa a natureza em seu estado mais puro.

Recebi uma carta para você esta manhã, do Grupo dos XX em Bruxelas. Coloquei seu endereço e pus no correio. Um bilhete de Maus, que recebi ao mesmo tempo, relata que eles ficarão bastante felizes se você enviar algumas de suas coisas, pinturas e desenhos. Quando ele esteve aqui, gostou muito das macieiras em flor, mas Van Rysselberghe demonstrou entender melhor o que você está buscando em seus trabalhos mais recentes, por exemplo, o retrato de Roulin, os girassóis, etc. É necessário que você me escreva, dizendo o que acha da exposição e o que gostaria de mandar para eles. Eu acho que eles puseram à sua disposição um espaço de cinco por sete metros (aproximadamente dezessete por vinte e três pés). Para a mostra deste ano, eles convidaram Puvis de Chavannes, Bartholomé, Cézanne, Dubois, Pillot, Forain, Signac, L. Pissarro, Hayet, Renoir, Sisley e Lautrec, além de você. Por pior que tenha sido a "Exposição dos Independentes" deste ano, muita gente viu *Os Lírios* e agora falam comigo a respeito com uma certa frequência. Seria uma coisa muito boa se nós pudéssemos ter em Paris uma exposição dos trabalhos de artistas que não são bem conhecidos do público, mas inevitavelmente teria de ser uma exposição permanente. Infelizmente, os lugares por aqui em que se poderia realizar essa exposição permanente são sempre proibitivamente caros.

Pissarro escreveu-me que sua esposa e ele estiveram procurando pelo campo uma pensão em que você possa ficar, mas, segundo ele me diz, será melhor para você se puder se hospedar com aquele doutor em Auvers. Ele terá de visitá-lo em breve. Estou feliz em saber que você está se sentindo melhor; quanto mais forte estiver fisicamente, tanto melhor. Por favor, me informe em que condições se encontram suas roupas. Não quer que lhe mande alguma coisa quente para vestir?

    Felizmente, Jo está bem e lhe manda lembranças calorosas; por aqui o inverno já faz sentir sua presença.

    O mistral sopra em St.-Rémy do mesmo modo que em Arles?

    Um cordial aperto de mão e,

    Totalmente seu, Theo.

T 21
Paris, 8 de dezembro de 1889.
Meu querido Vincent:

    Recebemos hoje os três rolos de telas, juntamente com sua carta. Entre as pinturas há algumas cuja harmonia é buscada em tons menos violentos do que aqueles que você geralmente utiliza; todavia, apesar disso, há muita atmosfera contida nessas paisagens. Embora eu concorde totalmente com você, quando diz em sua última carta que deseja trabalhar como um sapateiro, sem dúvida isto não o impedirá de produzir telas que possam se comparar àquelas pintadas pelos grandes mestres. O que eu mais aprovo nos tempos modernos, é que eles fizeram tanto pela arte que hoje em dia todos podem trabalhar da maneira que melhor lhes agrade e não são forçados a fazer as coisas dentro das regras impostas por alguma escola. Sendo esse o caso, é possível pintar um pedaço da natureza exatamente como se enxerga, sem ser obrigado a enquadrar o tema desta ou de outra maneira. O gosto que um artista tem por certas linhas e por determinadas cores fará com que sua alma seja refletida nelas. Na Exposição Universal, há um pequeno quadro de Manet, que provavelmente você já viu na galeria de Portier, quando esteve lá. Mostra uma jovem de vestido branco, sentada contra um fundo formado por uma pequena colina, tendo ao lado um carrinho com uma criança dentro. O pai está estirado descuidadamente na grama por trás da mulher.

    Essa decididamente não é uma das pinturas mais modernas, mas apresenta, mesmo assim, uma alta qualidade artística. Eu sou da opinião que as pesquisas sobre o simbolismo, por exemplo, não precisam ir mais além do que foi esse quadro, em que, além disso, a simbologia não foi premeditadamente forçada.

Tangui vem expondo grande número de seus quadros recentemente; ele me contou que está negociando e espera vender o banco com a hera. Você fez uma ótima escolha para a exposição de Bruxelas. Já encomendei as molduras. Para os girassóis, vou deixar a armação de madeira estreita em que se encontra e acrescentar ao redor uma moldura branca. Os outros serão colocados em molduras brancas ou de madeira natural. Você não me disse se deseja expor desenhos também. Quando Maus esteve aqui, admirou muitíssimo os que examinou e solicitou com urgência que fossem enviados para ele junto com os quadros. Talvez seja possível enviar um certo número deles, montados no mesmo tipo de moldura.

Houve uma ocasião em que você declarou que deviam publicar um livro sobre Monticelli. Bem, eu vi umas vinte e tantas litografias muito boas, baseadas em seus quadros, gravadas por um certo Lauzet. Elas são acompanhadas por textos. Esse artista vai dar uma olhada em nossos quadros para ver se existe algum que ele possa querer reproduzir. Ele tem obtido sucesso em litografar obras dos pintores ingleses e escoceses. As litografias são pintadas em tons diferentes e, com respeito ao processo utilizado, são mais ou menos como as águas-fortes realizadas em uma base de pedra que Marvy produzia enquanto estava na ativa; o homem que realizou esses trabalhos é um verdadeiro artista.

Aquele amigo de Bernard, chamado Autier, me procurou. Você sabe, aquele que me procurou uma vez quando eu ainda morava na rua Lépic. Ele está muito interessado no que você está fazendo e me mostrou um jornalzinho que é editado por ele, no qual escreveu uma coluna sobre a galeria de Tangui, ocasião em que mencionou seus quadros.

Estamos agora no meio do inverno, com neve acumulada nos telhados. Como está o clima em sua região? Escrevi uma carta ao Sr. Peyron a fim de dizer-lhe que, nesta época, você seria provavelmente obrigado a trabalhar em uma sala fechada, e lhe pedi que fizesse a gentileza de permitir-lhe acender uma estufa ou um fogareiro, acrescentando o custo do combustível na minha conta. Estou muito feliz de saber que você está bem. Quanto ao futuro, quem pode prever o que vai acontecer? Mas, acima de tudo, não se preocupe mais do que o necessário. Certamente dias melhores virão para você e, pelo menos, nos veremos com maior frequência. Corot, Millet, etc. não venderam seus quadros a preço alto, mas, apesar disso, acabaram vendendo a maioria; assim, devemos ter paciência.

Jo lhe envia suas mais gentis lembranças; recebemos de Amsterdã uma porção de coisinhas para o bebê. Você pintará o retrato dele assim que retornar. Wil provavelmente virá em janeiro para nos dar uma mão. Ela se divertiu imensamente em Leyden.

Mantenha a coragem!
Sinceramente seu, Theo.

T 22
Paris, 12 de dezembro de 1989.
Meu caro Vincent:

Recebi o pacote contendo o seu trigal e as duas pinturas de seu quarto. Gostei particularmente da última, cuja coloração lembra um buquê de flores. Tem uma grande intensidade de cores. Talvez o campo de trigo tenha mais um pouco de poesia: é como a lembrança de alguma coisa que a gente viu no passado. Tangui está emoldurando esse quadro e, dia 3 de janeiro, tudo será mandado para Bruxelas. Agora vou contar-lhe uma coisa que me deu muito prazer. O Sr. Lauzet, o litógrafo dos quadros de Monticelli, veio visitar-me em casa. Ele veio observar os seus quadros e achou todos muito bons. No que se refere às flores, ele acha que não é capaz de reproduzi-las, porque as pranchas são monocromáticas e ele não acredita ser possível apresentar o mesmo efeito dessa pintura em uma única cor. Ele vai começar trabalhando com *A Mulher Italiana*. Mas o que realmente lhe agradou foram suas telas e desenhos; ah, meu querido companheiro, esse homem realmente os compreende!

Muito tempo atrás, ele viu alguns de seus quadros expostos na galeria de Tangui. Ele estava muito satisfeito ao ver todas as suas obras que tenho em casa; enquanto folheava os desenhos, ele encontrou a figura de um homem apanhando maçãs, de que ele gostou muito e, assim, eu lhe dei de presente, porque achei que você teria feito a mesma coisa. No dia seguinte, ele veio me ver de novo, desta vez na loja, para indagar se não seria possível ficar com outro desenho, um dos que você fez logo no começo de sua estada em St.-Rémy. À esquerda, há um pequeno grupo de árvores sombrias contra um céu dominado pela lua cheia; à direita, um portãozinho baixo de madeira. Ele me disse que não conseguia tirar este desenho da cabeça, que era ainda melhor que os desenhos de V. Hugo, de que ele gostava muito e assim por diante. Eu lhe propus fazer uma troca por uma das litografias que executara para o álbum de Monticelli, e ele aceitou imediatamente. O álbum ainda está longe de estar completo, mas ele seguramente vai terminar o trabalho. Cottier e Reid já se cotizaram para adquirir vários exemplares, de tal modo que suas despesas de impressão já estão cobertas. Ele já aprontou dezesseis das vinte e cinco litografias que pretende fazer.

Eu acho que o seu maior sucesso foi a reprodução daquela cabeça de criança que vimos aquela vez na loja da rua de La Roquette. Esse artista me causou uma impressão muito boa. Ele veio do sul e tem um aspecto que lembra os espanhóis, barba negra e rosto pálido, mas ao mesmo tempo mostra a gentileza de um poeta inglês. É uma pena que ele não tenha gravado a várias cores, usando pedras diferentes, porque através das litografias monocromáticas não fazemos ideia da força das cores que Monticelli foi o primeiro a usar, empregando um contraste a fim de chegar a um efeito bastante forte, ao mesmo tempo que preservava a harmonia. As pedras que eu vi são parecidas com águas-fortes sobre pedra, da mesma maneira que Marvy fazia.

Você diz que, às vezes, pensa que teria feito melhor se permanecesse um simples comerciante, mas não diga uma coisa dessas. Olhe o Gauguin, por exemplo. Estou plenamente consciente do seu talento, entendo perfeitamente o que ele quer fazer e gosto muito, mas por mais que me esforce, não consigo vender nenhuma de suas obras, ainda que tenha trabalhos de vários gêneros diferentes. Os colecionadores recusam coisas que não são feitas em "perfeita ordem". É óbvio que Gauguin, que é meio inca, meio europeu, supersticioso como os primeiros, mas avançado em suas ideias como grande número dos últimos, não consegue trabalhar da mesma maneira todos os dias. Ele se sente muito infeliz porque não lhe tem sido possível encontrar alguma espécie de ocupação ou de renda com a qual possa viver em segurança. Suas pinturas mais recentes são ainda menos vendáveis que as do ano passado. Semana passada, ele me escreveu para contar-me que um de seus filhos caiu de uma janela e, quando o ergueram, estava quase morto. No entanto, ainda esperam conseguir salvá-lo. Ele faria qualquer coisa para conseguir um pouco de dinheiro, mas eu não tenho condições de arranjar nada para ele agora.

Pissarro também está passando dificuldades. Ele trabalha feito um escravo. Fez um leque muito bonito para Jo. Mostra camponesas correndo pelos campos, com um arco-íris no fundo. Por enquanto, ele ainda não foi visitar aquele cavalheiro em Auvers ou, pelo menos, não me escreveu nada a respeito; acho que a melhor coisa para você seria vir passar a primavera conosco e então partir para o campo, a fim de ver se encontra uma pensão a seu gosto. Nós certamente devemos nos dar por felizes que você esteja agora tão melhor de saúde em comparação ao ano passado. Nessa ocasião, cheguei a pensar que você não se recuperaria. Estamos esperando Wil dia 2 de janeiro; ela vai passar um mês conosco. Concordo com você que seria uma coisa linda se ela se casasse, e o homem que a conquistasse teria uma esposa encantadora.

Cor escreve constantemente do Transvaal. A vida por lá dificilmente pode ser muito divertida. Não existem plantas nem flores. Quando não faz um calor tórrido, chove de tal maneira que o país inteiro fica alagado. Um dia é absolutamente igual a outro, razão pela qual, segundo ele diz, detesta os domingos ou quaisquer outros feriados.

Por aqui o tempo está abominável, frio e cinzento e quase todas as pessoas estão doentes. Como você está? Faz tanto frio onde você está, como fazia em Arles? Estou curioso para ver as suas oliveiras; tenho certeza de que são lindas. Os girassóis estiveram em exposição na vitrina de Tangui esta semana e chamaram muito a atenção. Seus quadros iluminam a loja de Tangui; o "Tio" Tangui gosta muito deles, mas ele não vende os outros quadros que tem na loja, do mesmo jeito que não consegue vender os seus. Gostei muito dos dois últimos desenhos que você me mandou. Quer que eu mande alguns de seus desenhos para Bruxelas? Por favor, mande resposta pela volta do correio, porque não temos mais tempo a perder, se quisermos emoldurá-los. Jo lhe envia suas mais gentis lembranças: ela está muito bem, considerando-se sua situação;

espero que você pinte o retrato do pequenino na primavera que vem. Aperto-lhe a mão cordialmente e espero que tenha um Feliz Ano-Novo.

Seu, Theo.

Acabei de receber seu cartão-postal; os quadros estarão prontos a tempo.

T 23
3 de janeiro de 1890.

Meu querido Vincent,

Sua carta foi uma agradável surpresa, porque, após receber um bilhete do Sr. Peyron, não ousava esperar que você fosse capaz de me escrever e não vou esconder-lhe que isso me entristeceu bastante.

É curioso que essa crise o tenha atingido justamente um ano após o seu primeiro ataque, o que prova que você deve estar sempre prevenido. Assim, por exemplo, se você acha que é perigoso ter tintas coloridas por perto, por que não as guarda em algum lugar, por algum tempo e fica fazendo só desenhos? Como das outras vezes, essa crise pode ser seguida por outra, embora provavelmente a segunda seja muito menos violenta. Eu acho que nesses períodos, seria muito melhor para você não trabalhar com cores. Passado algum tempo, não haverá nada que o impeça de recomeçar tudo de novo.

Houve uma confusão em torno da remessa para Bruxelas. O honrado Dr. Peyron cometeu um engano ao ler minha carta. Todos os óleos estavam prontos no devido tempo e vão ser enviados hoje para a Bélgica. Eu perguntei também se você estava disposto a incluir alguns desenhos. Voltando ao assunto anterior; se você não puder trabalhar com cores durante algum tempo, não existe nada que o impeça de fazer desenhos.

Wil está conosco desde a noite passada; ela parece estar gozando de excelente saúde e trouxe boas notícias de casa; sua carta deu muito prazer a Mamãe.

Não tenho tido notícias de Gauguin. Ele deve estar muito feliz porque De Haan está com ele e está pagando todas as suas despesas, inclusive as tintas que ele emprega. Eu não sei se ele será capaz de bancar as despesas para sempre. Espero que já esteja sentindo-se melhor e que sua doença não retorne.

Cálidas lembranças de Jo e de Wil. Tenha bastante coragem e cuide bem de sua saúde.

Seu, Theo.

T 24
8 de janeiro de 1890.
Meu querido Vincent:

Quando lhe escrevi da última vez, eu estava sob o impacto que me causou a primeira carta do Dr. Peyron. Agora estou muito contente em saber que as coisas não estão tão más quanto essa carta me fez acreditar; aliás, ele mesmo me escreveu uma segunda carta para explicar que as coisas evoluíram de uma forma bem diferente do que ele esperava a princípio. Na primeira carta, ele me deu a entender que era perigoso para você continuar a pintar, porque as tintas coloridas o envenenavam, mas ele foi um pouco longe demais, o que pode se dever ao fato de que se baseou em rumores não confirmados, porque ele mesmo estava doente nessa ocasião. Assim, esperamos que você possa continuar a trabalhar da maneira como preferir. Eu suponho que Tasset já tenha lhe enviado uma nova remessa de tintas e telas.

Recebi seu último lote de trabalhos a noite passada; é realmente uma obra admirável! Uma das telas que eu mais gostei é aquela *Noite*, que imita o óleo de Millet. Copiada da maneira como você fez, deixou de ser uma cópia. Ela tem um tom muito definido e parece cheia de ar fresco. É realmente um trabalho muito bom. Quanto às demais telas, gosto muito daquela que mostra as mulheres subindo as rochas e da estrada sendo consertada pelos operários. Acho que há mais atmosfera nestes últimos trabalhos e mais distanciamento do que nos anteriores. Talvez se deva ao fato de que você não está mais aplicando camadas tão grossas de tinta por todo o quadro. Em um dos rolos, havia um soberbo desenho a bico de pena representando um jardim; no próximo domingo, vou encontrar-me com Lauzet, e tenho certeza de que ele vai gostar muito de todos esses trabalhos.

Concordo que poderia ser uma boa coisa se você viesse passar alguns dias conosco na primavera e então você poderá decidir se prefere ir para o campo, caso a vida em nossa casa não o satisfaça. Aqui haverá sempre a dificuldade de que você não pode trabalhar ao ar livre, mas nós veremos o que se pode fazer e, de qualquer maneira, estaremos sempre felizes em tê-lo conosco por algum tempo.

Esperamos que Jo fique confinada ao quarto entre os dias primeiro e quinze de fevereiro e, depois disso, sua mãe ficará conosco por mais ou menos um mês. Depois que ela partir, o quartinho de hóspedes estará livre e à sua disposição. Jo está com muito boa saúde e não sente muito desconforto em consequência da gravidez. O médico acredita que tudo irá transcorrer perfeitamente bem. Quando Wil chegou, estava com um resfriado tão forte que teve de ficar de cama, mas espero que, caso ela se cuide bem por um ou dois dias, fique completamente curada. Foi muito gentil da parte do Sr. Salles ir vê-lo. Escrevi-lhe uma carta no dia do Ano Novo, mas não me animei a pedir-lhe que fosse lhe fazer uma visita. Estou muito feliz que sua crise tenha passado tão depressa desta vez.

Tenha bastante coragem e os melhores votos de Jo e Wil; um cordial aperto de mão e muito obrigado pela sua remessa, de que realmente gostamos muito.

Seu, Theo.

T 25
Paris, 22 de janeiro de 1890.
Meu caro Vincent:

Sinto-me bastante aliviado de saber que você está se sentindo bem e que a viagem até Arles foi realizada sem qualquer consequência negativa. Tenho diversas coisas para lhe contar, que provavelmente irão agradar-lhe. Em primeiro lugar, Lauzet voltou aqui para ver suas novas telas e, depois de olhar alguns quadros, ele exclamou: *"Este é o genuíno caráter da Provença!"*. Ele, como natural dessa região, conhece bem os campos e detesta aquelas paisagens açucaradas que Montenard e os outros trazem de volta quando vão pintar por aí. Quanto ao mais, você poderá conversar pessoalmente com ele, porque, no sábado passado, ele foi passar duas semanas em Marselha e, em seu retorno, fará todo o possível para visitá-lo. Quando você o encontrar, faça-me o favor de dizer-lhe que eu tenho outro patrocinador para o seu trabalho *Monticelli – Impressões de um Artista*. Acho que ele ficará contente em saber disso. Não faz muito tempo, ele passou uma noite em nossa casa e nós estudamos o trabalho realizado no álbum *Gravuras de Albrecht Dürer*, da autoria de d'Amand--Durand [sic]. Você verá como ele é um sujeito interessante e o quanto ele conhece literatura moderna.

Parece que a exposição do Clube dos XX em Bruxelas já foi aberta; li em um jornal que as telas que despertaram maior curiosidade no público foram "os estudos a céu aberto de Cézanne, as paisagens de Sisley, as sinfonias de Van Gogh e as obras de Renoir". Para o mês de março, eles estão preparando aqui uma nova exposição dos impressionistas no pavilhão da *Ville de Paris*. Todos podem enviar quantas telas quiserem. Guillaumin também vai expor seu trabalho lá. Por favor, pense bem se deseja expor seus trabalhos igualmente e, em caso afirmativo, quais são as telas que deseja mandar. A exposição dos "XX" já estará encerrada a essa altura. Acho que podemos esperar pacientemente pela chegada do sucesso; sem dúvida, você viverá para gozá-lo. É necessário tornar--se bem conhecido, sem procurar chamar a atenção de maneira importuna; e o sucesso virá naturalmente, em razão da própria beleza de seus quadros.

Com relação aos planos para o futuro que você descreveu, tente ver se não é possível arranjar algum tipo de acordo com Lauzet. Por exemplo, você poderia procurar um estúdio em que os dois pudessem trabalhar e depois poderia vir todos os dias jantar e dormir em nossa casa. Quanto aos seus móveis, temo que as despesas de transporte serão no mínimo iguais ao seu valor e fico imaginando se não seria melhor vender tudo aí mesmo em Arles. Estou tentando descobrir que lugares na Holanda poderiam ser adequados, mas já me informaram que estão todos tão superlotados que é muito difícil conseguir uma vaga. Existe o sanatório de Gheel, na Bélgica, mas eu não sei o que é necessário fazer para conseguir vaga lá. Seja como for, espero que venha passar uns dias conosco, a fim de encontrar nossos amigos de novo e conhecer nosso bebê. Felizmente, Jo está em ótima saúde; a gravidez já está chegando ao fim e esperamos que ela ganhe o bebê no princípio de fevereiro. Wil está muito melhor e, de fato, parece estar vendendo saúde. Eu gostaria muito de vê-la casada. Mas com quem?

Sabe de uma coisa? Quando fui olhar novamente suas oliveiras, fiquei gostando cada vez mais delas; especialmente aquela ao pôr do sol é particularmente soberba. Como você trabalhou desde que chegou aí! É simplesmente prodigioso. Estou ansioso por ver as outras cópias de Millet. No outro dia, eles publicaram em Londres uma coleção de fac-símiles de desenhos originais de Rembrandt. É maravilhosa; Seymour Haden está encarregado da supervisão das impressões. Infelizmente, estão sendo vendidas a um preço muito elevado – seiscentos francos por uma coleção de quatrocentas gravuras impressas. No último domingo, o reverendo Salles veio nos ver; porém, infelizmente, nós tínhamos saído. Gostaria muito de tê-lo visto. Espero ver *você* logo. Cuide bem de sua saúde e tenha muita coragem.

Seu, Theo.

T 26
Noite de quarta-feira, [30 de janeiro de 1890].
Querido Vincent:

Desde o Natal quero lhe escrever e me lembro disso todos os dias. Há até mesmo uma carta inacabada que pretendia lhe mandar e que guardei em minha pasta de correspondência – e, mesmo agora, se eu não me apressasse a lhe escrever esta carta, você teria recebido a notícia mais cedo *[sic]* de que seu pequenino tocaio vai chegar. Antes disso, entretanto, eu quero lhe desejar uma boa noite. Agora é precisamente meia-noite – o médico foi dormir por algumas horas, porque prefere permanecer esta noite em nossa casa – Theo, Mamãe e Wil estão sentados ao redor da mesa comigo – esperando pelos acontecimentos – é um sentimento tão estranho – esta pergunta passa vezes sem conta pela minha cabeça: será que o bebê estará conosco amanhã de manhã? Eu não posso escrever muito, mas queria tanto ter uma conversa com você – Theo trouxe para casa o artigo publicado no *Mercure* esta manhã e, depois que ele o havia lido para nós, Wil e eu conversamos a seu respeito por um longo tempo – estou ansiosa por receber sua próxima carta, que Theo está aguardando ansiosamente também – será que vou ler? Por enquanto, tudo tem transcorrido muito bem – estou tentando ser corajosa. Esta noite – e nos últimos dias,

para falar a verdade – eu tenho pensado intensamente se fui capaz de fazer Theo feliz em seu casamento. Porque a mim, ele tem feito muito feliz. Ele tem sido tão bom para mim, tão bom – se as coisas não derem certo como esperamos – se eu tiver de deixá-lo – então é *você* quem deve dizer-lhe, porque não existe ninguém na terra que ele ame tanto, que ele não deve lamentar nunca ter-se casado comigo, porque ele me fez, oh, tão feliz! É verdade que uma mensagem assim parece muito sentimental – mas agora, à minha volta, todos já dormiram, ele também, porque está tão cansado. Oh, se eu pudesse dar-lhe um meninozinho gentil e saudável, como isso iria deixá-lo contente! Acho que vou parar de escrever agora, porque estou com ataques de dores frequentes que me impedem de pensar ou de escrever de maneira ordenada. Quando você receber esta carta, já estará tudo terminado. Acredite que sou,
Afetuosamente sua, Jo.

T 27
Paris, 31 de janeiro de 1890.
Meu caro Vincent:

O Dr. Peyron escreveu-nos para dizer que você teve um paroxismo de sua doença outra vez. Meu pobre irmão, fico infinitamente triste porque as coisas não estão se passando com você como deveriam. Felizmente, da última vez que você teve um ataque, não durou muito, e esperamos, ardentemente, que você se recupere rapidamente também desta vez. Essa é a única nuvem no céu de nossa felicidade, pois, meu caro irmão, os maus momentos de Jo já passaram. Ela trouxe ao mundo um lindo menino, que chora o tempo todo, mas parece perfeitamente sadio. Minha pobre mulherzinha sofreu muito, porque a bolsa rebentou cedo demais, mas, por sorte, tivemos um excelente médico, com paciência extraordinária, porque qualquer um outro, em seu lugar, certamente teria apelado para o fórceps. Jo está muito bem e não teve nem uma pontinha de febre, mas esta ainda pode acometê-la. A criança já começou a chorar de novo...

Como eu ficaria feliz se, depois de algum tempo, depois que Jo tiver se recuperado, você pudesse vir nos visitar para conhecê--la, do mesmo modo que o nosso pequeno camarada. Como lhe dissemos anteriormente, vamos batizá-lo com o seu nome, e eu devotadamente espero que ele venha a ser tão perseverante e tão valente como você é. Por favor, escreva-me assim que puder, a fim de dizer-me como se encontra e se recorda de alguma ocorrência que possa ter provocado essa nova crise.

Frequentemente falamos a seu respeito e pensamos em você sempre. Espero, de todo o coração, que você melhore no futuro próximo.

Tenha bastante coragem!

Sinceramente seu, Theo.

T 28
Paris, 9 de fevereiro de 1890.
Meu caro Vincent:

Sua última carta nos deu grande prazer e estamos contentes de ver que você está gozando de boa saúde. Tudo vai bem conosco; Jo está amamentando o bebê, não lhe falta leite e, algumas vezes, o pimpolho fica deitado com os olhos bem abertos e com os pequenos punhos cerrados e apertados contra a carinha. Nesses momentos, ele dá a impressão de estar gozando de um total bem-estar. Ele tem olhos azuis, como aquele outro bebê que você pintou, e grandes bochechas arredondadas. Ele dá um monte de trabalho à sua mãe, mas parece que isso é inevitável, e ela enfrenta a situação muito bem. Ela vai sair da cama dentro de poucos dias.

Wil viajou esta manhã; ela se mostrou uma dona de casa extremamente prestativa. É uma garota muito querida. Eu a levei comigo para visitar Degas, que disse que ela fazia com que ele lembrasse de várias figuras nas velhas pinturas holandesas e que a presença dela o tinha deixado com vontade de viajar para visitar os museus de nossa terra natal. Ele foi nos mostrando aos poucos um número considerável de quadros que estavam amontoados pela casa e perguntava sempre qual deles ela gostava mais. Ela entendeu muito bem o significado daqueles nus femininos.

Certa manhã, nós também fomos ao Louvre, onde eles penduraram uma porção de quadros novos ou trocaram a posição dos antigos. O Van ver Meer de Delft está agora naquela plataforma de metro e meio, enquanto *Os Pequenos Filósofos*, de Rembrandt passou por uma pequena limpeza, o que nos permite apreciar essas pinturas como nunca foi possível antes. A *Infanta Marguerita* está agora no salão quadrado. Em resumo, eles fizeram uma série de mudanças que eram extremamente necessárias.

O médico que tratou de Jo falou a respeito de Wil, que ela é boa demais para se casar. Não obstante, eu me sentiria muito feliz se ela o fizesse.

Gauguin chegou a Paris ontem e me fez um monte de perguntas a seu respeito. Ele voltou para a cidade para descobrir se encontra alguma ocupação, não importa o quê, para ganhar a vida, porque parece que agora De Haan também está muito apertado financeiramente. Sua família simplesmente não consegue entender por que ele não mora com eles e, considerando que eles são uns judeus terríveis, provavelmente pensam que poderão obrigá-lo a voltar para casa, se cortarem o seu suprimento de comida. De Haan me enviou um quadro, solicitando que eu o entregue a seu irmão. Dá para perceber que ele está fazendo um esforço muito grande; são cebolas pintadas em tons de rosa e laranja, maçãs verdes e uma panela de cerâmica; o efeito é muito bem calculado no que tange à intensidade das cores e às influências dos vários tons uns sobre os outros. Eu preferiria uma liberdade maior de tratamento na composição, mas, de qualquer maneira, esta foi estudada com o devido cuidado, e o fundo é de uma tonalidade amarela bastante brilhante. Estamos com três exposições abertas aqui: no clube Mirlitons e no Círculo Volney e a Exposição dos Aquarelistas. Mas já posso lhe adiantar que não existe nada bom: é como se estes "cães dominantes" dentro da área da pintura estivessem demonstrando cada vez mais sua caduquice.

Espero que sua saúde continue boa e que todas as coisas que o preocupam desapareçam. As mais calorosas lembranças de Jo. Tenha bastante coragem e, mais uma vez, obrigado por sua ótima carta. Um aperto de mão!

Theo

T 29
Paris, 19 de março de 1890.
Meu caro Vincent:

Ficamos muito contentes ao receber sua última carta, embora lamentemos, do fundo de nossos corações, que você não nos possa dar notícias melhores. Você vai precisar de uma enorme paciência para superar todos esses problemas. De qualquer modo, existe uma tendência de melhora, pela qual devemos nos mostrar agradecidos, ao menos por isso. O frio sempre teve uma certa influência sobre você e é possível que, quando o tempo melhorar, você possa reerguer-se plenamente, pelo menos vamos esperar por isso, mas não se canse demais!

Como eu teria ficado feliz se você pudesse ter ido à Exposição dos Independentes. Fui no dia da Abertura e Carnot estava lá. Eu fui com Jo; seus quadros estão muito bem expostos e causam um bom efeito. Uma porção de gente veio nos ver e pediu-nos para enviar-lhe seus cumprimentos. Gauguin disse que seus quadros eram a principal atração da exposição – o *"clou"*, como ele disse. Ele propôs trocar uma das suas próprias telas por aquela em que você retratou a paisagem ao pé dos Alpes. Eu disse a ele que achava que você não faria objeção, muito pelo contrário, você ficaria muito satisfeito ao saber que ele gostou tanto assim de seu quadro. Eu também gosto muito – quer dizer, gosto muito dessa tela –, causou uma impressão admirável na exposição.

Seurat também está expondo um quadro muito curioso, em que ele fez um esforço para expressar determinadas coisas por meio da direção das linhas na tela. Ele certamente conseguiu dar a impressão de movimento, mas a aparência geral é muito estranha e não é um trabalho muito generoso do ponto de vista das ideias. Guillaumin está mostrando uma porção de trabalhos, incluindo algumas peças muito boas; Lautrec tem um excelente retrato de uma mulher tocando piano e também um quadro grande que é muito impressionante. Apesar do tema escabroso, passa uma atmosfera de grande distinção. Em geral, pode-se observar que o público está começando a se interessar cada vez mais pelos jovens impressionistas; pelo menos, já há um certo número de colecionadores que começaram a comprar. A exposição dos trabalhos de Pissarro já acabou; muita gente foi ver os quadros, e ele até conseguiu vender cinco peças. Por enquanto, é tudo que poderíamos esperar.

Bernard e Aurier combinaram visitar-nos domingo que vem para ver suas últimas telas. Anexo, você encontrará uma carta de Aurier. Ele vai voltar dentro de pouco tempo a fim de olhar também os Gauguins, com a ideia de escrever um artigo a respeito dele.

Recebi o dinheiro do seu quadro vendido em Bruxelas, e Maus me escreveu: *"Assim que se apresentar uma oportunidade, por favor, diga a seu irmão que eu fiquei extremamente feliz pela participação dele no Salão dos "XX", em que ele recebeu muitas manifestações vívidas de simpatia da parte da comunidade artística durante a confusão das discussões"*. Você quer que eu lhe envie o dinheiro? Posso também guardar para você enquanto quiser.

Espero, meu querido irmão, que você possa nos enviar um relato mais satisfatório sobre sua saúde o mais breve possível. Se ao menos você pudesse ver o seu pequeno tocaio, ficaria muito mais feliz. Tente descobrir com o Dr. Peyron se ele acha perigoso que você venha a Paris, assim que tiver se recobrado dessa última crise. Jo lhe envia afetuosas lembranças e reforça o nosso desejo de que você se recupere logo.

Um cordial aperto de mão.
Theo.

T 30
Paris, 29 de março de 1890.
Querido Vincent:

Entre todas as cartas de irmãos e irmãs que você vai receber amanhã, não pode faltar a minha para lhe desejar a melhor das sortes, um voto que estou enviando também em nome de seu pequeno tocaio, que, por enquanto, não pode fazê-lo pessoalmente. O que ele faz é olhar para os quadros do Tio Vincent, demonstrando grande interesse – especialmente por aquela árvore coberta de botões em flor, que foi pendurada acima de sua caminha e que ele fica olhando deslumbrado. Ele gosta também do Rembrandt, embora eu não possa garantir se ele gosta mais da moldura dourada ou da pintura... Estou feliz em lhe dizer que ele está crescendo muito bem e estamos ansiosos para apresentá-lo a você. Ser pai ou mãe é uma verdadeira arte. Nós estamos acostumados a ouvir muitas coisas, que tudo acaba se ajeitando; mas não é bem assim, e tudo é muito trabalhoso... O que me espanta mais é que uma criancinha tão pequena apresente uma personalidade tão definida, em relação à qual não se tem o menor controle. Volta e meia ele olha para mim, como se quisesse me dizer: *"O que é que você está fazendo comigo? Eu sei muito mais a respeito das coisas do que você"*. Nesses momentos, ele tem os olhos de um adulto, cheios de uma imensa expressividade. Será possível que ele já esteja demonstrando que tem capacidade para tornar-se um futuro filósofo?

Ele não dá muito descanso à sua mãe, mas eu consegui dar uma escapada e fui à abertura da Exposição dos Independentes, a fim de ver como ficaram seus quadros lá – havia um banco diretamente em frente deles e, enquanto Theo estava conversando com todo tipo de gente, eu me sentei por um quarto de hora e fiquei saboreando aquele delicioso frescor de novidade de seu quadro, o *Mato Rasteiro* – é como se eu conhecesse o lugar que você pintou e tivesse estado lá uma porção de vezes, de tanto que eu gosto.

Aqui estamos no rigor do verão – indescritivelmente quente – e eu me apavoro só em pensar nos dias quentes que ainda estão por vir. Eu sei que isso soa um pouco como um sacrilégio, agora que surgiu este lindo e delicado nevoeiro verde das folhas que crescem em todas as árvores, mas, tudo considerado, eu prefiro mesmo é o inverno. Agora vou ser obrigada a terminar esta carta bem depressa, porque Theo está esperando para ir ao correio.

Com os melhores votos,
Afetuosamente sua, Jo.

T 31
Paris, 29 de março de 1890.
Meu caro Vincent:

Como eu ficaria contente se pudesse ir agora apertar-lhe a mão pessoalmente, nesta ocasião festiva de seu aniversário. Será realmente uma ocasião festiva para você ou seu estado de saúde ainda está tão precário que você está infeliz? O que você faz durante o dia, quer dizer, tem alguma coisa para distrair o espírito? Você pode ler e recebe tudo o que deseja? Depois de sua última carta, eu esperava que você tivesse entrado em um período de convalescença e que receberia a notícia de que você já estava se sentindo melhor. Meu querido irmão, como é triste para nós todos o fato de que estejamos separados por uma distância tão grande. Assim, ficamos sabendo tão pouco do que o outro está realmente fazendo. Por essa razão, fico muito satisfeito de poder contar-lhe que me encontrei com o Dr. Gachet, aquele médico a quem Pissarro se referiu. Ele dá a impressão de ser um homem muito compreensivo. Fisicamente é até um pouco parecido com você. Assim que você voltar para cá, iremos vê-lo; ele vem a Paris diversas vezes por semana para as consultas de seus pacientes.

Quando eu lhe expliquei como ocorriam as suas crises, ele me disse que não acreditava que tivessem a ver com loucura; mais ainda, se a causa fosse o que ele pensava que era, podia garantir seu restabelecimento, mas que, primeiro, seria necessário examiná-lo e conversar com você a fim de poder fazer um diagnóstico mais definido. Esse homem pode ser muito útil para nós quando você vier para cá. Você já falou a respeito de sua vinda com o Dr. Peyron? E o que foi que ele lhe disse? Eu ainda não retornei à Exposição dos Independentes, mas Pissarro, que vai lá todos os dias, contou-me que você fez grande sucesso, pelo menos entre os artistas. Houve também vários colecionadores que se puseram a discutir seus quadros comigo, sem que eu precisasse primeiro chamar a atenção dessas pessoas para eles. Todavia, os jornais que publicam notícias sobre exposições de arte estão completamente silenciosos a respeito do Salão dos Impressionistas. Na verdade, isso é o melhor que podem fazer, porque a maioria desses críticos... – você sabe muito bem o quanto valem.

A primavera está realmente se mostrando por aqui. Esta tarde, Jo e o bebê foram até a pracinha que fica em frente à Igreja da Trindade. Os arbustos já estão começando a enverdecer, e as árvores também estão mostrando pequenos toques de verde espiando como botões na ponta dos galhos, tudo banhado em agradáveis raios de sol, e a cor acinzentada da igreja contra o céu de azul intenso faz um contraste muito lindo. Tanto Jo como a criança estão muito bem. É verdade que há um probleminha de quando em quando, mas nada de sério. O médico que veio nos ver esta semana disse que era uma criança magnífica e elogiou muito a Jo pela maneira como estava cuidando do bebê. Você vai ver como ele é engraçadinho quando se movimenta.

Meu querido irmão, estou ansioso por saber se você já está se sentindo melhor e desejo muitíssimo receber detalhes sobre seu estado de saúde. Seja bastante corajoso e conserve firme a esperança de que tudo vai se transformar em breve e você ficará melhor.

Estou lhe enviando algumas reproduções de gravuras executadas por Rembrandt; são realmente encantadoras.

Um cordial aperto de mão e acredite que sou seu irmão, que muito o ama,
Theo.

T 32
Paris, 23 de abril de 1890.
Meu querido Vincent:

Seu silêncio nos demonstra que você ainda está sofrendo, e eu me sinto urgentemente impelido a dizer-lhe, meu caro irmão, que Jo e eu também sofremos por saber que você está doente. Oh, como ficaríamos felizes se pudéssemos fazer algo que lhe trouxesse alívio. O Dr. Peyron nos escreveu dizendo para não ficarmos preocupados e que esta crise, se bem que esteja durando mais tempo que as outras, também há de passar. Se a distância não fosse tão grande, eu certamente já teria ido visitá-lo, mas pode ter certeza de que, tão logo você realmente tenha necessidade disso e mande me dizer, eu prontamente irei vê-lo.

Semana passada fez um ano desde meu casamento. Como o tempo voa! Temos todas as razões para estarmos satisfeitos com este ano. Eu não me esqueço de como você insistiu para que eu me casasse; e tinha toda razão, porque agora eu me sinto muito mais feliz. A verdade é que minha querida esposa não é igual à maioria das pessoas e que eu tive uma sorte tremenda em encontrá-la. Nós nos entendemos muito bem, e nossa casa é um lugar muito agradável. O pequerrucho, particularmente, dá muito trabalho a Jo, mas está se desenvolvendo de maneira surpreendente. Ele tem uma disposição um tanto nervosa, mas é muito gentil também. Às vezes, permanece acordado durante horas sem chorar; está começando a sorrir e a emitir sons, que já devem ser o começo da fala. Tenho certeza de que lhe faria muito bem vê-lo e poder brincar um pouco com ele.

É nossa intenção passar os dois feriados do Pentecostes com Pissarro, que nos convidou. Este verão, ele pretende ir trabalhar em Londres.

Os quadros que você apresentou na exposição estão tendo o maior sucesso. Um dia desses, Díaz me fez parar na rua e me disse: *"Dê a seu irmão meus cumprimentos e diga-lhe que seus quadros são realmente notáveis".* Monet disse que seus quadros eram os melhores de toda a exposição. Uma porção de outros artistas também falou comigo a esse respeito. Serret veio à nossa casa, a fim de ver os outros quadros, e ficou simplesmente encantado. Ele disse que, se não tivesse seu próprio estilo e não acreditasse que ainda poderia expressar algumas coisas através dele, mudaria completamente de direção e iria procurar o que você está buscando. Lauzet já retornou. Ele não teve uma oportunidade para ir visitá-lo, porque sua mãe e sua irmã, que moravam em Marselha, se mudaram para cá, a fim de ficar com ele; ele teve de ajudá-las a fazer a mudança e não lhe sobrou um único centavo para fazer um desvio do caminho direto de volta.

Meu querido irmão, lembre-se de que nada no mundo me daria maior prazer do que saber que você está feliz e em pleno gozo de sua saúde. Saiba também que, diariamente, eu rezo pela sua pronta recuperação.

Seja corajoso e aceite um cordial aperto de mão de Jo e de seu irmão, que o amam.
Theo

T 33
Paris, 3 de maio de 1890.
Meu caro Vincent:

Você nem imagina como fiquei feliz ao receber sua carta, ou melhor, suas duas duas cartas. Na véspera de meu aniversário, eu disse a Jo: *"Que bom seria se chegasse uma carta de Vincent! Nada me deixaria mais feliz!..."* E, veja só, sua carta chegou!... Por favor, entenda que meu maior desejo é que você esteja bem e que seus acessos de tristeza desapareçam. Sua remessa de quadros também chegou e alguns deles são realmente muito lindos.

O guarda e o outro sujeito com o rosto inchado são extraordinários; o ramo de botões de amendoeira demonstra que, ao pintar o modelo, já tinha passado o tempo da primeira brotação das árvores e das flores. Vamos esperar que isso não aconteça de novo no ano que vem. As cópias de Millet são talvez as melhores coisas que você fez até agora e me fazem acreditar que, no dia em que você se decidir a pintar composições de figuras humanas, podemos esperar grandes surpresas. A remessa de tintas de Tasset e Tangui já foi feita. O retrato de Aurier é um dos melhores que você já fez até hoje; tem a riqueza de uma cauda de pavão. Vou levar o quadro para ele em seguida; mandei fazer a moldura de acordo com sua descrição, porque ao menos isso eu lhe devo, e sei que ele não é rico.

E agora vamos ao que é o mais importante em sua segunda carta, isto é, a notícia de que você tem firme intenção de vir para cá. Fiquei muito feliz ao saber que você já se sente forte o bastante para tentar uma mudança e *aprovo absolutamente* a sua viagem para cá o mais breve possível, já que você escreveu que preferia que eu marcasse data para sua vinda. Eu não vou me aventurar a tomar uma decisão a esse respeito; depois de receber os conselhos do Dr. Peyron, só você pode assumir essa responsabilidade. Sua viagem a Arles foi definitivamente desastrosa; tem certeza de que viajar agora não vai lhe fazer mal outra vez? Se eu estivesse em seu lugar, somente agiria em conformidade com o ponto de vista do Dr. Peyron, mas, de qualquer maneira, assim que você decidir, tenho convicção de que seria absolutamente necessário que você conseguisse alguém em quem confiasse para acompanhá-lo *durante toda a viagem*. Tenho medo de que o esforço da viagem e as sensações despertadas pela passagem por locais conhecidos lhe façam mal. Se fosse possível, eu gostaria *muito* que você viesse passar conosco pelo menos alguns dias, e, se você se cuidar, tenho certeza de que tudo correrá bem.

Você diz que as pessoas daí não entendem absolutamente nada de pintura, mas por aqui é a mesma coisa; e não pense que você vai encontrar algum lugar em que seja diferente. Há as exceções – naturalmente.

Em geral, nós convivemos com *uma categoria* de pessoas que transformaram a pintura em sua principal ocupação, mas, afora essas pessoas, pintura é como hebraico para o público em geral, e as coisas mais simples são até menos compreendidas que aquelas cujo tema lhes dá alguma razão para ficarem matutando, etc.

Espero que em breve você possa me escrever dizendo que sua saúde está melhorando cada vez mais e que você poderá realizar seus planos sem maiores dificuldades. Por favor, não tenha muitas ilusões a respeito da vida no Norte; afinal de contas, todas as regiões têm suas vantagens e desvantagens. Vou escrever-lhe outra carta em breve e vou procurar também litografias reproduzindo as obras dos grandes mestres. Vou enviá-las ao mesmo tempo que os desenhos que reproduzem paisagens do Brabant. Tenha coragem e um aperto de mão muito cordial!

Mais uma vez, obrigado por suas cartas e quadros. Se você precisar de qualquer coisa, por favor, diga-me em sua próxima carta. Os negócios vão de vento em popa e disponho de tudo quanto preciso. As melhores lembranças de Jo e também do pequenino. Incluo uma fotografia dos dois.

Seu, Theo.

T 34
Paris, 10 de maio de 1890.
Meu querido Vincent:

Muito obrigado por suas duas cartas; estou muito contente em saber que você está se sentindo cada vez melhor e teria grande prazer se você pudesse realizar logo sua viagem para cá sem correr maior perigo. Você também tem a impressão de que já se passou um tempo enorme desde que nos vimos pela última vez? Se você acha que é muito aborrecido viajar em companhia de algum dos funcionários do estabelecimento, meu Deus, então você não deve correr o risco. Mas devo alertá-lo que, se eu fosse você, não me submeteria aos horrores de ter uma nova crise sozinho. Por exemplo, em qualquer estação ferroviária desconhecida, você pode cair nas mãos de desconhecidos que não saberiam como tratá-lo adequadamente. Bem, assim que tiver certeza do dia em que pretende iniciar a viagem, mande-me um telegrama imediatamente, para que eu saiba a que horas o seu trem chegará na gare de Lyon e possa ir recebê-lo. Fica entendido, naturalmente, que você vai ficar em nossa casa, se é que vai se contentar com o quartinho em que alojamos Wil e tantos outros.

Escrevi ao Dr. Gachet ontem a fim de indagar-lhe se ele está por vir a Paris, porque periodicamente ele abre o consultório a fim de receber seus pacientes e, ao mesmo tempo, eu lhe pedi para procurar uma pensão (na aldeia dele) onde você possa dormir. Uma mudança de ares pode certamente lhe fazer bem, mas, considerando o rigor do inverno por aqui, seria melhor que você se estabelecesse em uma zona onde o clima fosse mais quente. Mas nós teremos bastante tempo para conversar a respeito disso. Eu também escrevi ao Dr. Peyron para dizer que, a não ser que houvesse um perigo definido, eu gostaria que ele lhe fizesse a vontade e lhe desse permissão para deixar a clínica. Uma vez que ele foi bastante bom para você, tente não ferir-lhe os sentimentos.

Já encomendei a Tangui e a Tasset que lhe mandassem as tintas que você pediu, porque eu disse para mim mesmo que, de qualquer maneira, elas não seriam desperdiçadas. Se as tintas ainda não chegaram, por favor, deixe instruções na clínica para que elas sejam devolvidas. Seria possível para você encontrar um lugar mais ou menos tranquilo, em que você não fique rodeado de pessoas ou de coisas que o aborreçam? Espero que sim, do fundo de meu coração, e, de qualquer maneira, seria uma melhora para suas condições, mas as pessoas são muito parecidas em toda parte e, quando você está envolvido em coisas artísticas, vai encontrar muito pouca gente capaz de entendê-lo. Para essa gente, a arte é o mesmo que latim; consideram que é somente um passatempo, que não deve ser levado muito a sério.

Ainda não pude ir ao Salon, cuja exposição deste ano me disseram ser bastante medíocre, mas há uma exposição de desenhos japoneses e gravuras impressas em papel crepom – vou levá-lo para ver quando chegar aqui – que é realmente soberba. Gostaria que você já tivesse chegado.

Não esqueça de telegrafar. Cordiais saudações de Jo e do garotinho; ambos estão bem; um cordial aperto de mão e espero vê-lo em seguida,
Theo.

Estou enviando em anexo cento e cinquenta francos para a sua viagem. Se o dinheiro não for suficiente, por favor, envie um telegrama.

T 35
Paris, 2 de junho de 1890.
Meu caro Vincent:

Passei muito ocupado na última semana, envolvido com aquela exposição de Raffaelli; permanecemos abertos todos os dias até as dez da noite. Se não tivesse sido por isso, eu teria respondido antes sua carta. Espero que você goste do campo e que a pensão que conseguiu seja adequada.

Na pensão da "Tia" Siron em Barbizon, o preço da diária é cinco francos, e ela diminui para quatro francos e meio por dia se a estada for mais demorada, não importa quantos dias; e é uma pousada excelente. Quando estive em Auvers, jantei com meu amigo Martin em uma hospedaria que ficava na planície inferior. Acho que passamos primeiro pelo Oise, depois por alguns campos até chegar à estrada principal e, ao lado desta, ficava a estalagem. Jantamos muito bem lá nessa ocasião e não foi nada caro. Dentro de algum tempo eu terei de ir até lá de qualquer maneira, pois estou pensando em viajar com Jo e o pequerrucho, porque ando muito cansado e o ar do campo vai me fazer bem. Mas nós vamos ter de viajar também para visitar tanto mamãe como os pais de Jo. Se eu puder tirar umas férias de três semanas ou coisa parecida, nós primeiro iremos buscá-lo e depois partiremos juntos para a Holanda. Isso será provavelmente no começo de agosto. Seria muito bom para todos nós se pudéssemos passar alguns dias no campo. O que você me escreveu a respeito do Dr. Gachet me interessou muito: espero que vocês se tornem bons amigos.

Eu gostaria muito de ter algum amigo médico, porque a gente sempre sente falta de conhecer um médico em determinados momentos, especialmente por causa do pequenino e também para descobrir qual é a verdadeira causa desses seus acessos de depressão. Felizmente, o garotinho está muito bem, mas, precisamente há oito dias, nós fomos a St.-Cloud e fomos apanhados por uma chuva torrencial, a mais forte que eu já vi. O café em que nos refugiamos ficou inundado: a água chegava a mais de trinta centímetros acima do piso. Isso, mais a pressa e a agitação durante a noite para pegarmos o trem, nos deixou bastante desgastados, mas tudo o que o garotinho pegou foi um resfriado, e Jo não sofreu absolutamente nada em consequência da aventura, embora houvesse o perigo de que ela perdesse o leite – esta pode ser uma das consequências de pés molhados.

Um pacote vindo de St.-Rémy, que eu tinha reenviado para você, retornou. O Dr. Peyron me informou do fato e indagou a seu respeito. Se você estivesse por aqui, o pequenino iria animá-lo com suas gracinhas. Como o sorriso de um bebê é completamente livre de preocupações!...

Um cordial aperto de mão e os melhores votos de Jo e do garotinho,
Theo.

T 36
Paris, 5 de junho de 1890.

Meu caro Vincent:

Eu não posso descrever-lhe como ficamos contentes ao ver que você pode nos escrever e comunicar que está com boa saúde e que sua estada em Auvers está realmente sendo boa para sua recuperação. O Dr. Gachet veio me ver ontem, mas, infelizmente, a loja estava cheia de clientes e isso me obrigou a conversar muito pouco com ele; de qualquer maneira, ele disse que acha que você está completamente recuperado e que não vê qualquer razão para que seu mal-estar retorne. Ele nos convidou para visitá-lo domingo que vem, acrescentando que você também estaria na casa dele.

Gostaria muitíssimo de ir, mas não posso prometer... Aquela enxurrada terrível em Saint Cloud nos afetou muito, e o pequenino, embora não tenha ficado doente, ficou bastante perturbado com aquela confusão toda. Pode me fazer a gentileza de ir ao Dr. Gachet e explicar-lhe isto, ou seja, que, se o tempo estiver bom, nós aceitaremos seu convite com grande prazer, mas que não podemos prometer; de qualquer maneira, se nós chegarmos a fazer a visita, gostaríamos de pegar o trem de volta na mesma noite. Há um trem às cinco e trinta e oito que poderemos pegar. De manhã, nós poderemos pegar o expresso das dez e vinte e cinco, que nos deixará na estação de Chaponval às onze e vinte e seis. O doutor nos disse que desembarcássemos do trem nesse local, porque ele estaria lá para nos buscar.

Meu querido rapaz, eu tive de pôr de lado esta carta por algum tempo, e agora sou forçado a terminar às pressas. A exposição me dá um monte de trabalho – mas também bastante satisfação. Tasset enviou-me as tintas hoje; elas serão despachadas amanhã, juntamente com os Bargues.

Guillaumin colocou à sua disposição um quadro magnífico que ele tinha exposto no Tangui; um pôr do sol.

Gausson quer fazer uma troca com você, qualquer quadro dele que você deseje em troca de qualquer trabalho seu que você esteja disposto a lhe dar. Eu convidei-o para viajar um dia desses comigo a fim de visitá-lo em sua casa. Aurier vai visitá-lo também qualquer dia desses. Ele adorou seu quadro, e irá comigo em um dos próximos domingos a fim de encontrá-lo.

Agora sou obrigado a lhe dar um até logo. De qualquer maneira, pretendo ir eu mesmo na hora marcada. As mais gentis lembranças de Jo e um sorriso do garotinho.
Seu, Theo.

Não se canse muito e tenha cuidado com sua saúde. Dê minhas melhores lembranças ao doutor. As coisas que lhe mandei já chegaram?

T 37
Paris, 13 de junho de 1890.
Meu querido Vincent:

Estou muito contente em ver que as notícias que me manda continuam sendo boas e que a coragem de trabalhar está longe de abandoná-lo.

Hoje Tasset vai lhe mandar as tintas que encomendou. No outro dia, Tangui me disse que os tubos de tinta de Tasset eram muito mais curtos e, deste modo, continham menos tinta do que os dele. Se é realmente assim, por favor, mande me dizer, porque então eu poderia usar a informação para negociar com ele uma redução nos preços. Vai ser muito mais fácil para você quando sua mobília chegar, porque então poderá convidar algum de seus camaradas para morar com você. Há um holandês que pretende visitá-lo: foi recomendado por De Bock, que o aconselhou a ir a Fontainebleau, mas ele não gostou da ideia. Não sei se esse rapaz tem algum talento: ele não me mostrou nenhum trabalho dele.

Lauzet veio ontem de manhã para ver seus quadros; ele está muito ocupado com seus Monticellis, que devem ser postos à venda dentro de uns dez dias. Ele gostou muito do *Retrato de uma Mulher,* que você pintou em Arles. Quanto ao projeto dele (de Gauguin) de viajar para Martinica, talvez seja disso que ele precisa. Anexa a esta, você encontrará uma carta de Gauguin, que me solicitou que lhe enviasse. Morar com Schuffenecker não lhe está fazendo bem nenhum; ele praticamente não está trabalhando. Deste modo, acho até bom que ele parta.

Envio as saudações de Jo; tenho de me apressar para concluir esta carta, caso contrário, não vai dar tempo de pôr no correio

hoje. Ela está um pouco indisposta, mas espero que não seja nada sério. Um cordial aperto de mão,
Theo

T 38
Paris, 23 de junho de 1890.
Meu querido Vincent:

Tenho uma coisa para lhe contar que, acho, irá deixá-lo bastante satisfeito. Em primeiro lugar, eu fui ao Salon ontem com De Bock; ele veio almoçar conosco e depois fomos olhar os seus quadros. Ele diz ter gostado muito deles e, de fato, me deu a impressão de que estava entendendo o seu trabalho. Como você disse que estaria disposto a trocar um quadro com ele, sugeri que ele ficassse com a tela que você pintou depois de ler o livro de Rod, e que depois você escolheria um trabalho dele. Ele pareceu encantado e colocou todos os seus trabalhos à sua disposição para você mesmo escolher. Fui até a sua casa, a fim de ver o que ele tinha lá e, entre as suas pinturas, havia uma tela mais ou menos do tamanho vinte, pintada em Frameries, na região de Borinage, representando o complexo industrial de Crachet e Pécry, do qual você talvez se recorde: a fábrica se ergue em meio a uma névoa de vapor, destacando-se lugubremente contra um campo de trigo verde, com reflexos vívidos da luz do sol de um dos lados. O céu, acima da névoa, é muito luminoso. Acho que tanto o tema como as intenções de De Bock são notáveis. Não posso dizer que a obra tenha sido executada com grande técnica, nem que seja muito vigorosa, mas é muito fiel à verdade, como esse jovem pintor também parece ser.

Caso você não goste desta tela, ele terá o maior prazer de trocá-la por algum outro de seus trabalhos, mas eu ficarei muito surpreendido se você não gostar. O Salão deste ano é deplorável, uma verdadeira desgraça, praticamente não existe nada exposto que não seja profundamente aborrecido. Porém deixe-me dizer que o seu julgamento foi adequado no que se refere a Quost. Se eu tivesse de escolher um quadro na exposição inteira, pegaria o dele. É um ramalhete de prímulas amarelo-claras. É uma composição muito gentil, harmoniosa e que, apesar de tudo, tem cor. Os quadros de Jeannin também são bons, embora um tanto espalhafatosos.

Encontrei Quost alguns dias atrás e falei com ele a seu respeito. Eu lhe disse que você admira muito o talento dele, o que o deixou muito satisfeito. Se você vier a Paris, não pode deixar de procurá-lo – tenho certeza de que ficará muito contente em recebê-lo na casa onde mora.

Bem, agora vou falar alguma coisa a respeito da sua água-forte. Na realidade, é uma gravura executada por um pintor. Não há refinamento no processo, porque, na verdade, é um desenho sobre metal. Mas eu gostei muito desse desenho – De Bock também gostou.

É engraçado que o Dr. Gachet tenha essa máquina impressora; os gravuristas estão sempre se queixando de que precisam ir a uma tipografia até para conseguir provas.

Eu acho que Auvers é um lugar muito bom e gostaria que você também achasse isso. Estamos ansiosos para visitá-lo e antegozando a viagem com grande prazer. Isso, por várias razões: (1) para vê-lo; (2) para ver seu trabalho: (3) por causa das belas paisagens e (4) porque eu espero que a visão dos amplos horizontes do campo me renove as forças para trabalhar bastante. A exposição de Raffaelli acabou e todo mundo está saindo da cidade para passar algum tempo no campo, de modo que não vou ter grande prejuízo se fechar a loja por alguns dias.

Estou lhe mandando cinquenta francos. Semana passada, Jo passou o tempo todo de cama, mas, felizmente, sua indisposição já passou. O garotinho está bem.

Os melhores votos de Jo e de nosso pequenino.
Seu, Theo

T 39
Paris, 30 de junho de 1890.
Meu irmão muito amado:

Atravessamos um período de grande ansiedade; nosso garotinho esteve muito doente, mas felizmente o médico, que também estava preocupado, disse a Jo: *"Você não vai perder seu filho por causa desta doença"*. Aqui em Paris, o melhor leite que se pode comprar é puro veneno. Estamos agora lhe dando leite de jumenta, o que está lhe fazendo muito bem. Tenho certeza de que você nunca escutou alguma coisa que possa causar maior tristeza do que este choro lamentoso e praticamente ininterrupto, dias e noites a fio, e você não sabe o que fazer para aliviá-lo e, pior ainda, tudo o que faz parece agravar seu sofrimento. Não é que o leite não seja fresco; o que está errado é o feno ou a ração que dão aos animais e a maneira como as vacas são tratadas. É abominável. Você pode imaginar a nossa alegria, ao ver que o meninozinho finalmente está melhorando. Jo foi admirável. Uma verdadeira mãe; mas o resultado é que ela se desgastou muito. Espero que possa recuperar as forças logo e não seja submetida a novas experiências desse tipo. Felizmente, ela dormiu agora, mas está gemendo enquanto dorme e não há nada que eu possa fazer por ela. Se ao menos o nenê, que agora também está dormindo, a deixasse dormir durante algumas horas, ambos se acordariam com um sorriso nos lábios, ou, pelo menos, é o que espero. Mas a verdade é que ela está passando por um mau pedaço.

No momento, nós não sabemos o que fazer; há problemas. Temos dúvidas. Será que devemos trocar de apartamento? – você sabe, há um apartamento vago no andar térreo desta mesma casa. Devemos viajar para Auvers e depois para a Holanda, ou não? Será que eu devo viver para o presente, sem lançar os olhos sobre o amanhã ? Eu que trabalho o dia inteiro e mesmo assim não consigo ganhar o bastante para proteger a boa Jo de suas preocupações com assuntos financeiros. E logo agora, aqueles ratos, Boussod e Valadon, estão me tratando como se eu tivesse acabado de ingressar na firma e me permitindo apenas uma retirada mínima? Será que eu não deveria estar fazendo cálculos e me preocupando, uma vez que, mesmo sem despesas extras, estou sempre com o dinheiro curto? Será que eu não deveria abrir o jogo com eles e, se eles ousassem recusar-se a me pagar mais, será que eu não devia dizer-lhes, finalmente: "Cavalheiros, acho que eu vou deixar a firma e dar um passo decisivo de uma vez por todas, a fim de estabelecer-me como negociante independente em minha própria casa?".

Enquanto escrevo, estou chegando à conclusão de que este é meu dever, porque, se Mamãe ou Jo, ou você, ou eu mesmo, nos resignarmos a passar fome, isso não vai nos fazer o menor bem – muito pelo contrário. Qual seria a vantagem, se você e eu nos puséssemos a correr mundo como um par de mendigos sem qualquer recurso e sem ter ao menos o que comer? Ao contrário, mantendo firme nossa coragem e vivendo, todos nós, sustentados por nosso mútuo amor e estima recíproca, obteremos maior progresso na vida. O que você tem a me dizer quanto a isso, companheiro?

No entanto, não quero que se preocupe com essas coisas, meu velho camarada, mas lembre-se de que aquilo que me dá o maior prazer é saber que você se encontra em bom estado de saúde e que está ocupado na realização de seu trabalho, o que é admirável. Você já tem tanto ardor no presente e nós estaremos preparados para a longa batalha que ainda temos pela frente, porque teremos de lutar durante toda a vida e só assim não precisaremos comer a papa de aveia que os ricos dão aos seus cavalos velhos, à guisa de caridade. Vamos puxar o arado até que nossas forças nos abandonem e, mesmo assim, ainda olharemos com admiração para o sol ou para a lua, dependendo da hora.

Nós gostamos mais disso do que de sermos colocados em uma poltrona com alguém que nos massageie as pernas, como esse comerciante velho em Auvers. Olhe aqui, meu menino, cuide de sua saúde o melhor que puder, e eu farei o mesmo, porque temos ainda bastante energia e não precisamos esquecer nem as margaridas nem os torrões de terra recém arrancados pelo arado, nem esquecemos os ramos dos arbustos, que rebentam em botões na primavera, nem os galhos desnudos das árvores tremendo no inverno, nem o azul límpido dos céus serenos, nem as grandes nuvens de outono, nem o céu uniformemente cinzento do inverno, nem o sol que se erguia acima da horta de nossas tias, nem o sol vermelho que se põe no mar em Scheveningen, nem a lua e as estrelas em uma bela noite de verão ou de inverno – não, venha o que vier, esta é a nossa profissão.

Isso é suficiente? Não – eu tenho e, do fundo de meu coração, espero que você também tenha algum dia uma esposa para quem você possa dizer essas coisas; quanto a mim – cuja boca está tão frequentemente fechada e cuja cabeça tantas vezes se acha vazia –, é dela que eu recebo os germens das ideias e dos sentimentos que, provavelmente, vieram de muito longe, dos nossos amados pai e mãe – talvez eles cresçam de tal forma que eu finalmente possa tornar-me um homem e quem sabe se meu filho, se ele puder continuar vivendo e eu estiver em condições de ajudá-lo – quem sabe se ele não crescerá e se tornará alguém na vida. Quanto a você, você descobriu seu caminho, meu velho camarada, sua carruagem tem rodas firmes e fortes, e eu também estou começando a descobrir o meu, graças a minha boa esposa. Porém, vá com calma, refreie seus cavalos um pouco, para que não sofra nenhum acidente; quanto a mim, uma ou outra chicotada ocasional não me faria mal.

Seu retrato de *Mademoiselle* Gachet deve ser admirável e eu ficarei feliz quando puder vê-lo, com esses pontos alaranjados que estão no fundo. O esboço da paisagem me faz pensar em alguma coisa deliciosa – estou ansioso para ver o resultado final. Aquela carta do Sr. Peyron, o pai do doutor, foi muito boa. No final das contas, essas são pessoas da melhor qualidade. Agora escute, assim que Jo estiver mais forte e o garotinho inteiramente recuperado, você deve vir passar conosco pelo menos um dia ou dois, nem que seja um domingo e mais alguns dias depois. Os Salões já estão fechados, mas não vai ser uma grande perda para você, porque nós iremos visitar Quost juntos, e ele tem um quadro decididamente muito bom. Vamos pedir-lhe permissão para que eu possa expô-lo na vitrine que dá para o *Boulevard*, quer dizer, se não for grande demais. Mas *deve* ser possível, e haverá também alguma coisa sua em exposição, meu velho companheiro. É justo que vocês dois estejam juntos, porque foi você que me chamou a atenção para aquele quadro lindo de Quost. Você sabe que eu vendi aquele ótimo quadro de Corot, aquele que os idiotas do Boussod e do Valadon disseram que era invendável? Bem, Tersteeg vendeu-o para Mesdag com um lucro de cinco mil francos; e Mesdag está tão contente com ele que deseja comprar mais alguns no mesmo estilo e escreveu para Arnold & Trip, pedindo-lhes que procurem algumas peças semelhantes.

Até logo meu velho e querido irmão, as tintas irão em seguida. Aperto sua mão muito cordialmente e estou mais contente agora, porque o garotinho e sua mamãe ainda estão dormindo profundamente.

Seu, Theo.

T 40
Paris, 5 de julho de 1890.
Meu caro Vincent:

Muito obrigado por sua carta. Felizmente, posso lhe dar boas notícias sobre o meninozinho. Depois de alguns dias de sofrimento, ele está começando a mostrar-se alegre de novo e já não chora tanto. Isso se deve ao bom leite de jumenta que lhe estamos dando agora. Os animais vêm até nossa porta e, de manhã, ele toma leite morno, sempre do mesmo animal. Depois disso, sobra o suficiente para mais duas porções, que ele toma, alternadamente, com o leite de sua própria mãe, que agora recomeçou a fluir abundantemente. No momento, ele está com excelente aspecto.

É necessário que ele tome leite de jumenta pelo menos por mais duas semanas e, deste modo, não poderemos ir visitar Pissarro no feriado de 14 de julho. Portanto, eu reservei esse dia para ir ver Claude Monet, acompanhado de Valadon, que certamente vai me aborrecer nesse dia, porém, mesmo assim, estou contente porque vou ver umas pinturas novas de Monet.

Não existe a menor razão para você adiar sua visita – não que nós não apreciemos sua disposição para vir partilhar de nossos problemas; muito pelo contrário, ficamos muito agradecidos por sua boa vontade, porém, com um doente em casa, quanto menos visitantes, melhor. Assim, por favor, venha no domingo, pegue o primeiro trem; de manhã você poderá conhecer Walpole Brook, que acabou de ver os seus quadros na loja de Tangui e, depois disso, vamos ver um buda japonês em um antiquário que também faz comércio de curiosidades e, então, vamos almoçar em casa, a fim de ver seus estudos. Você pode ficar conosco pelo tempo que quiser e pode nos aconselhar em relação à decoração do nosso novo apartamento.

É provável que Dries e Annie aluguem o andar térreo e, assim, eles vão dispor de um pequeno jardim, que nós poderemos utilizar também, é claro. Se as duas mulheres se derem bem, acho que vai ser muito bom para todos. É bastante possível que Dries venha se reunir conosco. Tenho tido muita sorte nos negócios, embora minhas vendas de quadros não cheguem a oitocentos bilhões de francos... Mas, entre outras coisas, vendi duas pinturas de Gauguin, e já enviei a ele o dinheiro. Pissarro escreveu-me para dizer que não tem dinheiro para pagar o aluguel; vou lhe mandar um pequeno adiantamento sobre as vendas que faremos no futuro. É verdade que sua exposição nos trouxe um pequeno lucro, mas apenas o suficiente para tapar os buracos. Ele está com um abscesso em um dos olhos. Pobre velho camarada!

Até logo, irmão, contamos com sua visita no próximo domingo. As melhores lembranças de Jo e fique sabendo que o garotinho está sorrindo do mesmo jeito que fazia antes de adoecer. Um cordial aperto de irmão de seu irmão que o ama,
Theo.
Lembranças para o Dr. Gachet e sua família.
O esboço da paisagem no estilo de Michel é promissor, e o retrato deve ser soberbo.

T 41
Paris, 14 de julho de 1890.
Meu querido irmão:

Estamos muito contentes em saber que você está melhor e menos procupado em relação aos nossos problemas de dinheiro... O perigo realmente não é tão sério quanto você pensava. Desde que possamos conservar nossa boa saúde, realizaremos nossos projetos e tudo vai dar certo. Desapontamentos? – certamente, mas não somos jovens recrutas ou principiantes, muito pelo contrário, somos como carroções que, através do extremo esforço de seus cavalos, muitos percalços e atoleiros, acabam chegando ao topo da colina. Tudo correrá bem, se, pelo menos, pudermos conservar isso em mente.

Hoje estamos acabando de fazer as malas a fim de partir para Leyden amanhã pela manhã. De lá, eu irei visitar Mesdag, na quarta-feira seguinte, para falar a respeito de Corot e, depois disso, irei a Antuérpia, levando um quadro de Díaz. Embora já se tenham passado os oito dias do prazo, aqueles cavalheiros ainda não disseram nada sobre o que pretendem fazer comigo.

Incluso você está recebendo cinquenta francos. Se eu tiver a boa sorte de realizar algum negócio durante minha viagem, as coisas vão ficar ainda mais fáceis para mim. Adeus, meu velho camarada; provavelmente estarei de volta dentro de oito dias.

Os melhores votos de Jo e acredite que eu permaneço sendo o seu irmão que muito o ama,
Theo.

Esta foi a última carta que Theo escreveu a Vincent. A 27 de julho de 1890, Vincent acertou um tiro em seu próprio peito, vindo a falecer no dia 29.

Cartas de Vincent a Émile Bernard

8ᵉ volume.　　　　N° 390 — 10 c.　　　　Un an : 6 fr.

Les Hommes d'Aujourd'hui

Texte et dessin d'Émile Bernard

Bureaux : **Librairie Vanier, 19, quai Saint-Michel, Paris.**

VINCENT VAN GOGH

*Vincent
d'après un portrait
fait par lui.*

Prefácio

Vincent Willem van Gogh

Émile Bernard foi pintor, escritor e poeta. Tinha quinze anos menos que Vincent van Gogh. Vincent gostava muito de Bernard, como se pode concluir através de suas cartas. Sua amizade data do dia em que se conheceram no estúdio de Cormon. Quando esteve em Paris, Vincent costumava trabalhar com muita frequência nas cercanias de Asnières, onde Bernard morava nessa época. Bernard visitou Vincent no apartamento de Theo e também tornou-se amigo de Andries Bonger, irmão de minha mãe. A 18 de setembro de 1890, alguns meses após a morte de Vincent, Theo escreveu uma carta a Bernard pedindo-lhe que o auxiliasse na organização de uma exposição dos quadros de Vincent. Bernard prontificou-se a ajudá-lo. Ele pendurou os quadros nas paredes da galeria com grande cuidado, sempre conservando em mente as ideias de Vincent de que uma pintura terá um efeito muito mais forte quando for colocada ao lado de outra em que predominem tons de cores complementares (um quadro com base azul junto a um em que domine o laranja, um quadro com base vermelha junto a um em que predomine o verde, etc.).

Depois que minha mãe partiu de Paris, foi Bernard que a ajudou, expedindo os quadros para a Holanda. Antes disso, ele havia organizado uma outra exposição de quatorze quadros, na casa de seu amigo Lebarq de Bouteville.

Em 1891, Bernard escreveu uma breve biografia de Vincent para *Les hommes d'aujourd'hui* (Os homens de hoje), uma série de panfletos dedicados aos artistas que se achavam em ascensão nessa época. Ele fez um desenho baseado em um autorretrato de Vincent, que foi reproduzido ilustrando seu artigo.

Entre 1893 e 1894, por insistência de Bernard, alguns fragmentos das cartas que Vincent escrevera a ele (Bernard) e a Theo foram publicados no *Mercure de France* (juntamente com uma introdução). Bernard fez com que a correspondência completa fosse publicada em 1911 pelo editor Vollard.

Minha mãe mandou fazer várias reproduções de quadros, esboços e cartas para Bernard, a fim de servirem como ilustrações para a sua edição das cartas, pelas quais ela somente recebeu um bilhete de agradecimento e um exemplar do livro publicado por Vollard. Ocorreu ao editor, entretanto, que essa era uma retribuição muito pequena diante da generosidade que ela demonstrou. Quando passamos a morar em Paris, em 1915, ele subitamente apareceu em nossa casa em uma tarde de domingo, trazendo um exemplar de um livro sobre a vida e obra de Cézanne que ele também havia publicado.

Em 1937, Bernard me escreveu a respeito da publicação de uma nova edição; sugeri que ele mesmo tentasse conseguir um editor em Paris, porque estava mais familiarizado com o meio editorial e possuía vários contatos por lá. Algum tempo depois ele me escreveu informando que lamentava muito mas não havia conseguido editor.

Mais tarde Bernard abandonou o estilo de pintura de seus primeiros anos, de tal modo que, como pintor, ele não correspondeu às grandes expectativas que Vincent tinha a seu respeito, como ele manifestava em suas cartas.

As cartas

B 1 [7]
[Paris, verão de 1887.]
rua Lépic, nº 54
Meu caro camarada Bernard:
Senti o impulso de me desculpar com você por tê-lo deixado tão abruptamente no outro dia. Deste modo, venho, pela presente carta, pedir-lhe desculpas, sem mais delongas. Eu lhe recomendo que leia *As Lendas Russas,* de Tolstoi e vou lhe enviar também aquele artigo sobre Eug. Delacroix que lhe havia mencionado.

Seja como for, eu mesmo fui ver Guillaumin, só que à noite, e pensei que talvez você não soubesse o endereço dele, que é no *quai d'Anjou,* nº 13. Acredito que Guillaumin, como ser humano, tem ideias mais saudáveis que a maioria dos outros, e, se todos fossem como ele, produziriam mais coisas boas e teriam menos tempo e ímpeto para se degladiarem tão furiosamente.

Persisto em acreditar que – não porque eu discuti com você a esse respeito, mas porque tenho certeza de que essa se tornará também sua convicção –, persisto em acreditar que você há de descobrir que nos estúdios se aprende muito pouco sobre pintura e também sobre a arte de viver. Como você sabe, uma pessoa descobre que tem que aprender a viver, do mesmo jeito que se é forçado a aprender a pintar. Pintar de verdade, sem recorrer aos velhos truques e artifícios que os espertalhões utilizam para enganar o público.

Não acredito que seu autorretrato seja o melhor nem o último que você vai pintar, porém, de uma maneira geral, ele é terrivelmente *você*.

Escute agora, o que eu tentei lhe explicar no outro dia se resume mais ou menos no seguinte: a fim de evitar generalizações, permita-me tomar um exemplo retirado da vida real. Se você brigou com um pintor e, consequentemente, diz: *"Se Signac expuser no mesmo lugar que eu, vou retirar meus quadros"* – e se você começa a falar mal dele, a mim me parece que você não está agindo tão bem quanto deveria. Porque é melhor olhar para as coisas por um longo tempo, antes de apresentar um julgamento tão categórico, e meditar bastante sobre tudo, porque, no caso de uma discordância, a reflexão nos mostra os erros de ambos os lados – e que o outro tem tanta *raison d'être* quanto você afirma ter.

Assim, se você já pensou que Signac e os outros que usam a técnica do pontilhismo com grande frequência fazem belas obras apesar desse maneirismo, em vez de ficar falando mal deles, você deve respeitá-los e falar deles com simpatia. Caso contrário, você se transforma em um fanático com a mente tão estreita quanto a deles e torna-se igual àqueles que desprezam totalmente todos os outros e consideram a si mesmos como os únicos donos da verdade e da justiça.

Devemos dizer a mesma coisa dos acadêmicos; veja, por exemplo, um quadro de Fantin-Latour ou, especialmente, o conjunto de sua obra. Temos um profissional que nunca se rebelou, mas será que isso impede que ele possua uma grande qualidade, seja lá o que for, uma noção de calma e de justiça, que o torna uma das personalidades mais independentes de nossa época?

Mais do que isso, eu gostaria de dizer algumas palavras a respeito do serviço militar que você terá de prestar. A partir de agora, você terá realmente de procurar resolver esse assunto – descobrir aonde ir, com quem falar, como proceder para poder escolher a guarnição para a qual será destacado, etc., mas também indiretamente, a fim de conservar a saúde. Você não pode se apresentar no quartel com anemia ou nervoso, se é que pretende sair de lá mais forte.

Não considero um grande infortúnio que você seja obrigado a ser soldado. Pelo contrário, acho que é uma coisa séria, da qual você emergirá – se conseguir emergir – realmente transformado em um grande artista.

Até então, você deve fazer o máximo para fortificar-se, porque você vai necessitar de muito vigor para a vida militar. Se você trabalhar bastante durante esse ano, acho que poderá reunir um bom estoque de quadros, alguns dos quais nós tentaremos vender para você, porque sabemos que você vai precisar de algum dinheiro extra para pagar os modelos.

Ficarei feliz de fazer tudo o que estiver a meu alcance para tornar um sucesso aquilo que nós começamos no café, mas eu acho

que a principal condição para o sucesso é deixar de lado todos os ciúmes mesquinhos, porque somente a união faz a força. Sem dúvida, o interesse comum vale o sacrifício daquele sentimento de egoísmo que todo homem tem em relação a si próprio.
Com um caloroso aperto de mão,
Vincent.

B 2 [2]
[Arles, março de 1888.]
Meu caro Bernard:

Uma vez que eu prometi que lhe escreveria, vou começar por dizer-lhe que esta região me parece tão linda quanto o Japão, no que se refere à limpidez da atmosfera e aos alegres efeitos das cores das paisagens. A água forma retalhos de um lindo azul esmeralda, do mesmo jeito que vemos nas gravuras japonesas sobre papel crepom. Cada vez que o sol se põe, surge um tom de laranja pálido no ar que faz com que os campos pareçam azuis. O sol é de um amarelo esplêndido. E tudo isso sem que eu ainda tenha tido a oportunidade de ver os campos no esplendor do verão. As mulheres se vestem com roupas bonitas, especialmente aos domingos, em que vemos ao longo das avenidas algumas combinações de cores muito ingênuas e, ao mesmo tempo, bem escolhidas. Sem a menor dúvida, tudo vai tornar-se ainda mais alegre durante o verão.

O que eu lamento é que a vida por aqui não seja tão barata quanto eu esperava e, por enquanto, ainda não consegui administrar meus gastos tão bem quanto em Pont-Aven. Comecei gastando cinco francos por dia e, agora, consegui baixar para quatro francos. É necessário conhecer o *patois* local e aprender a comer *bouillabaisse* e alho; tenho certeza de que, depois disso, poderei encontrar uma pensão de classe média que não seja cara.

Além disso, se conseguíssemos formar um grupo de vários artistas amantes do sol e das cores tenho certeza de que conseguiríamos baratear o custo da estada.

Se os japoneses não estão fazendo muitos progressos em seu próprio país, todavia não pode ser posto em dúvida que sua arte está sendo desenvolvida na França. No alto desta carta, estou enviando o esboço de um estudo que está me atraindo muito, porque eu desejo fazer alguma coisa a partir dele: representa marinheiros retornando com as namoradas para a cidade, depois de um passeio pelo campo; ao fundo a estranha silhueta de sua ponte levadiça contra um enorme sol amarelo. Tenho outro estudo da mesma ponte levadiça, com um grupo de mulheres lavando roupas no rio.

Ficarei feliz em receber um bilhete seu, dizendo-me o que está fazendo e para onde pretende ir.

Um cordial aperto de mão para você e todos os nossos amigos. Sinceramente seu, Vincent.

B 3 [3]
[Arles, abril de 1888.]
Meu caro camarada Bernard:

Muito obrigado pela gentil carta e pelos esboços que você incluiu, os quais achei muito divertidos. Algumas vezes lamento não poder me decidir a trabalhar mais em casa e improvisar. A imaginação é certamente uma faculdade que devemos desenvolver, a única que nos pode levar à criação de uma natureza mais exuberante e ao mesmo tempo mais consoladora do que um único e breve relance sobre a realidade (a qual, diante de nossos próprios olhos, está sempre se transformando, passando como o corisco de um relâmpago) nos permite perceber.

Um céu estrelado, por exemplo – olhe, isso é uma coisa que eu gostaria de tentar representar, do mesmo modo que, durante o dia, eu vou tentar pintar uma paisagem verde salpicada de flores dente-de-leão. Isso tudo serve como uma crítica para mim mesmo e louvor para você.

No momento, estou absorvido pelas árvores frutíferas em plena floração, pessegueiros cor-de-rosa, pereiras de um branco-amarelado. Não tenho qualquer sistema para dar pinceladas em meus quadros. Ataco a tela com toques irregulares do pincel e deixo como está, não modifico nada. Retalhos de cor em camadas espessas, pontos da tela que nem são recobertos, aqui e ali porções que são deixadas absolutamente inacabadas, repetições, selvagerias. Em resumo, estou inclinado a pensar que o resultado é tão inquietador e irritante que se transforma em um presente dos deuses para essa gente que tem ideias preconcebidas e fixas a respeito da técnica. A propósito, aqui vai um esboço, a entrada de um pomar provençal, com suas cercas amarelas, um renque de ciprestes negros (proteção contra o mistral), suas hortaliças características em variados tons de verde: alfaces amareladas, cebolas, alhos e alhos-porós cor de esmeralda.

Trabalhando ao ar-livre todo o tempo, tento capturar o que é essencial no desenho – mais tarde, eu dou um acabamento melhor. A partir do meu sentimento na ocasião, eu anoto a tonalidade que pretendo expressar: o chão deve compartilhar do mesmo tom violáceo, o céu inteiro deve ter uma coloração azulada, a vegetação verde deve ser ou verde-azulada ou verde-amarelada, exagerando deliberadamente neste caso tanto os azuis como os amarelos.

Em resumo, meu caro camarada, esse trabalho não é de forma alguma destinado a enganar os olhos de ninguém.

Quanto a visitar Aix, Marselha ou Tânger, não há a menor possibilidade. Se, apesar de tudo, eu acabar indo até esses lugares, seria somente em busca de alojamentos mais baratos. Caso contrário, estou convencido de que, mesmo que eu fosse trabalhar pela vida inteira nesses lugares, não seria capaz de realizar a metade do que é possível fazer em Arles.

A propósito, fui assistir às touradas na arena. Na verdade, são falsas touradas, pois havia vários touros e ninguém para lutar com eles. No entanto a plateia era magnífica. Uma grande multidão colorida, com pessoas empoleiradas umas acima das outras em duas ou três arquibancadas, proporcionando um espetáculo com os efeitos do sol e das sombras. Especialmente lindo o efeito da sombra lançada pelo enorme anel da cobertura.

Eu lhe desejo uma boa viagem – um aperto de mão em pensamento.

Seu amigo, Vincent.

B 4 [4]
[Arles, cerca de 20 de abril de 1888.]
Meu caro camarada Bernard:

Muitos agradecimentos pelos sonetos que me enviou. Gostei muito, tanto da forma como da melodia sonora do primeiro:

Sous les dômes dormeurs des arbres gigantesques.
(Sob as copas sonolentas das árvores gigantescas).

Todavia, no que se refere a ideias e sentimentos, pode ser que eu prefira o último verso:

Car l'espoir dans mon sein a versé sa névrose.
(Pois a esperança criou inquietação dentro do meu peito).

Mas me parece que você não expressa com clareza suficiente o que deseja expressar – a certeza que parecemos ter e que podemos, de alguma maneira, comprovar a existência do nada, do vazio, da traição do bem que se deseja e de todas as coisas belas; e que, a despeito desse conhecimento, nos deixamos eternamente enganar pelo encanto que a vida exerce sobre nossos seis sentidos, como se não conhecêssemos realmente nada e especialmente não soubéssemos da diferença entre objetividade e subjetividade. Felizmente para nós, permanecemos dessa maneira tanto estúpidos quanto cheios de esperança.

Bem, eu também gosto de:

L'hiver, n'avoir ni sou, ni fleurs —
(O inverno, sem ter um centavo, nem sequer uma flor).

Também gostei de *"Mépris"* (desprezo).

Eu achei que *Coin de chapelle* (Na esquina da capela) e *Déssin d'Albrecht Dürer* (Desenho de Albrecht Dürer) eram menos claros; por exemplo, qual é exatamente o desenho de Albrecht Dürer? Mas, no entanto, este poema tem excelentes passagens:

Venus des pleines bleues,
Blémis par la longuer des lieues.
(Vindos das planícies azuis,
Empalidecidos pela extensão das léguas.)

Esta passagem descreve muito habilmente as paisagens eriçadas de rochas azuladas entre as quais se retorcem as estradas, como no cenário de fundo dos quadros de Cranach e Van Eyck.

Tordu sur sa croix en spirale.
(Retorcido sobre sua cruz espiralada.)

Este verso transmite muito bem a magreza exagerada dos Cristos místicos. Mas por que não acrescentar que o aspecto angustiado do mártir é infinitamente triste, como o olhar dos cavalos que puxam carruagens? Isso o tornaria o mais parisiense dos parisienses; lá se vê tanto nos olhos dos velhos pangarés que puxam os pequenos cabriolés de aluguel como nos rostos dos poetas e dos artistas.

Em resumo, esses versos não são ainda tão bons quanto seus quadros; mas não se preocupe, porque você vai certamente progredir nisso também e certamente deve continuar a escrever sonetos. Há tanta gente, especialmente entre nossos camaradas, que imagina que as palavras não significam nada – pelo contrário, a verdade é que dizer uma coisa bem é tão interessante e difícil quanto pintá-la. Há a arte das linhas e das cores, mas também existe a arte das palavras, e esta permanecerá.

Aqui vai o esboço de outro pomar, bastante simples em sua composição: uma árvore branca, uma pequena árvore verde, um retalho quadrado de grama verde, o chão lilás, um telhado cor de laranja, um grande pedaço de céu azul. Estou trabalhando em nove pomares ao mesmo tempo: um branco; um cor-de-rosa escuro, quase vermelho; um branco-azulado; um rosa-acinzentado; e um verde e rosa.

Ontem eu me soltei na pintura de uma cerejeira contra o fundo do céu azul. Os brotos das folhas novas fiz em laranja e ouro, os cachos de flores em branco, tudo isso contra o verde-azulado do céu, produzindo um resultado verdadeiramente glorioso. Infelizmente, hoje está chovendo e não posso retornar ao modelo.

Domingo passado visitei um bordel que existe aqui – sem falar nas visitas de outros dias –, uma sala grande, as paredes recobertas de um tom de branco azulado – exatamente como uma escola de aldeia. Cinquenta ou mais militares com uniformes vermelhos, misturados com civis vestidos de preto, seus rostos em magníficas tonalidades de amarelo ou de laranja (quantas nuances existem nos rostos por aqui!), as mulheres com vestidos azul-celeste ou vermelhão, das cores mais sem gosto e berrantes que se pode imaginar. O conjunto banhado por uma luz amarelada. Bem menos lúgubre que o mesmo tipo de ambiente em Paris.

Não existe *spleen* na atmosfera daqui.

Por enquanto, ainda procuro não chamar a atenção e mantenho reserva, porque primeiro preciso me recuperar de um problema de estômago do qual sou o feliz proprietário, mas, depois que me curar, terei de fazer um bocado de barulho, porque aspiro a compartilhar da glória do imortal Tartarin de Tarascon.

Fiquei extremamente interessado ao saber que você pretende passar seu tempo de serviço (militar) na Argélia. Isso é perfeito, muito longe de ser uma infelicidade. Realmente, dou-lhe os parabéns por isso; de qualquer forma, teremos oportunidade de nos encontrarmos em Marselha.

Você terá grande prazer ao ver todo este céu azul e ao sentir o calor do sol.

Atualmente, o meu estúdio é um terraço.

Certamente pretendo ir pintar algumas marinhas em Marselha também; não tenho saudades dos mares cinzentos do Norte. Se você encontrar Gauguin, dê-lhe minhas mais sinceras lembranças. Acho que vou escrever-lhe hoje mesmo.

Meu querido camarada Bernard, não se desespere e, acima de tudo, não tenha *spleen*, meu velho, porque, com o seu talento e sua estada na Argélia, você se transformará em um artista verdadeiro e maravilhosamente bem dotado. Você também pertencerá ao Sul. Se eu tiver qualquer conselho para lhe dar, é que deve procurar fortalecer sua saúde, comer coisas saudáveis, sim, um ano inteiro de preparação – a partir de agora –, porque não vai dar certo se você chegar aqui com o estômago estragado e o sangue deteriorado.

Foi isso que aconteceu comigo e, embora já esteja melhorando, minha recuperação é lenta e lamento não ter sido mais cuidadoso antes. Mas isso foi causado por aquele terrível inverno do ano passado – o que eu poderia fazer? –, foi de fato um inverno sobre-humano.

Assim, trate de deixar seu sangue em boas condições antes de vir. Aqui, com esta comida ruim, é difícil a gente se dar bem, mas assim que se esteja novamente com boa saúde, é menos difícil conservá-la do que em Paris.

Escreva-me logo, sempre para o mesmo endereço: "*Restaurant Carrel, Arles*".

Um aperto de mão.

Sinceramente seu, Vincent.

B 5 [5]
[Arles, segunda quinzena de maio de 1888.]
Meu caro Bernard:

Acabei de receber sua última carta. Você está inteiramente certo ao perceber que aquelas negras me cortaram o coração. Você está certo ao achar que uma coisa dessas não pode ser inocente.

Acabei de ler um livro – não era um livro bonito e, na verdade, nem muito bem escrito – sobre as ilhas Marquesas, mas muito triste, quando relata o extermínio de uma tribo nativa inteira – eram canibais, no sentido de que, digamos, uma vez por mês, comiam um indivíduo –, mas que importância tem isso?

Os brancos, muito cristãos, civilizados e todas essas coisas... para acabar com essa barbaridade que nem era tão cruel assim... acabaram exterminando a tribo inteira dos nativos canibais.

A partir de então, eles anexaram as duas ilhas, que se tornaram indizivelmente lúgubres!

Estas raças tatuadas, negros, índios, todos eles, todos, todos estão desaparecendo ou se aculturando. E os horríveis homens brancos, com suas garrafas de álcool, seu dinheiro e sua sífilis – quando veremos o fim deles também? Os horríveis homens brancos com sua hipocrisia, sua ambição e sua esterilidade.

E esses selvagens eram tão gentis e tão amáveis!

Você está plenamente certo ao pensar em Gauguin. Aqueles quadros são poesia da melhor qualidade, aqueles retratos de negras, e tudo que suas mãos fazem têm um caráter gentil, piedoso e surpreendente. As pessoas ainda não o compreendem, e ele fica tão magoado por não conseguir vender nada do que pinta, do mesmo modo que outros verdadeiros poetas.

Meu caro camarada, eu deveria ter-lhe escrito antes, mas tive uma porção de coisas para resolver. Enviei um primeiro maço de estudos para meu irmão, essa foi a primeira. E estou tendo problemas de saúde, essa foi a razão número dois.

A número três é que eu aluguei uma casa, pintada de amarelo por fora e caiada de branco por dentro, banhada de sol e com quatro peças.

Além de tudo isso, estou trabalhando em novos estudos. À noite, eu estava cansado demais para escrever. Foi por isso que adiei minha resposta.

Escute, aquele soneto sobre as mulheres na avenida tem coisas boas, mas não representa a realidade, o final é muito comum. Uma "mulher *sublime*"... Eu não sei o que você quer dizer com isso e, para falar com franqueza, acho que você também não sabe.

Mais adiante:

Dans le clan des vieux et des jeunes maraude
Ceux qu'elle ammènera coucher le soir, très tard.
(Tanto nas fileiras dos velhos como dos jovens captura
Aqueles que levará para o leito bem tarde da noite).

Um trecho como este não é absolutamente verdadeiro, porque as mulheres de nossa avenida – da curta – em geral dormem sozinhas à noite, depois de atenderem a cinco ou seis clientes durante o dia ou ao entardecer. *Très tard* quem aparece é aquele predador, o seu *maquereau* (cafetão), que chega para acompanhá-las até a casa, mas ele não dorme com elas (exceto raramente). À noite, elas estão estupidificadas e exaustas, em geral vão para a cama sozinhas e dormem um sono de chumbo.

Mas, se você alterar duas ou três linhas, até que vai ficar bom.

O que você tem pintado recentemente? Quanto a mim, acabo de fazer uma natureza-morta de uma cafeteira de ferro esmaltada de azul, uma taça e pires azul-real, uma jarra de leite pintada de quadradinhos brancos e azuis, de um tom de cobalto desbotado, uma chávena com padrão azul e laranja sobre fundo branco, mais uma jarra de majólica azul decorada com flores e folhas verdes, marrom e rosa. O conjunto está disposto sobre uma toalha também azul contra o fundo amarelo da parede e, no meio dessa louça toda, duas laranjas e três limões.

Deste modo, o conjunto são variações em azul, iluminadas por uma série de amarelos que vão até o laranja.

Depois, fiz uma outra natureza-morta, dessa vez limões dentro de uma cesta contra o fundo da parede amarela.

Depois, pintei uma vista de Arles. Da cidade propriamente dita só se enxerga um panorama de telhados vermelhos e uma torre; o resto está escondido pela folhagem das figueiras, bem longe no fundo, com uma faixa estreita de azul-celeste por cima. A cidade está cercada por imensas campinas cheias de flores, a maior parte ranúnculos (botões-de-ouro) – um mar de amarelo —, enquanto no primeiro plano essas pastagens estão divididas por uma valeta cheia de íris roxas. Estavam cortando o pasto enquanto eu pintava, assim, ficou no estudo e não chegou a ser a pintura completa que eu pretendia fazer. Mas que tema, hein? Aquele mar de amarelo com uma faixa de íris roxas e, no fundo, aquela cidade brejeira cheia de mulheres bonitas! E fiz mais dois estudos de beira da estrada – mais tarde – feitos enquanto o mistral soprava.

Se você não estivesse esperando pela minha rápida resposta, eu lhe faria um esboço. Mantenha a coragem e boa sorte. Um aperto de mão. Esta noite estou exausto. Vou escrever-lhe de novo dentro de alguns dias, quando estiver mais calmo.

Vincent

P. S. *O retrato de mulher que você incluiu em sua penúltima carta é muito bonito. Meu novo endereço é: place Lamartine, 2 – Arles.*

B 6 [6]
[Arles, segunda quinzena de junho de 1888.]
Meu querido camarada Bernard:

Cada vez mais me parece que os quadros devem ser pintados de tal modo que a pintura se torne completamente o que deve ser e se possa erguer a uma altura equivalente à dos picos serenos que os escultores gregos, os músicos alemães e os novelistas franceses atingiram –, que estes quadros estão além do poder de criação de um indivíduo isolado; de tal modo que serão, provavelmente, criados por grupos de homens que se reuniram para executar uma ideia comum.

Um homem pode ter uma soberba orquestração de cores e não ter ideias. Outro poderá estar transbordando de novos conceitos, tragicamente tristes ou encantadores, mas não saber como expressá-los de uma forma convincente, devido à timidez de uma paleta limitada. Essa é mais uma razão para lamentarmos a falta de espírito cooperativo entre os artistas, que se criticam e perseguem-se mutuamente.

Você dirá que toda essa linha de raciocínio é corriqueira – pois então que seja! Entretanto, a coisa em si – a existência de um renascimento –, este fato certamente não é banal.

Uma questão técnica. Apenas me dê a sua opinião a respeito em sua próxima carta. Eu vou colocar *black* e *white* sem mistura, justamente como o negociante de cores os vende para nós, com toda a ousadia sobre minha paleta, e utilizá-los tais como estão. Quando – e observe que estou falando em simplificação de cores à maneira japonesa –, quando, em uma praça verde com caminhos cor-de-rosa, eu vejo um cavalheiro vestido de preto, um juiz de paz profissional (o judeu-árabe no *Tartarin* de Daudet chama este honrado soldado que serve na Argélia de "zuavo") que está lendo *L'Intransigeant...*

Sobre sua cabeça e sobre o parque inteiro, um céu de cobalto sem mistura.

... então por que não pintar o dito zuavo com preto de osso comum e as folhas do *L'Intransigeant* com branco simples, totalmente sem mistura? Isso porque o artista japonês ignora as cores refletidas e coloca os tons básicos lado a lado, com linhas características para demarcar as formas e o movimento.

Em outra categoria de ideias – quando, por exemplo, a gente compõe um motivo de cores variadas representando um céu amarelado ao final da tarde, então o feroz branco fosco de uma parede branca se destacando contra o céu pode ser expressado, se necessário – mesmo que isso seja estranho – por branco básico, suavizado por um tom neutro, pois o próprio céu o colore com uma delicada nuance lilás. Além disso, imagine nessa paisagem, que parece tão ingênua (o que é também muito bom), uma cabana completamente caiada (até mesmo o telhado), erguendo-se de um campo alaranjado – certamente laranja, porque o céu meridional e o Mediterrâneo azul provocam uma coloração alaranjada, que vai se tornando mais intensa à medida que a escala de cores azuis assume uma tonalidade mais vigorosa – e depois acrescenta-se a nota negra da porta, das janelas e da pequena cruz que surge na cumeeira do teto, produzindo um contraste simultâneo de branco e preto que é tão agradável ao olhar como a contraposição do azul com o laranja.

Ou, então, vamos tomar um motivo mais divertido: imagine uma mulher usando um vestido xadrez branco e preto nessa mesma paisagem primitiva com um céu azul e um solo laranja – seria uma visão muito engraçada, acho eu. Em Arles, é comum que elas usem vestidos de tecido axadrezado de branco e preto.

Basta isso para afirmar que o branco e o preto também são cores, pois em muitos casos podem ser encarados como cores, pois seu contraste simultâneo é tão perturbador como a justaposição de verde e vermelho, por exemplo.

Por falar nisso, os japoneses utilizam esse tipo de artifício. Eles expressam maravilhosamente bem a figura fosca e pálida de uma menina e o contraste vigoroso de seu cabelo preto e brilhante, tudo através do fundo branco do papel riscado por quatro traços vigorosos do pincel. Sem mencionar os seus espinheiros negros, em que mil flores brancas se destacam como estrelas.

Finalmente tive oportunidade de avistar o Mediterrâneo, que você provavelmente vai atravessar antes de mim.

Passei uma semana em Saintes-Maries e, para chegar lá, tomei uma diligência através da Camargue, uma paisagem cheia de vinhedos, charnecas e campos tão lisos quanto os da Holanda. Lá, em Saintes-Maries, encontrei algumas moças que me lembraram os modelos de Cimabue e de Giotto – magras, eretas, um tanto tristes e místicas. Na praia arenosa e perfeitamente lisa, havia barquinhos vermelhos, verdes e azuis, tão belos na cor e no formato que me fizeram pensar em flores sobre o mar. Eles são tripulados por um único homem, porque essas chalupas dificilmente se aventuram no alto-mar. Eles vogam quando não há vento e retornam à praia tão logo o vento aumenta.

Gauguin, segundo parece, ainda está doente.

Estou muito ansioso para saber no que você está trabalhando ultimamente – eu mesmo ainda não estou fazendo nada, exceto paisagens. Anexo vai um esboço. Eu também gostaria muito de conhecer a África, mas raramente faço algum plano definitivo para o futuro, porque tudo vai depender das circunstâncias.

O que eu gostaria de descobrir é o efeito de um azul intenso no céu. Fromentin e Gerôme veem o solo meridional como se fosse incolor, e sei que um monte de pessoas também o enxergam dessa maneira. Meu Deus, sim, se você pegar um punhado de areia nas mãos, se você olhar para ela bem intensamente, a água também e até o ar, todos são incolores, se forem contemplados dessa maneira. *Mas não há azul sem amarelo e sem laranja* e, se você colocar azul no quadro, então terá também de colocar amarelo e laranja, não é verdade? Ah, tudo bem, você vai me responder que tudo o que eu lhe escrevo são apenas coisas corriqueiras...

Um aperto de mão em pensamento.

Sinceramente seu, Vincent.

B 7 [7]
[Arles, segunda quinzena de junho de 1888.]
Meu caro Bernard:

Perdoe-me por estar escrevendo apressadamente. Tenho medo de que minha carta não seja absolutamente legível, mas quero responder-lhe agora mesmo.

Você sabe que nós fomos muito estúpidos, Gauguin, você e eu, em não irmos para o mesmo lugar? Mas, quando Gauguin partiu, eu mesmo ainda não tinha certeza de que poderia sair e, quando você viajou, houve aquela maldita questão de dinheiro e você foi impedido de vir pelo péssimo relato que lhe fiz sobre as despesas aqui.

Mas se tivéssemos embarcado os três juntos para Arles, não teria sido uma coisa assim tão estúpida, porque, sendo três, poderíamos ter nos estabelecido na mesma casa e dividir entre nós as tarefas domésticas. E agora que eu conheço os costumes da terra um pouco melhor, estou começando a perceber algumas vantagens. Quanto a mim, sinto-me muito melhor por aqui do que me sentia no Norte. Eu trabalho até durante o meio-dia, em plena luz do sol, sem a menor sombra, no meio dos campos de trigo – e me sinto tão bem quanto uma cigarra. Meu Deus, se ao menos eu tivesse conhecido esta região quando eu tinha vinte e cinco anos, em vez de ter vindo para cá agora que estou com trinta e cinco! Nesse período, eu desenvolvi um certo entusiasmo pelo cinzento, ou antes, pela ausência de cor, estava pensando o tempo todo no estilo dos trabalhos de Millet e, além disso, tinha alguns amigos pintores na Holanda, como Mauve, Israëls, etc.

Anexo vai um esboço de um semeador: um grande campo arado, cheio de torrões de terra, na sua maior parte francamente roxos.

Um campo de trigo maduro, em uma tonalidade ocre-amarelada, com um toque de carmim.

O céu é de um amarelo-cromo, quase tão brilhante quanto o próprio sol, que é cromo-amarelado nº 1, com um pouco de branco, enquanto o resto do céu é amarelo-cromo n°s 1 e 2 misturados. Tudo muito amarelo.

A camisa do semeador é azul, e suas calças, brancas.

A tela é quadrada, tamanho vinte e cinco.

Há muitas sugestões de amarelo no solo, tons neutros resultantes da mistura de roxo com amarelo; mas eu fiz algumas travessuras com a fidelidade das cores. O que eu preferia mesmo era fazer quadros bastante ingênuos, copiando imagens de velhos almanaques, aqueles velhos "almanaques do fazendeiro", em que a saraiva, a neve, a chuva e o bom tempo são representados de uma forma inteiramente primitiva, como aquela gravura que Anquétin imitou tão bem em seu óleo *A Colheita*. Eu não vou esconder que gosto do campo, uma vez que foi no campo que eu fui criado – eu ainda me encanto com a magia de exércitos de lembranças que me brotam do passado, que me despertam um anseio pelo infinito, do qual o semeador e as gavelas de trigo são os símbolos – tanto agora como antigamente. Mas quando eu irei pintar o meu *céu estrelado*, aquele quadro em que eu penso tanto? Ai, ai de mim! É justamente como nosso excelente colega Cyprien diz no livro *En Ménage*, de J. K. Huysmans: "*Os quadros mais belos são justamente aqueles com que se sonha ao fumar o cachimbo deitado sobre o leito, porém que jamais se chegará a pintar*".

No entanto, devemos atacá-los, por mais incompetentes que nos sintamos perante a perfeição indizível e os gloriosos esplendores da natureza.

Mas como eu gostaria de ver o estudo que você fez no bordel!

Eu passo todo o tempo me reprovando porque até agora não pintei por aqui nenhuma figura humana.

Em anexo vai outra paisagem. Pôr do sol? Nascer da lua? De qualquer maneira, há um sol de verão. A cidade é pintada em tons de violeta, o orbe é amarelo, o céu, azul-esverdeado. O trigo apresenta todos os tons do ouro velho: cobre, ouro-esverdeado ou ouro-avermelhado, ouro-amarelado, bronze-amarelado, verde-avermelhado. Tela quadrada tamanho trinta.

Pintei esta tela enquanto o mistral rugia. Meu cavalete estava fixado no chão com estacas de ferro, um método que também lhe recomendo. A gente crava as pernas do cavalete no solo, enfiando varilhas de ferro ao lado de cada uma, cada uma delas com meio metro de comprimento. Depois, a gente amarra tudo com pedaços de corda. Deste modo, você pode trabalhar à vontade, por mais forte que o vento sopre.

Era isto que eu lhe queria dizer a respeito do branco e do preto. Veja o *Semeador*. A pintura está dividida em duas; metade, a parte superior, é amarela; na metade de baixo, predomina o roxo. Bem, as calças brancas dão um ponto de descanso para o olhar e o distraem, no momento em que o contraste simultâneo e excessivo entre o amarelo e o roxo o deixariam irritado. Agora, é isso que eu queria dizer.

Conheci um segundo-tenente dos zuavos que estão estacionados aqui, chamado Millet. Estou dando a ele lições de desenho – com meus conhecimentos de perspectiva –, e ele já está começando a desenhar; por Deus, já vi coisa bem pior! Ele tem firme intenção de aprender, já esteve em Tonkin, etc. Esse camarada está de partida para a África no próximo outubro. Se você se tivesse alistado nos zuavos, ele poderia tomá-lo sob sua proteção e lhe garantiria uma margem relativamente grande de tempo livre para pintar.

Uma das razões para trabalhar é que as telas custam dinheiro. Você dirá que, em primeiro lugar, essa razão é bastante prosaica, porque você duvida que seja um incentivo verdadeiro. Mas, no entanto, *é verdadeira*.

Desenhar, no entanto, é mais barato.

Gauguin também está chateado em Pont-Aven; como você, ele se queixa do isolamento. Quem sabe você vai lhe fazer uma visita? Só que eu não faço a menor ideia de quanto tempo ele pretende ficar por lá: estou inclinado a crer que ele pretende voltar a Paris. Ele me escreveu dizendo que pensava que você iria também para Pont--Aven. Meu Deus, se ao menos nós três estivéssemos juntos aqui! Você vai dizer que é muito longe. Tudo bem, *mas e o inverno, como é que fica?* – por aqui, podemos trabalhar o ano inteiro. Por isso eu amo esta região, porque tenho menos motivos para ter medo do frio, o qual, impedindo que meu sangue circule nas veias, também me impede de pensar ou de fazer qualquer outra coisa.

Você poderá julgar por si mesmo quando tiver entrado para o exército.

Então você se libertará de sua melancolia, que pode muito bem estar sendo causada pela porcaria da falta de sangue ou pelo sangue deteriorado, uma coisa em que eu sei que você não acredita. É essa porcaria do vinho imundo de Paris e da gordura suja dos bifes que você come que lhe fazem tanto mal. Meu Deus, eu tinha chegado a um estado em que meu sangue simplesmente tinha parado de correr – vou lhe dizer, aquilo que eles chamam de sangue parado nas veias – literalmente. Entretanto, depois de quatro semanas por aqui, começou a fluir livremente de novo; mas, meu querido camarada, justamente nesse mesmo período eu tive um acesso de melancolia parecido com os seus, com o qual eu teria sofrido tanto quanto você costuma sofrer, se não o tivesse recebido com grande prazer, como um sinal de que eu estava a ponto de me recuperar – o que, de fato, aconteceu, porque sarei completamente.

Assim, ao invés de voltar a Paris, permaneça em alguma área bem aberta, aproveite o ar livre, porque você vai precisar de força a fim de suportar do jeito adequado essa sua provação de ir até a África. Deste modo, quanto mais sangue, sangue bom, você produzir antecipadamente, tanto melhor será para você; porque lá, no calor, é possível que você só consiga manufaturar mais sangue com dificuldade.

Pintar e trepar muito não são compatíveis: o sexo enfraquece o cérebro. Isso é realmente uma chateação muito grande.

Como você sabe, o símbolo de São Lucas, o padroeiro dos pintores, é um boi. Desse modo, devemos ser pacientes como os bois se quisermos trabalhar no campo artístico. Já os touros têm muito mais sorte, porque não têm de trabalhar nessa imundície da pintura.

Mas o que eu lhe queria dizer é o seguinte: depois que passar o período da melancolia, você vai ficar mais forte do que antes, sua saúde vai melhorar e você vai achar as paisagens que o rodeiam tão lindas que não terá qualquer outro desejo senão pintar.

Acredito que sua poesia também vai se modificar do mesmo modo que sua pintura. Depois de fazer algumas excentricidades, você começou a escrever alguns (poemas) que apresentam uma calma egípcia e uma grande simplicidade:

> Que l'heure est donc brève
> Qu'on passe en aimant,
> C'est moins qu'un instant,
> Un peu plus qu'un rêve.
> Le temps nous enlève
> Notre enchantement...

(Como são lentas as horas
Que se passa amando:
Menos que um instante,
Pouco mais que um sonho.
O tempo nos arrebata
Nosso encantamento...)

Isso não parece ser coisa de Baudelaire, eu nem ao menos sei quem escreveu esses versos: são as palavras de uma canção de *Le Nabab,* de Daudet – foi daí que eu tirei –, mas será que isso não expressa alguma coisa como o dar de ombros de uma dama verdadeira?

Há poucos dias, eu li *Madame Chrysanthème,* de Loti, que contém algumas observações muito interessantes sobre o Japão. Atualmente, meu irmão está supervisionando uma exposição dos quadros de Claude Monet; gostaria muito de poder ir vê-la. Entre outras pessoas, Guy de Maupassant foi assistir e mencionou que, no futuro, voltaria com frequência ao bairro de Montmartre.

Agora eu tenho de pintar; portanto, vou parar. Provavelmente eu lhe escreverei de novo muito em breve. Mil desculpas por não ter colocado selos suficientes em minha última carta. De fato, eu colei os selos lá mesmo na agência dos correios e não é a primeira vez que isso me acontece aqui. Quando estou em dúvida sobre o valor da postagem, eu pergunto na agência dos correios local, e os funcionários geralmente me informam errado sobre a quantidade de selos. Você não faz a menor ideia da desfaçatez e preguiça desse povo daqui. Entretanto, você vai ver tudo isso com seus próprios olhos quando chegar à África. Muito grato por sua carta. Em seguida estarei lhe escrevendo de novo, quando não tiver tanta pressa. Um aperto de mão,
Vincent.

B 8 [11]
[Arles, final de junho de 1888.]
Meu querido Bernard:

Acho uma coisa muito boa que você leia a Bíblia. Começo esta carta com essa observação porque sempre quis lhe recomendar essa leitura e até me controlei para não induzi-lo a ela. Sempre que eu leio as numerosas observações de Moisés, São Lucas, etc., não posso deixar de pensar comigo mesmo: "*Olhe, esta é a única coisa que está fazendo falta ao Bernard, principalmente agora que ele está sofrendo um ataque... da neurose artística.*

Isso acontece porque o estudo de Cristo inevitavelmente causa essa perturbação, especialmente no meu caso, em que é agravado pela mancha negra de inumeráveis cachimbadas.

A Bíblia é Cristo, pois todo o Velho Testamento conduz a esse ponto culminante. São Paulo e os Evangelistas habitam na escarpa oposta, na descida da montanha sagrada.

Como a história anterior é mesquinha! Meu Deus, pense um pouco: só existem judeus no mundo, que, desde o começo, vão logo declarando impuro tudo o que não lhes pertence.

Por que os outros povos sob o grande sol dessas partes do mundo – egípcios, hindus, etíopes, Babilônia, Nínive –, por que eles não têm igualmente seus anais, escritos com o mesmo cuidado? Mas o estudo deles é lindo apesar disso, e ser capaz de ler tudo seria a mesma coisa que não poder ler nada.

Mas a consolação dessa triste Bíblia, que desperta nosso desespero e nossa indignação – que nos magoa acima de tudo porque nos sentimos ultrajados por sua mesquinharia e loucura contagiosa –, a consolação que está contida nela, como uma amêndoa dentro de uma casca dura, uma polpa agridoce, é Cristo.

A figura de Cristo, como eu a percebo, foi pintada somente por Delacroix e por Rembrandt... mais tarde o que Millet pintou... foi a doutrina de Cristo.

Todos os demais me provocam um meio-sorriso, todo o resto dessa pintura religiosa – do ponto de vista religioso, não do ponto de vista da pintura propriamente dita. E os primitivos italianos – Botticelli; ou, digamos, os primitivos flamengos – Van Eyck; alemães – Cranach – não são nada mais que pagãos que me interessam somente da mesma forma que os gregos, do mesmo jeito que Velázquez e tantos outros naturalistas.

Somente Cristo – dentre todos os filósofos, magos, etc. – afirmou, como sua principal certeza, a vida eterna, a infinitude do tempo, a insignificância da morte, a necessidade e a razão de ser da serenidade e da devoção. Ele viveu serenamente, *como um artista maior que todos os demais,* desprezando tanto o mármore como a argila, do mesmo modo que as cores, porém trabalhando com carne viva. Isso quer dizer que este artista sem par, dificilmente concebível pelo instrumento obtuso de nossos cérebros modernos, nervosos e estupidificados, não fez nem estátuas, nem quadros, nem livros: ele proclamou em alto e bom som que fez... com que *os homens vivos* se tornassem imortais.

Isso é uma coisa muito séria, especialmente porque é a expressão da verdade.

Este grande artista tampouco escreveu livros: certamente a literatura cristã tomada como um todo o teria enchido de indignação. Veja os casos do Evangelho de Lucas ou das Epístolas de Paulo – tão simples em suas formas duras e ativistas. Embora este grande artista – Cristo – desdenhasse escrever livros sobre ideias (sensações), ele seguramente desdenhava muito menos a palavra falada –, particularmente a parábola (veja o Semeador, olhe os Ceifeiros, lembre da Figueira!, etc.).

E quem ousaria dizer-nos que Ele mentiu naquele dia em que, zombeteiramente predizendo a queda do edifício romano, ele declarou: *"Os céus e a terra passarão, mas não passarão as minhas palavras"*.

Essas palavras faladas que, como um *grand seigneur* pródigo, ele nem sequer se dignou a escrever pessoalmente, constituem um dos picos mais elevados – de fato, o cume mais alto de todos – atingidos pela arte, que nelas se transforma em força criativa, em puro poder criador.

Essas considerações, meu querido camarada Bernard, nos levam muito longe, nos conduzem realmente muito longe; elas nos erguem acima da própria arte. Elas nos fazem ver a arte de criar a vida, a arte de ser imortal e um ser vivo e mortal ao mesmo tempo. E tudo isso está ligado à arte da pintura.

O santo padroeiro dos pintores – São Lucas, médico, pintor, evangelista – cujo símbolo é, infelizmente, nada mais que um boi, está aqui para nos transmitir a esperança.

Todavia, nossas vidas reais e verdadeiras são bastante humildes, essas nossas vidas de pintores, que se arrastam pela existência sob o jugo estupefaciante das dificuldades de uma profissão que dificilmente pode ser praticada neste planeta ingrato; *"o amor da arte nos faz perder o verdadeiro amor"*.

Mas percebendo que nada se opõe a isso – supondo que haja também linhas e formas, do mesmo modo que cores, através de outros planetas e sóis inumeráveis – seríamos merecedores dos maiores louvores se mantivéssemos uma certa serenidade com relação às possibilidades de pintar sob condições de existência superiores e transfiguradas, uma existência transformada por um fenômeno não mais estranho e não mais surpreendente que a transformação de uma lagarta em borboleta, ou do vermezinho branco em uma celônia dourada.

Estamos falando da existência do pintor-borboleta, que teria como seu campo de ação um dos inumeráveis corpos celestes, que talvez não nos fosse mais inacessível após a morte que os pontos pretos que simbolizam as cidades e vilas nos mapas geográficos nos são em nossa existência terrestre.

A ciência – o raciocínio científico – me parece um instrumento que estará sempre atrasado, muito atrás da realidade. Senão, olhe aqui: pensavam que a Terra fosse plana. E de fato, era verdade, como ainda o é hoje, com relação a distâncias curtas, como entre Paris e Asnières. Todavia, isso não impediu que a ciência demonstrasse que a Terra é predominantemente redonda. Coisa que ninguém mais contradiz hoje em dia.

Porém, não obstante tudo isso, eles persistem em acreditar até hoje que *a vida é plana* e só existe entre o nascimento e a morte. Entretanto, também a vida provavelmente é redonda e muito superior em expansão e capacidade que este único hemisfério que presentemente conhecemos.

As gerações futuras provavelmente nos esclarecerão sobre esse tema tão interessante; então, talvez a própria Ciência atinja – mesmo contra a vontade – conclusões mais ou menos paralelas aos ensinamentos de Cristo, com referência à outra metade de nossa existência.

Seja lá como for, o fato é que somos pintores na vida real e que a coisa mais importante é que respiremos o mais fundo que pudermos.

Ah! Aquele lindo quadro de Eugène Delacroix: *Cristo no Barco sobre o Mar em Gennesaret (sic)*. Ele – com sua pálida auréola cor de limão – luminosamente adormecido contra aquele fundo de um roxo dramático, formado pela mistura de pinceladas de azul sombrio e azul-avermelhado; o grupo dos discípulos mortalmente assustados – sobre aquele terrível mar esmeraldino, cujas ondas se erguem cada vez mais, até atingirem o alto da moldura. Oh! Que concepção sublimemente brilhante! Eu gostaria de fazer alguns esboços dessa tela para lhe mandar, mas estou muito cansado depois de desenhar e pintar um modelo – um zuavo – durante três ou quatro dias. Escrever, pelo contrário, me descansa e me distrai.

O que eu rabisquei é muito feio: o desenho de um zuavo sentado, um esboço do zuavo parado contra uma parede completamente branca e, finalmente, seu retrato contra uma portalada verde, com alguns tijolos cor de laranja aparecendo entre o reboco descascado da parede. É um trabalho difícil, muito feio e muito malfeito. Seja como for, já que significou para mim atacar uma verdadeira dificuldade, pode servir para pavimentar meu caminho no futuro.

As figuras humanas que eu pinto são quase sempre detestáveis a meus próprios olhos, o que significa que devem ser ainda mais detestáveis para os outros; no entanto, é o estudo da figura humana que mais fortalece os nossos poderes pictóricos, desde que a executemos de uma maneira diferente daquela que é ensinada, por exemplo, na escola do Sr. Benjamin Constant.

Sua carta me encheu de satisfação, e seu esboço é muito, muito interessante: envio-lhe meus agradecimentos. Quanto a mim, vou enviar-lhe um desenho qualquer dia desses – hoje estou exausto; meus olhos estão cansados, mesmo que o cérebro não esteja.

Apenas me diga, você se lembra de *João Batista*, aquele quadro de Puvis [de Chavannes]? Eu, pessoalmente, acho que é um quadro tão espantoso e mágico quanto o de Delacroix.

Aquela passagem que você desenterrou dos Evangelhos, sobre João Batista, significa exatamente o que você viu nela. As pessoas acotovelando-se ao redor de um homem: *"Você é o Messias? Você é Elias?"* Do mesmo jeito que seria agora, se você perguntasse sobre o impressionismo a um dos seus expoentes. Ou a um de seus "representantes investigadores". É exatamente assim.

Presentemente, meu irmão está fazendo uma exposição dos quadros de Claude Monet – dez quadros pintados em Antibes entre fevereiro e maio – tudo muito bonito, segundo dizem.

Por acaso você já leu a vida de Lutero? Porque Cranach, Dürer e Holbein pertencem a ele. *Ele* – sua personalidade – é a luz mais fulgurante da Idade Média.

Eu também não gosto do Rei-Sol. Para mim, ele parece mais um destruidor, este Louis XIV – meu Deus, ele era um tremendo chato, uma espécie de Salomão Metodista! Eu não gosto de Salomão, e tampouco, dos Metodistas. Para mim, Salomão parece mais um pagão hipócrita; sem dúvida, não tenho respeito pela sua arquitetura – uma imitação de outros estilos – e ainda menos pelos seus escritos, porque os pagãos escreveram coisas bem melhores.

Só me diga uma coisa – em que pé ficou o seu serviço militar? Você quer que eu dê uma palavrinha com aquele segundo-tenente dos zuavos? Ou prefere que não? Você vai para a África ou não? No seu caso, o tempo de serviço não conta em dobro na África? Acima de tudo, tente produzir sangue; ninguém consegue progredir sofrendo de anemia, até pintar se torna um processo lento. Você deve tentar cultivar um temperamento forte para que possa aguentar muito trabalho e esforço, um temperamento que lhe permita viver até uma idade avançada; você deve viver como um monge, que vai a um bordel de duas em duas semanas – é isso que eu faço; não é lá muito poético, mas eu acho que é meu dever, afinal das contas, subordinar toda a minha vida à pintura.

Se eu estivesse no Louvre com você, gostaria muito de ver os primitivos em sua companhia.

Quanto a mim, quando eu vou ao Louvre, eu ainda vou com grande amor em meu coração. Sempre quero ver os holandeses; acima de tudo, Rembrandt. Esse Rembrandt que eu costumava estudar tanto. E depois, Potter, por exemplo, que se aventura a pintar um único garanhão branco em um painel imenso, tamanho quatro ou seis – um garanhão relinchando e se empinando –, abandonado sob um céu prenhe de uma tempestade, tragicamente triste na imensidade delicadamente verde de uma campina meio alagada. Em resumo, há maravilhas nestes velhos holandeses, que não têm conexão com absolutamente mais nada, seja lá o que for.

Um aperto de mão e, novamente, obrigado por sua carta e seu esboço.

Sinceramente seu, Vincent.

P. S. *Os seus sonetos estão indo bem – isso quer dizer que sua coloração é ótima; já o desenho é menos forte, ou antes, menos seguro de si: o desenho ainda é hesitante – não sei como me expressar –, o seu propósito moral não fica claro.*

B 9 [12]
[Arles, final de junho de 1888.]
Meu caro Bernard:

Eu não sei o que enfiei na minha carta de ontem, em lugar da folha anexa que traz seu último soneto. O fato é que me encontro tão exaurido pelo trabalho, que à noite – embora escrever me repouse – sou como uma máquina desengonçada. Ainda mais quando passo o dia debaixo do sol forte. Fico extenuado. Foi por isso que eu enfiei outra folha em minha carta, em lugar desta, que é a que deveria ter ido.

Relendo a carta de ontem, meu Deus, vou enviá-la assim como está; para mim, parece legível e, desse modo, eu a estou enviando junto com esta.

Hoje foi de novo um dia de trabalho pesado.

Se você pudesse ver minhas telas, o que diria delas? Você não vai encontrar a pincelada calculada e quase tímida de Cézanne nelas. Mas como estou agora pintando paisagens da mesma região, La Crau e Camargue – embora em um lugar um pouco diferente – pode muito bem haver certas conexões entre elas, pelo menos no que se refere à cor. O que eu sei sobre isso? Não pude evitar pensar em Cézanne de tempos em tempos, exatamente nesses momentos em que eu percebia como seu toque é desajeitado em certos estudos – perdoe a palavra "desajeitado" –, vendo que ele provavelmente realizou estes estudos enquanto soprava o mistral. E como, na metade do tempo, eu tenho de enfrentar essa mesma dificuldade, posso fazer uma ideia da razão por que o toque de Cézanne algumas vezes é tão seguro, enquanto em outras parece vacilante. Era o seu cavalete que balançava.

Algumas vezes eu já trabalhei depressa demais. Será que isso é um defeito? Não posso evitar. Por exemplo, eu pintei uma tela tamanho trinta, o *Entardecer de Verão*, em uma única sessão. Devo trabalhar de novo nela? – impossível. Devo destruí-la? – e por que deveria? Você vê, eu saí expressamente para pintar esse quadro enquanto o mistral soprava violentamente. Pois não estamos buscando intensidade de emoções ao invés de tranquilidade de toque? Porém, sob as condições em que trabalhamos ao ar livre, direto no local, espontaneamente, é possível conseguir sempre um toque tranquilo e regular? Pela bondade divina! – é tão fácil, segundo me parece, quanto desenhar enquanto se joga esgrima... Enviei seu desenho para meu irmão e lhe pedi com urgência que comprasse alguma coisa de você. Se meu irmão puder fazer isso, fará, porque ele sabe muito bem como eu estou ansioso por vê-lo vender alguma coisa.

Vou separar a cabeça do zuavo que pintei para fazer uma troca com você, caso queira. Só que eu não quero saber disso, a não ser que eu possa ajudá-lo a vender alguma coisa ao mesmo tempo. Isso seria uma retribuição ao seu esboço de um bordel. Se nós dois fôssemos fazer o quadro de um bordel, tenho certeza de que tomaríamos o meu estudo do zuavo para modelo de um personagem.

Ah, se ao menos pudéssemos reunir um grupo de pintores para uma colaboração comum em coisas importantes! Talvez a arte do futuro nos mostre exemplos disso. Para as pinturas *que são necessárias agora*, muitos terão de dar-se as mãos a fim de enfrentar as dificuldades materiais. Ai de nós! Ainda não conseguimos chegar neste ponto: a arte de pintar não se desenvolve tão rapidamente quanto a literatura.

Do mesmo jeito que ontem, estou escrevendo agora cheio de pressa, profundamente exausto e também incapaz de fazer qualquer desenho; minha capacidade nesse sentido foi totalmente exaurida por uma manhã nos campos.

Como a gente se cansa depressa com este sol daqui! E, da mesma maneira, sinto-me totalmente incapaz de julgar meu próprio trabalho. Não consigo nem resolver se os estudos são bons ou ruins. Tenho sete estudos de trigais, todos eles, infelizmente, apenas paisagens, muito contra minha vontade. As paisagens são amarelas – ouro velho – feitas depressa, depressa, depressa, com extrema rapidez, do mesmo modo que o ceifeiro silencioso sob o sol causticante, preocupado apenas com a sua foice.

Não posso deixar de pensar que você deve ter ficado muito surpreendido ao ver como eu gosto pouco da Bíblia, embora muitas vezes eu tenha tentado estudá-la. Há somente o âmago, Cristo,

que me parece superior sob um ponto de vista artístico ou, pelo menos, muito diferente da antiguidade grega, hindu, egípcia ou persa, mesmo que eles fossem tão avançados. Mas Cristo, repito, é mais artista que os próprios artistas; ele trabalha com o espírito vivo e com a carne viva, ele esculpe *homens* em vez de estátuas. E depois... eu me sinto extremamente bem ao ver que sou um boi – sendo pintor – eu, que admiro o touro, a águia, o Homem, com uma veneração que me impedirá de ser ambicioso.
Um aperto de mão.
Sinceramente seu, Vincent.

P. S. *No que tange a seus sonetos, acrescento a explicação do que eu queria dizer ao afirmar que seu desenho não é muito seguro.*

No final, o que você produz é moralidade. Você diz à Sociedade que ela é infame, porque a prostituta nos lembra a carne exposta no mercado. Tudo bem, concordo que uma prostituta é como carne no açougue. Eu, todavia, tendo-me tornado um simples bruto, entendo, percebo, redescubro uma sensação em minha própria vida; eu digo: isto tudo está muito bem escrito – pois o ritmo sonoro das palavras coloridas evoca para mim, com grande intensidade, a realidade brutal das favelas, mas *em mim, o bruto*, a reprovação lançada ao rosto da Sociedade, em palavras ocas como *"le bon Dieu"* – o bom Deus –, não causa mais a menor impressão. Eu digo: mas isto não é uma coisa real – e afundo novamente em meu estado embrutecido; eu esqueço a poesia, que, antigamente, era poderosa o bastante para dissipar meu assombro.
Isto é verdade ou não?
Estabelecer fatos, como você faz no começo, é cortar com um bisturi, como faz o cirurgião quando está dando uma aula de anatomia. Eu escuto, atentamente e cheio de interesse, mas quando o cirurgião dissecador, mais tarde, começa a me pregar moral desse modo, então eu penso que sua conclusão final não tem nada a ver com o que você queria demonstrar. Estudar e analisar a sociedade significa muito mais do que simplesmente moralizar.
Nada me pareceria mais estranho do que dizer, por exemplo: "Aqui está esta carne (prostituta) comprada no mercado; agora, observem como, apesar de tudo, ela pode ser energizada por um momento através do estímulo de um amor mais refinado e sur-

preendente. Do mesmo modo que a lagarta saciada que não quer comer mais e se arrasta parede acima em vez de se mover ao longo de uma folha de repolho, assim esta mulher saciada não pode mais amar, por mais que se esforce. Ela está buscando, buscando, buscando – será que ela mesma sabe o quê? Ela está consciente, sensível, viva, rejuvenescida por um momento –, mas permanece impotente.

Todavia, ela pode ainda amar e, desse modo, está viva – aqui não é possível qualquer prevaricação –, embora ela possa estar acabada e morrendo. Onde essa borboleta emergirá da crisálida? Essa borboleta, que era uma lagarta saciada, essa celônia dourada, que não passava de um vermezinho branco?

Bem, foi até aqui que eu cheguei em meu estudo sobre as prostitutas velhas. Eu também gostaria de saber aproximadamente o que é que eu sou. Talvez eu seja a larva de mim mesmo.

B 10 [18]
[Arles, metade de julho de 1888.]
Meu caro camarada Bernard:

Talvez você me perdoe por não haver respondido imediatamente à sua carta, ao ver que estou enviando junto desta uma pequena resma de desenhos. No esboço *A Horta* talvez exista alguma coisa como:

"*Des tapis velus,*
De fleurs et de verdures tissus".
[Como tapetes felpudos,
Tecidos de flores e hortaliças.]

Isso me recorda alguma coisa de Crivelli ou Virelli, não importa muito qual seja o nome dele.

Bem, seja como for, eu queria responder a suas citações com a pena, mas não escrevendo palavras. E depois, hoje dificilmente me encontro com disposição para discutir; estou enfiado em trabalho até as orelhas.

Fiz alguns desenhos grandes a bico de pena. São dois: uma extensão imensa de terrenos planos, isto é, a paisagem vista a partir do alto de uma colina, como se fosse uma vista aérea contemplada por um pássaro – vinhedos e campos de trigo recém colhido. Tudo isso multiplicado por repetições infindáveis, espalhando-se até o horizonte, como a superfície do mar, e emoldurado pelas pequenas colinas de La Crau.

Não tem um aspecto japonês, mas é a coisa mais japonesa que eu já fiz: a figura microscópica de um agricultor, uma pequena locomotiva puxando alguns vagões através dos trigais – essa é toda a animação que existe no desenho.

Escute, num dos primeiros dias em que fui a esse lugar, eu conversei com um pintor amigo meu que me disse: *"Que chato pintar isso!"* Eu não disse nada, mas achei uma afirmação tão assombrosa, que nem sequer tive ânimo para dar minha opinião àquele idiota. E continuo indo lá, vezes sem conta. Tudo bem! Por enquanto, fiz dois desenhos da paisagem – daquele panorama chato, em que não havia nada exceto... o infinito – a eternidade.

Tudo bem! Enquanto eu estava desenhando, chegou um camarada, um rapaz que não é pintor, mas soldado. Eu disse a ele: *"Não lhe surpreende que eu ache esta paisagem tão bela quanto o mar?"*

Ora, acontece que o camarada conhecia o mar. *"Não, não me espanta"* – disse ele – *"que você ache este lugar tão belo quanto o mar, mas acontece que eu acho ainda mais belo que o oceano; porque este lugar é habitado"*.

Qual dos dois espectadores era o maior artista, o primeiro ou o segundo, o pintor ou o soldado? Pessoalmente, prefiro o ponto de vista do soldado – estou certo ou não?

Agora é minha vez de dizer-lhe: responda-me depressa – desta vez, se possível, pela volta do correio – para me dizer se você consentirá em fazer alguns esboços para mim a partir de seus estudos bretões. Tenho um pacote pronto para ser enviado; mas antes de despachá-lo, eu vou preparar pelo menos meia dúzia de novos temas para você, em esboços a bico de pena.

Não tendo dúvida da sua boa disposição para fazer qualquer coisa pelos amigos, eu vou começar o meu trabalho de qualquer maneira, mesmo sem ter certeza se você vai querer aproveitar os meus. Você vê, eu pretendo enviar esses esboços a meu irmão, a fim de persuadi-lo a adquirir alguns para nossa coleção. Para falar a verdade, eu já lhe escrevi a respeito; mas acabamos de iniciar uma empresa que nos deixou absolutamente sem um centavo. O fato é que Gauguin, que tem estado muito doente, provavelmente vai passar o próximo verão aqui comigo, no sul. É o custo dessa jornada que nos está preocupando bastante. Assim que ele estiver aqui – meu Deus, quando são dois, gasta-se muito menos do que quando se está sozinho. Essa é mais uma razão para que eu deseje dispor aqui de alguns de seus trabalhos. Assim que Gauguin tiver chegado, nós dois vamos tentar fazer alguma coisa em Marselha e, provavelmente, vamos realizar uma exposição por lá. Por isso, eu gostaria de ter também alguns de seus trabalhos – sem acabar com suas chances de vender em Paris, é claro. De qualquer modo, eu não acho que você venha a perder com isso, caso eu consiga persuadi-lo a fazer comigo uma troca de esboços baseados em estudos a óleo. E vamos fazer mais um negócio, assim que eu puder, só que no momento ando bastante apertado.

Tenho certeza de uma coisa – a saber, que mais cedo ou mais tarde Gauguin e eu faremos uma exposição em Marselha e tenho certeza de que Gauguin, do mesmo modo que eu, o convidará para participar dela. Finalmente, Thomas comprou o estudo de Anquétin, *O Camponês.*

Um cordial aperto de mão: vou escrever mais em seguida.
Sinceramente seu, Vincent.

B 11 [13]
[Arles, segunda quinzena de julho de 1888.]
Meu caro camarada Bernard:

Acabei de lhe enviar – hoje – nove outros esboços baseados em estudos a óleo. Assim, você verá temas que foram retirados do tipo de cenário que inspira o "Tio" Cézanne, porque a área de La Crau perto de Aix é bastante semelhante à região que circunda Tarascon ou a parte de La Crau que se estende até aqui. A zona da Camargue é ainda mais simples, porque geralmente não há nada, nada senão um solo pobre com arbustos de tamarindo e o capim grosseiro que recobre essas pastagens pobres do mesmo jeito que o capim esparto cresce no deserto.

Já que eu sei o quanto você gosta de Cézanne, pensei que estes esboços da Provença poderiam lhe agradar; não que haja muita semelhança entre um desenho meu e outro de Cézanne. Já que falamos nisso, não há mais semelhança que entre um óleo de Monticelli e outro meu! Mas eu também amo o campo, tanto quanto eles o amaram, pelas mesmas razões: as cores e o desenho lógico das paisagens.

Meu caro camarada Bernard, quando uso a palavra *colaboração* eu não me refiro a vários pintores trabalhando nos mesmos quadros. O que eu quis dizer é, ao contrário, que cada um realizará obras diferentes, mas que, não obstante, elas pertencem à mesma categoria, isto é, complementam-se umas às outras.

Olhe aqui! Tome, por exemplo, os primitivos italianos, tome os primitivos alemães, tome a escola holandesa, tome aqueles que nós denominamos "os verdadeiros italianos" – em resumo, olhe só, tome a arte da pintura! Mesmo sem uma intenção consciente, houve várias obras que foram "grupos" ou "séries".

Bem, no momento, os impressionistas também formam um grupo, apesar de todas as suas desastrosas guerras civis, em que eles tentam cortar as gargantas uns dos outros. Rembrandt é o principal representante de nossa escola setentrional, isto é, percebe-se que sua influência se fez sentir sobre qualquer um que se aproximou dele. Por exemplo, nós vemos Paulus Potter pintar animais no cio ou tomados de fúria violenta dentro de paisagens igualmente apaixonadas, no meio de uma tempestade, no olho do sol, na melancolia do outono; ao passo que, antes que ele viesse a conhecer Rembrandt, este mesmo Paulus Potter era um artista seco e extremamente meticuloso.

Temos aqui dois homens bem diferentes, Rembrandt e Potter, que pertencem um ao outro como se fossem irmãos; e, embora Rembrandt, muito provavelmente, nunca tenha encostado seu pincel em um quadro de Potter, isso não altera o fato de que Potter, tanto quanto Ruysdaël, lhe devem tudo o que têm de melhor em suas próprias obras. Ao mesmo tempo em que ambos expressam algo que nos comove profundamente, seus quadros nos mostram recantos da antiga Holanda representados de maneiras distintas, em virtude de suas diferenças de temperamento.

Além disso, as dificuldades materiais da vida de um pintor tornam desejável a colaboração, isto é, a união dos pintores (tanto quanto ocorriam nos tempos das Guildas de São Lucas). Com o objetivo de salvaguardar sua existência material, amando uns aos outros como camaradas de armas, ao invés de se lançarem a cortar as gargantas uns dos outros, os pintores seriam mais felizes ou, pelo menos, se tornariam menos ridículos, menos tolos e menos culpados.

Mas, apesar de tudo isso, não vou insistir nesse ponto. Isso porque eu sei que a vida nos arrasta tão depressa que não temos tempo para discutir. A verdade é que, já que a dita união é tão frágil, estamos todos atualmente navegando em alto-mar dentro de miseráveis barquinhos, completamente solitários, enfrentando as grandes vagas de nosso tempo.

Será esta uma renascença? Será uma decadência? Somos incapazes de julgar. Estamos perto demais das coisas para perceber as distorções. Um caloroso aperto de mão, espero receber notícias suas em breve.

Sinceramente seu, Vincent.

B 12 [10]
[Arles, fins de julho de 1888.]
Meu querido camarada Bernard:

Agradeço-lhe mil vezes pelos desenhos que me mandou. Gostei imensamente da avenida de plátanos à beira-mar, com duas mulheres tagarelando no primeiro plano e as pessoas passeando. Gostei também da mulher debaixo da macieira, a mulher da sombrinha; também os quatro desenhos de nus femininos, particularmente o da mulher tomando banho, um efeito em cinza, agradavelmente acentuado por negro, branco, amarelo e castanho. É encantador.

Ah! Rembrandt!... Com toda a admiração devida a Baudelaire, ouso supor, especialmente julgando a partir desses versos, que quando ele os escreveu, praticamente não sabia nada a respeito de Rembrandt. Outro dia, eu encontrei e comprei uma pequena água-forte reproduzindo um tema de Rembrandt, um estudo ao mesmo tempo realístico e simples de um nu masculino. O homem está de pé, reclinado contra uma porta ou um pilar em um ambiente interior lúgubre; um raio de luz descendo do alto toca de leve o rosto, que se inclina para a frente, com uma espessa cabeleira avermelhada. Poderia ser comparada a um trabalho de Degas, devido à naturalidade animal que ele transmite. Mas, olhe aqui, você alguma vez *realmente* viu o *Boi* ou *O Interior de um Açougue*, ambos expostos no Louvre? Acho que você não olhou realmente para esses quadros e Baudelaire muito menos. Seria para mim um imenso prazer poder passar uma manhã com você na Galeria dos Pintores Holandeses. Dificilmente se pode descrever tudo aquilo, mas, com os quadros diante de nós, eu poderia mostrar-lhe maravilhas e milagres, razão por que os primitivos não merecem em absoluto minha admiração. O que você poderia esperar? – Eu não sou assim tão excêntrico; uma estátua grega, um camponês de Millet, um retrato holandês, um nu de Courbet ou de Degas, essas obras perfeitas e serenamente modeladas fazem com que uma porção de outras coisas – tanto os primitivos como os japoneses – me pareçam somente *habilidade técnica*. Tudo isso me interessa enormemente, mas algo completo, perfeito, faz com que o infinito se torne tangível para nós; e o gozo de uma coisa bela é como o orgasmo, um momento de infinitude.

Por exemplo, você conhece um pintor chamado Vermeer, que pintou, entre outras coisas, uma dama holandesa muito bela e muito *grávida?* A paleta desse estranho pintor é azul, amarelo-limão, cinza-pérola, preto e branco. Há, certamente, se formos examinar com cuidado, todas as riquezas de uma paleta completa em seus raros quadros, mas as combinações de amarelo-limão, azul pálido e cinza-pérola são tão características de sua pintura quanto o preto, branco, cinza e rosa são característicos na obra de Velázquez.

Ah, tudo bem, eu já sei – Rembrandt e os outros pintores holandeses estão espalhados por todo o mundo em museus (públicos) e coleções (particulares) e não é fácil fazer uma ideia exata de sua obra se a gente só conhece o que está no Louvre. Todavia, o fato é que alguns franceses – Charles Blanc, Thoré, Fromentin e alguns outros – têm escrito melhor que os holandeses sobre o tipo especial de arte que eles representam.

Aqueles holandeses praticamente não tinham qualquer imaginação e nenhuma fantasia, mas seu bom gosto e seu conhecimento científico da composição pictórica eram enormes. Eles não pintaram Jesus Cristo, o Bom Deus e assim por diante – embora Rembrandt *tenha*, de fato – mas ele é o único (e a temática bíblica não é numerosa em sua obra). Ele é o único, a exceção que pintou

Cristos, etc. ... E, no seu caso, a maneira como trata o tema é dificilmente semelhante a qualquer outra coisa realizada por outros pintores religiosos: é uma magia metafísica.

Foi assim que Rembrandt pintou os anjos. Ele pinta um autorretrato, velho, desdentado, enrugado, usando um barrete de algodão, um quadro copiado da natureza por meio de um espelho. Ele está sonhando, sonhando, e seu pincel retoma seu autorretrato, mas somente a cabeça, cuja expressão se torna mais tragicamente triste. Ele está sonhando, ainda sonhando e, eu não sei por que ou como, mas do mesmo modo que Sócrates ou Maomé tinham seus espíritos familiares, Rembrandt pinta por detrás desse velho, que recorda a imagem de si mesmo, um anjo sobrenatural com um sorriso semelhante aos de Da Vinci.

Estou a mostrar-lhe um pintor que sonha e pinta de imaginação e comecei afirmando que o caráter dos pintores holandeses é tal que eles não inventam coisa alguma, que não dispõem nem de imaginação nem de fantasia.

Estou sendo ilógico? Não.

Rembrandt não inventou nada, nem aquele anjo nem aquele estranho Cristo; o fato é que ele os conhecia: ele sentia que estavam ali.

Delacroix pinta um Cristo através do efeito inesperado de uma tonalidade brilhante de amarelo-limão, uma nota colorida e luminosa que possui a mesma estranheza e encanto indizíveis dentro do quadro que uma estrela apresenta ao surgir em um canto do firmamento; Rembrandt trabalha com valores tonais da mesma forma que Delacroix trabalha com cores.

Acontece que existe uma grande distância entre os métodos de Delacroix e de Rembrandt e aqueles empregados através de todo o resto da pintura religiosa.

Eu vou escrever de novo em seguida. Esta foi apenas para lhe agradecer pelos desenhos, que me encantaram enormemente. Recém completei o retrato de uma menina de doze anos, olhos castanhos, cabelos e sobrancelhas negros, a pele de um amarelo-acinzentado, um fundo tingido pesadamente por pinceladas de verde-malaquita, o corpete vermelho-sangue com faixas roxas, a saia azul com bolinhas cor de laranja em tamanho um pouco maior que o normal e uma flor de espirradeira na mãozinha graciosa.

De fato, pintar esse quadro me deixou tão exausto que quase não tenho disposição para escrever. Até breve de novo e, mais uma vez, muitos agradecimentos.

Sinceramente seu, Vincent.

B 13 [8]
[Arles, fins de julho de 1888.]
Meu caro camarada Bernard:

Não tenho a menor dúvida de que você admitirá que nem você nem eu fazemos uma ideia perfeita de Velázquez ou Goya, isto é, do que eles foram como homens e como pintores, mesmo porque nenhum de nós jamais foi à Espanha, seu país e terra de tantas coisas bonitas que ainda existem no sul. Mas, mesmo assim, o que conhecemos deles já é alguma coisa.

Naturalmente, da mesma forma que acontece com relação à gente do norte – Rembrandt acima de tudo –, é altamente desejável que, antes de podermos expressar um julgamento sobre esses pintores, já conheçamos sua obra como um todo, já tenhamos conhecido sua terra natal e também saibamos, de forma concisa, porém um tanto íntima, a história do período em que viveram e dos costumes desse velho país.

Eu enfaticamente repito que nem Baudelaire nem você fazem uma ideia suficientemente clara de Rembrandt.

Quanto a você, insisto para que olhe atentamente para os holandeses, tanto os grandes mestres como os pintores secundários, antes de formar uma opinião definitiva. Não é meramente uma questão de procurar obras-primas, é uma questão de selecionar as maiores dentre um conjunto de maravilhas.

E acontece que não existe qualquer ganga no meio desses diamantes.

Por isso, no que se refere a mim, que venho estudando a escola de meu país já há vinte anos, eu nem sequer deveria me dar ao trabalho de responder, ao perceber que era esse o assunto que estava sendo discutido. Em geral só escuto coisas absurdas e completamente fora da realidade quando se fala dos pintores do norte.

Deste modo, minha única resposta desta vez é: "Bolas! Da próxima vez preste mais atenção nos quadros". Sem a menor dúvida, seu esforço será recompensado mil vezes.

Veja só, por exemplo, eu acho que o Ostade que está no Louvre, com o seu *A Família do Pintor* (marido, mulher e uma dúzia de filhos), é um quadro infinitamente merecedor de estudo e reflexão, do mesmo modo que *A Paz de Munster,* de Terborch. Mas supreendentemente as pessoas não acham que esses camaradas são importantíssimos. Como eu conheço profundamente a história dessa pintura, eu concluo que os franceses jamais vão entendê-los.

Mesmo que eu me dispusesse a discordar de você, por exemplo, a respeito desses temas em particular, eu tenho certeza de que você me daria razão mais adiante. Mas o que me dói tão terrivelmente no Louvre é ver os seus Rembrandts se arruinando, e os idiotas da administração permitindo que tantos quadros lindos se estraguem. Por exemplo, aquele aborrecido tom amarelado que aparece em alguns dos Rembrandts é o resultado de deterioração causada pela umidade ou por algum outro fator prejudicial; em alguns casos, eu poderia até mesmo mostrar a você o resultado, apenas passando a ponta do dedo molhado sobre a tela.

É tão difícil definir quais são as cores de Rembrandt quanto dar um nome ao cinza de Velázquez. Por falta de um nome melhor, podemos usar o termo "o ouro de Rembrandt". É essa a denominação que eles costumam dar, mas é bastante vaga.

Chegando à França como um estrangeiro, eu, talvez melhor que os franceses nascidos e criados aqui, senti o que havia em Delacroix e em Zola; e a minha admiração sincera e total por eles não conhece limites.

Uma vez que eu possuo uma noção bastante completa sobre Rembrandt, posso afirmar que Delacroix obteve seus resultados através do emprego das cores, enquanto que Rembrandt, através dos valores das tonalidades, mas eles completam um par.

Em sua qualidade de pintores de uma sociedade, de uma natureza tomada em sua plenitude, assim como Zola e Balzac, produzem raras emoções artísticas naqueles que os amam, justamente porque eles abrangem a totalidade da época que descrevem.

Quando Delacroix pinta a humanidade, a vida em geral, em vez de pertencer a uma determinda época, ele pertence à mesma família de gênios universais.

Eu gosto muito das últimas palavras com que, segundo eu penso, Silvestre concluiu um artigo magistral: *"Assim morreu –*

quase sorrindo – Delacroix, um pintor de uma nobre raça, que tinha o sol na cabeça e a tempestade em seu coração, que passava dos guerreiros para os santos, dos santos para os namorados, dos namorados para os tigres e dos tigres para as flores".

Daumier também é um grande gênio.

E depois vem Millet, o pintor de uma raça inteira e do ambiente em que ela vive.

É possível que esses grandes gênios sejam apenas loucos e que alguém tenha de ser louco também, tanto para experimentar uma fé ilimitada neles como para expressar uma admiração igualmente sem limites por seu trabalho. Se isso for verdade, prefiro minha insanidade à sanidade dos demais. Talvez a estrada mais direta seja aproximar-nos de Rembrandt indiretamente.

Vamos falar sobre Frans Hals. Ele nunca pintou Cristos, anunciações aos pastores, anjos, crucificações ou ressurreições; ele tampouco pintou mulheres nuas, voluptuosas e bestiais.

Ele fez retratos e nada, nada mais.

Retratos de soldados, reuniões de soldados, retratos de magistrados reunidos para debater os negócios da república, retratos de matronas de pele rosa ou amarelada, usando toucas brancas e vestidas de lã e cetim preto, discutindo o orçamento de um orfanato ou de um albergue para mendigos. Pintou retratos de homens de classe média no interior de suas casas: o marido, a mulher, a criança. Ele pintou o bêbado contumaz, a velha vendedora de peixes, tratando a composição de uma forma tão irônica que a deixava mais parecida com uma bruxa; retratou a bela prostituta cigana, nenês de fraldas, o nobre orgulhoso e auto-indulgente com seus bigodes, botas de cano alto e esporas. Ele pintou a si mesmo, junto com sua esposa, jovens, profundamente enamorados, sentados em um banco sobre o gramado, após a noite de núpcias. Pintou vagabundos, meninos de rua risonhos, pintou muitos músicos e pintou um cozinheiro gordo.

Ele não conhece coisas maiores do que essas; mas é certamente tão valioso quanto o Paraíso de Dante, os Michelângelos e os Rafaéis e até mesmo os gregos. É tão belo quanto Zola, mais saudável e mais alegre, mas igualmente fiel à vida, porque a época em que viveu era mais saudável e menos lúgubre que a nossa.

E agora, quem sabe voltamos a Rembrandt?

Encontramos absolutamente a mesma coisa: um pintor de retratos.

Precisamos inicialmente adquirir uma noção saudável, ampla e clara sobre esses dois brilhantes holandeses, iguais em valor, antes de seguirmos adiante nesse assunto. Quando tivermos entendido tudo isso completamente – a totalidade dessa república gloriosa, descrita por esses dois prolíficos retratistas, reconstruída em suas linhas mais gerais –, então ainda conservaremos uma ampla margem para paisagens, cenas domésticas, animais e temas filosóficos.

Mas eu imploro a você para que acompanhe este raciocínio com o maior cuidado, porque estou fazendo o melhor que posso para apresentá-lo de uma maneira muito, muito simples.

Enfie na sua cabeça a vida e obra daquele grande mestre, Frans Hals, aquele pintor de todos os tipos de retratos, de uma república viva, corajosa e imortal. Enfie dentro de sua cabeça outro mestre-pintor de retratos da república holandesa, não menos grande e não menos universal, Rembrandt Harmensz (filho de Harmen ou Armand) van Rijn, aquele homem de mente aberta e naturalística, tão saudável quanto o próprio Hals. E então veremos brotar desta fonte, Rembrandt, uma linha direta e verdadeira de discípulos: Vermeer de Delft, Fabritius, Nicholaes Maes, Pieter de Hooch, Bol; e também aqueles que ele influenciou: Potter, Ruysdaël, Ostade, Terborch. Menciono aqui Fabritius, embora só conheçamos duas telas pintadas por ele, ao mesmo tempo que não menciono uma porção de grandes pintores e, especialmente, não menciono a ganga grudada nestes diamantes, aquela ganga tão solidamente grudada quanto o molho do macarrão francês de um restaurante vulgar.

Será que estou sendo muito incompreensível, meu caro camarada Bernard? Estou apenas tentando fazê-lo enxergar uma coisa que é, ao mesmo tempo, muito grande e muito simples: a grande pintura da humanidade, ou antes, de uma república inteira através do meio tão simples do retrato. Este é o que vem primeiro e é também o principal. Quando mais tarde – no caso de Rembrandt – começamos a encontrar misticismos, Cristos, mulheres nuas, tudo isso também é muito interessante, mas não tem nada a ver com a coisa principal. Baudelaire que morda a língua com relação a este assunto: suas palavras têm efeito, mas são infinitamente rasas.

Vamos tomar Baudelaire por aquilo que ele realmente é: um poeta moderno, do mesmo modo que Musset, mas ele que deixe de se meter a falar de pintura. Eu não gostei de seu desenho *Luxúria*, do mesmo modo que gostei dos outros; todavia, gosto de *A Árvore*: é muito elegante.
Um aperto de mão.
Sinceramente seu, Vincent.

B 14 [9]
[Arles, começo de agosto de 1888.]
Meu caro camarada Bernard:

Entendi. Esqueci de responder à sua pergunta sobre se Gauguin ainda está em Pont-Aven. Sim, ele ainda está lá e, se você quer lhe escrever, acho que ele vai gostar. Breve, assim que ele ou nós consigamos algum dinheiro para ele viajar, ele virá para cá. Eu não acredito que a questão dos pintores holandeses, que estamos discutindo agora, não tenha interesse. Tão logo a virilidade, a originalidade, o naturalismo de qualquer tipo entre em foco, será muito interessante consultar esses mestres. Mas eu tenho de falar-lhe novamente, em primeiro lugar a respeito de você mesmo, as duas naturezas-mortas que você pintou e os dois retratos de sua avó. É, na minha opinião, a melhor coisa que você já fez. Há muita profundidadde nesses estudos, você conseguiu *criar* a realidade. Você sabe por que eu gosto tanto desses três ou quatro? Por causa daquela qualidade desconhecida de determinação, de grande sabedoria, aquela qualidade inexprimível de constância, firmeza e confiança em si próprio que você está evidenciando. Você nunca esteve mais próximo de Rembrandt, meu velho camarada, que nesses estudos.

Foi no estúdio de Rembrandt que aquela esfinge incomparável, Vermeer de Delft, encontrou esta técnica extremamente sólida, que nunca foi ultrapassada, que, no presente... estamos ardendo de ansiedade... para encontrar novamente. Oh, eu sei que estamos trabalhando e raciocinando por meio de *cores*, do mesmo modo que eles o faziam através do *chiaroscuro*, dos *valores tonais*.

Mas que importância têm essas diferenças, quando a coisa suprema, no final das contas, é saber expressar-se vigorosamente?

Presentemente, você está estudando os métodos dos primitivos italianos e alemães, o significado simbólico que o desenho místico abstrato dos italianos pode conter. *Siga em frente*. Eu gosto muito daquela anedota sobre Giotto. Havia um concurso para pintar um quadro representando uma Virgem. Uma porção de esboços foram apresentados à Administração das Belas-Artes daquela época. Um desses esboços, assinado por Giotto, era simplesmente no formato de um ovo. A Administração ficou perplexa, mas – demonstrando-lhe confiança – entregou a encomenda do retrato da Virgem para Giotto. Eu não sei se isso foi verdade ou não, mas gosto muito dessa historieta.

Mas vamos voltar a Daumier e à sua avó.

Quando você vai nos mostrar outros estudos tão profundos quanto estes? Eu o convido urgentemente a fazê-lo, embora, com toda a certeza, não despreze as suas pesquisas com referência às propriedades das linhas em movimentos opostos porque não sou de modo algum indiferente, assim espero, aos contrastes simultâneos de linhas e formas. O problema é que – você percebe, meu caro camarada Bernard – Giotto e Cimabue, do mesmo modo que Holbein e Van Dyck[3], viviam dentro de uma sociedade solidamente estruturada e obeliscal – com o perdão da palavra –, quero dizer, construída arquitetonicamente, dentro da qual cada indivíduo era somente uma pedra e todas as pedras se prendiam firmemente umas às outras, formando uma sociedade monumental. Quando os socialistas construírem seu edifício social lógico – coisa que ainda estão muito longe de conseguir –, tenho certeza de que a humanidade verá uma reencarnação desta sociedade. Mas, você sabe, nós estamos bem no meio de um total *laissez-aller* e anarquia. Nós, os artistas, que amamos a ordem e a simetria, nos isolamos e trabalhamos para definir *uma única coisa*.

Puvis de Chavannes sabe muito bem disso; e quando ele, tão justo e tão sábio – desde que esqueçamos os seus Campos Elísios –, se dignou a descer amavelmente à intimidade de nosso tempo, ele pintou realmente um retrato muito belo: o velho sereno na clara luz de sua saleta azul, lendo uma novela de capa amarela – a seu lado, um copo d'água contendo um pincel de aquarela e uma rosa solitária. E também uma senhora da moda, como os De Goncourt as representaram.

Agora percebemos que os holandeses pintavam as coisas tais como eram, aparentemente sem raciocinar sobre sua natureza, do mesmo modo que Courbet pintava suas lindas mulheres desnudas. Eles pintavam retratos, paisagens, naturezas-mortas. Bem, uma pessoa pode ser bem mais estúpida do que isso e cometer tolices bem maiores.

Se nós não sabemos o que fazer, meu caro camarada Bernard, então façamos como eles fizeram, ao menos para não permitir que nossos poucos poderes intelectuais se evaporem em meditações metafísicas estéreis. Nós jamais conseguiremos enfiar o caos dentro de uma taça, porque o caos é caótico pela própria razão que não contém nenhum vidro do nosso calibre.

Nós podemos – uma coisa que já foi feita por estes holandeses que são tão desesperadamente mal-comportados perante os olhos das pessoas que adotam um sistema –, nós podemos pintar um átomo do caos, um cavalo, um retrato, sua avó, maçãs, uma paisagem.

Por que você diz que Degas é flácido e impotente? Degas vive como um advogadozinho de segunda classe e não gosta de mulheres, porque ele sabe muito bem que, se as amasse e trepasse com elas com muita frequência ele, que já é intelectualmente doente, se tornaria um pintor insípido.

A pintura de Degas é viril e impessoal pela própria razão de que ele se resignou a não ser mais nada pessoalmente do que um advogadozinho de segunda classe que tem horror de sair para uma farra. Ele só fica olhando, enquanto os animais humanos, mais fortes do que ele, se excitam e trepam; e ele os pinta muito bem, com exatidão, porque não tem a pretensão de se excitar junto com eles.

Rubens! Ah, esse! Esse era um homem bonito e um grande fodedor. Courbet também era. Sua saúde lhes permitia comer à vontade, embebedar-se, trepar... Quanto a você, meu pobre e querido camarada Bernard, eu já lhe disse na primavera: coma muito, faça bem seus exercícios militares e não trepe em demasia, caso contrário sua pintura se tornará muito espermática.

Ah! Balzac, aquele grande e poderoso artista, foi quem nos revelou que uma relativa castidade fortifica o artista moderno. Já os holandeses *eram homens casados que geraram muitos filhos;* eles desenvolveram uma técnica muito, muito boa, profundamente enraizada na natureza.

Uma andorinha só não faz verão. Eu não digo que entre seus novos estudos bretões não exista nenhum que seja forte e sadio; ainda não tive oportunidade de vê-los. Portanto, não posso falar.

Mas o que eu vi recentemente foram coisas bastante poderosas: o retrato de sua avó, aquelas naturezas-mortas. Mas a julgar pelos seus desenhos, tenho uma vaga premonição de que seus novos estudos não apresentarão o mesmo vigor. Aqueles estudos que mencionei acima são a primeira andorinha de sua primavera artística.

Se quisermos nos mostrar como machos verdadeiramente potentes através de nosso trabalho, devemos algumas vezes nos resignar a não trepar muito e, durante o resto do tempo, nos comportarmos como monges ou soldados, de acordo com as tendências de nosso temperamento. Falando dos holandeses, mais uma vez, eles tinham hábitos moderados e uma vida pacífica, calma e bem regulada.

Delacroix – ah, esse homem! Ele disse: *"Eu descobri o meu verdadeiro estilo de pintura quando não tinha mais nem dentes nem fôlego!"* Aqueles que assistiram a este famoso artista enquanto ele pintava, declararam: *"Quando Delacroix pinta, ele é como um leão devorando a sua posta de carne"*.

Ele também não trepava muito e só tinha casos de amor passageiros, a fim de não diminuir o tempo que devotava a seu trabalho.

Se você descobrir alguma incoerência nesta carta, que me parece mais incoerente do que eu gostaria que fosse (como resposta a sua carta) e, especialmente, se você descobrir nesta carta alguma inquietação com respeito à sua saúde, pensando na experiência difícil que você terá enquanto estiver prestando o serviço militar – obrigatório, ai de nós! – então você estará lendo corretamente o que quis escrever. Eu sei que o estudo dos pintores holandeses só lhe pode fazer bem, porque suas obras são extremamente viris, tão cheias de potência masculina e tão plenas de saúde. Pessoalmente, eu sinto que a continência me faz bem, que é suficiente para nossos cérebros fracos e impressionáveis de artistas empregar sua essência na criação de nossas pinturas. Pois quando refletimos, calculamos, nos exaurimos, gastamos também energia cerebral.

Por que nos deveríamos cansar, derramando toda a nossa seiva criativa, quando os cafetões profissionais bem alimentados e os tolos comuns conseguem realizar muito melhor a tarefa de satisfazer os órgãos genitais das prostitutas, que, nesse caso, são muito mais submissas do que nós próprios somos?

A prostituta em questão tem mais minha simpatia que minha compaixão.

Sendo uma criatura exilada, expulsa da sociedade, como você e eu, porque somos artistas, a prostituta é certamente nossa amiga e nossa irmã.

E, nessa condição de ser uma exilada, ela encontra – do mesmo jeito que nós – uma independência que não deixa de ter suas vantagens no final das contas, quando você começa a considerar o assunto. Assim, vamos ter cuidado para não assumir uma atitude errônea, acreditando que podemos prestar um serviço às meretrizes através de uma reabilitação social, que, de qualquer modo, dificilmente será uma coisa prática e teria consequências fatais para elas.

Acabei de fazer o retrato de um carteiro, ou, na realidade, dois retratos. Um tipo socrático, que não deixa de ser socrático só porque era um tanto chegado à bebida e tem o rosto vermelho em consequência disso. Sua esposa tinha acabado de dar à luz, e o sujeito estava reluzindo de satisfação. Esse cara é um republicano dos quatro costados, como o velho Tanguy. Mas que diabo! Logo que pretexto arranjei para pintar um motivo no estilo de Daumier, hein?

Ele se mantinha duro demais enquanto posava, e foi esse o motivo por que o pintei duas vezes, em uma única sessão. Um fundo azulado e quase branco sobre a tela branca, todos os tons misturados da coloração do rosto – amarelos, verdes, roxos, rosas, vermelhos. O uniforme em azul da Prússia, com alamares dourados.

Escreva-me assim que tiver vontade. Estou assoberbado de trabalho e ainda não tive tempo para desenhar uns esboços de figuras humanas. Um aperto de mão.

Sinceramente seu, Vincent.

P. S. *Cézanne é um homem casado e respeitável como os velhos holandeses: se existe grande quantidade de potência masculina em seu trabalho, é porque ele não a deixa evaporar-se em divertimentos.*

B 15 [19]
[Arles, primeira quinzena de agosto de 1888.]
Meu caro Bernard:

Eu quero pintar figuras humanas, figuras e mais figuras. Não posso resistir a essa série de bípedes que vai do bebê a Sócrates e da mulher com cabelos negros e pele branca à mulher de cabelos amarelos com um rosto vermelho como tijolo e queimado de sol.

Enquanto isso, ando pintando outras coisas.

Muito grato por sua carta. Mais uma vez, estou escrevendo com pressa e muito cansado.

Estou muito satisfeito que você tenha se encontrado com Gauguin.

Ah! Pintei uma outra figura que segue rigorosamente a linha de certos estudos de cabeças que fiz na Holanda. Eu já as mostrei a você uma ocasião, juntamente com um óleo desse período, *Os Comedores de Batatas*. Gostaria de poder mostrar-lhe essa nova figura. Ainda é um estudo, no qual a cor exerce uma função tal que o branco e preto de um desenho não teriam a menor condição de reproduzir.

Eu queria lhe enviar um desenho bem grande e caprichado. Pois muito bem! Saiu bem diferente, embora esteja correto. Porque, ainda desta vez, é a cor que sugere o ar causticante do tempo da colheita aqui no Sul, justamente os dias de cão do auge do verão; sem a cor, o resultado é completamente diferente.

Ouso acreditar que tanto você quanto Gauguin conseguirão entender esta obra; mas as pessoas comuns vão achar que é muito feia! *Você sabe* como é um camponês, até que ponto ele nos lembra uma besta selvagem, quando você encontra um que seja realmente da antiga raça.

Eu tenho também *Homens descarregando uma Balsa de Areia*, quer dizer, há duas embarcações pintadas de um rosa-arroxeado contra um fundo de verde malaquita, com areia, carrinhos de mão e pranchas cinzentos e um camaradinha pintado de azul e amarelo.

Tudo isso é contemplado a partir do nível superior do cais, em uma perspectiva a voo de pássaro. Não aparece o céu; é somente um esboço ou antes um garrancho, feito enquanto o mistral soprava com toda a força e violência.

Também estou tentando reproduzir uns arbustos espinhentos e empoeirados, com um grande enxame de borboletas rodopiando ao redor deles.

Oh, como é lindo este sol de verão! Passo o dia com sol na cabeça e não tenho a menor dúvida de que isso vai acabar me deixando louco. Mas como eu já era maluco antes, me causa grande prazer.

Estou pensando em decorar o meu estúdio com meia dúzia de pinturas de *Girassóis*, uma decoração em que a crueza ou a gradação dos amarelos-cromo vai queimar o olhar enquanto contrasta com fundos diferentes – todos os tons do azul, desde o verde mala-

quita mais claro até o *azul real,* emoldurados por faixas estreitas de madeira, pintadas de chumbo alaranjado.
O efeito causado será semelhante ao dos vitrais em igrejas góticas.
Ah, meus queridos camaradas, vamos nós, os doidos, deliciar-nos com nossa visão, a despeito de tudo, sim, vamos! Ai de nós, a natureza desgasta a nossa parte animal. Nossos corpos são desprezíveis e, às vezes, um pesado fardo! Mas sempre foi assim, desde Giotto, aquele pobre homem, que tinha uma saúde tão ruim.
Ah, mas que festim para os olhos de qualquer maneira e que sorriso é aquele sorriso desdentado do velho leão Rembrandt, com um pedaço de pano branco enrolado na cabeça e a paleta ainda firme na mão!
Como eu gostaria de passar alguns dias em Pont-Aven!... Todavia, eu me consolo contemplando os girassóis...
Um caloroso aperto de mão e até breve.
Sinceramente seu, Vincent.

B 16 [16]
[Arles, segunda quinzena de setembro de 1888.]
Meu querido camarada Bernard:

Muito obrigado por sua carta, mas estou um tanto surpreso pelo que você disse: *"Oh, é impossível pintar o retrato de Gauguin!"* Impossível por quê? Mas que besteira é essa? Eu não vou insistir e não vamos dizer mais nada sobre essa troca, fim de conversa! Portanto, no que se refere a ele, Gauguin nem sequer pensou em pintar o seu. E são esses os caras que se chamam de retratistas; vivem tanto tempo juntos e não são capazes de posar um para o outro. Pior, vão acabar se separando sem terem nunca pintado os retratos um do outro! Tudo bem, não sou eu que vou insistir. E repito, está terminada essa história de fazer uma troca.
Bem, então eu espero poder um dia pintar o seu retrato e o de Gauguin, assim que nos reunirmos novamente, o que vai acontecer mais cedo ou mais tarde.
Qualquer dia desses eu vou pintar o retrato daquele segundo--tenente dos zuavos de quem lhe falei e que está a ponto de partir para a África.

A propósito, por que você não me escreveu nem sequer uma palavra a respeito de minhas perguntas sobre quais são as suas intenções no que toca a seu serviço militar?

Agora vamos falar por um momento sobre o que você disse a respeito de viajar até aqui e passar o inverno em Arles. Eu me instalei justamente de maneira a estar preparado para receber um hóspede quando necessário. Mas, e se Gauguin vier também? Ele ainda não recusou o convite expressamente; porém, mesmo que eu pudesse recebê-lo em minha casa, eu não sei como você poderia se alimentar devidamente com menos de três francos por dia. É claro, se ficássemos em má situação financeira, poderíamos nos virar com refeições baratas no próprio estúdio; sempre é possível economizar dessa forma. Só quero lhe dizer que a vida aqui é um pouco mais cara que em Pont-Aven. Segundo entendi, você só está pagando dois francos e cinquenta por dia – não é isso? –, incluindo alimentação, alojamento e tudo o mais. E se – acho que é isto que iria tentá-lo mais – se você quisesse pintar nos bordéis – uma coisa sem a menor dúvida excelente –, não iriam lhe permitir entrar de graça por nada neste mundo!

Assim, o melhor é adiar até que você receba o uniforme; você sabe que os soldados – aqui e em toda parte – podem conseguir um monte de coisas de graça.

Veja meu próprio caso: é verdade que eu recém terminei aquele estudo do *Café Noturno*, porém, mesmo que seja um hotel de encontros, no qual de tempos em tempos se pode encontrar uma prostituta sentada em uma das mesas com seu companheiro, eu mesmo não tive condições para pintar um bordel no sentido exato do termo, só porque, se eu fosse fazê-lo de uma forma satisfatória e um tanto séria, isso iria me custar mais dinheiro do que eu teria condições de pagar. Assim, eu estou adiando o início desse quadro até que me sinta financeiramente forte o bastante para financiá-lo. Agora escute, eu não quero dizer que nós não podemos ir tomar um copo de cerveja lá; podemos conhecer pessoas e trabalhar um pouco de memória e em parte usando modelos. Deste modo, não é possível recomendar-lhe que venha para cá com a intenção expressa – que, sem dúvida, é excelente em si mesma – de pintar cenas de bordéis. Mas repito, assim que você se tornar soldado, terá uma oportunidade esplêndida para isso; e provavelmente, para seu próprio bem, será melhor esperar até que tenha recebido o uniforme. Mas, meu querido camarada Bernard, a coisa que eu quero lhe dizer, clara e francamente, é: vá prestar o serviço militar na África. O Sul irá encantá-lo e torná-lo um grande artista. O próprio Gauguin deve sua superioridade a suas experiências meridionais. Agora que eu mesmo contemplei o sol mais forte daqui durante meses, o resultado foi que, depois dessa experiência, considero que aqueles que mantêm melhor sua posição a partir do ponto de vista da cor são Delacroix e Monticelli; pintores de quem hoje em dia se diz erroneamente que são puros românticos, camaradas arrebatados por exageros de imaginação. Para encurtar a história, você vê, o Sul que foi pintado tão secamente por Gerôme e Fromentin é, a partir daqui (Arles), uma região cujo verdadeiro encanto somente pode ser interpretado através das cores da paleta de um verdadeiro colorista.

Espero que você me escreva novamente em breve.

Não ousaria assumir a responsabilidade de insistir com ninguém para que venha para cá. Se alguém vier por sua livre e espontânea vontade, então, tudo bem, o problema é seu; mas quanto a recomendar a viagem, não, nunca farei isso. Quanto a mim, vou ficando por aqui e, naturalmente, sentirei um grande prazer caso você se decida a passar o inverno comigo.

Um aperto de mão.

Sinceramente seu, Vincent.

B 17 [14]
[Arles, segunda quinzena de setembro de 1888.]
Meu querido camarada Bernard:

Só algumas linhas para lhe agradecer por seus desenhos, embora eu ache que foram feitos de uma maneira um tanto apressada. Eu gosto mais dos desenhos das prostitutas; quanto ao resto, há uma ideia única em todos eles. Tenho estado assoberbado de trabalho ultimamente, porque o tempo está glorioso e eu tenho de aproveitar ao máximo os dias bons, porque o verão é curto.

Não posso modificar o que eu disse a respeito dos preços: são três francos por dia só pela comida e aí vêm todas as outras despesas! Mas não tenho dúvida de que tudo o mais que Gauguin lhe falou a respeito dos preços por aqui está correto. Vejo que o momento de sua partida para o serviço militar está se aproximando e eu gostaria muito de convencer seu pai a dar-lhe tudo quanto for necessário a fim de fortalecê-lo com boa alimentação, sem que seu trabalho tenha de sofrer por isso. Ele que se comporte como um cavalheiro e lhe dê tudo o que for razoável neste período que vai de hoje até a sua partida para o serviço militar.

Eu lhe escrevi insistente e repetidamente que, se você for designado para a África, poderá trabalhar lá e encontrará o cenário apropriado para desenvolver completamente o seu talento, tanto como pintor quanto como colorista. Mas isso só pode ser realizado às custas de sua pobre carcaça, a não ser que, antes que você vá passar trabalho na África, o seu pai lhe dê os meios para evitar anemia ou pegar uma disenteria debilitante, como resultado da falta de alimento adequado. É difícil fortificar o corpo por aquelas bandas; longe de mim dizer que, quando se vai para um clima quente, a gente tenha de acumular gordura primeiro. O que eu de fato afirmo é que uma pessoa deve cuidar de sua própria nutrição durante algum tempo antes de fazer uma viagem; e eu mantenho esta opinião, quaisquer que sejam as circunstâncias, porque foi esse regime que deu tão certo para mim aqui, se bem que haja uma certa diferença entre o calor da África e o calor de Arles.

Ou você sairá da experiência do serviço militar muito mais forte, forte o bastante para dedicar-se a uma carreira artística durante toda a sua vida – ou então sairá alquebrado.

Seja lá como for, eu ficaria muito feliz se você pudesse vir para cá e se Gauguin viesse também. A única coisa que eu teria a lamentar é que o inverno não é a estação em que o tempo está melhor por aqui. Estou começando a acreditar cada vez mais que a cozinha tem influência na nossa capacidade de pensar e de pintar quadros; quanto a mim, quando meu estômago está me incomodando, isso não ajuda em nada a qualidade do meu trabalho.

Em resumo, eu acho que, se seu pai se decidisse, sem fazer muito alarde, a ficar com seus quadros e lhe conceder um generoso crédito, ele não perderia dinheiro, muito pelo contrário. No Sul, nossos sentidos se aguçam, nossa mão se torna mais ágil, nosso olhar, mais arguto, nosso cérebro, mais claro, desde que sejam mantidos em boas condições: desde que tudo isso não seja estragado pela disenteria ou algum outro mal que possa nos debilitar.

Porém, tirando isso, eu ouso acreditar, muito firmemente, que qualquer um que ame o trabalho artístico descobrirá que suas faculdades criativas se desenvolvem melhor no Sul; mas primeiro cuide de seu sangue e cuide de tudo o mais.

E agora, você talvez me diga que o estou aborrecendo com todos esses conselhos – que você deseja ir ao bordel, sem dar a mínima para o resto. Santo Deus, tudo é relativo, mas eu não posso me manifestar de maneira diferente da que faço. A arte é longa e a vida é curta, e devemos ser pacientes, ao mesmo tempo que tentamos vender caro nossas vidas. Como eu gostaria de ter a sua idade e poder partir, sabendo o que sei agora, para prestar o serviço militar na África; mas, neste caso, eu deveria ter um corpo melhor do que este de que disponho agora, sem a menor dúvida!

Se Gauguin e eu estivéssemos aqui juntos, uma coisa que provavelmente vai acontecer mais cedo ou mais tarde, então nós faríamos o máximo que estivesse a nosso alcance para poupar-lhe as despesas; mas então o seu pai, da parte dele, deveria fazer o melhor que pudesse também e demonstrar confiança em nós e perceber que não estamos tentando tirar dele mais dinheiro do que o necessário. Para fazer um bom trabalho uma pessoa tem de comer bem, estar bem acomodada, fazer uma farrinha de vez em quando, além de poder fumar o seu cachimbo e tomar o seu café sem ser incomodada.

Eu não digo que todas as demais coisas sejam sem valor; quero deixar todo mundo livre para fazer o que preferir; mas o que realmente eu digo é que esse sistema parece preferível para mim e para muita gente mais.

Um caloroso aperto de mão.

Sinceramente seu, Vincent.

B 18 [15]
[Arles, final de setembro de 1888.]
Meu caro camarada Bernard:

Desta vez, você merece os maiores elogios por aquele seu pequeno esboço de duas mulheres bretãs, que foi incluído em sua carta. Estão melhores do que os outros seis, justamente porque é o pequeno que tem o melhor estilo. Eu pessoalmente estou atrasado com meus esboços. Os últimos dias, que foram soberbamente perfeitos, me absorveram por completo em telas quadradas tamanho trinta, um trabalho que me exauriu consideravelmente. Eu pretendo usar essas telas para decorar a casa. Você deve ter recebido minha carta em que eu lhe expliquei minhas sérias razões para aconselhá-lo a tentar persuadir seu pai, caso ele esteja disposto a pagar sua passagem para Arles, a lhe dar uma maior latitude na questão financeira.

Eu acredito que você poderá reembolsá-lo plenamente com seu trabalho e, deste modo, você permaneceria em companhia de Gauguin por mais tempo; e depois, quando você partir para o exército, poderia iniciar uma bela campanha artística. Se o seu pai tivesse um filho que garimpasse e encontrasse ouro não refinado entre o cascalho ou até mesmo nas calçadas da cidade, ele certamente não desprezaria este talento. Bem, em minha opinião, seu talento é absolutamente equivalente ao de um garimpeiro bem-sucedido.

Embora seu pai possa lamentar que esse ouro não seja totalmente novo e rebrilhante, já cunhado em luíses de ouro, ele poderia no entanto fazer uma coleção desses achados. Aposto que só se separaria deles por um preço razoável.

Estou me referindo aos seus quadros e desenhos, que são, comercialmente falando, tão raros e valiosos quanto pedras preciosas e metais raros. Isso é absolutamente verdadeiro.

Pintar um quadro é tão difícil quanto encontrar um diamante, seja grande ou pequeno. Todavia, enquanto todos reconhecem o valor de um luís de ouro ou de uma pérola pura, aqueles que amam os quadros e acreditam neles são, infelizmente, também raros. Mas existem.

De qualquer maneira, o melhor que se pode fazer é esperar com paciência, mesmo que se tenha de esperar por um tempo muito longo.

Quanto a você, somente considere aquilo que lhe falei sobre o custo de vida por aqui e se você realmente gostaria de vir para Arles para se reunir com Gauguin e comigo. Diga a seu pai enfaticamente que, se tivesse somente um pouco mais de dinheiro, poderia pintar quadros muito melhores.

A ideia de transformar os pintores em uma espécie de fraternidade maçônica não me agrada. Desprezo profundamente qualquer tipo de regulamento, instituições, etc.; em resumo, o que estou buscando é algo bem diferente dos dogmas que, longe de resolverem as coisas, somente originam disputas intermináveis. Tudo isso é sinal de decadência. Uma vez que o sindicato de pintores ainda não existe – exceto como um projeto vago–, é melhor esperarmos pacientemente e deixar que aconteça o que tem de acontecer.

Será muito melhor se tudo isso se cristalizar naturalmente. Quanto mais se falar a respeito, menos acontecerá. Se você quiser levar avante esse projeto, basta que prossiga trabalhando com Gauguin e comigo. Esse plano está em progresso; assim, não vamos falar disso agora. Se tiver de se realizar, realizar-se-á sem discussões prolixas, mas como resultado de ações calmas e bem ponderadas.

Quanto a trocas, é só porque eu observo em suas cartas (isto é, nas suas e nas de Gauguin) menções tão frequentes a Laval, Moret e todos esses outros jovens que estou tão ansioso para conhecer. Mas eu não tenho no momento cinco estudos que já tenham secado; terei de acrescentar pelo menos mais duas tentativas de quadros um pouco mais sérios; um autorretrato e uma paisagem sujeita à fúria de um mistral que parece estar com muito más intenções.

Além disso, eu devo ter acabado um estudo de um pequeno jardim pontilhado de flores multicoloridas, um estudo de espinheiros empoeirados e cinzentos e, finalmente, uma natureza-morta com as botinas velhas de um camponês e, por último, uma paisagem que não mostra nada, na qual existe apenas uma pequena planície. Se estes estudos não estiverem de acordo com o gosto deles, caso um ou outro prefira não pegar nenhum, então fique com o que eles quiserem e mande os outros de volta com o os trabalhos que foram oferecidos em troca. Não há a menor pressa, mas quando se pretende trocar, o melhor é que cada um tente mandar alguma coisa que considere boa.

Se, depois que for exposta ao sol amanhã, ficar suficientemente seca para ser enrolada, eu vou acrescentar também uma paisagem, *Os Homens Descarregando Areia*, também um projeto para uma futura pintura ou mesmo já uma tentativa. Não posso enviar-lhe uma réplica do *Café Noturno*, ainda não, porque eu nem sequer iniciei o trabalho original, mas terei grande prazer em fazer uma para você.

Novamente, insisto que é preferível para cada um de nós tentar trocar coisas boas, ao invés de pintar coisas com pressa demais.

O "cavalheiro artístico" incluído em sua carta, que se parece tanto comigo – sou eu ou alguém mais? Examinando o rosto, parece realmente que sou eu, porém, em primeiro lugar, eu estou sempre fumando um cachimbo e, em segundo lugar, sempre tive um horror indescritível de me empoleirar desse jeito em rochedos alcantilados surgindo do meio do mar, uma vez que sofro de vertigens. Desse modo, se pretendiam que fosse o meu retrato, protesto contra as improbabilidades acima mencionadas.

Acho-me terrivelmente absorvido com a decoração de minha casa: ouso acreditar que vou deixá-la bastante a seu gosto, embora certamente seja bem diferente do que você faz. Porém, uma ocasião você falou comigo a respeito de pinturas, uma representando flores, outra, árvores e outras, campos. Bem, eu tenho *O Jardim do Poeta* (duas telas; entre os esboços que você recebeu se encontra a primeira concepção desta obra, feita a partir de um estudo em tamanho menor, que já se encontra com meu irmão). Depois, tenho *A Noite Estrelada*, depois *O Parreiral*, depois *Os Sulcos do Arado*, e então uma vista da casa em que agora moro, que poderia ser chamada de *A Rua*. Desse modo, existe uma certa sequência que, de fato, não foi intencional.

Bem, eu estou muito curioso para ver os seus estudos realizados em Pont-Aven. Mas, quanto a você, por favor me envie alguma coisa mais elaborada. Seja como for, tenho certeza de que vai ser alguma coisa boa, porque eu aprecio tanto o seu talento que realmente quero fazer uma pequena coleção de seus trabalhos, peça por peça.

Por muito tempo, considerei comovente que os artistas japoneses costumassem trocar obras um com os outros com tanta frequência. Certamente isso demonstra que eles gostavam e apoiavam uns aos outros e que reinava uma certa harmonia entre eles; e que eles realmente estavam vivendo em uma espécie de comunidade fraterna, com toda a naturalidade e sem intrigas entre eles. Quanto mais nos assemelharmos a eles nesse aspecto, tanto melhor será para todos nós. Também parece que os artistas japoneses ganhavam muito pouco dinheiro e viviam como se fossem simples operários. Eu tenho uma reprodução (publicada por Bing) intitulada *Uma Única Folha de Capim*. Algum dia vou mostrá-la a você. Um cordial aperto de mão.

Sinceramente seu, Vincent.

B 19 [17]
[Arles, primeira quinzena de outubro de 1888.]
Meu querido camarada Bernard:

O pacote que você e Gauguin enviaram chegou quase simultaneamente com o envio de meus estudos. Fiquei muito satisfeito: meu coração se aqueceu muito ao ver novamente estes dois rostos. Quanto a seu retrato, você sabe, gostei muito dele. Para falar a verdade, eu gosto muito de tudo o que você faz, você sabe muito bem disso. Provavelmente não houve ninguém antes de mim que gostasse tanto do que você pinta quanto eu.

Insisto energicamente para que você estude a técnica de retratos: faça tantos retratos quantos puder e não desanime. Nós deveremos conquistar o público mais adiante por meio dos retratos; na minha opinião, essa é *a coisa* do futuro. Mas não vamos nos perder em hipóteses agora.

E agora que eu comecei a lhe agradecer, agradeço-lhe mais ainda pelo maço de esboços intitulado *No Bordel*. Bravo! Segundo me parece, a mulher que está se lavando e a outra que diz *"Ninguém se compara a mim quando se trata de deixar um homem exausto!"* são os melhores. As outras parecem estar fazendo caretas e, acima de tudo, foram executadas de uma forma um tanto vaga: não se parecem muito com carne viva e não foram elaboradas o suficiente. Mas não importa, estas outras também representam alguma coisa totalmente nova e interessante. *No Bordel*! Sim, é isso que se deve pintar e lhe garanto que eu, pelo menos, estou quase invejoso dessa droga de ótima oportunidade que você terá, quando for lá de uniforme, uma coisa que derrete essas boas mulherzinhas...

O poema no final é realmente lindo e bem construído. O que você quer expressar e aquilo em que você diz acreditar é dito muito bem e de uma forma bastante sonora.

Mande me dizer quando você vai estar em Paris. O fato é que eu já lhe escrevi mais de mil vezes que meu café noturno não é um bordel; é mesmo um café onde as caçadoras da noite deixam de ser caçadoras da noite, porque aí elas desabam sobre uma das mesas e passam o resto da noite assim, prostradas, exaustas, sem quererem caçar mais nada. Mas pode também acontecer que uma das meretrizes traga o seu cliente junto com ela.

Entrando lá uma certa noite, eu deparei com um grupinho: um cafetão e sua prostituta fazendo as pazes depois de uma briga. A mulher fazia de conta que era indiferente e orgulhosa, o homem estava falando com voz manhosa. Eu tentei pintar a cena de memória em uma pequena tela, tamanho quatro ou seis. Assim, se você está de partida para breve, eu vou enviá-la para você em Paris; se for ficar mais tempo por aí, mande me dizer, pois a tela não estava seca o suficiente para viajar no pacote que lhe mandei. Eu não vou assinar este estudo, porque eu nunca trabalho de memória. Ele apresenta algumas cores que lhe agradarão, mas, repito, eu pintei um estudo para você que teria preferido nem pintar.

Destruí sem misericórdia uma tela importante – um *Cristo com um Anjo no Getsêmani* – e mais uma outra representando *Um Poeta contra o Céu Estrelado*. Isso foi feito mesmo que eu percebesse que a coloração era correta – porque a figura não tinha sido estudada de antemão a partir do modelo, o que é necessário em tais casos. Quanto ao estudo que estou enviando em troca, se você não gostar dele, basta que fique olhando por um pouco mais de tempo e verá o resultado.

Eu tive um trabalho demoníaco para executar essa tela durante um mistral muito violento (do mesmo modo que o estudo em vermelho e verde). E olhe, embora não tenha sido pintado de uma maneira tão fluente quanto *O Velho Moinho*, é mais delicado e intimista. Você verá que tudo isso não é nem um pouco impressionista; Deus me ajude, tanto pior. Estou fazendo o que estou fazendo, entregando-me à natureza, sem pensar nisto ou naquilo. É claro, se você preferir outro estudo dos que eu enviei na última remessa, que não seja *Os Homens Descarregando Areia*, tem toda a liberdade para trocar e apagar a dedicatória que eu fiz, caso alguém mais queira esse quadro. Mas eu acho que é deste que você vai gostar, desde que tenha olhado para ele por um período de tempo mais longo.

Se Laval, Moret e o outro quiserem fazer trocas comigo, será esplêndido! Porém, de minha parte, eu ficarei particularmente satisfeito se eles quiserem pintar seus próprios retratos para mim.

Você sabe, Bernard, eu tenho certeza de que, se realmente quisesse fazer estudos de bordéis, isso me custaria mais dinheiro do que disponho; não sou mais jovem e meu corpo não é atraente o bastante para que as mulheres de lá concordem em posar de graça para mim. E não sei trabalhar sem modelo. Não vou dizer que não vire as costas sem misericórdia para a natureza a fim de transformar um estudo em um quadro, arranjando as cores, ampliando e simplificando; mas, de fato, tenho muito medo de me afastar do possível e do verdadeiro.

Isso não quer dizer que eu não o faça, depois de passar mais de dez anos pintando estudos, mas para falar a verdade mais honesta, minha atenção está tão fixada no que é possível e realmente existe que dificilmente tenho o desejo ou a coragem para buscar o ideal. Outros podem apresentar mais lucidez do que eu no que se refere a estudos abstratos e é certamente possível que você seja um deles. Gauguin também... e talvez até eu mesmo, quando for velho.

Mas, nesse meio tempo, estou melhorando meu conhecimento da natureza. Está certo que exagero, que algumas vezes faço algumas modificações sem um motivo; porém, apesar disso tudo, eu não invento o quadro inteiro; muito pelo contrário, eu já encontro tudo pronto na natureza, só precisa ser desemaranhado.

É provável que você ache feios esses estudos. Eu não sei. De qualquer forma, nem você, nem eu, nem ninguém mais deve fazer uma troca se não estiver disposto. Meu irmão me escreveu que Anquétin voltou a Paris. Eu gostaria de conhecer o trabalho que ele tem feito ultimamente. Quando você o encontrar, dê-lhe as minhas mais cordiais lembranças.

Minha casa vai me parecer mais aconchegante agora que eu vou colocar os retratos nas paredes. Como eu ficaria feliz se pudesse ver você neste inverno! É verdade que a viagem é muito cara. Mas, mesmo assim, será que não podemos nos arriscar a fazer essas despesas e tentar nos ressarcir através de nosso trabalho? No Norte, durante o inverno, o trabalho é tão difícil! Aqui talvez também seja – praticamente não tive qualquer experiência com o inverno meridional até agora e, desse modo, ainda tenho de esperar para ver; mas é uma coisa extremamente útil conhecer o Sul – em que uma parte tão mais importante da vida é passada ao ar livre –, que mais não seja, para podermos entender melhor os japoneses.

E então existe uma certa qualidade de altivez e nobreza que pode ser encontrada em alguns dos lugares por aqui, da qual você, tenho certeza, gostará muito.

O sol no *Pôr do Sol Avermelhado* deve ser imaginado mais alto, fora do quadro, digamos, no nível da moldura superior. Dessa maneira, uma hora ou uma hora e meia antes do pôr do sol, as coisas sobre a Terra ainda conservam suas cores. Um pouco mais tarde, o azul e o roxo fazem com que pareçam mais pretas, assim que o sol começar a projetar seus raios mais horizontalmente. Muito obrigado novamente pela sua encomenda, que aqueceu grandemente meu coração e lhe envio um cordial aperto de mão em pensamento. Escreva-me a data de sua partida, para que eu saiba quando você estará em Paris; seu endereço parisiense ainda é avenida Beaulieu nº 5, não é?

Sinceramente seu, Vincent.

B 19a
[Arles, fins de outubro de 1888.]
Meu querido camarada Bernard:

Trabalhamos muito nestes dias e, enquanto isso, eu li *Le Rêve* (O Sonho), de Zola, e, por causa disso, quase não tive tempo para escrever. Gauguin me interessa muito como um ser humano – realmente muito.

Já faz bastante tempo que eu acho que, em nossa penosa profissão de pintores, precisamos terrivelmente de homens que tenham as mãos e os estômagos de operários. Gostos mais naturais – mais amor e temperamentos mais caridosos – do que têm os dândis decadentes das avenidas parisienses.

Bem, aqui nos encontramos, sem a menor dúvida, na presença de uma criatura virgem com instintos selvagens. No caso de Gauguin, o sangue e o sexo prevalecem sobre a ambição.

Mas isso é suficiente, você tem convivido mais com ele do que eu; só queria lhe dizer, em poucas palavras, quais são minhas primeiras impressões. Além disso, eu não acho que ele ficará surpreendido se eu lhe disser que temos conversado muito a respeito da criação de uma associação de pintores. Essa associação deve ou pode ter, sim ou não, um caráter comercial. Não chegamos ainda a qualquer conclusão. Da mesma forma, não pusemos pé em um novo continente.

Quanto a mim, com meus pressentimentos sobre um mundo novo, eu firmemente acredito na possibilidade de um importante renascimento da arte. Quem quer que acredite nesta nova arte terá de se mudar para os trópicos.

Tenho a impressão de que nós mesmos não servimos mais do que como intermediários. E que somente a nova geração poderá viver em paz. Sem levar isso em conta, nossos deveres e as possibilidades de ação se tornarão mais claras somente através de nossas experiências. Estou surpreso porque até agora ainda não recebi os estudos que você me prometeu em troca dos meus.

Agora, passemos para uma coisa que vai lhe interessar – fizemos algumas excursões aos bordéis e é provável que, afinal de contas, vamos trabalhar lá com certa frequência.

No momento, Gauguin está trabalhando em uma tela que representa o mesmo café noturno que eu pintei, mas com figuras que vimos nos bordéis. Promete ser um trabalho muito lindo.

Eu mesmo terminei dois estudos sobre a queda da folhagem das árvores em uma alameda e depois iniciei um terceiro estudo dessa mesma alameda, representada de ponta a ponta inteiramente em tons de amarelo.

Devo dizer que não consigo entender por que você não faz estudos da figura humana, uma vez que, com frequência, torna-se muito difícil para mim imaginar teoricamente a pintura do futuro como qualquer outra coisa senão uma nova sucessão de retratistas simples, mas poderosos, uma arte compreensível para o público em geral. Bem, talvez eu volte aos bordéis em breve. Vou deixar uma página em branco para Gauguin, que, provavelmente, vai querer escrever-lhe também; aperto sua mão calorosamente em pensamento.

Sinceramente seu, Vincent.

Milliet, o segundo-tenente dos zuavos, já partiu para a África; ele apreciaria se você lhe escrevesse uma carta qualquer dia desses.3

B 20 [20]
[Saint-Rémy, primeira quinzena de outubro de 1889.]
Meu caro amigo Bernard:

Meu irmão me escreveu um dia desses mencionando que você pretendia ir à casa dele para ver os meus quadros. Deste modo, sei que você retornou; e estou muito contente em saber que você pensou em ir ver as coisas que eu fiz.

De minha parte, estou extremamente ansioso para saber o que você trouxe de Pont-Aven.

Dificilmente estou com cabeça para escrever uma carta agora, mas sinto um vazio doloroso dentro de mim, porque não tenho nenhuma informação do que Gauguin, você e os outros estão fazendo.

Mas tenho necessidade de manter a paciência.

Já tenho outra dúzia de estudos aqui, os quais, provavelmente, vão lhe agradar mais que aqueles que mandei no verão, que o meu irmão já deve ter lhe mostrado.

Entre estes estudos, está *A Entrada de uma Pedreira*, mostrando rochas de um lilás pálido em campos avermelhados, como aparecem em certos desenhos japoneses. Tanto no desenho geral como na divisão das cores em grandes planos existe uma certa semelhança com o que você está realizando em Pont-Aven.

Conservei maior domínio de mim mesmo nestes últimos estudos, porque minha saúde se estabilizou. Por exemplo, existe também uma tela tamanho trinta, com campos arados, gradações de lilás e um fundo montanhoso que se ergue até o alto do quadro; portanto, nada mais que campos ásperos e rochas, com um espinheiro e um monte de capim seco em um dos cantos e um sujeitinho pintado em roxo e amarelo.

Espero que isso lhe prove que meus miolos ainda não amoleceram completamente.

Meu Deus! Esta região em que estou agora é muito ruim; tudo nela é difícil de pintar. Quero representar o verdadeiro solo da Provença. Agora, a fim de conseguir o resultado certo, a pessoa tem de trabalhar duramente, esforçar-se muito, eu lhe digo, e depois, naturalmente, tudo se torna um tanto abstrato: porque a coisa mais importante mesmo é atribuir ao sol e ao azul do céu todo o seu vigor e brilho, ao mesmo tempo que se representam os campos calcinados – frequentemente melancólicos – de forma a evocar seu delicado aroma de tomilho.

As oliveiras aqui, meu velho, seriam o tema exato para você. Ainda não tive oportunidade de pintá-las corretamente este ano, mas pretendo retornar à tarefa; são prateadas, contra um solo com nuances de laranja e violeta, tudo banhado por um imenso sol branco. Meu Deus do Céu, eu já vi coisas pintadas por certos pintores (e até mesmo por mim) que não fizeram a menor justiça a este tema. Em primeiro lugar, há alguma coisa de Corot naquele cinza-prata, e esta tonalidade, especialmente, ninguém conseguiu ainda captar, ao passo que diversos pintores conseguiram apanhar perfeitamente as suas macieiras e seus salgueiros.

Por alguma razão, há relativamente poucos quadros representando vinhedos, que, no entanto, apresentam uma beleza tão variada e multiforme.

Deste modo, ainda há um monte de temas que posso abordar por aqui.

Você sabe, há uma coisa que eu lamento muito não poder ter visto na Exposição: uma série de moradias de todos os povos. Eu acho que foi organizada ou por Garnier ou por Violet le Duc. Mas olhe aqui, você bem que poderia, já que foi assistir à Exposição, me dar uma ideia e especialmente um esboço colorido de uma casa egípcia primitiva. Eu acho que é muito simples, uma espécie de cubo com um terraço – mas gostaria de saber qual é a sua coloração também.

Li em um artigo que são pintadas de azul, vermelho e amarelo. Você prestou a devida atenção a elas? Por favor, não se esqueça de me transmitir esta informação. Você não deve confundi-las com habitações persas ou marroquinas; segundo me disseram, algumas são praticamente iguais, mas não são a coisa verdadeira.

No que se refere a mim, entretanto, a coisa mais admirável que eu conheço no domínio da arquitetura é uma choupana no campo, com teto de palha recoberto de musgo e uma chaminé enegrecida de fuligem. Assim, é muito difícil me agradar.

Eu vi um esboço de antigas moradias mexicanas em uma revista ilustrada; elas também parecem ser primitivas e muito belas. Ah, se ao menos a gente soubesse como eram as coisas nesses tempos antigos, se ao menos fosse possível pintar as pessoas que viveram nessas épocas, que moravam no meio dessas residências tão bonitas, o resultado seria tão bonito quanto os trabalhos de Millet; eu não digo com referência à coloração, estou mencionando seu caráter, como sendo uma coisa significativa, algo em que uma pessoa podia depositar firmemente sua fé.

E agora, quanto a seu serviço militar – você vai ou não?

Espero que você tenha tempo para ver minhas telas mais uma vez, quando eu enviar meus estudos do outono em novembro; e, se for possível, mande me dizer o que você trouxe da Bretanha, porque acho muito importante saber quais as suas obras que você mesmo considera as melhores. Portanto, em breve vou escrever novamente. Estou trabalhando em uma tela grande, que representa uma ravina; é justamente o mesmo motivo que seu estudo da árvore amarela, que ainda está comigo: duas bases de rochas extremamente sólidas, por entre as quais flui um riachinho; uma terceira montanha bloqueia a ravina no fundo.

Esta temática certamente apresenta uma bela melancolia, mas, ao mesmo tempo, é divertido trabalhar em lugares bem selvagens, onde a gente precisa enfiar bem firmes os pés do cavalete no meio das rochas, caso contrário o vento arrasta a geringonça inteira para longe.

Um aperto de mão.
Sinceramente seu, Vincent.

B 21 [21]
[Saint-Rémy, começo de dezembro de 1889.]
Meu caro amigo Bernard:

Muito obrigado por sua carta e, especialmente, pelas fotografias, que me deram uma ideia do seu trabalho.

Por falar nisso, um dia desses meu irmão me escreveu a respeito, dizendo-me que apreciava muito a harmonia das cores e uma certa nobreza em muitas das suas figuras humanas.

Agora escute só: eu estou realmente encantado demais na paisagem de *Adoração dos Magos* para ousar fazer alguma crítica, todavia, é uma verdadeira impossibilidade imaginar uma configuração como esta: a estrebaria exatamente junto à estrada, e a mãe rezando em vez de amamentar o bebê; e, depois, todos aqueles sapos eclesiásticos gordos se ajoelhando, como se estivessem tendo um ataque de epilepsia, só Deus sabe como e por quê!

Não, eu não posso aceitar uma coisa dessas como uma concepção natural, mas pessoalmente, *se é que eu sou capaz* de um êxtase espiritual, eu adoro a Verdade, o possível e, portanto, eu me curvo perante este estudo – poderoso o bastante para fazer Millet tremer nas bases – dos camponeses carregando para casa um terneirinho que encontraram recém-nascido no campo. Agora isto, meu amigo, todas as pessoas já sentiram, desde a França até a América, e, depois de um trabalho desses, você vai ressuscitar tapeçarias medievais para nos impingir? Falando honestamente, esta é uma convicção sincera? Não! Você pode fazer coisas muito melhores do que isso e sabe muito bem que deve buscar o possível, o lógico, o verdadeiro, mesmo que você tenha de esquecer um pouco dessas coisas parisienses *à la Baudelaire*. Eu prefiro mil vezes Daumier a esse cavalheiro!

Uma *Anunciação* de quê? Vejo figuras de anjos – puxa vida, muito elegantes mesmo! – um terraço com dois ciprestes que me agradaram muito; há uma enorme expansão de ar e muito brilho em seu quadro; porém, assim que passa a primeira impressão, eu fico me indagando se é algum tipo de mistificação, e aquele monte de figuras secundárias perde todo o significado para mim.

Mas será suficiente se você simplesmente entender que estou ansioso para conhecer essas coisas novas que você pintou, como aquele quadro que Gauguin tem, aquelas mulheres bretãs passeando por uma campina, uma composição tão bela, com cores tão ingenuamente distintas... E você vai trocar logo esse quadro por uma coisa que é – será que preciso empregar a palavra? – falsa e afetada!

No ano passado, você pintou um quadro – conforme Gauguin me contou –, que eu acredito fosse mais ou menos assim: a figura de uma jovem sobre um primeiro plano recoberto de relva, usando um vestido azul ou quase branco, deitada ao comprido; no segundo plano, a ponta de um bosque de vidoeiros, o solo recoberto pelas folhas avermelhadas que haviam caído; os troncos das árvores em uma tonalidade verde-acinzentada formando uma barreira vertical.

Suponho que os cabelos constituam uma acentuação de uma tonalidade necessária como uma cor complementar ao vestido pálido, negros, se a roupa for branca, alaranjados, se for azul. Mas o que eu disse para mim mesmo foi: que modelo mais simples, e como ele é habilidoso para criar elegância a partir do nada!

Gauguin me contou a respeito de outro tema, também: nada mais do que três árvores, um efeito de folhagem laranja contra o céu azul; mas desenhadas muito claramente e divididas muito categoricamente em planos de cores cândidas e contrastantes – bravo!

E, quando eu comparo coisas assim com aquele pesadelo do *Cristo no Jardim das Oliveiras*, meu bom Senhor, fico de luto! Deste modo, nesta carta eu lhe peço, rugindo o mais alto que posso, e jogando-lhe todos os tipos de desaforos com a força total de meus pulmões – que me faça a gentileza de voltar – nem que seja um pouco – a ser você mesmo.

O *Cristo Carregando a Cruz* é assustador. Você acha harmoniosos aqueles retalhos de cor? Olhe, não posso perdoá-lo pela *falsidade* – sim, certamente a palavra é falsidade – da composição.

Como você sabe, uma ou duas vezes, enquanto Gauguin estava em Arles, eu me entreguei a abstrações, por exemplo, em *A Mulher na Cadeira de Balanço*, ou em *A Mulher Lendo uma Novela*, uma figura negra dentro de uma biblioteca amarela; na ocasião, as abstrações me pareciam um caminho atraente. Mas acontece que é um terreno encantado, meu velho, no qual, em breve, damos de cara com uma muralha de pedra.

Não vou dizer que a gente não possa se aventurar nesse terreno depois de uma vida inteira de dura pesquisa, de uma luta corpo-a-corpo com a natureza, mas eu, pessoalmente, não quero incomodar mais minha pobre cabeça com essas coisas. Estive trabalhando feito um escravo em reproduzir a natureza durante todo este ano, raramente pensando em impressionismo ou nisto, nisso ou naquilo outro. No entanto, novamente eu me encontro estendendo os braços para estrelas grandes demais, que se encontram longe demais – um novo fracasso – e para mim já é o suficiente.

Deste modo, no presente estou trabalhando no meio das oliveiras, procurando os vários efeitos do céu acinzentado contra o solo amarelo, com uma nota de negro-esverdeado aplicada às folhagens; em outra composição, represento tanto o solo como a folhagem em uma nuance de violeta contra o fundo amarelado do céu; e, depois, um solo ocre-avermelhado contra um céu verde-róseo. Sim, certamente isso me interessa muito mais que as abstrações de que eu falei.

Se não lhe escrevi por tanto tempo foi porque eu estava lutando contra minha doença e raramente tinha tempo ou vontade para discussões – e achava perigosas essas abstrações. Se eu trabalho com tranquilidade, lindos temas surgem espontaneamente. Na verdade, acima de tudo, o grande objetivo é adicionar um novo vigor à realidade, sem qualquer plano preconcebido nem preconceitos parisienses. Fora disso, estou muito desapontado com meu trabalho deste ano; mas talvez se torne um alicerce sólido para o ano vindouro. Eu me deixei saturar pela atmosfera dos montes e dos pomares; tendo ganho pelo menos isto, vou esperar e ver o que acontece. Minha ambição se acha limitada a alguns torrões de terra, o trigo brotando nos campos, um bosque de oliveiras, um cipreste – o último, por exemplo, nada fácil de reproduzir. Eu me indago por que você, que gosta dos primitivos e que os estuda, parece não conhecer Giotto. Gauguin e eu fomos olhar um pequeno painel pintado por ele, que se encontra em Montpellier, representando a morte de alguma mulher boa e santa. A expressão de dor e de êxtase no rosto dela é tão totalmente humana que, embora possamos estar no século XIX, a gente tem a impressão de estar presente na cena representada pelo quadro – de tão forte que é a emoção que compartilhamos.

Se eu visse as próprias pinturas, acho possível que me encantasse com as cores, mesmo que não gostasse da temática; mas você também fala de retratos que vem pintando com grande esforço e dedicação; são esses que serão os seus melhores trabalhos e é através deles que você encontrará a si próprio.

Aqui segue a descrição de uma tela que está à minha frente neste mesmo momento: é uma vista do parque do asilo em que estou parando; à direita, um terraço cinzento e uma parede lateral do prédio. Alguns arbustos que já perderam as rosas, à esquerda, uma extensão do parque – ocre-avermelhado – o chão gretado pelo sol, coberto com as agulhas que caíram dos pinheiros. Neste lado do parque, foram plantados grandes pinheiros, cujos troncos e galhos são de uma coloração ocre-avermelhada, a folhagem verde entristecida por uma mistura de preto. Essas árvores altas se erguem contra o céu da tarde, com faixas roxas contra um fundo amarelado, que, à medida que vai subindo, torna-se rosa e depois vai ficando esverdeado. Um muro – também ocre-avermelhado – interrompe a visão e é superado somente pelo alto de uma colina de nuances roxas e ocre-amareladas.

Bem, a árvore mais próxima é somente um tronco enorme, que foi atingido por um raio e depois serrado. Mas um ramo lateral se projeta muito alto e deixa cair sobre o solo uma avalanche de agulhas verde-escuras. Este gigante sombrio – como um homem orgulhoso, mas derrotado – contrasta, quando se considera que tem a constituição de uma coisa viva, com o sorriso pálido de uma última rosa no arbusto murcho que se encontra diante dele. Por baixo das árvores, foram colocados bancos de pedra, agora vazios, diante de cercas-vivas de buxo, que parecem amuadas. O céu é espelhado – em amarelo – por uma poça d'água deixada pela chuva. Um raio de sol, o último raio do dia, aviva o ocre sombrio até torná-lo quase alaranjado. Aqui e ali, pequenas figuras negras vagueiam por entre os troncos das árvores.

Você perceberá que essa combinação de ocre- avermelhado, de verde ensombrecido por cinza, com as faixas negras que cercam os contornos, produz uma sensação de angústia, o que eles chamam por aqui de "vermelho-negro", da qual alguns de meus companheiros frequentemente sofrem. Além do mais, o motivo da grande árvore ferida pelo relâmpago e aquele sorriso doentio rosa-esverdeado da última flor do outono concorrem para confirmar essa impressão.

Outra tela mostra o sol se erguendo sobre um campo de trigo verde; as linhas de fuga se perdem à distância, os sulcos do arado se erguem até a parte superior do quadro, até chegarem a um muro e a uma fileira de colinas lilás. O próprio campo é pintado em roxo e verde-amarelado. O sol branco é cercado por um grande halo amarelo. Aqui, em contraste com a outra tela, eu tentei expressar tranquilidade e uma grande paz.

Estou descrevendo a você estas duas telas, especialmente a primeira, para lembrá-lo de que podemos tentar transmitir uma impressão de angústia sem alvejar diretamente o Jardim do Getsêmani histórico; isto é, que não é necessário retratar os personagens do Sermão da Montanha a fim de produzir um motivo gentil e consolador.

Ah, sem dúvida é digno e justo ficar comovido com a leitura da Bíblia, mas a realidade moderna tem tal domínio sobre nós que, mesmo quando tentamos reconstruir os dias antigos abstratamente, através de nossos pensamentos, os pequenos acontecimentos de nossas vidas nos arrancam de nossas meditações e nossas próprias desventuras nos lançam de volta a sensações pessoais – alegria, aborrecimento, sofrimento, cólera ou apenas um sorriso.

A Bíblia! A Bíblia! Millet, que foi criado lendo a Bíblia desde a infância, não fez nada senão ler esse livro! E no entanto ele nunca, ou praticamente nunca, pintou quadros bíblicos. Corot fez um *Monte das Oliveiras*, mostrando Cristo diante da estrela vespertina, uma composição sublime; em seus trabalhos sentimos a presença de Homero, Ésquilo e Sófocles, do mesmo modo que, algumas vezes, os próprios Evangelhos, mas como ele se demonstra discreto e quanto de todas as sensações modernas possíveis, comuns a todos nós, predominam através de sua obra! Mas você dirá: e quanto a Delacroix? Sim!

Delacroix – mas então você terá de estudar de uma forma totalmente diferente, sim, terá de estudar a História, antes de conseguir colocar as coisas nos seus devidos lugares, tal como ele fez. Assim, meu velho, os quadros bíblicos são um fracasso, mas há somente alguns que cometem esse tipo de erro, porque é realmente um erro, mas ouso dizer que a sua reversão será magnífica!

Algumas vezes, é errando que se encontra a estrada certa. Vá corrigir esse erro, pintando seu jardim exatamente como é, ou qualquer outra coisa que deseje. De qualquer modo, é uma boa coisa procurar distinção e nobreza nas figuras; e os estudos representam um verdadeiro esforço e, em consequência, não são de modo algum uma perda de tempo. Ser capaz de dividir uma tela em grandes planos, que vão se diluindo uns nos outros, encontrar linhas e formas que façam contraste, isso é apenas técnica, uma porção de truques, ou, se preferir, arte culinária. Porém, mesmo assim, é um sinal de que você está estudando sua profissão de uma maneira mais aprofundada e isso é uma coisa boa em si mesma.

Por mais odiosa que possa ser a pintura e por mais incômoda que seja nos tempos que atravessamos, se alguém escolhe seguir essa arte zelosa e diligentemente, é um homem que cumpre o seu dever, sadia e fielmente. A sociedade torna nossa existência miseravelmente difícil em certas ocasiões, e daqui resulta a nossa impotência e deriva a imperfeição de nosso trabalho. Acredito que até mesmo Gauguin sofra enormemente sob esta pressão e não consiga desenvolver seus poderes em sua plenitude, embora tenha condições para realizar isso mais cedo ou mais tarde. Eu mesmo estou sofrendo por uma absoluta falta de modelos. Mas, por outro lado, existem estes lindos lugares por aqui. Eu acabo de completar cinco

telas tamanho trinta. Todas representando oliveiras. E a razão por que permaneço aqui é que minha saúde está melhorando muito. O que estou produzindo é duro e seco, mas isso se deve ao fato de que estou tentando reunir novas forças através da realização de um trabalho difícil e mais sério e tenho medo de que as abstrações me tenham tornado um pouco superficial. Por acaso você já viu um estudo meu mostrando um pequeno ceifeiro em um campo de trigo amarelado sob um sol amarelo? Ainda não *é isso*, entretanto. Eu ataquei nele esse problema demoníaco das nuances do amarelo novamente. Estou falando daquele estudo em que apliquei as cores em camadas grossas, que fiz no local, diante do modelo, e não da réplica com hachurados e sombreados, na qual o efeito ficou muito mais fraco. Ainda tenho muitas outras coisas para lhe dizer, embora lhe esteja escrevendo hoje, agora que minha cabeça está um pouco mais firme. Anteriormente estava com medo de excitá-la, antes de estar perfeitamente curada. Um aperto de mão muito cordial em pensamento, tanto para você, como para Anquétin e meus outros amigos daí, caso você encontre algum deles; e acredite que sou,
Sinceramente seu, Vincent.

P. S. *Não preciso dizer como lamento que seu pai tenha impedido que você fosse passar a estação com Gauguin. O último me escreveu que seu serviço militar foi adiado por um ano, por motivos de saúde. Também muito obrigado pela sua descrição da casa egípcia. Eu também teria gostado de saber se costumam ser maiores ou menores que uma cabana rural comum neste país – em resumo, suas proporções com relação ao corpo humano. Mas era acima de tudo sobre a coloração que eu desejava ser informado.*

B 22
[A carta seguinte, escrita por Vincent van Gogh para Gauguin, é inserida aqui porque aparece na edição das cartas dirigidas a Bernard sob número XXII.]

Meu caro Gauguin:
Muito obrigado por sua carta e, acima de tudo, muito grato por sua promessa de vir para cá no dia vinte. Sem dúvida, o motivo que você menciona dificilmente contribuirá para transformar sua

viagem de trem em um passeio agradável e é apenas justo que você prefira adiar sua jornada até que possa empreendê-la sem grandes dificuldades. Porém, tirando isso, eu quase invejo sua viagem, que vai mostrar-lhe milhas e milhas de paisagens rurais, com todos os tipos de panoramas no esplendor do outono.

Ainda está presente em minha mente a emoção produzida por minha própria viagem de Paris a Arles no inverno passado. Como eu olhava pela janela para ver se já estava ficando parecido com o Japão! Que coisa mais infantil, você não acha?

Escute, no outro dia eu lhe escrevi que minha visão estava ficando estranhamente cansada. Pois bem, descansei a vista por dois dias e meio e então recomecei a trabalhar, mas ainda sem ousar sair para o ar livre. Eu pintei, ainda para decorar a minha casa, uma tela tamanho trinta, representando meu quarto, com a mobília feita de pranchas de pinheiro branco, que você conhece bem. Eu adorei enormemente pintar este interior sem nada de interessante, de uma simplicidade semelhante à dos quadros de Seurat; pintei com cores básicas, mas em pinceladas grosseiras, aplicando camadas grossas de tinta, as paredes de lilás pálido, o assoalho de um vermelho desbotado em vários tons, as cadeiras e a cama em amarelo cromo, os travesseiros e o lençol de um tom muito pálido de limão verde, os caixilhos de vermelho-sangue, a mesinha do lavatório em laranja, a bacia em azul e a própria janela em verde básico. Por meio de todas essas cores tão diferentes, eu quis expressar um *repouso absoluto,* você percebe; não existe nada branco na tela, exceto naquele pequeno quadrado do espelho com sua moldura preta (a fim de incluir o quarto par de cores complementares na composição).

Bem, você poderá ver este quadro juntamente com as outras coisas e, depois, vamos conversar a respeito, porque eu seguidamente não sei o que estou fazendo enquanto trabalho, me comporto quase como um sonâmbulo.

Está começando a ficar frio, particularmente nos dias em que sopra o mistral.

Eu mandei instalar gás no estúdio e, desse modo, teremos luz boa durante o inverno.

Talvez Arles vá desapontá-lo, caso você chegue aqui durante um desses períodos em que sopra o mistral; mas se você esperar o suficiente... É somente com o tempo que a poesia deste lugar nos penetra.

Você não vai encontrar a casa ainda tão confortável como nós tentaremos gradualmente torná-la. As despesas são tantas! E não dá para fazer tudo ao mesmo tempo. Mas eu acredito, afinal de contas, que, tão logo você esteja aqui, você ficará tão empolgado quanto eu pela possibilidade de pintar os efeitos outonais nos intervalos entre os ataques do mistral e então você compreenderá por que eu insisti tanto para que você viesse para cá, agora que estamos gozando de um tempo tão bom.

Bem, vamos nos ver em breve.

Sempre seu, Vincent.

Van Gogh e seu tempo

1819 – Anna Cornelia Carbentus, mãe de Vincent, nasce em 10 de setembro. Nascem Courbet e Jongkind.

1822 – Theodore van Gogh, pai de Vincent, nasce em 8 de fevereiro.

1824 – O romantismo triunfa no Salão (*Os massacres de Scio*, de Delacroix). Nascem Monticelli, Boudin, Jozef Israëls e Gérome.

1825 – Julien Tanguy nasce em 28 de junho. Morre David.

1827 – Nasce Jules Breton.

1828 – Paul-Ferdinand Gachet nasce em Lille, em 30 de julho. Morre Bonington.

1830 – Nasce Pissarro.

1831 – Nasce Constantin Meunier.

1832 – Nasce Manet.

1834 – Nascem Degas e Whistler.

1837 – Morre Constable.

1838 – Nasce Anton Mauve.

1839 – Nascem Cézanne e Sisley.

1840 – Nascem Rodin e Monet.

1841 – Nascem Renoir, Guillaumin e Berthe Morisot.

1845 – Nasce Fernand Cormon.

1848 – Nasce Gauguin.

1849 – O professor Theodore van Gogh é nomeado pastor em Groot Zundert. Primeira exposição dos pré-rafaelistas. Morre Hokusai.

1850 – Nasce Rafael.

1851 – Theodore van Gogh casa-se em maio com Anna Cornelia Carbentus. Morte de Turner.

1852 – Em 30 de março nasce o irmão mais velho de Vincent. Morre aos seis meses.

1853 – Vincent van Gogh nasce em 30 de março.

1855 – Pissarro se instala em Paris e se dedica à pintura.

1856 – Degas estuda os primitivos na Itália.

1857 – Theo van Gogh nasce em 1º de maio.

1858 – Nascem Van Rappard, John Russell. Morre Hiroshinghé. Boudin, com trinta anos, leva Monet, com dezoito, a pintar as escarpas da Mancha.

1859 – Nasce Seurat.

1860 – Nasce James Ensor.

1861 – *O banho turco*, de Ingres. Nasce Louis Anquetin.

1862 – Primeiros desenhos que se conhecem de Vincent van Gogh.

1863 – Salão dos recusados, onde Manet, aos trinta e um anos, expõe o *Desjejum sobre a relva*. *Sinfonia em branco*, de Whistler. Morre Delacroix. Nasce Signac.

1864 – Nasce Toulouse-Lautrec.

1865 – Vincent entra na instituição de M. Provily em Zaven-bergen. Félix Rey nasce em 24 de julho. *Olimpia*, de Manet, é exposto no Salão, desencadeando um escândalo tremendo. Nascem Félix Valloton e Suzanne Valadon.

1866 – *Fifre*, de Manet.

1867 – O Salão recusa *Mulheres no jardim*, de Monet. Morre Ingres. Exposição de Courbet. Exposição de Manet. Nasce Bonnard.

1868 – Nascem Émile Bernard e Vuillard.

1869 – Vincent entra como empregado na filial da Casa Goupil em Haia. Manet expõe *O balcão* no Salão. Nasce Matisse.

1870 – Fantin-Latour expõe no Salão seu *Um ateliê em Batignolles*. Pissarro e Monet emigram para Londres com o inglês Sisley; ali recebem a influência de Turner e conhecem Durand-Ruel, o comerciante de quadros que se interessaria pelos impressionistas. Cézanne pinta nas colinas de Estanque. Nasceu Maurice Denis.

1872 – Outono. Primeira carta de Van Gogh a seu irmão Theo. Manet pinta paisagens. Cézanne está em Auvers-sur-Oise.

1873 – Theo, em 19 de janeiro, entra como empregado na filial de Bruxelas da casa Goupil. Vincent recebe uma antecipação em maio e vai para Londres. Em setembro, muda de pensão e vai viver na casa de Loyer. Cézanne pinta *A casa do enforcado* em Auvers.

1874 – Vincent é recusado por Úrsula Loyer em julho. Volta desesperado para a Holanda. Em meados de julho, volta a Londres com sua irmã Ana. Por intermédio de seu tio Cent, é enviado a Paris em outubro para que se distraia. Volta repentinamente a Londres, onde em vão tenta ver Úrsula. O avô de Vincent morre em Bréda. A título de brincadeira os pintores Monet, Renoir, Sisley, Cézanne, Boudin, Guillaumin, Pissarro, Degas e Berthe Morisot... recebem o nome de "impressionistas" ao fazerem sua primeira exposição na casa do fotógrafo Nadar (15 de abril a 15 de maio). A exposição é recebida com risos.

1875 – Vincent é um péssimo empregado em Londres. Em maio é transferido para Paris. Vive em Montmartre e se entrega ao misticismo. Seu trabalho o angustia cada dia mais. Seus patrões se queixam amargamente dele. Em dezembro, sem avisar ninguém, vai para a Holanda. Os impressionistas passam uma grande miséria. "Tenho que conseguir quarenta francos antes do meio-dia e só tenho três francos", Renoir escreve um dia. Uma venda de setenta telas dos impressionistas na casa Drouot rende 349 francos. Morrem Millet e Corot. Nasce Marquet.

1876 – Vincent retorna a Paris e seus patrões o despedem. Em abril abandona Paris e vai para Etten. Emprega-se como professor na escola anglicana do senhor Stokes, em Ramsgate, onde chega no dia 16. O senhor Stokes, em junho, instala sua escola em Isleworth, nos arredores de Londres. Encarregado de recolher os pagamentos dos alunos, Vincent percorre o East End, cuja miséria o comove. Consola os pobres. O senhor Stokes despede Vincent em julho, e ele vai trabalhar para o senhor Jones como ajudante do pregador. Vincent volta para a Holanda no Natal. Segunda exposição dos impressionistas na galeria Durand--Ruel, na rua Le Peletier; é recebida com os mesmos clamores da primeira. "A rua Le Peletier tem uma maldição", escreve Albert Wolff no *Figaro*. "Depois do incêndio da Ópera, outro desastre se abate sobre o bairro. Acaba-se de inaugurar na galeria Durand-Ruel uma exposição que dizem ser de pintura... Cinco ou seis pintores, entre eles uma mulher, ali se encontram para expor suas obras... Estes que se dizem artistas se autodenominam os intransigentes, os impressionistas. Pegam as telas, a tinta e os pincéis, dando ao acaso algumas pinceladas e assinam o conjunto. É assim que em Ville-Evrard espíritos transtornados acreditam achar diamantes quando recolhem pedras em seu caminho." Zola se desvincula do grupo que havia promovido. Morre Fromentin.

1877 – Em janeiro, Vincent entra como empregado numa livraria de Dordrecht. Logo deixa esse emprego e em 9 de maio chega a Amsterdã para estudar para pastor. Os impressionistas expõem pela terceira vez. Renoir apresenta seu quadro *Baile no Moulin de la Galette*. Uma venda de quarenta telas organizada pelos impressionistas na casa Drouot (em 18 de maio) rende 7.610 francos; um Renoir foi vendido a 47 francos. Morre Courbet. Nasce Raoul Duffy.

1878 – Em julho, Vincent abandona seus estudos e sai de Amsterdã. Após uma rápida estadia em Etten, no outono entra numa escola evangelista de Bruxelas. Mas após três meses não é nomeado. Parte voluntariamente para Borinage e se estabelece em Paturages. No fim do ano, o Comitê de Evangelização, surpreendido por seu ânimo e sacríficio, retrata-se de sua decisão e lhe dá um cargo por seis meses em Wasmes. Theodore Duret publica "Os Pintores Impressionistas". Nasce Othon Friesz.

1879 – Vincent consome-se sem cuidar de sua saúde. Sua dedicação chama a atenção do Comitê de Evangelização, mas não renovam sua missão. Vincent chega a Bruxelas. Volta a Borinage. Durante o terrível inverno de 1879-1880 leva uma vida de vagabundo e repete-se a mesma pergunta: "Há algo fora de minha existência? Então o que é?" Perde a fé. Desenha. Quarta exposição dos impressionistas. É acolhida mais favoravelmente que as anteriores. Mas Durand-Ruel tem grandes dificuldades econômicas e deixa de ajudar o grupo. A maioria vive em grande miséria. Renoir expõe seu *Madame Charpentier e seus filhos*. Morre Daumier.

1880 – Vincent volta a Courrières, onde Jules Breton, um pintor medíocre, tem um ateliê. Completa a mudança. Após uma viagem decepcionante para a Holanda, na casa de seus familiares, recebe cinquenta francos de Theo. Volta a Borinage, a Cuesmes, e se reconcilia com Theo, a quem não escrevia há nove meses. Põe-se a desenhar com grande intensidade. Em outubro, vai de Cuesmes para Bruxelas, onde faz amizade com Van Rappard e trabalha metodicamente.

1881 – Vincent permanece em Bruxelas até princípios de abril. Chega a Etten no dia 12 deste mês. Trabalha. Durante o verão recebe visita de Theo e de Van Rappard e vai para a casa de seu primo, o pintor Anton Mauve, que lhe dá conselhos. Volta a se enamorar e corteja apaixonadamente uma de suas primas, Kee, durante as férias em Etten. Esta o desencoraja; Vincent insiste e ela se vê obrigada a voltar para Amsterdã. Vincent a aflige com cartas e finalmente vai a Amsterdã. Mas Kee se nega a vê-lo. Desesperado, Vincent volta a Etten. Discute constantemente com seu pai e deixa a casa de Mauve em Haia. Renoir na Itália. Nascem Picasso, Léger e Gleizes.

1882 – As relações com Mauve logo se tornam tensas. Vincent precipita o rompimento ao acolher uma mulher pobre, doente e grávida. Graças a essa mulher, Sien, Vincent recupera seu equilíbrio e, após uma visita a Theo, põe-se a pintar. Trabalha intensamente até o fim do ano. Mas a degradação de Sien é irremediável. Vincent priva-se de tudo. O desenho *Tristeza* é dessa época, de que faz uma litografia em novembro. Sua recusa do mundo dos conformistas – de todos os conformismos – é completa. Expõe-se um retrato de Cézanne no Salão. Sisley se estabelece em Moret. Nasce Braque.

1883 – Doente e esgotado, Vincent aguenta alguns meses. Chega a tal extremo de debilitamento que chama seu irmão, que desta vez consegue afastar Sien de seu lado. Vincent, dilacerado, mas aliviado, volta a pintar. Pinta *Árvore açoitada pelo vento*. Deixa Haia em setembro e chega em Drenthe. As paisagens dessa região selvagem o acalmam a princípio, mas os dias atormentados voltam. Mil terrores assaltam Vincent, que foge para Nuenen, onde seus pais estavam morando. Gauguin deixa seu trabalho como bancário, para consagrar-se definitivamente à pintura. Monet se estabelece em Giverny. Morre Manet. Nascem Utrillo e Marcoussis.

1884 – Janeiro. Quando sua mãe fratura uma perna, Vincent retorna por um tempo a seu lar. Mas seu desacordo com o mundo de sua família não tem solução. Vincent converte-se em um estranho para sua família. Aluga dois quartos com o sacristão da Igreja católica e ali instala seu estúdio. Uma última, e como as anteriores, desafortunada aventura sentimental o faz perder totalmente a esperança de levar uma vida normal (outono). A pintura será a única finalidade de sua existência, "a maneira de viver sem pensar no passado". Acumula um quadro atrás do outro e no outono decide pintar nos dias de mau tempo cinquenta cabeças de camponeses. Não para de se preocupar com as leis da cor, cuja importância descobriu. Instala-se o Salão dos Independentes. Pissarro vai viver em Eragny.

1885 – *26 de março*. O pastor Van Gogh morre de repente. Sela-se a ruptura de Vincent com sua família. Vincent agora trabalha em seu grande quadro do período holandês, *Comedores de batatas*. Termina-o em maio, o que desencadeia uma discussão epistolar com Van Rappard, que finalmente provoca a separação dos dois amigos. Vincent a cada dia mais toma consciência dos recursos da cor. A Holanda, cujo clima estético e moral é de agora em diante um obstáculo a seu florescimento, já não tem mais nada a lhe ensinar. Além disso, como o cura de Nuenen proibira a seus fiéis que pousassem para Vincent, este decide abandonar seu estúdio. Em 23 de novembro vai para Antuérpia. "Desejo violentamente ver Rubens", disse. Começa sua grande viagem para o sul. "Há", escreve para Theo, "uma coisa extraordinária na sensação de que é necessário entrar no fogo." Para Vincent, a Antuérpia representa uma liberação. Ali descobre Rubens, a cor, os tecidos japoneses, a luz e o movimento. Suas cores se definem.

1886 – *18 de janeiro*. Vincent se inscreve na Academia de Belas-Artes de Antuérpia, onde sua curta e tormentosa estadia pelo menos lhe permite comprovar que está no caminho certo no que se refere ao desenho e à pintura. No princípio de março, de repente chega a Paris. Volta para a escola. Segue o curso do estúdio de Cormon, mas logo deixa de assisti-lo. Descobre a pintura "luminosa" dos impressionistas; estuda a obra de Delacroix, de Monticelli, os artistas japoneses e conhece Toulouse-Lautrec, Émile Bernard, Gauguin, Seurat, Signac, Guillaumin, Pissarro, Cézanne, tio Tanguy, etc. Sua palheta torna-se mais luminosa. Liberta-se de todas as experiências pictóricas. A cor começa a dominar em sua obra. Planeja expor durante o inverno.

Oitava e última exposição dos impressionistas: Seurat apresenta seu *Domingo na Grande Jette* (divisionismo). O aduaneiro Rousseau expõe nos Independentes. Uma grande exposição dos impressionistas organizada por Durand-Ruel em Nova York alcança um grande sucesso. Morre Monticelli.

1887 – Vincent continua febrilmente suas experiências, com todos os procedimentos e técnicas que os pintores de Paris lhe sugerem. Pinta nas margens do Sena, frequentadas pelas impressionistas. Apesar das numerosas e variadas influências, continua sendo ele mesmo, e assimila as lições à sua própria personalidade. Já se cansa de Paris. Uma aventura que termina de maneira lamentável, a decepção que lhe causam as rivalidades entre os pintores, a indiferença com que é recebido, a agitação da grande cidade e, também, naturalmente, seu trabalho intenso minam sua resistência. Está mais ou menos doente, mas sobretudo compreende que Paris não é sua meta. Seu cansaço e nervosismo aumentam ainda mais durante o inverno. Medita sobre lugares onde o sol é mais luminoso e a cor se reveste de todo seu esplendor – sobre ir ao "Japão", quer dizer, ao sul. Gauguin na Martinica. Nascem Juan Gris e Marc Chagall.

1888 – Vincent chega a Arles em fevereiro. Fica encantado com a cidade. Acredita realmente estar no Japão. Os jardins florescidos o embriagam de felicidade. Pinta sem parar. Sua exaltação cresce à medida que o sol nasce, ao qual rende um verdadeiro culto com sua pintura. Mas o espantoso desgaste nervoso com que Vincent paga por esta orgia criadora coloca em perigo sua saúde, além do fato de que não podia alimentar-se pior. Escreve a Theo: "Não se pode evitar que qualquer dia sobrevenha uma crise". Vincent quer veementemente que seu amigo Gauguin se instale perto dele e que se fundem os estúdios do sul, com que sonhava desde que saiu de Paris. Gauguin, depois de uma série de tergiversações, decide em outubro voltar para Arles, e os primeiros dias são um descanso para Vincent. Desgraçadamente, os dois artistas não eram feitos para se entenderem. Tudo os separa: seus temperamentos e tendências estéticas. Logo se torna evidente que a vida em comum entre eles é impossível. Isto representa um novo e grave golpe para Vincent. Em 25 de dezembro o drama inesperadamente explode. Vincent se lança sobre Gauguin com uma navalha e sai correndo quando Gauguin se volta contra ele. Ao voltar para casa, corta uma orelha. Vincent é internado. Neste mesmo ano, Theo expõe no Salão dos Independentes três quadros e alguns desenhos de Vincent. Morre Mauve em Arnhem.

1889 – As crises continuam. Vincent procura lutar. Logo compreende que o melhor para ele é permanecer internado. Em maio, abandona Arles para ir a Saint-Paul-de-Mausole, clínica particular perto de Saint-Rémy dirigida pelo doutor Peyron. A princípio se acostuma a esta nova vida. Mas, contrariamente a suas esperanças, a loucura não o abandona. Uma nova crise o invade; não continua em Saint-Rémy e volta para o norte. Apesar da enfermidade, não deixa de trabalhar. Sua arte cada vez mais se torna expressionista. No Natal, tem dois ataques. Dois quadros de Vincent são expostos no Salão dos Independentes por Theo. Gauguin em Paris (expõe no café Volpini), depois em Pont-Aven e em Pouldu (*O Cristo amarelo, O anjo belo* e *Bom dia, senhor Gauguin*).

1890 – Boas notícias: o nascimento do filho de Theo, a publicação de um importante estudo consagrado à sua pintura no *Mercure de France*, a venda de um quadro (*A videira vermelha*) – o único que Vincent vendeu em vida. Nada disso pode fazer com que Vincent esqueça seu drama. Uma longa crise o lança num atroz desespero. Tenta matar-se. Não podendo suportar a vida em Saint-Paul-de Mausole, implora a seu irmão que o leve para o norte. Chega a Paris em 17 de maio, mas segue para Auvers-sur-Oise em 21 de maio. Em Auvers, o doutor o atende. Começa bem sua permanência nesta pequena cidade. Vincent pinta todos os dias. Mas depois de visitar seu irmão e a cunhada, retorna desesperado para Auvers. A vida, como ele diz, lhe escapa. Não pode mais. Em 27 de julho Vincent dá um tiro no peito. Morre no dia 29 a uma e meia da manhã. Dez quadros de Vincent são expostos neste ano no Salão dos Independentes. Exposição com o grupo X em Bruxelas. Depois da morte de seu irmão, Theo trata de fazer uma grande exposição de suas obras. Em 18 de setembro escreve a Émile Bernard: "A quantidade de quadros é imponente. Não consigo organizar um conjunto que possa dar uma ideia de sua obra". Durand-Ruel, tomado por maus pressentimentos, se recusa a apresentar esta exposição em sua galeria. Theo, atacado de paralisia, é levado para a Holanda. Gauguin escreve para Émile Bernard: "O ataque de loucura de Van Gogh (Theo) é uma desgraça para mim e se Charlopin não me dá algo para ir para o Taiti estou perdido". Gauguin aconselha formalmente Émile Bernard a não organizar a exposição de Van Gogh: "Que fatalidade! Você sabe quanto amo a arte de Vincent. Mas, dada a estupidez do público, é inoportuno recordar Vincent e sua loucura no momento em que seu irmão se encontra na mesma situação. Muitas pessoas dizem que nossa pintura é uma loucura. Seria um prejuízo para nós, sem fazer bem a Vincent, etc. Enfim, faça-o, mas é IDIOTA". Em 21 de janeiro, Theo van Gogh morre na Holanda. (Em seu testamento a obra de Vincent é avaliada modestamente em dois mil florins; muitas pessoas aconselham a viúva de Theo a destruí-la.) Retrospectiva de Van Gogh no Salão dos Independentes. Gauguin embarca para o Taiti. Morrem Seurat e Jongkind.

1892 – Sob os cuidados da senhora J. van Gogh-Bonger, viúva de Theo, organiza-se uma exposição de cem quadros e desenhos de Van Gogh no Panorama de Amsterdã. Van Rappard morre em Stantpoort. No Taiti, Gauguin escreve e ilustra "Noa-Noa". Nasce Gromaire.

1893 – Começam a aparecer no *Mercure de France* excertos das cartas de Van Gogh a Émile Bernard e a seu irmão Theo. Émile Bernard organiza uma exposição de dezesseis quadros de Van Gogh em "Le Marc de Boutteville", na rua Le Peletier, de Paris. Gauguin volta para a França de sua primeira viagem ao Taiti. Ambroise Vollard abre sua galeria.

1894 – Em 6 de fevereiro morre "tio" Tanguy, de câncer no estômago. As telas que guardava na casa Drouot se dispersam. Um Van Gogh custava ali trinta francos (seis quadros de Cézanne renderam 910 francos). O ministro da Educação Pública e o encarregado do Museu de Luxemburgo abrem ao público 27 obras do legado de Caillebotte: obras de Cézanne, Monet, Pissarro, etc.

1895 – Gauguin retorna para a Oceania. Exposição de Cézanne na galeria Ambroise Vollard. As *Catedrais de Rouen* de Monet. Morre Berthe Morisot.

1896 – Augusto Vermeylen dá uma conferênda apaixonada para os estudantes de Groningue (Holanda) sobre Van Gogh e sua obra. "Os quadros de Van Gogh vendem bem mais quanto mais baratos", Gauguin escreve em novembro para Daniel de Monfreid.

1898 – No Taiti, Gauguin pinta "De Onde Viemos? Quem Somos? Para Onde Vamos?" e tenta suicidar-se. A Société de Gens de Lettres nega a Rodin o prêmio Balzac.

1899 – Morre Sisley.

1900 – O doutor Rey, em acordo com Ambroise Vollard, retira de seu galinheiro, onde há onze anos servia para tapar um buraco, o retrato que Vincent fez no hospital de Arles. Vollard compra a tela por cinquenta francos. Maurice Denis pinta sua *Homenagem a Cézanne*. Picasso vem pela primeira vez a Paris. Braque copia os quadros de Rafael no Louvre.

1901 – Março. Na galeria Bernheim-Jeune, na rua Lafitte, retrospectiva de Van Gogh (71 quadros). Vlaminck, ao sair da exposição, diz a Matisse: "Gosto de Van Gogh mais que de meu pai". Hugo von Hofmannsthal anota em uma carta a prodigiosa emoção que lhe causaram as obras deste pintor que ele desconhecia. "Me senti como se assaltado pelo milagre incrível de sua forte e violenta existência... Cada árvore, cada pedaço de terra amarela ou verdejante, cada sebe viva, cada caminho escavado na colina pedregosa, a jarra de estanho, a tigela na terra, a mesa, a cadeira rústica, era um ser recém-nascido que se ergue diante de mim, saindo do espantoso caos da não vida, do abismo do não ser e eu sentia – não, eu sabia que cada uma destas criaturas nascera de uma dúvida horrível que desesperava o mundo inteiro, que sua existência era testemunho eterno do odioso abismo do nada... Eu sentia em tudo a alma daquele que havia feito tudo isso, que com esta visão dava uma resposta para se libertar do espasmo mortal de uma dúvida espantosa". (Carta de 26 de maio, 1901, em "*Escritos em prosa*".) *E o ouro de seus corpos*, de Gauguin. Primeira exposição em Paris de Picasso, na casa de Ambroise Vollard. Morre Toulouse-Lautrec.

1903 – Morre Gauguin, extenuado por uma vida cheia de privações, nas ilhas Marquesas. Morrem Pissarro e Whistler. Primeiro Salão de Outono.

1904 – "Você, acredito, só tem que seguir este caminho – Cézanne escreve a Émile Bernard –, você tem a inteligência necessária e logo conseguirá se esquecer de Gauguin e Van Gogh". Morrem Fantin-Latour e Gérome. Nasce Salvador Dalí.

1905 – *Julho-agosto*. Sob os cuidados da senhora Van Gogh-Bonger, abre-se uma exposição de 473 obras de Van Gogh (234 são quadros) no Museu Stedelijk, de Amsterdã. Exposição de Van Gogh na galeria Arnold, em Dresde. Os Fauves (que se dizem descendentes de Cézanne, Gauguin e Van Gogh) expõem no Salão de Outono, provocando um escândalo. Dando satisfação aos argumentos de seus leitores, que o censuravam por ignorar o Salão de Outono, *L'illustration* de 4 de novembro dedica duas páginas a uma dezena de quadros exibidos neste salão. "Se alguns leitores se assombram com nossa seleção, que cuidem de ler bem a palavras impressas embaixo de cada quadro. São as apreciações de críticos muito importantes e nos apoiamos em sua autoridade como tais. Só destacaremos que, se a crítica em outros tempos reservava todo o seu incenso aos consagrados e seu sarcasmo aos novatos e aos que buscavam outros caminhos, as coisas mudaram muito hoje." Os quadros reproduzidos eram de Cézanne (*Banhistas*), do "douanier" Rousseau (*Leão lançando-se sobre um antílope*), de Vuillard, Roualt, Matisse, Derain, etc... Nasce o cubismo no "Bateau Lavoir" da rua Ravignan, em Montmartre. Morrem Jules Breton e Constantin Mennier.

1906 – Morre, aos oitenta anos, a mãe de Vincent. O casal Ravoux vende por quarenta francos, a um norte-americano, os dois quadros que possuíam de Vincent: *A alcadia de Auvers* e *Mulher em azul*. Morre Cézanne. Renoir se instala em Cagnes.

1907 – *As senhoritas de Avignon*, de Picasso. Retrospectiva de Cézanne no Salão de Outono.

1908 – Janeiro. Segunda exposição de Van Gogh na galeria Bernheim-Jeune, rua Richepanse, em Paris (cem quadros). No mesmo mês, Druet expõe em sua galeria do faubourg Saint-Honoré 35 quadros de Van Gogh. Os impressionistas entram no Louvre (Legado Moreau-Nélaton).

1909 – Segunda exposição de Van Gogh na galeria Druet na rua Royale, 20 (uns cinquenta quadros). Exposição de Van Gogh na galeria Brack, de Munique. O doutor Gachet morre aos 81 anos em Auvers-sur-Oise, em 9 de janeiro. Por intermédio de Clemenceau entra no Louvre *Olympia* de Manet. *Nymphéas* de Monet.

1910 – Van Gogh na exposição "Manet e os pós-impressionistas", nas galerias Crafton de Londres. Morre o "douanier" Rousseau. Ambroise Vollard publica as cartas de Van Gogh a Émile Bernard.

1912 – Van Gogh é representado por 108 quadros na exposição de pintores modernos organizada pela sociedade de artistas da Alemanha Ocidental em Colônia. Primeiros "papiers-colle" (Braque).

1913 – É publicado o livro *Os pintores cubistas*, de Apollinaire.

1914 – A senhora Van Gogh-Bonger publica em Amsterdã as cartas de Vincent a Theo. As cinzas de Theo são levadas por ela da Holanda a Auvers-sur-Oise. Exposição Van Gogh na galeria Cassirer, em Berlim. Obedecendo aos desejos de Verhaeren, a sociedade de arte contemporânea expõe na Antuérpia obras de Van Gogh. *Fritillaires*, da coleção de Camondo, entra no Louvre.

1916 – Morre Odilon Redon.

1917 – Morrem Degas e Rodin.

1918 – Manifesto dadaísta de Tristán Tzara.

1919 – Triunfo do cubismo. Morre Renoir.

1920 – Morre Modigliani.

1921 – Oito quadros de Van Gogh na exposição dos museus de Holanda de obras de Rembrandt a Jean Steen, ocorrida em Paris.

1924 – Exposição de Van Gogh na galeria Kunsthalle, de Basileia, em março-abril, e na galeria Kunsthaus, de Zurique, de julho a agosto. Segunda edição das cartas de Vincent a Theo.

1925 – Morre Johanna van Gogh-Bonger, viúva de Theo, em 2 de setembro.

1926 – Morre Monet.

1927 – Exposição de Van Gogh na galeria Bernheim-Jeune. Uma exposição de Van Gogh é apresentada em Haia, Berna e Bruxelas. Morrem Guillaumin e Juan Gris.

1928 – J. B. de la Faille publica um monumental catálogo da obra de Van Gogh, depois de uma discussão dos experts sobre a autenticidade ou falsidade de algumas obras. Exposição de Van Gogh na Galeria Nacional de Berlim. Exposição de desenhos de Van Gogh na galeria Dru, de Paris.

1929 – Criação do Museu de Arte Moderna de Nova York.

1930 – Exposição de Van Gogh no Museu Stedelijk, de Amsterdã. Morre Pascin.

1931 – Morre John Russell.

1932 – Morre o doutor Rey, em 15 de setembro. Morre Louis Anquetin.

1935 – Uma exposição de Van Gogh em turnê pelos Estados Unidos. Morre Paul Signac.

1936 – Primeira edição, em Nova York, das cartas de Van Gogh a Van Rappard (traduzidas para o inglês).

1937 – René Huyphe organiza em Paris, no Palácio Tokio, uma retrospectiva de Van Gogh que é visitada por milhares de pessoas e suscita comentários apaixonados. Uma seleção de cartas de Van Gogh a Theo aparece em Paris. As cartas de Vincent a Van Rappard aparecem em Amsterdã. Os nazistas denunciam como decadentes as obras de Vincent, que são excluídas da Neue Pinakotheke de Munique.

1938 – Funda-se nos Países Baixos, perto de Arnhem, no parque nacional De Hooge Veluwe, o Museu Kröller-Müller (264 obras de Van Gogh). Morre Suzanne Valadon.

1940 – Morrem Vuillard e Paul Klee.

1941 – Morrem Robert Delaunay e Émile Bernard.

1943 – Morre Maurice Denis.

1944 – Morrem Soutine, Kandinsky e Mondrian.

1945 – Exposição Van Gogh no Museu Stedelijk, de Amsterdã.

1946 – Uma exposição itinerante de 172 quadros de Van Gogh percorre a Europa, suscitando em todas as partes um enorme entusiasmo. 165 mil a visitam em Estocolmo; 300 mil, em

Amsterdã; 500 mil, na Bélgica (Lieja, Amberes, Mons e Bruxelas). Picasso escreve na revista *Arts de France*, em setembro: "Não há outra chave senão a poesia. Se as linhas e as formas harmonizam é como no poema. É certo que o público nem sempre compreende a arte moderna, mas isso é devido a não ter aprendido nada dela, ao que a pintura em si se refere. Nela aprendemos a ler, a escrever, a desenhar ou a cantar, mas nunca pensamos nela para aprender a olhar um quadro. Que possa ali haver uma poesia da cor, uma vida da forma e do ritmo, breve de rimas plásticas, ignora-o completamente. Muito mais, além disso, se o público não sabe apreciar uma imagem poética ou uma assonância musical".

1947 – Chega ao Museu l'Orangerie de Paris uma exposição de Van Gogh. "Van Gogh está na moda – escreve Georges d'Espagnat –, moda frenética, ao extremo de que os visitantes se aglomeraram em quatro filas diante dos quadros enquanto uma fila tão comprida como a que vemos nos cinemas se estendia à entrada do museu. E em todos os lugares elegantes, nos chás luxuosos ou sensivelmente burgueses, as pessoas do mundo mais elegante lançam exclamações cheias de admiração por este pintor que cada um se congratula por ter descoberto." A exposição chega à Suíça. No Museu Boymans, de Rotterdam, se expõem os desenhos de Van Gogh. Braque recebe o grande prêmio internacional na Bienal de Veneza.

1948 – Exposição de Van Gogh na galeria Tate de Londres (150 mil visitantes), na galeria de Arte de Birmingham, na galeria de Arte de Glasgow, no Museu Municipal de Haia, no Museu de Arte de Cleveland.

1949 – Exposição de Van Gogh no Museu Metropolitano de Nova York (mais de 300 mil visitantes), depois no Instituto de Arte de Chicago (1949-1950). Pablo e Margarita Gachet, filhos do doutor Gachet, doam aos museus nacionais da França vários quadros, dos quais dois são de Van Gogh: o retrato do doutor Gachet e o autorretrato com fundo turquesa. Morre Othon Friesz.

1950 – A tradução francesa das cartas de Vincent a Van Rappard aparece em Paris. Paul Gachet doa aos museus nacionais um quadro de Van Gogh: *Vacas no prado*.

1951 – Uma exposição circulante de Van Gogh é apresentada nos museus de Lyon, Grenoble, Arles e Saint-Rémy. Nova doação de Paul Gachet aos museus franceses. Destacam-se nessa doação o quadro que representa a igreja de Auvers-sur-Oise, a gravura *Homem com pipa* e muitas recordações de Van Gogh (sua palheta, de 1890, alguns tubos de tinta, os tecidos japoneses que cobriram sua câmara mortuária, bambus talhados, um desenho em carvão do doutor Gabret, onde este fixou os traços de Vincent em seu leito de morte).

1953 – O centenário do nascimento de Van Gogh é celebrado com grande regozijo nos Países Baixos. Um congresso de alguns milhares de especialistas de todo o mundo sobre Van Gogh se reúne em Haia de 27 a 28 de março. Uma exposição comemorativa de 280 obras em Haia (30 de março a 17 de maio), no Museu Nacional de Kröller-Müller (23 de maio a 19 de junho), em Amsterdã (de 23 de julho a 20 de setembro). Uma placa é colocada em Zundert, na casa que ocupa o lugar do vicariato onde Vincent nasceu. Outra é colocada em Paris, no número 54 da rua Lepic, onde Vincent viveu de junho de 1886 a fevereiro de 1888. A Biblioteca Wereld, de Amsterdã, começa a publicar *A correspondência geral de Van Gogh* (edição do centenário). O primeiro volume aparece em 1952 e o quarto, em 1954. Morre Raoul Duffy.

1954 – Morre Matisse.

1955 – Morre Fernand Léger.

1958 – Em outubro, em Londres, *Jardim público de Arles*, de Van Gogh, é vendido na Galeria Goldschmidt por 132 mil libras esterlinas. Morre Vlaminck.

1973 – Morre Picasso.

1990 – Em 15 de maio é feita a maior transação da história do mercado de arte até então; um dos *Retrato do Dr. Gachet* de Van Gogh é vendido a um milionário japonês por 82,5 milhões de dólares.

Impressão e acabamento
Imprensa da Fé